Dr. Holger Schwichtenberg

Moderne Datenzugriffslösungen mit
Entity Framework Core 3.1

**Datenbankprogrammierung mit C#
in .NET Framework, .NET Core, Mono, Xamarin und UWP**

Version 8.6.1 dieses Buchs

Stand 25.04.2020

www.IT-Visions.de®

Dr. Holger Schwichtenberg

Verlag: www.IT-Visions.de, Fahrenberg 40b, D-45257 Essen

ISBN: 3-934279-24-4

Sprachliche Korrektur: Matthias Bloch, M.A.

Formatierung: Matthias Bloch, M.A.

Bezugsquelle gedruckt: www.amazon.de/exec/obidos/ASIN/3934279244/itvisions-21

Bezugsquelle Kindle: www.amazon.de/exec/obidos/ASIN/B081ZCJVH7/itvisions-21

Bezugsquelle PDF: www.leanpub.com/EntityFrameworkCore31

Für Heidi, Felix und Maja

1 Inhaltsverzeichnis

2 Vorwort

Liebe Leserinnen und Leser,

ich nutze Entity Framework in echten Softwareentwicklungsprojekten seit der allerersten Version, also seit der Version 1.0 von ADO.NET Entity Framework aus dem Jahr 2008. Zuvor hatte ich einen selbstentwickelten Objekt-Relationalen Mapper in meinen Projekten verwendet. Entity Framework Core ist das Nachfolgeprodukt, das es seit 2016 gibt. Ich setzte seitdem auch (aber nicht ausschließlich) Entity Framework Core in der Praxis ein. Viele Projekte laufen noch mit dem klassischen Entity Framework.

Microsoft entwickelt Entity Framework Core inkrementell, d.h., die ersten Versionen waren noch sehr unvollständig. Mit jeder neuen Version schließt Microsoft weitere Lücken. Inzwischen hat Entity Framework Core eine gute Reife erreicht – wenngleich es immer noch einzelne Schwächen (wie in jeder Software) gibt, und diese thematisiert dieses Buch natürlich ebenfalls.

Genau so wie sich Entity Framework Core weiterentwickelt hat, so hat sich auch dieses Fachbuch seit der ersten Version im September 2016 kontinuierlich weiterentwickelt. Die vor Ihnen liegende Ausgabe beschreibt alle Kernaspekte und viele Tipps und Tricks sowie Praxisszenarien zu Entity Framework Core einschließlich der **Version 3.1.3**. Ich plane, in Zukunft weitere Versionen dieses Buchs zu veröffentlichen, die die kommenden Versionen von Entity Framework Core behandeln werden und auch weitere Tipps & Tricks sowie Praxisszenarien ergänzen.

Dieses Fachbuch wird vertrieben auf folgenden Wegen (ich nenne neben dem Verkaufspreis auch, wie viel – bzw. wenig – ich als Autor von den jeweiligen Händlern erhalte. Der Rest ist Gewinn der Händler):

- Gedruckt bei Amazon.de für 64,99 Euro (der Autor erhält 27,46 Euro):
  www.amazon.de/exec/obidos/ASIN/3934279244/itvisions-21
- Kindle-E-Book bei Amazon.de für 54,99 Euro (der Autor erhält 17,99 Euro):
  www.amazon.de/exec/obidos/ASIN/B081ZCJVH7/itvisions-21
- PDF-E-Book bei Leanpub.com ab 44,99 Dollar (der Autor erhält 35,99 Dollar):
  www.leanpub.com/EntityFrameworkCore31

Sie können jederzeit Aktualisierungen des PDF-Buchs zum Preis von 15,00 Dollar beziehen (*https://leanpub.com/EntityFrameworkCore31/c/update*). Leider erlaubt Amazon nicht, dass Sie eine Aktualisierung im Kindle-Format oder in gedruckter Form vergünstigt erhalten. Käufer, die das Buch von Amazon in gedruckter Version bezogen haben, können unter dem o.g. Link zusätzlich das PDF-E-Book ebenfalls so günstig erhalten.

Da diese Preise in Anbetracht der vielen Stunden Arbeit an diesem Buch leider nicht nennenswert dazu beitragen können, den Lebensunterhalt meiner Familie zu bestreiten, ist dieses Projekt ein Hobby. Dementsprechend kann ich nicht garantieren, wann es Updates zu diesem Buch geben wird. Ich werde dann an diesem Buch arbeiten, wenn ich neben meinem Beruf als Softwarearchitekt, Berater und Dozent und meinen sportlichen Betätigungen noch etwas Zeit für das Fachbuchautorenhobby übrig habe.

Falls mir in diesem Buch oder den zugehörigen Downloads menschliche Fehler passiert sind, möchte ich mich dafür schon jetzt in aller Form bei Ihnen entschuldigen. Bitte geben Sie mir einen freundlichen, genau beschriebenen Hinweis auf meine Fehler. Ich freue mich immer über konstruktives Feedback und Verbesserungsvorschläge. Bitte verwenden Sie dazu das Kontaktformular auf *www.dotnet-doktor.de*.

Ich helfe Ihnen gerne dabei, Ihren eigenen Programmcode zu schreiben, aber ich hoffe, Sie verstehen, dass ich dies nicht ehrenamtlich tun kann. Wenn Sie **technische Hilfe** zu Entity Framework und Entity Framework Core oder anderen Themen rund um .NET, Visual Studio, Windows oder andere Microsoft-Produkte benötigen, stehe ich Ihnen im Rahmen meiner beruflichen Tätigkeit für die Firma *www.IT-Visions.de* (Beratung, Schulung, Support, Softwareentwicklung). Bitte wenden Sie sich für ein Angebot an das jeweilige Kundenteam. Bitte kontaktieren Sie die Firmen aber nicht für Feedback und Verbesserungsvorschläge zu diesem Buch, da dieses Buch reine Privatsache ist.

Die Beispiele zu diesem Buch können Sie herunterladen auf der von mir ehrenamtlich betriebenen **Leser-Website** unter *www.IT-Visions.de/Leser*. Dort müssen Sie sich registrieren. Bei der Registrierung wird ein Losungswort abgefragt. Bitte geben Sie dort **The Rain** ein (siehe auch Kapitel "Programmcodebeispiele zum Download").

Herzliche Grüße aus Essen, dem Herzen der Metropole Ruhrgebiet

Holger Schwichtenberg

3 Über den Autor

- Studienabschluss Diplom-Wirtschaftsinformatik an der Universität Essen
- Promotion an der Universität Essen im Gebiet komponentenbasierter Softwareentwicklung
- Seit 1996 selbstständig als unabhängiger Berater, Dozent, Softwarearchitekt und Fachjournalist
- Technischer Leiter bei *www.IT-Visions.de*
- Über 65 Fachbücher beim Carl Hanser Verlag, bei O'Reilly, Microsoft Press, APress und Addison-Wesley sowie mehr als 1000 Beiträge in Fachzeitschriften
- Ständiger Mitarbeiter der Zeitschriften iX (seit 1999), dotnetpro (seit 2000) und Windows Developer (seit 2010) sowie beim Online-Portal heise.de (seit 2008)

www.IT-Visions.de
Dr. Holger Schwichtenberg

- Regelmäßiger Sprecher auf nationalen und internationalen Fachkonferenzen (z.B. Microsoft TechEd, Microsoft Summit, Microsoft IT Forum, BASTA, BASTA-on-Tour, .NET Architecture Camp, Advanced Developers Conference, Developer Week, OOP, DOTNET Cologne, MD DevDays, Community in Motion, DOTNET-Konferenz, VS One, NRW.Conf, Net.Object Days, Windows Forum, Container Conf)
- Gutachter in den Wettbewerbsverfahren der EU gegen Microsoft (2006-2009)
- Zertifikate und Auszeichnungen von Microsoft:
  - Microsoft Most Valuable Professional (MVP)
  - Microsoft Certified Solution Developer (MCSD)
- Thematische Schwerpunkte:
  - Softwarearchitektur, mehrschichtige Softwareentwicklung, Softwarekomponenten, SOA
  - Visual Studio, Continous Integration, Continous Delivery, Azure DevOps
  - Microsoft .NET Framework, .NET Core, C#, Visual Basic
  - .NET-Architektur/Auswahl von .NET-Technologien
  - Einführung von .NET Framework/.NET Core und Visual Studio/Migration auf .NET
  - Webanwendungsentwicklung und Cross-Plattform-Anwendungen mit HTML, ASP.NET, JavaScript/TypeScript und Webframeworks wie Angular
  - Enterprise .NET, verteilte Systeme/Webservices mit .NET, insbesondere Windows Communication Foundation und WebAPI
  - Relationale Datenbanken, XML, Datenzugriffsstrategien
  - Objektrelationales Mapping (ORM), insbesondere ADO.NET Entity Framework und EF Core
  - Windows PowerShell, PowerShell Core und Windows Management Instrumentation (WMI)
- Ehrenamtliche Community-Tätigkeiten:
  - Vortragender für die International .NET Association (INETA)
  - Betrieb diverser Community-Websites: www.dotnet-lexikon.de, www.dotnetframework.de, www.dotnet-core.de, www.windows-scripting.de, www.aspnetdev.de u.a.
- Firmenwebsite: *www.IT-Visions.de*
- Persönliche Website und Weblog: *www.dotnet-doktor.de*
- Kontakt für geschäftliche Anfragen via Kundenteam: E-Mail **kundenteam@IT-Visions.de** sowie Telefon **0201 / 64 95 90 - 0**
- Kontakt für Feedback zu diesem Buch: Kontaktformular auf *www.dotnet-doktor.de*

4 Über dieses Buch

4.1   Versionsgeschichte dieses Buchs

Die folgende Tabelle zeigt die Versionen, die von diesem Fachbuch erschienen sind, sowie die darin besprochenen Entity Framework Core-Versionen.

Ergänzungen der Versionsnummer an der dritten Stelle (z.B. 1.2.**3**) sind kleine Korrekturen im Buch, die nicht explizit in dieser Versionstabelle erscheinen. Das Erscheinungsdatum auf der Titelseite entspricht dem Erscheinungsdatum der Unterversion, kann also von dem in der Tabelle genannten Erscheinungsdatum der übergeordneten Version abweichen.

Buchversion Datum Umfang	Leanpub.com-Preis für PDF	Amazon.de-Preis für gedruckte Ausgabe und Kindle	Entity Framework Core-Version(en)	Bemerkung
1.0 16.09.2016 101 Seiten	15,00 Dollar	-	1.0.1	Grundversion mit folgenden Kapiteln: ▪ Was ist Entity Framework Core? ▪ Reverse Engineering bestehender Datenbanken ▪ Forward Engineering für neue Datenbanken ▪ Anpassung des Datenbankschemas ▪ Schemamigrationen ▪ Daten lesen mit LINQ ▪ Objektbeziehungen und Ladestrategien ▪ Einfügen, Löschen und Ändern
1.1 18.11.2016 122 Seiten	17,50 Dollar	-	1.1	▪ Aktualisiert auf Entity Framework Core Version 1.1 ▪ Neues Unterkapitel: Laden anhand des Primärschlüssels mit Find() ▪ Neues Unterkapitel: Explizites Nachladen ▪ Neues Unterkapitel: Änderungsverfolgung auch für Unterobjekte ▪ Neues Kapitel: Leistungsoptimierung durch No-Tracking ▪ Neues Kapitel: Quellen im Internet

1.2 07.04.2017 145 Seiten	18,50 Dollar	19,99 Euro	1.1.1	▪ Neues Kapitel: Datenänderungskonflikte ▪ Neues Kapitel: Praxislösungen / N:M-Beziehungen zu sich selbst
1.3 14.06.2017 194 Seiten	19,50 Dollar	-	1.1.2 und 2.0-Preview1	▪ Aktualisiert auf Version 2.0 Preview 1 ▪ Erweitert: Fallbeispiel in diesem Buch ▪ Erweitert: LINQ im RAM statt in Datenbank ▪ Erweitert: Regeln für die selbsterstellte Kontextklasse ▪ Neues Kapitel: Artefakte der Entity Framework Core-Programmierung ▪ Neues Kapitel: Daten lesen/Globale Abfragefilter ▪ Neues Kapitel: Einfügen, Ändern und Löschen/Das Foreach-Problem ▪ Neues Kapitel: Einfügen, Ändern und Löschen/Transaktionen ▪ Neues Kapitel: Asynchrone Programmierung ▪ Neues Kapitel: Zusatzwerkzeuge: LINQPad, Entity Developer ▪ Erweitert: Tipps und Best Practices in einigen Kapiteln. ▪ Verbessert: Seitennummernformatierung
1.4 06.07.2017 210 Seiten	19,50 Dollar	19,99 Euro	1.1.2 und 2.0-Preview2	▪ Aktualisiert auf Version 2.0 Preview 2 ▪ Neues Kapitel: Was ist Entity Framework Core/Unterstützte .NET-Versionen ▪ Neues Kapitel: Was ist Entity Framework Core/Unterstützte Visual Studio-Versionen ▪ Neues Kapitel: Installation von Entity Framework Core

				▪ Neues Kapitel: Daten lesen und ändern mit SQL, Stored Procedures und Table Valued Functions
2.0 17.07.2017 296 Seiten	24,50 Dollar	24,99 Euro	1.1.2 und 2.0-Preview2	▪ Neues Kapitel: "Was ist Entity Framework Core?/Was ist ein OR-Mapper?"
				▪ Neues Kapitel: "Was ist Entity Framework Core?/ORM in der .NET-Welt"
				▪ Neues Kapitel: "Einfügen, Löschen und Ändern/Change Tracker abfragen"
				▪ Neues Kapitel: "Praxislösungen/Entity Framework Core in einer Universal Windows App"
				▪ Neues Kapitel: "Protokollierung (Logging)"
				▪ Neues Kapitel: "Dynamische LINQ-Abfragen"
				▪ Kapitel "Daten lesen und ändern mit SQL, Stored Procedures und Table Valued Functions" erweitert um Globale Filter.
				▪ Neues Kapitel: "Softwarearchitektur mit Entity Framework Core"
				▪ Neues Kapitel: "Zusatzwerkzeuge/ Profiling mit Entity Framework Profiler"
				▪ Neues Kapitel: "Zusatzwerkzeuge/ Objekt-Objekt-Mapping und AutoMapper"
				▪ Stichwortverzeichnis (Index) ergänzt
2.1 14.08.2017 296 Seiten	24,50 Dollar	24,99 Euro	1.1.2 und 2.0	▪ Aktualisiert auf die am 14.8. erschienene RTM-Version von Entity Framework Core 2.0
3.0 01.09.2017 395 Seiten	34,50 Dollar	34,99 Euro	1.1.2 und 2.0	▪ Erweiterung des Kapitels: "Aktualisierung auf eine neue Version"

				▪ Neues Kapitel: "Anpassung des Datenbankschemas/Indexe"
				▪ Neues Kapitel: "Leistungsoptimierung"
				▪ Neues Kapitel: "Tipps&Tricks/Shadow Properties"
				▪ Neues Kapitel: "Tipps&Tricks/Table Splitting"
				▪ Neues Kapitel: "Tipps&Tricks/Berechnete Spalten"
				▪ Neues Kapitel: "Tipps&Tricks/Standardwerte"
				▪ Neues Kapitel: "Tipps&Tricks/Sequenzen"
				▪ Neues Kapitel: "Tipps&Tricks/Alternative Schlüssel"
				▪ Neues Kapitel "Praxislösungen/Entity Framework Core in einer ASP.NET Core-Anwendung"
3.1 19.09.2017 422 Seiten	34,50 Dollar	34,99 Euro	1.1.2 und 2.0	▪ Neues Kapitel: "Konzepte von Entity Framework Core/Vorgehensmodelle"
				▪ Neues Kapitel: "Anpassung des Datenbankschemas/Weitere Syntaxoptionen für das Fluent-API"
				▪ Neues Kapitel: "Daten lesen mit LINQ/ Umgehung für das GroupBy-Problem"
				▪ Neues Kapitel: "Einfügen, Löschen und Ändern/Widersprüchliche Beziehungen"
				▪ Aktualisiert: "Leistungsoptimierung/ Leistungsvergleich"
				▪ Neues Kapitel: "Weitere Tipps und Tricks zum Mapping/Kaskadierendes Löschen"

				• Neues Kapitel "Weitere Tipps und Tricks zum Mapping/Abbildung von Datenbanksichten (Views)" • Neues Kapitel: "Weitere Tipps und Tricks zu LINQ"
4.0 06.10.2017 460 Seiten	39,00 Dollar	39,99 Euro	1.1.3 und 2.0	• Neues Kapitel: "Daten lesen mit LINQ/ Kurzübersicht über die LINQ-Syntax" • Neues Kapitel: "Praxislösungen/Entity Framework Core in einer Xamarin-Cross-Platform-App" • Überarbeitetes Kapitel: "Zusatzkomponenten/AutoMapper " • Verbesserung des Layouts
4.1 22.10.2017 474 Seiten	39,00 Dollar	39,99 Euro	1.1.3 und 2.0	• Neues Kapitel: "Zusatzwerkzeuge/Entity Framework Core Power Tools"
4.2 20.12.2017 485 Seiten	39,00 Dollar	39,99 Euro	1.1.5 und 2.0.1	• Neues Kapitel "Objektbeziehungen und Ladestrategien/Relationship Fixup"
4.3 03.01.2018 473 Seiten	39,00 Dollar	39,99 Euro	1.1.5 und 2.0.1	• Einige Kapitel überarbeitet • Neues Kapitel "Zusatzkomponenten/Oracle-Treiber von DevArt" • Erweiterung des Kapitels "Leistungsoptimierung durch No-Tracking" • Erweiterung des Kapitels "Weitere Tipps und Tricks zum Mapping/Shadow Properties" • Formatierung der Listings nun kompakter, daher die verringerte Seitenzahl
4.4 02.03.2018 493 Seiten	39,00 Dollar	nur Kindle für 9,99 Euro	1.1.5 und 2.0.1	• Erweiterung des Kapitels: "Datenbankschemamigrationen" • Neues Kapitel "Praxislösungen/ Continous Integration und Continous Delivery"

5.0 20.03.2018 521 Seiten	44,00 Dollar	nur Kindle für 9,99 Euro	1.1.5, 2.0.2 und 2.1 Preview 1	▪ Zahlreiche Stellen aktualisiert auf Version 2.1 Preview 1 ▪ Kapitel "LINQ/Gruppierungen" ergänzt ▪ Kapitel "Umgehung für das GroupBy-Problem" aktualisiert auf Entity Framework Core 2.1 Preview 1 ▪ Erweiterung des Kapitels "LINQ/Projektionen" ▪ Erweiterung des Kapitels "LINQ/Repository-Pattern" ▪ Kapitel "SQL/Nicht-Entitätsklassen als Ergebnismenge" aktualisiert auf Entity Framework Core 2.1 Preview 1 ▪ Kapitel "Weitere Tipps zum Mapping/Abbildung von Datenbanksichten" aktualisiert auf Entity Framework Core 2.1 Preview 1 ▪ Kapitel "Weitere Tipps zum Mapping/Wertkonvertierungen" ergänzt ▪ Kapitel "Einfügen, Löschen und Ändern/ Datenbanktransaktionen/TransactionScope" ergänzt
5.1 15.05.2018 521 Seiten	44,00 Dollar	nur Kindle für 9,99 Euro	1.1.5, 2.0.2 und 2.1 RC 1	▪ Aktualisiert auf 2.1 RC1
5.2 14.06.2018 521 Seiten	44,00 Dollar	nur Kindle für 9,99 Euro	1.1.5, 2.0.3 und 2.1	▪ Aktualisiert auf 2.1 RTM
5.3 21.08.2018 547 Seiten	44,00 Dollar	nur Kindle für 9,99 Euro	1.1.6, 2.0.3 und 2.1.1	▪ Kapitel "Future Queries" erweitert ▪ Kapitel "Massenoperationen" erweitert ▪ Kapitel "Sequenzen" erweitert ▪ Kapitel "Table Splitting" erweitert ▪ Kapitel "Data Seeding" hinzugefügt

				▪ Kapitel "Migration von ADO.NET Entity Framework zu Entity Framework Core" hinzugefügt
6.0 561 Seiten 12.10.2018	44,00 Dollar	nur Kindle für 9,99 Euro	1.1.6, 2.0.3 und 2.1.4 und 2.2 Preview 3	▪ Kapitel "Entity Framework Core Power Tools" erweitert ▪ Kapitel "Oracle-Treiber von DevArt" erweitert ▪ Unterkapitel "Verwendung von DbContextOptions" ergänzt ▪ Kapitel "Query Tags"
6.1 15.11.2018 595 Seiten	49,00 Dollar	nur Kindle für 9,99 Euro	1.1.6, 2.0.3 und 2.1.4 und 2.2 Preview 3	▪ Kapitel "Datenbankschemamigrationen/Migrationsszenarien" erweitert ▪ Kapitel "Forward Engineering für neue Datenbanken" erweitert ▪ Neues Kapitel "Anpassung des Datenbankschemas/Vererbung". ▪ Neues Kapitel "Daten lesen mit LINQ/Lokaler Cache in der Kontextklasse"
6.2 10.12.2018 600 Seiten	49,00 Dollar	nur Kindle für 9,99 Euro	1.1.6, 2.0.3 und 2.1.4 und 2.2.0	▪ Aktualisiert auf 2.2 RTM ▪ Neues Unterkapitel "Benachrichtigungen bei Datenänderungen (Query Notifications)"
6.3 10.02.2018 612 Seiten	49,00 Dollar	nur Kindle für 9,99 Euro	1.1.6, 2.0.3 und 2.1.4 und 2.2.1	▪ Kapitel "Alternative Schlüssel" erweitert ▪ Kapitel "Kaskadierendes Löschen (Cascading Delete)" erweitert ▪ Im Kapitel "Daten lesen mit LINQ" und "Objektbeziehungen und Ladestrategien" die Ausführungen zum lokalen Cache erweitert. ▪ Neues Kapitel "Pläne für Version 3.0"
7.0 27.08.2019 638 Seiten	49,00 Dollar	49,00 Euro Kindle: 44,00 Euro	3.0 Preview 8	▪ Aktualisiert auf Änderungen und Neuerungen in EF Core 3.0 Preview 8 ▪ Kapitel "Kritik an der Entwicklungsgeschwindigkeit von Entity Framework Core" ergänzt

				▪ Kapitel "Query Tags" erweitert
				▪ Neues Kapitel "Leistungsoptimierung/Compiled Queries"
				▪ Aktualisierung der zentralen Beispiele auf .NET Standard 2.1 und .NET Core 3.0 (ausgenommen UWP und Xamarin, die noch nicht mit Entity Framework Core 3.0 laufen)
7.1 24.09.2019 642 Seiten	49,00 Dollar	49,00 Euro Kindle: 44,00 Euro	3.0 RTM	▪ Aktualisiert auf EF Core 3.0 RTM ▪ Kapitel "Eigene Funktionen in LINQ" erweitert
7.2 29.09.2019 633 Seiten (eigentlich 652 Seiten *Satz-spiegel wurde verändert)	49,00 Dollar	49,00 Euro Kindle: 44,00 Euro	3.0 RTM	▪ Reduzierung der Schriftgröße der Listings ▪ Kapitel überarbeitet: "Reverse Engineering bestehender Datenbanken" ▪ Neues Kapitel: "Forward Engineering für neue Datenbanken/Nullable Reference Types" ▪ Neues Kapitel: "Asynchrone Programmierung/Asynchrone Streams mit AsAsyncEnumerable()" ▪ Kapitel erweitert: "Daten lesen und ändern mit SQL, Stored Procedures und Table Valued Functions" ▪ Kapitel überarbeitet: "Weitere Tipps zum Mapping/Abbildung von Datenbanksichten (Views)" ▪ Neues Kapitel "Weitere Tipps und Tricks zum Mapping/Sichten auf Kontextebene (Defining Queries)"
7.3 25.11.2019 633 Seiten (eigentlich 652 Seiten *Satz-spiegel	49,00 Dollar	49,00 Euro Kindle: 44,00 Euro	3.0 RTM und 3.1 Preview 3	▪ Kapitel " Was ist Entity Framework Core?/Unterstützte .NET-Versionen" sowie "Kommende Versionen" aktualisiert

wurde verändert)				• Kapitel "Reverse Engineering" erweitert • Kapitel "Zusatzwerkzeuge/Entity Framework Core Power Tools" aktualisiert auf Version 2.3
8.0 25.11.2019 632 Seiten	49,00 Dollar	49,00 Euro Kindle: 44,00 Euro	3.1 Preview 3	• Aktualisiert auf Entity Framework Core 3.1 Preview 3
8.1 05.12.2019 644 Seiten	49,00 Dollar	49,00 Euro Kindle: 44,00 Euro	3.1 RTM	• Aktualisiert auf 3.1 RTM • Unterkapitel "Über Entity Framework Core/Support für Entity Framework Core" ergänzt • Kapitel "Forward Engineering/Non-Nullable Reference Types" erweitert.
8.2 22.01.2020 669 Seiten	49,99 Dollar	59,99 Euro Kindle: 49,99 Euro	3.1.1 RTM	• Neues Kapitel "Vergleich zwischen Entity Framework 6.4 und Entity Framework Core 3.1" • Unterkapitel "Einsatzszenarien für Entity Framework Core" aktualisiert • Unterkapitel "Support für Entity Framework Core" aktualisiert • Unterkapitel "Support für Entity Framework Core" aktualisiert • Neues Kapitel "Migration von ADO.NET Entity Framework zu Entity Framework Core" erweitert • Neues Kapitel "Prüfung der Datenbankexistenz" • Neues Kapitel "Weitere Tipps und Tricks zum Mapping/Eigene Konventionen (Custom Conventions)" • Neues Kapitel "Daten lesen mit LINQ/Datenbindung"
8.3 09.02.2020 682 Seiten	49,99 Dollar	59,99 Euro Kindle: 49,99 Euro	3.1.1 RTM	• Kapitel "Daten lesen mit LINQ/ Lokaler Objektzwischenspeicher in der Kontextklasse (First Level Cache)" erweitert

				▪ Kapitel "Speichern mit SaveChanges()" erweitert
				▪ Kapitel "Objekte löschen" erweitert
				▪ Kapitel "Datenänderungskonflikte" erweitert
8.4 19.02.2020 690 Seiten	49,99 Dollar	64,99 Euro Kindle: 54,99 Euro	3.1.2 RTM	▪ Neues Unterkapitel "Reverse Engineering/ Konfiguration der Datenbankverbindung"
				▪ Unterkapitel "Lokaler Objektzwischenspeicher in der Kontextklasse (First Level Cache)" erweitert
				▪ Neues Unterkapitel "Tipps und Tricks zum Mapping/Wechsel von Reverse Engineering auf Forward Engineering"
				▪ Neues Hauptkapitel "Migration von Entity Framework zu Entity Framework Core"
8.5 01.04.2020 698 Seiten	49,99 Dollar	64,99 Euro Kindle: 54,99 Euro	3.1.3 RTM und 5.0 Preview 1	▪ Unterkapitel "Leistungsvergleich verschiedener Datenzugriffstechniken in .NET" aktualisiert
				▪ Unterkapitel "Gefahren von Lazy Loading" erweitert
				▪ Kapitel "Protokollierung (Logging)" erweitert
				▪ Aktualisierung auf Entity Framework Core 5.0 Preview 1
8.6 25.04.2020 723 Seiten	49,99 Dollar	64,99 Euro Kindle: 54,99 Euro	3.1.3 RTM und 5.0 Preview 3	▪ Neues Kapitel "Was ist Entity Framework Core/Dokumentation für Entity Framework Core"
				▪ Neues Kapitel "Datenbankschemamigrationen/ Informationen über die Datenbank"
				▪ Neues Kapitel "Objektbeziehungen und Ladestrategien/Eager Loading mit Bedingungen (Filtered Includes)"
				▪ Neues Kapitel "Weitere Tipps und Tricks zum Mapping/Mapping auf Properties oder Fields"

				<ul><li>Neues Kapitel "Weitere Tipps und Tricks zu LINQ und SQL/Datenbankfunktionen"</li><li>Aktualisierung bez. der Neuerungen in Entity Framework Core 5.0 Preview 2+3</li></ul>

4.2   Bezugsquelle für Aktualisierungen

Wenn Sie eine ältere Version dieses Buch besitzen, können Sie jederzeit eine aktuelle PDF-Version zum stark vergünstigten Preis von nur 15,00 Dollar (zzgl. 19% Mehrwertsteuer) unter folgender Webadresse beziehen:

https://leanpub.com/EntityFrameworkCore31/c/update

Sie können diesen Link auch verwenden, wenn Sie eine gedruckte Version bei Amazon gekauft haben und nun gerne auch das E-Book zusätzlich hätten (zum Beispiel für die Volltextsuche).

Leider erlaubt Amazon nicht, dass Leser eine Aktualisierung im Kindle-Format oder in gedruckter Form vergünstigt erhalten.

4.3   Geplante Kapitel

Die Reihenfolge der für die folgenden Versionen geplanten Kapitel ist hier zunächst alphabetisch angeordnet und entspricht nicht der Reihenfolge, in der die Kapitel erscheinen werden.

- Anpassung der Code-Generierung beim Reverse Engineering mit Handlebars (Paket EntityFrameworkCore.Scaffolding.Handlebars)

- Auditing mit Entity Framework Plus

- Change Tracking mit INotifyPropertyChanged (ChangeTrackingStrategy)

- Command Interceptors (seit Entity Framework Core 3.0)

- Connection Resiliency / EnableRetryOnFailure (seit Entity Framework Core 1.1)

- Geo-Datentypen mit NetTopologySuite (seit Entity Framework Core 2.2)

- Include für abgeleitete Typen (seit Entity Framework Core 2.1)

- N-Tier-Szenarien / Arbeit mit Detached Objects

- Parameter in Konstruktoren von Entitätsklassen (seit Entity Framework Core 2.1)

- Projektstrukturen anlegen mit der .NET Core CLI

- Spaltensortierung beim Anlegen einer Tabelle (seit Entity Framework Core 2.1)

- SQL Server memory-optimized Tables (seit Entity Framework Core 1.1)

- Temporale Tabellen (seit SQL Server 2016) mit Paket "EfCoreTemporalTable" [*https://github.com/glautrou/EfCoreTemporalTable*] und "EFCore.TimeTraveler" [*https://github.com/VantageSoftware/EFCore.TimeTraveler*]

- Trackable Entities (http://trackableentities.github.io)

- User Defined Functions (UDF)

- Visual Studio Analyzer für SQL-Abfragen (seit Entity Framework Core 2.1)

- Zugriff auf Cosmos DB (seit Entity Framework Core 3.0)

- Zusätzliche Erweiterungen wie z.B. EntityFrameworkCore.Rx, EFDetached.EntityFramework, EntityFrameworkCore.Triggers, EntityFrameworkCore.PrimaryKey und EntityFrameworkCore.TypedOriginalValues

- Zustandsänderungsereignisse im Change Tracker (seit Entity Framework Core 2.1)

4.4   Programmiersprache in diesem Buch

Als Programmiersprache kommt in diesem Buch C# zum Einsatz, weil dies die bei weitem am häufigsten verwendete Programmiersprache in .NET ist. Der Autor dieses Buchs programmiert in einigen Kundenprojekten .NET-Anwendungen zwar auch in Visual Basic .NET, leider bietet dieses Buch jedoch nicht den Raum, alle Listings in beiden Sprachen wiederzugeben.

Eine Sprachkonvertierung zwischen C# und Visual Basic .NET ist im WWW kostenfrei verfügbar z.B. auf der Website *http://converter.telerik.com*.

Wenn Sie auf C# umsteigen möchten, möchte ich Ihnen mein Buch "C# 8.0 Crashkurs" empfehlen:

- Gedruckt (Print-on-Demand) bei Amazon.de für 19,99 Euro (der Autor erhält 7,96 Euro): *www.amazon.de/exec/obidos/ASIN/3934279325/itvisions-21*

- Kindle-E-Book bei Amazon.de für 9,99 Euro (der Autor erhält 5,56 Euro): *www.amazon.de/exec/obidos/ASIN/B07XSLF1HG/itvisions-21*

- PDF-E-Book bei Leanpub.com ab 11,99 Dollar (der Autor erhält ca. 8,74 Euro): *www.leanpub.com/CSharp8*

4.5   Aktion "Buch für Buchrezension"

Ich möchte Sie animieren, eine Rezension dieses Fachbuchs bei Amazon.de zu schreiben. Als Dank dafür erhalten Sie kostenlos ein weiteres E-Book aus meiner Buchreihe.

So geht es:

- Sie schreiben bei Amazon.de eine Rezension zu diesem Fachbuch.

- Nach dem Erscheinen der Rezension besuchen die Webadresse *https://www.it-visions.de/buchrezension*

- Füllen Sie bitte das Formular aus. Geben Sie dabei in den Details insbesondere ihren Rezensionstext an, damit wir dies auf Amazon.de überprüfen können. **Sie müssen <u>nicht</u> Ihr Amazon-Konto angeben!**

- Das www.IT-Visions.de-Kundenteam sendet Ihnen nach der Überprüfung das E-Book (PDF-Format) des gewünschten Buchs per E-Mail.

Abbildung: Webformular für die Aktion "Buch für Buchrezension"

5 Fallbeispiele in diesem Buch

Die meisten Beispielprogrammcodes in diesem Buch drehen sich um das Fallbeispiel der fiktiven Fluggesellschaft "World Wide Wings", abgekürzt "WWWings" oder als dreibuchstabiger Airline Code einfach "WWW". Es gibt auch eine Website zu der Fluggesellschaft (*www.world-wide-wings.de*) – dort einen Flug zu buchen, möchte der Autor dieses Buchs Ihnen aber nicht empfehlen ☺

Abbildung: Logo der fiktiven Fluggesellschaft "World Wide Wings"

> **Hinweis:** In einzeln Unterkapitel werden andere Fallbeispiele verwendet (z.B. die Aufgabenverwaltung "MiracleList"). Diese Fallbeispiele werden dann in den jeweiligen Kapiteln erläutert.

5.1   Entitäten

Im Anwendungsfall "World Wide Wings" geht es um folgende Entitäten:

- **Flüge** zwischen zwei Orten, bei denen die Orte bewusst nicht als eigene Entität modelliert wurden, sondern Zeichenketten sind (dies vereinfacht das Verständnis vieler Beispiele)

- **Passagiere**, die auf Flügen fliegen

- **Mitarbeiter** der Fluggesellschaft, die wiederum Vorgesetzte haben, die auch Mitarbeiter sind

- **Piloten** als eine Spezialisierung von Mitarbeitern. Ein Flug hat einfacheren Modell nur einen Piloten. Es gibt keinen Copiloten bei World Wide Wings. Den Copiloten abzuschaffen und im Notfall das Flugzeug von der Stewardess landen zu lassen (wie im Film "Turbulence" von 1997), war übrigens ein echter Vorschlag von Michael O'Leary, dem Chef der irischen Fluggesellschaft Ryanair im Jahr 2010 (siehe [http://www.dailymail.co.uk/news/article-1308852/Let-stewardesses-land-plane-crisis-says-Ryanair-boss-Airline-wants-ditch-pilots.html]).

- **Personen** als Sammlung der gemeinsamen Eigenschaften für alle Menschen in diesem Beispiel. Personen gibt es aber nicht eigenständig, sondern nur in den Ausprägungen/Spezialisierungen Passagier, Mitarbeiter und Pilot. Im objektorientierten Sinne ist Person also eine abstrakte Basisklasse, die keine Instanzen besitzen kann, sondern nur der Vererbung dient.

Es gibt zwei Datenmodelle:

- Das etwas einfachere Modell #1 (alias Modell Version 1, siehe Abbildungen 1 und 2) ist das Ergebnis klassischen relationalen Datenbankdesigns mit Normalisierung. Das Objektmodell daraus entsteht per Reverse Engineering.

- Modell #2 (alias Modell Version 2, siehe Abbildungen 3 und 4) ist das Ergebnis des Forward Engineering mit Entity Framework Core aus einem Objektmodell. Zusätzlich gibt es hier weitere Entitäten (Persondetail, Flugzeugtyp und Flugzeugtypdetail), um weitere Modellierungsaspekte aufzeigen zu können. In diesem Fall gibt es auch für jeden Flug einen optionalen Copiloten.

In Modell #1 gibt es eine jeweils eigene Tabelle für Personen (auch wenn es keine eigenständigen Personen gibt), Mitarbeiter, Piloten und Passagiere. Diese Aufteilung entspricht den Klassen im Objektmodell.

> **Hinweis:** Bitte beachten Sie, dass die Objektmodelle, die in diesem Buch zu den Datenmodellen erstellt werden, nicht das Idealbild eines Objektmodells darstellen können, denn Entity Framework Core unterstützt einige Mapping-Möglichkeiten wie z.B. das N:M-Mapping noch nicht.
>
> Das Objektmodell zum Datenbankschema World Wide Wings Version 1 (Abbildung 2) ist das automatisch von Entity Framework Core aus der Datenbank generierte Objektmodell (Reverse Engineering); es ist bewusst nicht verändert worden, auch wenn einige der generierten Namen unschön sind.

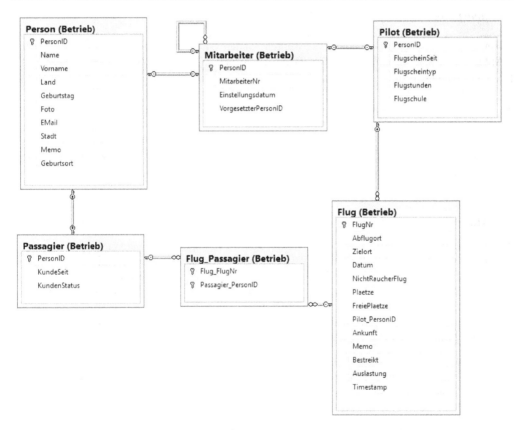

Abbildung 1: World Wide Wings-Datenmodell in der einfacheren Version 1

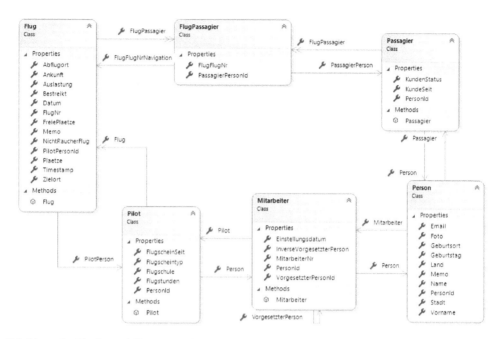

Abbildung 2: Objektmodell zum World Wide Wings-Datenmodell in der einfacheren Version 2

In Modell #2 gibt es lediglich die Tabellen Passagiere und Mitarbeiter für diese vier Entitäten. Entity Framework Core ist derzeit etwas eingeschränkt und unterstützt das "Table per Type"-Mapping (also eine eigenständige Tabelle für jede Klasse) nicht. Daher umfasst die Tabelle Passagiere auch alle Eigenschaften von Person. Die Tabelle Mitarbeiter umfasst neben den Personeneigenschaften die Eigenschaften der Entitäten Mitarbeiter und Pilot. In der Tabelle wird per Diskriminatorspalte unterschieden zwischen Datensätzen, die ein Mitarbeiter sind, und solchen, die ein Pilot sind. Entity Framework Core mischt hier die Konzepte Table per Concrete Type (TPC) und Table per Hierarchy (TPH). Einen dezidierten Einfluss auf diese Abbildung hat man in Entity Framework Core 1.x/2.0 noch nicht. Das klassische Entity Framework bietet hier mehr Optionen.

Die Abhängigkeitsarten in Modell #2 sind:

- Ein **Flug** muss einen Piloten besitzen. Es gibt einen Copiloten, aber er ist optional.

- Ein Flug kann optional einen **Flugzeutyp** zugeordnet haben. Ein Flugzeugtyp hat eine Beziehung zu **Flugzeugtypdetail**.

- Jede Person und damit auch jeder Pilot und Passagier muss ein **Persondetail**-Objekt besitzen.

In diesem Buch kommen beide Datenmodelle vor, teilweise auch in modifizierter Form, um bestimmte Szenarien (z.B. Datenbankschemamigrationen) aufzuzeigen.

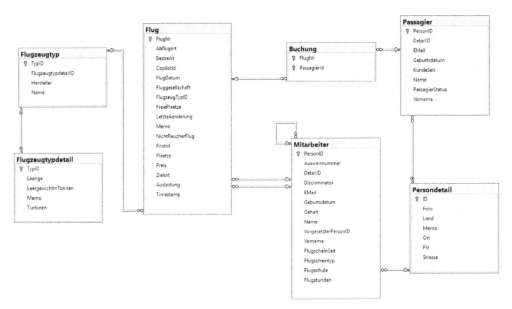

Abbildung 3: World Wide Wings-Datenmodell in der komplexeren Version 2

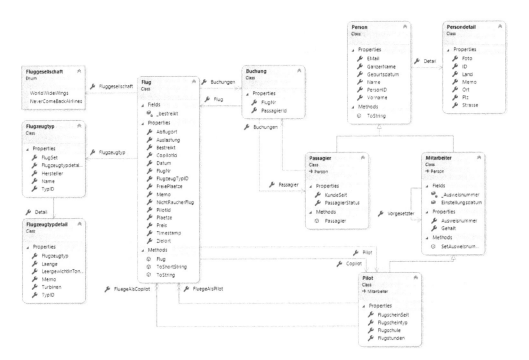

Abbildung 4: Objektmodell zum World Wide Wings-Datenmodell in der komplexeren Version 2

5.2 Englische Version des Beispiels

Da dieses Buch im Jahr 2018 auch in englischer Sprache (beim US-amerikanischen Verlag "APress") erschienen ist, war es notwendig, die Programmcodebeispiele auf Englisch umzustellen, da der Aufwand für die Pflege von Quellcode in zwei Sprachen nicht wirtschaftlich vertretbar war. Daher verwenden einige neuere Beispiele in diesem Buch bereits die englischen Klassennamen, z.B. Flight statt Flug und Passenger statt Passagier sowie Airline statt Fluggesellschaft und Booking statt Buchung usw.

Die folgende Abbildung zeigt das analog Objektmodell in englischer Sprache.

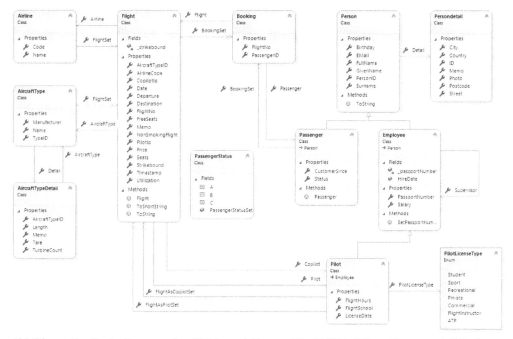

Abbildung: Englische Fassung des Objektmodells zum World Wide Wings-Datenmodell in der komplexeren Version 2

5.3 Anwendungsarten in diesem Buch

In diesem Buch erfolgen Bildschirmausgaben meist an der textbasierten Konsole in Konsolenanwendungen, denn dies ermöglicht die Fokussierung auf den Datenbankzugriff. Beim Einsatz von grafischen Benutzeroberflächen wie Windows Presentation Foundation (WPF), Windows Forms, ASP.NET Webforms oder ASP.NET MVC bzw. ASP.NET Core MVC und ASP.NET Core Razor Pages ist die Darstellung durch Datenbindung entkoppelt, das heißt man würde immer ein zweites Listing brauchen, um zu verstehen, dass die Datenzugriffe überhaupt liefern. Eingaben des Benutzers werden in den Konsolenbeispielen durch Variablen zu Beginn des Programmcodes simuliert.

Der Autor dieses Buchs führt seit vielen Jahren Schulungen und Beratungseinsätze im Bereich Datenzugriff durch und hat dabei die Erfahrung gemacht, dass Konsolenausgaben das didaktisch beste Instrument sind, da die Listings sonst sehr umfangreich und damit schlechter zu verstehen sind.

Natürlich ist die Konsolenausgabe in 99% der Fälle der Softwareentwicklung nicht die gängige Praxis. Grafische Benutzeroberflächen sind Inhalt anderer Bücher, und die Datenbindung hat in der Regel keinen Einfluss auf die Form des Datenzugriffs. Dort, wo der Datenzugriff doch relevant ist, wird dieses Buch auch Datenbindungsbeispiele zeigen.

5.4   Hilfsroutinen zur Konsolenausgabe

Für die Bildschirmausgabe an der Konsole wird an mehreren Stellen nicht nur Console.WriteLine() verwendet, sondern auch Hilfsroutinen kommen zur Anwendung, die farbige Bildschirmausgaben erzeugen. Diese Hilfsroutinen in der Klasse *CUI* aus der ITV_DemoUtil.dll sind hier zum besseren Verständnis abgedruckt:

Listing: Klasse CUI mit Hilfsroutinen für die Bildschirmausgabe an der Konsole

```csharp
using System;
using System.Runtime.InteropServices;
using System.Web;
using ITVisions.UI;
using System.Diagnostics;

namespace ITVisions
{
 /// <summary>
 /// Helper utilities for console UIs
 /// (C) Dr. Holger Schwichtenberg 2002-2018
 /// </summary>
 public static class CUI
 {
  public static bool IsDebug = false;
  public static bool IsVerbose = false;

  #region Print only under certain conditions
  public static void PrintDebug(object s)
  {
    PrintDebug(s, System.Console.ForegroundColor);
  }

  public static void PrintVerbose(object s)
  {
    PrintVerbose(s, System.Console.ForegroundColor);
  }
  #endregion

  #region Issues with predefined colors
  public static void MainHeadline(string s)
  {
    Print(s, ConsoleColor.Black, ConsoleColor.Yellow);

  }
  public static void Headline(string s)
  {
    Print(s, ConsoleColor.Yellow);
  }
  public static void HeaderFooter(string s)
  {
    Console.ForegroundColor = ConsoleColor.Green;
    Console.WriteLine(s);
    Console.ForegroundColor = ConsoleColor.Gray;
```

```
        }

        public static void SubHeadline(string s)
        {
         Print(s, ConsoleColor.White);
        }

        public static void PrintSuccess(object s)
        {
         Print(s, ConsoleColor.Green);
        }

        public static void H1(string s)
        {
         MainHeadline(s);
        }

        public static void H2(string s)
        {
         Headline(s);
        }

        public static void H3(string s)
        {
         SubHeadline(s);
        }

        public static void PrintGreen(string s)
        {
         Print(s, ConsoleColor.Green);
        }

        public static void PrintYellow(string s)
        {
         Print(s, ConsoleColor.Yellow);
        }

        public static void PrintRed(string s)
        {
         Print(s, ConsoleColor.Red);
        }

        public static void PrintSuccess(object s)
        {
         Print(s, ConsoleColor.Green);
        }

        public static void PrintStep(object s)
        {
         Print(s, ConsoleColor.Cyan);
        }

        public static void PrintDebugSuccess(object s)
        {
         PrintDebug(s, ConsoleColor.Green);
        }

        public static void PrintVerboseSuccess(object s)
        {
```

```
   PrintVerbose(s, ConsoleColor.Green);
  }

  public static void PrintWarning(object s)
  {
   Print(s, ConsoleColor.Cyan);
  }

  public static void PrintDebugWarning(object s)
  {
   PrintDebug(s, ConsoleColor.Cyan);
  }

  public static void PrintVerboseWarning(object s)
  {
   PrintVerbose(s, ConsoleColor.Cyan);
  }

  public static void PrintError(object s)
  {
   Print(s, ConsoleColor.White, ConsoleColor.Red);
  }

  public static void PrintDebugError(object s)
  {
   PrintDebug(s, ConsoleColor.White, ConsoleColor.Red);
  }

  public static void PrintVerboseError(object s)
  {
   Print(s, ConsoleColor.White, ConsoleColor.Red);
  }

  public static void Print(object s)
  {
   PrintInternal(s, null);
  }
  #endregion

  #region Print with selectable color

  public static void Print(object s, ConsoleColor farbe, ConsoleColor? hintergrundfarbe =
null)
  {
   PrintInternal(s, farbe, hintergrundfarbe);
  }

  public static void PrintDebug(object s, ConsoleColor farbe, ConsoleColor? hintergrundfarbe
= null)
  {
   if (IsDebug || IsVerbose) PrintDebugOrVerbose(s, farbe, hintergrundfarbe);
  }

  public static void PrintVerbose(object s, ConsoleColor farbe)
  {
   if (!IsVerbose) return;
   PrintDebugOrVerbose(s, farbe);
  }
  #endregion
```

```csharp
#region Print with additional data

/// <summary>
/// Print with Thread-ID
/// </summary>
public static void PrintWithThreadID(string s, ConsoleColor c = ConsoleColor.White)
{
  var ausgabe = String.Format("Thread #{0:00} {1:}: {2}",
System.Threading.Thread.CurrentThread.ManagedThreadId, DateTime.Now.ToLongTimeString(), s);
  CUI.Print(ausgabe, c);
}

/// <summary>
///   Print with time
/// </summary>
public static void PrintWithTime(object s, ConsoleColor c = ConsoleColor.White)
{
  CUI.Print(DateTime.Now.Second + "." + DateTime.Now.Millisecond + ":" + s);
}

private static long count;
/// <summary>
/// Print with counter
/// </summary>
private static void PrintWithCounter(object s, ConsoleColor farbe, ConsoleColor?
hintergrundfarbe = null)
{
  count += 1;
  s = $"{count:0000}: {s}";
  CUI.Print(s, farbe, hintergrundfarbe);
}

#endregion

#region internal helper routines
private static void PrintDebugOrVerbose(object s, ConsoleColor farbe, ConsoleColor?
hintergrundfarbe = null)
{
  count += 1;
  s = $"{count:0000}: {s}";
  Print(s, farbe, hintergrundfarbe);
  Debug.WriteLine(s);
  Trace.WriteLine(s);
  Trace.Flush();
}

/// <summary>
/// Output to console, trace and file
/// </summary>
/// <param name="s"></param>
[DebuggerStepThrough()]
private static void PrintInternal(object s, ConsoleColor? farbe = null, ConsoleColor?
hintergrundfarbe = null)
{
  if (s == null) return;

  if (HttpContext.Current != null)
  {
    try
```

```
    {
  if (farbe != null)
     {
         HttpContext.Current.Response.Write("<span style='color:" +
farbe.Value.DrawingColor().Name + "'>");
     }
     if (!HttpContext.Current.Request.Url.ToString().ToLower().Contains(".asmx") &&
!HttpContext.Current.Request.Url.ToString().ToLower().Contains(".svc") &&
!HttpContext.Current.Request.Url.ToString().ToLower().Contains("/api/"))
HttpContext.Current.Response.Write(s.ToString() + "<br>");

     if (farbe != null)
     {
       HttpContext.Current.Response.Write("</span>");
     }
   }
   catch (Exception)
   {
   }
 }
 else
 {
   object x = 1;
   lock (x)
   {
     ConsoleColor alteFarbe = Console.ForegroundColor;
     ConsoleColor alteHFarbe = Console.BackgroundColor;

     if (farbe != null) Console.ForegroundColor = farbe.Value;
     if (hintergrundfarbe != null) Console.BackgroundColor = hintergrundfarbe.Value;

     //if (farbe.ToString().Contains("Dark")) Console.BackgroundColor = ConsoleColor.White;
     //else Console.BackgroundColor = ConsoleColor.Black;

     Console.WriteLine(s);
     Console.ForegroundColor = alteFarbe;
     Console.BackgroundColor = alteHFarbe;
   }
 }
}
#endregion

#region Set the position of the console window
[DllImport("kernel32.dll", ExactSpelling = true)]
private static extern IntPtr GetConsoleWindow();
private static IntPtr MyConsole = GetConsoleWindow();

[DllImport("user32.dll", EntryPoint = "SetWindowPos")]
public static extern IntPtr SetWindowPos(IntPtr hWnd, int hWndInsertAfter, int x, int Y,
int cx, int cy, int wFlags);

// Set the position of the console window without size
public static void SetConsolePos(int xpos, int ypos)
{
  const int SWP_NOSIZE = 0x0001;
  SetWindowPos(MyConsole, 0, xpos, ypos, 0, 0, SWP_NOSIZE);
}

// Set the position of the console window with size
public static void SetConsolePos(int xpos, int ypos, int w, int h)
```

```
  {
    SetWindowPos(MyConsole, 0, xpos, ypos, w, h, 0);
  }
  #endregion
 }
}
```

6 Programmcodebeispiel zum Download

Die Beispiele zu diesem Buch können Sie als Visual Studio-Projekte herunterladen.

> **Hinweis:** Bitte beachten Sie, dass nicht jede einzelne Zeile Programmcode, die Sie in diesem Buch finden, in den herunterladbaren Projekten enthalten sein kann. Die Projekte bilden funktionierende Lösungen. In diesem Buch werden auch alternative Lösungen für Einzelfälle diskutiert, die nicht unbedingt zu einer Gesamtlösung passen.

6.1   Webadresse für Downloads

Den Download der Beispiele zu diesem Buch finden Sie auf der Leser-Website unter der Webadresse:

www.dotnet-doktor.de/Leser

Dort müssen Sie sich einmalig registrieren. Bei der Registrierung wird ein **Losungswort** abgefragt, das Sie als Käufer dieses Buchs ausweist. Bitte geben Sie dort **The Rain** ein.

Durch die Registrierung erhalten Sie dann ein persönliches **Kennwort** per E-Mail zugesendet, das Sie danach immer wieder für die Anmeldung zum Leserportal nutzen können.

Bei Problemen mit der Registrierung nutzen Sie bitte das verlinkte FAQ.

6.2   Übersicht über die Beispiele

Die folgende Tabelle zeigt, wo in dem herunterladbaren ZIP-Paket Sie die die Beispiele der einzelnen Kapitel des Buchs finden. Das ZIP-Paket wird durch ein Skript automatisiert erstellt. Kapitel 1 bis 9 enthalten keine Beispiele.

Ordner	Programm-code aus Kapitel(n)	Hinweise
EFC_WWWingsV1_Reverse	10 ("Reverse Engineering")	Projekttypen: .NET Core Console und .NET Standard Library
		Basiert auf dem einfacheren "World Wide Wings v1"-Datenmodell. Unterteilung in nur zwei Projekte "DA" (mit Kontextklasse und Entitätsklassen) und "Console".
		Das Datenmodell inkl. Testdaten kann mit dem mitgeliefertem SQL-Skript erstellt werden.
EFC_WWWingsV2_Forward	11 bis 21 sowie 23 bis 27	Projekttypen: .NET Core Console und .NET Standard Libraries
		Beispiele für Forward Engineering mit dem "World Wide Wings v2"-Datenmodell.
		Unterteilung in folgende Projekte:
		▪ BO: Entitätsklassen

		<ul><li>DA: Kontextklasse</li><li>BL: Geschäftslogik</li><li>Console: Startprogramm mit den meisten Beispielen</li></ul>Das Datenmodell kann zur Entwicklungs- oder Laufzeit (siehe Readme.txt) angelegt werden. Testdaten lassen sich durch einen Datengenerator generieren, der im Quellcode enthalten ist.
EFC_MigrationScenarios	13 (teilweise)	Projekttyp: .NET Core Diverse Schemamigrationen anhand eines Ausschnitts aus dem World Wide Wings-Datenmodell, die nicht in eins der beiden World Wide Wings-Modelle passten. Eine Schichtentrennung findet in diesen kurzen Beispielen aus Gründen der Übersichtlichkeit nicht statt.
EFC_MappingScenarios	22	Projekttyp: .NET Core Diverse andere Datenmodelle, die Mapping-Szenarien zeigen, die nicht in eins der beiden World Wide Wings-Modelle passten. Eine Schichtentrennung findet in diesen kurzen Beispielen aus Gründen der Übersichtlichkeit nicht statt.
EFC_UWP_SQLite.rar und EFC_Xamarin_SQLite.rar	28	Projekttyp: UWP und Xamarin Beispielanwendung: Einfacher Merkzettel "MiracleList Light" als Universal Windows Platform (UWP) App für Windows 10 und Xamarin-basierte Cross-Platform-App für iOS, Android und Windows 10. Die App speichert Daten mit Hilfe von Entity Framework Core in SQLite. Die UWP-Anwendung kann auch in Microsoft SQL Server speichern.

		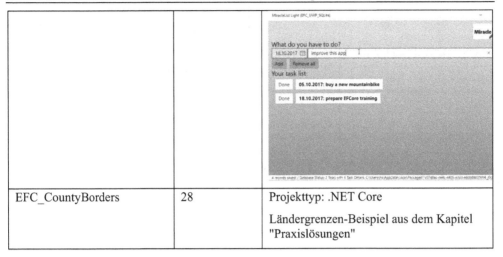
EFC_CountyBorders	28	Projekttyp: .NET Core Ländergrenzen-Beispiel aus dem Kapitel "Praxislösungen"

6.3   Technischer Hinweis zu den Beispielen

In den Versionen 1.x bis 6.x dieses Buchs basierten die meisten Beispiele auf dem klassischen .NET Framework. Einzelne Beispiele basierten auf .NET Core, Xamarin oder UWP.

Ab Version 7.0 behandelt das Buch Entity Framework Core 3.0, das nur noch auf .NET Core läuft. Das klassische .NET Framework wird von Microsoft seit Version 4.8 (April 2019) nicht mehr weiterentwickelt. Microsoft will Entity Framework Core ab 3.0 nicht mehr dafür anbieten. Dementsprechend war eine Umstellung aller Beispiele auf .NET Core notwendig, soweit das möglich war.

Für Xamarin und UWP wird Entity Framework Core 3.0 noch nicht angeboten. Folglich verwenden die Fallbeispiele, die UWP und Xamarin einsetzen, vorerst weiterhin Entity Framework Core 2.2.

6.4   Qualitätssicherung der Programmcodebeispiele

Ich versichere Ihnen, dass die Programmcodebeispiele auf zwei meiner Entwicklungssysteme kompilierten und liefen, bevor ich sie per Kopieren & Einfügen in das Manuskript zu diesem Buch übernommen habe und auf der Leser-Website zum Download veröffentlicht habe.

Dennoch gibt es leider Gründe, warum die Beispiele bei Ihnen als Leser nicht laufen:

- Eine abweichende Systemkonfiguration (in der heutigen komplexen Welt der vielen Varianten und Versionen von Betriebssystemen und Anwendungen nicht unwahrscheinlich). Es ist einem Autor nicht möglich, alle Konfigurationen durchzutesten.

- Änderungen, die sich seit der Erstellung der Beispiele ergeben haben (von den vielen Breaking Changes, die ASP.NET Core immer wieder durch Microsoft erhält, können auch Beispiele betroffen sein, was nicht immer leicht zu entdecken ist)

- Schließlich sind auch menschliche Fehler des Autors möglich. Bitte bedenken Sie, dass das Fachbuchschreiben – wie im Vorwort erwähnt – nur ein Hobby ist. Es gibt nur sehr wenige Menschen in Deutschland, die hauptberuflich als Fachbuchautor arbeiten und so professionell Programmcodebeispiele erstellen und testen können wie kommerziellen (bezahlten) Programmcode.

Wenn die Beispiele bei Ihnen nicht laufen, kontaktieren Sie mich bitte mit einer sehr genauen Fehlerbeschreibung (Kontaktdaten siehe Vorwort). Ich bemühe mich, Ihnen binnen zwei Wochen zu antworten. Im Einzelfall kann es wegen dienstlicher oder privater Abwesenheit aber auch länger dauern.

7 Was ist Entity Framework Core?

Entity Framework Core ist ein Objekt-Relationaler Mapper (ORM) für .NET (.NET Framework, .NET Core, Mono und Xamarin). Entity Framework Core ist eine Neuimplementierung des "ADO.NET Entity Framework".

Zusammen mit .NET Core Version 1.0 und ASP.NET Core Version 1.0 ist auch Entity Framework Core in Version 1.0 am 27. Juni 2016 erstmals erschienen. Seitdem sind im Abstand von einigen Monaten neue Versionen erschienen.

Hinweis: Entity Framework Core hieß ursprünglich Entity Framework 7.0. Microsoft hat den Namen aber vor dem Erscheinen der ersten Version auf Entity Framework Core 1.0 geändert.

7.1   Was ist ein Objekt-Relationaler Mapper (ORM)?

In der Datenbankwelt sind relationale Datenbanken vorherrschend, in der Programmierwelt sind es Objekte. Zwischen den beiden Welten gibt es erhebliche semantische und syntaktische Unterschiede, die man unter dem Begriff "Impedance Mismatch" (zu Deutsch: Unverträglichkeit, vgl. [*https://dict.leo.org/englisch-deutsch/impedance%20mismatch*]) oder "Semantic Gap" (zu Deutsch: semantische Lücke) zusammenfasst.

Kern des objektorientierten Programmierens (OOP) ist die Arbeit mit Objekten als Instanzen von Klassen im Hauptspeicher. Die meisten Anwendungen beinhalten dabei auch die Anforderung, in Objekten gespeicherte Daten dauerhaft zu speichern, insbesondere in Datenbanken. Grundsätzlich existieren objektorientierte Datenbanken (OODB), die direkt in der Lage sind, Objekte zu speichern. Allerdings haben objektorientierte Datenbanken bisher nur eine sehr geringe Verbreitung. Der vorherrschende Typus von Datenbanken sind relationale Datenbanken, die Datenstrukturen jedoch anders abbilden als Objektmodelle.

Um die Handhabung von relationalen Datenbanken in objektorientierten Systemen natürlicher zu gestalten, setzt die Software-Industrie seit Jahren auf O/R-Mapper (auch: OR-Mapper oder ORM geschrieben). O steht dabei für objektorientiert und R für relational. Diese Werkzeuge bilden demnach Konzepte aus der objektorientierten Welt, wie Klassen, Attribute oder Beziehungen zwischen Klassen, auf entsprechende Konstrukte der relationalen Welt, wie zum Beispiel Tabellen, Spalten und Fremdschlüssel, ab. Der Entwickler kann somit in der objektorientierten Welt verbleiben und den O/R-Mapper anweisen, bestimmte Objekte, welche in Form von Datensätzen in den Tabellen der relationalen Datenbank vorliegen, zu laden bzw. zu speichern. Wenig interessante und fehleranfällige Aufgaben wie das manuelle Erstellen von INSERT-, UPDATE- oder DELETE-Anweisungen übernimmt der O/R-Mapper hierbei ebenfalls, was zu einer weiteren Entlastung des Entwicklers führt.

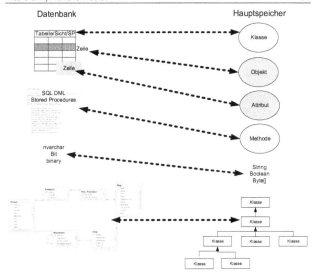

Abbildung: Beim ORM bildet man Konstrukte der OOP-Welt auf die relationale Welt ab.

Zwei besonders hervorstechende Unterschiede zwischen Objektmodell und Relationenmodell sind N:M-Beziehungen und Vererbung. Während man in einem Objektmodell eine N:M-Beziehung zwischen Objekten durch eine wechselseitige Objektmenge abbilden kann, benötigt man in der relationalen Datenbank eine Zwischentabelle. Vererbung kennen relationale Datenbanken gar nicht. Hier gibt es verschiedene Möglichkeiten der Nachbildung, doch dazu später mehr.

7.2   ORM in der .NET-Welt

Wenn ein .NET-Entwickler aus einer Datenbank mit einem DataReader oder DataSet Daten einliest, dann betreibt er noch kein OR Mapping. DataReader und DataSet sind zwar .NET-Objekte, aber diese verwalten nur Tabellenstrukturen. DataReader und DataSet sind aus der Sicht eines Objektmodells untypisierte, unspezifische Container. Erst wenn ein Entwickler spezifische Klassen für die in den Tabellen gespeicherten Strukturen definiert und die Inhalte aus DataSet oder DataReader in diese spezifischen Datenstrukturen umkopiert, betreibt er OR Mapping. Solch ein "händisches OR Mapping" ist für den Lesezugriff (gerade bei sehr breiten Tabellen) eine sehr aufwändige, mühselige und eintönige Programmierarbeit. Will man dann Änderungen in den Objekten auch noch wieder speichern, wird die Arbeit allerdings zur intellektuellen Herausforderung. Denn man muss erkennen können, welche Objekte verändert wurden, da man sonst ständig alle Daten aufs Neue speichert, was in Mehrbenutzerumgebungen ein Unding ist.

Während in der Java-Welt das ORM-Werkzeug schon sehr lange zu den etablierten Techniken gehört, hat Microsoft diesen Trend lange verschlafen bzw. es nicht vermocht, ein geeignetes Produkt zur Marktreife zu führen. ADO.NET in .NET 1.0 bis 3.5 enthielt keinen ORM, sondern beschränkte sich auf den direkten Datenzugriff und die Abbildung zwischen XML-Dokumenten und dem relationalen Modell.

Viele .NET-Entwickler haben sich daher darangesetzt, diese Arbeit mit Hilfsbibliotheken und Werkzeugen zu vereinfachen. Dies war die Geburtsstunde einer großen Vielfalt von ORM-Werkzeugen für .NET. Dabei scheint es so, dass viele .NET-Entwickler das geflügelte Wort, dass ein Mann in seinem Leben einen Baum gepflanzt, ein Kind gezeugt und ein Haus gebaut haben sollte, um den Punkt "einen OR-Mapper geschrieben" ergänzt haben (wobei der Autor dieses Buchs sich davon auch nicht freisprechen kann, weil er ebenfalls einen OR-Mapper geschrieben hat). Anders ist die Vielfalt der ähnlichen Lösungen kaum erklärbar. Neben den öffentlich bekannten ORM-Werkzeugen für .NET findet man in den Unternehmen zahlreiche hauseigene Lösungen.

Bekannte öffentliche ORM für .NET von Drittanbietern (z.T. Open Source) sind:

- nHibernate

- Telerik Data Access (alias Open Access)

- Genome

- LLBLGen Pro

- Wilson

- Subsonic

- OBJ.NET

- .NET Data Objects (NDO)

- Dapper

- PetaPoco

- Massive

- Developer Express XPO

Neben den aktiven Entwicklern von ORM-Werkzeugen für .NET und den passiven Nutzern gibt eine noch größere Fraktion von Entwicklern, die ORM bisher nicht einsetzen. Meist herrscht Unwissenheit, die auch nicht aufgearbeitet wird, denn es herrscht das Motto "Wenn Microsoft es nicht macht, ist es auch nicht wichtig!"

Mit LINQ-to-SQL und dem ADO.NET Entity Framework sowie Entity Framework Core bietet Microsoft selbst jedoch inzwischen sogar drei verschiedene Produkte an. Der Softwarekonzern hat aber inzwischen verkündet, dass sich die Weiterentwicklungsbemühungen allein auf das Entity Framework Core konzentrieren.

7.3   Versionsgeschichte von Entity Framework Core

Die folgende Abbildung zeigt die Versionsgeschichte von Entity Framework Core. Da es ständig neue Versionen gibt, schauen Sie bitte auf *https://www.nuget.org/packages/Microsoft.EntityFrameworkCore* nach der aktuellsten Version.

Version	Downloads	Last updated
5.0.0-preview.3.20181.2	0	19 hours ago
5.0.0-preview.2.20159.4	10.835	22 days ago
5.0.0-preview.2.20120.8	14.208	a month ago
3.1.3	658.203	a month ago
3.1.2	1.431.939	2 months ago
3.1.1	2.080.205	3 months ago
3.1.0	2.490.453	5 months ago
3.1.0-preview3.19554.8	39.540	5 months ago
3.1.0-preview2.19525.5	22.568	6 months ago
3.1.0-preview1.19506.2	74.077	6 months ago
3.0.3	9.683	2 months ago
3.0.2	21.064	3 months ago
3.0.1	505.609	5 months ago
3.0.0	3.040.764	7 months ago
3.0.0-rc1.19456.14	31.989	7 months ago
3.0.0-preview9.19423.6	171.320	8 months ago
3.0.0-preview8.19405.11	54.671	8 months ago
3.0.0-preview7.19362.6	42.762	9 months ago
3.0.0-preview6.19304.10	62.930	12.06.2019
3.0.0-preview5.19227.1	69.453	06.05.2019
3.0.0-preview4.19216.3	17.422	18.04.2019
3.0.0-preview3.19153.1	79.108	06.03.2019
3.0.0-preview.19074.3	20.966	29.01.2019
3.0.0-preview.18572.1	29.536	03.12.2018

Abbildung: Entity Framework Core-Versionsgeschichte ab Version 3.0, Stand 24.04.2020 [Quelle: https://www.nuget.org/packages/Microsoft.EntityFrameworkCore]

2.2.6	5.296.117	6 months ago
2.2.4	6.559.020	9 months ago
2.2.3	2.258.766	11.03.2019
2.2.2	2.373.787	12.02.2019
2.2.1	3.049.087	08.01.2019
2.2.0	2.106.867	03.12.2018
2.2.0-preview3-35497	111.634	17.10.2018
2.2.0-preview2-35157	79.661	12.09.2018
2.2.0-preview1-35029	31.879	22.08.2018
2.1.14	62.814	2 months ago
2.1.11	1.194.182	8 months ago
2.1.8	1.700.456	12.02.2019
2.1.4	6.331.094	01.10.2018
2.1.3	2.521.914	11.09.2018
2.1.2	3.379.559	21.08.2018
2.1.1	2.990.937	18.06.2018
2.1.0	4.195.664	29.05.2018
2.1.0-rc1-final	101.961	06.05.2018
2.1.0-preview2-final	77.043	10.04.2018
2.1.0-preview1-final	173.779	26.02.2018
2.0.3	2.105.219	07.05.2018
2.0.2	2.653.191	13.03.2018
2.0.1	5.249.847	14.11.2017
2.0.0	6.463.480	11.08.2017
2.0.0-preview2-final	48.030	28.06.2017
2.0.0-preview1-final	222.716	10.05.2017

Abbildung: Entity Framework Core 2.x-Versionsgeschichte, Stand 24.04.2020
[Quelle: https://www.nuget.org/packages/Microsoft.EntityFrameworkCore]

1.1.6	743.701	10.07.2018
1.1.5	475.425	12.12.2017
1.1.4	101.094	14.11.2017
1.1.3	204.256	20.09.2017
1.1.2	1.596.175	09.05.2017
1.1.1	1.129.752	06.03.2017
1.1.0	1.770.165	16.11.2016
1.1.0-preview1-final	21.324	24.10.2016
1.0.6	10.875	14.11.2017
1.0.5	6.044	20.09.2017
1.0.4	17.671	09.05.2017
1.0.3	301.123	06.03.2017
1.0.2	52.786	12.12.2016
1.0.1	374.437	13.09.2016
1.0.0	571.003	27.06.2016
1.0.0-rc2-final	84.702	16.05.2016

Abbildung: Entity Framework Core 1.x-Versionsgeschichte, Stand 24.04.2020
[Quelle: https://www.nuget.org/packages/Microsoft.EntityFrameworkCore]

Versionsnummernänderungen an der dritten Stelle (z.B. 1.0.1 und 1.0.2) enthalten nur Fehlerbehebungen. Bei Versionsnummernänderungen an der zweiten Stelle sind auch neue Funktionen enthalten. In diesem Buch wird darauf hingewiesen, wenn eine Funktion besprochen wird, die eine bestimmte Versionsnummer voraussetzt.

> **HINWEIS:** Die endgültige Version der Entity Framework Core-Werkzeuge für Entity Framework Core 1.x ist erst am 6.3.2017 im Rahmen von Entity Framework Core 1.1.1 und Visual Studio 2017 erschienen. Zuvor gab es nur "Preview"-Versionen. Seit Entity Framework Core 2.0 werden die Werkzeuge immer mit den neuen Produktreleases ausgeliefert.

7.4   Unterstützte Betriebssysteme

Genau wie die anderen Produkte der Core-Produktfamilie ist das Entity Framework Core ebenfalls plattformunabhängig. Die Core-Variante des etablierten Objekt-Relationalen Mappers läuft nicht nur auf dem .NET „Full" Framework, sondern auch auf .NET Core und Mono inklusive Xamarin. Damit kann man Entity Framework Core auf Windows, Windows Phone/Mobile, Linux, MacOS, iOS und Android nutzen.

7.5   Unterstützte .NET-Versionen

Während Entity Framework Core 1.x und 2.x sowohl .NET Core als auch das klassische .NET Framework sowie Xamarin und Mono unterstützen, läuft Entity Framework Core 3.0 nur auf .NET Core 3.0 sowie neueren Versionen von Mono und Xamarin, denn Microsoft hatte sich entschieden, .NET Standard 2.1 als Basis für Entity Framework Core 3.0 zu verwenden.

Entity Framework Core 3.1 läuft aber wieder auf .NET Standard 2.0 und damit auch auf dem klassischen .NET Framework ab Version 4.6.1.

	EFCore 1.x	EFCore 2.x	EFCore 3.0	EFCore 3.1
.NET Framework	4.5.1 bis 4.8	4.6.1 bis 4.8	--- nicht geplant	4.6.1 bis 4.8
.NET Core	1.x	2.x	3.x	2.0
.NET Standard	---	2.0	2.1	2.0
UWP	10.0	10.0.16299	---	10.0.16299
Xamarin iOS	10.0	10.14	12.16	10.14
Xamarin Android	7.0	8.0	10.0	8.0
Mono	4.6	5.4	6.4	5.4
Unity	2018.1	2018.1	---	2018.1

Abbildung: Kompatibilität von Entity Framework Core mit .NET-Varianten

Entity Framework Core 3.0 kann also nur in .NET Core 3.0-Projekten und .NET Standard 2.1-Projekten verwendet werden. Beim Versuch, Entity Framework Core in anderen Projektarten zu verwenden kommt es zu einem Fehler (siehe folgende Abbildungen).

```
Install-package : NU1202: Package Microsoft.EntityFrameworkCore.SqlServer
3.0.0-preview8.19405.11 is not compatible with netstandard2.0
(.NETStandard,Version=v2.0). Package Microsoft.EntityFrameworkCore.SqlServer
3.0.0-preview8.19405.11 supports: netstandard2.1 (.NETStandard,Version=v2.1)
At line:1 char:1
```

Abbildung: Versuch, Entity Framework Core mit .NET Standard 2.0 zu verwenden

```
install-package : NU1202: Package Microsoft.EntityFrameworkCore.SqlServer 3.0.0-preview8.19405.11 is not
compatible with netcoreapp2.2 (.NETCoreApp,Version=v2.2). Package Microsoft.EntityFrameworkCore.SqlServer
3.0.0-preview8.19405.11 supports: netstandard2.1 (.NETStandard,Version=v2.1)
```

Abbildung: Versuch, Entity Framework Core mit .NET Core 2.2 zu verwenden

Für ältere Entity Framework Core-Versionen gilt Folgendes:

Entity Framework Core 1.x läuft auf .NET Core 1.x, .NET Framework ab Version 4.5.1, Mono ab Version 4.6, Xamarin.iOS ab Version 10, Xamarin Android ab Version 7.0 und der Windows Universal Platform (UWP).

Entity Framework Core 2.x sowie 3.1 basiert auf .NET Standard 2.0 und setzen daher eine der folgenden .NET-Implementierungen voraus:

- .NET Core 2.0 (oder höher)

- .NET Framework 4.6.1 (oder höher)

- Mono 5.4 (oder höher)

- Xamarin.iOS 10.14 (oder höher)

- Xamarin.Mac 3.8 (oder höher)

- Xamarin.Android 7.5 (oder höher)

- Universal Windows Platform (UWP) 10.0.16299 (oder höher)

.NET Standard	1.0	1.1	1.2	1.3	1.4	1.5	1.6	2.0	2.1
.NET Core	1.0	1.0	1.0	1.0	1.0	1.0	1.0	2.0	3.0
.NET Framework [1]	4.5	4.5	4.5.1	4.6	4.6.1	4.6.1 [2]	4.6.1 [2]	4.6.1 [2]	N/A[3]
Mono	4.6	4.6	4.6	4.6	4.6	4.6	4.6	5.4	6.4
Xamarin.iOS	10.0	10.0	10.0	10.0	10.0	10.0	10.0	10.14	12.16
Xamarin.Mac	3.0	3.0	3.0	3.0	3.0	3.0	3.0	3.8	5.16
Xamarin.Android	7.0	7.0	7.0	7.0	7.0	7.0	7.0	8.0	10.0
Universal Windows Platform	10.0	10.0	10.0	10.0	10.0	10.0.16299	10.0.16299	10.0.16299	TBD
Unity	2018.1	2018.1	2018.1	2018.1	2018.1	2018.1	2018.1	2018.1	TBD

1 The versions listed for .NET Framework apply to .NET Core 2.0 SDK and later versions of the tooling. Older versions used a different mapping for .NET Standard 1.5 and higher. You can download tooling for .NET Core tools for Visual Studio 2015 if you cannot upgrade to Visual Studio 2017 or a later version.

2 The versions listed here represent the rules that NuGet uses to determine whether a given .NET Standard library is applicable. While NuGet considers .NET Framework 4.6.1 as supporting .NET Standard 1.5 through 2.0, there are several issues with consuming .NET Standard libraries that were built for those versions from .NET Framework 4.6.1 projects. For .NET Framework projects that need to use such libraries, we recommend that you upgrade the project to target .NET Framework 4.7.2 or higher.

3 .NET Framework won't support .NET Standard 2.1 or later versions. For more details, see the announcement of .NET Standard 2.1.

Abbildung: Implementierungen von .NET Standard
[Quelle: https://docs.microsoft.com/de-de/dotnet/standard/library]

7.6 Unterstützte Visual Studio-Versionen

Für die Nutzung von Entity Framework Core 3.x benötigt man zwingend Visual Studio 2019 Update 3, da Visual Studio nur mit diesem Update .NET Core 3.0 und .NET Standard 2.1 kennt.

Für die Nutzung von Entity Framework Core 2.0/2.1/2.2 sowie 3.1 benötigt man Visual Studio 2017 Update 3 oder höher, auch wenn man mit dem klassischen .NET Framework programmiert, da Visual Studio nur mit diesem Update .NET Standard 2.0 kennt und versteht, dass .NET Framework 4.6.1 und höher Implementierungen von .NET Standard 2.0 sind.

Wenn man für .NET Core programmiert, benötigt man für Entity Framework Core 1.x Visual Studio 2017, (die Werkzeuge für Visual Studio 2015 sind veraltet und werden von Microsoft nicht mehr aktualisiert). Für Entity Framework Core 1.x in Verbindung mit dem klassischen .NET Framework reicht auch eine ältere Visual Studio-Version.

7.7   Unterstützte Datenbanken

Die folgende Tabelle zeigt die von Entity Framework Core durch Microsoft (SQL Server, SQL Compact und SQLite von Microsoft) und Drittanbieter (PostgreSQL, DB2, Oracle, MySQL u.a.) unterstützten Datenbankmanagementsysteme.

Auf Mobilgeräten mit Xamarin bzw. im Rahmen von Windows 10 Universal Platform Apps konnte Entity Framework Core 1.x nur lokale Datenbanken (SQLite) ansprechen. Seit der Einführung von .NET Standard 2.0 steht nun der Microsoft SQL Server-Client auch auf Xamarin und der Windows 10 Universal Platform (seit dem Herbst 2017 Creators Update) zur Verfügung.

Datenbank	Anbieter / Preis	URL
Microsoft SQL Server	Microsoft / kostenfrei	*www.nuget.org/packages/Microsoft.EntityFrameworkCore.SqlServer*
Microsoft SQL Server Compact 3.5	Microsoft / kostenfrei	*www.nuget.org/packages/EntityFrameworkCore.SqlServerCompact35*
Microsoft SQL Server Compact 4.0	Microsoft / kostenfrei	*www.nuget.org/packages/EntityFrameworkCore.SqlServerCompact40*
SQLite	Microsoft / kostenfrei	*www.nuget.org/packages/Microsoft.EntityFrameworkCore.Sqlite*
In-Memory	Microsoft / kostenfrei	*www.nuget.org/packages/Microsoft.EntityFrameworkCore.InMemory*
MySQL	Oracle / kostenfrei	*www.nuget.org/packages/MySQL.Data.EntityFrameworkCore*
PostgreSQL	Open Source-Team npgsql.org / kostenfrei	*www.nuget.org/packages/Npgsql.EntityFrameworkCore.PostgreSQL*
DB2	IBM / kostenfrei	*www.nuget.org/packages/EntityFramework.IBMDataServer*
MySQL, Oracle, PostgreSQL, SQLite, DB2, Salesforce, Dynamics CRM, SugarCRM, Zoho CRM, QuickBooks, FreshBooks, MailChimp, ExactTarget, Bigcommerce, Magento	Devart / kostenpflichtig (99 bis 299 Dollar pro Treiberart)	*www.devart.com/purchase.html#dotConnect*

Jet (Microsoft Access)	Entwickler "Bubi" aus Italien	*www.nuget.org/packages/En tityFrameworkCore.Jet/*
		github.com/bubibubi/EntityF rameworkCore.Jet
Oracle-Datenbanken	Oracle	*www.oracle.com/technetwor k/topics/dotnet/latest- news/index.html*
Cosmos DB	Microsoft	*www.nuget.org/packages/Mi crosoft.EntityFrameworkCor e.Cosmos*
MongoDB	Blueshift Software	*github.com/BlueshiftSoftwar e/EntityFrameworkCore*

Tabelle: Verfügbare Datenbanktreiber für Entity Framework Core (Auswahl)

ACHTUNG: Aufgrund von "Breaking Changes" in den Provider-Schnittstellen, sind die Provider für Entity Framework Core 1.x nicht kompatibel zu Entity Framework Core 2.x und diese nicht kompatibel 3.x. Man benötigt also für die Version 2.x und 3.x jeweils neue Datenbankprovider! Microsoft aktualisiert nur seine eigenen Provider. Für Provider von Drittanbietern muss man die Aktualisierungen von den jeweiligen Herstellern beziehen.

7.8   Funktionsumfang von Entity Framework Core

Die Abbildung visualisiert, dass Entity Framework Core (gelb) gegenüber dem bisherigen Entity Framework (blau, aktuelle Version 6.4) einige neue Funktionen enthält (Bereich, der nur gelb, aber nicht blau ist). Es gibt aber auch einige Bereiche, die nur blau und nicht gelb sind: Das sind die Funktionen, die in Entity Framework 6.4 enthalten sind, aber nicht in Entity Framework Core 1.x/2.x/3.x. Microsoft wird einige Funktionen davon in den kommenden Versionen von Entity Framework Core nachrüsten, andere Funktionen werden für immer entfallen.

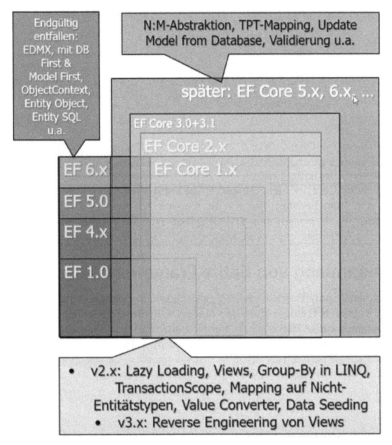

Abbildung: Funktionsumfang des bisherigen Entity Framework im Vergleich zu Entity Framework Core. Links zeigt eine Sprechblase einige Features, die dauerhaft entfallen sind.

7.9   Funktionen, die dauerhaft entfallen

Folgende Funktionen aus dem klassischen Entity Framework hat Microsoft grundsätzlich in Entity Framework Core gestrichen:

- Die Vorgehensweise Database First und Model First. In Entity Framework Core gibt es nur noch das Code-based Modelling (früher Code First), mit dem man sowohl Programmcode aus Datenbanken erzeugen kann (Reverse Engineering) als auch Datenbanken aus Programmcode (Forward Engineering).

- Das Entity Data Model (EDM) und die XML-Repräsentation davon (EDMX) entfallen. Bisher wurde auch beim Code First intern ein EDM im RAM erzeugt. Der Overhead entfällt.

- Die Basisklasse ObjectContext für den Entity Framework-Kontext entfällt. Es gibt nur noch die Basisklasse DbContext. DbContext ist jetzt in Entity Framework Core kein Wrapper um ObjectContext mehr, sondern eine komplett neue, eigenständige Implementierung.

- Die Basisklasse EntityObject für Entitätsklassen entfällt. Die Entitätsklassen sind nun immer Plain Old CLR Objects (POCOs).

- Auch die Abfragesprache Entity SQL (ESQL) entfällt. Es gibt nur noch Unterstützung für LINQ, SQL und Stored Procedures (SPs) sowie Table Valued Functions (TVFs).

- Automatische Schemamigrationen werden nicht mehr angeboten. Schemamigrationen inklusive der Ersterstellung eines Datenbankschemas sind nun zur Entwicklungszeit immer manuell auszuführen. Zur Laufzeit kann eine Migration weiterhin beim ersten Zugriff auf die Datenbank erfolgen.

- Einige Szenarien des komplexeren Mappings zwischen Tabellen und Typen entfallen. Dazu gehört das Multiple Entity Sets per Type (MEST, verschiedene Tabellen auf dieselbe Entität abbilden) und das Kombinieren der Strategien Table per Hierarchy (TPH), Table per Type (TPT) und Table per Concrete Type (TPC) in einer Vererbungshierarchie.

7.10   Funktionen, die Microsoft noch nachrüsten will (oder bereits hat)

In im Rahmen von Entity Framework Core 1.0 erschienen Roadmap für Entity Framework-Core [*https://github.com/aspnet/EntityFrameworkCore/wiki/Roadmap/1b3cc7292ecae464c15c4bd08ff cddb1d11bacd4*] dokumentierte Microsoft-Entwickler Rowan Miller, welche Features in Entity Framework-Core fehlen, die man „bald" nachrüsten will. Dabei war dies nicht mit einem konkreten Zeitplan hinterlegt. Bemerkenswert war, dass Microsoft einige dieser Funktionen selbst als „kritisch" bezeichnet. Zu diesen "kritischen" fehlenden Funktionen gehören:

- Entity Framework Core unterstützt nur den Zugriff auf Tabellen, nicht aber auf Views (Sichten) in der Datenbank. Man kann Views nur nutzen, wenn man den View sowie den Programmcode manuell erstellt und den View wie eine Tabelle behandelt. **→ Seit Entity Framework Core 2.1 ist dies eleganter möglich. Seit Entity Framework Core 3.0 kann man Views über den gleichen Mechanismus wie Tabellen verwenden.**

- Es gibt nicht wie im klassisches Entity Framework eine Generierung von Stored Procedures zum Einfügen (INSERT), Aktualisieren (UPDATE) und Löschen (DELETE).

- Einige LINQ-Befehle werden derzeit nicht in der Datenbank, sondern im RAM ausgeführt. Dazu gehört auch der GroupBy-Operator, d.h. bei allen Gruppierungen werden alle Datensätze aus der Datenbank ins RAM gelesen und dort gruppiert, was bei allen Tabellen (außer sehr kleinen) zu einer katastrophalen Performance führt. **→ Seit Entity Framework Core 2.1 wird GroupBy() in einigen (aber nicht allen!) Fällen in der Datenbank ausgeführt. Seit Entity Framework Core 3.0 werden die Operatoren GroupBy() und auch Union() in den meisten Fällen unterstützt.**

- Es gibt weder ein automatisches Lazy Loading noch ein explizites Nachladen im Entity Framework Core-API. Aktuell kann der Entwickler verbundene Datensätze nur direkt mitladen (Eager Loading) oder mit separaten Befehlen nachladen. **→ Seit Entity Framework Core 2.1 wird Lazy Loading unterstützt.**

- Direktes SQL und Stored Procedures können nur genutzt werden, wenn sie Entitätstypen zurückliefern. Andere Typen werden bisher nicht unterstützt. → **Seit Entity Framework Core 2.1 wird dies unterstützt.**

- Es gibt auch kein „Update Model from Database" für bestehende Datenbanken, d.h. nach einem Reverse Engineering einer Datenbank muss der Entwickler Datenbankschemaänderungen im Objektmodell manuell nachtragen oder das ganze Objektmodell neu generieren. Diese Funktion gab es aber auch bisher schon bei Code First nicht, sondern nur bei Database First.

- Komplexe Typen (Complex Types), also Klassen, die keine eigene Entität, sondern Teil einer anderen Entität darstellen und keine eigene Tabelle in der Datenbank besitzen, gibt es nicht. → **In Entity Framework Core 2.0 wird dies mit Owned Types unterstützt.**

In einer zweiten Liste auf o.g. Seite in nennt Rowan Miller weitere Funktionen, die sie nicht als kritisch ansehen, die aber dennoch „hohe Priorität" haben:

- Es gibt bisher kein grafisches Design eines Objektmodells, wie das bislang bei EDMX möglich war. → **Mit den Entity Framework Core Power Tools ist eine Visualisierung eines im Programmcode erstellten Modells möglich.**

- Einige der bisher vorhandenen Typkonvertierungen, z.B. zwischen XML und String, gibt es noch nicht. → **Entity Framework Core seit Version 2.1 unterstützt Typkonvertierungen.**

- Die Geo-Datentypen Geography und Geometry von Microsoft SQL Server werden bisher nicht unterstützt. → **Möglich seit Entity Framework Core 2.2**

- Entity Framework Core unterstützt keine Abstraktion für eine N:M-Abbildungen: Bisher muss der Entwickler dies mit zwei 1:N-Abbildung und einer Zwischenentität analog zur Zwischentabelle in der Datenbank nachbilden. → **Geplant für Entity Framework Core 5.0**

- Table per Type (TPT) wird bislang nicht als Vererbungsstrategie unterstützt. Entity Framework Core verwendet Table per Hierarchy (TPH), wenn es für die Basisklasse ein DBSet<T> gibt, sonst TPCT (Table per Concrete Type). TPCT kann man nicht explizit konfigurieren. → **Geplant für Entity Framework Core 5.0**

- Das Befüllen der Datenbank mit Daten im Rahmen der Migration (Seed()-Funktion) ist nicht möglich. → **Entity Framework Core unterstützt dies seit Version 2.1.**

- Die mit Entity Framework 6.0 eingeführten Command Interceptors, mit denen ein Softwareentwickler von Entity Framework zur Datenbank gesendete Befehle vor und nach der Ausführung in der Datenbank beeinflussen kann, gibt es noch nicht. → **Dies wurde in Entity Framework Core 3.0 wieder eingeführt.**

Einige Punkte auf dieser High Priority-Liste von Microsoft sind zudem auch neue Features, die Entity Framework 6.x selbst (noch) gar nicht beherrscht:

- Festlegung von Bedingungen für mitzuladene Datensätze beim Eager Loading (Eager Loading Rules/Filtered Includes) → **Geplant für Entity Framework Core 5.0**

- Unterstützung für E-Tags.

- Unterstützung für Nicht-Relationale Datenspeicher ("NoSQL") wie Azure Table Storage und Redis. → **CosmosDB ist für das Jahr 2019 in Arbeit (war ursprünglich mehrfach für 2018 angekündigt).**

Diese Priorisierung stammt aus der Sicht von Microsoft. Der Autor dieses Buchs würde auf Basis seiner Praxiserfahrung einige Punkte anders priorisieren, zum Beispiel die N:M-Abbildung als

„kritisch" hochstufen: Eine Nachbildung von N:M durch zwei 1:N-Beziehungen im Objektmodell ist zwar möglich, macht aber den Programmcode komplexer. Die Migration von bestehenden Entity Framework-Lösungen zu Entity Framework Core wird damit sehr erschwert.

Das gilt auch für die fehlende Unterstützung von Table per Type-Vererbung: Auch hier muss bestehender Programmcode umfangreich geändert werden. Und auch für neue Anwendungen mit einem neuen Datenbankschema und Forward Engineering gibt es ein Problem: Wenn die Vererbung erst mal mit TPH oder TPC realisiert ist, muss man aufwändig die Daten im Datenbankschema umschichten, wenn man später doch auf TPH setzen will.

Außerdem fehlen in Microsofts Listen auch Features wie etwa die Validierung von Entitäten, die unnötige Roundtrips zur Datenbank ersparen kann, wenn schon im RAM klar ist, dass die Entität die erforderlichen Bedingungen nicht erfüllt.

7.11　Neue Funktionen in Entity Framework Core

Entity Framework Core kann insbesondere mit folgenden Vorteilen gegenüber dem Vorgänger auftrumpfen (hier sind nur einige Highlights erwähnt):

- Entity Framework Core läuft nicht nur in Windows, Linux und MacOS, sondern auch auf Mobilgeräten mit Windows 10, iOS und Android. Auf den Mobilgeräten ist freilich lediglich ein Zugriff auf lokale Datenbanken (z.B. SQLite) vorgesehen. In Windows 10 Universal Apps kann man seit Windows 10 Version 1709 aber auch lokale und entferne Microsoft SQL Server ansprechen mit Entity Framework Core.

- Entity Framework Core bietet eine höhere Ausführungsgeschwindigkeit – insbesondere beim Datenlesen (dabei wird fast die Leistung wie beim handgeschriebenen Umkopieren von Daten aus einem DataReader-Objekt in ein typisiertes .NET-Objekt erreicht).

- Projektionen mit Select() können nun direkt auf Entitätsklassen abgebildet werden. Der Umweg über anonyme .NET-Objekte ist nicht mehr notwendig.

- Per "Batching" fasst Entity Framework Core nun INSERT-, DELETE- und UPDATE-Operationen zu einem Rundgang zum Datenbankmanagementsystem zusammen, statt jeden Befehl einzeln zu senden.

- Standardwerte für Spalten in der Datenbank werden nun sowohl beim Reverse Engineering als auch beim Forward Engineering unterstützt.

- Zur Schlüsselgenerierung sind neben den klassischen Autowerten nun auch neuere Verfahren wie Sequenzen erlaubt.

- Als "Shadow Properties" bezeichnet Entity Framework Core den jetzt möglichen Zugriff auf Spalten der Datenbanktabelle, für die es kein Attribut in der Klasse gibt.

- Mit globalen Filtern können Entwickler Bedingungen festlegen, die automatisch bei jeder Abfrage angewendet werden.

- Mit Value Convertern kann man Werte aus dem Objekt beim Speichern in die Datenbank bzw. beim Laden aus der Datenbank in einen anderen Datentyp konvertieren.

7.12 Vergleich zwischen Entity Framework 6.4 und Entity Framework Core 3.1

Gemäß dem Motto "Ein Häkchen ist übersichtlicher als tausend Worte" besteht dieses Kapitel im Wesentlichen aus Tabellen, die die aktuelle stabile Version des klassischen Entity Framework mit der aktuellen stabilen Version von Entity Framework Core vergleichen. Die Tabellen sind in fünf Funktionsbereiche unterteilt:

- Tabelle 1: Plattformen und Treiber

- Tabelle 2: Objekt-Relationales Mapping

- Tabelle 3: Daten lesen

- Tabelle 4: Daten ändern

- Tabelle 5: Sonstige Funktionen

Das grüne Häkchen und das rote X beziehen sich dabei jeweils auf die im Produkt enthaltenen Funktionen. Manchmal gibt es kostenfreie oder kostenpflichtige Zusatzwerkzeuge, die diese Funktion bieten. Dies ist dann per Text angemerkt in der Tabellenzelle.

Die Tabellen zeigen, dass Entity Framework Core inzwischen fast alle Funktionen aus dem klassischen Entity Framework beherrscht und auch an einigen Stellen mehr bietet.

	Entity Framework 6.4	Entity Framework Core 3.1 [Ausblick auf Version 5.0]
.NET Framework	✓	✓
.NET Core	✓ seit 6.3	✓
Mono	✗	✓
Xamarin	✗	✓
Windows	✓	✓
Windows Phone/Mobile	✗	✓
macOS	✓ seit 6.3	✓
Linux	✓ seit 6.3	✓
iOS	✗	✓
Android	✗	✓
SQL Server	✓	✓
SQL Server Compact	✓	✓
In Memory	✗	✓
SQLite	✗	✓
Nicht-relationale Datenbanken	✗	✓

CosmosDB	✗	✓
Oracle	✓ (→ DevArt, Oracle)	✓ (→ DevArt, Oracle)
MySql	✓ (→ NuGet)	✓ (→ NuGet)
PostgreSQL	✓ (→ NuGet)	✓ (→ NuGet)
DB2	✓ (→ DevArt)	✓ (→ DevArt)
MongoDB	✗	✗ (in Arbeit)
Cloud Apps (Salesforce, MailChimp, …)	✓ (→ DevArt)	✓ (→ DevArt)

Tabelle 1: Plattformen und Treiber im Vergleich von Entity Framework 6.4 und Entity Framework Core 3.1 (mit Ausblick auf Version 5.0)

	Entity Framework 6.4	Entity Framework Core 3.1 [Ausblick auf Version 5.0]
DB First mit EDMX	✓	✗
Model First mit EDMX	✓	✗
Code First ohne EDMX	✓	✓ Neuer Name: Code Based Modeling
Forward Engineering	✓ Model First und Code First	✓ Code Based Modeling
Reverse Engineering von Tabellen	✓	✓
Reverse Engineering von Views	✓	✓ seit v2.1
Reverse Engineering von SPs	✓	✗ ✓ möglich mit DevArt Entity Developer
Reverse Engineering per Kommandozeile	✗	✓ Code Based Modeling (Commandlet und .NET CLI) Bis 2.2 nur Tabellen, ab 3.0 auch Views
Reverse Engineering per GUI	✓ DB First und Code First (VS Assistent)	✗✓ EF Core Power Tools oder DevArt Entity Developer
Update Model from Database	✓ DB First	✗✓ für später geplant, möglich mit DevArt Entity Developer
EDMX + T4	✓	✗
Explizite Migrationen	✓	✓

Automatische Migrationen	✓	✗
ObjectContext	✓	✗
DbContext	✓	✓
Tabellen	✓	✓
Views	✓	✓ seit v2.1
Pluralisierung von Namen	✓	✗ ✓ EF Core Power Tools oder DevArt Entity Developer
Value Converter	✗	✓
Compiled Models	✓ "View Generation"	✗ https://github.com/aspnet/En tityFrameworkCore/issues/1 906
Modellvisualisierung	✓	✓ EF Core Power Tools
Konventionsbasiertes Mapping	✓	✓
Eigene Konventionen	✓	✓
Annotationsbasiertes Mapping	✓	✓
Fluent-Mapping	✓	✓
TPT – Table per Type	✓	✗[✓] geplant für Version 5.0
TPH – Table per Hierarchy	✓	✓
TPC – Table per concrete Type	✓	✓
1:1	✓	✓
1:n	✓	✓
m:n-Abstraktion	✓	✗[✓] geplant für Version 5.0
Enums	✓	✓
Table Splitting / Komplexe Typen	✓	✓ Owned Types seit v2.0
Geo-Daten	✓	✓ seit v2.2
Standardwerte in Datenbank	(✓) nur verwendbar	✓ Beim Forward Engineering definierbar
Spalten mit Berechnungsformel	(✓) nur verwendbar	✓ Beim Forward Engineering definierbar
Automatischer Index für eine FKs	✓	✓

Manueller Index	✓ Fluent API und Annotation	✓ bisher nur Fluent API
Unique Constraints	(✓) Nur Unique Index, kann nicht als FK verwendet werden	✓ Ja, kann als FK verwendet werden!
Sequences	✗	✓
Shadow State Properties	✗	✓
Mapping auf Memory-Tables	✗	✓ seit v1.1
Generierung von SPs	✓ Insert, Update, Delete	✗

Tabelle 2: Objekt-Relationales Mapping im Vergleich von Entity Framework 6.4 und Entity Framework Core 3.1 (mit Ausblick auf Version 5.0)

	Entity Framework 6.4	Entity Framework Core 3.1 [Ausblick auf Version 5.0]
LINQ	✓	✓
Dynamic LINQ	✓	✓
Entity SQL	✓	✗
Direktes Mapping SQL, SP und TVF Mapping auf Entitäten	✓	✓
Direktes Mapping SQL, SP und TVF auf andere Klassen	✓	✓ seit v2.1
Direktes Mapping SQL und SP auf primitive Typen	✓	✗
Zusammensetzbarkeit SQL+LINQ	✗	✓
Stored Procedures	✓	✓ über FromSQL("exec SP")
Table Valued Functions	✓	✓ über FromSQL("exec SP")
Objekte laden mit Find()	✓	✓ seit v1.1
Kein Nachladen	✓ (optional)	✓ (Standard)
Lazy Loading Automatisch	✓ (Standard)	✓ seit v2.1
Lazy Loading Explizit	✓	✓ seit v1.1
Eager Loading (Multi-Level)	✓	✓
Eager Loading Filter (Filtered Include)	✗✓ mit Entity Framework Plus	✗[✓]✓ geplant für v5.0, schon jetzt mit EF Core Plus

	Entity Framework 6.4	Entity Framework Core 3.1 [Ausblick auf Version 5.0]
Globale Filter	✗	✓ seit v2.0
Preloading	✓	✓
Asynchrone Operationen	✓	✓
Partielles Laden mit Projektionen	✗	✓
AsNoTracking	✓	✓
Mischung server- und clientseitige Auswertung von Abfragen	✗	✓ 1.0 und 2.0 ✗ ab 3.0
Reload	✓	✓ seit v1.1
Compiled Queries	✓	✓ seit v2.0
Einfache Ausgabe SQL zu LINQ	✓	✗[✓] geplant für Version 5.0
Query Tags	✗	✓ seit v2.2
Query Hints	(✓) (via Interceptor)	(✓) (via Interceptor)

Tabelle 3: Daten lesen im Vergleich von Entity Framework 6.4 und Entity Framework Core 3.1 (mit Ausblick auf Version 5.0)

	Entity Framework 6.4	Entity Framework Core 3.1 [Ausblick auf Version 5.0]
Validierung	✓	✗
Async-Unterstützung	✓	✓
Batching für Insert/Update/Delete	✗	✓
Transaktion bei SaveChanges	✓	✓
TransactionScope	✓	✓ seit v2.1
Manuelle Transaktionsverwaltung	✓	✓
Kaskadierendes Löschen	✓	✓ Mehr Optionen
Attach	✓	✓
Detach	✓	✓ über Setzen des State-Property
Change Tracking via EntityObject	✓	✗
Change Tracking via Proxies	✓	✗
Change Tracking via Snapshots	✓	✓

Change Tracking mit INotifyPropertyChanged	✘	✔
Abfrage des Change Trackers	✔	✔
Change Tracking n-Tier	✔ aber nur Basisfunktionen	✔ etwas abstrakter als bisher mit TrackGraph()
Generierungen von SPs für CUD	✔	✘
Änderungen via SQL oder SP	✔	✔
AddRange	✔	✔
Optimistic Concurrency	✔	✔
Konflikterkennung mit Timestamp	✔	✔
Konflikterkennung mit Originalwerten	✔	✔
Change Tracking Events	✘	✔

Tabelle 4: Daten ändern im Vergleich von Entity Framework 6.4 und Entity Framework Core 3.1 (mit Ausblick auf Version 5.0)

	Entity Framework 6.4	Entity Framework Core 3.1 [Ausblick auf Version 5.0]
Logging	✔	✔
Eingebaute DI-Unterstützung für Kontext	✘	✔
Command Interception (Interceptors)	✔	✔ seit 3.0
Connection Resiliency	✔	✔ seit v1.1

Tabelle 5: Sonstige Funktionen im Vergleich von Entity Framework 6.4 und Entity Framework Core 3.1 (mit Ausblick auf Version 5.0)

7.13 Verbliebene Schwächen in Entity Framework Core

Die verbliebenen funktionellen Lücken in Entity Framework Core 3.1 sind:

- Keine Unterstützung für Vererbungsabbildung nach dem Table per Type-Prinzip (TPT), bei der es für jede Klasse in der Vererbungshierarchie genau eine Datenbanktabelle gibt. Entity Framework unterstützt nur TPH (Type per Hierarchy) und partiell Type per Concrete Type (TCT).

- Keine Abstraktion von n:m-Zwischentabellen im Objektmodell, d.h. n:m-Abbildung erscheinen im Objektmodell bei Entity Framework Core als zwei 1:n-Abbildungen.

- Kein Reverse Engineering von bestehenden Stored Procedures in der Datenbank.

- Keine Generierung von SQL-Code für Stored Procedures für die Fälle Create, Update und Delete (CUD) aus dem Code heraus.

- Keine einfache Möglichkeit, zur Laufzeit zu einer LINQ-Abfrage den zugehörigen SQL-Befehl zu erhalten.

- Keine automatische Validierung der Entitätsobjekte vor dem Speichern.

- Keine partielle Aktualisierung des generierten Programmcodes beim Reverse Engineering, wenn es Änderungen in der Datenbank gibt.

- Kein Mapping der Ergebnisse von SQL-Abfragen und Stored Procedure-Aufrufen auf primitive Datentypen.

- Kein Filtern beim Eager Loading mit Include().

Dabei sind diese Schwächen unterschiedlich zu gewichten:

- Filtern beim Eager Loading mit Include() kann der Entwickler mit dem kostenfreien Entity Framework Core Plus bewerkstelligen [https://entityframework-plus.net/ef-core-query-include-filter].

- Reverse Engineering von Stored Procedures und partielle Aktualisierung generierten Programmcodes beim Reverse Engineering ist mit dem kostenpflichtigen DevArt Entity Developer (ab 200 Dollar pro Entwicklerarbeitsplatz) möglich.

Tatsächliche Mehrarbeit bei der Implementierung von Anwendungen mit Entity Framework Core, insbesondere auch bei der Migration von klassischem .NET Framework auf Entity Framework Core erzeugen das Fehlen von TPT-Vererbung und N:M-Abstraktion sowie das fehlende Mapping der Ergebnisse von SQL-Abfragen und Stored Procedure-Aufrufen auf primitive Datentypen. Immerhin hat Microsoft alle drei Punkte in die Planung für die Version Entity Framework Core 5.0 aufgenommen, die als Nachfolger von Entity Framework Core 3.1 zusammen mit .NET 5.0 (dem Nachfolger von .NET Core 3.1, aber ohne "Core" im Namen) im November 2020 erscheinen soll. Das heißt aber nicht, dass alle drei Funktionen dann wirklich in Entity Framework Core 5.0 kommen; sie stehen allesamt schon seit 2016 auf der Roadmap, und die n:m-Abstraktion war auch konkret für Version 3.x geplant, wurde dann aber gestrichen.

Im klassischen Entity Framework gab es mit ToTraceString() eine einfache Möglichkeit, zu einer LINQ-Abfrage den zugehörigen SQL-Befehl zu erhalten. Diese kommt in Entity Framework Core 5.0 wieder mit ToQueryString(). Auch gibt es dann CreateDbCommand(), mit dem man den Befehl als DbCommand-Objekt erhält. Auch der Debugger View von Visual Studio wird das SQL anzeigen.

Im Programmieralltag ist das Fehlen einer solchen Funktion in Entity Framework Core 1.0 bis 3.1 aber zu verschmerzen, weil es andere Optionen gibt, z.B. die Protokollierung oder der Einsatz eines Profilers, um das SQL zu einer LINQ-Abfrage zu sehen.

Auch das Fehlen der automatischen Validierung aller geänderten und hinzugefügten Entitätsobjekte vor dem jedem Speichern in Entity Framework Core ist zu verschmerzen: Man kann selbst validieren mit System.ComponentModel.DataAnnotations.Validator.TryValidateObject() und diesen Methodenaufruf kapseln in eine überschriebene SaveChanges()-Methode in der Kontextklasse.

Bleibt übrig die fehlende Generierung von Stored Procedures für die Fälle Create, Update und Delete (CUD) aus dem Code heraus. Hierzu gibt es andere Lösungen, z.B. die Visual Studio-

Erweiterung "Stored Procedure Generator" [https://marketplace.visualstudio.com/items?itemName=JSKSoftware.StoredProcedureGenerator] oder das kommerzielle SSMS Tools Pack [https://www.ssmstoolspack.com/Features?f=12] (ab 30 Euro).

7.14 Neuerungen in Entity Framework Core 3.0

Entity Framework Core 3.0 ist am 23.9.2019 erschienen. Die Anzahl der neuen Funktionen gegenüber Version 2.2 RTM ist gering. Der Versionssprung von 2.2 auf 3.0 entspricht dem "Semanic Versioning", d.h. der Nummernsprung drückt nicht den Umfang der Neuerungen aus, sondern dass es "Breaking Changes" gibt, die eine Umstellung des bisherigen Programmcodes erfordern.

7.14.1 Viele Breaking Changes

Schaut man in die seitenlange Liste der Breaking Changes in Entity Framework Core 3.0 [*https://docs.microsoft.com/de-de/ef/core/what-is-new/ef-core-3.0/breaking-changes*], so sieht man, dass die Beschränkung auf .NET Standard 2.1 nicht die einzige Änderung ist. Bei der Einstufung der Auswirkungen der erfolgten Änderungen ("Impact") vergibt das Entity Framework Core-Entwicklungsteam fünfmal "high", neunmal "medium" und 35 Mal "low" (siehe Abbildung).

Breaking change	Impact
LINQ queries are no longer evaluated on the client	High
EF Core 3.0 targets .NET Standard 2.1 rather than .NET Standard 2.0	High
The EF Core command-line tool, dotnet ef, is no longer part of the .NET Core SDK	High
FromSql, ExecuteSql, and ExecuteSqlAsync have been renamed	High
Query types are consolidated with entity types	High
Entity Framework Core is no longer part of the ASP.NET Core shared framework	Medium
Cascade deletions now happen immediately by default	Medium
DeleteBehavior.Restrict has cleaner semantics	Medium
Configuration API for owned type relationships has changed	Medium
Each property uses independent in-memory integer key generation	Medium
No-tracking queries no longer perform identity resolution	Medium
Metadata API changes	Medium
Provider-specific Metadata API changes	Medium
UseRowNumberForPaging has been removed	Medium

Abbildung: Alle Änderungen mit "Impact" auf "high" oder "medium" in Entity Framework Core 3.0 (Quelle: [*https://docs.microsoft.com/de-de/ef/core/what-is-new/ef-core-3.0/breaking-changes*])

Schaut man sich die in der Liste hinterlegten Begründungen an, kann man die Breaking Changes in Version 3.0 in drei Gruppen einteilen:

- Microsoft hat die Umwandlung von LINQ in SQL abermals komplett neu geschrieben und die Client Evulation abgeschafft.

- Microsoft bereitet die Grundlage für neue Features, die in kommenden Versionen dann ohne Breaking Changes eingeführt werden sollen.

- Einige strategische Entscheidungen (z.B. die Angleichung von APIs)

7.14.2   Neue LINQ-to-SQL-Übersetzung

Beim Erscheinen von Entity Framework Core 1.0 hatte das Entwicklungsteam noch die Idee gefeiert, dass Teile von LINQ-Abfragen im RAM statt in der Datenbank stattfinden können ("Client Evaluation"). Doch diese Möglichkeit kam viel zu häufig zum Einsatz, insbesondere bei GroupBy() und Union()-Abfragen mit teils verheerendem Leistungsverhalten, weil viel zu viele Datensätze ins RAM für die dortige Auswertung geladen werden mussten. Die Client Evaluation führt in Entity Framework Core 1.x zu einer Warnung in der Protokollierung, man konnte diese Warnung zu einem Laufzeitfehler hochstufen in der Methode OnConfiguring() der Kontextklasse:

```
builder.ConfigureWarnings(warnings => warnings.Throw(RelationalEventId.QueryClientEvaluationW
arning));
```

Erst war geplant, in Entity Framework Core 3.0 den Fehlerfall zum Standard zu machen und dem Entwickler zu erlauben, optional den Fall auf Warnung herunterzustufen. Die tatsächliche Implementierung sieht nun vor, dass es Client Evaluation bis auf einige Projektionsfälle mit Select() gar nicht mehr gibt. RelationalEventId.QueryClientEvaluationWarning wird als "obsolete" vom Compiler angemeckert und es kommt immer zum Laufzeitfehler (siehe Abbildung 4), wenn ein LINQ-Befehl nicht in einen SQL-Befehl übersetzt werden kann.

In Bezug auf bestehenden Programmcode führt die Abschaffung der Client Evaluation zu potentiell zahlreichen neuen Laufzeitfehlern, an Stellen, wo bisher eine Client Evaluation stattfand. Wohl den Softwareentwicklern, die automatisierte Tests einsetzen und so nach der Umstellung der Anwendung auf Entity Framework Core 3.0 diese schnell durchtesten können.

Immerhin gibt es in diesem Kontext auch eine gute Nachricht: Microsoft hat die Übersetzung von LINQ zu SQL abermals völlig neu geschrieben und ist jetzt endlich in der Lage, einige häufige Praxisszenarien auch in SQL zu übersetzen. Dazu gehören insbesondere Union()- und einige bisher nicht unterstützte komplexere GroupBy()-Abfragen.

7.14.3   Vorbereitung für kommende Versionen

Der zweite Punkt obige Liste mag verwundern: Wieso muss man Breaking Changes einführen, um neue Features zu ermöglichen? Die Antwort ist: schlechte Planung. Microsoft hat bei der Erstellung von Entity Framework Core 1.0 z.B. damals nicht eingeplant, dass es später dann noch eine Unterstützung von Table-per-Type-Vererbung geben soll. Das Verhalten der Annotation [Table] und der Methode ToTable(), das in in Entity Framework Core 1.x und 2.x gab, macht aber keinen Sinn in Bezug auf Table-per-Type-Vererbung.

> Zitat Microsoft: "Starting with EF Core 3.0 and in preparation for adding TPT and TPC support in a later release, ToTable() called on a derived type will now throw an exception to avoid an unexpected mapping change in the future." [*https://docs.microsoft.com/de-de/ef/core/what-is-new/ef-core-3.0/breaking-changes*]

7.14.4 Tatsächliche Neuerungen in Entity Framework Core 3.0

Tatsächliche neue Funktion in Entity Framework Core 3.0 sind nur:

- Bessere LINQ-zu-SQL-Umsetzung: Mehr LINQ-Abfragen (z.B. mit den Operatoren GroupBy() und Union() können in SQL übersetzt werden) einschließlich Abschaffung der Client-Evaluation, d.h. Ausführung von Abfragen im RAM, die voraussetzen, dass eine Tabelle komplett geladen wird, was nicht vertretbar ist bei großen Datenmengen

- Unterstützung für C# 8.0: Nullable Reference Types und Async Streams mit AsAsyncEnumerable()

- Reverse Engineering von Datenbanksichten (*) und Tabellen ohne Primärschlüssel

- Kommandozeilenbefehl ef dbcontext script

- Cosmos DB-Treiber (*)

- Command Interceptors (Klasse DbCommandInterceptor im Namensraum Microsoft.EntityFrameworkCore.Diagnostics) wie im klassischen ADO.NET Entity Framework zum Eingriff in die erzeugten SQL-Befehle vor dem Senden zum Datenbankmanagementsystem

- Verwendung von Microsoft.Data.SqlClient statt System.Data.SqlClient als Basistreiber für den Entity Framework Core-Treiber für Microsoft SQL Server (unterstützt Always Encrypted und Azure Active Directory-Authentifizierung)

(*) war schon für 2.0/2.1/2.2 angekündigt, wurde aber immer wieder verschoben.

7.15 Neuerungen in Entity Framework Core 3.1

Entity Framework Core 3.1 ist am 3. Dezember 2019 zusammen mit .NET Core 3.1 und ASP.NET Core 3.1 erschienen.

Die einzige funktionale Neuerung in Entity Framework Core 3.1 ist die Lauffähigkeit auf dem klassischen .NET Framework. Für Entity Framework Core 3.0 hatte Microsoft sich entschieden, auf .NET Standard 2.1 aufzusetzen; damit war das klassische .NET Framework auch in der aktuellsten Version 4.8 ausgeschlossen, denn dort wird nur .NET Standard 2.0 unterstützt [*https://github.com/aspnet/EntityFrameworkCore/issues/15498*]. In Entity Framework Core 3.1 hat man dies wieder revidiert [*https://github.com/aspnet/EntityFrameworkCore/issues/18141*], da Microsoft erkannt hat, dass zahlreiche Kunden Entity Framework Core auf dem klassischen .NET Framework nutzen.

Anmerkung: Es verwundert manchmal, dass die Entwicklungsteams bei den Softwareherstellern so wenig Kundenkontakt haben, um solche Erkenntnisse über den Markt nicht eher zu haben. Der Autor dieses Buches wäre auf Basis seiner Kundenkontakte gar nicht erst auf die Idee gekommen, dass man auf die Unterstützung vom klassischen .NET Framework verzichten könnte.

Abbildung: Die Installation des Pakets Microsoft.EntityFrameworkCore.SqlServer 3.1 zieht in einem .NET Framework 4.8-Projekt 29 (!) transitiv abhängige NuGet-Pakete mit sich.

Darüber hinaus umfasst Entity Framework Core 3.1 Fehlerbehebungen und Optimierungen, vor allem hinsichtlich der Übersetzung von LINQ in SQL.

Zitate von Microsoft zu Entity Framework Core 3.1
[https://github.com/aspnet/EntityFrameworkCore/issues/15403#issuecomment-557319852]:

- The goal of this release is to stabilize 3.0 and fix bugs to prepare 3.1 for long term support (LTS)

- We have fixed **150** issues

- EF Core 3.1 contains no new significant features"

> **Hinweis:** Die Version 3.1 wird dann Long-Term-Support (LTS) erhalten, d.h. Microsoft liefert Fehlerbehebungen und Sicherheitsupdates für drei Jahre, also bis 03.12.2022.

7.16   Ausblick auf Entity Framework Core 5.0

Microsoft hat am 6.5.2019 angekündigt, dass danach der Nachfolger von .NET Core 3.1 nicht mehr "Core" im Namen tragen soll und die Versionsnummer 4.0 übersprungen wird. Der Nachfolger von .NET Core 3.1 wird also **.NET 5.0** sein und soll im November 2020 erscheinen.

Das Entity Framework Core-Team hat am 14.1.2020 bekanntgegeben [*https://docs.microsoft.com/en-us/ef/core/what-is-new/ef-core-5.0/plan*], dass Entity Framework Core das "Core" nicht verlieren wird, aber die Versionsnummer 4 überspringen wird. Zusammen mit .NET 5.0 erscheint also Entity Framework Core 5.0.

Geplante neue Funktionen in Entity Framework Core 5.0 sind:

- Einfache Anzeige des zu einer LINQ-Abfrage gehörenden SQL-Befehls: ToQueryString() und CreateDbCommand() sowie im Visual Studio Debugger per Debugger View. → Realisiert in Preview 1 (16. März 2020)

- Vereinfachte Konfiguration der Protokollierung mit LogTo() → Realisiert in Preview 1 (16. März 2020)

- Neue Annotation [BackingField] als Alternative zu HasField() → Realisiert in Preview 2 (2. April 2020)

- Eager Loading mit Filter (Filtered Include) → Realisiert in Preview 3 (23. April 2020)

- Abstraktion von N:M-Beziehungen mit Many-to-Many Navigation Properties (a.k.a "skip navigations")

- Table-per-Type (TPT)-Vererbung

Verbessern will Microsoft diese Funktionen:

- Vereinheitlichungen bei ToTable(), ToQuery(), ToView(), FromSql(), etc.

- Abermals Verbesserungen bei der Übersetzung von LINQ zu SQL

- Vereinfachungen für die Ausführungen von Schemamigrationen beim Deployment der Anwendung

- Verbesserte Integration in Blazor, Xamarin, Windows Forms, WPF und WinUI3

- Performance

Darüber hinaus will Microsoft die Dokumentation verbessern, insbesondere eine bisher nicht vorhandene Dokumentation für den Provider "Microsoft.Data.Sqlite" für die Datenbank SQLite schreiben.

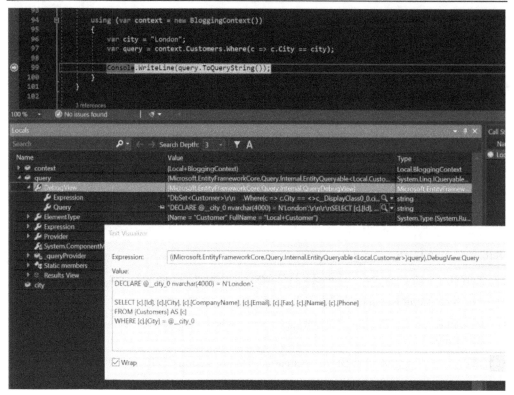

Abbildung: SQL zu einer LINQ-Abfrage im Debugger View in Entity Framework 5.0 (Quelle: Arthur Vickers [https://blog.oneunicorn.com/2020/01/15/createdbcommand])

Hinweis: Entity Framework Core 5.0 Preview 3 läuft nicht nur auf .NET 5.0, sondern auf allen Plattformen, die .NET Standard 2.1 anbieten (also z.B. .NET Core 3.1 und aktuelle Xamarin-Versionen). Das klassisches .NET Framework ist damit aber ausgeschlossen, da es auch in der aktuellsten Version 4.8 nur .NET Standard 2.0 realisiert. Entity Framework Core 1.0, 1.1, 2.0, 2.1 und 2.2 liefen auf dem .NET Framework. Mit Entity Framework Core 3.0 hat Microsoft die klassischen .NET-Entwickler plötzlich ausgeschlossen, dann aber auf deren Drängen Entity Framework Core 3.1 wieder auf .NET Framework zum Laufen gebracht – dabei aber direkt auf GitHub klargestellt [https://github.com/aspnet/EntityFrameworkCore/issues/18141], dass dies eine letzte Ausnahme war.

7.17   Kritik an der Entwicklungsgeschwindigkeit von Entity Framework Core

Es gibt immer wieder Kritik (sowohl auf Entwicklerkonferenzen und Schulungen als auch auf GitHub.com und an anderen Stellen im Internet), dass die Weiterentwicklung von Entity Framework Core nicht schnell genug voranschreitet. Auch der Autor dieses Buch unterstütze diese Kritik, zumal drei Jahre nach Erscheinen von Entity Framework Core 1.0 immer noch einige häufig benötigte Features fehlen wie das Table-per-Type-Vererbungsmapping und die Abstraktion von N:M-Zwischentabellen. Es gibt zwar Umgehungen ("Workarounds"), die auch in diesem Buch thematisiert werden, aber natürlich wäre es besser, wenn Microsoft selbst Lösungen bereitstellen würde.

Ich möchte an dieser Stelle die offizielle Stellungnahme des Entwicklungsteams zu dieser Kritik abdrucken [https://github.com/aspnet/EntityFrameworkCore/issues/2266#issuecomment-524077785]:

- "We have a small development team working on EF Core. Currently … we have five engineers plus a manager and a P.M."

- "It is then a strategic decision from Microsoft management whether to increase resources working on EF, as opposed to using those resources for other projects that may potentially have bigger immediate ROI or strategic impact. Currently the feedback we have received on this is that the current level of resourcing is sufficient, and the relatively slow progress on EF that results is acceptable from a strategic perspective."

Zusammenfassend auf Deutsch:

- Das Entity Framework Core-Entwicklungsteam ist derzeit zu klein.

- Das Management von Microsoft hat es abgelehnt, das Entwicklungsteam aufzustocken, da man andere Ziele als wichtiger empfindet.

> **Fazit:** Welche Konsequenz man daraus für den Einsatz von Entity Framework Core ziehen will, muss jeder Softwareentwickler für sich entscheiden. Der Autor dieses Buch kann trotz der verbliebenen Schwächen sehr gut mit Entity Framework Core in unseren Praxisprojekten arbeiten und auch viele seiner Kunden nutzen Entity Framework Core.

7.18 Einsatzszenarien für Entity Framework Core

In den ersten Versionen von Entity Framework Core waren die Funktionseinschränkungen erheblich, und Entity Framework Core war auf die Einsatzgebiete konzentriert, in denen es kein klassisches ADO.NET Entity Framework gab: ASP.NET Core (auf .NET Core), .NET Core-Konsolenanwendungen, Universal Windows Platform (UWP) Apps und Xamarin Apps.

Mittlerweile sind die Techniken aber durchlässiger geworden:

- Viele funktionale Einschränkungen von Entity Framework Core sind verschwunden.

- Auf .NET Core laufen auch Windows-Desktop-Anwendungen mit WPF und Windows Forms.

- Das klassische ADO.NET Entity Framework gibt es seit Version 6.3 auch für .NET Core.

> **Praxisempfehlung:** Für neue Projekte sollten Sie Entity Framework Core einsetzen. Bei der Migration bestehender Projekte auf .NET Core kann man im ersten Schritt durchaus oder auch dauerhaft beim klassischen ADO.NET Entity Framework bleiben, denn eine Umstellung auf Entity Framework Core bedeutet viel Arbeit.

Ein Szenario, in dem sich der Einsatz von Entity Framework Core sehr lohnt, ist das Offline-Szenario, bei dem es auf dem Mobilgerät eine lokale Kopie der Serverdatenbank geben soll. In diesem Fall kann man auf dem Client und dem Server mit demselben Datenzugriffscode arbeiten: Der Client verwendet Entity Framework Core für den Zugriff auf SQLite und der Webserver denselben Entity Framework Core-Programmcode für den Zugriff auf einen Microsoft SQL Server (siehe folgende Abbildung).

Teilen der Datenzugriffsschicht zwischen Mobilgerät und Server
mit Entity Framework Core
© Dr. Holger Schwichtenberg, www.IT-Visions.de 2018

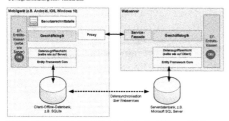

Abbildung: Teilen der Datenzugriffsschicht zwischen Mobilgerät und Webserver mit Entity Framework Core

7.19   Dokumentation für Entity Framework Core

Die Dokumentation zu Entity Framework Core finden Sie auf Microsoft Docs:

Englische Version:
https://docs.microsoft.com/en-us/ef/core/

Deutsche Version (z.T. maschinell übersetzt)
https://docs.microsoft.com/de-de/ef/core

> **Praxistipp:** Sie sollten die Englische Version verwenden! Die deutsche Übersetzung ist teilweise sehr schwer zu verstehen wegen zahlreicher Übersetzungsfehler (siehe Beispiel unten).

Feld- und Grundstückszugang

Standardmäßig liest und schreibt EF immer in das Sicherungsfeld - vorausgesetzt, es wurde ordnungsgemäß konfiguriert - und verwendet die Eigenschaft nie. EF unterstützt jedoch auch andere Zugriffsmuster. Im folgenden Beispiel wird EF beispielsweise angewiesen, nur während der Materialisierung in das Sicherungsfeld zu schreiben und die Eigenschaft in allen anderen Fällen zu verwenden:

```
protected override void OnModelCreating(ModelBuilder modelBuilder)
{
    modelBuilder.Entity<Blog>()
        .Property(b => b.Url)
        .HasField("_validatedUrl")
        .UsePropertyAccessMode(PropertyAccessMode.PreferFieldDuringConstruction);
}
```

Abbildung: Lustige Übersetzung von "Field and property access" (Quelle:
[https://docs.microsoft.com/de-de/ef/core/modeling/backing-field?tabs=fluent-api])

Field and property access

By default, EF will always read and write to the backing field - assuming one has been properly configured - and will never
use the property. However, EF also supports other access patterns. For example, the following sample instructs EF to write to
the backing field only while materializing, and to use the property in all other cases:

C#   ⎘ Copy

```
protected override void OnModelCreating(ModelBuilder modelBuilder)
{
    modelBuilder.Entity<Blog>()
        .Property(b => b.Url)
        .HasField("_validatedUrl")
        .UsePropertyAccessMode(PropertyAccessMode.PreferFieldDuringConstruction);
}
```

Abbildung: Original-Dokumentation "Field and property access" (Quelle:
[https://docs.microsoft.com/en-us/ef/core/modeling/backing-field?tabs=fluent-api])

7.20   Support für Entity Framework Core

Entity Framework Core folgt der Support-Richtlinie von Microsoft für ASP.NET Core und .NET
Core. Dies bedeutet:

- Entity Framework Core 3.1 ist eine Long-Term-Support-Version (LTS), die Microsoft drei
  Jahre nach dem Erscheinen mit Bug- und Sicherheitsupdates sowie kommerziellem Support
  unterstützt. Die Version 3.1 ist am 3.12.2019 erschienen, wird also bis zum 3.12.2022
  unterstützt.

- Entity Framework Core 3.0 war hingegen eine sogenannte "Current"-Version, die nur noch
  drei Monate nach dem Erscheinen der LTS-Version unterstützt wird. Da am 3.12.2019 eine
  LTS-Version erschienen ist, wurde Entity Framework Core 3.0 nur bis zum 3.3.2020
  unterstützt.

> **Praxistipp:** Sie sollten neue Projekte nicht mehr mit Version 3.0 starten und bestehende
> Projekte so bald wie möglich auf Version 3.1 umstellen. Dies gilt nicht nur für den Einsatz von
> Entity Framework Core, sondern auch für alle .NET Core- und ASP.NET Core-Projekte.

Die aktuelle Support-Richtlinie für .NET Core, Entity Framework Core und ASP.NET Core
können Sie unter *https://dotnet.microsoft.com/platform/support/policy/dotnet-core* nachlesen.

Version	Original Release Date	Latest Patch Version	Patch Release Date	Support Level	End of Support
.NET Core 3.1	December 3, 2019	3.1.3	March 24, 2020	LTS	December 3, 2022
.NET Core 3.0	September 23, 2019	3.0.3	February 18, 2020	EOL	March 3, 2020
.NET Core 2.2	December 4, 2018	2.2.8	November 19, 2019	EOL	December 23, 2019
.NET Core 2.1	May 30, 2018	2.1.17	March 24, 2020	LTS	August 21, 2021
.NET Core 2.0	August 14, 2017	2.0.9	July 10, 2018	EOL	October 1, 2018
.NET Core 1.1	November 16, 2016	1.1.13	May 14, 2019	EOL	June 27 2019
.NET Core 1.0	June 27, 2016	1.0.16	May 14, 2019	EOL	June 27 2019

Abbildung: Support-Richtlinie für .NET Core, Entity Framework Core und ASP.NET Core (Quelle: [*https://dotnet.microsoft.com/platform/support/policy/dotnet-core*]).

Tipp: Der ein oder andere Leser wird sicherlich denken, dass "Long-Term" für die geringe Anzahl von drei Jahre der falsche Ausdruck ist. Dieser Ausdruck stammt nicht vom Autor dieses Buchs, sondern von Microsoft. Und der Autor dieses Buchs wünscht sich auch den 10-Jahres-Support zurück, den es beim klassisches .NET Framework und seinen Bibliotheken gab.

Wenn Sie keinen Support-Vertrag mit Microsoft haben oder einen herstellerunabhängigen und längeren Support wünschen, können Sie Unterstützung zu allen Produkten im Bereich .NET und .NET Core auch fallweise unter *www.IT-Visions.de/support* bekommen.

8 Installation von Entity Framework Core

Für Entity Framework Core gibt es keine Setup.exe. Entity Framework Core installiert man in einem Projekt über NuGet-Pakete.

8.1   NuGet-Pakete

Entity Framework Core besteht im Gegensatz zum klassischen Entity Framework aus mehreren NuGet-Paketen. Die folgende Tabelle zeigt nur die Wurzelpakete. Deren Abhängigkeiten, zu denen NuGet die zugehörigen Pakete dann automatisch mitinstalliert, sind hier nicht genannt.

Hinweis: Wenn Sie Projektvorlagen in Visual Studio verwenden, z.B. eine ASP.NET Core Web Application anlegen, sind einige der genannten Pakete bereits referenziert.

Datenbank-management-system	NuGet-Paket, das zur Laufzeit benötigt wird	NuGet-Paket, das zur Entwicklungszeit für Reverse Engineering oder Schemamigrationen benötigt wird
Microsoft SQL Server Express, Standard, Enterprise, Developer, LocalDB (ab Version 2008)	Microsoft.EntityFrameworkCore.Sql Server	Microsoft.EntityFrameworkCore.Tools Microsoft.EntityFrameworkCore.SqlServer (für EF Core seit Version 2.0) Microsoft.EntityFrameworkCore.SqlServer. Design (für EF Core 1.x)
Microsoft SQL Server Compact 3.5	EntityFrameworkCore.SqlServerCo mpact35	Nicht verfügbar
Microsoft SQL Server Compact 4.0	EntityFrameworkCore.SqlServerCo mpact40	Nicht verfügbar
SQLite	Microsoft.EntityFrameworkCore.Sql ite	Microsoft.EntityFrameworkCore.Tools Microsoft.EntityFrameworkCore.Sqlite (für EF Core seit Version 2.0) Microsoft.EntityFrameworkCore.Sqlite.Desi gn (für EF Core 1.x)
In-Memory	Microsoft.EntityFrameworkCore.In Memory	Nicht verfügbar – macht keinen Sinn
PostgreSQL	Npgsql.EntityFrameworkCore.Postgr eSQL	Microsoft.EntityFrameworkCore.Tools Npgsql.EntityFrameworkCore.PostgreSQL (für EF Core seit Version 2.0) Npgsql.EntityFrameworkCore.PostgreSQL. Design (für EF Core 1.x)
MySQL	MySQL.Data.EntityFrameworkCore	MySQL.Data.EntityFrameworkCore.Design
Oracle (Devart Provider)	Devart.Data.Oracle.EFCore	Microsoft.EntityFrameworkCore.Tools

Tabelle: Die wichtigsten auf nuget.org verfügbaren Pakete für Entity Framework Core

Seit Entity Framework Core Version 2.0 hat Microsoft den Zuschnitt der Pakete abermals geändert, nachdem sie dies in der Alpha- und Beta-Phase von Version 1.0 sogar mehrmals getan hatten. Vorher gab es zu jedem Treiber zwei Pakete, eins davon mit "Design" im Namen. Die "Design"-Pakete wurden aufgelöst und in die eigentlichen Treiber-Assemblies integriert.

```
◢ ▪-▪ Microsoft.EntityFrameworkCore.SqlServer [2.0.0.0]
    ▷ { } JetBrains.Annotations
    ▷ { } Microsoft.EntityFrameworkCore
    ▷ { } Microsoft.EntityFrameworkCore.Design.Internal
    ▷ { } Microsoft.EntityFrameworkCore.Diagnostics
    ▷ { } Microsoft.EntityFrameworkCore.Infrastructure
    ▷ { } Microsoft.EntityFrameworkCore.Infrastructure.Internal
    ▷ { } Microsoft.EntityFrameworkCore.Internal
    ▷ { } Microsoft.EntityFrameworkCore.Metadata
    ▷ { } Microsoft.EntityFrameworkCore.Metadata.Conventions
    ▷ { } Microsoft.EntityFrameworkCore.Metadata.Conventions.Internal
    ▷ { } Microsoft.EntityFrameworkCore.Metadata.Internal
    ▷ { } Microsoft.EntityFrameworkCore.Migrations
    ▷ { } Microsoft.EntityFrameworkCore.Migrations.Internal
    ▷ { } Microsoft.EntityFrameworkCore.Migrations.Operations
    ▷ { } Microsoft.EntityFrameworkCore.Query.Expressions.Internal
    ▷ { } Microsoft.EntityFrameworkCore.Query.ExpressionTranslators.Internal
    ▷ { } Microsoft.EntityFrameworkCore.Query.Internal
    ▷ { } Microsoft.EntityFrameworkCore.Query.Sql.Internal
    ▷ { } Microsoft.EntityFrameworkCore.Scaffolding.Internal
    ▷ { } Microsoft.EntityFrameworkCore.Storage.Internal
    ▷ { } Microsoft.EntityFrameworkCore.Update.Internal
    ▷ { } Microsoft.EntityFrameworkCore.Utilities
    ▷ { } Microsoft.EntityFrameworkCore.ValueGeneration.Internal
    ▷ { } Microsoft.Extensions.DependencyInjection
    ▷ { } System
    ▷ { } System.Collections.Generic
    ▷ { } System.Reflection
    ▷ { } System.Text
◢ ▪-▪ Microsoft.EntityFrameworkCore.SqlServer.Design [1.1.1.0]
    ▷ { } JetBrains.Annotations
    ▷ { } Microsoft.EntityFrameworkCore.Infrastructure
    ▷ { } Microsoft.EntityFrameworkCore.Internal
    ▷ { } Microsoft.EntityFrameworkCore.Scaffolding.Internal
    ▷ { } Microsoft.EntityFrameworkCore.Scaffolding.Metadata.Internal
    ▷ { } Microsoft.EntityFrameworkCore.Utilities
    ▷ { } System
    ▷ { } System.Reflection
    ▷ { } System.Text
```

Abbildung: Mit Entity Framework Core 2.0 hatte Microsoft die Klassen der
Microsoft.EntityFrameworkCore.SqlServer.Design.dll in die
Microsoft.EntityFrameworkCore.SqlServer.dll integriert.

8.2   Paketinstallation

Die Installation erfolgt mit dem NuGet Package Manager oder dem PowerShell-Commandlet Install-Package in Visual Studio.

Abbildung: Installation des Treibers für Microsoft SQL Server mit dem NuGet Package Manager-GUI

Praxishinweis: Bitte entscheiden Sie bei der Installation, ob Sie nur eine stabile Version wünschen oder auch Vorab-Versionen ("Prerelease") nutzen möchten.

An der Kommandozeile (NuGet Package Manager Console) installiert man die aktuelle stabile Version mit:

```
Install-Package Microsoft.EntityFrameworkCore.SqlServer
```

Man installiert die aktuelle Vorab-Version mit:

```
Install-Package Microsoft.EntityFrameworkCore.SqlServer -Pre
```

Man installiert eine bestimmte Version mit:

```
Install-Package Microsoft.EntityFrameworkCore.SqlServer -Version 3.0.0
```

Abbildung: Installation von Entity Framework Core 1.1.2 in einer .NET Core 1.1-Konsole

Abbildung: Bei der Installation von Entity Framework Core 2.0 in einer .NET Core 2.0-Anwendung müssen sehr viele Pakete installiert werden.

```
Package Manager Console
Package source:  All                    ▾  ⚙  Default project:  EFC_GO                    ▾  ⟰  ▦
PM> Install-Package Microsoft.EntityFrameworkCore.SqlServer -Version 1.1.2
  GET https://api.nuget.org/v3/registration2-gz-semver2/microsoft.entityframeworkcore.sqlserver/index.json
  OK https://api.nuget.org/v3/registration2-gz-semver2/microsoft.entityframeworkcore.sqlserver/index.json 647ms
Restoring packages for C:\Users\hs\source\repos\EFC_GO\EFC_GO\EFC_GO.csproj...
Installing runtime.win7-x86.runtime.native.System.Data.SqlClient.sni 4.3.0.
Installing runtime.win7-x64.runtime.native.System.Data.SqlClient.sni 4.3.0.
Installing System.Text.Encoding.CodePages 4.3.0.
Installing System.Net.Security 4.3.0.
Installing System.Data.SqlClient 4.3.1.
Installing runtime.native.System.Data.SqlClient.sni 4.3.0.
Installing System.IO.Pipes 4.3.0.
Installing NuGet package Microsoft.EntityFrameworkCore.SqlServer 1.1.2.
Committing restore...
Writing lock file to disk. Path: C:\Users\hs\source\repos\EFC_GO\EFC_GO\obj\project.assets.json
Restore completed in 2,6 sec for C:\Users\hs\source\repos\EFC_GO\EFC_GO\EFC_GO.csproj.
Successfully installed 'Microsoft.CSharp 4.3.0' to EFC_GO
Successfully installed 'Microsoft.EntityFrameworkCore 1.1.2' to EFC_GO
Successfully installed 'Microsoft.EntityFrameworkCore.Relational 1.1.2' to EFC_GO
Successfully installed 'Microsoft.EntityFrameworkCore.SqlServer 1.1.2' to EFC_GO
Successfully installed 'Microsoft.Extensions.Caching.Abstractions 1.1.1' to EFC_GO
Successfully installed 'Microsoft.Extensions.Caching.Memory 1.1.1' to EFC_GO
Successfully installed 'Microsoft.Extensions.DependencyInjection 1.1.0' to EFC_GO
Successfully installed 'Microsoft.Extensions.DependencyInjection.Abstractions 1.1.0' to EFC_GO
Successfully installed 'Microsoft.Extensions.Logging 1.1.1' to EFC_GO
Successfully installed 'Microsoft.Extensions.Logging.Abstractions 1.1.1' to EFC_GO
Successfully installed 'Microsoft.Extensions.Options 1.1.1' to EFC_GO
Successfully installed 'Microsoft.Extensions.Primitives 1.1.0' to EFC_GO
Successfully installed 'Microsoft.NETCore.Targets 1.1.0' to EFC_GO
Successfully installed 'Microsoft.Win32.Primitives 4.3.0' to EFC_GO
Successfully installed 'Remotion.Linq 2.1.1' to EFC_GO
```

Abbildung: Installation des Treibers für Microsoft SQL Server mit dem NuGet Package Manager Console (hier gezeigt in Version 1.1.2)

Alle verfügbaren Versionen eines Pakets kann man an der NuGet Package Manager Console (PMC) auflisten mit:

```
(Find-Package Microsoft.EntityFrameworkCore.SqlServer -ExactMatch -allversions -
includeprerelease).Versions | Format-Table Version, Release
```

Die in den Projekten der aktuellen Projektmappe referenzierten Versionen eines Pakets sieht man mit:

```
(Get-Package Microsoft.EntityFrameworkCore.SqlServer) | Format-Table Projectname, id,
Versions
```

```
Package Manager Console
Package source:  All                    ▾  ⚙  Default project:  EFC_Konsole               ▾  ⟰  ▦
PM> (Get-Package Microsoft.EntityFrameworkCore.SqlServer) | Format-Table Projectname, id, Versions

ProjectName Id                                                 Versions
----------- --                                                 --------
EFC_GL      Microsoft.EntityFrameworkCore.SqlServer            {2.0.0-preview2-final}
EFC_GUI     Microsoft.EntityFrameworkCore.SqlServer            {2.0.0-preview2-final}
EFC_Reverse Microsoft.EntityFrameworkCore.SqlServer            {2.0.0-preview2-final}
EFC_Reverse Microsoft.EntityFrameworkCore.SqlServer.Design     {1.1.2}
EFC_Forward Microsoft.EntityFrameworkCore.SqlServer            {1.1.1}
EFC_Forward Microsoft.EntityFrameworkCore.SqlServer.Design     {1.1.1}
EFC_Kontext Microsoft.EntityFrameworkCore.SqlServer            {2.0.0-preview2-final}
EFC_Konsole Microsoft.EntityFrameworkCore.SqlServer            {2.0.0-preview2-final}


PM>
```

Abbildung: Das Commandlet Get-Package zeigt, dass einige Projekte bereits auf Entity Framework Core 2.0 aktualisiert wurden, andere noch nicht.

8.3 Aktualisierung auf eine neue Version

Bestehende Projekte aktualisiert man auf eine neue Version von Entity Framework Core mit dem NuGet Package Manager – entweder in seiner grafischen Version oder an der Kommandozeile.

Das NuGet Package Manager-GUI zeigt beim Vorliegen einer neuen Entity Framework Core-Version an, dass zahlreiche NuGet-Pakete zu aktualisieren sind.

Praxistipp 1: Da sich der NuGet Package Manager bei vielen Aktualisierungen manchmal "verheddert", sollten Sie nicht alle Pakete auf einmal aktualisieren (wie die erste Abbildung es zeigt), sondern nur das eigentliche Wurzelpaket, also das Paket mit dem gewünschten Entity Framework Core-Treiber (z.B. Microsoft.EntityFrameworkCore.SqlServer, siehe zweite Abbildung). Diese Paketaktualisierung zieht dann auch die Aktualisierung seiner Abhängigkeiten nach sich.

Abbildung: Grafische Aktualisierung aller NuGet-Pakete (nicht empfohlen!)

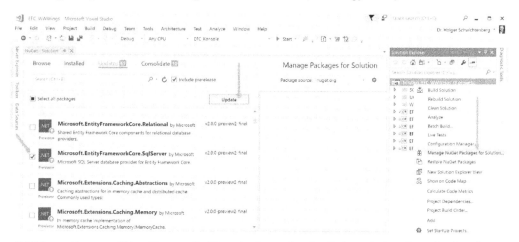

Abbildung: Besser wählen Sie nur die Wurzelpakete, also das Paket mit dem Datenbanktreiber.

Dies entspricht der Vorgehensweise an der Kommandozeile, auf der man ja auch nicht alle Pakete eintippen möchte, sondern nur das Wurzelpaket aktualisiert, z.B. bei der Aktualisierung auf Entity Framework Core 3.1:

```
Update-Package Microsoft.EntityFrameworkCore.SqlServer -Version 3.1.0
```

Praxistipp 2: Wenn Sie bei der Aktualisierung von Entity Framework Core 1.x auf Version 2.0 die Fehlermeldung erhalten *"Could not install package 'Microsoft.EntityFrameworkCore.SqlServer 2.0.0'. You are trying to install this package into a project that targets '.NETFramework,Version=v4.x, but the package does not contain any assembly references or content files that are compatible with that framework."*, kann dies folgende Ursachen haben:

- Sie verwenden eine .NET-Version vor 4.6.1, die nicht kompatibel zu .NET Standard 2.0 ist und daher nicht Entity Framework Core 2.0 nutzen kann.

- Wenn die Versionsnummer in der Fehlermeldung aber 4.6.1 oder höher ist (vgl. nächste Abbildung), dann liegt dies daran, dass Sie eine zu alte Version von Visual Studio verwenden. Entity Framework Core 2.0 kann erst ab Visual Studio 2015 Update 3 mit installiertem .NET Core eingesetzt werden (auch wenn Sie das klassische .NET Framework nutzen, muss .NET Core <u>auf dem Entwicklungssystem</u> installiert sein!)

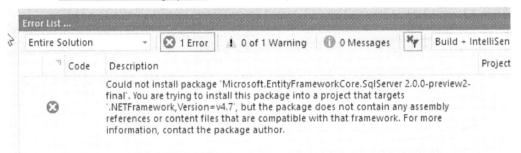

Abbildung: Fehlermeldung beim Aktualisieren auf EF Core 2.0

Praxistipp 3: Bei der Aktualisierung von EF Core 1.x auf Version 2.0 müssen Sie die Referenz auf das Paket "Microsoft.EntityFrameworkCore.SqlServer.Design" manuell entfernen:

```
uninstall-package Microsoft.EntityFrameworkCore.SqlServer.Design
```

Falls Sie auch eine Referenz auf das Paket "Microsoft.EntityFrameworkCore.Relational.Design" haben, entfernen Sie auch diese:

```
uninstall-package Microsoft.EntityFrameworkCore.Relational.Design
```

Microsoft hat in Entity Framework Core 2.0 den Inhalt der NuGet-Pakete mit ".Design" am Ende in die gleichnamigen Pakete ohne diesen Zusatz überführt.

Wenn Sie in Ihren Projekten noch Pakete mit Namen "Microsoft.AspNetCore..." haben, obwohl Sie gar keine ASP.NET Core-basierte Webanwendung schreiben, so können sie auch diese entfernen. Diese Referenzen sind ein Relikt aus den ersten Versionen der Entity Framework Core-Werkzeuge:

```
uninstall-package Microsoft.AspNetCore.Hosting.Abstractions
uninstall-package Microsoft.AspNetCore.Hosting.Server.Abstractions
uninstall-package Microsoft.AspNetCore.Http.Abstractions
uninstall-package Microsoft.AspNetCore.Http.Feature
uninstall-package System.Text.Encodings.Web
```

Abbildung: Deinstallation des in Entity Framework Core 2.0 nicht mehr benötigten Pakets Microsoft.EntityFrameworkCore.SqlServer.Design

Praxistipp 4: Manchmal findet Visual Studio nach einer Aktualisierung das Kompilat von anderen Projekten in der gleichen Projektmappe nicht mehr (siehe erste Abbildung). In diesem Fall deaktivieren Sie im Reference Manager (References/Add Reference) das Projekt kurz, um es danach direkt wieder zu wählen (siehe zweite Abbildung).

Abbildung: Das Projekt ist vorhanden, das Kompilat wird aber nicht gefunden.

Abbildung: Entfernen und Neu-Einfügen der Referenz

Praxistipp 5: In einer .NET Standard Library kann Entity Framework Core 2.x sowie 3.1 nur installiert werden, wenn diese als "Target Framework" auf ".NET Standard 2.0" oder ".NET Standard 2.1" steht. Sonst kommt es zum Fehler: "Package Microsoft.EntityFrameworkCore.SqlServer 2.0.0 is not compatible with netstandard1.6

(.NETStandard,Version=v1.6). Package Microsoft.EntityFrameworkCore.SqlServer 2.0.0 supports: netstandard2.0 (.NETStandard,Version=v2.0)". Ebenso kann Entity Framework Core 2.x nicht in einem .NET Core 1.x-Projekt verwendet werden, sondern nur in .NET Core 2.x-Projekten. Die Projekte müssen also ggf. vorher hochgestuft werden (siehe folgende Abbildung).

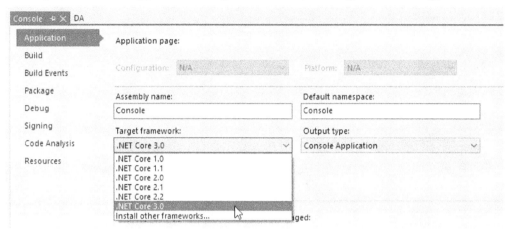

Abbildung: Aktualisierung des Target Frameworks auf .NET Core Version 3.0 in den Projekteigenschaften

Praxistipp 6: In einer .NET Standard Library kann Entity Framework Core 3.0 nur installiert werden, wenn diese als "Target Framework" auf ".NET Standard 2.1" steht. Sonst kommt es zum Fehler: "Package Microsoft.EntityFrameworkCore.SqlServer 3.0.0 is not compatible with netstandardx.x (.NETStandard,Version=vx.x). Package Microsoft.EntityFrameworkCore.SqlServer 3.0.0 supports: netstandard2.1 (.NETStandard,Version=v2.1)". Ebenso kann Entity Framework Core 3.0 nicht in einem .NET Core 1.x/2.x-Projekt verwendet werden, sondern nur in .NET Core 3.0-Projekten. Die Projekte müssen also ggf. vorher hochgestuft werden (siehe folgende Abbildung).

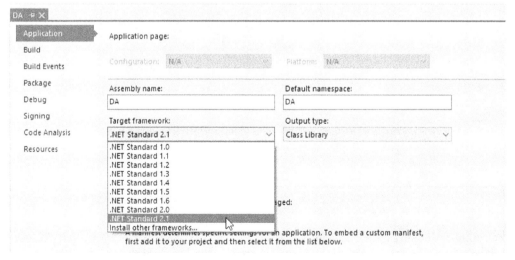

Abbildung: Aktualisierung des Target Frameworks auf .NET Standard Version 2.1 in den Projekteigenschaften

9 Konzepte von Entity Framework Core

Dieses Kapitel erläutert die zentralen Konzepte von Entity Framework Core, getrennt nach den Vorgehensmodellen und den Artefakten von Entity Framework Core.

9.1 Vorgehensmodelle bei Entity Framework Core

Entity Framework Core unterstützt sowohl das

- **Reverse Engineering** bestehender Datenbanken (hier wird ein Objektmodell aus einem bestehenden Datenbankschema erzeugt)

als auch das

- **Forward Engineering** von Datenbanken aus Objektmodellen heraus (hier wird ein Datenbankschema aus einem Objektmodell erzeugt).

Reverse Engineering (auch oft Database First genannt) bietet sich an, wenn bereits eine Datenbank besteht oder wenn sich die Entwickler entscheiden, die Datenbank auf traditionellem Weg zu erzeugen. Die zweite Option, welche als Forward Engineering bezeichnet wird, gibt dem Entwickler die Möglichkeit, ein Objektmodell zu entwerfen. Aus diesem kann er anschließend ein Datenbankschema generieren.

Für den Entwickler ist meist das Forward Engineering besser, weil man hierbei ein Objektmodell entwerfen kann, wie man es für die Programmierung braucht.

Forward Engineering kann man wahlweise zur Entwicklungszeit (über sogenannte Schemamigrationen) und/oder zur Laufzeit nutzen. Eine Schemamigration ist die Erstellung der Datenbank mit einem intialen Schema oder eine spätere Erweiterung/Änderung des Schemas.

Zur Laufzeit bedeutet, dass die Datenbank erst zur Laufzeit der Anwendung von Entity Framework Core bei Bedarf angelegt (EnsureCreated()) bzw. aktualisiert (Migrate()) wird.

Reverse Engineering findet immer zur Entwicklungszeit statt.

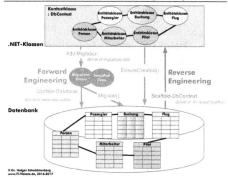

Abbildung: Forward Engineering versus Reverse Engineering bei Entity Framework Core

Im Vorgänger, ADO.NET Entity Framework, gab es vier Vorgehensmodelle:

- Reverse Engineering mit EDMX-Dateien (alias Database First)

- Reverse Engineering mit Code First

- Forward Engineering mit EDMX-Dateien (alias Model First)

- Forward Engineering mit Code First

Da es in Entity Framework Core kein EDMX mehr gibt, entfallen zwei der Modelle. Das Reverse Engineering und das Forward Engineering in Entity Framework Core sind die Nachfolger der entsprechenden Code First-Vorgehensweisen. Microsoft spricht aber nicht mehr von Code First, weil dieser Name bei vielen Entwicklern Forward Engineering suggeriert. Microsoft spricht allgemein von "Code-based Modelling".

	EF-Versionen	Bestehende Datenbank (Reverse Eng.)	Keine bestehende Datenbank (Forward Eng.)
DB First (EF Designer)	EF 1.0 **bis 6.x**	Ja	Nein
Model First (EF Designer)	EF 4.0 **bis 6.x**	Nein	Ja
Code First (→ "Code Based Modeling")	Seit EF 4.1	Ja (relativ neu)	Ja

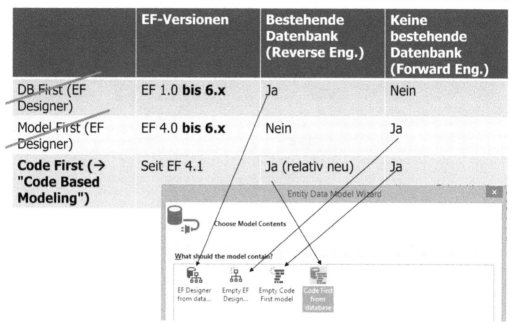

Abbildung: Von den drei Vorgehensmodellen aus Entity Framework bleibt in Entity Framework Core nur eins über.

Die folgende Tabelle zeigt einen Vergleich der beiden Vorgehensmodelle.

	Reverse Engineering	Forward Engineering
Bestehende DB einlesen	✓	✗
Änderungen und Erweiterungen des Datenbankschemas	✗ (Microsoft) ✓ (mit Zusatzwerkzeug Entity Developer)	✓ (Migrationen)
Grafisch modellieren	✗ (Microsoft) ✓ (mit Zusatzwerkzeug Entity Developer)	✗ (Microsoft) ✓ (mit Zusatzwerkzeug Entity Developer)
Stored Procedures	● Manuell aufrufbar (Microsoft) ✓ Codegenerierung mit Zusatzwerkzeug Entity Developer	●Manuell aufrufbar
Table-valued Functions	● Manuell aufrufbar (Microsoft) ✓ (mit Zusatzwerkzeug Entity Developer)	●Manuell aufrufbar

Views	✗ (Microsoft)	✗
	✓ (mit Zusatzwerkzeug Entity Developer)	
Eigene Metadaten/Annotationen im Objektmodell	✓ Umständlich	✓✓ Sehr einfach!
	✓✓ (mit Zusatzwerkzeug Entity Developer)	
Kontrolle über das Objektdesign ("Schönes Objektmodell")	✗	✓
Übersichtlichkeit	✗	✓

Tabelle: Forward Engineering versus Reverse Engineering bei Entity Framework Core

9.2   Artefakte bei Entity Framework Core

Das folgende Schaubild zeigt die zentralen Artefakte der Programmierung mit Entity Framework Core. Danach folgt eine grobe Erklärung. Details zu diesen Artefakten erfahren Sie in den Folgekapiteln.

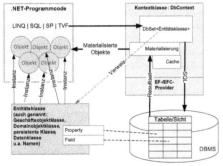

Abbildung: Die zentralen Artefakte in Entity Framework Core und ihr Zusammenhang

Das Datenbankmanagementsystem (DBMS) enthält eine Datenbank mit Tabellen (Table) und Sichten (View). Wichtig ist, dass nur Tabellen mit Primärschlüssel bzw. Sichten, die einen Primärschlüssel einbeziehen, verwendet werden können.

> **Hinweis:** Seit Entity Framework Core Version 2.1 kann man Tabellen ohne Primärschlüssel lesen, aber keine Änderungen darin vornehmen können.

Entitätsklassen (alias: Domainobjektklasse, Geschäftsobjektklasse, Datenklasse oder persistente Klasse) sind Abbildungen von Tabellen und Sichten. Sie enthalten Properties und/oder Fields, die auf Spalten der Tabellen/Sichten abgebildet werden. Entitätsklassen können POCO-Klassen sein (Plain Old CLR Objects, d.h. sie brauchen keine Basisklasse und keine Schnittstelle). Sie können aber eigenständig nicht auf die Datenbank zugreifen.

> **BEST PRACTICE:** Auch wenn Fields möglich sind, sollten Sie nur mit Properties arbeiten, da viele andere Bibliotheken und Frameworks im .NET-Umfeld Properties erwarten.

Die Kontextklasse ist immer eine von der Basisklasse DbContext abgeleitete Klasse. Sie besitzt Properties vom Typ DbSet<Entitätsklasse> für die Entitätsklassen. Die Kontextklasse bzw. die DbSet-Properties nehmen die Befehle des selbsterstellten Programmcodes entgegen in Form von LINQ-Befehlen, SQL-Befehlen, Stored Procedure- und Table Valued Function (TVF)-Aufrufen bzw. speziellen API-Aufrufen für Anfügen, Ändern und Löschen. Die Kontextklasse sendet die Befehle an den DBMS-spezifischen Provider, der die Befehle via DbCommand-Objekte an die Datenbank sendet und Resultsets in einem DataReader von der Datenbank empfängt. Die Kontextklasse wandelt den Inhalt des DataReader-Objekts in Instanzen der Entitätsklasse um. Diesen Vorgang nennt man Materialisierung.

> **Hinweis:** Anders als im klassischen ADO.NET Entity Framework ist die Klasse DbContext kein Wrapper um die Klasse ObjectContext mehr, sondern eine ganz neue und eigenständige Implementierung.

10 Reverse Engineering bestehender Datenbanken

Dieses Kapitel behandelt **Reverse Engineering** bestehender Datenbanken, d.h. hier wird ein Objektmodell aus einem bestehenden Datenbankschema erzeugt.

Dieses Kapitel behandelt die einfachere Version 1 des World Wide Wings-Datenbankschemas. Sie können dieses Datenbankschema mit dem SQL-Skript WWWingsV1.sql installieren, das auch Daten (10.000 Flüge, 200 Piloten, 20.000 Passagiere) mitliefert.

10.1 Reverse Engineering-Werkzeuge

Den aus dem klassischen Entity Framework bekannten Visual Studio-Assistenten zum Anlegen von Objektmodellen aus bestehenden Datenbanken gibt es für Entity Framework Core bis zum Redaktionsschluss dieses Buchs noch nicht im Standardlieferumfang (Es gibt aber Zusatzwerkzeuge, siehe "Entity Framework Core Power Tools" und "Entity Developer", siehe Kapitel "Zusatzwerkzeuge"). Gemäß neuer Microsoft-Manier gibt es im Kernprodukt nur Kommandozeilenwerkzeuge, und diese stehen in zwei Varianten zur Verfügung:

- **PowerShell-Commandlets** für die NuGet Package Manager-Konsole (PMC) innerhalb der Visual Studio-Entwicklungsumgebung. Diese Befehle kann man nicht nur in .NET Core-Projekten, sondern auch in .NET "Full" Framework-Projekten nutzen.

> **Hinweis:** Die PowerShell-Commandlets für Entity Framework Core erfordern eine Installation von Windows PowerShell in Version 3.0 oder höher. Die PowerShell wird durch die Visual Studio-Installation nicht aktualisiert.

- Das **Kommandozeilenwerkzeug "dotnet"** (unter Windows: dotnet.exe), das man auch unabhängig von Visual Studio und Windows verwenden kann.

> **Tipp:** Im Kapitel "Zusatzwerkzeuge" stellt dieses Buch auch GUI-Werkzeuge für das Reverse Engineering vor.

10.2 NuGet-Pakete für das Reverse Engineering

Für das Reverse Engineering sind in Entity Framework Core seit Version 2.x folgende NuGet-Pakete relevant:

- Das Paket für den jeweiligen Entity Framework Core-Datenbanktreiber (z.B. Microsoft.EntityFrameworkCore.SqlServer oder Microsoft.EntityFrameworkCore.Sqlite oder Npgsql.EntityFrameworkCore.PostgreSQL) wird in dem Projekt benötigt, in den der Programmcode generiert werden soll.

- Für das Reverse-Engineering von Projekten mit Geo-Datentypen ist jeweils pro Datenbank ein weiteres Paket erforderlich: Microsoft.EntityFrameworkCore.SqlServer.NetTopologySuite (für Microsoft SQL Server) bzw. Microsoft.EntityFrameworkCore.Sqlite.NetTopologySuite (für SQLite) bzw. Npgsql.EntityFrameworkCore.PostgreSQL.NetTopologySuite (für PostgreSQL)

- Das Paket Microsoft.EntityFrameworkCore.Tools wird <u>nur zur Entwicklungszeit</u> im aktuellen Startprojekt von Visual Studio benötigt.

> **Hinweis:** Bei den Entity Framework Core-Version 1.x und 2.x konnte man diese Pakete alle auch in klassischen .NET Framework-Projekten installieren. Dabei wurde die Projektdatei durch

die Auflistung aller transitiven Referenzen stark aufgebläht. In .NET Core sieht man die transitiven Referenzen nicht. Seit Entity Framework Core 3.0 ist eine Installation der Pakete in klassischen .NET Framework-Projekten nicht mehr möglich.

10.3 Projektstruktur für das Reverse Engineering

Während es in sehr kleinen Projekten theoretisch möglich ist, nur mit einem einzigen Projekt zu arbeiten und alle notwendigen Pakete dort aufzunehmen, sollte man in der Praxis vorziehen, die Kompetenzen zu trennen; nicht nur, um eine gute Schichtentrennung zu erzielen, sondern auch um die Verbreitung des nur zur Entwicklungszeit notwendigen Tools-Pakets in der tatsächlichen Anwendung zu vermeiden.

Praxistipp: Es bietet sich an, für die Entity Framework Core-Werkzeuge ein eigenes startbares Projekt (Konsolenprojekt, z.B. mit Namen EFC_Tools.csproj) anzulegen, dass nur in dem Moment, wo die Entity Framework Core-Werkzeuge gebraucht werden, zum Startprojekt gemacht wird, ansonsten aber unbenutzt bleibt. Alternativ ist es auch möglich, nach der Programmcodegenerierung die Entity Framework Core-Werkzeuge aus dem eigentlichen Startprojekt wieder zu deinstallieren. Allerdings müsste man die Werkzeuge dann vor jeder Neugenerierung wieder dort installieren.

Empfohlen ist zumindest folgende minimale Strukturierung am Beispiel des Zugriffs einer Konsolenanwendung auf einen Microsoft SQL Server mit einer Datenbank, die auch Geo-Datentypen enthält. Besser noch wäre es, Entitätsklassen und Kontextklasse zu trennen. Dies wird später noch thematisiert.

Projekt	Typ	Zweck	Projekt- und Paketreferenzen
DA	.NET Standard 2.1 Class Library	Aufnahme des generierten Programmcodes (Entitätsklassen und Kontextklasse), ggf. eigene Erweiterungen	Install-Package Microsoft.EntityFrameworkCore. SqlServer Install-Package Microsoft.EntityFrameworkCore. SqlServer.NetTopologySuite
Console	.NET Core (>= 3.0) Console	Aufnahme des eigenen Client-Codes	Install-Package Microsoft.EntityFrameworkCore Projektreferenz auf DA
EFC_Tools	.NET Core (>= 3.0) Console	Projekt nur zur Entwicklungszeit für die Code-Generierung. Hier muss kein Programmcode geschrieben werden!	Install-Package Microsoft.EntityFrameworkCore. Tools Projektreferenz auf DA

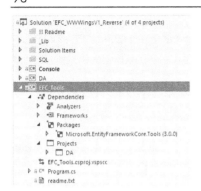

Abbildung: Projektstruktur nach obiger Tabelle

Praxishinweis: Noch besser wäre eine Trennung der generierten Klassen in zwei Projekte: Entitätsklassen in ein Projekt "BO" und nur die Kontextklasse in "DA". Sie werden aber feststellen, dass die Entity Framework Core-Werkzeuge für das Reverse Engineering dies nur bedingt unterstützen. Sie können zwar einen anderen Dateisystempfad für die Generierung der Kontextklasse angeben mit dem Parameter -ContextDir, aber dadurch wird die generierte Datei dennoch in das Projekt, wo die Entitätsklassen liegen, verlinkt und erhält auch den Namensraum von dieser. Hier fällt auf jeden Fall manuelle Nacharbeit an.

Wenn ein Codegenerierungsbefehl ohne die vorherige Paketinstallation ausgeführt wurde, sieht der Entwickler in der Package Manager Console (PMC) einen Fehler. Dabei bedeutet "Your startup project 'Console' doesn't reference Microsoft.EntityFrameworkCore.Design. This package is required for the Entity Framework Core Tools to work. Ensure your startup project is correct, install the package, and try again.", dass das Tools-Paket fehlt!

10.4 Codegenerierung starten

Die eigentliche Codegenerierung läuft dann nach der Installation der NuGet-Pakete über das PowerShell-Commandlet Scaffold-DbContext, welchem durch den Entwickler zumindest der Name des Datenbankproviders (-provider) und eine Verbindungszeichenfolge (-connection) als Parameter zu übergeben sind. Im folgenden Befehl sind weitere sinnvolle Parameter gesetzt:

-StartupProject Legt das Projekt fest, indem sich das Paket Microsoft.EntityFrameworkCore.Tools zur Entwicklungszeit befindet. Dies verhindert, dass der Entwickler das Startprojekt in Visual Studio tatsächlich temporär ändern muss.

-Project Der Name des Zielprojekts für die Codegenerierung. Dies vermeidet, dass der Entwickler das Zielprojekt in der Package Manager Console einstellen muss.

-UseDatabaseNames: Zur unveränderten Übernahme der Tabellen- und Spaltennamen aus der Datenbank.

-Context Der Kontextklassenname soll abweichend vom Standard nicht der Datenbankname sein, sondern der genannte feststehende Bezeichner. Leider ist die Angabe eines abweichenden Namensraums hier nicht möglich. Die Verwendung von Punkten bei dem Parameterwert quittiert Visual Studio mit "The context class name passed in, is not a valid C# identifier."

-Force überschreibt eventuell vorhandene Dateien einer vorherigen Generierung.

```
Scaffold-DbContext -Connection
"Server=DBServer123;Database=WWWingsV1_EN;Trusted_Connection=True;
```

```
MultipleActiveResultSets=True;" -Provider Microsoft.EntityFrameworkCore.SqlServer
-StartupProject EFC_Tools -Project DA
-UseDatabaseNames -Context WWWingsContext -force
```

> **Wichtig:** Alle Parameter des Befehls müssen logisch in einer Zeile stehen. Die sichtbaren Umbrüche dürfen nicht erfasst werden! Wenn ihre Zeile automatisch umbricht, weil die Fensterbreite erreicht ist, ist dies kein Problem.

Mit diesem Befehl werden Klassen für alle Tabellen (und seit Entity Framework Core Version 3.0 auch für Sichten/Views) in dieser Datenbank in das angegebene Zielprojekt erzeugt. Für Datenbankspalten, die nicht abgebildet werden konnten, gibt Scaffold-DbContext Warnungen aus, siehe nächste Abbildung.

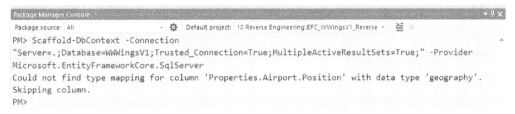

Abbildung: Scaffold-DbContext warnt, dass eine eine Spalte vom Typ "Geography" ignoriert wurde. Das passiert, wenn das passende Geo-Treiber-Paket nicht installiert wurde.

> **Praxistipp:** Der Parameter -UseDatabaseNames ist dringend empfohlen, da Entity Framework Core sonst Klassennamen nicht 1:1 aus den Tabellennamen übernimmt und die Property-Namen nicht 1:1 aus den Spaltennamen, sondern nach einer leider nicht dokumentierten Logik die Namen verändert, sodass diese den C#-Namensregeln besser folgen. Dazu gehört das Entfernen von Unterstrichen und die Änderung der Groß-/Kleinschreibung bei ID in Id.
>
> Eine Umwandlung in den Singular oder Plural findet hingegen nicht statt. Bisher gibt es in Entity Framework Core auch keine eingebaute Option dafür, was jedoch kein großer Verlust ist, da der Pluralisierungsdienst bislang immer nur für englische Tabellennamen funktionierte. Wer die Pluralisierung dennoch vermisst, kann das Feature nachrüsten [https://romiller.com/2017/02/10/ef-core-1-1-pluralization-in-reverse-engineer].
>
> Auf -UseDatabaseNames sollte man nur verzichten, wenn man ungültige Bezeichner entstehen. Grundsätzlich ist es in der Praxis übersichtlicher, wenn man im Programmcode die gleichen Namen wie in der Datenbank verwendet. Das gilt insbesondere dann, wenn man im Projekt auch mit direkten SQL-Befehlen arbeitet!

10.5 Neuerungen in Entity Framework Core 5.0

Scaffold-DbContext und dotnet ef dbcontext scaffold bieten seit Entity Framework Core 5.0 Preview 3 den Parameter "Context-Namespace" mit dem der Entwickler die Kontextklasse in einen anderen Namensraum als die Entitätsklassen (Parameter "Namespace") legen kann. Bisher wurden beide Klassenarten im Standardnamensraum des Zielprojekts erstellt. Die neuen Namensraumparameter bieten hier mehr Flexibilität, um die Entitätsklasse und die Kontextklasse in verschiedene DLLs zu trennen, wie dies in der Softwarearchitektur üblich ist.

10.6 Beispieldatenbank

Das Ergebnis der Codegenerierung umfasst – außer im Fall sehr weniger Tabellen – viele Zeilen Programmcode. Das Ergebnis soll hier an einem Beispiel konzeptionell und in Ausschnitten auch per Programmcodelistung wiedergegeben werden. Als Beispiel soll das in der folgenden Abbildung gezeigte "World Wide Wings"-Datenmodell Version 1 verwendet werden.

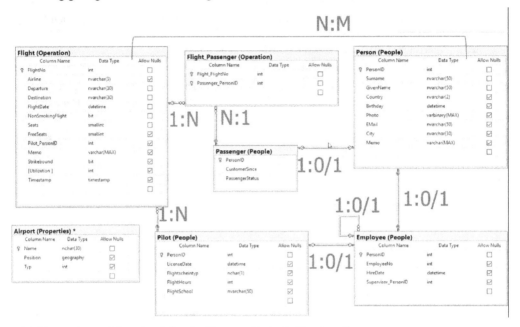

Abbildung: Beispieldatenbank für die Fluggesellschaft (Version 1)

Zudem gibt es in der Datenbank fünf Datenbanksichten:

- V_Passenger_DETAILS: Umfasst Daten aus den Tabellen Passagier und Person und setzt Givenname und Surname zu Fullname zusammen. Diese Datenbanksicht ist teilweise aktualisierbar.

- V_Booking_DETAILS: Umfasst neben Booking einige Spalten aus Flight sowie den Fullname des Passagiers aus AllPassengers. Diese Datenbanksicht ist teilweise aktualisierbar.

- V_Employee_DETAILS: Umfasst die Daten aus Employee und Person. Diese Datenbanksicht ist teilweise aktualisierbar.

- V_FlightsFromRome: Ist ein einfacher Filter auf Destination = 'Rome', liefert ausgewählte Spalten von Flight zurück. Diese Datenbanksicht ist vollständig aktualisierbar.

- V_DepartureStatistics: Diese Sicht gruppiert die Flüge nach Abflugort. Diese Datenbanksicht ist nicht aktualisierbar.

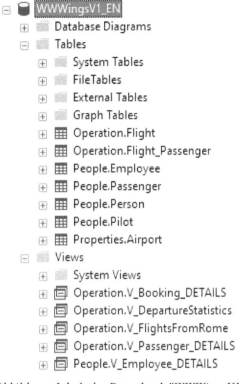

Abbildung: Inhalt der Datenbank "WWWingsV1_EN"

Hinweis: Ein SQL-Skript zum Anlegen dieser Datenbank finden Sie bei den Downloads zu diesem Buch im Projekt "WWWingsV1_Reverse" im Ordner "SQL".

10.7 Generierter Programmcode

In Bezug auf das in der Abbildung gezeigte Datenmodell und diese vier Sichten erzeugt das Commandlet Scaffold-DbContext nun folgende Ausgaben:

- Je eine Entitätsklasse im POCO-Stil für jede der sieben Tabellen – also auch für die N:M-Zwischentabelle "Flight_Passenger", die das bisherige Entity Framework stets im Objektmodell eliminiert hat. Entity Framework Core unterstützt aber leider noch keine N:M-Beziehungen, sondern lediglich deren Nachbildung durch zwei 1:N-Beziehungen, wie dies auch im relationalen Modell erfolgt.

- Je eine Entitätsklasse im POCO-Stil für alle fünf Datenbanksichten (erst seit Entity Framework Core 3.0).

- Eine einzige Kontextklasse, die von der Basisklasse Microsoft.EntityFrameworkCore.DbContext abgeleitet ist. Diese besitzt ein DbSet<T>-Property für jede Entitätsklasse sowie die Methoden OnConfiguring() und OnModelCreating().

- Sofern für einzelne Spalten eine Codegenerierung nicht möglich ist, gibt es eine gelb hinterlegte Warnungsausgabe in der Paket Manager-Konsole.

Abbildung: Generierte Klassen für die Beispieldatenbank aus der vorherigen Abbildung

Hinweis: Seit Entity Framework Core 3.0 wird auch Programmcode für Datenbanksichten sowie primärschlüssellose Tabellen erzeugt. Dies kann man nicht durch einen Schalter unterdrücken.

Die folgenden Listings zeigen den von Scaffold-DbContext generierten Programmcode für die Kontextklasse und – exemplarisch – für die Entitätsklassen Flight, Passenger, Person und V_Passenger_DETAILS.

Die Festlegung, wie das Objektmodell auf das Datenbankschema abgebildet wird, läuft in Entity Framework Core wie beim klassischen Entity Framework auf drei Wegen:

- Konventionen, die Entity Framework Core automatisch umsetzt

- Datenannotationen, mit denen die Entitätsklassen und ihre Mitglieder versehen werden

- Fluent-API in der Methode OnModelCreating() in der Kontextklasse

Der von den Entity Framework Core-Werkzeugen generierte Programmcode konzentriert sich im Standard dabei auf den dritten Weg; dementsprechend voll mit Fluent-API-Aufrufen ist die Methode OnModelCreating() in der Kontextklasse. Es wirken aber auch weiterhin Konventionen, z.B. dass die Properties der Klasse im Standard wie die Spalten in der Tabelle heißen.

Tipp: Bisher hatte der Assistent auch die Datenannotationen verwendet, die nun im generierten Programmcode nicht mehr zum Einsatz kommen. Wenn Sie statt der Verwendung des Fluent-API die Verwendung von Datenannotationen bevorzugen, können Sie dies mit dem Parameter -DataAnnotations aktivieren. Aber Sie werden sehen, dass es für viele Fälle gar keine Annotationen gibt und Sie dann eine Mischung aus beiden Konfigurationsarten erhalten. Die Nutzung von Annotationen kann aber dennoch vorteilhaft sein, wenn Sie die Objekte mit dem Validator von .NET (System.ComponentModel.DataAnnotations.Validator) überprüfen lassen wollen, bevor diese zur Datenbank gehen.

Im Fluent-API findet man folgende Festlegungen:

- Festlegung der Tabellennamen und Sichtnamen in der Datenbank, wenn diese abweichen oder einen Schemanamen abweichend von "dbo" haben: ToTable() bzw. ToView()

- Festlegung der Namen für Primärschlüsselspalten: HasKey() bzw. HasNoKey() für Datenbanksichten. Entity Framework Core geht seit Version 3.0 bei allen Sichten davon aus, dass diese nicht aktualisierbar sind und betrachtet sie als schlüssellose Entitätsklassen ("Keyless Entity").

- Festlegung der Spaltentypen und Spalteneigenschaften, wenn die .NET-Typnamen nicht eindeutig einem Datentyp im Datenbankmanagementsystem zuzuordnen sind: HasColumnType(), IsRequired(), HasMaxLength()

- Festlegung der Standardwerte für Spalten: HasDefaultValueSql() oder HasDefaultValue()

- Festlegung der Kardinalitäten zwischen Tabellen und der zugehörigen Fremdschlüssel: HasOne(), HasMany(), WithOne(), WithMany(), HasForeignKey() und HasConstraintName()

- Festlegung der Indexe: HasIndex()

- Festlegung, ob ein Spalteninhalt nach dem Einfügen oder Ändern eines Datensatzes von Entity Framework Core neu gelesen werden muss, weil er vom Datenbankmanagementsystem erzeugt wird: ValueGeneratedOnAddOrUpdate() und ValueGeneratedOnAdd() und ValueGeneratedNever()

- Festlegung der Einstellungen für kaskadierendes Löschen: OnDelete()

Im Quellcode ist die Fluent-API-Konfiguration nach Klassen gegliedert:

```
modelBuilder.Entity<Person>(entity => { … });
```

Innerhalb dieser Methodenaufrufe findet man dann die Konfiguration für die einzelnen Spalten dieser Tabellen:

```
entity.Property(e => e.PersonId)…
```

> **Hinweis:** Gegenüber dem bisherigen ADO.NET Entity Framework gibt es einige syntaktische Änderungen und auch Verbesserungen. So ist die Indexkonfiguration nun deutlich prägnanter.

Genau wie beim klassischen ADO.NET Entity Framework

- erzeugt der Reverse Engineering-Codegenerator keine Vererbungsbeziehungen zwischen Entitätsklassen. Der Codegenerator erzeugt stattdessen immer Assoziationen und zugehörige Navigationseigenschaften.

- sind die Navigationseigenschaften in den Entitätsklassen als "virtual" deklariert, was benötigt wird, wenn das seit Version 2.1 von Entity Framework Core verfügbare automatische Lazy Loading verwenden werden soll.

- sind Navigationseigenschaften für Mengen mit ICollection<T> deklariert und werden dann im Konstruktor mit new HashSet<T>() befüllt

- gibt es für jede Entitätsklasse eine DbSet<T>-Eigenschaft in der Kontextklasse.

Den generierten Quellcode kann man verändern, z.B. wenn man im Objektmodell andere Propertynamen als Spaltennamen in der Datenbank haben möchte. Dies würde man mit der Fluent-API-Methode   HasColumnName("Spaltenname")   bzw.   der   Datenannotation [Column("Spaltenname ")] erledigen.

Listing: Generierte Kontextklasse

```
using System;
using Microsoft.EntityFrameworkCore;
using Microsoft.EntityFrameworkCore.Metadata;

namespace EFC_DA
{
    public partial class WWWingsContext : DbContext
    {
        public WWWingsContext()
        {      }

        public WWWingsContext(DbContextOptions<WWWingsContext> options)
            : base(options)
        {      }

        public virtual DbSet<Airport> Airport { get; set; }
        public virtual DbSet<Employee> Employee { get; set; }
        public virtual DbSet<Flight> Flight { get; set; }
        public virtual DbSet<Flight_Passenger> Flight_Passenger { get; set; }
        public virtual DbSet<Passenger> Passenger { get; set; }
        public virtual DbSet<Person> Person { get; set; }
        public virtual DbSet<Pilot> Pilot { get; set; }
        public virtual DbSet<V_Booking_DETAILS> V_Booking_DETAILS { get; set; }
        public virtual DbSet<V_DepartureStatistics> V_DepartureStatistics { get; set; }
        public virtual DbSet<V_Employee_DETAILS> V_Employee_DETAILS { get; set; }
        public virtual DbSet<V_FlightsFromRome> V_FlightsFromRome { get; set; }
        public virtual DbSet<V_Passenger_DETAILS> V_Passenger_DETAILS { get; set; }

        protected override void OnConfiguring(DbContextOptionsBuilder optionsBuilder)
        {
            if (!optionsBuilder.IsConfigured)
```

```
        {
#warning To protect potentially sensitive information in your connection string, you should
move it out of source code. See http://go.microsoft.com/fwlink/?LinkId=723263 for guidance on
storing connection strings.

optionsBuilder.UseSqlServer("Server=.;Database=WWWingsV1_EN;Trusted_Connection=True;MultipleA
ctiveResultSets=True;", x => x.UseNetTopologySuite());
        }
    }

    protected override void OnModelCreating(ModelBuilder modelBuilder)
    {
        modelBuilder.Entity<Airport>(entity =>
        {
            entity.HasKey(e => e.Name);

            entity.ToTable("Airport", "Properties");

            entity.Property(e => e.Name)
                .HasMaxLength(30)
                .IsFixedLength();
        });

        modelBuilder.Entity<Employee>(entity =>
        {
            entity.HasKey(e => e.PersonID);

            entity.ToTable("Employee", "People");

            entity.Property(e => e.PersonID).ValueGeneratedNever();

            entity.Property(e => e.HireDate).HasColumnType("datetime");

            entity.HasOne(d => d.Person)
                .WithOne(p => p.Employee)
                .HasForeignKey<Employee>(d => d.PersonID)
                .OnDelete(DeleteBehavior.ClientSetNull)
                .HasConstraintName("FK_MI_Employee_PE_Person");

            entity.HasOne(d => d.Supervisor_Person)
                .WithMany(p => p.InverseSupervisor_Person)
                .HasForeignKey(d => d.Supervisor_PersonID)
                .HasConstraintName("FK_Employee_Employee");
        });

        modelBuilder.Entity<Flight>(entity =>
        {
            entity.HasKey(e => e.FlightNo);

            entity.ToTable("Flight", "Operation");

            entity.Property(e => e.FlightNo).ValueGeneratedNever();

            entity.Property(e => e.Airline).HasMaxLength(3);

            entity.Property(e => e.Departure)
                .IsRequired()
                .HasMaxLength(30);

            entity.Property(e => e.Destination)
```

```
                .IsRequired()
                .HasMaxLength(30);

        entity.Property(e => e.FlightDate).HasColumnType("datetime");

        entity.Property(e => e.Memo).IsUnicode(false);

        entity.Property(e => e.Timestamp).IsRowVersion();

        entity.Property(e => e.Utilization_).HasColumnName("Utilization ");

        entity.HasOne(d => d.Pilot_Person)
            .WithMany(p => p.Flight)
            .HasForeignKey(d => d.Pilot_PersonID)
            .HasConstraintName("FK_FL_Flight_PI_Pilot");
    });

    modelBuilder.Entity<Flight_Passenger>(entity =>
    {
        entity.HasKey(e => new { e.Flight_FlightNo, e.Passenger_PersonID })
            .IsClustered(false);

        entity.ToTable("Flight_Passenger", "Operation");

        entity.HasOne(d => d.Flight_FlightNoNavigation)
            .WithMany(p => p.Flight_Passenger)
            .HasForeignKey(d => d.Flight_FlightNo)
            .OnDelete(DeleteBehavior.ClientSetNull)
            .HasConstraintName("FK_Flight_Passenger_Flight");

        entity.HasOne(d => d.Passenger_Person)
            .WithMany(p => p.Flight_Passenger)
            .HasForeignKey(d => d.Passenger_PersonID)
            .OnDelete(DeleteBehavior.ClientSetNull)
            .HasConstraintName("FK_Flight_Passenger_Passenger");
    });

    modelBuilder.Entity<Passenger>(entity =>
    {
        entity.HasKey(e => e.PersonID);

        entity.ToTable("Passenger", "People");

        entity.Property(e => e.PersonID).ValueGeneratedNever();

        entity.Property(e => e.CustomerSince).HasColumnType("datetime");

        entity.Property(e => e.PassengerStatus)
            .HasMaxLength(1)
            .IsFixedLength();

        entity.HasOne(d => d.Person)
            .WithOne(p => p.Passenger)
            .HasForeignKey<Passenger>(d => d.PersonID)
            .OnDelete(DeleteBehavior.ClientSetNull)
            .HasConstraintName("FK_PS_Passenger_PE_Person");
    });

    modelBuilder.Entity<Person>(entity =>
```

```
    {
        entity.ToTable("Person", "People");

        entity.Property(e => e.Birthday).HasColumnType("datetime");

        entity.Property(e => e.City).HasMaxLength(30);

        entity.Property(e => e.Country).HasMaxLength(2);

        entity.Property(e => e.EMail).HasMaxLength(50);

        entity.Property(e => e.GivenName)
            .IsRequired()
            .HasMaxLength(50);

        entity.Property(e => e.Memo).IsUnicode(false);

        entity.Property(e => e.Surname)
            .IsRequired()
            .HasMaxLength(50);
    });

    modelBuilder.Entity<Pilot>(entity =>
    {
        entity.HasKey(e => e.PersonID);

        entity.ToTable("Pilot", "People");

        entity.Property(e => e.PersonID).ValueGeneratedNever();

        entity.Property(e => e.FlightSchool).HasMaxLength(50);

        entity.Property(e => e.LicenseDate).HasColumnType("datetime");

        entity.Property(e => e.LicenseType)
            .HasMaxLength(1)
            .IsFixedLength();

        entity.HasOne(d => d.Person)
            .WithOne(p => p.Pilot)
            .HasForeignKey<Pilot>(d => d.PersonID)
            .OnDelete(DeleteBehavior.ClientSetNull)
            .HasConstraintName("FK_PI_Pilot_MI_Employee");
    });

    modelBuilder.Entity<V_Booking_DETAILS>(entity =>
    {
        entity.HasNoKey();

        entity.ToView("V_Booking_DETAILS", "Operation");

        entity.Property(e => e.Departure)
            .IsRequired()
            .HasMaxLength(30);

        entity.Property(e => e.Destination)
            .IsRequired()
            .HasMaxLength(30);
```

```
        entity.Property(e => e.FlightDate).HasColumnType("datetime");

        entity.Property(e => e.Fullname)
            .IsRequired()
            .HasMaxLength(101);
});

    modelBuilder.Entity<V_DepartureStatistics>(entity =>
    {
        entity.HasNoKey();

        entity.ToView("V_DepartureStatistics", "Operation");

        entity.Property(e => e.departure)
            .IsRequired()
            .HasMaxLength(30);
});

    modelBuilder.Entity<V_Employee_DETAILS>(entity =>
    {
        entity.HasNoKey();

        entity.ToView("V_Employee_DETAILS", "People");

        entity.Property(e => e.Birthday).HasColumnType("datetime");

        entity.Property(e => e.Country).HasMaxLength(2);

        entity.Property(e => e.EMail).HasMaxLength(50);

        entity.Property(e => e.GivenName)
            .IsRequired()
            .HasMaxLength(50);

        entity.Property(e => e.HireDate).HasColumnType("datetime");

        entity.Property(e => e.SurName)
            .IsRequired()
            .HasMaxLength(50);
});

    modelBuilder.Entity<V_FlightsFromRome>(entity =>
    {
        entity.HasNoKey();

        entity.ToView("V_FlightsFromRome", "Operation");

        entity.Property(e => e.Departure)
            .IsRequired()
            .HasMaxLength(30);

        entity.Property(e => e.Destination)
            .IsRequired()
            .HasMaxLength(30);

        entity.Property(e => e.FlightDate).HasColumnType("datetime");

        entity.Property(e => e.Memo).IsUnicode(false);
});
```

```
            modelBuilder.Entity<V_Passenger_DETAILS>(entity =>
            {
                entity.HasNoKey();

                entity.ToView("V_Passenger_DETAILS", "Operation");

                entity.Property(e => e.Birthday).HasColumnType("datetime");

                entity.Property(e => e.Country).HasMaxLength(2);

                entity.Property(e => e.CustomerSince).HasColumnType("datetime");

                entity.Property(e => e.EMail).HasMaxLength(50);

                entity.Property(e => e.Fullname)
                    .IsRequired()
                    .HasMaxLength(101);

                entity.Property(e => e.GivenName)
                    .IsRequired()
                    .HasMaxLength(50);

                entity.Property(e => e.PassengerStatus)
                    .HasMaxLength(1)
                    .IsFixedLength();

                entity.Property(e => e.Surname)
                    .IsRequired()
                    .HasMaxLength(50);
            });

            OnModelCreatingPartial(modelBuilder);
        }

        partial void OnModelCreatingPartial(ModelBuilder modelBuilder);
    }
}
```

Listing: Generierte Entitätsklasse "Flug"

```
using System;
using System.Collections.Generic;

namespace EFC_DA
{
    public partial class Flight
    {
        public Flight()
        {
            Flight_Passenger = new HashSet<Flight_Passenger>();
        }

        public int FlightNo { get; set; }
        public string Airline { get; set; }
        public string Departure { get; set; }
        public string Destination { get; set; }
        public DateTime FlightDate { get; set; }
        public bool NonSmokingFlight { get; set; }
        public short Seats { get; set; }
```

```
        public short? FreeSeats { get; set; }
        public int? Pilot_PersonID { get; set; }
        public string Memo { get; set; }
        public bool? Strikebound { get; set; }
        public int? Utilization_ { get; set; }
        public byte[] Timestamp { get; set; }

        public virtual Pilot Pilot_Person { get; set; }
        public virtual ICollection<Flight_Passenger> Flight_Passenger { get; set; }
    }
}
```

Listing: Generierte Entitätsklasse "Passenger"

```
using System;
using System.Collections.Generic;

namespace EFC_DA
{
    public partial class Passenger
    {
        public Passenger()
        {
            Flight_Passenger = new HashSet<Flight_Passenger>();
        }

        public int PersonID { get; set; }
        public DateTime? CustomerSince { get; set; }
        public string PassengerStatus { get; set; }

        public virtual Person Person { get; set; }
        public virtual ICollection<Flight_Passenger> Flight_Passenger { get; set; }
    }
}
```

Listing: Generierte Entitätsklasse "Person"

```
using System;
using System.Collections.Generic;

namespace EFC_DA
{
    public partial class Person
    {
        public int PersonID { get; set; }
        public string Surname { get; set; }
        public string GivenName { get; set; }
        public string Country { get; set; }
        public DateTime? Birthday { get; set; }
        public byte[] Photo { get; set; }
        public string EMail { get; set; }
        public string City { get; set; }
        public string Memo { get; set; }

        public virtual Employee Employee { get; set; }
        public virtual Passenger Passenger { get; set; }
    }
}
```

Listing: Generierte Entitätsklasse "V_Passenger_DETAILS"

```
using System;
using System.Collections.Generic;

namespace EFC_DA
{
    public partial class V_Passenger_DETAILS
    {
        public int PersonID { get; set; }
        public DateTime? CustomerSince { get; set; }
        public string PassengerStatus { get; set; }
        public string Surname { get; set; }
        public string GivenName { get; set; }
        public string Country { get; set; }
        public DateTime? Birthday { get; set; }
        public byte[] Photo { get; set; }
        public string EMail { get; set; }
        public string Fullname { get; set; }
    }
}
```

10.8   Beispiel-Client

Das Programm im nächsten Listing nutzt die generierte Entity Framework-Kontextklasse und die drei Entitätsklassen Flight, Passenger und V_Passenger_DETAILS.

Es gibt drei Methoden im Client-Code:

- Die Methode ReadDataFromTable() liest die ersten 20 Flüge von London aus, die noch nicht ausgebucht sind (sortiert nach Datum).

- Die Methode ReadDataFromView() liest die ersten 10 Passagiere mit ihren Details aus, die den Status "A" haben (sortiert nach Nachnamen und Vornamen)

- Die Methode ChangeData() erzeugt einen neuen Passagier, fügt den Passagier an das DbSet<Passagier> an und speichert den neuen Passagier sodann in der Datenbank mit der Methode SaveChanges(). Dann werden zur Kontrolle alle Passagiere geladen und deren Anzahl wird ausgegeben. Zum Schluss folgt eine Ausgabe aller Passagiere mit dem Namen "Schwichtenberg". Diese Filterung erfolgt aber dann im RAM mit LINQ-to-Objects über die zuvor geladenen Passagiere.

> **Hinweis**: Die in diesem Beispiel verwendeten Befehle werden in späteren Kapiteln in diesem Buch natürlich ausführlicher beschrieben. Dieser Vorgriff ist hier aber didaktisch notwendig, um die Funktionsfähigkeit der erstellten Entity Framework Core-Kontextklasse zu beweisen.

Listing: Programmcode, der das erstellte Entity Framework Core-Modell nutzt

```
using System;
using System.Linq;
using EFC_DA;
using ITVisions;
using Microsoft.EntityFrameworkCore;

namespace EFC_Console
{
 class SampleClientReverse
 {

  public static void ReadDataFromTable()
```

```
 {
  CUI.Headline(nameof(SampleClientReverse));
  using (var ctx = new WWWingsContext())
  {
   Console.WriteLine($"Connection to {ctx.Database.GetDbConnection().ConnectionString}.");
   var anz = ctx.Flight.Count();
   Console.WriteLine($"There are {anz} Flights!");

   var flugSetQuery = from f in ctx.Flight
                      where f.Departure == "London" && f.FreeSeats > 0
                      orderby f.FlightDate
                      select f;
   var flugset = flugSetQuery.Take(20).ToList();
   foreach (var f in flugset)
   {
     Console.WriteLine(f.FlightNo + ": " + f.Departure + "->" + f.Destination + " " +
f.FlightDate + ": " + f.FreeSeats + " free Seats!");
   }
  }
 }

 public static void ReadDataFromView()
 {
  CUI.Headline(nameof(SampleClientReverse));
  using (var ctx = new WWWingsContext())
  {
   Console.WriteLine($"Connection to {ctx.Database.GetDbConnection().ConnectionString}.");
   var anz = ctx.V_Passenger_DETAILS.Count();
   Console.WriteLine($"There are {anz} Passengers!");

   var pasQuery = from p in ctx.V_Passenger_DETAILS
                  where p.PassengerStatus == "A"
                     orderby p.Surname, p.GivenName
                     select p;
   var passet = pasQuery.Take(10).ToList();
   foreach (var p in passet)
   {
     Console.WriteLine(p.PersonID + ": " + p.Fullname);
   }
  }
 }

 public static void ChangeData()
 {
  Console.WriteLine("Start...");
  using (var ctx = new WWWingsContext())
  {
   // Create Person object
   var newPerson = new Person();
   newPerson.GivenName = "Holger";
   newPerson.Surname = "Schwichtenberg";
   // Create Passenger object
   var newPassenger = new Passenger();
   newPassenger.PassengerStatus = "A";
   newPassenger.Person = newPerson;
   // Add Passenger to Context
   ctx.Passenger.Add(newPassenger);
   // Save objects
   var count = ctx.SaveChanges();
```

```
    Console.WriteLine("Number of changes: " + count);
    // Get all passengers from the database
    var passengerSet = ctx.Passenger.Include(x => x.Person).ToList();
    Console.WriteLine("Number of passengers: " + passengerSet.Count);
    // Filter with LINQ-to-Objects
    foreach (var p in passengerSet.Where(x => x.Person.Surname == "Schwichtenberg").ToList())
    {
      Console.WriteLine(p.PersonID + ": " + p.Person.GivenName + " " + p.Person.Surname);
    }
  }
  Console.WriteLine("Done!");
  }
 }
}
```

10.9 Einschränkung der Tabellen beim Reverse Engineering

Der Entwickler kann bei Scaffold-DbContext mit den Parametern -Schema oder -Tables die Generierung auf bestimmte Datenbankschemanamen oder Tabellen-/Viewnamen begrenzen. Zu beachten ist, dass der Parameter -Tables auch für Sichten (Views) gilt.

Bei beiden Parametern kann man mehrere Namen getrennt durch Kommata angeben, z.B.

```
Scaffold-DbContext -Connection
"Server=DBServer02;Database=WWWings;Trusted_Connection=True;MultipleActiveResultSets=True;" -
Provider Microsoft.EntityFrameworkCore.SqlServer -tables Flug,Passagier,Flug_passagier -
schema Betrieb
```

Die Tabellen-/Viewnamen kann man dabei mit oder ohne Schemanamen (also Flug oder Betrieb.Flug) angeben.

> **Achtung:** Wenn eine Tabelle/Sicht mit gleichem Namen in mehreren Schemata existiert, werden durch eine Angabe ohne Schemanamen Entitätsklassen für alle Tabellen/Sicht dieses Namens aus allen Schemata generiert. Platzhalter im Namen (z.B. *) sind leider bisher nicht möglich.
>
> **Hinweis:** Eine Warnung gibt es, wenn Sie Namen angeben beim Parameter -Tables, aber nur Tabellen oder Sichten mit einer anderen Groß-Kleinschreibung gefunden wurden, selbst wenn das Datenbankmanagementsystem nicht zwischen Groß- und Kleinschreibung unterscheidet.

10.10 Trennung von Kontextklasse und Entitätsklassen

Leider generieren die Entity Framework Core-Werkzeuge die Kontextklasse und die Entitätsklassen im Standard immer in ein Projekt. In der Praxis werden Sie diese Kontextklasse in einer Datenzugriffsschicht und ein dediziertes Projekt für die Entitätsobjekte haben wollen. Die Dateien muss der Entwickler dann per Hand (Drag & Drop mit gedrückter Shift-Taste in Visual Studio) oder per Skript verschieben.

Alternativ dazu können Sie bei der Generierung mit dem Parameter -ContextDir ein anderes Projekt über einen relativen Pfad (nicht per Projektname!) ansprechen.

```
Scaffold-DbContext -Connection
"Server=.;Database=WWWingsV1_EN;Trusted_Connection=True;MultipleActiveResultSets=True;" -
Provider Microsoft.EntityFrameworkCore.SqlServer -force -Tables
flug,Passagier,Flug_Passagier,Person,Mitarbeiter,Pilot -ContextDir ..\DA
```

> **ACHTUNG**: Die Kontextklasse erhält dann dennoch den Namensraum des Projekts, in den die Entitätsklassen generiert wurden. Man kann zwar mit -Context den Klassennamen für die

> Kontextklasse vorgeben, aber nicht dabei einen Namensraum angeben. Die Angabe -context DZ.WWWingsContext führt zum Fehler: "The context class name passed in, DZ.WWWingsContext, is not a valid C# identifier."

Leider kann man dem Code-Generator von Entity Framework Core keine Einstellungen für die Namensräume mitgeben; er verwendet sowohl für die generierten Entitätsklassen als auch für die Kontextklasse immer den Standardnamensraum des Projekts. Daher sollte man den Standardnamensraum in dem Generierungsprojekt so einstellen, dass dieser zumindest schon zu den Entitätsklassen passt. Dann muss man nur noch den Namensraum der Kontextklasse manuell ändern.

10.11   Konfiguration der Datenbankverbindung

Im klassisches Entity Framework unter klassisches .NET Framework war folgendes für die Speicherung der Datenbankverbindung vorgesehen:

- Entity Framework lädt automatisch beim Instanziieren der Kontextklasse eine Verbindungszeichenfolge und einen Datenbankprovider aus der app.config bzw. web.config die dem Namen der Kontextklasse entspricht. Dies erledigt die Basisklasse DbContext.

- Alternativ kann die selbsterstellte Kontextklasse der Basisklasse DbContext via Konstruktor via "name=xy" einen alternativen Namen angeben.

- Alternativ kann die selbsterstellte Kontextklasse der Basisklasse DbContext via Konstruktor einen ganze Verbindungszeichenfolge übergeben.

Entity Framework Core besitzt alle diese Mechanismen nicht. Entity Framework Core hat für Datenbankprovider und Verbindungszeichenfolge einen anderen Weg, nämlich eine neue Methode OnConfiguring(DbContextOptionsBuilder builder), die es zu überschreiben gilt. Diese Methode wird von Entity Framework Core im Rahmen jeder Instanziierung der Kontextklasse aufgerufen, während OnModelCreating(ModelBuilder modelBuilder) wie bisher nur bei der allerersten Instanziierung der Kontextklasse in einem Prozess ausgerufen wird. Der Aufruf von OnConfiguring() erfolgt bei der ersten Instanziierung vor OnModelCreating().

Die Methode OnConfiguring() erhält als Parameter eine von Entity Framework Core erzeugte Instanz von der Klasse DbContextOptionsBuilder. In OnConfiguring() ruft der Softwareentwickler dann auf dieser Instanz von DbContextOptionsBuilder eine Erweiterungsmethode auf, die Datenbankprovider und ggf. Verbindungszeichenfolge festlegt. Die aufzurufende Erweiterungsmethode wird durch den Entity Framework Core-Datenbankprovider bereitgestellt. Im Fall von Microsoft SQL Server heißt sie UseSqlServer() und erwartet als Parameter die Verbindungszeichenfolge.

Beim Reverse Engineering mit Scaffold-DbContext wird die Verbindungszeichenfolge nicht in eine Konfigurationsdateien gelegt. Die Verbindungszeichenfolge befindet sich vielmehr nach der Generierung als Zeichenkette in der Methode OnConfiguring() der Kontextklasse, und es obliegt dem Softwareentwickler selbst, dafür einen geeigneten und ggf. gesicherten Speicherort (z.B. Konfigurationsdatei) zu finden:

```
builder.UseSqlServer(@"Server=MeinServer;Database=MeineDB;Trusted_Connection=True;MultipleAct
iveResultSets=True");
```

> **Achtung:** Die Verbindungszeichenfolge muss den Zusatz *MultipleActiveResultSets=True* enthalten, da Entity Framework Core sonst in einigen Fällen nicht korrekt arbeiten kann und meldet "There is already an open DataReader associated with this Command which must be closed first."

Bei anderen Reverse Engineering-Werkzeugen wie den EF Core Power Tools hat der Entwickler die Wahl, ob er die Verbindungszeichenfolge dort speichern will oder nicht.

Sie können die Verbindungszeichenfolge für Entity Framework an einem beliebigen Ort speichern und zur Laufzeit von dort laden.

> **Hinweis:** In einigen Listings in diesem Buch wird aus Gründen der Übersichtlichkeit auf die Auslagerung der Verbindungszeichenfolge verzichtet. Das ist natürlich nicht Best Practice für ein echtes Projekt, allerdings hier im Rahmen eines Lehrbuchs dringend geboten. Die Verbindungszeichenfolgen auszulagern würde viele Beispiele aufblähen und unübersichtlicher machen. Zudem sind die Möglichkeiten, Konfigurationsdaten auszulagern, stark von dem Projekttyp abhängig, und eine hier gezeigte Lösung würde in einer anderen Projektart nicht laufen. Die Behandlung verschiedener Konfigurationssysteme und zugehöriger APIs ist nicht im Fokus dieses Buchs. Hierzu lesen Sie bitte entsprechende Grundlagenliteratur zu .NET, .NET Core, UWP und Xamarin.

10.11.1 Verwenden von Konfigurationsdateien in .NET Framework

Typische Vorgehensweise in .NET Framework ist das Speichern in einer XML-Datei (app.config bzw. web.config).

Listing: Konfigurationsdateien für das klassisches .NET Framework (app.config oder web.config)

```xml
<?xml version="1.0" encoding="utf-8" ?>
<configuration>
 <connectionStrings>
  <add name="WWWings" connectionString="Server=.;Database=WWWingsV2_EN;Trusted_Connection=True;MultipleActiveResultSets=True;App=EFCoreDemos"/>
 </connectionStrings>
</configuration>
```

Hieraus wird die Verbindungszeichenfolge mit der Klasse System.Configuration.ConfigurationManager geladen.

```
var cs = System.Configuration.ConfigurationManager.ConnectionStrings["WWWings"].ConnectionString;
```

10.11.2 Verwenden von Konfigurationsdateien in .NET Core

Unter .NET Core hat der Entwickler die Wahl:

- Das alte Konfigurationssystem von .NET Framework zu verwenden. Dazu muss man das NuGet-Paket System.Configuration.ConfigurationManager hinzubinden. Dann steht die Klasse System.Configuration.ConfigurationManager zur Verfügung. Dies ist insbesondere bei Migrationsprojekten der naheliegende Weg.

- Das neue Konfigurationssystem von .NET Core verwenden mit der Klasse Microsoft.Extensions.Configuration.ConfigurationBuilder, dass neben XML-Dateien auch JSON-Dateien, INI-Dateien, Umgebungsvariablen und Kommandozeilenparameter als Konfigurationsquelle unterstützt.

Listing: Konfigurationsdateien für .NET Core (appsettings.json)

```json
{
 "ConnectionStrings": {
  "WWWings": "Server=.;Database=WWWingsV2_EN;Trusted_Connection=True;MultipleActiveResultSets=True;App=EFCoreDemos"
 }
}
```

Das Laden aus dieser Datei erfordert diese NuGet-Pakete:

- Microsoft.Extensions.Configuration.FileExtensions

- Microsoft.Extensions.Configuration.Json

und etwas mehr Code:

```
var builder = new ConfigurationBuilder()
   .SetBasePath(System.IO.Directory.GetCurrentDirectory()) // NUGET: Microsoft.Extensions.Con
figuration.FileExtensions
   .AddJsonFile("appsettings.json", optional: true, reloadOnChange: true); // NUEGT: Microsoft
.Extensions.Configuration.Json
IConfigurationRoot configuration = builder.Build();
// Set global Connectionstring
var cs = configuration.GetConnectionString("WWWings");
```

10.11.3   Übergabe der Verbindungszeichenfolge

Eine pragmatische Lösung für Übergabe der Verbindungszeichenfolge nach ihrem Laden aus der Konfigurationsdatei an die Kontextklasse ist die Verwendung eines statischen Properties. Das ist möglich, sofern sich die Verbindungszeichenfolge im Programmablauf nicht ändert. Eine Änderung der Verbindungszeichenfolge im Programmablauf ist eher selten (z.B. bei Verwendung mehrerer gleich aufgebauter Mandantenbanken). Alternativ dazu könnte man die Verbindungszeichenfolge per Konstruktor hereinreichen. Das folgende Listing kombiniert beides zu einer Lösung

Listing: Einsatz eines statischen Property für die Verbindungszeichenfolge oder Hereinreichen per Konstruktur

```
public partial class WWWingsModell : DbContext
 {
  public static string ConnectionString { get; set; }
  public string connectionString { get; set; }

  public bool LazyLoadingEnabled { get; set; }
  public WWWingsModell(string connectionString = null, bool lazyLoadingEnabled = true)
  {
   if (connectionString != null) this.connectionString = connectionString;
   else this.connectionString = ConnectionString;

   this.LazyLoadingEnabled = lazyLoadingEnabled;
  }

  public WWWingsModell(DbContextOptions<WWWingsModell> options)
      : base(options)
  {
  }

  public virtual DbSet<Flug> Flug { get; set; }
  public virtual DbSet<FlugPassagier> FlugPassagier { get; set; }
  ...

  protected override void OnConfiguring(DbContextOptionsBuilder optionsBuilder)
  {
   if (!optionsBuilder.IsConfigured)
   {
    optionsBuilder.UseSqlServer(this.connectionString);
    if (LazyLoadingEnabled) optionsBuilder.UseLazyLoadingProxies();
   }
```

```
        }
}
```

10.11.4 Verwendung von DbContextOptions

Alternativ zur Konfiguration von Datenbankprovider und Verbindungszeichenfolge in OnConfiguring() können diese Angaben auch im Konstruktor der Kontextklasse als Parameter des Typs DbContextOptions<Kontextklasse> empfangen werden und an die Basisklasse DbContext weitergereicht werden:

```
public WWWingsContext(DbContextOptions options) : base(options)
{ … }
```

Auf diese Weise kann man auch anderen Einstellungen vornehmen, zum Beispiel EnableSensitiveDataLogging(true) setzen oder ReplaceService() aufrufen, um Dienste durch eigenen Implementierungen zu ersetzen (siehe Kapitel "Eigene Konventionen per IConvention").

Listing: Kontextklasse mit DbContextOptions

```
using GO;
using Microsoft.EntityFrameworkCore;
using Microsoft.EntityFrameworkCore.Metadata;

namespace DZ
{
 public class EFKontext : DbContext
 {
  public EFKontext(DbContextOptions<EFKontext> options) : base(options)
  {
  }
  public DbSet<Flug> FlugSet { get; set; }
  public DbSet<Pilot> PilotSet { get; set; }
  public DbSet<Passagier> PassagierSet { get; set; }
  public DbSet<Buchung> BuchungSet { get; set; }
 }
}
```

In diesem Fall es ist zwingend, dass man bei der Instanziierung der Kontextklasse im Konstruktorparameter eine Instanz von DbContextOptionsBuilder<DZ.EFKontext> erzeugt und den Inhalt der Eigenschaft Options (Typ DbContextOptions) an den Konstruktor übergibt.

Listing: Nutzung der Kontextklasse mit DbContextOptions

```
string connstring = @"Server=.;Database=WWWings_EFForward;Trusted_Connection=True;MultipleAct
iveResultSets=True;";
var options = new DbContextOptionsBuilder<DZ.EFKontext>()
        .UseSqlServer(connstring)
        .Options;
using (var ctx = new DZ.EFKontext(options))
   {
     …
   }
```

Es ist möglich, die Konfiguration per OnConfiguring() und DbContextOptions parallel anzubieten. Wichtig ist dann aber, dass in OnConfiguring() keine erneute Konfiguration erfolgt, wenn Datenbanktreiber und Verbindungszeichenfolge schon per DbContextOptions gesetzt wurden. Dies kann man in OnConfiguring() per builder.IsConfigured prüfen.

Listing: Kontextklasse mit OnConfiguring() und DbContextOptions

```
using GO;
using Microsoft.EntityFrameworkCore;
using Microsoft.EntityFrameworkCore.Metadata;
```

```
namespace DZ
{
 public class EFKontext : DbContext
 {
  public EFKontext()
  {
  }

  public EFKontext(DbContextOptions<EFKontext> options) : base(options)
  {
  }

  protected override void OnConfiguring(DbContextOptionsBuilder builder)
  {
   if (builder.IsConfigured) return;
   // Provider und Connection String festlegen!
   string connstring = @"Server=.;Database=WWWings_EFForward;Trusted_Connection=True;Multiple
ActiveResultSets=True;";
   builder.UseSqlServer(connstring);
  }

  public DbSet<Flug> FlugSet { get; set; }
  public DbSet<Pilot> PilotSet { get; set; }
  public DbSet<Passagier> PassagierSet { get; set; }
  public DbSet<Buchung> BuchungSet { get; set; }
 }
}
```

10.11.5 Eigenes Datenbankverbindungsmanagement

UseSqlServer() und andere Entity Framework Core-Treiber können anstelle der Verbindungszeichenfolge auch ein Verbindungsobjekt empfangen (Instanz der Klasse DbConnection bzw. eine davon angeleitete Klasse wie SqlConnection). Die Verbindung muss damit NICHT unbedingt vorher geöffnet sein. Sie kann geöffnet sein, dann wird die vorhandene Verbindung verwendet, und der Entity Framework Core-Kontext schließt diese auch nicht. Wenn sie nicht geöffnet ist, öffnet und schließt der Entity Framework Core-Kontext die Verbindung bei Bedarf.

> **BEST PRACTICE:** Grundsätzlich sollten Sie die Verbindungsverwaltung Entity Framework Core überlassen! Nur in Ausnahmefällen, wo dies zwingend notwendig ist (z.B. Explizite Transaktionen über mehrere Kontextinstanzen hinweg ohne TransactionScope oder der Verwendung des SQLite-In-Memory-Treibers), sollten Sie die Verbindung selbst vorher öffnen!

10.11.6 Flexible Konfiguration der Kontextklasse

Ein Beispiel für eine sehr flexible Konfiguration einer Kontextklasse, wahlweise mit DbContextOptions, Verbindungszeichenfolge oder Verbindungsobjekt finden Sie im Kapitel "Praxislösungen" im Fallbeispiel "MiracleList".

10.12 Thread-Sicherheit

Die Klasse DbContext ist nicht thread-safe, d.h. die selbst erstellte, von DbContext erbende Kontextklasse darf auf keinen Fall in mehreren verschiedenen Threads verwendet werden. Jeder

Thread braucht eine eigene Instanz der Kontextklasse! Wer dies missachtet, riskiert unvorhersehbares Verhalten und kuriose Laufzeitfehler in den Innereien von Entity Framework Core! Beim Einsatz von Dependency Injection sollte die Kontextklasse als transientes Objekt definiert werden.

Hinweis: Dies gilt immer für DbContext-Klassen, egal ob Sie Reverse Engineering oder Forward Engineering verwenden. Im Gegensatz zum klassisches Entity Framework stürzt Entity Framework Core in einigen Fällen, in denen Sie diese Regel missachten, mit seiner sinnvollen Fehlermeldung ab.

10.13 EF Core-Kommandozeilenwerkzeug (dotnet ef)

Bei der Entwicklung von .NET Core-Projekten kann alternativ zu den PowerShell-Commandlets auch das .NET Core-Kommandozeilenwerkzeug (alias .NET Core Command Line Interface – CLI) dotnet (unter Windows: dotnet.exe) aus dem .NET Core SDK [https://www.microsoft.com/net/download/core] zum Einsatz kommen, das es - anders als die PowerShell-Commandlets - nicht nur für Windows, sondern auch für Linux und MacOS gibt.

Für die .NET Core CLI gibt es seit Entity Framework Core 1.0 Erweiterung, die mit "dotnet ef" beginnen. Während sie in Version 1.x und 2.x Bestandteil des .NET Core SDK waren und automatisch mit diesem installiert wurden, müssen nun in Entity Framework Core 3.0 getrennt installiert werden nach der SDK-Installation. Da sie eine Erweiterung für .NET Core-Kommandozeilenwerkzeug sind, die es auf NuGet.org gibt unter [*https://www.nuget.org/packages/dotnet-ef/*] erfolgt die Installation mit

```
dotnet tool install --global dotnet-ef --version 3.0.0
```

Erst danach steht der Befehl dotnet ef dbcontext scaffold in der Kommandozeile zur Verfügung.

Dabei ist

```
dotnet ef dbcontext scaffold
"Server=.;Database=WWWingsv1_EN;Trusted_Connection=True;MultipleActiveResultSets=True;"
Microsoft.EntityFrameworkCore.SqlServer --project DA --use-database-names --force --startup-
project EFC_Tools --context WWWingsContext
```

äquivalent zu

```
Scaffold-DbContext -Connection
"Server=.;Database=WWWingsV1_EN;Trusted_Connection=True;MultipleActiveResultSets=True;" -
Provider Microsoft.EntityFrameworkCore.SqlServer -force -Context WWWingsContext -
UseDatabaseNames -project DA -Context WWWingsContext
```

Praxishinweis: Es gibt aber einen Unterschied zwischen beiden Befehlen: Während man den PowerShell-Befehl in der Package Manager Console (PMC) eingeben kann, egal wo man innerhalb der Dateisystemstruktur der Projektmappe steht, geht dotnet ef in der obigen Schreibweise davon aus, dass man sich im Dateisystem oberhalb von "DA" und "Console" befindet. Wenn dem nicht so ist, muss man die relativen oder absoluten Pfade dorthin angeben.

```
C:\WINDOWS\SYSTEM32\cmd.exe                                                    —    □    ×

H:\TFS\Demos\EFC\EFC_30\EFC_WWWingsV1_Reverse>dotnet ef dbcontext scaffold "Server=.;Database=WWWingsv1_EN;Trusted_Connecti
on=True;MultipleActiveResultSets=True;" Microsoft.EntityFrameworkCore.SqlServer --project DA --use-database-names --force -
-startup-project Console
Could not execute because the specified command or file was not found.
Possible reasons for this include:
 * You misspelled a built-in dotnet command.
 * You intended to execute a .NET Core program, but dotnet-ef does not exist.
 * You intended to run a global tool, but a dotnet-prefixed executable with this name could not be found on the PATH.

H:\TFS\Demos\EFC\EFC_30\EFC_WWWingsV1_Reverse>dotnet tool install --global dotnet-ef --version 3.0.0
You can invoke the tool using the following command: dotnet-ef
Tool 'dotnet-ef' (version '3.0.0') was successfully installed.

H:\TFS\Demos\EFC\EFC_30\EFC_WWWingsV1_Reverse>dotnet ef dbcontext scaffold "Server=.;Database=WWWingsv1_EN;Trusted_Connecti
on=True;MultipleActiveResultSets=True;" Microsoft.EntityFrameworkCore.SqlServer --project DA --use-database-names --force -
-startup-project Console

H:\TFS\Demos\EFC\EFC_30\EFC_WWWingsV1_Reverse>dotnet ef dbcontext list --project DA --startup-project Console
EFC_DA.WWWingsv1_ENContext

H:\TFS\Demos\EFC\EFC_30\EFC_WWWingsV1_Reverse>_
```

Abbildung: dotnet ef im Einsatz – nachdem es installiert wurde

---

Hinweis für Nutzer von Entity Framework Core 1.x und 2.x: Das Kommandozeilenwerkzeug dotnet.exe funktioniert nur mit .NET Core- und .NET Standard-Projekten, nicht mit klassischen .NET Framework-Projekten.

Man kann auch NuGet-Paketinstallationen per .NET Core CLI vornehmen, z.B.

```
dotnet add package Microsoft.EntityFrameworkCore.SqlServer
```

10.14 Schwächen des Reverse Engineering

Bei den in SQL Server 2016 hinzugekommenen temporalen Tabellen ("System-Versioned"-Tabellen) können die Historientabellen nicht per Entity Framework Core abgebildet werden. Für die eigentliche Tabelle ist dies allerdings schon möglich, wobei die Abfrage der historischen Werte nur über SQL und bislang nicht per LINQ möglich ist.

Für Stored Procedures können auch in Entity Framework Core 3.1 im Gegensatz zum klassischen Entity Framework zunächst keine Klassen bzw. Funktionen generiert werden.

Ein einmal mit den Entity Framework Core-Kommandozeilenwerkzeugen generiertes Objektmodell kann man – auf dem bisherigen Stand der Werkzeuge – nicht aktualisieren. Das „Update Model from Database", das es für die Database First-Vorgehensweise gab, ist derzeit nicht realisiert. Man kann lediglich die Generierung neu anstoßen. Wenn es die zu generierenden Klassen schon gibt, meckert das Commandlet Scaffold-DbContext. Mit dem Zusatzparameter -force bringt man das Commandlet dazu, bestehende Dateien zu überschreiben. Alle manuell vorgenommenen Änderungen an den Quellcodedateien sind dann jedoch verloren.

Wenn man bei einem erneuten Scaffold-DbContext nicht mehr alle vorher generierten Tabellen generieren lässt, sondern nur noch einige ausgewählte, dann fehlen in der Kontextklasse die DbSet<T>-Deklarationen und die Fluent-API-Konfigurationen für alle nun nicht mehr generierten Tabellen. Einmal mehr ein Grund, ein reines Generatorprojekt zu haben, von dem aus man dann die generierten Teile, die man benötigt, in ein anderes Projekt kopiert.

Praxishinweis: Da Microsoft für die Aktualisierung einzelner Dateien auch im einfachen Fall des Hinzufügens keine Lösung anbietet, gibt es in der Praxis drei Vorgehensweise:

1. Sie verzichten auf jegliche Änderungen an den generierten Dateien und stoßen die Codegenerierung immer wieder neu an.

2. Sie ergänzen neue Tabellen und Spalten manuell im generierten Programmcode.

3. Sie verwenden das kommerzielle Zusatzwerkzeug Entity Developer der Firma DevArt.

4. Oder man steigt nach einmaligem Reverse Engineering einer Datenbank um auf Forward Engineering, d.h. man erfasst Änderungen nun im Objektmodell und lässt daraus DDL-Befehle zur Änderung des Datenbankschemas generieren (siehe nächste Kapitel).

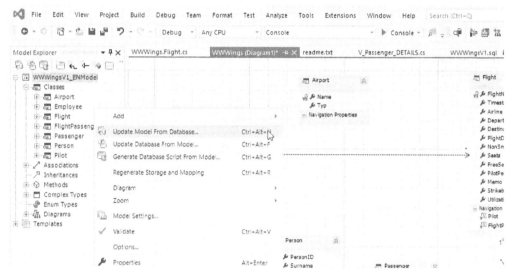

Abbildung: "Update Model from Database" in DevArt Entity Developer

11 Forward Engineering für neue Datenbanken

Auch wenn Entity Framework Core das Reverse Engineering bestehender Datenbankmodelle unterstützt, so ist der Idealzustand doch das Forward Engineering, bei dem das Datenbankmodell aus dem Objektmodell generiert wird, da der Entwickler hier das Objektmodell frei nach den Bedürfnissen des Geschäftsfalls gestalten kann

Forward Engineering gibt es im klassischen Entity Framework in den zwei Varianten Model First und Code First. Bei Model First klickt der Softwareentwickler ein Entity Data Model (EDM) grafisch zusammen und lässt sich daraus das Datenbankschema und .NET-Klassen generieren. Bei Code First schreibt der Softwareentwickler direkt Klassen, aus denen dann das Datenbankschema entsteht. Das EDM ist dabei unsichtbar. Im neu gestalteten Entity Framework Core gibt es nur noch die zweite Vorgehensweise, die dort jedoch nicht Code First, sondern Code-based Modeling heißt und gar kein unsichtbares EDM mehr verwendet.

11.1 Zwei Klassentypen beim Forward Engineering

Beim Code-based Modeling in Entity Framework Core geht man wie folgt vor:

- Man schreibt Entitätsklassen, die die zu speichernden Daten im RAM aufnehmen sollen. Man legt dabei Navigationseigenschaften in den Entitätsklassen an, die die Beziehungen zwischen den Entitätsklassen darstellen.

- Man schreibt eine Kontextklasse, die die Verbindung zu den Entitätsklassen herstellt und der Einsprungpunkt für alle Operationen auf der Datenbank sein wird.

Idealerweise realisiert man diese beiden Arten von Klassen in verschiedenen Projekten (DLL-Assemblies), da Entitätsklassen oft in mehreren oder gar allen Schichten der Softwarearchitektur verwendet werden, während die Kontextklasse Teil der Datenzugriffsschicht ist und nur von der darüberliegenden Schicht verwendet werden sollte.

11.2 Beispiele in diesem Kapitel

Dieses Kapitel erstellt eine Vorstufe des World Wide Wings-Objektmodell in der Version 2. Dabei werden zunächst nur die Entität Person, Mitarbeiter, Pilot, Passagier, Flug und Buchung berücksichtigt. Es werden nur die allernotwendigsten Einstellungen vorgenommen, um aus dem Objektmodell überhaupt ein Datenbankschema erzeugen zu können. Das Objektmodell wird dann in den Folgekapiteln ausgebaut und verfeinert. Den Programmcode finden Sie in der Projektmappe "EFC_Forward". Die Entitätsklassen liegen in einem DLL-Projekt mit Namen "EFC_GO" (für Geschäftsobjekte) und die Kontextklasse in einem DLL-Projekt mit Namen "EFC_DZ" (für Datenzugriff). Die Startanwendung ist eine Konsolenanwendung ("EFC_Konsole"). Hier sind der Datenzugriffscode und die Bildschirmausgaben enthalten.

> **Hinweis:** Eine weitere Schichtentrennung mit getrennter Geschäftslogik oder einer dedizierten Datenzugriffsschicht oberhalb der Kontextklasse wurde bewusst nicht vorgenommen, um die Beispiele einfach und konzentriert auf die Benutzung des Entity Framework Core-API zu halten. Dies ist ausdrücklich kein Architekturbeispiel. Architekturbeispiele folgen später in diesem Buch.

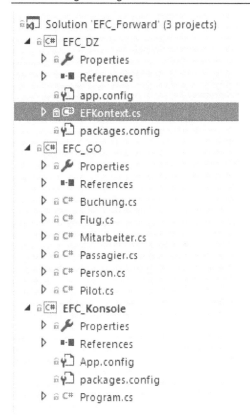

Abbildung: Projektmappe für das Beispiel in diesem Kapitel

11.3   Regeln für die selbsterstellten Entitätsklassen

Die Entitätsklassen sind einfache POCO-Klassen (Plain Old CLR Objects), d.h. sie müssen weder von einer Basisklasse erben noch eine Schnittstelle implementieren. Es muss aber ein parameterloser Konstruktor vorhanden sein, mit dem Entity Framework Core die Instanzen bei der Materialisierung von Datenbanktabellenzeilen erzeugen kann.

> **Hinweis:** Dieses Kapitel beschreibt zunächst nur eine typische Grundkonfiguration. Anpassungen dazu finden Sie im Kapitel 12 "Anpassung des Datenbankschemas".

11.3.1   NuGet-Pakete

Für die Implementierung der Entitätsklassen brauchen Sie keine Referenz auf NuGet-Pakete von Entity Framework Core. Der Einsatz von Datenannotationen wie [Key] oder [StringLength] erfordert aber eine Referenz auf die System.ComponentModel.Annotations.dll (im klassischen .NET Framework) bzw. das NuGet-Paket System.ComponentModel.Annotations [https://www.nuget.org/packages/System.ComponentModel.Annotations] in .NET Core und .NET Standard.

11.3.2   Properties

Die in der Datenbanktabelle anzulegenden Spalten sind jeweils durch ein öffentliches Property zu repräsentieren. Die Properties können automatische Properties mit `{ get; set; }` oder explizite ("vollständige") Properties mit Getter- und Setter-Implementierung mit Backing Field sein (siehe Property "Memo" in Klasse "Flug"). Die Klasse darf auch Fields besitzen; diese werden im Standard aber nicht auf Spalten abgebildet, d.h. die Informationen in diesen Fields werden nicht persistiert. Ebenso wenig werden private Properties und Properties, die keinen Setter haben, persistiert, vgl. Eigenschaft GanzerName in Klasse Person.

> **Hinweise:** Es ist auch möglich, Fields und private Properties auf Datenbankspalten abzubilden. Dies wird im Kapitel "Weitere Tipps und Tricks zum Mapping/Mapping auf Properties oder Fields" erörtert werden.
>
> Bei expliziten Properties mit privatem Backing Field verwendet Entity Framework Core beim Materialisieren von Objekten und in Abfragen im Standard das private Backing Field – Getter und Setter des Properties werden also umgangen aus Leistungsgründen. Dieses Verhalten findet statt, wenn das Backing Field den vorgesehenen Namenskonventionen folgt oder das Backing Field dem Property durch Konfiguration explizit zugeordnet ist. Man kann das Verhalten per Konfiguration abschalten und Entity Framework Core anweisen, immer oder in bestimmten Fällen das Property zu verwenden. Details zu den Namenskonventionen und der Konfiguration erfahren Sie im Kapitel "Weitere Tipps und Tricks zum Mapping/Mapping auf Properties oder Fields".

11.3.3   Datentypen

Als Datentypen sind die elementaren .NET-Datentypen (String, DateTime, Boolean, Byte, Byte[], Int16, Int32, Int64, Single, Double und Decimal sowie System.Guid) erlaubt.

11.3.4   Null-Werte erlauben (Nullable/Nullability)

Eine wichtige Einstellung ist, ob eine Spalte in der Datenbank leer bleiben darf ("NULL"/"Nullability"/"Allow Nulls"). Entity Framework Core erstellt eine Nullable-Spalte in folgenden Fällen:

- Für Properties vom Typ string, sofern diese nicht mit [Required] annotiert sind oder per Fluent-API via modelBuilder.Entity<Entitätsklasse>().Property(x => x.Eigenschaft).IsRequired() markiert sind.

- Es wird ein elementarer Wert-Datentyp mit Nullable<T> oder dem nachgestellten Fragezeichen ?, z.B. Nullable<int> oder int?, verwendet.

- Fremdschlüsselspalten werden Nullable, wenn das Fremdschlüsselproperty als Nullable gekennzeichnet ist oder es kein Fremdschlüsselproperty. und die zugehörige Navigationseigenschaft nicht [Required] annotiert sind oder per Fluent-API via modelBuilder.Entity<Entitätsklasse>().Property(x => x.Eigenschaft).IsRequired() markiert ist.

11.3.5   Non-Nullable Reference Types (Nullable Context)

Der C#-Compiler bringt ab der Sprachversion 8.0 zur Vermeidung der häufigen Null-Referenz-Laufzeitfehler (Null Reference Exception) drei neue sogenannte Kontexte mit sich. Ein Kontext ist ein Bereich im C#-Programmcode. Ein Kontext kann sich über einzelne Zeilen, ausgewählte Klassen oder auch das ganze Projekt erstrecken.

Bisher galt in C# der Standardkontext mit folgender Bedeutung für Variablen, Fields und Properties:

- Variablen, Fields und Properties, die mit Wertetypen (z.B. int, DateTime, bool) deklariert wurden, können im Standard nicht den Wert Null annehmen. Sie können seit C# 2.0 mit Nullable<T> (bzw. die äquivalent prägnantere Form mit Fragezeichen, z.B. int? oder bool?) "nullable" gemacht werden.

- Variablen, Fields und Properties, die mit Referenztypen (string und eigene Klassen) deklariert wurden, können immer Null annehmen.

Die drei neuen Kontexte in C# 8.0 sind:

- Nullable Warning Context: Der Compiler warnt vor dem Auftreten von Null-Reference-Laufzeitfehlern bei allen Zugriffen auf Variablen, bei denen möglich / nicht sichergestellt ist, dass sie nicht null enthalten bzw. bei denen der null-Fall nicht abgefangen ist.

- Nullable Annotation Context: Referenztypen sind im Standard nicht mehr nullable (fähig, den null-Wert anzunehmen). Wenn null-Werte explizit gewünscht sind, ist dies mit dem Fragezeichen bei der Typdeklaration anzuzeigen, z.B. string? und Klasse? (Nicht aber erlaubt: Nullable<string> und Nullable<Klasse> wie bei den Nullable Value Types!).

- Nullable Context: Allgemein als "Nullable Context" wird ein Kontext bezeichnet, der sowohl Nullable Warning Context als auch Nullable Annotation Context ist, also die Funktionen beider Kontexte in sich vereint.

Die folgende Tabelle stellt die drei Kontextarten gegenüber.

	Nullable Warning Context	Nullable Annotation Context	Nullable Context (= Annotation Context + Warning Context)
Bedeutung der Deklaration Klasse x;	Nullable	Non-Nullable	Non-Nullable
Bedeutung der Deklaration Klasse? x;	Nicht erlaubt (führt zur Warnung)	Nullable	Nullable
Warnung vor Null-Reference-Laufzeitfehlern	Ja	Nein	Ja
Aktivierung auf Projektebene in der .csproj-Datei	<Nullable> warnings </Nullable>	<Nullable> annotations </Nullable>	<Nullable> enable </Nullable>
Aktivierung in C#-Programmcodedat	#nullable enable warnings	#nullable enable annotations	#nullable enable

ei (.cs) für die folgenden Zeilen			
Deaktivierung in C#-Programmcodedat ei (.cs) für die folgenden Zeilen	#nullable disable w arnings	#nullable disable annotations	#nullable disable
Zurücksetzung der C#-Programmdatei für die folgenden Zeilen auf die Einstellung auf Projektebene	#nullable restore warnings	#nullable restore annotations	#nullable restore

Tabelle: Vergleich der drei neuen Kontextarten in C# 8.0

Auswirkungen auf Entity Framework Core

Seit Entity Framework Core 3.0, erschienen am 23. September 2019, reagiert der Objekt-Relationale Mapper auf die neuen C#-Kontexte.

Während beim Reverse Engineering bestehender Datenbanken mit Scaffold-DbContext immer Programmcode mit dem aus C# 1.0 bis 7.3 bekannten Standardkontext erzeugt wird, hat der Entwickler beim Forward Engineering die Wahl, einen der o.g. Kontexte einzuschalten. Vielleicht hat der Entwickler die freie Wahl aber auch nicht, sondern bekommt die Order von oben, oder es gibt eine Teamentscheidung, einen solchen Kontext zu verwenden.

In einem Nullable Annotation Context und Nullable Context gelten auch neue Spielregeln für die Abbildung von Properties und Objektbeziehungen auf relationale Datenbanken.

Ein gutes Beispiel sind Zeichenketten (Datentyp string):

- In einem Standardkontext legt Entity Framework Core Zeichenketten als "Nullable"-Spalte an, sofern dies nicht mit der Datenannotation [Required] oder per FluentAPI mit dem Methodenaufruf Required() verhindert wird. Auch bei der Verwendung von Zeichenketten-Properties als Primärschlüssel bzw. Teil eines Primärschlüssels ist die korrespondierende Spalte in der Datenbank immer Nicht-Nullable ("not null").

- In einem Nullable Annotation Context und Nullable Context legt Entity Framework Core Zeichenketten grundsätzlich immer als "Non-Nullable"-Spalte an, außer wenn das Property explizit mit einem Fragezeichen versehen ist.

Gleiches gilt für Navigationseigenschaften: Im Standard sind die Beziehungen optional. In einem Nullable Annotation Context oder Nullable Context sind die Beziehungen im Standard Pflichtbeziehungen.

Praxisbeispiel mit Standardkontext

Gegeben sei der Programmcode im folgenden Listing , das ein Objektmodell mit den beiden Klassen Person und Address deklariert und es verwendet: Es wird mit Entity Framework Core für die beiden Klassen eine Datenbank zur Laufzeit generiert und mit einigen Testdaten befüllt. Hieraus entsteht in einem Standardkontext das in der nächsten Abbildung gezeigte

Datenbankmodell sowie die Ausgabe in der darauffolgenden Abbildung. Alle Spalten erlauben Null-Werte, außer:

- Spalte ID in Tabelle Person, weil das Property ID per Konvention der Primärschüssel der Entitätsklasse ist

- Spalte Name in Tabelle Person, weil das Property Name mit [Required] annotiert ist.

Es ist also weder notwendig, das Property Titel für eine Person zu füllen noch der Person eine Adresse zuzuweisen.

Listing: Es wird eine Datenbank für die Klassen Person und Address erzeugt.

```
using ITVisions;
using Microsoft.EntityFrameworkCore;
using System;
using System.ComponentModel.DataAnnotations;


namespace EFC_MappingScenarios.NullableReferenceTypes
{
 /// <summary>
 /// In this example, several classes are deliberately implemented in one file, so that the e
xample is clearer.
 /// </summary>
 class Client
 {
  public static void Run()
  {
   CUI.MainHeadline(nameof(EFC_MappingScenarios.NullableReferenceTypes));
   using (var ctx = new Context())
   {

    CUI.Headline("Metadata for entity Person");
    var obj2 = new Person();
    foreach (var p in ctx.Entry(obj2).Properties)
    {
     Console.WriteLine(p.Metadata.Name + ": Key=" + p.Metadata.IsKey() + " PrimaryKey=" + p.M
etadata.IsPrimaryKey() + " Index=" + p.Metadata.IsIndex() + " Nullable=" + p.Metadata.IsNulla
ble);
    }

    CUI.Headline("Integration Test with database");
    CUI.Print("Database: " + ctx.Database.GetDbConnection().ConnectionString);
    var e1 = ctx.Database.EnsureDeleted();
    if (e1)
    {
     CUI.Print("Database has been deleted!");
    }

    var e2 = ctx.Database.EnsureCreated();
    if (e2)
    {
     CUI.Print("Database has been created!");
    }
    else
    {
     CUI.Print("Database exists!");
    }

    CUI.Headline("Creating data...");
    for (int i = 0; i < 30; i++)
```

```
      {
        var p = new Person();
        p.Name = "Test Person #" + i;
        ctx.EntityClassWithGuidPKSet.Add(p);

        var c = ctx.SaveChanges();
        Console.WriteLine(p.Id + ": " + (!String.IsNullOrEmpty(p.Titel) ? p.Titel + " " : "") +
p.Name);
        Console.WriteLine($"Number of saved changes: {c}");
      }
      CUI.PrintSuccess("Done!");
    }
  }
}


class Context : DbContext
{
  public DbSet<Person> EntityClassWithGuidPKSet { get; set; }

  protected override void OnConfiguring(DbContextOptionsBuilder builder)
  {
    // Set provider and connection string
    string connstring = @"Server=.;Database=EFC_MappingScenarios_GuidPK;Trusted_Connection=Tru
e;MultipleActiveResultSets=True;";
    builder.UseSqlServer(connstring);
    builder.EnableSensitiveDataLogging(true);
  }
}


public class Person
{
  public int Id { get; set; }
  public string Titel { get; set; } // in Nullable Context: string?
  [Required]
  public string Name { get; set; } = "";
  public Address Address { get; set; } // in Nullable Context: Address?
}


public class Address
{
  public int AddressID { get; set; }
  public string Street { get; set; } // in Nullable Context: string?
  public string City { get; set; } // in Nullable Context: string?
}
}
```

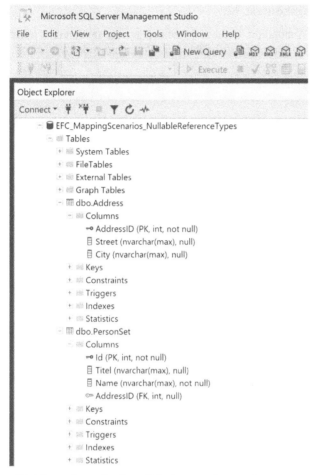

Abbildung: Datenbankmodell, das aus dem vorherigen Listing entsteht

```
NullableReferenceTypes
Metadata for entity Person
Id: Key=True PrimaryKey=True Index=False Nullable=False
AddressID: Key=False PrimaryKey=False Index=True Nullable=True
Name: Key=False PrimaryKey=False Index=False Nullable=False
Titel: Key=False PrimaryKey=False Index=False Nullable=True
Integration Test with database
Database: Server=.;Database=EFC_MappingScenarios_GuidPK;Trusted_Connection=True;MultipleActiveResultSets=True;
Database has been deleted!
Database has been created!
Creating data...
1: Test Person #0
Number of saved changes: 1
2: Test Person #1
Number of saved changes: 1
3: Test Person #2
Number of saved changes: 1
4: Test Person #3
Number of saved changes: 1
5: Test Person #4
Number of saved changes: 1
6: Test Person #5
Number of saved changes: 1
```

Abbildung: Ausgabe des vorherigen Listings

Praxisbeispiel mit Nullable Standardkontext

Wenn man aber nun einen Nullable Annotation Context (#nullable enable annotations) oder Nullable Context (#nullable enable) aktiviert, dann bricht der Programmcode mit einem Laufzeitfehler ab:

```
SqlException: Cannot insert the value NULL into column 'Titel', table
'EFC_MappingScenarios_NullableReferenceTypes.dbo.PersonSet'; column does not
allow nulls. INSERT fails.
```

Grund dafür ist, dass nun das Property Titel in der Entitätsklasse Person nicht mehr nullable ist und entsprechend auch die resultierende Datenbankspalten nicht mehr Null-Werte erlaubt.

Der Entwickler hat zwei Optionen, dies zu korrigieren:

- Er kann Titel doch als "nullable" deklarieren durch Verwendung des Datentyps string? Statt string:
  public string? Titel { get; set; }. Damit wird wieder das bestehende Datenbankschema erzeugt.

- Er kann stets den Titel zumindest mit einer leeren Zeichenkette initialisieren, z.B. p.Titel = "". Bei dieser Lösung würde Entity Framework Core bei der nächsten Datenbankschemamigration aber eine Änderung der Spalte "Titel" von "null" (siehe Abbildung 1) zu "not null" ausführen (siehe Abbildung 4).

Egal für welche Option der Entwickler sich entscheidet, es kommt es zum zweiten Laufzeitproblem:

```
SqlException: The INSERT statement conflicted with the FOREIGN KEY constraint
"FK_PersonSet_Address_AddressID". The conflict occurred in database
"EFC_MappingScenarios_NullableReferenceTypes", table "dbo.Address", column
'AddressID'. The statement has been terminated.
```

Grund dafür ist, dass nun die Fremdschlüsselspalte AddressID in der Tabelle Person keine Null-Werte mehr erlaubt. Dies muss der Softwareentwickler korrigieren, indem man nach der Initialisierung der Person auch eine Adresse zuweist:

```
var a = new Address();
a.City = "45127 Essen";
a.Street = "Musterstraße 123";
p.Address = a;
```

Das bedeutet aber wie im Fall "Titel" eine Datenbankschemamigration von "null" zu "not null" für die Spalte "AddressID".

Um eine Datenbankschemamigration zu verhindern, müsste der Softwareentwickler explizit in der Klasse Person bei der Property-Deklaration ein Address? statt Address als Objekttyp verwendet:

```
public class Person
{
  public int Id { get; set; }
  public string? Titel { get; set; }
  [Required]
  public string Name { get; set; } = "";
  public Address? Address { get; set; }
}
```

Wenn man vorhat, auch die Properties City und Street in der Klasse Address unitialisiert zu erlauben, muss man auch diese Properties mit string? deklarieren. Das folgende Listing zeigt das vollständige Beispiel mit den o.g. Modifikationen.

Hinweis: Die in C# 8.0 neu eingeführten Annotationen [AllowNull] und [DisallowNull] (vgl. [https://devblogs.microsoft.com/dotnet/try-out-nullable-reference-types])   wirken   übrigens beide leider nicht in Bezug auf Entity Framework Core!

Listing: Variante des vorherigen Listings; nun mit aktiviertem Nullable Context

```
using ITVisions;
using Microsoft.EntityFrameworkCore;
using System;
using System.ComponentModel.DataAnnotations;
#nullable enable /// optional: nullable enable annotations

namespace EFC_MappingScenarios.NullableReferenceTypes
{
 /// <summary>
 /// In this example, several classes are deliberately implemented in one file, so that the e
xample is clearer.
 /// </summary>
 class Client
 {
  public static void Run()
  {
   CUI.MainHeadline(nameof(EFC_MappingScenarios.NullableReferenceTypes));
   using (var ctx = new Context())
   {

    CUI.Headline("Metadata for entity Person");
    var obj2 = new Person();
    foreach (var p in ctx.Entry(obj2).Properties)
    {
     Console.WriteLine(p.Metadata.Name + ": Key=" + p.Metadata.IsKey() + " PrimaryKey=" + p.M
etadata.IsPrimaryKey() + " Index=" + p.Metadata.IsIndex() + " Nullable=" + p.Metadata.IsNulla
ble);
    }

    CUI.Headline("Integration Test with database");
    CUI.Print("Database: " + ctx.Database.GetDbConnection().ConnectionString);
    var e1 = ctx.Database.EnsureDeleted();
    if (e1)
    {
     CUI.Print("Database has been deleted!");
    }

    var e2 = ctx.Database.EnsureCreated();
    if (e2)
    {
     CUI.Print("Database has been created!");
    }
    else
    {
     CUI.Print("Database exists!");
    }

    CUI.Headline("Creating data...");
    for (int i = 0; i < 30; i++)
    {
     var p = new Person();
     p.Name = "Test Person #" + i;
     p.Titel = "";
     ctx.PersonSet.Add(p);
```

```
      var a = new Address();
      a.City = "45127 Essen";
      a.Street = "Musterstraße 123";
      p.Address = a;

      var c = ctx.SaveChanges();
      Console.WriteLine(p.Id + ": " + (!String.IsNullOrEmpty(p.Titel) ? p.Titel + " " : "") +
p.Name);
      Console.WriteLine($"Number of saved changes: {c}");
    }
    CUI.PrintSuccess("Done!");
   }
 }
}

class Context : DbContext
{
 public DbSet<Person> PersonSet { get; set; }

 protected override void OnConfiguring(DbContextOptionsBuilder builder)
 {
  // Set provider and connection string
  string connstring = @"Server=.;Database=EFC_MappingScenarios_NullableReferenceTypes;Truste
d_Connection=True;MultipleActiveResultSets=True;";
  builder.UseSqlServer(connstring);
  builder.EnableSensitiveDataLogging(true);
 }
}

public class Person
{
 public int Id { get; set; }
 public string? Titel { get; set; }
 [Required]
 public string Name { get; set; } = "";
 public Address? Address { get; set; }
}

public class Address
{
 public int AddressID { get; set; }
 public string? Street { get; set; }
 public string? City { get; set; }
}
}
```

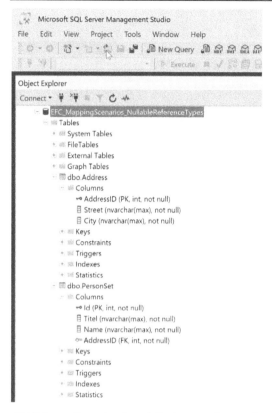

Abbildung: Datenbankmodell, das aus dem vorherigen Listing entsteht (mit Nullable Context)

Compiler-Warnungen

Alle Null-Herausforderungen werden im Fall der Verwendung des vollständigen Nullable Context auch durch eine Warnung des Compilers schon zur Entwicklungszeit für den Entwickler sichtbar (siehe folgende Abbildung). Wenn man allerdings nur einen Nullable Annotation Context verwendet, sieht man keine Warnungen!

```
81  ┌─ public class Person
82  │   {
83  │       public int Id { get; set; }
84  │       public string Titel { get; set; } // in Nulable Context: string?
85  │       [Required]
86  │       public string Name { get; set; } = "";
87  │       public Address Address { get; set; } // in Nulable Context: Address?
88  │   }
89  │                        ⚡ ▾   ℱ Address Person.Address { get; set; }
90  ┌─ public class Address    Non-nullable property 'Address' is uninitialized. Consider declaring the property as nullable.
91  │   {
92  │       public int Address1_      Show potential fixes (Ctrl+.)
33 %  ▾   ⊗ 0   ↕ 5   ←  →  ◁ ▾                                    Ln: 84   Ch: 17   SPC
```

```
ror List
Entire Solution         ▾   ⊗ 0 Errors   ⚠ 5 Warnings   ① 0 of 6 Messages   ✕▾  Build + IntelliSense        ▾
   Code    Description                                                                      Project
 ⚠ CS8618  Non-nullable property 'PersonSet' is uninitialized. Consider declaring the property as nullable.    Console
 ⚠ CS8618  Non-nullable property 'Titel' is uninitialized. Consider declaring the property as nullable.        Console
 ⚠ CS8618  Non-nullable property 'Address' is uninitialized. Consider declaring the property as nullable.      Console
 ⚠ CS8618  Non-nullable property 'Street' is uninitialized. Consider declaring the property as nullable.       Console
 ⚠ CS8618  Non-nullable property 'City' is uninitialized. Consider declaring the property as nullable.         Console
```

Abbildung: Warnungen in Visual Studio bei aktiviertem vollständigen Nullable Context

Praxishinweis

Eine Umschaltung bestehender Entitätsklassen auf einen Nullable Context führt nicht nur zu zahlreichen Warnungen des C#-Compilers vor möglichen Null-Referenz-Laufzeitfehlern, sondern in Bezug auf Entity Framework Core auch zu einer Verhaltensänderung bei der Datenbankschemagenerierung.

Bedeutet: Wenn man nachträglich einen Nullable Context aktiviert für bestehenden Programmcode, aus dem bereits eine Datenbank erzeugt wurde, wird Entity Framework Core eine Schemamigration ausführen wollen. Zudem besteht die Gefahr, dass bestehender Programmcode nicht mehr fehlerfrei läuft. Zu bedenken ist dabei auch, ob andere Software diese Datenbank verwendet, die dann nicht mehr korrekt funktionieren kann.

> **Fazit:** Der Einsatz des Nullable Context kann in neuen Projekten leicht erfolgen. Bei bestehenden Projekten ist aber wirklich große Achtsamkeit geboten!

11.3.6   Aufzählungstypen (Enumerationen)

Als Property-Datentypen in Entitätsklassen erlaubt sind auch Aufzählungstypen, siehe "Fluglizenztyp" in der Klasse "Pilot".   Aus Aufzählungstypen werden int-Spalten in der Datenbank. Durch Value Converter können Aufzählungstypen auch anders gespeichert werden.

11.3.7   Beziehungen (Master-Detail)

Es darf auch Properties geben, die auf einen anderen Entitätstyp deklariert werden. Diese nennt man Navigationseigenschaften, und sie drücken die Beziehungen zwischen Entitätsklassen aus. Entity Framework Core unterstützt:

- 1:0/1-Beziehungen: Hier wird das Navigationsproperty auf ein Einzelobjekt des in Beziehung stehenden Typs deklariert (siehe Pilot und Copilot in der Klasse Flug). **WICHTIG: Bei Einzelobjekten ist oft semantisch falsch, in der Deklaration der Navigationseigenschaft oder im Konstruktor eine Instanz des in Beziehung stehenden Typs zuzuweisen, da ein OR-Mapper wie Entity Framework Core dann ein neues Entitätsobjekt sieht. Sinn**

macht diese Instanziierung nur, wenn ein neues Oberobjekt immer auch ein neues Unterobjekt bedingt. Im Fall Flug und Pilot ist dies nicht so, da ja nicht für jeden Flug ein neuer Pilot eingestellt wird.

- 1:0/N-Beziehungen: Hier wird das Navigationsproperty auf einen Mengentyp des in Beziehung stehenden Typs deklariert (siehe List<Flug> bei FlugAlsPilotSet und FlugeAlsCopilotSet in der Klasse Pilot). Erlaubt ist, dass die Navigationseigenschaft als ICollection oder eine darauf aufbauende andere Schnittstelle (wie IList) oder eine ICollection<T> realisierende Klasse (wie List<T> oder HashSet<T>) deklariert wird. **WICHTIG: Es bietet sich in der Regel an, konkrete Mengentypen in der Deklaration oder im Konstruktor direkt zuzuweisen, damit dies nicht der aufrufende Programmcode erledigen muss. Entity Framework Core erledigt eine Mengenklasseninstanziierung nur im Rahmen des Relationsship Fixup. Da hier ja nur eine leere Liste erzeugt wird, wird Entity Framework Core hier nichts persistieren wollen, solange die Liste nicht gefüllt wird.**

HINWEIS: Entity Framework Core unterstützt bisher keine N:M-Beziehungen. Genauer gesagt: Entity Framework Core unterstützt nicht die Abstraktion, zwei 1:N-Beziehungen mit Zwischentabelle im Objektmodell als N:M darzustellen. Das relationale Datenbankmodell unterstützt ja auch keine N:M-Beziehungen, sondern benötigt eine Zwischentabelle für zwei 1:N-Beziehungen, wobei die Zwischentabelle einen zusammengesetzten Primärschüssel aus den Primärschlüsseln der zu verbindenden Entitäten enthält. In Entity Framework Core hat man also im Objektmodell hier für die Zwischentabelle eine Zwischenklasse und genau wie im relationalen Modell zwei 1:N-Beziehungen statt einer N:M-Beziehung. Eine solche Zwischenentitätsklasse sieht man der Klasse Buchung. Sie wird jeweils durch ein BuchungSet in Klasse Flug und Klasse Passagier referenziert.

Die Navigationseigenschaften müssen nur dann als "virtual" gekennzeichnet sein, wenn Lazy Loading genutzt werden soll (seit Entity Framework Core Version 2.1 verfügbar).

Navigationseigenschaften können bidirektional sein, wie Flug und Pilot zeigen. Zu den 0/1-Seiten einer Navigationseigenschaft kann es (muss es aber nicht) explizite Fremdschlüsseleigenschaften geben (siehe PilotId und CopilotId in).

Die folgende Tabelle gibt einen Überblick über die Möglichkeiten anhand des Beispiels der Beziehung zwischen Flug und Pilot. Bitte beachten Sie, dass eine 1:1 oder 1:0/1-Beziehung in diesem Fall nicht sinnvoll ist. Aus Gründen der besseren Verständlichkeit soll aber anhand eines Szenarios alle möglichen Fälle gezeigt werden.

Kardinalität zwischen Pilot und Flug	Klasse Flug	Klasse Pilot	Hinweis
1:0/1 ohne explizites Fremdschlüsselproperty	[**ForeignKey**("Pilot ID")] public Pilot Pilot { get; set; }	public Flug Flug { get; set; }	oder statt Annnotationen: builder.Entity<Pilot>(). HasOne(f => f.Flug).WithOne(t => t.Pilot).**HasForeignKe y**<Flug>("PilotID");
1:0/1 mit Fremdschlüsselproperty	public Pilot Pilot { get; set; }	public Flug Flug { get; set; }	

	public int? PilotID { get; set; }		
1:1 ohne explizites Fremdschlüsselproperty	**[ForeignKey("Pilot ID")][Required]** public Pilot Pilot { get; set; }	public Flug Flug { get; set; }	oder statt Annotationen: builder.Entity<Pilot>(). HasOne(f => f.Flug).WithOne(t => t.Pilot).**HasForeignKe y**<Flug>("PilotID").**IsR equired()**;
1:1 mit Fremdschlüsselproperty	public Pilot Pilot { get; set; } public int PilotID { get; set; }	public Flug Flug { get; set; }	
1:0/n ohne explizites Fremdschlüsselproperty	public Pilot Pilot { get; set; }	public List<Flug> FlugSet { get; set; }	
1:0/n mit Fremdschlüsselproperty	public Pilot Pilot { get; set; } public int? PilotID { get; set; }	public List<Flug> FlugSet { get; set; }	
1:n ohne explizites Fremdschlüsselproperty	[Required] public Pilot Pilot { get; set; }	public List<Flug> FlugSet { get; set; }	oder statt Annotationen: builder.Entity<Pilot>(). HasMany(f => f.FlugSet).WithOne(t => t.Pilot).**HasForeignKe y**<Flug>("PilotID").**IsR equired()**;
1:n mit Fremdschlüsselproperty	public Pilot Pilot { get; set; } public int PilotID { get; set; }	public List<Flug> FlugSet { get; set; }	
n:m	public List<Flug_Pilot> FlugSet { get; set; }	public List<Flug_Pilot> FlugSet { get; set; }	Notwendige Zwischenklasse: public class Flug_Pilot { public Pilot Pilot { get; set; } public Flug Flug { get; set; } public int PilotID { get; set; }

				public int FlugNr { get; set; }
				}
				
				sowie zusammengesetzter Primärschlüssel:
				
				builder.Entity<Flug_Pil ot>().**HasKey**(b => new { b.FlugNr, b.PilotID });

Tabelle: Kardinalitäten von Beziehungen in Entity Framework Core

Wenn Sie bei einer 1:1- oder 1:0/1-Beziehung kein Fremdschlüsselproperty definieren, dann kommt es beim Anlegen einer Datenbankschemamigration zum Fehler: *The child/dependent side could not be determined for the one-to-one relationship between 'Flug.Pilot' and 'Pilot.Flug'. To identify the child/dependent side of the relationship, configure the foreign key property. If these navigations should not be part of the same relationship configure them without specifying the inverse. See http://go.microsoft.com/fwlink/?LinkId=724062 for more details.*

11.3.8   Vererbung

Entitätsklassen können voneinander erben. Dies sieht man bei Klasse Pilot und Passagier, die von der Klasse Person erben. In diesem Fall ist Person eine abstrakte Klasse. Es könnte aber auch eine Klasse sein, von der eigene Instanzen möglich sind.

11.3.9   Primärschlüssel

Vor Version 2.1 von Entity Framework Core war eine Voraussetzung bei Entity Framework Core, dass jede Entitätsklasse einen Primärschlüssel besitzen muss, der sich aus einer oder mehreren einfachen Properties zusammensetzt. Im einfachsten Fall legt man dafür gemäß einer Konvention ein Property mit Namen ID oder Id oder KlassennameID oder KlassennameId an. Die Groß- und Kleinschreibung von ID und dem Klassennamen ist dabei nicht relevant, auch wenn die immer noch lückenhafte Dokumentation von Entity Framework Core in [*http://www.efproject.net/en/latest/modeling/keys.html*] etwas Anderes suggeriert.

> **Hinweis:** Wenn man den Primärschlüssel anders benennen will oder einen zusammengesetzten Primärschlüssel definieren will, dann muss man dies explizit konfigurieren, siehe Kapitel 12 "Anpassung des Datenbankschemas".

Seit Version 2.1 sind auch Entitätsklassen ohne Primärschlüssel erlaubt, diese bieten dann aber keine Änderungsverfolgung. Man sollte solche Entitätsklassen nur für nicht beschreibbare Ergebnisse von Datenbanksichten, SQL-Befehlen und Stored Procedures anlegen.

11.3.10   Beispiele

Die folgenden Listings geben einen Teil der Entitätsklassen für das World Wide Wings-Beispiel wieder.

Listing: Klasse Flug

```
using System;
using System.Collections.Generic;

namespace GO
{
 public partial class Flug
 {
  // Parameterloser Konstruktor ist immer notwendig für EF!
  public Flug()
  {  }

  public Flug(string abflugort, string zielort)
  {
   this.Abflugort = abflugort;
   this.Zielort = zielort;
  }


  // --- Primärschlüssel
  public int FlugID { get; set; }
  // --- Einfache Eigenschaften
  public string Abflugort { get; set; }
  public string Zielort { get; set; }
  public System.DateTime Datum { get; set; }
  public bool NichtRaucherFlug { get; set; }
  public short? Plaetze { get; set; }
  public short? FreiePlaetze { get; set; }
  public decimal Preis { get; set; }

  // Explizites Property
  private string memo;
  public string Memo
  {
   get { return this.memo; }
   set { this.memo = value; }
  }

  // Navigationseigenschaften
  public Pilot Pilot { get; set; }
  public Pilot Copilot { get; set; }
  public ICollection<Buchung> BuchungSet { get; set; } = new List<Buchung>();

  // Explizite Fremdschlüsseleigenschaften zu den Navigationseigenschaften
  public int PilotId { get; set; }
  public int CopilotId { get; set; }

  // Methode (ohne Bedeutung für ORM)
  public override string ToString()
  {
   return String.Format($"Flug #{this.FlugID}: von {this.Abflugort} nach {this.Zielort} Freie
Plätze: {this.FreiePlaetze}");
  }
 }
}
```

Listing: Klasse Person

```
using System;
```

```
namespace GO
{
 public abstract partial class Person
 {
  // --- Primärschlüssel
  public int PersonID { get; set; }

  // --- Einfache Eigenschaften
  public string Name { get; set; }
  public string Vorname { get; set; }
  public Nullable<System.DateTime> Geburtsdatum { get; set; }
  public string Strasse { get; set; }
  public Byte[] Foto { get; set; }
  public string EMail { get; set; }
  public string Stadt { get; set; }
  public string Land { get; set; }

  public virtual string Memo { get; set; }

  // Berechnete Eigenschaft (wird nicht persistiert!)
  public string GanzerName { get { return this.Vorname + " " + this.Name; } }
  // Methode (ohne Bedeutung für ORM)
  public override string ToString()
  {
   return "#" + this.PersonID + ": " + this.GanzerName;
  }
 }
}
```

Listing: Klasse Pilot

```
using System;
using System.Collections.Generic;

namespace GO
{
 public enum Fluglizenztyp
 {
 CPL, PPL, GPL, SPL, LAPL
 }

 public  partial class Pilot : Person
 {
  // Primärschlüssel wird geerbt!

  // --- Weitere Eigenschaften
  public System.DateTime FlugscheinSeit { get; set; }
  public Nullable<int> Flugstunden { get; set; }
  public Fluglizenztyp Fluglizenztyp { get; set; }
  public string Flugschule { get; set; }

  // --- Navigationseigenschaft deklariert auf Schnittstellen mit expliziter
Mengentypinstanziierung
  public List<Flug> FluegeAlsPilot { get; set; } = new List<Flug>();
  // --- Navigationseigenschaft deklariert auf Mengentyp mit expliziter
Mengentypinstanziierung
  public List<Flug> FluegeAlsCopilot { get; set; } = new List<Flug>(); }
 }
```

Listing: Klasse Passagier

```
using System;
using System.Collections.Generic;

namespace GO
{
 public partial class Passagier : Person
 {
  // Primärschlüssel wird geerbt!

  // --- Einfache Eigenschaften
  public Nullable<System.DateTime> KundeSeit { get; set; }
  public string PassagierStatus { get; set; }

  // --- Navigationseigenschaften deklariert als Mengentyp
  public HashSet<Buchung> BuchungSet { get; set; } = new HashSet<Buchung>();
 }
}
```

Listing: Klasse Buchung

```
namespace GO
{
 /// <summary>
 /// Zwischenklasse, weil EF Core bisher kein N:M unterstützt
 /// </summary>
 public class Buchung
 {
  // --- Primärschlüssel
  public int FlugNr { get; set; }
  public int PassagierId { get; set; }
  // --- Navigationseigenschaften
  public Flug Flug { get; set; }
  public Passagier Passagier { get; set; }
 }
}
```

11.4   Regeln für die selbsterstellte Kontextklasse

Die Kontextklasse ist der Dreh- und Angelpunkt für die Programmierung mit Entity Framework Core, bei deren Implementierung einige Regeln zu befolgen sind.

> **Hinweis:** Dieses Kapitel beschreibt zunächst nur eine typische Grundkonfiguration. Anpassungen dazu finden Sie im Kapitel 12 "Anpassung des Datenbankschemas".

11.4.1   NuGet-Pakete

Für die Realisierung der Kontextklasse ist ein NuGet-Paket für das jeweilige Datenbankmanagementsystem notwendig (siehe folgende Tabelle), z.B. gibt man in der NuGet Package Manager-Konsole ein:

```
Install-Package Microsoft.EntityFrameworkCore.SqlServer
```

Oder für SQLite:

```
Install-Package Microsoft.EntityFrameworkCore.Sqlite
```

Oder für Oracle:

```
Install-Package Devart.Data.Oracle.EFCore
```

Während im klassischen Entity Framework einfach nur zwei Assemblies referenziert werden mussten (und man diese Referenzen ggf. auch einmal manuell angelegt hat), zieht das neue NuGet-Paket – im Sinne der Modularisierung der Core-Produkte – einen Wust von 32 Referenzen nach sich (siehe Projekt "DZ"), die man nicht mehr manuell anlegen möchte. Für das Projekt "GO" ist keine Referenz auf eine Entity Framework-DLL notwendig!

Datenbankmanagementsystem	NuGet-Paket
Microsoft SQL Server Express, Standard, Enterprise, Developer, LocalDB ab Version 2008	Microsoft.EntityFrameworkCore.SqlServer
Microsoft SQL Server Compact 3.5	EntityFrameworkCore.SqlServerCompact35
Microsoft SQL Server Compact 4.0	EntityFrameworkCore.SqlServerCompact40
SQLite	Microsoft.EntityFrameworkCore.Sqlite
PostgreSQL	Npgsql.EntityFrameworkCore.PostgreSQL
In-Memory (für Unit Tests)	Microsoft.EntityFrameworkCore.InMemory
MySQL	MySQL.Data.EntityFrameworkCore
Oracle (DevArt)	Devart.Data.Oracle.EFCore

Tabelle: Die auf nuget.org verfügbaren Entity Framework Core-Provider

11.4.2 Basisklasse

Die Kontextklasse ist keine POCO-Klasse. Sie muss zwingend von der Basisklasse Microsoft.EntityFrameworkCore.DbContext abgeleitet sein. Die alternative Basisklasse ObjectContext, die es im klassischen Entity Framework gab, gibt es nicht mehr.

11.4.3 Konstruktor

Die Kontextklasse muss für die Verwendung der Schemamigrationswerkzeuge in Visual Studio oder der Kommandozeile einen parameterlosen Konstruktor besitzen, weil diese Werkzeuge die Kontextklasse zur Entwicklungszeit instanziieren müssen. Sie benötigt keinen parameterlosen Konstruktor, falls das Datenbankschema ausschließlich beim Anwendungsstart erzeugt werden soll. Dann hat der Entwickler die Möglichkeit, die Kontextklasse mit Konstruktorparametern aufzurufen.

> **Hinweis:** Ohne einen expliziten Konstruktor gibt es in C# automatisch einen parameterlosen Konstruktor.

11.4.4 Verweise zu den Entitätsklassen

Der Entwickler muss für jede Entitätsklasse ein Property vom Typ DbSet<Entitätstyp> anlegen, z.B.

```
public DbSet<Flug> FlugSet { get; set; }
public DbSet<Pilot> PilotSet { get; set; }
```

> **Achtung:** Im Standard verwendet Entity Framework Core die hier verwendeten Eigenschaftsnamen für die Tabellennamen im Datenbankschema. Sie erfahren später noch, wie Sie dieses Verhalten ändern können.

11.4.5   Provider und Verbindungszeichenfolge

Für die Konfiguration von Datenbankprovider und Verbindungszeichenfolge gilt, was im Kapitel "Reverse Engineering/Konfiguration der Datenbankverbindung" bereits dokumentiert wurde. Zusammenfassend:

- Sie müssen in OnConfiguring() eine UseXY()-Methode mit Verbindungszeichenfolge aufrufen oder

- Sie müssen beim Konstruktor der eigenen Kontextklasse ein DbContextOptions-Objekt empfangen und an die Basisklasse weitergeben.

> **Hinweis:** Mehrere Lösungen zur Verwaltung und Übergabe der Verbindungszeichenfolge finden Sie im Kapitel "Reverse Engineering/Konfiguration der Datenbankverbindung".
>
> **ACHTUNG:** Wenn in OnConfiguring() keine UseXY()-Methode aufgerufen wird, dann kommt es zum Laufzeitfehler "No database provider has been configured for this DbContext. A provider can be configured by overriding the DbContext.OnConfiguring method or by using AddDbContext on the application service provider. If AddDbContext is used, then also ensure that your DbContext type accepts a DbContextOptions<TContext> object in its constructor and passes it to the base constructor for DbContext."
>
> Es darf in OnConfiguring() aber auch nicht mehr als eine UseXY()-Methode aufgerufen werden.
>
> Es dürfen in OnConfiguring() noch keine konkreten Aktionen auf der Datenbank ausgeführt werden, auch darf nicht this.Database.EnsureCreated() aufgerufen werden.

11.4.6   Beispiel für eine selbsterstellte Kontextklasse

Das folgende Listing zeigt die Kontextklasse des World Wide Wings-Beispiels in einer Grundkonfiguration.

Listing: Kontextklasse mit OnConfiguring()

```
using GO;
using Microsoft.EntityFrameworkCore;
using Microsoft.EntityFrameworkCore.Metadata;

namespace DZ
{
 public class EFKontext : DbContext
 {
  protected override void OnConfiguring(DbContextOptionsBuilder builder)
  {
   // Provider und Connection String festlegen!
   string connstring = @"Server=.;Database=WWWings_EFForward;Trusted_Connection=True;Multiple
ActiveResultSets=True;";
   builder.UseSqlServer(connstring);
  }

  public DbSet<Flug> FlugSet { get; set; }
  public DbSet<Pilot> PilotSet { get; set; }
  public DbSet<Passagier> PassagierSet { get; set; }
  public DbSet<Buchung> BuchungSet { get; set; }
 }
}
```

11.5 Regeln für die Datenbankschemagenerierung

Aus den Entitätsklassen und der Kontextklasse generiert Entity Framework Code dann ein Datenbankschema, das in der Lage ist, alle Instanzen der Entitätsklassen zu speichern. Der Aufbau des Datenbankschemas erfolgt per Konventionen und Konfigurationen. Dabei gilt das Prinzip Konvention vor Konfiguration.

Es gibt zahlreiche Konventionen. Die wichtigsten sind:

- Aus jeder Entitätsklasse, für die es ein DbSet<T> in der Kontextklasse gibt, entsteht eine Tabelle. Im klassischen Entity Framework wurde dazu im Standard der Klassenname der Entitätsklasse in den Plural gesetzt. Bei Entity Framework Core wird nun im Standard der Name der DbSet<T>-Eigenschaft in der Kontextklasse herangezogen.

- Aus jedem elementaren Property in einer Entitätsklasse wird eine Spalte in der Tabelle.

- Eigenschaften, die "ID" oder "KlassennameID" (auch in Kleinschreibung) heißen, werden automatisch zu Primärschlüsseln mit Autowerten.

- Für jede 1/0-Seite einer Navigationseigenschaft wird eine zusätzliche Fremdschlüsselspalte angelegt, auch wenn es keine explizite Fremdschlüsseleigenschaft gibt.

- Eigenschaften, die heißen wie eine Navigationseigenschaft plus das Suffix "ID", repräsentieren die sowieso automatisch erzeugten Fremdschlüsselspalten.

- Aus Aufzählungstypen werden int-Spalten in der Datenbank.

> **Hinweis:** Während in vielen Fällen diese Konventionen reichen, um aus einem Objektmodell ein Datenbankschema zu erzeugen, reichen die Konventionen in diesem Fall dafür <u>nicht</u> aus. Dass die Konventionen nicht reichen, merkt man leider aber nicht beim Kompilieren, sondern erst beim Ausführen von Programmcode, der die Kontextklasse verwendet.

11.6 Beispiel-Client

Das Programm in nächsten Listing nutzt nun den die erstellte Entity Framework-Kontextklasse und die Entitätsklasse Passagier. Zunächst sorgt das Programm mit dem Aufruf der Methode EnsureCreated() dafür, dass die Datenbank angelegt wird, wenn sie noch nicht existiert. Die aus dem klassischen Entity Framework bekannten Datenbankinitialisierungsklassen gibt es in Entity Framework Core nicht mehr.

Danach erzeugt das Programm einen neuen Passagier, fügt den Passagier an das DbSet<Passagier> an und speichert den neuen Passagier sodann in der Datenbank mit der Methode SaveChanges().

Dann werden zur Kontrolle alle Passagiere geladen und deren Anzahl wird ausgegeben. Zum Schluss folgt eine Ausgabe aller Passagiere mit dem Namen "Schwichtenberg". Diese Filterung erfolgt aber dann im RAM mit LINQ-to-Objects über die zuvor geladenen Passagiere.

> **Hinweis 1**: Die in diesem Beispiel verwendeten Befehle werden in späteren Kapiteln in diesem Buch natürlich ausführlicher beschrieben. Dieser Vorgriff ist hier aber didaktisch notwendig, um die Funktionsfähigkeit der erstellten Entity Framework Core-Kontextklasse zu beweisen.
>
> **Hinweis 2**: Das Beispiel ist leider noch nicht fehlerfrei lauffähig. Warum dies so ist und wie man die Probleme behebt, erfahren Sie im nächsten Unterkapitel.

Listing: Programmcode, der das erstellte Entity Framework Core-Modell nutzt

```
using DZ;
using GO;
```

```
using System;
using System.Linq;

namespace EFC_Konsole
{
 class Program
 {
  static void Main(string[] args)
  {
   Console.WriteLine("Start...");
   using (var ctx = new EFKontext())
   {
    // Datenbank anlegen, wenn nicht vorhanden!
    bool e = ctx.Database.EnsureCreated();
    if (e) Console.WriteLine("Datenbank wurde angelegt!");
    // Passagierobjekt erzeugen
    var p = new Passagier();
    p.Vorname = "Holger";
    p.Name = "Schwichtenberg";
    // Passagier an EF-Kontext anfügen
    ctx.PassagierSet.Add(p);
    // Objekt speichern
    var anz = ctx.SaveChanges();
    Console.WriteLine("Anzahl Änderungen: " + anz);
    // Alle Passagiere einlesen aus Datenbank
    var passagierSet = ctx.PassagierSet.ToList();
    Console.WriteLine("Anzahl Passagiere: " + passagierSet.Count);
    // Filtern mit LINQ-to-Objects
    foreach (var pas in passagierSet.Where(x => x.Name == "Schwichtenberg").ToList())
    {
     Console.WriteLine(pas.PersonID + ": " + pas.Vorname + " " + pas.Name);
    }

   }
   Console.WriteLine("Ende!");
   Console.ReadLine();
  }
 }
}
```

11.7   Anpassung per Fluent-API (OnModelCreating())

Wenn man den Programmcode in Listing im vorhergehenden Unterkapitel startet, kommt es bei der Methode EnsureCreated() als erstes zun dem Laufzeitfehler: "Unable to determine the relationship represented by navigation property Flug.Pilot' of type 'Pilot'. Either manually configure the relationship, or ignore this property using the '[NotMapped]' attribute or by using 'EntityTypeBuilder.Ignore' in 'OnModelCreating'."

Entity Framework Core sagt dem Entwickler damit, dass es im Fall der zweifachen Beziehung zwischen Flug und Pilot (über die Eigenschaften Pilot und Copilot) nicht weiß, welche der beiden Navigationseigenschaften auf der Pilot-Seite (FluegeAlsPilot und FluegeAlsCopilot) den beiden Navigationseigenschaften Pilot und Copilot auf der Flug-Seite entsprechen.

Um dies klarzustellen, kann man eine Datenannotation oder das Fluent-API verwenden. Der Datenannotation verwendet [InverseProperty] und [ForeignKey]. [InverseProperty] legt für eine Navigationseigenschaft fest, welche Navigationseigenschaft im anderen Objekt dazu gehört. [ForeignKey] legt fest, welches Fremdschlüsselproperty zu einer Navigationseigenschaft gehört.

In beiden Fällen sind Zeichenketten anzugeben, was man aber mit dem nameof()-Operator von C#
elegant lösen kann.

```
[ForeignKey(nameof(PilotId))]
[InverseProperty(nameof(BO.Pilot.FlightAsPilotSet))]
public virtual Pilot Pilot { get; set; } // 1:1
[ForeignKey(nameof(CopilotId))]
[InverseProperty(nameof(BO.Pilot.FlightAsCopilotSet))]
public virtual Pilot Copilot { get; set; } // 1:0/1 (see CopilotId!)
// Explicit foreign key properties for the navigation properties
public int PilotId { get; set; } // mandatory 1:1
public int? CopilotId { get; set; } // optional 1:0/1, because nullable
```

Alternativ zu den Datenannationen gibt es das sogenannte Fluent API in Entity Framework Core,
das es auch schon bei Code First im klassischen Entity Framework gab. Das Fluent API besteht
aus der Methode protected override void OnModelCreating(ModelBuilder modelBuilder), die in
der Kontextklasse zu überschreiben ist. Auf dem Objekt modelBuilder nimmt der Entwickler in
Aufrufketten von Methoden dann die Konfiguration vor.

```
protected override void OnModelCreating(ModelBuilder builder)
{
...
}
```

Im Fall der doppelten Beziehung zwischen Pilot und Flug sind in OnModelCreating() die beiden
nachfolgenden Befehlsketten einzutragen, die Pilot mit FluegeAsPilot und Copilot mit
FluegeAsCopilot eindeutig zuordnen:

```
builder.Entity<Pilot>().HasMany(p => p.FluegeAlsPilot)
.WithOne(p => p.Pilot).HasForeignKey(f => f.PilotId).OnDelete(DeleteBehavior.Restrict);
builder.Entity<Pilot>().HasMany(p => p.FluegeAlsCopilot)
.WithOne(p => p.Copilot).HasForeignKey(f => f.CopilotId).OnDelete(DeleteBehavior.Restrict);
```

Mit .OnDelete(DeleteBehavior.Restrict) schaltet man das kaskadierende Löschen aus, was in
diesem Fall aufgrund des Zyklus keinen Sinn macht.

Startet man das Programm danach erneut, kommt nun der Laufzeitfehler "The entity type
'GO.Buchung' requires a key to be defined." Entity Framework Core weiß bei der Zwischenklasse
Buchung nicht, was der Primärschüssel sein soll, da es dort kein Property gibt, dass per Konvention
der Primärschlüssel sein kann. Hier soll es ja einen zusammengesetzten Primärschlüssel geben.
Daher muss man im FluentAPI eintragen:

```
builder.Entity<Buchung>().HasKey(b => new { b.FlugNr, b.PassagierId });
```

Entity Framework ist immer noch nicht zufrieden und beschwert sich beim nächsten
Programmstart auch noch über fehlende Primärschlüssel in den Klassen Flug, Passagier und
Mitarbeiter. Bei Flug ist dies klar, denn FlugNr entspricht nicht der Konvention (die wäre FlugID).
Also ist zu ergänzen:

```
modelBuilder.Entity<Flug>().HasKey(x => x.FlugNr);
```

Bei Passagier und Mitarbeiter aber kann man sich wundern, denn diese erben ja den
Primärschlüssel PersonID von der Basisklasse Person. Leider ist Entity Framework Core noch
nicht schlau genug, um das zu merken. Daher ist auch noch zu ergänzen:

```
builder.Entity<Mitarbeiter>().HasKey(x => x.PersonID);
builder.Entity<Passagier>().HasKey(x => x.PersonID);
```

Damit ist der Programmcode nun letztendlich lauffähig!

Nun stellt sich noch die Frage, warum Entity Framework Core sich aber nicht beschwert, dass es
für "Pilot" keinen Primärschlüssel gibt. Das liegt an der Art, wie Entity Framework Core
Vererbung in der Datenbank abbildet. Die Piloten werden von Entity Framework Core nicht in

einer eigenständigen Tabellen gespeichert, sondern liegen in der gleichen Tabelle wie die Mitarbeiter. Daher beschwert sich Entity Framework Core nicht für die Piloten.

Das nächste Listing zeigt die verbesserte Version der Kontextklasse. Mit dieser Version ist das Programm nun lauffähig.

Listing: Verbesserte Version der Kontextklasse

```
using GO;
using Microsoft.EntityFrameworkCore;
using Microsoft.EntityFrameworkCore.Metadata;


namespace DZ
{
 public class EFKontext : DbContext
 {
  protected override void OnConfiguring(DbContextOptionsBuilder builder)
  {
   // Provider und Connection String festlegen!
    string connstring = @"Server=.;Database=WWWings_EFForward;Trusted_Connection=True;Multiple
ActiveResultSets=True;";
    builder.UseSqlServer(connstring);
  }

  public DbSet<Flug> FlugSet { get; set; }
  public DbSet<Pilot> PilotSet { get; set; }
  public DbSet<Passagier> PassagierSet { get; set; }
  public DbSet<Buchung> BuchungSet { get; set; }

  /// <summary>
  /// Methode zur Aktivierung/Deaktivierung von Konventionen
  /// sowie zur manuellen Konfiguration per Fluent-API
  /// </summary>
  protected override void OnModelCreating(ModelBuilder builder)
  {
   // Primärschlüssel für erbende Klassen
   builder.Entity<Passagier>().HasKey(x => x.PersonID);
   builder.Entity<Pilot>().HasKey(x => x.PersonID);
   // Zusammengesetzter Primärschlüssel für Zwischenklassen
   builder.Entity<Buchung>().HasKey(b => new { b.FlugNr, b.PassagierId });
   // Beziehungen festlegen und kaskadierendes Löschen ausschalten
builder.Entity<Pilot>().HasMany(p => p.FluegeAlsPilot)
.WithOne(p => p.Pilot).HasForeignKey(f => f.PilotId).OnDelete(DeleteBehavior.Restrict);
builder.Entity<Pilot>().HasMany(p => p.FluegeAlsCopilot)
.WithOne(p => p.Copilot).HasForeignKey(f => f.CopilotId).OnDelete(DeleteBehavior.Restrict);;
  }
 }
}
```

```
H:\TFS\Demos\EF\EFC_Forward\EFC_Forward\EFC_Konsole\bin\Debug\EFC_Konsole.exe
Start...
Datenbank wurde angelegt!
Anzahl Änderungen: 1
Anzahl Passagiere: 1
1: Holger Schwichtenberg
Ende!
```

Abbildung: Ausgabe des Beispiel-Clients nach Behebung der Probleme in der Kontextklasse

11.8   Das erzeugte Datenmodell

Die nächste Abbildung zeigt das entstandene Datenbankmodell.

Abbildung: Das entstandene Datenbankmodell

Wie man sieht, erzeugt Entity Framework Core aus den sechs Entitätsklassen (Person, Mitarbeiter, Pilot, Passagier, Flug und Buchung) nur vier Tabellen in der Datenbank. Dabei mischt Entity Framework Core die Vererbungsabbildungsstrategien "Table per Concrete Type" (TPC alias TPCT) und "Table per Hierarchy" (TPH):

- Es gibt keine Tabelle "Person". Alle Eigenschaften der abstrakten Entitätsklasse Person sind in die Tabelle "PassagierSet" und "Mitarbeiter" gewandert. Dies ist die TPCT-Strategie.

- Die Tabelle "Mitarbeiter" umfasst nach dem TPH-Prinzip auch die Instanzen der Entitätsklasse "Pilot". Dafür gibt es dort eine Spalte "Discrimnator", die Entity Framework Core automatisch mit den Werten "Pilot" oder "Mitarbeiter" befüllt.

In Entity Framework Core hat man bislang nur sehr wenig Einfluss auf die Vererbungsabbildungsstrategie. Man kann nur indirekt Einfluss auf die Entscheidung zwischen TPC und TPH nehmen. Gäbe es in der Kontextklasse ein DbSet<Person> und DbSet<Mitarbeiter>, hätte Entity Framework Core die Table per Hierarchy (TPH)-Strategie komplett angewendet, also aus Person, Mitarbeiter, Pilot und Passagier nur eine Tabelle gemacht (siehe nachstehende Abbildung). Dann darf keine explizite Schlüsselfestlegung im Fluent API für Mitarbeiter und Passagier erfolgen!

> **Hinweis:** Die Vererbungsabbildungsstrategie "Table-per-Type" (TPT) gibt es noch gar nicht in Entity Framework Core.

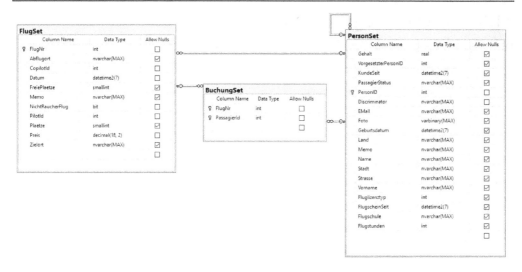

Abbildung: So würde das Datenbankschema aussehen, mit kompletter TPH-Strategie

Entity Framework Core benennt im Standard die Tabellen anhand der DbSet<T>-Property-Namen in der Kontextklasse. Ausnahme ist Mitarbeiter, denn für gibt es kein DbSet<T>. Diese Mischung bei der Namensgebung macht wenig Sinn und sollte daher vom Entwickler geändert werden (siehe nächstes Kapitel).

Wie bisher im klassischen Entity Framework legt Entity Framework Core auch Indexe für alle Primär- und Fremdschlüssel an. Wie im klassischen Entity Framework auch legt Entity Framework Core die String-Spalten im Standard als nvarchar(max) an. Dies gilt es noch anzupassen. Besser als beim klassischen Entity Framework ist, dass Entity Framework Core die Datumsspalten mit dem Datentyp DateTime2(7) statt wie bisher mit DateTime anlegt. So kommt es nicht mehr zu dem Problem, dass in .NET gültige Datumsangaben vor dem 1.1.1601 vom SQL Server abgelehnt werden.

12 Anpassung des Datenbankschemas

Entity Framework Core kann beim Forward Engineering in vielen Fällen allein schon auf Basis von Konventionen aus einem Objektmodell ein Datenbankschema erzeugen. Bereits das letzte Kapitel hat aufgezeigt, dass Konventionen nicht immer reichen, um ein gültiges Datenbankschema zu erzeugen. Ein manueller Eingriff durch den Softwareentwickler war in dem Fall notwendig bei zusammengesetzten Primärschlüsseln, Primärschlüsseln für erbende Klassen sowie dem Deaktivieren des kaskadierenden Löschens, weil es sonst zu zirkulären Löschoperationen kommt.

In anderen Fällen kann Entity Framework Core zwar ein Datenbankschema erstellen, das Ergebnis ist aber unbefriedigend. Beide diese Fälle hat das letzte Kapitel aufgezeigt. Auch dies hat das letzte Kapitel aufgezeigt (vgl. Tabellennamen und Längen der Zeichenkettenspalten).

In diesem Kapitel lernen Sie, wie man in beiden Fällen die Konventionen durch explizite Konfiguration via Datenannotationen in den Entitätsklassen oder Fluent-API in der Methode OnModelCreating() außer Kraft setzt oder ergänzt.

12.1 Beispiele in diesem Kapitel

Während das vorherige Kapitel noch eine Vorstufe des World Wide Wings-Objektmodells Version 2 verwendet hat, behandelt das Buch nun das komplette Objektmodell Version 2. Sie finden den Programmcode in der Projektmappe "EFC_WWWings" in den Projekten "EFC_GO", "EFC_DA" und "EFC_Konsole."

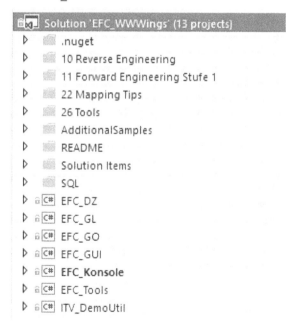

Abbildung: Projektmappe "EFC_WWWings"

12.2 Konvention versus Konfiguration

Die Konfiguration des Datenbankschemas erfolgt bei Entity Framework Core auf zwei Wegen:

- mit Datenannotationen in den Entitätsklassen oder

- dem Fluent-API in der Methode OnModelCreating() in der Kontextklasse.

Es gelten dabei drei Grundregeln:

- Konfiguration per Datenannotationen oder Fluent-API wiegt schwerer als die Konventionen, d.h. Konfiguration setzt Konventionen für einzelne Fälle außer Kraft. Microsoft spricht bei Entity Framework Core von "Konvention vor Konfiguration". Damit ist jedoch gemeint, dass es Ziel ist, durch Konventionen die explizite Konfiguration soweit es geht überflüssig zu machen.

- Wenn es sich widersprechende Datenannotationen und Fluent-API-Aufrufe gibt, wiegt immer der Fluent-API-Aufruf schwerer.

- Man kann alle Konfigurationsmöglichkeiten per Fluent-API ausdrücken. Eine Teilmenge davon ist auch per Datenannotation möglich.

Die folgende Tabelle zeigt Beispiele die möglichen Datenannotationen auf Entitätsklassen in Entity Framework Core.

Datenannotation	Bedeutung für das Datenbankschema
[Table("name", "schema")] class xy { }	Vergabe Tabellen- bzw. Viewname und Datenbankschemaname
[Column("name", Order = 1, TypeName="…")]	Spaltenname, Spaltenreihenfolge und Spaltendatentyp
[Key]	Der Primärschlüssel der Klasse
[Required]	Pflichtfeld (Non-Nullable)
[DatabaseGenerated (option)]	Identity (Autowert), Computed (berechnete Spalte), None (normale Datenspalte)
[StringLength(Zahl)] oder [MaxLength(Zahl)]	Festlegung der Maximallänge der Zeichenkette
[ForeignKey(Name)]	Festlegung des zu einer Navigationseigenschaft gehörenden Fremdschlüssels
[InverseProperty(Name)]	Festlegung des zu einer Navigationseigenschaft gehörenden Navigationseigenschaft im anderen Objekt
[Timestamp]	Rowversion-Spalte zur Konflikterkennung
[ConcurrencyCheck]	Spalte wird zur Feststellung von Änderungskonflikten in die Where-Bedingung bei einem UPDATE oder DELETE aufgenommen.
[NotMapped]	Property wird nicht auf eine Datenbankspalte abgebildet.

Tabelle: Datenannotationen auf Entitätsklassen

12.3   Persistente versus transiente Klassen

Als persistent bezeichnet man eine Klasse aus dem Objektmodell, deren Instanzen in der Datenbank gespeichert werden. Im Rahmen von Entity Framework Core bezeichnet man persistente Klasse auch als Entitätsklassen. Transiente Klasse haben hingegen nur flüchtige Instanzen, die rein im Hauptspeicher liegen.

Grundsätzlich ist erstmal jede .NET-Klasse transient. Entity Framework Core macht Klassen persistent, für die es

- ein DbSet<Entitätsklasse> in der Kontextklasse gibt oder

- die im Fluent-API per modelBuilder.Entity<Entitätsklasse>() bei Entity Framework Core angemeldet werden oder

- auf die eine andere persistente Klasse per Navigationseigenschaft verweist.

Die zweite Option zu verwenden, macht meist keinen Sinn, denn ohne DbSet<Entitätsklasse> oder eine Navigationseigenschaft steht die Klasse für den Datenzugriff per Entity Framework Core gar nicht zur Verfügung.

Abweichungen von der dritten Regel möchte ein Entwickler manchmal definieren, wenn eine persistente Klasse eine Beziehung zu einer transienten Klasse haben soll. In diesem Fall muss der Entwickler die in Beziehung stehende Klasse, die transient bleiben soll, mit [NotMapped] annotieren oder modelBuilder.Ignore<Klasse>() im Fluent-API verwenden.

[NotMapped] kann man auch auf Ebene von Attributen der Klasse einsetzen, wenn man einzelne Properties einer persistenten Klasse nicht in der Datenbank persistieren möchte, denn im Standard persistiert Entity Framework Core alle Properties einer Entitätsklasse, die einen Getter und Setter haben. Im Fluent-API verwendet man wieder die Ignore()-Methode, dieses Mal jedoch nach dem Aufruf der Methode Entity<T>(): modelBuilder.Entity<Entitätsklasse>().Ignore(x => x.Eigenschaft).

Ein Property einer Entitätsklasse muss insbesondere dann ignoriert werden, wenn das Property einen komplexeren .NET-Datentyp hat, den Entity Framework Core nicht abbilden kann. Dies gilt zum Beispiel für die Klasse System.Xml.XmlDocument. Entity Framework Core scheitert hier beim Generieren des Datenbankschemas mit dem Fehler "The key {'TempId'} contains properties in shadow state and is referenced by a relationship from 'XmlSchemaCompilationSettings' to 'XmlSchemaSet.CompilationSettings'. Configure a non-shadow principal key for this relationship." Grundsätzlich gibt es zwar einen XML-Datentyp in Microsoft SQL Server und anderen Datenbankmanagementsystemen, in Entity Framework Core ist aber eine Abbildung auf die .NET-Klasse System.Xml.XmlDocument bisher nicht realisiert.

12.4   Namen im Datenbankschema

Per Konvention vergibt Entity Framework Core:

- jeder Tabelle den Namen des Properties, der in der Kontextklasse für das DbSet<Entitätsklasse> verwendet wird

- jeder Tabelle den Datenbankschemanamen "dbo" (im Microsoft SQL Server)

- bei Tabellen für Entitätsklassen, für die es kein DbSet<Entitätsklasse>, verwendet Entity Framework Core den Klassennamen als Tabellenname

- jeder Spalte den Namen des Properties in der Entitätsklasse.

12.4.1   Änderung der Tabellen- und Spaltennamen

Um dies zu ändern, gibt es die folgenden Möglichkeiten, wie sie in nachstehender Tabelle dargestellt werden.

	Datenannotation	Fluent-API

Tabellenna me	Vor einer Klasse: [Table("Tabellenna me")]	modelBuilder.Entity\<Entitätsklasse\>() .ToTable("Tabellenname");
	oder unter zusätzlicher Angabe des Schemanamens	bzw. modelBuilder.Entity\<Entitätsklasse\>().ToTable("Tabel lenname", schema: "Schemaname");
	[Table("Tabellenna me", Schema = "Schemaname")]	
	Ohne die Schemanamensanga be landet die Tabelle immer im Standardschema "dbo".	
Spaltennam e	Vor einem Property: [Column("Spaltenna me ")]	modelBuilder.Entity\<Entitätsklasse\>().Property(b => b.Property).HasColumnName("Spaltenname");

Tabelle: Ändern der per Konvention festgelegten Tabellen- und Spaltennamen im Datenbankschema

> **Tipp:** Im Fluent-API kann man den Datenbankschemanamen auch global für alle Tabellen ändern mit modelBuilder.HasDefaultSchema("WWWings");

12.4.2   Breaking Change in EF Core 3.0

In Entity Framework Core 1.x und 2.x war es möglich, auch bei Entitätsklassen, die von einer anderen Klasse ableiten, einen expliziten Tabellennamen mit der Datenannotation [Table("Name")] oder im Fluent-API per ToTable("Name") anzugeben, auch wenn diese Entitätsklassen nach dem "Table per Hierarchy"-Prinzip (TPH) nicht in eine eigenen Datenbanktabelle, sondern in die Tabelle der Basisklasse gewandert sind. Die Namensangaben bei [Table] oder ToTable() wurden einfach ignoriert.

Ab Entity Framework Core 3.0 löst Microsoft hier plötzlich einen Laufzeitfehler (Invalid Operation Exception: Only base entity types can be mapped to a table) aus. Das mag auf den ersten Blick verwundern, auf den zweiten Blick wird der Sinn aber klar: Microsoft will hiermit die Voraussetzung schaffen, in einer späteren Version [Table] und ToTable() die Bedeutung zu geben, eine TPT-Strategie zu erzwingen. Da gemäß Semantic Versioning verhaltensrechende Änderungen (Breaking Changes) nur bei der Änderung der Hauptversionsnummer erlaubt sind, führt Microsoft diese Verhaltensänderung nun mit Version 3.0 ein; somit könnte dann das Table per Type-Prinzip (TPT) z.B. in Version 3.1 oder 3.2 erscheinen.

12.5   Reihenfolge der Spalten in einer Tabelle

Entity Framework Core sortiert die Spalten in einer Tabelle wie folgt:

- zuerst die Primärschlüsselspalten in alphabetischer Reihenfolge

- danach alle anderen Spalten in alphabetischer Reihenfolge

- später ergänzte Spalten werden nicht in die Reihenfolge einsortiert, sondern hinten ergänzt.

Anders als das klassische Entity Framework richtet sich Entity Framework Core nicht nach der Reihenfolge der Properties im Quellcode. Microsoft begründet dies in [*https://github.com/aspnet/EntityFramework/issues/2272*] mit "In EF6 we tried having column order match the order of properties in the class. The issue is that reflection can return a different order on different architectures."

Im klassischen Entity Framework war die Festlegung der Reihenfolge mit der Annotation [Column(Order = Zahl)] möglich. Allerdings wirkt dies lediglich beim ersten Anlegen der Tabelle, nicht bei später hinzugefügten Spalten, da das Einsortieren neuer Spalten zwischen bereits bestehende Spalten in vielen Datenbankmanagementsystemen einen Table Rebuild erfordert. "There isn't anyway to do this since SQL Server requires a table rebuild (rename existing table, create new table, copy data, delete old table) to re-order the columns" [*https://github.com/aspnet/EntityFramework/issues/2272*]. Microsoft hat daher in Entity Framework Core darauf verzichtet, die Order-Eigenschaft der Annotation [Column] zu berücksichtigen.

12.6   Spaltentypen/Datentypen

Den Datenbanktyp, der im Datenbankschema für einen .NET-Typ verwendet wird, wählt nicht Entity Framework Core, sondern der Datenbankprovider aus. So zeigt nächste Tabelle exemplarisch auf, was bei Microsoft SQL Server, SQLite und dem Oracle-Treiber von DevArt im Standard gewählt wird.

.NET-Datentyp	Spaltentyp in Microsoft SQL Server	Spaltentyp in SQLite	Spaltentyp in Oracle
Boolean	bit	INTEGER	NUMBER(1, 0)
Byte	tinyint	INTEGER	NUMBER(5, 0)
Short	smalint	INTEGER	NUMBER(5, 0)
Int32	int	INTEGER	NUMBER(10, 0)
Int64	bigint	INTEGER	NUMBER(19, 0)
DateTime	datetime2	TEXT	TIMESTAMP(7)
DateTimeOffset	datetimeoffset	TEXT	TIMESTAMP(7) WITH TIME ZONE
TimeSpan	time	TEXT	INTERVAL DAY(2) TO SECOND(6)
String	nvarchar(max)	TEXT	NCLOB
String begrenzter Länge	nvarchar(x)	TEXT	NVARCHAR2(x)
Guid	uniqueidentifier	BLOB	RAW(16)
Float	real	REAL	BINARY_FLOAT
Double	float	REAL	BINARY_DOUBLE

Decimal	decimal(18,2)	TEXT	NUMBER
Byte[]	varbinary(max)	BLOB	BLOB
[Timestamp] Byte[]	rowversion (alias timestamp)	BLOB	BLOB
Andere Arraytypen wie short[], int[] und string[]	Mapping wird von Entity Framework Core bisher nicht unterstützt (Fehler: "The property 'xy' could not be mapped, because it is of type 'Int16[]' which is not a supported primitive type or a valid entity type. Either explicitly map this property, or ignore it using the '[NotMapped]' attribute or by using 'EntityTypeBuilder.Ignore' in 'OnModelCreating'.")		
Char	nvarchar(1)	INTEGER	Mapping wird vom Treiber bisher nicht unterstützt (Fehler: "The property 'xy' is of type 'char' which is not supported by current database provider. Either change the property CLR type or ignore the property using the '[NotMapped]' attribute or by using 'EntityTypeBuilder.Ignore' in 'OnModelCreating'.")
XmlDocument	Mapping wird von EF Core bisher nicht unterstützt (Fehler: "The entity type 'XmlSchemaCompilationSettings' requires a primary key to be defined.")		

Tabelle: Abbildung von .NET-Datentypen auf Spaltentypen

Wenn der Softwareentwickler mit dieser Datentypentsprechung nicht einverstanden ist, muss er die Datenannotation [Column] oder HasColumnType() im Fluent-API verwenden.

Beispiele:

```
Column(TypeName = "varchar(200)")]
modelBuilder.Entity<Entitätsklasse>()
.Property(x => x.Zielort).HasColumnType("varchar(200)")
```

ACHTUNG: Die Klassen DbGeometry und DbGeography, die Entity Framework seit Version 5.0 unterstützt, können in Entity Framework Core noch nicht genutzt werden. Es gibt also bisher keine Abbildung für die SQL Server-Spaltentypen Geometry und Geography.

12.7   Typkonvertierungen

Seit Entity Framework Core 2.1 kann der Entwickler Typkonvertierungen zwischen Wert im Property und Datenbankwert definieren, die beim Speichern von Wert in die Datenbank bzw. Materialisieren von Werten aus der Datenbank von Entity Framework Core angewendet werden. Damit lässt sich zum Beispiel auch der Typ char persistieren.

Dies wird im Kapitel "Weitere Tipps und Tricks zum Mapping" behandelt.

12.8 Pflichtfelder und optionale Felder

Die Konvention besagt, dass in der Datenbank nur solche Spalten als "nullable" angelegt werden, bei denen der .NET-Typ im Objektmodell auch ein null bzw. (oder nothing in Visual Basic .NET) vertragen kann, also string, byte[] und die expliziten Nullable Value Types, also Nullable<int>, int?, Nullable<DateTime>, DateTime? usw.

Mit der Annotation [Required] bzw. modelBuilder.Entity<Entitätsklasse>().Property(x => x.Eigenschaft).IsRequired() legt der Entwickler für ein Property, das eigentlich null bzw. nothing erlauben würde, fest, dass es in der Datenbank dennoch nicht nullable sein soll. Man kann nicht per Annotation oder Fluent-API eine nullable Spalte erzwingen, da es zu Laufzeitfehlern führt, wenn die Datenbank NULL-Werte in einer Spalte erlaubt, das korrespondierende Property diese jedoch nicht aufnehmen kann.

> Beachten Sie, dass es aufgrund des Verhaltens von .NET-Werttypen erforderlich sein kann, eine Spalte als int? zu deklarieren mit einem [Required]-Attribut, um sicherzustellen, dass der Wert tatsächlich bereitgestellt wird und nicht nur auf den .NET-Standardwert 0 gesetzt ist.

12.9 Feldlängen

Eine wesentliche Schwäche in dem erzeugten Datenbankschema im Kapitel "Forward Engineering" war, dass alle Zeichenketten-Spalten mit dem langen Datentyp nvarchar(max) erzeugt wurden.

> **Hinweis:** Lediglich bei einer Zeichenketten-Spalte, die Primärschlüssel ist, würde Entity Framework Core im Standard auf 450 Zeichen begrenzen.

Eine Längenbegrenzung definiert der Softwareentwickler mit Annotation [MaxLength(Zahl)] oder [StringLength(zahl)] oder modelBuilder.Entity<Entitätsklasse>().Property(x => x.Eigenschaft).HasMaxLength(Zahl).

> **Hinweis:** [MaxLength(zahl)] hat Vorrang, falls [MaxLength(zahl)] und [StringLength(zahl)] vorhanden sind!

12.10 Primärschlüssel

Per Konvention wird zum Primärschlüssel einer Tabelle ein Property mit Namen "ID" oder "Id" oder "KlassennameID" oder "KlassennameId". Die Groß- und Kleinschreibung von ID und Klassennamen ist dabei also nicht relevant. Wenn der Entwickler frevelhafterweise in einer Klasse mehrere von diesen Varianten verwendet (in C# sind alle vier möglich, in Visual Basic .NET wegen der fehlenden Unterscheidung zwischen Groß- und Kleinschreibung nur zwei), dann nimmt Entity Framework Core das erste passende Property in der Reihenfolge, wie es im Programmcode steht. Alle anderen dieser Konvention entsprechenden Properties werden zu normalen Spalten der Tabelle.

Wenn ein anderes Property Primärschlüssel werden soll, muss der Entwickler es mit [Key] annotieren oder im Fluent-API schreiben: modelBuilder.Entity<Entitätsklasse>().HasKey(x => x.Eigenschaft). Zusammengesetzte Primärschlüssel kann man – anders als im klassischen Entity Framework – in Entity Framework Core leider nicht mehr per Datenannotation festlegen, sondern nur noch per Fluent-API: builder.Entity<Buchung>().HasKey(x => new { x.FlugNr, x.PassagierId }).

Für Primärschlüssel, die Ganzzahlen sind (byte, short, int, long), legt Entity Framework Core im Standard Identity-Spalten (alias Autowert-Spalten) im Datenbankschema an. In der Dokumentation steht "By convention, primary keys that are of an integer or GUID data type will be setup to have values generated on add" [https://docs.microsoft.com/en-us/ef/core/modeling/generated-properties], wobei "Integer" als vermeintlicher Oberbegriff hier irreführend ist (weil der Satz auch für byte, short und long gilt!). Wer keine Autowert-Spalten will, schreibt die Annotation [DatabaseGenerated(DatabaseGeneratedOption.None)] vor das Property oder modelBuilder.Entity<Klasse>().Property(b => b.Eigenschaft).ValueGeneratedNever() in OnModelCreating().

Hinweis: Seit Entity Framework Version 3.0 kann man einen Primärschlüssel im Fluent-API mit dem Aufruf HasNoKey() unterdrücken. Dann ist gibt es für diese Entitätsklasse aber keine Änderungsverfolgung. Seit Entity Framework Core 5.0 Preview 1 kann der Entwickler anstelle der Festlegung im Fluent-API per Methode HasNoKey() jetzt auch die Annotation [Keyless] über der Entitätsklasse verwenden.

12.11   Beziehungen und Fremdschlüssel

Entity Framework Core behandelt Properties, die auf eine oder mehrere Instanzen einer anderen Entitätsklasse verweisen, automatisch als Navigationseigenschaften. Hiermit kann der Entwickler also Beziehungen zwischen Entitäten (Master-Detail-Beziehungen wie 1:1 und 1:N) herstellen.

Für Mengen kann der Entwickler ICollection oder eine darauf aufbauende andere Schnittstelle (wie IList) wie auch eine ICollection<T> realisierende Klasse (wie List<T> oder HashSet<T>) verwenden. Entity Framework Core erzeugt im Datenbankschema in der Tabelle auf der N-Seite einer 1:N-Beziehung bzw. auf einer Seite einer 1:0/1-Beziehung automatisch eine Fremdschlüsselspalte, die den Namen der Navigationseigenschaft plus den Namen des Primärschlüssels der in Beziehung stehenden Entitätsklasse erhält. Für jede Fremdschlüsselspalte erzeugt Entity Framework Core auch automatisch einen Index in der Datenbank.

Für den Programmcode im nächsten Listing, das die neue Entitätsklasse in dem Fallbeispiel ergänzt, entsteht somit in der Tabelle Flug die Fremdschlüsselspalte FlugzeugtypTypNr (Typ kommt doppelt vor, weil es sowohl zum Klassennamen gehört als auch zum Namen des Primärschlüssels). Um Entity Framework Core dazu zu bewegen, einen anderen (einfacheren) Namen zu verwenden, nutzt der Entwickler die Annotation [ForeignKey("FlugzeugTypID")] auf der Navigationseigenschaft. Im Fluent-API ist es etwas komplizierter, denn hier muss man die Kardinalität mit HasOne(), HasMany(), WithOne() und WithMany() erst einmal explizit formulieren, bevor man die Methode HasForeignKey() aufrufen kann, um den Namen der Fremdschlüsselspalte zu setzen.

```
builder.Entity<Flug>().HasOne(f =>
f.Flugzeugtyp).WithMany(t=>t.FlugSet).HasForeignKey("FlugzeugTypID");
```

Der Entwickler hat dabei die Wahl, zu bestimmen, aus welcher Richtung er die Beziehung formulieren will. Daher ist die folgende Befehlszeile äquivalent zur vorherigen. Beide Befehle im Programmcode zu haben, ist kein Fehler, jedoch unnötig.

```
builder.Entity<Flugzeugtyp>().HasMany(t => t.FlugSet).WithOne(t =>
t.Flugzeugtyp).HasForeignKey("FlugzeugTypID");
```

Diese Fremdschlüsselspalte kann auch explizit im Objektmodell durch eine Fremdschlüsseleigenschaft abgebildet sein (siehe public byte FlugzeugTypID { get; set; }). Allerdings ist diese explizite Abbildung keine Pflicht.

Praxistipp: Vorteil der Darstellung der Fremdschlüsselspalte durch ein Property im Objektmodell ist, dass eine Herstellung von Beziehungen über den Fremdschlüssel möglich ist, ohne dass das komplette in Beziehung stehende Objekt geladen sein muss. Per Konvention behandelt Entity Framework Core ein Property automatisch als Fremdschlüsseleigenschaft, wenn es demjenigen Namen entspricht, den Entity Framework Core automatisch für die Fremdschlüsselspalte wählt.

12.12 Optionale Beziehungen und Pflichtbeziehungen

Das nächste Listing führt nun auch die Entitätstypen Flugzeugtyp und Flugzeugtypdetail ein. Ein Flugzeug hat genau einen Flugzeugtyp, ein Flugzeugtyp hat genau ein Flugzeugtypdetail.

Listing: Neue Entitätsklassen Flugzeugtyp und Flugzeugtypdetail mit den relevanten Ausschnittten aus den in Beziehung stehenden Klassen Flug und Pilot

```
public class Flugzeugtyp
{
 [Key]
 public byte TypID { get; set; }
 public string Hersteller { get; set; }
 public string Name { get; set; }
 // Navigationseigenschaft 1:N
 public List<Flug> FlugSet { get; set; }
 // Navigationseigenschaft 1:1
 public Flugzeugtypdetail Detail { get; set; }
}
/// <summary>
/// Flugzeugtypdetail ist ein abhängiges Objekt (1:1) von Flugzeugtyp
/// Flugzeugtypdetail verwendet den gleichen Primärschlüssel wie Flugzeugtyp
/// </summary>
public class Flugzeugtypdetail
{
 [Key]
 public byte TypID { get; set; }
 public byte? Turbinen { get; set; }
 public float? Laenge { get; set; }
 public short? LeergewichtInTonnen { get; set; }
 public string Memo { get; set; }
}
public partial class Flug
 {
 // --- Primärschlüssel
 [Key]
 public int FlugNr { get; set; }
 ...
 [ForeignKey("FlugzeugTypID")]
 public Flugzeugtyp Flugzeugtyp  { get; set; } // Navigationseigenschaft
 public byte FlugzeugTypID { get; set; } // Fremdschlüsseleigenschaft
 // Navigationseigenschaften
 [InverseProperty("FluegeAlsPilot")]
 public Pilot Pilot { get; set; }
 [InverseProperty("FluegeAlsCoPilot")]
 public Pilot Copilot { get; set; }
 public ICollection<Buchung> BuchungSet { get; set; }
 // Explizite Fremdschlüsseleigenschaften zu den Navigationseigenschaften
 public int PilotId { get; set; }
 public int? CopilotId { get; set; }
 }

public  partial class Pilot : Person
```

```
{
 ...
 // --- Navigationseigenschaften deklariert auf Schnittstellen mit expliziter
 Mengentypinstanziierung
 public List<Flug> FluegeAlsPilot { get; set; } = new List<Flug>();
 // --- Navigationseigenschaften deklariert auf Mengentyp
 public List<Flug> FluegeAlsCopilot { get; set; }
}
```

Im Listing ist die Beziehung zwischen Flug und Flugzeugtyp eine Pflichtbeziehung, d.h. jedem Flug muss genau ein Flugzeugtyp zugeordnet werden, denn die Fremdschlüsseleigenschaft FlugzeugTypID muss mit einem Wert belegt werden.

Um diese Beziehung optional zu gestalten, d.h. Flug-Objekte zuzulassen, die keinen zugeordneten Flugzeugtyp haben, muss das Property für die Fremdschlüsselspalte null bzw. nothing erlauben. In diesem Fall müsste dort also stehen: public byte? FlugzeugTypID { get; set; }. Der Entwickler kann per Fluent-API auch dann eine Pflichtbeziehung mit IsRequired() im Fluent-API anlegen, wenn die Fremdschlüsselspalte null bzw. nothing erlaubt:

```
builder.Entity<Flug>()
.HasOne(f => f.Flugzeugtyp)
.WithMany(t => t.FlugSet)
.IsRequired()
.HasForeignKey("FlugzeugTypID");
```

> **Hinweis:** Wenn es keine explizite Fremdschlüsseleigenschaft in der Entitätsklasse gibt, ist die Beziehung im Standard optional. Auch hier benötigt man dann den Aufruf der Methode IsRequired(), um eine Pflichtbeziehung zu erzwingen.

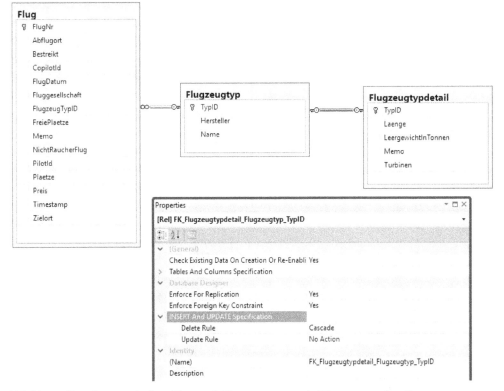

Abbildung: Beziehung zwischen Flug und Flugzeugtyp sowie Flugzeugtypdetail

12.13   Uni- und Bidirektionale Beziehungen

Beziehungen zwischen zwei Entitätsklassen können im Objektmodell bidirektional sein; d.h. es gibt Navigationseigenschaften in beide Richtungen, also sowohl von Flug zu Flugzeugtyp (über das Property Flugzeugtyp in Klasse Flug) als auch von Flugzeugtyp zu Flug (über das Property FlugSet in Klasse Flugzeugtyp). Alternativ sind auch unidirektionale Beziehungen erlaubt, die dadurch entstehen, dass der Softwareentwickler in einer der beiden Klassen die Navigationseigenschaft einfach weglässt (siehe Beziehung zwischen Flugzeugtypdetail und Flugzeugtypdetail, die uni-direktional ist). Im Listing im letzten Unterkapitel sieht man, dass Flugzeugtyp eine Navigationseigenschaft mit Namen "Detail" besitzt, die auf ein Flugzeugtypdetail-Objekt verweist. In der Implementierung von Flugzeugtypdetail findet man jedoch keine Navigationseigenschaft zu Flugzeugtyp. Bidirektionale Beziehungen sind aber meist sinnvoll für die komfortable Nutzung des Objektmodells, zumal sie keinen zusätzlichen Platz in der Datenbank und nur minimal mehr Platz im Hauptspeicher verbrauchen.

In bidirektionalen Beziehungen findet Entity Framework Core per Konventionen die beiden zueinander passenden Navigationseigenschaften und deren Kardinalitäten. Wenn also Flug eine Navigationseigenschaft vom Typ Flugzeugtyp und Flugzeugtyp eine Navigationseigenschaft vom Typ List<Flug> besitzt, dann nimmt Entity Framework Core hier automatisch eine 1:N-Beziehung an.

Dieser Automatismus auf Basis einer Konvention ist jedoch für die Beziehungen zwischen Flug und Pilot nicht möglich, denn hier gibt es zwei Navigationseigenschaften vom Typ Pilot (Pilot und Copilot) in der Klasse Flug und zwei Navigationseigenschaften vom Typ List<Flug> (FluegeAlsPilot und FluegeAlsCopilot) in der Klasse Pilot. An dieser Stelle muss der Softwareentwickler dem Entity Framework Core also sachdienliche Hinweise darüber geben, was zusammengehört. Dies erfolgt entweder über die Datenannotation [InverseProperty("FluegeAlsPilot")] bzw. [InverseProperty("FluegeAlsCoPilot")] oder das Fluent-API:

```
builder.Entity<Pilot>().HasMany(p => p.FluegeAlsCopilot)
.WithOne(p => p.Copilot).HasForeignKey(f => f.CopilotId);
builder.Entity<Pilot>().HasMany(p => p.FluegeAlsPilot)
.WithOne(p => p.Pilot).HasForeignKey(f => f.PilotId);
```

Im World Wide Wings-Beispiel ist die Beziehung zwischen Flug und Pilot über die Navigationseigenschaft Pilot eine Pflichtbeziehung; der Copilot ist aber optional. Den Copiloten abzuschaffen und im Notfall die Flugbegleiter das Flugzeug landen zu lassen (wie im Film "Turbulence" aus dem Jahr 1997), war übrigens ein realer Vorschlag von Michael O'Leary, dem Chef der irischen Fluggesellschaft Ryanair im Jahr 2010 (vgl. [http://www.spiegel.de/reise/aktuell/sparmassnahme-ryanair-pilot-will-chef-durch-flugbegleiter-ersetzen-a-717349.html]).

12.14   1:1-Beziehungen

Das letzte große Listing zeigte auch die 1:1-Beziehung zwischen Flugzeugtyp und Flugzeugtypdetail. Hier handelt es sich um eine Pflichtbeziehung, d.h. es muss zu jedem Flugzeugtyp-Objekt genau ein Flugzeugtypdetail-Objekt geben, weil die Beziehung zwischen den Klassen nicht über eine Fremdschlüsselspalte erzeugt wird. Flugzeugtyp und Flugzeugtypdetail haben vielmehr ein Primärschlüsselproperty, das von Namen und Typ her identisch ist. Die Beziehung entsteht also von Flugzeugtyp.TypNr zu Flugzeugtypdetail.TypNr.

Flugzeugtyp.TypNr entsteht als Autowert. Entity Framework Core ist intelligent genug, Flugzeugtypdetail.TypNr dann nicht auch als Autowert anzulegen, denn diese beiden Nummern müssen ja korrespondieren, damit die Beziehung funktioniert.

Wäre Flugzeugtyp.TypNr kein Autowert, würde Entity Framework Core aber Flugzeugtypdetail.TypNr als Autowert anlegen. Das führt zu Problemen: Flugzeugtyp.TypNr hat keinen Autowert, aber Entity Framework Core speichert dennoch nicht den Wert, den man im - Programmcode explizit zugewiesen hat. Entity Framework Core verwendet dann bei Flugzeugtyp.TypNr den Autowert, den Flugzeugtypdetail.TypNr vorgegeben hat. Nur wenn sowohl Flugzeugtyp.TypNr als auch Flugzeugtypdetail.TypNr als ValueGeneratedNever() konfiguriert werden, kann man die Werte wirklich frei setzen. Hier müsste der Softwareentwickler also nachhelfen und die Flugzeugtypdetail.TypNr ebenfalls als Nicht-Autowert konfigurieren:

```
builder.Entity<Flugzeugtypdetail>().Property(x => x.TypNr).ValueGeneratedNever().
```

Besäße die Entitätsklasse Flugzeugtypdetail einen von Name oder Typ her von Flugzeugtyp.TypNr abweichenden Primärschlüssel (z.B. "FlugzeugtypdetailID"), dann hätte Entity Framework Core diese Primärschlüsselspalte als Autowertspalte angelegt und in der Tabelle Flugzeugtyp eine Fremdschlüsselspalte dafür ergänzt (mit Name "DetailFlugzeugtypdetailID"). Diese Beziehung wäre dann eine 1:0/1-Beziehung, sodass es Flugzeugtyp-Objekte ohne Flugzeugtypdetail-Objekt geben dürfte. Dann wären die Werte allerdings nicht mehr so "sprechend", denn dann hätte z. B. Flugzeugtypobjekt 456 das Flugtypdetailobjekt 72 haben können.

Ein DbSet<Flugzeugtypdetail> muss es in diesem Fall in der Kontextklasse nicht geben. Außerdem ist die Beziehung zwischen Flugzeugtyp und Flugzeugtypdetail eine unidirektionale Beziehung, da es lediglich eine Navigationseigenschaft von Flugzeugtyp zu Flugzeugtypdetail, nicht aber von Flugzeugtypdetail zu Flugzeugtyp gibt. Aus der Sicht von Entity Framework Core ist das in Ordnung, und in diesem Fall passt es auch fachlich durchaus, dass Flugzeugtypdetail als ein rein von Flugzeugtyp abhängiges Objekt existiert.

12.15   Indexe festlegen

Entity Framework Core vergibt automatisch einen Index für alle Fremdschlüsselspalten. Darüber hinaus kann der Entwickler selbst mit der Methode HasIndex() (ggf. unter Zusatz von IsUnique() und ForSqlServerIsClustered()) im Fluent-API beliebige Indexe vergeben. Die Syntax ist einfacher als beim klassischen Entity Framework. Allerdings kann man in Entity Framework Core nicht wie im klassischen Entity Framework für eigene Indexe eine Datenannotation verwenden.

Beispiele:

```
// Index über eine Spalte
modelBuilder.Entity<Flug>().HasIndex(x => x.FreiePlaetze).
// Index über zwei Spalten
modelBuilder.Entity<Flug>().HasIndex(f => new { f.Abflugort, f.Zielort });
// Unique Index: Dann könnte es auf jeder Flugroute nur einen Flug geben...
modelBuilder.Entity<Flug>().HasIndex(f => new { f.Abflugort, f.Zielort }).IsUnique();
// Unique Index und Clustered Index: es darf aber nur einen CI pro Tabelle geben
(normalerweise PK)
modelBuilder.Entity<Flug>().HasIndex(f => new { f.Abflugort, f.Zielort
}).IsUnique().ForSqlServerIsClustered();
```

Entity Framework Core benennt die Indexe in der Datenbank mit der Vorsilbe "IX_".

> **Praxistipp:** Mit HasName() kann man den Namen eines Index in der Datenbank beeinflussen, z.B. modelBuilder.Entity<Flug>().HasIndex(x =>
> x.FreiePlaetze).HasName("Index_FreiePlaetze");

In der folgenden Bildschirmabbildung stammen drei Indexe von Fremdschlüsselbeziehungen und einer basiert auf dem Primärschlüssel. Die übrigen beiden sind manuell angelegt.

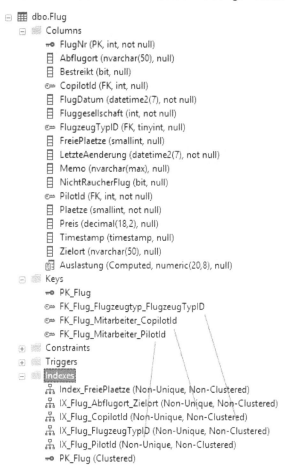

Abbildung: Indexe im SQL Server Management Studio

12.16   Vererbung

Dieses Unterkapitel behandelt die Abbildung von Vererbung in einem Objektmodell auf ein relationales Datenbankschema.

12.16.1   Vererbungsstrategien

Es gibt grundsätzlich drei Strategien, wie man Vererbung in einem Objektmodell auf ein relationales Datenbankschema abbilden kann. Die Abbildung 1 bis 3 zeigen dazu jeweils, wie eine Vererbungshierarchie aus drei Klassen (Passagier und Pilot erben von Person) auf Tabellen abgebildet werden kann:

- **"Table per Type" (TPT)**: Es gibt für jede Klasse in der Vererbungshierarchie genau eine Datenbanktabelle (in diesem Fall also drei Tabellen, siehe Abbildung 1). Für alle abgeleiteten Klassen sind beim Laden von Datensätzen daher Joins notwendig, was aufwändig werden kann, insbesondere wenn die Vererbungshierarchie über mehrere Ebenen geht.

- **"Table per Concrete Type" (TPC alias TPCT)**: Es gibt für jede konkrete Klasse in der Vererbungshierarchie genau eine Datenbanktabelle (in diesem Fall also zwei Tabellen, siehe Abbildung 2). Es sind beim Laden der Instanzen der angeleiteten Klassen folglich keine Joins notwendig. Konkrete Klassen sind eigentlich Klassen, die nicht mit "abstract" deklariert sind. Entity Framework Core aber macht die Abstraktheit einer Entitätsklasse nicht an dem Schlüsselwort "abstract" fest, sondern an der Existenz eines DbSet<T> in der Kontextklasse für die Entitätsklasse.

- **"Table per Hierarchy" (TPH)**: Es gibt für alle Klassen in der Vererbungshierarchie nur eine Datenbanktabelle (also nur eine Tabelle in diesem Fall, siehe Abbildung 3) mit einer sogenannten "Diskriminator-Spalte", die festlegt, welcher Objekttyp in dem jeweiligen Datensatz gespeichert ist. Es gibt also viele leere Spalten, was die Datenbankgröße etwas erhöht. Es sind beim Laden keine Joins notwendig, aber eine Selektion über die Diskriminatorspalte.

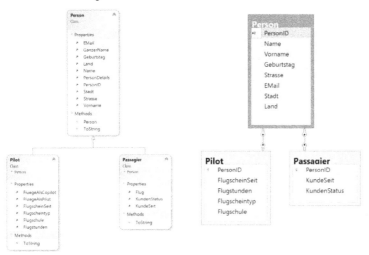

Abbildung 1: Table per Type am Beispiel (links Klassen, rechts die Tabellen)

Abbildung 2: Table per Concrete Type am Beispiel (in der Mitte die Klassen, links und rechts die Tabellen)

Abbildung 3: Table per Hierarchy am Beispiel (links die Klassen, rechts die Tabelle)

12.16.2 TPH und TPCT in Entity Framework Core

Laut der Microsoft-Dokumentation [*https://docs.microsoft.com/en-us/ef/core/modeling/relational/inheritance*], wird derzeit nur die Strategie TPH in Entity Framework Core unterstützt:

ⓘ Note

Currently, only the table-per-hierarchy (TPH) pattern is implemented in EF Core. Other common patterns like table-per-type (TPT) and table-per-concrete-type (TPC) are not yet available.

Abbildung: Aussage der Dokumentation zu den Vererbungstrategien
[https://docs.microsoft.com/en-us/ef/core/modeling/relational/inheritance]

Es ist zwar richtig, dass TPT nicht unterstützt wird. Das ist auch in Entity Framework Core 3.1 noch so, es ist geplant für Version 5.0 [https://github.com/aspnet/EntityFramework/issues/2266]. Im Übrigen ist die oben im Screenshot dargestellte Aussage der Dokumentation allerdings offensichtlich fehlerhaft. Das folgende Listing mit den Entitätsklassen Person und den drei davon abgeleiteten Klassen Pilot, Passagier und Employee erzeugt nicht eine Tabelle gemäß TPH-Strategie, sondern drei Tabellen PilotSet, PassagierSet und EmployeeSet (siehe nächste Abbildung). Man erhält also eine Mischung aus TPH und TPC.

> **Hinweis:** Da die Dokumentation so gravierend falsch ist, ist auch nicht dokumentiert, unter welchen Umständen Entity Framework Core welche der beiden Strategien wählt. Die Erfahrung zeigt: Entity Framework Core wählt TPC, wenn für die Basisklasse kein DbSet<T> existiert und es keine expliziten Fremdschlüsselproperties gibt, die sich auf den Primärschlüssel der Basisklasse beziehen.

Für die Primärschlüssel gilt:

- Entity Framework Core erkennt bei TPH den Primärschlüssel der Basisklasse automatisch auch für die abgeleiteten Klassen an.

- Entity Framework Core verlangt bei TPC, dass man für jede abgeleitete Klasse im Fluent-API den Primärschlüssel der Basisklasse explizit nochmals als Primärschlüssel der abgeleiteten Klasse definiert.

Listing: Vererbungshierarchie mit drei Klassen und einer Detailklasse

```csharp
using ITVisions;
using ITVisions.EFCore;
using Microsoft.EntityFrameworkCore;
using Microsoft.EntityFrameworkCore.Metadata;
using Microsoft.EntityFrameworkCore.Metadata.Internal;
using System;
using System.Collections.Generic;
using System.ComponentModel.DataAnnotations;
using System.ComponentModel.DataAnnotations.Schema;
using System.Linq;

namespace EFC_MappingScenarios.Inheritance
{
 #region Client
 /// <summary>
 /// In this example, several classes are deliberately implemented in one file, so that the e
xample is clearer.
 /// </summary>
 class DEMO_Inheritance
 {
  public static void Run()
  {
   CUI.MainHeadline(nameof(DEMO_Inheritance));
   using (var ctx = new MyContext())
   {
    CUI.Print("Database: " + ctx.Database.GetDbConnection().ConnectionString);
    var e1 = ctx.Database.EnsureDeleted();
    if (e1)
    {
     CUI.Print("Database has been deleted!");
    }

    var e2 = ctx.Database.EnsureCreated();

    if (e2)
    {
     CUI.Print("Database has been created!");
    }
    else
    {
     CUI.Print("Database exists!");
    }

    CUI.MainHeadline("Metadata");


    CUI.Headline("Pilot");
    var pilot = new Pilot();
    foreach (var x in ctx.Entry(pilot).Properties)
    {
     Console.WriteLine(x.Metadata.Name + ": " + x.Metadata.IsShadowProperty());
    }

    CUI.Headline("Passenger");
    var pas = new Passenger();
    foreach (var x in ctx.Entry(pas).Properties)
    {
     Console.WriteLine(x.Metadata.Name + ": " + x.Metadata.IsShadowProperty());
```

```
    }

    CUI.MainHeadline("Create Data");
    var pasMM = new Passenger();
    pasMM.Name = "Max Müller";
    pasMM.PassengerStatus = "A";
    ctx.PassengerSet.Add(pasMM);

    var e = new Employee();
    e.Name = "Lauda Schulze";
    e.salary = 50.000;
    ctx.EmployeeSet.Add(e);

    var p = new Pilot();
    p.Name = "Hans Meier";
    p.PilotLicenseType = "CPL";
    ctx.PilotSet.Add(p);
    var count = ctx.SaveChanges();
    Console.WriteLine(count + " records saved!");
    }

    CUI.MainHeadline("Read Data");
    using (var ctx = new MyContext())
    {
     ctx.Log();
     var set1 = ctx.PilotSet.ToList();
     foreach (var o in set1)
     {
      Console.WriteLine(o.PersonID + ": " + o.Name);
     }

     // possible, if DbSet<Person> exists
     //var set2 = ctx.PersonSet.OfType<Pilot>().ToList();
     //foreach (var o in set2)
     //{
     // Console.WriteLine(o.PersonID + ": " + o.Name);
     //}
    }
  }
  #endregion

#region Context class

 public class MyContext : DbContext
 {
  //public DbSet<Person> PersonSet { get; set; } // will force TPH!
  public DbSet<Pilot> PilotSet { get; set; }
  public DbSet<Passenger> PassengerSet { get; set; }
  public DbSet<Employee> EmployeeSet { get; set; }

  protected override void OnConfiguring(DbContextOptionsBuilder builder)
  {
   // Set provider and connection string
   string connstring = @"Server=.;Database=EFC_MappingScenarios_Inheritance;Trusted_Connecti
on=True;MultipleActiveResultSets=True;";
   builder.UseSqlServer(connstring);
   builder.EnableSensitiveDataLogging(true);
  }
```

```
protected override void OnModelCreating(ModelBuilder modelBuilder)
{

  // force to use TPH
  //modelBuilder.Entity<Person>().ToTable("PersonSet");
  //modelBuilder.Entity<Pilot>().ToTable("PersonSet");
  //modelBuilder.Entity<Passenger>().ToTable("PersonSet");

  // optional Configuration of Discriminator column for TPH
  //modelBuilder.Entity<Person>()
  //        .HasDiscriminator<byte>("PersonType")
  //        .HasValue<Person>(0)
  //        .HasValue<Pilot>(1)
  //        .HasValue<Passenger>(2);

  CUI.Headline("Class Mapping to DB Tables:");
  foreach (IMutableEntityType entity in modelBuilder.Model.GetEntityTypes())
  {
    var strategy = entity.GetTableName().Contains(entity.DisplayName()) ? "TPCT" : "TPH";
    Console.WriteLine(entity.DisplayName() + " mapped to: " + entity.GetTableName() + " (" +
strategy + ")");
  }

  // determine inheritance strategy from mappings
  var pasET = modelBuilder.Model.GetEntityTypes(typeof(Passenger)).First();
  var pilET = modelBuilder.Model.GetEntityTypes(typeof(Pilot)).First();
  var empET = modelBuilder.Model.GetEntityTypes(typeof(Employee)).First();


  if (pilET.GetTableName().StartsWith("Pilot"))
  {
    modelBuilder.Entity<Pilot>().HasKey(x => x.PersonID);
  }
  if (pasET.GetTableName().StartsWith("Passenger"))
  {
    modelBuilder.Entity<Passenger>().HasKey(x => x.PersonID);
  }
  if (empET.GetTableName().StartsWith("Employee"))
  {
    modelBuilder.Entity<Employee>().HasKey(x => x.PersonID);
  }
} // end OnModelCreating
} // end class
#endregion

#region Entity Classes
  //[Table("PersonSet")]
  public class Person // abstract or not abstract does not matter for decision if TPH oder T
PCT
  {
    public int PersonID { get; set; }
    [StringLength(50)]
    public string Name { get; set; }
    public List<Address> AddressSet { get; set; }
  }

  public class Address
  {
    public string AddressID { get; set; }
```

```
 [StringLength(30)]
 public string City { get; set; }
 //public Person Person { get; set; } // new Nav Property --> FK Property PersonID
 }


 //[Table("PersonSet")] // force TPH
 public class Employee : Person
 {
  public double salary;
 }


 //[Table("PersonSet")] // force TPH
 public class Pilot : Person
 {
  [StringLength(3)]
  [Required]
  public string PilotLicenseType { get; set; }
  public int FlightHours { get; set; }
 }


 //[Table("PersonSet")] // force TPH
 public class Passenger : Person
 {
  [StringLength(3)]
  public string PassengerStatus { get; set; }
 }
  #endregion

 }
}
```

Hinweis: In Entity Framework Core 1.x und 2.x war IsShadowProperty ein Property. Seit Version 3.0 ist es eine Erweiterungsmethode, sodass beim Aufruf die Schreibweise IsShadowProperty() sein muss.

In diesem Fall entsteht die Vererbung per TPCT mit den Tabellen "PilotSet", "EmployeeSet" und "PassengerSet". Spannend ist, dass die Detailtabelle "Address" drei Fremdschlüsselspalten zu jeder der beiden Tabellen "PilotSet", "EmployeeSet" und "PassengerSet" erhält.

⊟ ▦ dbo.Address
  ⊟ ▨ Columns
    ⊷ AddressID (PK, nvarchar(450), not null)
    目 City (nvarchar(30), null)
    ☞ EmployeePersonID (FK, int, null)
    ☞ PassengerPersonID (FK, int, null)
    ☞ PilotPersonID (FK, int, null)
  ⊟ ▨ Keys
    ⊷ PK_Address
    ☞ FK_Address_EmployeeSet_EmployeePersonID
    ☞ FK_Address_PassengerSet_PassengerPersonID
    ☞ FK_Address_PilotSet_PilotPersonID
  ⊞ ▨ Constraints
  ⊞ ▨ Triggers
  ⊞ ▨ Indexes
  ⊞ ▨ Statistics
⊟ ▦ dbo.EmployeeSet
  ⊟ ▨ Columns
    ⊷ PersonID (PK, int, not null)
    目 Name (nvarchar(50), null)
  ⊞ ▨ Keys
  ⊞ ▨ Constraints
  ⊞ ▨ Triggers
  ⊞ ▨ Indexes
  ⊞ ▨ Statistics
⊟ ▦ dbo.PassengerSet
  ⊟ ▨ Columns
    ⊷ PersonID (PK, int, not null)
    目 Name (nvarchar(50), null)
    目 PassengerStatus (nvarchar(3), null)
  ⊞ ▨ Keys
  ⊞ ▨ Constraints
  ⊞ ▨ Triggers
  ⊞ ▨ Indexes
  ⊞ ▨ Statistics
⊟ ▦ dbo.PilotSet
  ⊟ ▨ Columns
    ⊷ PersonID (PK, int, not null)
    目 Name (nvarchar(50), null)
    目 PilotLicenseType (nvarchar(3), not null)
    目 FlightHours (int, not null)

Abbildung: Die aus dem vorherigen Listing entstehende Datenbank mit TPCT-Vererbung

> **Praxiswarnung:** Entity Framework Core neigt leider dazu, die Strategie unter bestimmten Bedingungen zu wechseln. Ein Wechsel von TPCT zu TPH geschieht zum Beispiel, wenn man in der Basisklasse "Person" eine n:m-Beziehung ergänzt. In diesem Fall ist TPCT durch die Beschränkung des relationalen Datenbankmodells gar nicht mehr möglich, denn die n:m-Zwischentabelle müsste sich in der Fremdschlüsselbeziehung nicht auf eine, sondern auf mehreren Tabellen beziehen, was nicht erlaubt ist. Bei einer 1:N-Beziehung funktioniert TPCT nur solange es eine unidirektionale Beziehung ist. Wird die Beziehung bidirektional, erfolgt ebenfalls ein Wechsel von TPCT zu TPH.

Auch dazu ein Beispiel:

Eine minimale Änderung in dem obigen Listing führt zu einem Strategiewechsel von TPCT zu TPH.

```
public class Address
{
  public int AddressID { get; set; }
  [StringLength(30)]
  public string City { get; set; }
  public Person Person { get; set; }
}
```

Wenn man die Beziehung von Person zu Address zu einer bidirektionalen Beziehung umgestaltet durch Einfügen der Navigationseigenschaft public Person Person { get; set; }, dann erzwingt dies per Konvention ein einziges Fremdschlüsselproperty mit Namen "PersonID". Da dieses Fremdschlüsselproperty sich aber nur auf eine Tabelle beziehen kann, wechselt Entity Framework Core nun zu TPH und packt alle Spalten von "Pilot", "Employee" und "Passenger" zusammen in eine Tabelle "Person" mit Diskriminatorspalte.

> **Hinweis:** Diese TPH-Tabelle heißt tatsächlich dann wie die Klasse, ohne angehängtes "Set". Entity Framework Core verwendet im Standard den DbSet<T>-Propertynamen aus der Kontextklasse. Wenn es aber für Person kein DbSet<T> gibt, verwendet der OR-Mapper den Klassennamen.

Nun sind die expliziten Schlüsseldeklarationen in der OnModelCreating() nicht nur nicht mehr notwendig, sondern sogar verboten. Diese Zeilen dürfen nicht ausgeführt werden bei TPH-Vererbung:

```
modelBuilder.Entity<Pilot>().HasKey(x => x.PersonID);
modelBuilder.Entity<Employee>().HasKey(x => x.PersonID);
modelBuilder.Entity<Passenger>().HasKey(x => x.PersonID);
```

- ⊟ ▦ dbo.Address
  - ⊟ ▨ Columns
    - ╍◉ AddressID (PK, nvarchar(450), not null)
    - ▤ City (nvarchar(30), null)
    - ☜ PersonID (FK, int, null)
  - ⊟ ▨ Keys
    - ╍◉ PK_Address
    - ☜ FK_Address_Person_PersonID
  - ⊞ ▨ Constraints
  - ⊞ ▨ Triggers
  - ⊞ ▨ Indexes
  - ⊞ ▨ Statistics
- ⊟ ▦ dbo.Person
  - ⊟ ▨ Columns
    - ╍◉ PersonID (PK, int, not null)
    - ▤ Name (nvarchar(50), null)
    - ▤ Discriminator (nvarchar(max), not null)
    - ▤ PassengerStatus (nvarchar(3), null)
    - ▤ PilotLicenseType (nvarchar(3), null)
    - ▤ FlightHours (int, null)
  - ⊟ ▨ Keys
    - ╍◉ PK_Person
  - ⊞ ▨ Constraints
  - ⊞ ▨ Triggers
  - ⊞ ▨ Indexes
  - ⊞ ▨ Statistics

Abbildung: Die aus dem modifizierten Listing entstehende Datenbank mit TPH-Vererbung und Diskrimatorspalte

PersonID	Name	Discriminator	PassengerStatus	PilotLicenseType	FlightHours
1	Max Müller	Passenger	A	NULL	NULL
2	Lauda Schulze	Employee	NULL	NULL	NULL
3	Hans Meier	Pilot	NULL	CPL	0

Abbildung: Drei Beispieldatensätze in der Tabelle "Person" mit Diskriminatorspalte

> **Praxiswarnung:** Solch ein Vererbungsstrategiewechsel wird leider von den Datenbankschemamigrationen nicht ohne Datenverlust realisiert. Entity Framework Core benennt beim Wechsel von TPCT zu TPH eine der Tabellen für die abgeleiteten um und erweitert sie um Spalten. Alle anderen Tabellen für die abgeleiteten Klassen werden gelöscht. Um die Daten zu retten, muss der Softwareentwickler die Daten mit der Sql()-Methode explizit umkopieren und auch die Reihenfolge der Befehle in der Migrationsklasse anpassen.

12.16.3 Mischung von TPCT und TPH

Entity Framework Core mischt unter bestimmten Umständen auch die Vererbungsstrategien.

Wenn man die Vererbung von Pilot so ändert, dass Pilot nicht direkt von Person erbt, sondern von der Klasse Employee, die dann wieder von Person erbt.

```
public class Employee: Person
{
 public double salary;
}

public class Pilot : Employee
{
 [StringLength(3)]
 [Required]
 public string PilotLicenseType { get; set; }
 public int FlightHours { get; set; }
}
```

und man folgenden DbSet<T> in der Kontextklasse definiert:

```
public DbSet<Pilot> PilotSet { get; set; }
public DbSet<Passenger> PassengerSet { get; set; }
public DbSet<Employee> EmployeeSet { get; set; }
```

und man im Fluent-API festlegt:

```
modelBuilder.Entity<Employee>().HasKey(x => x.PersonID);
```

dann mischt Entity Framework Core die Vererbungsabbildungsstrategien "Table per Concrete Type" (TPC alias TPCT) und "Table per Hierarchy" (TPH):

- Es gibt keine Tabelle "Person". Alle Eigenschaften der abstrakten Entitätsklasse Person sind in die Tabelle "PassengerSet" und "EmployeeSet" gewandert. Dies ist die TPCT-Strategie.

- Die Tabelle "EmployeeSet" umfasst nach dem TPH-Prinzip neben den Instanzen von "Employee" auch die Instanzen der Entitätsklasse "Pilot". Dafür gibt es dort eine Zeichenkettenspalte "Discriminator", die Entity Framework Core automatisch mit den Werten "Pilot" oder "Employee" befüllt.

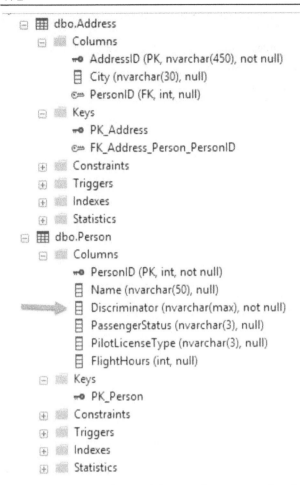

Abbildung: Die aus dem modifizierten Listing entstehende Datenbank mit Mischung aus TPCT-und TPH-Vererbung

12.16.4   Konsistenzprobleme bei TPH

Bei der TPH-Strategie müssen alle Spalten der abgeleiteten Klassen NULL-Werte erlauben, da sie ja leerbleiben, wenn ein Objekt einer anderen Klasse gespeichert wird. Im vorherigen Beispiel sind für FlightHours und PilotLicenceType NULL-Werte erlaubt, obwohl beide Eigenschaften laut Objektmodell Pflichteigenschaften sind. Dies bedeutet, dass das Datenbankmanagementsystem nicht mehr durchsetzt, dass hier Werte erforderlich sind.

Anders als beim klassischen ADO.NET Entity Framework validiert Entity Framework Core leider auch nicht vor dem Absenden zum Datenbankmanagementsystem die Objekte.

Dies bedeutet, dass folgende Befehle

```
var p = new Pilot();
p.Name = "Holger Schwichtenberg";
p.PilotLicenseType = null;
ctx.PilotSet.Add(p);
var count = ctx.SaveChanges();
```

bei TPCT zu dem Laufzeitfehler "SqlException: Cannot insert the value NULL into column 'PilotLicenseType', table 'EFC_MappingScenarios_Inheritance.dbo.PilotSet'; column does not allow nulls. INSERT fails." führen, bei TPH aber würde dieses Objekt ohne gesetzten PilotLicenseType persistiert werden.

> **Weitere Herausforderungen:** Auch können andere Anwendungen, die die Datenbanktabelle mit anderen Datenzugriffsbibliotheken nutzen, inkonsistente Daten in die Tabelle schreiben. Zudem kann bei TPH-Vererbung – abhängig von der Optimierung für NULL-Werte innerhalb des Datenbankmanagementsystems – der Speicherplatzbedarf auf der Festplatte steigen.

12.16.5 Erzwingen von TPH

Es ist möglich, die Anwendung der TPH-Strategie durch Entity Framework Core zu erzwingen, indem man in OnModelCreating() alle Klassen aus einer Vererbungshierarchie mit ToTable() auf die gleiche Datenbanktabelle abbildet. Alternativ kann man alle Entitätsklassen der Vererbungshierarchie mit der Annotation [Table("PersonSet")] versehen. Auch die explizite Konfiguration der Diskriminatorspalte (siehe nächstes Unterkapitel) erzwingt TPH.

```
protected override void OnModelCreating(ModelBuilder modelBuilder)
{
    // force to use TPH
    modelBuilder.Entity<Person>().ToTable("PersonSet");
    modelBuilder.Entity<Pilot>().ToTable("PersonSet");
    modelBuilder.Entity<Employee>().ToTable("PersonSet");
    modelBuilder.Entity<Passenger>().ToTable("PersonSet");
    ...
}
```

> **Tipp:** Man könnte grundsätzlich immer TPH auf eine dieser Weisen erzwingen, um zu vermeiden, dass Entity Framework Core später von TPCT zu TPH wechselt.

12.16.6 Konfiguration der Diskriminatorspalte bei TPH

Beim TPH-Modell ist eine Konfiguration (Spaltenname und Spaltendatentyp) der Diskriminatorspalte möglich. Im Standard ist die Spalte mit Namen "Discriminator" als Zeichenkette mit unbegrenzter Länge (in klassischen Entity Framework war die Länge auf 128 Zeichen begrenzt, was in der Praxis ausreichend war). Dort wird der Klassenname (ohne Namensraum) angelegt. Per Fluent-API kann der Softwareentwickler dies mit den Methoden HasDiscriminator() und HasValue() ändern.

Beispiel: Konfiguration der Diskriminatorspalte als platzsparenden Byte-Wert mit Namen "PersonType". Jede an der Vererbungshierarchie beteiligte Klasse muss mit einem Wert versehen werden, auch wenn es keine Instanzen der Klassen gibt. Andernfalls kommt es zur Laufzeitfehlermeldung: "The entity type 'xy' is part of a hierarchy, but does not have a discriminator value configured."

```
modelBuilder.Entity<Person>()
    .HasDiscriminator<byte>("PersonType")
    .HasValue<Person>(0)
    .HasValue<Pilot>(1)
    .HasValue<Employee>(2)
    .HasValue<Passenger>(3);
```

Die folgende Abbildung zeigt das resultierende Datenbankschema mit der benutzerdefinierten Ganzzahl-Diskriminatorspalte "PersonType" in der Tabelle "PersonSet".

⊟ 🖥 EFC_MappingScenarios_Inheritance
  ⊞ 🖿 Database Diagrams
  ⊟ 🖿 Tables
    ⊞ 🖿 System Tables
    ⊞ 🖿 FileTables
    ⊞ 🖿 External Tables
    ⊞ 🖿 Graph Tables
    ⊟ 🎛 dbo.Address
      ⊟ 🖿 Columns
        ⊶ AddressID (PK, nvarchar(450), not null)
        🗄 City (nvarchar(30), null)
        ⊙⇥ PersonID (FK, int, null)
      ⊟ 🖿 Keys
        ⊶ PK_Address
        ⊙⇥ FK_Address_PersonSet_PersonID
      ⊞ 🖿 Constraints
      ⊞ 🖿 Triggers
      ⊞ 🖿 Indexes
      ⊞ 🖿 Statistics
    ⊟ 🎛 dbo.PersonSet
      ⊟ 🖿 Columns
        ⊶ PersonID (PK, int, not null)
        🗄 Name (nvarchar(50), null)
        🗄 PersonType (tinyint, not null)
        🗄 PassengerStatus (nvarchar(3), null)
        🗄 PilotLicenseType (nvarchar(3), null)
        🗄 FlightHours (int, null)
      ⊟ 🖿 Keys
        ⊶ PK_PersonSet
      ⊞ 🖿 Constraints
      ⊞ 🖿 Triggers
      ⊞ 🖿 Indexes
      ⊞ 🖿 Statistics

Abbildung: Konfigurierte Diskriminatorspalte

PersonID	Name	PersonType	PassengerStatus	PilotLicenseType	FlightHours
1	Max Müller	3	A	NULL	NULL
2	Lauda Schulze	2	NULL	NULL	NULL
3	Hans Meier	1	NULL	CPL	0

Abbildung: Drei Beispieldatensätze in der Tabelle "PersonSet" mit einer benutzerdefinierten Diskriminatorspalte

12.17 Syntaxoptionen für das Fluent-API

Bei größeren Objektmodellen kann die Fluent API-Konfiguration in der Methode OnModelCreating() in der Entity Framework Core-Kontextklasse sehr umfangreich werden. Entity Framework Core bietet daher verschiedene Möglichkeiten, anstelle des sequentiellen Aufrufs den Inhalt anders zu strukturieren.

12.17.1 Sequentielle Konfiguration

Ausgangspunkt für die folgenden Ausführungen soll folgende sequentielle Konfiguration der Entitätsklasse Flug sein.

Listing: Fluent-API-Aufrufe für die Entitätsklasse Flug ohne Strukturierung

```
// ---------- Schlüssel
modelBuilder.Entity<Flug>().HasKey(f => f.FlugNr);
modelBuilder.Entity<Flug>().Property(b => b.FlugNr).ValueGeneratedNever();

// ---------- Längen und Null-Werte
modelBuilder.Entity<Flug>().Property(f => f.Memo).HasMaxLength(5000);
modelBuilder.Entity<Flug>().Property(f => f.Plaetze).IsRequired();

// ---------- Berechnete Spalte
modelBuilder.Entity<Flug>().Property(p => p.Auslastung)
        .HasComputedColumnSql("100.0-(([FreiePlaetze]*1.0)/[Plaetze])*100.0");

// ---------- Standardwerte
modelBuilder.Entity<Flug>().Property(x => x.Preis).HasDefaultValue(123.45m);
modelBuilder.Entity<Flug>().Property(x => x.Abflugort).HasDefaultValue("(offen)");
modelBuilder.Entity<Flug>().Property(x => x.Zielort).HasDefaultValue("(offen)");
modelBuilder.Entity<Flug>().Property(x => x.Datum).HasDefaultValueSql("getdate()");

// ---------- Indexe
// Index über eine Spalte
modelBuilder.Entity<Flug>().HasIndex(x => x.FreiePlaetze).HasName("Index_FreiePlaetze");
// Index über zwei Spalten
modelBuilder.Entity<Flug>().HasIndex(f => new { f.Abflugort, f.Zielort });
```

12.17.2 Strukturierung durch Statement Lambdas

Bei dieser Strukturierungsform entfällt die stetige Wiederholung von modelBuilder.Entity<Flug>(), indem man bei der Methode Entity() einen Lambda-Ausdruck mit einer Befehlsfolge hereingibt.

Listing: Fluent-API-Aufrufe strukturiert durch Statement Lambdas

```
modelBuilder.Entity<Flug>(f =>
{
// ---------- Schlüssel
f.HasKey(x  => x.FlugNr);
f.Property(x  => x.FlugNr).ValueGeneratedNever();
// ---------- Längen und Null-Werte
f.Property(x  => x.Memo).HasMaxLength(5000);
f.Property(x  => x.Plaetze).IsRequired();
// ---------- Berechnete Spalte
f.Property(x  => x.Auslastung)
        .HasComputedColumnSql("100.0-(([FreiePlaetze]*1.0)/[Plaetze])*100.0");

// ---------- Standardwerte
```

```
f.Property(x  => x.Preis).HasDefaultValue(123.45m);
f.Property(x  => x.Abflugort).HasDefaultValue("(offen)");
f.Property(x  => x.Zielort).HasDefaultValue("(offen)");
f.Property(x  => x.Datum).HasDefaultValueSql("getdate()");


// ---------- Indexe
// Index über eine Spalte
f.HasIndex(x  => x.FreiePlaetze).HasName("Index_FreiePlaetze");
// Index über zwei Spalten
f.HasIndex(x  => new { x.Abflugort, x.Zielort });
});
```

12.17.3 Strukturierung durch Unterroutinen

Bei dieser Strukturierungsform lagert man die Konfiguration für eine Entitätsklasse in eine
Unterroutine aus.

Listing: Fluent-API-Aufrufe strukturiert durch Unterroutine

```
modelBuilder.Entity<Flug>(ConfigureFlug);


private static void
ConfigureFlug(Microsoft.EntityFrameworkCore.Metadata.Builders.EntityTypeBuilder<Flug> f)
{
// ---------- Schlüssel
f.HasKey(x => x.FlugNr);
f.Property(x => x.FlugNr).ValueGeneratedNever();
// ---------- Längen und Null-Werte
f.Property(x => x.Memo).HasMaxLength(5000);
f.Property(x => x.Plaetze).IsRequired();
// ---------- Berechnete Spalte
f.Property(x => x.Auslastung)
        .HasComputedColumnSql("100.0-(([FreiePlaetze]*1.0)/[Plaetze])*100.0");


// ---------- Standardwerte
f.Property(x => x.Preis).HasDefaultValue(123.45m);
f.Property(x => x.Abflugort).HasDefaultValue("(offen)");
f.Property(x => x.Zielort).HasDefaultValue("(offen)");
f.Property(x => x.Datum).HasDefaultValueSql("getdate()");


// ---------- Indexe
// Index über eine Spalte
f.HasIndex(x => x.FreiePlaetze).HasName("Index_FreiePlaetze");
// Index über zwei Spalten
f.HasIndex(x => new { x.Abflugort, x.Zielort });
}
```

12.17.4 Strukturierung durch Konfigurationsklassen

Mit Entity Framework Core 2.0 hat Microsoft eine weitere Strukturierungsmöglichkeit eingeführt:
In Anlehnung an die Auslagerung der Konfiguration in von EntityTypeConfiguration<T>
erbenden Klassen, die es im klassischen Entity Framework gibt, bietet Entity Framework Core nun
die Schnittstelle IEntityTypeConfiguration<Entitätstyp>, mit der man eine getrennte
Konfigurationsklasse für einen Entitätstyp implementieren kann.

Listing: Fluent-API-Aufrufe strukturiert durch IEntityTypeConfiguration

```
using GO;
```

```
using Microsoft.EntityFrameworkCore;
using Microsoft.EntityFrameworkCore.Metadata.Builders;

namespace DZ
{
 /// <summary>
 /// Konfigurationsklasse für Entitätsklasse Flug
 /// Möglich ab EFC 2.0
 /// </summary>
 class FlugETC : IEntityTypeConfiguration<Flug>
 {
  public void Configure(EntityTypeBuilder<Flug> f)
  {
   // ----------- Schlüssel
   f.HasKey(x => x.FlugNr);
   f.Property(x => x.FlugNr).ValueGeneratedNever();
   // ----------- Längen und Null-Werte
   f.Property(x => x.Memo).HasMaxLength(5000);
   f.Property(x => x.Plaetze).IsRequired();
   // ----------- Berechnete Spalte
   f.Property(x => x.Auslastung)
            .HasComputedColumnSql("100.0-(([FreiePlaetze]*1.0)/[Plaetze])*100.0");
   // ----------- Standardwerte
   f.Property(x => x.Preis).HasDefaultValue(123.45m);
   f.Property(x => x.Abflugort).HasDefaultValue("(offen)");
   f.Property(x => x.Zielort).HasDefaultValue("(offen)");
   f.Property(x => x.Datum).HasDefaultValueSql("getdate()");
   // ----------- Indexe
   // Index über eine Spalte
   f.HasIndex(x => x.FreiePlaetze).HasName("Index_FreiePlaetze");
   // Index über zwei Spalten
   f.HasIndex(x => new { x.Abflugort, x.Zielort });
  }
 }
}
```

Diese Konfigurationsklasse wird dann mit modelBuilder.ApplyConfiguration<Entitätstyp>(Konfigurationsobjekt) in OnModelCreating() eingebunden:

```
modelBuilder.ApplyConfiguration<Flug>(new FlugETC());
```

13   Datenbankschemamigrationen

Entity Framework Core enthält Werkzeuge, um aus einem Objektmodell die Datenbank zur Entwicklungszeit oder Laufzeit der Anwendung zu anzulegen oder auch das Schema einer bestehenden Datenbank ändern (in einfachen Fällen ohne Datenverlust).

Im Standard geht Entity Framework Core beim Start davon aus, dass die anzusprechende Datenbank vorhanden ist und in der korrekten Schemaversion vorliegt. Es erfolgt keinerlei Prüfung, ob dies wirklich so ist. Wenn zum Beispiel eine Tabelle oder Spalte fehlt bzw. eine Beziehung nicht wie vorgesehen vorhanden ist, kommt es in dem Moment zum Laufzeitfehler (z.B. "Invalid object name 'Flugzeugtyp'"), in dem ein Zugriff darauf erfolgt.

13.1   Informationen über die Datenbank

Durch das Unterobjekt Database der Kontextinstanz kann sich der Entwickler einige Informationen über die verwendete Datenbank geben lassen.

```
using (var ctx = new WWWingsContext())
{
    // Print information from connection string (no open connection required)
    var conn = ctx.Database.GetDbConnection();
    CUI.Print("Database: " + conn.Database);
    CUI.Print("Database server: " + conn.DataSource);
    CUI.Print("IsRelational: " + ctx.Database.IsRelational()); // since EFC 5.0 Preview 1
    CUI.Print("IsSqlServer: " + ctx.Database.IsSqlServer());
    CUI.Print("IsInMemory: " + ctx.Database.IsInMemory());
    CUI.Print("IsOracle: " + ctx.Database.IsOracle());
    CUI.Print("IsSqlite: " + ctx.Database.IsSqlite());
}
```

> **Achtung:** Providerspezifische Befehle wie IsSqlServer(), IsOracle(), IsSqlLite() und IsMemory() stehen nur zur Verfügung, wenn das entsprechende NuGet-Paket für den Provider eingebunden ist!
>
> IsRelational() ist neu seit EFFC 5.0 Preview 1. Mit der neuen Methode IsRelational() kann ein Entwickler prüfen, ob er mit einer relationalen Datenbank arbeitet. Das macht Sinn, seit Entity Framework Core auch No-SQL-Datenbanken unterstützt.

13.2   Prüfung der Datenbankexistenz

Der Entwickler kann auch zur Laufzeit prüfen, ob die Datenbank existiert. Dies erfolgt mit folgendem Befehl:

```
if (ctx.Database.CanConnect())
{
// Datenbank vorhanden
...
}
else
{
// Datenbank NICHT vorhanden
...
}
```

oder

```
if ((ctx.Database.GetService<IDatabaseCreator>() as RelationalDatabaseCreator).Exists())
{
```

```
// Datenbank vorhanden
...
}
else
{
// Datenbank NICHT vorhanden
...
}
```

In beiden Fällen sendet Entity Framework Core zum Test den Befehl "SELECT 1" zur Datenbank und prüft, ob dies zu einem Laufzeitfehler führt. Es wird also nicht das Datenbankschema geprüft.

Dies muss man selbst machen, indem man einmal lesend auf die Datenbanktabellen und Datenbanksichten zugreift. Es reicht, jeweils einen Datensatz zu lesen. Man sollte aber keine Projektion (Spalteneinschränkung) verwenden, denn man will ja prüfen, ob alle Spalten vorhanden sind.

Man kann sich auch einige Informationen über die Datenbank ausgeben lassen, z.B. den Namen der Datenbank, den Datenbankservernamen und die Versionsnummer des Datenbankmanagementsystems. Diese Informationen erhält man aus einem Objekt des Typs System.Data.Common.DbConnection, das GetDbConnection() liefert.

> **Achtung:** Die Versionsnummer des Datenbankmanagementsystems erhält man nur, wenn man zuvor die Verbindung mit Open() explizit geöffnet hat!

Listing: Ausschnitt aus DBCheckutil.cs

```
try
    {
        // Print information from connection string (no open connection required)
        System.Data.Common.DbConnection connection = ctx.Database.GetDbConnection();
        CUI.Print("Database: " + connection.Database);
        CUI.Print("Database server: " + connection.DataSource);
        conn.Open();
        CUI.Print("Database server version: " + connection.ServerVersion); // requires open
connection!
        conn.Close();
        // Access one record for test of each table and view to check if schema fits. We don't
want an error if database is empty, just if table is not accessible
        var x1 = ctx.PilotSet.FirstOrDefault();
        var x2 = ctx.FlightSet.FirstOrDefault();
        var x3 = ctx.PassengerSet.FirstOrDefault();
        var x4 = ctx.EmployeeSet.FirstOrDefault();
        var x5 = ctx.AirlineSet.FirstOrDefault();
        var x6 = ctx.V_DepartureStatisticsSet.FirstOrDefault(); // View

        CUI.PrintSuccess("Database Connection: OK!");
        return "";
    }
catch (Exception ex)
    {
        CUI.PrintError(ex.Message);
        return ex.Message;
    }
```

13.3   Anlegen der Datenbank zur Laufzeit

Der Entwickler kann zu Programmstart die Methode EnsureCreated() im Unterobjekt Database der Kontextklasse aufrufen (siehe nächstes Listing); sie legt die komplette Datenbank im Sinne des

Forward Engineering an, wenn sie nicht vorhanden ist, und erzeugt die Tabellen mit zugehörigen Schlüsseln und Indexen.

Sofern die Datenbank jedoch bereits vorhanden ist, ist dies aus der Sicht von EnsureCreated() kein Fehler. Allerdings prüft die Methode EnsureCreated() dann nicht, ob das Datenbankschema korrekt ist, d.h. mit dem aktuellen Objektmodell korrespondiert. Vielmehr prüft EnsureCreated() mit dem Befehl

```
IF EXISTS (SELECT * FROM INFORMATION_SCHEMA.TABLES WHERE TABLE_TYPE = 'BASE
TABLE') SELECT 1 ELSE SELECT 0
```

lediglich, ob es überhaupt irgendeine Tabelle in der Datenbank gibt. Wenn es keine Tabelle gibt, werden alle Tabellen angelegt. Sobald es jedoch schon irgendeine Tabelle in der Datenbank gibt, passiert nichts und das Programm fällt zur Laufzeit auf die Nase. Mehr "Intelligenz" bekommt der Softwareentwickler mit Schemamigrationen.

Listing: Nutzung von EnsureCreated

```
using DZ;
using ITVisions;
using Microsoft.EntityFrameworkCore;
using System;

namespace EFC_Konsole.Migrations
{
 class CreateDatabaseAtRuntime
 {
  public static void DBZurLaufzeitErzeugen()
  {
   CUI.MainHeadline("----------- Datenbank erstellen");
   using (var ctx = new WWWingsContext())
   {
    // GetDbConnection() requires using Microsoft.EntityFrameworkCore !
    CUI.Print("Datenbank: " + ctx.Database.GetDbConnection().ConnectionString);
    var e = ctx.Database.EnsureCreated();
    if (e)
    {
     CUI.Print("Datenbank wurde neu erzeugt!");
    }
    else
    {
     CUI.Print("Datenbank war vorhanden!");
    }
   }
  }
 }
}
```

13.4   Schemamigrationen zur Entwicklungszeit

Im klassischen Entity Framework in Version 4.3 führte Microsoft die Schemamigrationen ein. Diese Schemamigrationen gibt es nun – in veränderter Form – auch in Entity Framework Core.

Schemamigrationen ermöglichen:

- das Datenbankenschema unter Beibehaltung der bereits vorhandenen Daten nachträglich zu ändern

- Änderungen bei Bedarf auch wieder rückgängig zu machen

- die Migration wahlweise zur Entwicklungszeit oder beim Start der Anwendung auszuführen.

13.5   Befehle für die Schemamigrationen

Wie im klassischen Entity Framework steht für die Migrationen keine grafische Benutzeroberfläche bereit. Vielmehr führt der Softwareentwickler alle Aktionen per Kommandozeilenbefehl aus - entweder via PowerShell-Commandlet innerhalb der Package Manager-Konsole von Visual Studio oder über das externe Kommandozeilenwerkzeug dotnet.exe (bzw. dotnet auf anderen Betriebssystemen).

> **Hinweis:** Die PowerShell-Commandlets für Entity Framework Core erfordern eine Installation von Windows PowerShell in Version 3.0 oder höher. Die PowerShell wird durch die Visual Studio-Installation nicht aktualisiert.

Zur Nutzung dieser Befehle ist ein NuGet-Paket zu installieren:

```
Install-Package Microsoft.EntityFrameworkCore.Tools
```

Leider bringt dieses Paket eine Vielzahl neuer Assembly-Referenzen in das Projekt, die später zur Laufzeit überhaupt nicht mehr gebraucht werden. Da die NuGet-Pakete jedoch nur in dem Startprojekt der Anwendung und nicht in anderen Projekten gebraucht werden, bietet sich eine einfache Lösung an, um das eigentliche Startprojekt nicht aufzublähen:

- Man legt ein neues Konsolenanwendungsprojekt an, z.B. mit Namen "Werkzeuge".

- Man installiert dort das Entity Framework Core-Tools-Paket (Microsoft.EntityFrameworkCore.Tools).

- Man referenziert von dem "Werkzeuge"-Projekt dasjenige Projekt, in dem sich die Kontextklasse befindet.

- Man macht dieses "Werkzeuge"-Projekt zum Startprojekt.

- Man führt hier nun die benötigen Migrationsbefehle aus.

- Danach kann man das Startprojekt wieder ändern.

Auf die Änderung des Startprojekts kann der Softwareentwickler außerdem noch verzichten, wenn er bei den Commandlets per Parameter -StartupProject angibt, was das "Startprojekt" sein soll.

> **Hinweis:** Das "Werkzeug"-Projekt muss später nicht an die Nutzer ausgeliefert werden.

Die Vorgehensweise zum Anlegen und Nutzen von Schemamigrationen hat Microsoft in Entity Framework Core gegenüber dem klassischen Entity Framework in einigen Details geändert. Den Befehl Enable-Migrations muss der Softwareentwickler zu Beginn nicht mehr ausführen, er kann direkt mit Add-Migration loslegen. Das Commandlet Enable-Migrations gibt es zwar noch, es liefert aber nur die Meldung "Enable-Migrations is obsolete. Use Add-Migration to start using Migrations." Automatische Migrationen – ohne Aufruf von Add-Migration – gibt es in Entity Framework Core gar nicht mehr. Die Aktualisierung der Datenbank erfolgt wie bisher mit Update-Database. Wer lieber ein SQL-Skript zur eigenen Ausführung will, erhält dies nun mit Script-Migration statt wie bisher mit Update-Database -script (siehe nachstehende Abbildung).

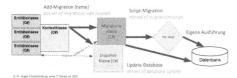

Abbildung: Ablauf der Schemamigration bei Entity Framework Core

13.6   ef.exe

Die PowerShell-Commandlets verwenden intern ein klassisches Kommandozeilenwerkzeug mit
Namen ef.exe (Entity Framework Core Command Line Tools), das sich im NuGet-Paket
"Microsoft.EntityFrameworkCore.Tools" im Ordner "Tools" befindet.

Abbildung: Hilfe zu ef.exe

13.7   Add-Migration

Bei Entity Framework Core startet der Entwickler eine Schemamigration (auch die allererste) in Visual Studio mit dem PowerShell-Commandlet Add-Migration, wobei er darauf achten muss, dass in der NuGet Package Manager-Konsole (PMC)

- des aktuellen Startprojekts die Entity Framework Core-Tools installiert sind (s.o.) und

- als "Default Projekt" das Projekt gewählt ist, in dem sich die Kontextklasse befindet, und

- sich alle Projekte in der Projektmappe übersetzen lassen.

Die Groß- und Kleinschreibung des Befehls ist wie bei allen PowerShell-Commandlets nicht relevant. Man sollte in jedem Projekt nur eine Kontextklasse haben. Die Entity Framework Core-Werkzeuge wissen sonst nicht, welche Kontextklasse gemeint ist ("More than one DbContext was found. Specify which one to use. Use the '-Context' parameter for PowerShell commands and the '--context' parameter for dotnet commands."), und man muss dies immer lösen, indem man bei jedem Befehl den Zusatzparameter -Context angibt.

Wie bei beim klassischen Entity Framework ist bei Add-Migration ein frei wählbarer Name anzugeben, z.B. Add-Migration v1. Durch die Ausführung dieses Befehls in der Package Manager-Konsole entsteht in dem Projekt der Kontextklasse ein Ordner "Migrations" mit drei Dateien und zwei Klassen (siehe nächste Abbildung):

- eine Klasse, die so heißt wie der bei Add-Migration angegebene Name. Diese Klasse erstreckt sich über zwei Dateien, eine davon mit dem Zusatz .designer. Diese Dateien tragen zusätzlich den Zeitstempel im Namen, wobei dieser den Zeitpunkt aufweist, an dem die Migration angelegt wurde. Diese Klasse erbt von Microsoft.EntityFrameworkCore.Migrations.Migration. Sie wird im Folgenden als Migrationsklasse bezeichnet.

- Eine Klasse, die den Namen der Kontextklasse mit dem Zusatz "ModelSnapshot" übernimmt und von Microsoft.EntityFrameworkCore.Infrastructure.ModelSnapshot erbt. Diese Klasse wird im Folgenden als Snapshot-Klasse bezeichnet.

Die Migrationsklasse umfasst drei Methoden: Die Methode Up() überführt das Datenbankschema in den neuen Zustand (falls es noch keine vorherige Migration gibt, entsteht der Programmcode, der die Datenbank in ihrem Grundzustand anlegt), und die Methode Down() macht die Änderung wieder rückgängig. Die Methode BuildTargetModel() (in der Datei .designer) gibt den Zustand des Objektmodells zum Zeitpunkt des Anlegens der Migration wieder. BuildTargetModel() verwendet dafür eine von Entity Framework Core übergebene Instanz von ModelBuilder – genau wie die Methode OnModelCreating() in der Kontextklasse.

Im klassischen Entity Framework hatte Microsoft den aktuellen Zustand des Objektmodells in einer XML-Ressourcendatei (.resx) mit binärer Repräsentation des aktuellen Zustandes in einem eingebetteten BLOB gespeichert. Solch eine binäre Repräsentation war jedoch nicht für Vergleiche in Versionsverwaltungssystemen geeignet und führte daher zu Herausforderungen, wenn mehrere Entwickler Schemamigrationen angelegt haben. Mit Entity Framework Core kann es in Teamumgebungen zwar immer auch noch zu Konflikten kommen, diese lassen sich nun aber über das Versionsverwaltungssystem einfacher lösen, da das Versionsverwaltungssystem hilft, die komplett in C# (oder Visual Basic .NET) gehaltenen Klassen für den Snapshot und die Migrationsschritte abzugleichen.

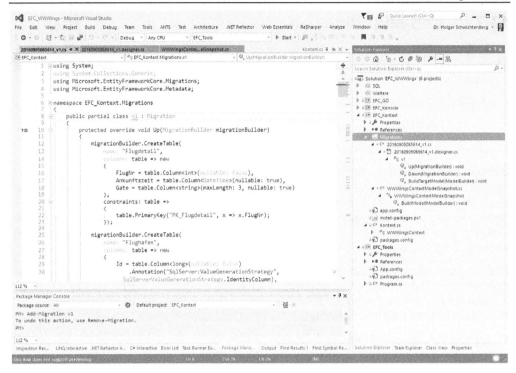

Abbildung: Nach der Ausführung von Add-Migration

Die Snapshot-Klasse enthält eine Methode BuildModel(), die bei der ersten Migration den gleichen Programmcode enthält wie BuildTargetModel(). Die Snapshot-Klasse gibt immer den letzten Zustand des Objektmodells wieder, während BuildTargetModel() sich auf den Zeitpunkt des Anlegens der Migration bezieht. Beiden Methoden ist gemein, dass sie das komplette Objektmodell in Fluent-API-Syntax ausdrücken, also nicht nur den Inhalt von OnModelCreating() wiedergeben, sondern auch die Konventionen und die Datenannotationen per Fluent-API formulieren. Spätestens hier erkennt man, dass das Fluent-API alle Konfigurationsmöglichkeiten von Entity Framework Core bietet (vgl. [*http://www.n-tv.de/mediathek/videos/wirtschaft/Ryanair-will-Co-Piloten-abschaffen-article1428656.html*]).

Der Entwickler kann die Up()- und Down()-Methoden selbst erweitern und hier eigene Schritte ausführen. Zur Verfügung stehen stehen dabei neben CreateTable(), DropTable(), AddColumn() und DropColumn() weitere Operationen wie CreateIndex(), AddPrimaryKey(), AddForeignKey(), DropTable(), DropIndex(), DropPrimaryKey(), DropForeignKey(), RenameColumn(), RenameTable(), MoveTable() und Sql(). Mit der letzteren Operation kann der Entwickler einen beliebigen SQL-Befehl ausführen, z. B. um Werte zu aktualisieren oder Datensätze zu erzeugen. Eine Seed()-Methode zum Befüllen der Datenbanktabellen wie im klassischen Entity Framework gibt es in Entity Framework Core bislang nicht.

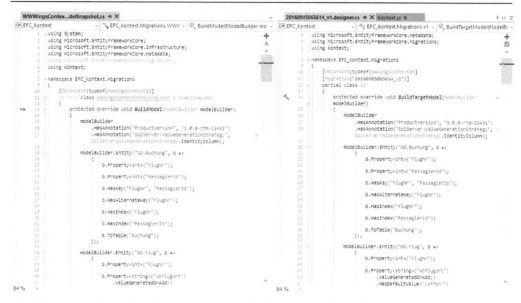

Abbildung: Inhalt von BuildModel() versus BuildTargetModel() bei der ersten Migration

Add-Migration legt keine Datenbank an und nimmt auch keinen Kontakt zur Datenbank auf. Add-Migration entscheidet allein anhand der aktuellen Snapshot-Klasse, was zu tun ist. Somit kann der Softwareentwickler in Entity Framework Core mehrere Migrationen nacheinander anlegen, ohne zwischendurch die Datenbank tatsächlich aktualisieren zu müssen.

Im klassischen Entity Framework war dies anders: Hier hat Add-Migration immer zuerst in der Datenbank nachgeschaut, ob diese auf dem aktuellen Stand war. War sie es nicht, kam der Fehler: "Unable to generate an explicit migration because the following explicit migrations are pending". Das bedeutete leider: Man konnte nicht mehrere Schemamigrationen nacheinander anlegen, ohne die eigene Datenbank zwischendurch zu aktualisieren, obwohl es ratsam ist, Schemamigrationen in kleinen Schritten anzulegen und man dabei nicht immer wieder zwangsweise die Datenbank aktualisieren will.

> **ACHTUNG:** Die Fehlermeldung "No DbContext was found in assembly. Ensure that you're using the correct assembly and that the type is neither abstract nor generic." kann nicht nur bedeuten, dass Sie die falsche Assembly gewählt haben für die Ausführung von Add-Migration, sondern auch, dass es eine (kleine) Inkonsistenz bei den Versionsnummern gibt. Wenn z.B. die Kontextklasse Entity Framework Core 2.1 verwendet, aber im EFC_Tools-Projekt die Version 2.0.2 der Werkzeuge installiert ist, kommt es leider zu dieser irreführenden Fehlermeldung.

Das nächste Listing zeigt die Migration "v2", die angelegt wurde nach "v1", und nachdem der Entwickler das in der Klasse Persondetail vergessene Property "Plz" ergänzt hat. Up() ergänzt die Spalte mit AddColumn(), und Down() löscht sie wieder mit DropColumn().

Listing: Die Migration "v2" ergänzt die Spalte "Plz" in der Tabelle "Persondetail".

```
using Microsoft.EntityFrameworkCore.Migrations;
namespace DZ.Migrations
{
    public partial class v2 : Migration
    {
        protected override void Up(MigrationBuilder migrationBuilder)
        {
            migrationBuilder.AddColumn<string>(
```

```
            name: "Plz",
            table: "Persondetail",
            maxLength: 8,
            nullable: true);
    }
    protected override void Down(MigrationBuilder migrationBuilder)
    {
        migrationBuilder.DropColumn(
            name: "Plz",
            table: "Persondetail");
    }
  }
}
```

13.8   Update-Database

Das Commandlet *Update-Database* in der NuGet Package Manager Console (oder per
Kommandozeile *dotnet ef database update*) bringt dann die Datenbank zum gewünschten
Zeitpunkt in den Zustand, den eine Migrationsschritt beschreibt. Im Standard ist dies der letzte
Migrationsschritt.

Dabei ist es wichtig, dass nun, in der OnConfiguring()-Methode der Kontextklasse, die korrekte
Verbindungszeichenfolge zu der gewünschten Datenbank an den Entity Framework Core-Treiber
per UseSqlServer(Verbindungszeichenfolge) übergeben wird. Denn Update-Database wird die
Kontextklasse instanziieren und OnConfiguring() sie ausführen. Update-Database legt die in der
Verbindungszeichenfolge festgelegte Datenbank an (wenn sie noch nicht existiert) und erstellt alle
Tabellen gemäß den Vorgaben der Up()-Methoden aller noch nicht ausgeführten
Schemamigrationen. In der nächsten Abbildung sieht man, dass direkt zwei Schemamigrationen
(v1 und v2) zur Ausführung kommen. Hier wurde bewusst die Option "-verbose" verwendet.

```
Package Manager Console

Package source:  All                    ▼  ⚙  Default project:  EFC_Kontext              ▼  ☒

PM> update-database -verbose
Using startup project 'EFC_Konsole'.
Using project 'EFC_Kontext'
Build started...
Build succeeded.
Using application base 'h:\TFS\Demos\EF\EFC_WWWings\EFC_Konsole\bin\Debug\'.
Using application configuration 'h:\TFS\Demos\EF\EFC_WWWings\EFC_Konsole\App.config'
Using current directory 'h:\TFS\Demos\EF\EFC_WWWings\EFC_Konsole\bin\Debug\'.
Finding DbContext classes...
Using context 'WWWingsContext'.
Using database 'WWWings_EFCore' on server 'E60'.
Applying migration '20160905072815_v1'.
Applying migration '20160905072826_v2'.
Done.
PM>
```

Abbildung: Ausführung von Update-Database: Mit dem Zusatz -verbose sieht man einige Details.

Update-Database legt in der Datenbank außerdem eine zusätzliche Tabelle __EFMigrationsHistory
mit den Spalten MigrationId und ProductVersion an. MigrationId entspricht dabei dem
Dateinamen der Migrationsklasse ohne die Dateinamenserweiterung (z.B. 20160905072815_v1),
und ProductVersion ist die Versionsnummer von Entity Framework Core (z.B. 2.0.1-rtm-125). Im

klassischen Entity Framework hieß die Tabelle __MigrationHistory und enthielt ebenfalls ein BLOB des Objektmodellzustandes.

	MigrationId	ProductVersion
1	20171219200937_v1	2.0.1-rtm-125
2	20171222091949_v2	2.0.1-rtm-125

⊞ Results   📄 Messages

Abbildung: Inhalte der Tabelle __EFMigrationsHistory nach der Ausführung von zwei Migrationen

Wenn die Datenbank bereits vorhanden ist, schaut Entity Framework Core nach, ob es die Tabelle __EFMigrationsHistory ebenfalls schon gibt. Wenn es die Tabelle gibt und dort alle Migrationsschritte verzeichnet sind, passiert nichts. Die wiederholte Ausführung bei Update-Database ist kein Fehler (die Ausführung ist idempotent). Entity Framework Core prüft also nicht, ob das tatsächliche Datenbankschema passt. Wenn also jemand eine Tabelle gelöscht hat (via SQL Management Studio o.ä.), fällt das Problem erst auf, wenn das Programm läuft und auf die Tabelle zugreifen will.

Wenn die __EFMigrationsHistory vorhanden ist und nicht alle definierten Migrationen dort verzeichnet sind, führt Entity Framework Core die fehlenden Migrationen aus. Entity Framework Core prüft auch hier nicht, ob das tatsächliche Datenbankschema passt. Wenn jemand das Datenbankschema manuell verändert hat, kann der Befehl scheitern.

Wenn die Tabelle __EFMigrationsHistory nicht existiert, legt Entity Framework Core diese an, geht dann aber gleichzeitig auch davon aus, dass das Datenbankschema noch nicht vorhanden ist, und führt alle Migrationsschritte aus. Wenn es Tabellen mit den besagten Namen allerdings schon gibt, scheitert Update-Database (z.B. "There is already an object named 'xy' in the database."). Wenn jemand also die Tabelle __EFMigrationsHistory löscht, weil er sie für überflüssig hält, dann zerstört er damit die Möglichkeit, weitere Schemamigrationen einzuspielen.

> **Hinweis:** Auch nach dem Einspielen von einem oder mehreren Migrationsschritten kann der Softwareentwickler jederzeit weitere Migrationsschritte anlegen. Update-Database stellt fest, welche Migrationsschritte noch nicht eingespielt ist, und führt diese Migrationsschritte dann aus.

Mit Update-Database kann der Softwareentwickler auch zu einem vorherigen Zustand des Datenbankschemas zurückkehren: Mit dem Kommandozeilenparameter -migration kann der Entwickler einen ältere Migrationsschritt angeben, auf das Datenbankschema gebracht werden soll. Z.B. kann er nach dem Einspielen von Version 3 mit dem Befehl

```
Update-Database -Migration v2
```

zu Version 2 zurückkehren. Falls das Datenbankschema tatsächlich derzeit aktueller ist, werden die entsprechenden Down()-Methoden der Migrationsschritte aufgerufen, um das Datenbankschema in den alten Stand zurückzuversetzen.

> **WICHTIG:** Update-Database löscht weder die vorhandenen Migrationsschritte noch nimmt Änderungen am Programmcode vor. Nach dem Zurücksetzen der Datenbankschemaversion wird der Programmcode in der Regel nicht mehr einwandfrei funktionieren, solange man nicht auch Migrationsschritte mit Remove-Migration löscht und den Programmcode per Versionsverwaltungssystem zurücksetzt.

Update-Database und "dotnet ef database update" bieten seit Entity Framework Core 5.0 Preview 3 den neuen Parameter "Connection" mit dem der Entwickler direkt angeben kann, das Schema welcher Datenbank aktualisiert werden soll. Bisher musste der Entwickler die Datenbank im Programmcode der Kontextklasse festlegen.

13.9 Schemamigrationen bei der Installation

Während beim Forward Engineering mit Entity Framework die Ausführung des PowerShell-Commandlets *Update-Database* bzw. des äquivalenten Kommandozeilenbefehls *dotnet ef database update* zum direkten Einspielen von Schemaänderungen auf einem Entwicklungssystem adäquat ist, wird man beim Verbreiten der Anwendungen andere Mechanismen benötigen. Für die meisten Unternehmen wird man ein SQL-Skript verwenden müssen, das die Datenbankadministratoren (nach sorgfältiger Prüfung) auf den gut abgeschirmten Datenbankserver einspielen. So ein SQL-Skript erhält man durch das Commandlet *Script-Migration* oder per Kommandozeile per *dotnet ef migrations script*.

In selteneren Fällen wird man eine kleine Anwendung (z.B. Konsolenanwendung) herausgeben, die die Schemaänderungen auf der Zieldatenbank einspielt. Zu diesen Fällen gehören:

- Bereitstellen eines Werkzeugs für in der Datenbankadministration unerfahrenere Kunden oder den eigenen Kundendienst, die sich mit SQL nicht auskennen

- Installieren oder Aktualisieren von Datenbanken im Rahmen von automatisierten Integrationstests in Release-Pipelines

- Installieren oder Aktualisieren von lokalen Datenbanken auf Endbenutzersystemen (wenn es sich um eine mobile App handelt, sollte man die Schemamigration direkt in die eigentliche App bei deren Start einbauen).

13.10 Remove-Migration

Mit Remove-Migration kann der Softwareentwickler die Migrationsklasse für den jeweils letzten Migrationsschritt wieder aus Visual Studio entfernen. Man kann leider nicht mehr als einen Migrationsschritt damit löschen.

Praxishinweis: Die Migrationsklasse sollte man nicht händisch löschen, da die Snapshotklasse dann nicht mehr zum aktuellen Stand passt. Folglich würden beim nächsten Erstellen einer Migration die händisch gelöschten Migrationsschritte unberücksichtigt bleiben. Wer also die Migrationsklasse händisch löscht, muss auch die Snapshotklasse händisch anpassen.

Remove-Migration prüft, ob der letzte Migrationsschritt schon in der Datenbank angewendet wurde. Dies sieht deutlich, wenn man Remove-Migration -verbose ausführt. Wenn dies der Fall ist, unterbleibt das Löschen der Migrationsklasse sowie das Ändern der Snapshotklasse. Die Fehlermeldung ist dann: "The migration has already been applied to the database. Unapply it and try again. If the migration has been applied to other databases, consider reverting its changes using a new migration." Diese Prüfung kann der Entwickler durch den Parameter -force umgehen. Ohne manuellen Eingriff in das Datenbankschema wird es dem Entwickler dann aber ggf. nicht mehr gelingen, neue Migrationsschritte in der Datenbank anzulegen. Denn es besteht die Gefahr, dass diese wieder versuchen, bereits vorher erstellte Tabellen oder Spalten erneut anzulegen.

13.11 Script-Migration

Mit dem PowerShell-Commandlet Script-Migration entsteht ein SQL-Data Definition Language (DDL)-Skript mit den Migrationsaktionen. Script-Migration schaut nicht in der Datenbank nach und weiß daher nicht, auf welchem Stand das Datenbankschema ist. Das Commandlet erstellt im Standard ohne weitere Angabe von Parametern immer ein SQL-Skript für alle Migrationsschritte seit dem allerersten. Wer nur einzelne Migrationsschritte als SQL-Skript will, muss dies mit -from und -to angeben, z.B.:

```
Script-Migration -from v2 -to v3
```

Mit Script-Migration kann der Entwickler auch ein Skript für dem "Down"-Fall anlegen, z.B.:

```
Script-Migration -from v3 -to v2.
```

13.12 Schemamigrationen zur Laufzeit

Für die Fälle, in denen eine Schemamigration durch eine Programmausführung geeignet ist (siehe Kapitel "Schemamigrationen bei der Installation"), stellt Entity Framework Core die Methoden ctx.Database.GetMigrations(), ctx.Database.GetAppliedMigrations() und ctx.Database.Migrate() bereit. Die Methoden können den Entwicklern ersparen, sich selbst ein Werkzeug zu schreiben, das feststellt, welche Schemamigrationen ausstehen, und die passenden SQL-Skripte dann einzuspielen.

13.12.1 Verwendung von Migrate()

Mit dem Aufruf der Methode Migrate() in dem Objekt Database der Kontextklasse kann der Softwareentwickler zum Programmstart sicherstellen, dass das Datenbankschema aktuell ist (siehe Listing). Migrate() führt alle ggf. fehlenden Migrationsschritte aus, was möglich ist, da sich die Migrationsklassen bekanntlich in dem Kompilat des Projekts befinden, in dem auch die Kontextklasse liegt.

> **Hinweise:** Für eine Schemamigration zur Laufzeit wird das "NuGet-Paket "Microsoft.EntityFrameworkCore.Tools" nicht benötigt, das Visual Studio braucht für das Commandlet Update-Database. Das Projekt, in dem Migrate() ausgeführt wird, muss die Projekte mit der Kontextklasse (Datenzugriffsschicht), das Projekt mit den Entitätsklassen sowie das NuGet-Paket mit dem passenden Entity Framework Core-Treiber (z.B. Microsoft.EntityFrameworkCore.SqlServer) referenzieren. Der Zeitaufwand für Migrate() ist gering, wenn das Schema bereits passt. Eine durchzuführende Schemamigration kann aber einige Sekunden beim Anwendungsstart in Anspruch nehmen. Ohne die Migration könnte die Anwendung aber wahrscheinlich nicht korrekt arbeiten.

Listing: Ausführung von Schemamigration im Programmablauf mit der Methode Migrate()

```
using (var ctx = new WWWingsContext())
{
  ctx.Database.Migrate();
}
```

> **ACHUNG:** Die auch im Database-Objekt realisierte Methode EnsureCreated() legt zwar ebenfalls eine Datenbank auf dem aktuellen Stand an, wenn sie noch nicht vorhanden ist. EnsureCreated() legt aber keine Tabelle __EFMigrationsHistory an und führt auch keine Schemamigrationen aus; EnsureCreated() prüft nur, ob irgendwas in der Datenbank vorhanden ist mit (IF EXISTS (SELECT * FROM INFORMATION_SCHEMA.TABLES WHERE TABLE_TYPE = 'BASE TABLE') SELECT 1 ELSE SELECT 0). Sobald dort irgendeine Tabelle vorhanden ist, passiert gar nichts.

Verboten ist die Verwendung von EnsureCreated() und Migrate() zusammen. Bereits der Tooltip von Migrate() warnt davor. Wenn Migrate()auf eine zuvor mit EnsureCreated() erstellte Datenbank angewendet wird, fehlt die Tabelle __EFMigrationsHistory. Migrate() versucht dann, alle Schemamigrationen neu auszuführen, was nicht funktionieren kann, da es die Tabellen ja schon gibt. Man erhält Fehlermeldungen wie "There is already an object named 'xyz' in the database."

13.12.2   IMigrator-Service

Weitere Optionen hat man über IMigrator-Service von Entity Framework Core. Hier kann man eine Migrate()-Methode aufrufen, die die Angabe eines Zielmigrationsnamens erlaubt. Damit könnte man eine Datenbank auch auf eine ältere Version bringen oder in mehreren Schritten aktualisieren. Auch ein asynchrones Pendant gibt es hier:

```
var migrator = ctx.GetService<IMigrator>();
migrator.Migrate("v8");
migrator.MigrateAsync("v8");
```

Zudem kann man sich auch SQL-Skripte für die Schemamigrationen per Programmcode als Zeichenkette liefern lassen. Bei der Methode GenerateScript() ist genauso wie bei dem Commandlet Script-Migration sowohl der Name der Ausgangsmigration (z.B. v5) als auch die Zielmigration (z.B. v8) anzugeben:

```
var migrator = ctx.GetService<IMigrator>();
string script = migrator.GenerateScript("v5", "v8", true);
```

13.12.3   Informationen zum Migrationsstand

Im Zusammenhang mit Migrate() kann sich der Entwickler auch zwei Listen ausgeben lassen:

- ctx.Database.GetMigrations() liefert die im Programmcode implementierten (in der Regel automatisch generierten) Schemamigrationen

- ctx.Database.GetAppliedMigrations() liefert die in der Datenbank bereits ausgeführten Schemamigrationen (die Tabelle __EFMigrationsHistory wird dabei ausgelesen).

In beiden Fällen erhält der Entwickler nur eine flache Liste von Zeichenketten, ohne irgendwelche Metadaten.

Listing: Ausgabe von GetMigrations() und GetAppliedMigrations()

```
IEnumerable<string> mset = ctx.Database.GetMigrations();
CUI.H2("Available Migrations: " + mset.Count());
foreach (var m in mset)
    {
      Console.WriteLine(m);
    }

IEnumerable<string> appliedMigrations = ctx.Database.GetAppliedMigrations();
CUI.H2("Existing Migrations in this database: " + appliedMigrations.Count());
foreach (var m in appliedMigrations)
    {
      Console.WriteLine(m);
    }
```

Das folgende Listing zeigt eine Erweiterungsmethode für das ctx.Database-Objekt (Klassenname: DatabaseFacade), das eine Menge vom Typ Dictionary<string, boolean> liefert, wobei die Zeichenkette der Schemamigrationsname ist und der Boolean-Wert angibt, ob die Migration bereits auf die aktuelle Datenbank angewendet wurde.

Listing: Erweiterungsmethode GetMigrationStatus()

```
using System;
using Microsoft.EntityFrameworkCore;
using System.Linq;
using Microsoft.EntityFrameworkCore.Infrastructure;
using System.Data.SqlClient;
using System.Collections.Generic;


namespace ITVisions.EFC
{
 public static class DatabaseFacadeExtensions
 {

  public static Dictionary<string, bool> GetMigrationStatus(this DatabaseFacade db)
  {
   Dictionary<string, bool> migrationsStatus = new Dictionary<string, bool>();
   var appliedMigrations = db.GetAppliedMigrations();
   var definedMigrations = db.GetMigrations();
   foreach (var item in definedMigrations)
   {
    if (appliedMigrations.Contains(item)) migrationsStatus.Add(item, true);
    else migrationsStatus.Add(item, false);
   }
   return migrationsStatus;
  }
 }
}
```

13.12.4 Praxiseinsatz: Ein Kommandozeilenwerkzeug für die Schemamigration

Die Migrate()-Methode kann man zu Beginn des eigentlichen Hauptprogramms einsetzen – was aber meist nur in Apps für lokale Datenbanken Sinn macht. Bei anderen Anwendungsarten wird man Migrate() in einer separaten Anwendungen (z.B. Konsolenanwendung) implementieren, die man bereitstellt, um die Datenbank einfach aktualisieren zu können, auch ohne Kenntnisse, wie man ein SQL-Skript einspielt. Auch in automatisierten Integrationstests macht dieses Vorgehen Sinn, da man auf dem Build-Server weder einzelne SQL-Skripte noch das eigentliche Hauptprogramm auszuführen will.

Bei der Schemamigration gibt das Konsolenprogramm den Migrationsstatus sowohl vor als auch nach der Ausführung von Migrate() aus. Hier kommt die oben dargestellte Erweiterungsmethode GetMigrationStatus() zum Einsatz. Außerdem bietet das Konsolenprogramm an, Testdaten zu erzeugen, wobei die Routine zur Testdatenerzeugung hier im Buch nicht abgedruckt ist. In beiden Fällen gibt der Aufrufer die Verbindungszeichenfolge per Kommandozeilenparameter mit.

Schemamigration und Testdatenerzeugung lassen sich dann so von der Kommandozeile (cmd oder PowerShell) aus aufrufen:

```
EFC_Tools.exe migrate -c "Server=Server123;Database=
WorldWideWings;Trusted_Connection=True;MultipleActiveResultSets=True;App=Entityframework"


EFC_Tools.exe createtestdata -
connectionstring="Server=Server123;Database=WorldWideWings;Trusted_Connection=True;MultipleAc
tiveResultSets=True;App=Entityframework" --flightcount=1000 --passengercount=5000 --
pilotcount=250
```

Zur Implementierung der Konsolenanwendung mit den verschiedenen Kommandozeilenparametern kommt das Open Source-Paket Commandline [https://github.com/commandlineparser/commandline] zum Einsatz.

Listing: Program.cs in EFC_Tools.csproj

```
using EFC_Console;
using ITVisions;
using Microsoft.EntityFrameworkCore;
using System;
using System.Collections.Generic;
using ITVisions.EFC;
using CommandLine;
// Required NUGET packages: CommandLine (https://github.com/commandlineparser/commandline)

namespace EFC_Tools
{
 class Program
 {
  static int Main(string[] args)
  {
   CUI.H1("EFCTools v" +
System.Reflection.Assembly.GetExecutingAssembly().GetName().Version.ToString());
   CUI.Print("(C) Dr. Holger Schwichtenberg 2017-" + System.DateTime.Now.Year);
   return CommandLine.Parser.Default.ParseArguments<MigrateVerb, CreateTestDataVerb>(args)
   .MapResult(
    (MigrateVerb opts) => opts.Migrate(),
    (CreateTestDataVerb opts) => opts.CreateTestData(),
    errs => 1);
  }
 }


 [Verb("migrate", HelpText = "Migrate the database")]
 public class MigrateVerb
 {
  [Option('c', "connectionstring", Default = "", HelpText = "Connection String for
database")]
  public string ConnectionString { get; set; } = "";

  public int Migrate()
  {
   CUI.H1("Migrate Database...");
   try
   {
    if (!(String.IsNullOrEmpty(this.ConnectionString)))
    {
     DA.WWWingsContext.ConnectionString = this.ConnectionString;
    }
    CUI.Print("Connection String=" + DA.WWWingsContext.ConnectionString);

    using (var ctx = new DA.WWWingsContext())
    {

     IEnumerable<string> mset = ctx.Database.GetMigrations();

     PrintMigrationStatus(ctx);
     CUI.H2("Starting Migration...");
     ctx.Database.Migrate();
     CUI.PrintGreen("Migrations done!");
```

```
      PrintMigrationStatus(ctx);
      return 0;
    } // end using
  }
  catch (Exception ex)
  {
    CUI.PrintError("Migration Error: " + ex.ToString());
    System.Environment.Exit(2);
    return 2;
  }
} // end Mirgate()


private static void PrintMigrationStatus(DA.WWWingsContext ctx)
{
  CUI.H2("Migration Status");
  try
  {
    Dictionary<string, string> migrationsStatus = new Dictionary<string, string>();
    var migrations = ctx.Database.GetMigrationStatus();

    foreach (var item in migrations)
    {
      if (item.Value) CUI.PrintGreen(item.Key + ":" + " Applied");
      else CUI.PrintRed(item.Key + ":" + " TODO");
    }
  }
  catch (Exception)
  {
    CUI.PrintError("Database not available!");
  }

}
} // end class

[Verb("createtestdata", HelpText = "Create test data")]
public class CreateTestDataVerb
{
  [Option('c', "connectionstring", Default = "", HelpText = "Connection String for
database")]
  public string ConnectionString { get; set; } = "";

  [Option('f', "flightcount", Default = 1000, HelpText = "Number of Flights to create")]
  public int FlightCount { get; set; } = 1000;

  [Option('p', "passengercount", Default = 1000, HelpText = "Number of Passengers to
create")]
  public int PassengerCount { get; set; } = 2000;

  [Option('i', "pilotcount", Default = 100, HelpText = "Number of Pilots to create")]
  public int PilotCount { get; set; } = 100;

  public int CreateTestData()
  {
    CUI.H1("Create Test Data");
    if (!(String.IsNullOrEmpty(this.ConnectionString)))
    {
      DA.WWWingsContext.ConnectionString = this.ConnectionString;
    }
```

```
CUI.PrintSuccess("Connection String=" + DA.WWWingsContext.ConnectionString);

try
{
    DataGenerator.Run(true, this.FlightCount, this.PilotCount, this.PassengerCount);
    CUI.PrintSuccess("CreateTestData done!");
    return 0;
}
catch (Exception)
{

    return 1;
}


}
} // End class
} // End namespace
```

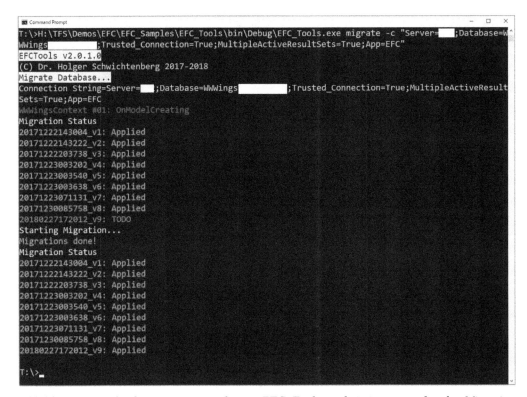

Abbildung: Ausgabe des Migrationswerkzeugs EFC_Tools.exe bei einer ausstehenden Migration

13.12.5 Neue Tabellen und Spalten

Unkritisch sind Schemaänderungen, die Tabellen oder Spalten ergänzen. Hierbei werden Spalten immer am Ende der Tabelle ergänzt, unabhängig von der sonst angewendeten alphabetischen Reihenfolge (da sonst die ganze Tabelle gelöscht und neu angelegt werden müsste - hierzu wäre es allerdings notwendig, dass die Daten vorher in eine temporäre Tabelle gesichert werden).

Entity Framework Core beherrscht auch das Anlegen von neuen Spalten, die keine Null-Werte erlauben soll (Non-Nullable) – in einer Datenbanktabelle, die bereits Daten enthält.

Beispiel: So soll die Klasse "Person" kurz nach der Landung der ersten Außerirdischen ein neues Pflicht-Property "Planet" erhalten mit einer Zeichenkettenlänge von 500 Zeichen (in einigen außerirdischen Sprachen sind Planetennamen sehr lang) (siehe nächstes Listing).

Listing: Neues Property für die Klasse "Person".

```
public abstract class Person
{
  #region Primitive properties
  // --- Primary Key
  public int PersonID { get; set; }
...
  // --- Old Property
  public string EMail { get; set; }
  // --- New Property
  [StringLength(500)] [Required]
  public string Planet { get; set;
}
```

Der PowerShell-Befehl Add-Migration v5_Planet erzeugt nun die Schemamigrationsklasse in dem nächsten Listing mit dem Anlegen der neuen Spalte mit AddColumn() in den den Tabellen Passenger und Employee (da Person eine abstrakte Klasse ist verwendet Entity Framework Core hier ja die Table per Concrete Type-Vererbungsstrategie – TPCT alias TPC).

Der generierte Programmcode setzt "nullable: false", aber auch eine leeren Zeichenkette als Standardwert (defaultValue: ""), der dann für alle bestehenden Datensätze verwendet wird. Selbstverständlich kann der Softwareentwickler hier eine Änderung vornehmen und den defaultValue: "Erde" festlegen, da in dem obigen Szenario mutmaßlich alle bestehenden Passagiere und Mitarbeiter ja Erdenbürger sind.

> **Hinweis:** Es ist erlaubt, die Migrationsklassen händisch zu ändern. Man muss sich nur bewusst sein, dass die eigenen Änderungen im Fall einer Neugenerierung überschrieben werden. Die Neugenerierung geschieht aber niemals automatisch, sondern erfordert eine Remove-Mirgation gefolgt von einem erneuten Add-Migration.
>
> Den eigenen Standardwert könnte man theoretisch auch HasDefaultValue() im Fluent-API festlegen.

Listing: Schemamigrationsklasse beim Anlegen einer neuen Non-nullable Spalte

```
using Microsoft.EntityFrameworkCore.Migrations;

namespace DA.Migrations
{
 public partial class v5_Planet : Migration
 {
  protected override void Up(MigrationBuilder migrationBuilder)
  {
   migrationBuilder.AddColumn<string>(
       name: "Planet",
       table: "Passenger",
       maxLength: 500,
       nullable: false,
       defaultValue: "");

   migrationBuilder.AddColumn<string>(
       name: "Planet",
       table: "Employee",
```

```
    maxLength: 500,
    nullable: false,
    defaultValue: "");
}


protected override void Down(MigrationBuilder migrationBuilder)
{
  migrationBuilder.DropColumn(
    name: "Planet",
    table: "Passenger");

  migrationBuilder.DropColumn(
    name: "Planet",
    table: "Employee");
  }
 }
}
```

13.13   Schemamigrationsszenarien

Es stellt sich die Frage, für welche Arten von Schemaänderungen Entity Framework Core automatisch passende Schemamigrationen erzeugen kann.

13.13.1   Tabellen oder Spalten löschen

Beim Anlegen von Migrationsschritten, die Tabellen oder Spalten löschen, warnt Add-Migration mit "An operation was scaffolded that may result in the loss of data. Please review the migration for accuracy."

13.13.2   Tabellen oder Spalten umbenennen

Nicht immer möchte man nur Tabellen und Spalten hinzufügen. Beim Umbenennen einer Tabelle oder Spalte etwa muss der Softwareentwickler bereits manuell eingreifen. Hier erzeugt Add-Migration dann einen Programmcode, der die alte Tabelle bzw. Spalte löscht und eine neue Tabelle bzw. Spalte erzeugt, da es kein Merkmal einer .NET-Klasse oder eines Properties gibt, das beim Umbenennen bewahrt bleibt. Die Daten gingen bei dieser Migration also verloren. Der Entwickler muss hier, in der Migrationsklasse, also durch eigenes Zutun aus einem DropTable() und CreateTable() ein RenameTable() bzw. aus DropColumn() und CreateColumn() ein RenameColumn() machen.

> **Hinweis:** Seit Entity Framework Core Version 2.0 fasst Entity Framework das Löschen eines Property und das Hinzufügen eines Property bei gleichbleibenden Datentyp und gleichbleibender Länge als Umbenennung auf und erzeugt also im Migrationsschritt ein RenameColumn(). Das kann richtig sein, es kann sich aber tatsächlich auch um das Löschen einer Spalte und das Anlegen einer neuen Spalte handeln. Auch hier muss der Entwickler sorgfältig die erzeugten Migrationsklassen prüfen.

13.13.3   Spaltendatentyp ändern

Beim Ändern eines Datentyps, zum Beispiel der Reduzierung der Zeichenanzahl einer nvarchar-Spalte, warnt das Commandlet Add-Migration wie beim Löschen von Spalten und Tabellen mit "An operation was scaffolded that may result in the loss of data. Please review the migration for accuracy.". Bei dem Commandlet Update-Database sind dann zwei Fälle zu unterscheiden:

- Wenn alle bestehenden Werte in die neue Feldlänge passen, dann läuft die Migration ohne Fehler durch.

- Sofern es mindestens einen Wert gibt, der länger als die neue Feldlänge ist, kommt es zur Fehlermeldung: "String or binary data would be truncated." und die Änderung wird nicht angewendet (Eine Schemamigration ist immer eine Transaktion!).

Im zweiten Fall muss der Entwickler zuvor die Daten selbst zurechtstutzen, z.B. beim Verkürzen der Spalte Departure auf drei Zeichen (drei Zeichen reichen für den IATA 3-Letter-Code für Flughäfen, siehe [https://www.nationsonline.org/oneworld/IATA_Codes/IATA_Code_L.htm]) durch das Vorschalten der Anweisung

```
migrationBuilder.Sql("UPDATE FlightSet SET Departure = left(Departure, 3)");
```

in der Up()-Methode vor der Anweisung

```
migrationBuilder.AlterColumn<string>(
                name: "Departure",
                table: "FlightSet",
                maxLength: 3,
                nullable: true,
                oldClrType: typeof(string),
                oldMaxLength: 5,
                oldNullable: true);
```

13.13.4 NULL-Werte verbieten

Während Entity Framework Core das Anlegen neuer Spalten ohne erlaubte NULL-Werte durch Festlegung eines Standardwertes auch bei bestehenden Datensätzen schafft, braucht das Datenbankschemagenerationswerkzeug Nachhilfe, wenn nachträglich eine Spalte von erlaubten NULL-Werten (Nullable) auf nicht erlaubte NULL-Werte (Non-Nullable) geändert werden soll und es gleichzeitig bestehende Datensätze mit NULL-Wert gibt.

Wenn zum Beispiel die bisher optionale Preisangabe für Flüge zum Pflichtwert werden soll, dann muss im Programmcode in der Klasse Flight das Property

```
public decimal? Price { get; set; }
```

geändert werden auf:

```
public decimal Price { get; set; }
```

Beim nächsten Add-Migration-Aufruf erzeugt Entity Framework Core dann folgende Migrationsklasse:

```
using Microsoft.EntityFrameworkCore.Migrations;

namespace EFC_MigrationScenarios.Migrations
{
    public partial class v3_PriceNotNull : Migration
    {
        protected override void Up(MigrationBuilder migrationBuilder)
        {
            migrationBuilder.AlterColumn<decimal>(
                name: "Price",
                table: "FlightSet",
                nullable: false,
                oldClrType: typeof(decimal),
                oldNullable: true);
        }

        protected override void Down(MigrationBuilder migrationBuilder)
```

```
    {
        migrationBuilder.AlterColumn<decimal>(
            name: "Price",
            table: "FlightSet",
            nullable: true,
            oldClrType: typeof(decimal));
    }
  }
}
```

Hier ist offensichtlich kein Standardwert festgelegt. Man könnte nun auf die Idee kommen, "defaultValue: 0" zu ergänzen:

```
        migrationBuilder.AlterColumn<decimal>(
            name: "Price",
            table: "FlightSet",
            nullable: false,
            defaultValue: 0,
            oldClrType: typeof(decimal),
            oldNullable: true);
```

Aber selbst dann kommt es beim Update-Database zum Fehler: Cannot insert the value NULL into column 'Price', table 'EFC_MigrationScenarios.dbo.FlightSet'; column does not allow nulls. UPDATE fails."

Hier ist vor dem AlterColumn()-Aufruf ein Aufruf von Sql() zu ergänzen, der mit einem UPDATE-Befehl die bestehenden NULL-Werte auf eine Zahl (z.B. 0) setzt.

```
protected override void Up(MigrationBuilder migrationBuilder)
{
  migrationBuilder.Sql("UPDATE flightset SET price = 0 WHERE price is null");
  migrationBuilder.AlterColumn<decimal>(
        name: "Price",
        table: "FlightSet",
        nullable: false,
        defaultValue: 0,
        oldClrType: typeof(decimal),
        oldNullable: true);
}
```

13.13.5 Kardinalitäten ändern

Schwierig sind Schemamigrationen, die Kardinalitäten ändern, zum Beispiel: Der Softwareentwickler muss aus der 1:0/1-Beziehung zwischen Passagier und Persondetail plötzlich eine 1:N-Beziehung machen, weil die Anforderung sich dahingehend geändert hat, dass jeder Passagier nun mehrere Adressen besitzen kann. Bei dieser Kardinalitätsänderung kann Entity Framework Core keinen konsistenten Datenzustand mehr erhalten. Während es vorher in der Tabelle Passagier eine Spalte DetailID gab, die auf einen Datensatz in der Tabelle Persondetail verwies, muss es nach dem Schemaumbau in Persondetail eine Spalte PersonID geben, die auf einen Passagier-Datensatz verweist. Das Schemamigrationswerkzeug von Entity Framework Core löscht zwar die Spalte "DetailID" und legt die neue Fremdschlüsselspalte "PersonID" in der Tabelle Persondetails neu an, aber es füllt die neue Spalte nicht mit passenden Werten. Hier muss der Entwickler in der Migrationsklasse unter Verwendung der Methode Sql() die Werte manuell mit einem UPDATE-Befehl umkopieren.

Zudem muss man die Reihenfolge der generierten Befehle ändern, denn erst die alte Spalte zu löschen, bevor die neue angelegt wird, erlaubt dem selbsterstellten UPDATE-Befehl nicht, das Ziel zu erreichen. Das nächste Listing zeigt die korrekte Lösung mit geänderter Reihenfolge und unter Einsatz der Methode Sql() zum Umkopieren der Schlüssel.

Listing: Up()-Methode der Migrationsklasse für eine Kardinalitätsänderung von 1:0/1 zu 1:N

```
namespace DZ.Migrations
{
 public partial class v4 : Migration
  {
  protected override void Up(MigrationBuilder migrationBuilder)
  {
   // Erst neue Spalte auf der N-Seite anlegen
     migrationBuilder.AddColumn<int>(
       name: "PassagierPersonID",
       table: "Persondetail",
       nullable: true);
   // Nun die Werte von der 1-Seite umkopieren
   migrationBuilder.Sql("UPDATE Persondetail SET PassagierPersonID = Passagier.PersonID FROM
Passagier INNER JOIN Persondetail ON Passagier.DetailID = Persondetail.ID");
   // Dann erst die Spalte auf der 1-Seite löschen
   migrationBuilder.DropForeignKey(
       name: "FK_Passagier_Persondetail_DetailID",
       table: "Passagier");
   migrationBuilder.DropIndex(
       name: "IX_Passagier_DetailID",
       table: "Passagier");
   migrationBuilder.DropColumn(
       name: "DetailID",
       table: "Passagier");
   // Dann Index und FK anlegen für neue Spalte
   migrationBuilder.CreateIndex(
       name: "IX_Persondetail_PassagierPersonID",
       table: "Persondetail",
       column: "PassagierPersonID");
   migrationBuilder.AddForeignKey(
       name: "FK_Persondetail_Passagier_PassagierPersonID",
       table: "Persondetail",
       column: "PassagierPersonID",
       principalTable: "Passagier",
       principalColumn: "PersonID",
       onDelete: ReferentialAction.Restrict);
  } }
}
```

13.13.6 Andere Datenbankartefakte anlegen

Entity Framework Core kann im Rahmen von Schemamigrationen nur Tabellen und zugehörige Konstrukte wie Schlüssel und Indexe erzeugen. In der Praxis braucht man aber auch andere Artefakte wie Views, Stored Procedures und Table Value Functions. Hierzu kann man ebenfalls die Sql()-Methode einsetzen.

Das nächste Listing zeigt alle drei o.g. Fälle in einem Migrationsschritt. Den Migrationsschritt legt man an mit dem PowerShell-Commandlet Add-Migration in der Package Manager Konsole von Visual Studio, in diesem Fall mit dem Namen v4_CustomSQL: Add-Migration v4_CustomSQL. Sofern es keine Veränderungen im Objektmodell gab, ist der Migrationsschritt leer, d.h. Up() und Down() sind als Methoden mit leerem Rumpf vorhanden.

Man sollte auch die umgekehrten Schritte in der Down()-Methode bereitstellen. Die exakt umgekehrten Reihenfolge ist sinnvoll, aber nicht zwingend: Sowohl due Up() als auch die Down()-Methode werden von Entity Framework und Entity Framework Core als Datenbanktransaktion ausgeführt: Wenn ein Schritt fehlschlägt, ist er gar nicht passiert. Die Transaktion sieht man im SQL Server Profiler (siehe nächste Abbildung), wenn man die entsprechenden Transaktionsereignisse einblendet (siehe übernächste Abbildung).

Listing: Datenbankschemamigration zum Anlegen von View, Stored Procedure und TVF

```
using Microsoft.EntityFrameworkCore.Migrations;

namespace DA.Migrations
{
 public partial class v4_CustomSQL : Migration
 {
  protected override void Up(MigrationBuilder migrationBuilder)
  {
   // Create DB view
   string SQL1 = @"
   CREATE VIEW dbo.[V_DepartureStatistics]
   AS
   SELECT departure, COUNT(FlightNo) AS FlightCount
   FROM dbo.Flight
   GROUP BY departure";
   migrationBuilder.Sql(SQL1);

   // Create SP
   string SQL2 = @"
   CREATE Procedure dbo.[GetFlightsFromSP]
   (
           @departure nvarchar(30)
   )
   AS
   Select * from Flight where departure = @departure";
   migrationBuilder.Sql(SQL2);

   // Create TVF
   string SQL3 = @"
   CREATE FUNCTION dbo.[GetFlightsFromTVF]
   (
           @departure nvarchar(30)
   )
   RETURNS TABLE
   AS
   RETURN

   Select * from Flight where departure = @departure";

   migrationBuilder.Sql(SQL3);
  }

  protected override void Down(MigrationBuilder migrationBuilder)
  {
   // Execute SQL command
   migrationBuilder.Sql("Drop FUNCTION dbo.[GetFlightsFromTVF]");
   migrationBuilder.Sql("Drop Procedure dbo.[GetFlightsFromSP]");
   migrationBuilder.Sql("Drop VIEW dbo.[V_DepartureStatistics]");
  }
 }
}
```

```
TM: Begin Tran starting        BEGIN TRANSACTION                                            Entityframework
SQLTransaction                                                                             Entityframework
SQL:BatchCompleted             Drop FUNCTION dbo.[GetFlightsFromTVF]                        Entityframework
SQL:BatchCompleted             Drop Procedure dbo.[GetFlightsFromSP]                        Entityframework
SQL:BatchCompleted             Drop VIEW dbo.[V_Departurestatistics]                        Entityframework
SQL:BatchCompleted             DELETE FROM [__EFMigrationsHistory] WHERE [MigrationId] = N'2018...  Entityframework
SQLTransaction                                                                             Entityframework
TM: Commit Tran completed      COMMIT TRANSACTION                                           Entityframework
```

Abbildung: Die Down()-Methode aus obigem Listing im SQL Server Profiler

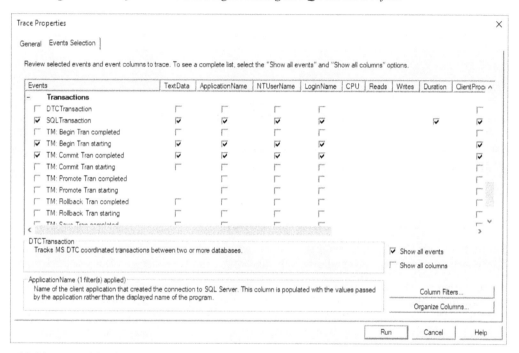

Abbildung: Einblenden der Transaktionsereignisse in den Trace-Einstellungen im SQL Server Profiler

13.13.7   SQL-Skriptdateien ausführen

Wenn umfangreichere SQL-Befehlsfolgen in der Sql()-Methode notwendig sind, biete es sich an, diese in SQL-Skriptdateien anzulagern und diese Skriptdateien anstelle der Einzelbefehle in die Migrationsklasse einzubinden. Eine elegante Möglichkeit, die SQL-Skriptdateien über die Registerkarte "Resources" und den Menüpunkt "Add Existing File…" in den Projekteigenschaften einzubinden (siehe Abbildung).

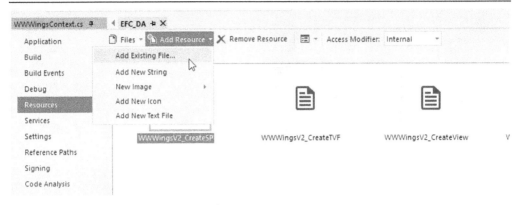

Abbildung: SQL-Skriptdateien als eingebettete Ressourcen

Dies hat den Vorteil, dass man direkt generierten Programmcode für das Laden der Ressourcen erhält. Dann kann man in der Migrationsklasse diese Dateien einfach laden über den Ressource-Namen (im Standard der Dateiname ohne Dateinamenserweiterung):

```
migrationBuilder.Sql(Properties.Resources.WWWingsV2_CreateSP);
migrationBuilder.Sql(Properties.Resources.WWWingsV2_CreateTVF);
migrationBuilder.Sql(Properties.Resources.WWWingsV2_CreateView);
```

13.13.8 Eigenständige Entitäten bilden

Ein weiterer Fall für den notwendigen Einsatz der Sql()-Methode ist die Umwandlung einer Zeichenkettenspalte in eine eigene Entität mit zugehöriger Entitätsklasse und Datenbanktabelle.

Beispielszenario: Bereits kurz nach der Landung der ersten Außerirdischen hatte der Geschäftsführer der Fluggesellschaft "World Wide Wings" zunächst angewiesen, in der Klasse "Person" ein neues Property "Planet" (string/nvarchar) einzufügen, damit man ab sofort auch Außerirdische bei World Wide Wings transportieren kann. Alle bestehenden Passagiere und Piloten, die von Person abgeleiteten Entitäten, erhielten als Standardwert "Erde". Da die Planetennamen im Universum aber zum Teil sehr lang sind, entschied man sich dann einige Wochen später, dafür eine eigene Entitätsklasse "Planet" anzulegen und eine 1:N-Beziehung zwischen Person und Planet herzustellen. Natürlich gab es zu dem Zeitpunkt bereits zahlreiche verschiedene Passagiere von verschiedenen Planeten in der Datenbank.

Das Schemageneratorwerkzeug von Entity Framework Code löscht die bestehende Spalte "Planet" in den Tabellen "Pilot" und "Passenger" und erstellt dann die neue Tabelle sowie eine Fremdschlüsselspalte "PlanetID" in beiden Tabellen. Dies bedeutet Datenverlust. Es obliegt dem Entwickler, die bestehenden Planetennamen aus den Tabellen "Pilot" und "Passenger" in die neue Tabelle "Planet" zu kopieren und dabei auch eine PlanetID zu vergeben (in diesem Fall eine GUID!) sowie danach die Fremdschlüsselspalte PlanetID mit der richtigen GUID zu befüllen. Das folgende Listing zeigt zunächst die Migrationsklasse. Die SQL-Befehle sind ausgelagert in eine SQL-Skript-Datei, die als Ressource eingebunden ist.

Listing: Schemamigrationsklasse für die Umwandlung einer Zeichenkette in eine Entität

```
using System;
using Microsoft.EntityFrameworkCore.Migrations;

namespace WWWings.DZ.EFC.Migrations
{
    public partial class v5_PlanetObj : Migration
    {
```

```
        protected override void Up(MigrationBuilder migrationBuilder)
        {
            migrationBuilder.AddColumn<Guid>(
                name: "PlanetID",
                schema: "WWWings",
                table: "Pilot",
                nullable: true);

            migrationBuilder.AddColumn<Guid>(
                name: "PlanetID",
                schema: "WWWings",
                table: "Passagier",
                nullable: true);

            migrationBuilder.CreateIndex(
                name: "IX_Pilot_PlanetID",
                schema: "WWWings",
                table: "Pilot",
                column: "PlanetID");

            migrationBuilder.CreateIndex(
                name: "IX_Passagier_PlanetID",
                schema: "WWWings",
                table: "Passagier",
                column: "PlanetID");

            migrationBuilder.AddForeignKey(
                name: "FK_Passagier_Planet_PlanetID",
                schema: "WWWings",
                table: "Passagier",
                column: "PlanetID",
                principalSchema: "WWWings",
                principalTable: "Planet",
                principalColumn: "PlanetID",
                onDelete: ReferentialAction.Restrict);

            migrationBuilder.AddForeignKey(
                name: "FK_Pilot_Planet_PlanetID",
                schema: "WWWings",
                table: "Pilot",
                column: "PlanetID",
                principalSchema: "WWWings",
                principalTable: "Planet",
                principalColumn: "PlanetID",
                onDelete: ReferentialAction.Restrict);

migrationBuilder.Sql(Properties.Resources.UmwandlungPLanetNameInPlanetObjekt);

migrationBuilder.DropColumn(
                name: "Planet",
                schema: "WWWings",
                table: "Pilot");

migrationBuilder.DropColumn(
        name: "Planet",
        schema: "WWWings",
        table: "Passagier");
}
```

```
        protected override void Down(MigrationBuilder migrationBuilder)
        {
            migrationBuilder.DropForeignKey(
                name: "FK_Passagier_Planet_PlanetID",
                schema: "WWWings",
                table: "Passagier");

            migrationBuilder.DropForeignKey(
                name: "FK_Pilot_Planet_PlanetID",
                schema: "WWWings",
                table: "Pilot");

            migrationBuilder.DropIndex(
                name: "IX_Pilot_PlanetID",
                schema: "WWWings",
                table: "Pilot");

            migrationBuilder.DropIndex(
                name: "IX_Passagier_PlanetID",
                schema: "WWWings",
                table: "Passagier");

            migrationBuilder.DropColumn(
                name: "PlanetID",
                schema: "WWWings",
                table: "Pilot");

            migrationBuilder.DropColumn(
                name: "PlanetID",
                schema: "WWWings",
                table: "Passagier");

    migrationBuilder.AddColumn<string>(
        name: "Planet",
        schema: "WWWings",
        table: "Pilot",
        maxLength: 2000,
        nullable: false,
        defaultValue: "");

    migrationBuilder.AddColumn<string>(
        name: "Planet",
        schema: "WWWings",
        table: "Passagier",
        maxLength: 2000,
        nullable: false,
        defaultValue: "");
  }
    }
}
```

Listing: Schemamigrationsklasse für die Umwandlung einer Zeichenkette in eine Entität

```
-- Create planet table using Insert
WITH Planeten AS(
 Select distinct planet from wwwings.pilot
union
Select distinct planet from wwwings.passagier)
```

```
INSERT INTO WWWings.Planet
select NEWID() as Guid, planet from Planeten

-- Or: Create planet table using Merge
-- Merge WWWings.Planet as planet
-- using (
--    Select distinct planet from wwwings.pilot
-- union
-- Select distinct planet from wwwings.passagier) as namen
-- on planet.[name] = namen.planet
-- when not matched then insert values(NEWID(), namen.planet);

--now set FK property with given GUID
update wwwings.pilot set wwwings.pilot.PlanetID = B.planetID from WWWings.Planet as B where
B.[Name] = wwwings.pilot.Planet
update wwwings.passagier set wwwings.passagier.PlanetID = B.planetID from WWWings.Planet as B
where B.[Name] = wwwings.passagier.Planet
```

13.14   Weitere Möglichkeiten

Add-Migration, Remove-Migration, Update-Database und Script-Migration haben jeweils noch drei Parameter für Einstellungen:

- Parameter -StartupProject: legt das Visual Studio-Projekt fest, in dem sich die Entity Framework Core-Werkzeug-Pakete befinden, wenn der Softwareentwickler nicht das Startprojekt ändern möchte

- Parameter -Project: legt das Visual Studio-Projekt fest, in dem sich die Kontextklasse befindet

- Parameter -Context: legt die Kontextklasse fest (mit Namensraum), wenn sich in dem Visual Studio-Projekt mehrere Kontextklassen befinden.

Beispiel:

```
Update-Database v2 -StartupProject EFC_Tools -Project EFC_DZ -Context WWWingsContext
```

Um die wiederholte Verwendung dieser Parameter in Commandlets zu vermeiden, kann man diese Werte mit dem Commandlet Use-DbContext setzen und somit erreichen, dass alle folgenden Commandlet-Aufrufe diese Werte verwenden:

```
Use-DbContext -StartupProject EFC_Tools -Project EFC_DZ -Context WWWingsContext
```

13.15   Probleme bei der Schemamigration in Verbindung mit TFS

In Verbindung mit dem Versionsverwaltungssystem des Team Foundation Server (TFS) – zumindest in der klassischen Variante mit "Server Workspaces", die mit Schreibschutz auf Dateien arbeitet – haben die Werkzeuge von Entity Framework Core Schwierigkeiten. Sie melden, dass ein Ändern der Dateien im Migrations-Ordner nicht möglich sei (Access to the path ...\Migrations\20160905090511_v3.cs' is denied). In diesem Fall ist vor der Ausführung des Befehls der Migrations-Ordner mit "Check Out for Edit" zu entsperren.

Ein weiteres Problem: Remove-Migration löscht Dateien auf der Festplatte, aber nicht aus der TFS-Versionsverwaltung. Der Entwickler muss hier manuell "Undo" im Fenster "Pending Changes" wählen.

13.16   Startverhalten von Entity Framework Core

Das klassische Entity Framework prüft vor der Ausführung des ersten vom Programmcode ausgelösten Befehl, ob alle benötigten Tabellen vorhanden sind und der letzte Eintrag in der Tabelle __MigrationHistory dem benötigten Schemaversionsstand entspricht. Wenn dies nicht erfüllt ist, kommt es zum Laufzeitfehler "The model backing the context has changed since the database was created". Dies macht es unmöglich, einen älteren Client gegen eine neue Version des Datenbankschema zu betreiben, und somit ist z.B. in einer Serverfarm eine Versionsumstellung ohne Unterbrechung ("Zero Down Time") nicht möglich. Ob allerdings das Datenbankschema tatsächlich dem Soll des aktuellen Migrationsstandes entspricht, prüft Entity Framework nicht. Wenn durch manuelle Eingriffe eine Spalte oder ein Datentyp falsch ist oder fehlt, kommt es erst beim ersten Zugriff darauf zum Laufzeitfehler. Zusätzliche Spalten und Tabellen führen nicht zum Fehler.

Bei Entity Framework Core hat sich Microsoft für eine andere Lösung entschieden: Es finden keinerlei Prüfungen zu Beginn statt. Alle Schemaabweichungen führen erst dann zum Fehler, wenn es einen Zugriff auf die Tabellen bzw. Spalten gibt. Dadurch wird zwar die Konsistenz zwischen Objektmodell und Datenbankschema noch weniger geprüft als beim klassischen Entity Framework, aber Versionsumstellung ohne Unterbrechung ("Zero Down Time") sind nun möglich.

14 Daten lesen mit LINQ

Genau wie das klassische Entity Framework unterstützt auch Entity Framework Core die Formulierung von Datenbankenabfragen mit der Language Integrated Query (LINQ).

LINQ ist eine allgemeine Abfragesprache für unterschiedliche Datenspeicher, die im Jahr 2007 in .NET Framework 3.5 eingeführt wurde und die es auch in .NET Core sowie Mono und Xamarin gibt. Microsoft verwendet auch im klassischen Entity Framework von Anfang an LINQ. Dort spricht Microsoft von "LINQ-to-Entities". Diesen Begriff verwendet Microsoft in Entity Framework Core nicht mehr; hier redet Microsoft nur noch von "LINQ". Die Syntax und die Vorgehensweise sind aber grundsätzlich sehr ähnlich, einige Unterschiede liegen im Detail. Im Detail gibt es aber einige positive und negative Unterschiede bei der LINQ-Ausführung zwischen klassischen Entity Framework und Entity Framework Core.

14.1 Kontextklasse

Ausgangspunkt für alle LINQ-Abfragen bei Entity Framework Core ist die Kontextklasse, die der Softwareentwickler entweder im Rahmen des Reverse Engineering einer bestehenden Datenbank erzeugen lässt oder manuell erstellt beim Forward Engineering. Die Kontextklasse erbt bei Entity Framework Core in jedem Fall von der Basisklasse Microsoft.EntityFrameworkCore.DbContext. Die alternative Basisklasse ObjectContext, die es im klassischen Entity Framework noch gibt, wurde bei Entity Framework Core gestrichen. Dementsprechend gibt es nur noch das API von DbContext für alle LINQ-Befehle. Aber auch die Basisklasse DbContext hat in Entity Framework Core inzwischen etwas verändert.

Geblieben ist, dass die Klasse DbContext die Schnittstelle IDisposable implementiert. Im Rahmen der Dispose()-Methode gibt der DbContext alle allokierten Ressourcen wieder frei, dazu gehören auch Verweise auf alle mit Änderungsverfolgung geladenen Objekte.

> **Praxistipp:** Daher ist es wichtig, dass der Nutzer der Kontextklasse immer Dispose() aufruft, sobald die Arbeit erledigt ist. Am besten verwendet man einen using(){ ... }-Block!

14.2 LINQ-Abfragen

Nach der Instanziierung der Kontextklasse kann der Softwareentwickler eine LINQ-Abfrage formulieren. Diese wird aber noch nicht sofort ausgeführt, sie liegt zunächst in Form eines Objekts mit Schnittstelle IQueryable<T> vor. Im Sinne der sogenannten "verzögerten Ausführung" (Deferred Execution) wird die LINQ-Abfrage ausgeführt, wenn das Ergebnis tatsächlich gebraucht wird, z.B. in einer foreach-Schleife. Die Ausführung der Abfrage erzwingen kann der Softwareentwickler mit einem LINQ-Konvertierungsoperator, also ToList(), ToArray(), ToLookup(), ToDictionary(), Single(), SingleOrDefault(), First(), FirstOrDefault(), bzw. einem Aggregatoperator, wie Count(), Min(), Max() und Sum().

Da IQueryable<T> ein Untertyp von IEnumerable<T> ist, kann man eine foreach-Schleife über ein Objekt mit IQueryable<T> starten. Dadurch wird die Abfrage dann aber sofort ausgeführt. Zudem hält Entity Framework Core die Datenbankverbindung so lange offen, bis das letzte Objekt abgeholt wurde, was zu unerwünschten Nebeneffekten führen kann. Man sollte daher immer explizit einen der o.g. Konvertierungs- oder Aggregatoperatoren verwenden, denn in diesem Fall schließt Entity Framework Core die Datenbankverbindung wieder. Da Entity Framework Core auf ADO.NET basiert, wird die Datenbankverbindung jedoch nicht tatsächlich sofort geschlossen, sondern an den Verbindungspool von ADO.NET zurückgegeben. Auch Datenbindung an ein Objekt mit Schnittstelle IQueryable<T> löst einen Abruf der Daten aus.

Das nächste Schaubild zeigt den internen Ablauf bei einer LINQ-Anfrage: Die LINQ-Abfrage wird zunächst in einen Expression Tree verwandelt. Aus dem Expression Tree entsteht ein SQL-Befehl, den Entity Framework Core mit Hilfe eines Command-Objekts von ADO.NET zum Datenbankmanagementsystem sendet. Entity Framework Core besitzt einen Cache für die SQL-Befehle, um zu verhindern, dass stets derselbe große Aufwand für die Umwandlung von LINQ in SQL für die gleichen Befehle entsteht.

Das Datenbankmanagementsystem analysiert die Abfrage und prüft, ob es dafür schon einen geeigneten Ausführungsplan gibt. Wenn im Cache keiner vorhanden ist, wird dieser angelegt. Danach führt das Datenbankmanagementsystem die Abfrage aus und liefert Entity Framework Core ein Resultset. Entity Framework Core verwendet zum Einlesen des Resultset ein DataReader-Objekt, das der Benutzercode jedoch nicht zu Gesicht bekommt, denn Entity Framework Core materialisiert die DataReader-Zeilen in Objekte. Außer im No-Tracking-Modus schaut Entity Framework Core nach, ob sich die zu materialisierenden Objekte bereits im First Level Cache des Entity Framework Core-Kontextes befinden. Sofern die Objekte dort vorhanden sind, entfällt die Materialisierung. Dies bedeutet jedoch zugleich, dass, wenn sich ein Objekt im RAM befindet, der Benutzer trotz der erneuten Ausführung eines SQL-Befehls nicht den aktuellen Stand des Datensatzes aus der Datenbank erhält, sondern das Objekt aus dem Cache.

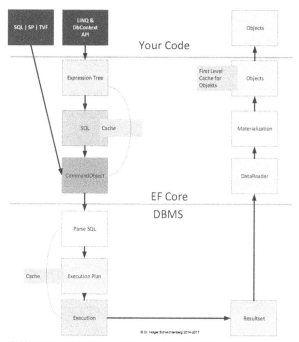

Abbildung: Interna zur Ausführung eines LINQ-Befehls durch Entity Framework Core

Das nächste Listing zeigt eine einfache LINQ-Abfrage, die alle noch nicht ausgebuchten Flüge von einem Abflugort liefert – sortiert nach Datum und Abflugort. Mit ToList() wird IQueryable<Flug> in eine List<Flug> mit Schnittstelle IEnumerable<T> verwandelt. Anstelle des konkreten Typnamens wird in der Praxis aber häufig das Schlüsselwort var im Programmcode verwendet.

Listing: LINQ-Abfrage, die alle nicht ausgebuchten Flüge von einem Abflugort liefert

```
var ort = "Berlin";
// Kontext instanziieren
using (var ctx = new WWWingsContext())
    {
    // Abfragen definieren, aber noch nicht ausführen
```

```
var IQueryable<Flug> abfrage = (from x in ctx.FlugSet
                    where x.Abflugort == ort &&
                          x.FreiePlaetze > 0
                    orderby x.Datum, x.Abflugort
                    select x);

    // Abfrage jetzt ausführen
    List<Flug> flugSet = abfrage.ToList();
    // Geladene Objekte zählen
    var anzahl = flugSet.Count;
    Console.WriteLine("Anzahl der geladenen Flüge: " + anzahl);
    // Ergebnis ausgeben
    foreach (var f in flugSet)
    {
      Console.WriteLine($"Flug Nr {f.FlugNr} von {f.Abflugort} nach {f.Zielort} hat
{f.FreiePlaetze} freie Plätze!");
    }
}// Ende using-Block -> Dispose() wird aufgerufen
```

Die prägnantere Formulierung in der Methodensyntax von LINQ ist möglich:

```
var abfrage = ctx.FlugSet.Where(x => x.Abflugort == ort && x.FreiePlaetze > 0)
.OrderBy(x=>x.Datum).ThenBy(x=>x.Abflugort);
```

Es ist natürlich ebenfalls möglich, den Aufruf von ToList() mit der Definition der LINQ-Abfrage zusammenzufassen und damit die LINQ-Abfrage sofort auszuführen:

```
var flugSet = (from x in ctx.FlugSet
                    where x.Abflugort == ort && x.FreiePlaetze > 0
                    orderby x.Datum, x.Abflugort
                    select x).ToList();
```

Der Vorteil der getrennten Schreibweise wie ist jedoch, dass man vor der Ausführung der Abfrage noch weitere Operationen anhängen kann.

ACHTUNG: Theoretisch kann man hier anstelle der Eigenschaft flugSet.Count auch die Methode abfrage.Count() aufrufen. Damit produziert man allerdings eine erneute Datenbankabfrage, die die Anzahl der Datensätze liefert. Das ist überflüssig, denn die Objekte sind ja bereits materialisiert und können im RAM schnell gezählt werden. Ein Zugriff auf das DBMS mit abfrage.Count() macht nur Sinn, wenn man ermitteln will, ob sich die Anzahl der Datensätze in der Datenbank inzwischen geändert hat.

14.3 Schrittweise Zusammensetzung von LINQ-Abfragen

Das nächste Beispiel zeigt, wie man an die Grundabfrage FreiePlaetze > 0 fallweise eine Restriktion auf Abflugort und/oder Zielort anhängt, wenn die Variablen für die Werte nicht null oder einen Leerstring enthalten. Dies ist das typische Szenario von durch den Benutzer gesetzten Filtern. Wenn er in einem Filterfeld nichts eingibt, dann will er ja nicht diejenigen Datensätze sehen, in denen der Wert leergeblieben ist, sondern er will, dass dieser Filter bei der Abfrage ignoriert wird.

Listing: LINQ-Abfrage, die alle nicht ausgebuchten Flüge auf einer Flugroute liefert, wobei sowohl Abflugort und / oder Zielort optional sein dürfen

```
var abflugort = "";
var zielort = "Rom";
// Kontext instanziieren
using (var ctx = new WWWingsContext())
```

```
    {
      // Abfragen definieren, aber noch nicht ausführen
      var abfrage = from x in ctx.FlugSet
                    where x.FreiePlaetze > 0
                    select x;
      // Bedingtes Anfügen weiterer Bedingungen
      if (!String.IsNullOrEmpty(abflugort)) abfrage = abfrage.Where(x => x.Abflugort ==
abflugort);
      if (!String.IsNullOrEmpty(zielort)) abfrage = abfrage.Where(x => x.Zielort == zielort);
      // jetzt Sortierung anwenden, da sonst Probleme mit Typ (IQueryable<Flug> vs.
IOrderedQueryable<Flug>)
      var abfrageSortiert = from x in abfrage
                            orderby x.Datum, x.Abflugort
                            select x;
      // Abfrage jetzt ausführen
      List<Flug> flugSet = abfrageSortiert.ToList();

      // Geladene Objekte zählen
      long anzahl = flugSet.Count;
      Console.WriteLine("Anzahl der geladenen Flüge: " + anzahl);
      // Ergebnis ausgeben
      foreach (var f in flugSet)
      {
        Console.WriteLine($"Flug Nr {f.FlugNr} von {f.Abflugort} nach {f.Zielort} hat
{f.FreiePlaetze} freie Plätze!");
      }
    } // Ende using-Block -> Dispose() wird aufgerufen
```

14.4   Einsatz von var

In vielen Listings wird gezeigt, dass man anstelle der konkreten Typnamen wie IQueryable<Flug> beim Einsatz von LINQ in der Praxis meist das Schlüsselwort var verwendet. Über den Einsatz des Schlüsselwortes var (bzw. Dim ohne Typ in Visual Basic .NET) wird auch heute noch unter Entwicklern stets viel gestritten (vgl. [*http://www.heise.de/developer/artikel/Die-Diskussionen-um-das-Schluesselwort-var-in-C-gibt-es-immer-noch-2583227.html*]). In Verbindung mit LINQ vereinfacht var oft die Schreibweise sehr. Im Code ändert sich der Rückgabetyp, wenn man orderby verwendet. Ohne orderby erhält man ein Objekt, das IQueryable<Flug> realisiert. Mit orderby ist es ein IOrderedQueryable<Flug>. So muss man oft bei der Veränderung von LINQ-Abfragen den Variablentyp ändern. Das entfällt bei der Verwendung des Schlüsselwortes var.

14.5   Repository-Pattern

Außer in sehr kleinen Anwendungen sollte man den Datenzugriffscode nicht in der Benutzeroberflächensteuerung halten. Es hat sich das Repository-Pattern etabliert, mit dem man den Datenzugriffscode für eine oder mehrere (verbundene) Tabellen kapselt. Eine Repository-Klasse bietet Methoden an, die einzelne Objekte oder Mengen von Objekten zurückliefern, bzw. Methoden, die das Einfügen, Löschen und Ändern von Datensätzen ermöglichen.

Auch ein IQueryable<T> kann als Rückgabewert einer Methode verwendet werden, sodass auch der Aufrufer der Methode die Abfrage noch erweitern kann. Dies macht aber nur Sinn, wenn die Kontextinstanz nach Ende der Methode noch weiterlebt und die Abfrage auch noch ausführen kann. Daher muss man dafür die Kontextinstanz als Attribut der Klasse halten und mit der IDisposable-Schnittstelle für die spätere Vernichtung der Kontextinstanz beim Aufruf von Dispose() sorgen (siehe nächstes Listing mit der Klasse "FlugManager" im Repository-Stil). Der

Aufrufer kann die Abfrage dann erweitern und sollte die Klasse FlugManager mit einem using()-Block verwenden, um den Aufruf von Dispose() sicherzustellen.

Das Repository-Pattern im Einsatz sehen Sie im Fallbeispiel "Praxislösungen/Entity Framework Core in einer ASP.NET Core-Anwendung".

Listing: Realisierung einer Repository-Klasse, die u.a. ein IQuerable<T> liefert

```csharp
using Microsoft.EntityFrameworkCore;
using System;
using System.Collections.Generic;
using System.Linq;
using BO;
using DA;


namespace BL
{


 /// <summary>
 /// Repository class for Flight entities
 /// </summary>
 public class FlightManager  : IDisposable
 {
  public FlightManager()
  {
   // create instance of context when FlightManager is created
   ctx = new WWWingsContext();
  }


  // keep one EFCore context per instance
  private WWWingsContext ctx;


  /// <summary>
  /// Dispose context if FlightManager is disposed
  /// </summary>
  public void Dispose() { ctx.Dispose(); }



  /// <summary>
  /// Get one flight
  /// </summary>

  public Flight GetFlight(int flightID)
  {
     return ctx.FlightSet.Find(flightID);
  }


  /// <summary>
  /// Get all flights on a route
  /// </summary>
  public List<Flight> GetFlightSet(string departure, string destination)
  {
   var query = GetAllAvailableFlightsInTheFuture();
   if (!String.IsNullOrEmpty(departure)) query = from f in query
                                         where f.Departure == departure
                                         select f;
   if (!String.IsNullOrEmpty(destination)) query = query.Where(f => f.Destination ==
destination);
   List<Flight> result = query.ToList();
   return result;
```

```
}

/// <summary>
/// Base query that callre can extend
/// </summary>
public IQueryable<Flight> GetAllAvailableFlightsInTheFuture()
{
 var now = DateTime.Now;
 var query = (from x in ctx.FlightSet
               where x.FreeSeats > 0 && x.Date > now
               select x);
 return query;
}

/// <summary>
/// Get the combined list of all departures and all destinations
/// </summary>
/// <returns></returns>
public List<string> GetAirports()
{
 var l1 = ctx.FlightSet.Select(f => f.Departure).Distinct();
 var l2 = ctx.FlightSet.Select(f => f.Destination).Distinct();
 var l3 = l1.Union(l2).Distinct();
 return l3.OrderBy(z => z).ToList();
}

/// <summary>
/// Delegate SaveChanges() to the context class
/// </summary>
/// <returns></returns>
public int Save()
{
 return ctx.SaveChanges();
}

/// <summary>
/// This overload checks if there are objects in the list that do not belong to the
context. These are inserted with Add().
/// </summary>
public int Save(List<Flight> flightSet)
{
 foreach (Flight f in flightSet)
 {
  if (ctx.Entry(f).State == EntityState.Detached)
  {
   ctx.FlightSet.Add(f);
  }
 }
 return Save();
}

/// <summary>
/// Remove flight (Delegated to context class)
/// </summary>
/// <param name="f"></param>
public void RemoveFlight(Flight f)
{
 ctx.Remove(f);
}
```

```
/// <summary>
/// Add flight (Delegated to context class)
/// </summary>
/// <param name="f"></param>
public void Add(Flight f)
{
  ctx.Add(f);
}


/// <summary>
///    Reduces the number of free seats on the  flight, if seats are still available.
Returns true if successful, false otherwise.
/// </summary>
/// <param name="flightID"></param>
/// <param name="numberOfSeats"></param>
/// <returns>true, wenn erfolgreich</returns>
public bool ReducePlatzAnzahl(int flightID, short numberOfSeats)
{
  var f = GetFlight(flightID);
  if (f != null)
  {
    if (f.FreeSeats >= numberOfSeats)
    {
      f.FreeSeats -= numberOfSeats;
      ctx.SaveChanges();
      return true;
    }
  }
  return false;
}
}
```

Listing: Nutzung der Repository-Klasse dem vorherigen Listing

```
public static void LINQ_RepositoryPattern()
{
  using (var fm = new BL.FlightManager())
  {
    IQueryable<Flight> query = fm.GetAllAvailableFlightsInTheFuture();
    // Extend base query now
    query = query.Where(f => f.Departure == "Berlin");
    // Execute the query now
    var flightSet = query.ToList();
    Console.WriteLine("Number of loaded flights: " + flightSet.Count);
  }
}
```

14.6   LINQ-Abfragen mit Paging

Paging bedeutet, dass aus einer Ergebnismenge nur ein bestimmter Teilbereich geliefert werden soll, z. B. die Datensätze 51 bis 60. Dies realisiert man in LINQ mit den Methoden Skip() und Take() (bzw. den Sprachelementen Skip und Take in Visual Basic .NET).

Das nächste Listing zeigt eine komplexere LINQ-Abfrage. Es werden diejenigen Flüge gesucht, bei denen

▪   es mindestens einen freien Platz gibt und

- es mindestens eine Buchung gibt und

- es einen Passagier mit Namen "Müller" gibt und

- der Pilot vor dem 1.1.1972 geboren ist und

- es einen Copiloten gibt.

Von dem Resultset werden dann durch Paging im Datenbankmanagementsystem die ersten 50 Datensätze übersprungen und nur die darauffolgenden 10 Datensätze geliefert, also die Datensätze 51 bis 60.

Listing: Komplexere LINQ-Abfrage

```
string name = "Müller";
// Kontext instanziieren
using (var ctx = new WWWingsContext())
{
  // Abfrage definieren und ausführen
  var flugSet = (from f in ctx.FlugSet
    where f.FreiePlaetze > 0 &&
          f.Buchungen.Count > 0 &&
          f.Buchungen.Any(p => p.Passagier.Name == name) &&
          f.Pilot.Geburtsdatum < new DateTime(1972, 1, 1) &&
          f.Copilot != null
    select f).Skip(50).Take(10).ToList();
  // Geladene Objekte zählen
  var anzahl = flugSet.Count;
  Console.WriteLine("Anzahl der geladenen Flüge: " + anzahl);
  // Ergebnis ausgeben
  foreach (var f in flugSet)
  {
    Console.WriteLine($"Flug Nr {f.FlugNr} von {f.Abflugort} nach {f.Zielort} hat
{f.FreiePlaetze} freie Plätze!");
  }
} // Ende using-Block -> Dispose() wird aufgerufen
```

Der nachstehende SQL-Befehl ist der im Listing abgesendete SQL-Befehl, der deutlich komplexer ist als sein LINQ-Pendant. Dieser Befehl wurde an einen Microsoft SQL Server 2017 gesendet und mit Hilfe des bei SQL Server mitgelierten Werkzeugs "SQL Server Profiler" abgegriffen. Die Erwähnung der SQL Server-Version ist hierbei tatsächlich wichtig, denn die Row Limiting Clauses mit den Schlüsselwörtern OFFSET, FETCH FIRST und FETCH NEXT aus dem SQL-ANSI-Standard des Jahres 2008 (ISO/IEC 9075:2008, siehe [*http://www.iso.org/iso/home/store/catalogue_tc/catalogue_tc_browse.htm?commid=45342*]) unterstützt Microsoft SQL Server erst seit Version 2012 (erschienen am 2.4.2012). Oracle bietet es seit Version 12c (erschienen am 1.7.2013) an. Für DBMS, die diese neue Syntax nicht unterstützen, muss Entity Framework Core zur Realisierung von Skip() eine noch wesentlich komplexere Abfrage mit rownumber()-Funktion und Sub-Selects erzeugen.

> **Hinweis:** Eine schöne Verbesserung in Entity Framework Core ist die Verwendung der Variablennamen aus der LINQ-Abfrage (hier: f und b) auch im SQL-Befehl. Im bisherigen Entity Framework wurden stattdessen Namen wie extend1, extend2, extend3 usw. verwendet. Wenn Entity Framework Core in SQL für eine Tabelle mehrfach einen Alias braucht, hängt der ORM an den Variablennamen eine Zahl an (siehe "[b0]" in nachstehendem SQL-Code).

```
exec sp_executesql N'SELECT [f].[FlugNr], [f].[Abflugort], [f].[Bestreikt],
[f].[CopilotId], [f].[FlugDatum], [f].[Fluggesellschaft], [f].[FlugzeugTypID],
[f].[FreiePlaetze], [f].[LetzteAenderung], [f].[Memo], [f].[NichtRaucherFlug],
[f].[PilotId], [f].[Plaetze], [f].[Preis], [f].[Timestamp], [f].[Zielort]
FROM [Flug] AS [f]
```

```
INNER JOIN [Mitarbeiter] AS [f.Pilot] ON [f].[PilotId] = [f.Pilot].[PersonID]
WHERE ((((([f].[FreiePlaetze] > 0) AND ((
    SELECT COUNT(*)
    FROM [Buchung] AS [b]
    WHERE [f].[FlugNr] = [b].[FlugNr]
) > 0)) AND EXISTS (
    SELECT 1
    FROM [Buchung] AS [b0]
    INNER JOIN [Passagier] AS [b.Passagier] ON [b0].[PassagierId] =
[b.Passagier].[PersonID]
    WHERE ([b.Passagier].[Name] = @__name_0) AND ([f].[FlugNr] = [b0].[FlugNr])))
AND ([f.Pilot].[Geburtsdatum] < ''1972-01-01T00:00:00.000'')) AND [f].[CopilotId]
IS NOT NULL
ORDER BY @@ROWCOUNT
OFFSET @__p_1 ROWS FETCH NEXT @__p_2 ROWS ONLY',N'@__name_0 nvarchar(4000),@__p_1
int,@__p_2 int',@__name_0=N'Müller',@__p_1=5,@__p_2=10
```

14.7   Projektionen

Als Projektion wird in relationalen Datenbanken die Beschränkung auf ausgewählte Spalten bezeichnet (vgl. Mengenlehre). Es ist oft ein schwerer Performance-Fehler, alle Spalten einer Tabelle zu laden, wenn gar nicht alle Spalten gebraucht werden. Die bisher gezeigten LINQ-Abfragen laden und materialisieren tatsächlich immer alle Spalten der Flug-Tabelle.

14.7.1   Projektion auf einen Entitätstypen

Das nächste Listing zeigt eine Projektion mit select new Flug() und der Angabe der gewünschten Spalten. Nach der Ausführung der Methode ToList() erhält der Entwickler eine Liste von Flug-Objekten, die zwar alle Properties besitzen (da die Klasse ja so definiert ist), von denen aber lediglich die angegebenen Properties befüllt sind.

Listing: LINQ-Abfrage mit Projektion

```
using (var ctx = new WWWingsContext())
    {
    CUI.Headline("Projektion - nur lesend");
    var abfrage = from f in ctx.FlugSet
     where f.FlugNr > 100
     orderby f.FlugNr
     select new Flug()
     {
      FlugNr = f.FlugNr,
      Datum = f.Datum,
      Abflugort = f.Abflugort,
      Zielort = f.Zielort,
      FreiePlaetze = f.FreiePlaetze
     };
    var flugSet = abfrage.ToList();
    foreach (var f in flugSet)
    {
     Console.WriteLine($"Flug Nr {f.FlugNr} von {f.Abflugort} nach {f.Zielort} hat
{f.FreiePlaetze} freie Plätze!");
    }
```

Die folgende SQL-Ausgabe des obigen Listings beweist, dass Entity Framework Core in der Tat allein die gewünschten Spalten beim Datenbankmanagementsystem anfordert.

```
SELECT [f].[FlugNr], [f].[FlugDatum], [f].[Abflugort], [f].[Zielort],
[f].[FreiePlaetze]
FROM [Flug] AS [f]
WHERE [f].[FlugNr] > 100
ORDER BY [f].[FlugNr]
```

> **Hinweis:** Die direkte Unterstützung von Projektionen ist ein wesentlicher Vorteil von Entity Framework Core gegenüber dem klassischen Entity Framework. Im klassischen Entity Framework waren Projektionen nicht aber auf die Entitätsklassen und komplexe Typen möglich, nur anonyme Typen und Nicht-Entitätsklassen konnte man bei der Projektion verwenden. Da man anonyme Typen aber nur begrenzt verwenden kann (man kann sie z.B. nicht verändern und nicht in Methoden als Rückgabewert verwenden), war in der Regel ein Umkopieren in Instanzen der Entitätsklasse erforderlich. Hilfe bot dort das Nuget-Paket AutoMapper.EF6 [*https://github.com/AutoMapper/AutoMapper.EF6*] mit der Erweiterungsmethode ProjectTo<T>().

14.7.2 Projektionen auf einen anonymen Typen

Auch die Projektion auf einen anonymen Typen ist möglich. Hierbei ist nach dem new-Operator kein Klassenname anzugeben. Wenn die Namen der Properties nicht verändert werden sollen, ist hierbei im Initialisierungsblock anstelle der Zuweisung { Departure = f.Departure, … } nur noch eine einfache Nennung der Properties notwendig: { f.Departure, f.Destination,… }.

> Der anonyme Typ ist Entity Framework Core nicht bekannt. Wenn man für einen anonymen Typen versucht, mit ctx.Entry(f).State den Zustand abzufragen oder ctx.Attach(f) aufzurufen, kommt es zum Laufzeitfehler "The entity type '<>f__AnonymousType8<int, DateTime, string, string, Nullable<short>, byte[]>' was not found. Ensure that the entity type has been added to the model." Da Instanzen von anonymem Typ unveränderbar sind, kompiliert ein Aufruf wie f.FreeSeats-- nicht.

Wie man anonyme Typen durch Objekt-Objekt-Mapping auf anderen Typen abbilden kann, erfahren Sie im Kapitel "Zustazkomponenten/AutoMapper".

Listing: Projektion auf einen anonymen Typen

```
public static void Projection_AnonymousType()
{
 using (var ctx = new WWWingsContext())
 {
  CUI.MainHeadline(nameof(Projection_AnonymousType));

  var q = (from f in ctx.FlightSet
           where f.FlightNo > 100
           orderby f.FlightNo
           select new
           {
            FlightID = f.FlightNo,
            f.Date,
            f.Departure,
            f.Destination,
            f.FreeSeats,
            f.Timestamp
           }).Take(2);

  var flightSet = q.ToList();
```

```
foreach (var f in flightSet)
{
  Console.WriteLine($"Flight Nr {f.FlightID} from {f.Departure} to {f.Destination} has
{f.FreeSeats} free seats!");
}


Console.WriteLine("Number of flights: " + flightSet.Count);


foreach (var f in flightSet)
{
  Console.WriteLine(f.FlightID);
  // not posssible:  Console.WriteLine("Before attach: " + f + " State: " +
ctx.Entry(f).State + " Timestamp: " + ByteArrayToString(f.Timestamp));
  // not posssible:   ctx.Attach(f);
  // not posssible:   Console.WriteLine("After attach: " + f + " State: " +
ctx.Entry(f).State + " Timestamp: " + ByteArrayToString(f.Timestamp));
  // not posssible:
  // f.FreeSeats--;
  // not posssible:   Console.WriteLine("After Änderung: " + f + " State: " +
ctx.Entry(f).State + " Timestamp: " + ByteArrayToString(f.Timestamp));

  var count = ctx.SaveChanges(); // no changes can be saved
  Console.WriteLine("Number of saved changes: " + count);
  // not posssible:  Console.WriteLine("After saving: " + f + " State: " +
ctx.Entry(f).State + " Timestamp: " + ByteArrayToString(f.Timestamp));
  }
 }
 }
```

14.7.3   Projektionen auf einen beliebigen Typen

Ziel der Projektion kann auch eine beliebige andere Klasse sein, die man – je nach Aufbau der Softwarearchitektur – als Geschäftsobjekt (GO) oder Datentransferobjekt (DTO) bezeichnen würde. Wir muss wie bei der Entitätsklassenprojektion nach new der Klassename genannt werden und bei der Initialisierung sind komplette Zuweisungen notwendig: { Departure = f.Departure, … }.

Wie bei anonymen Typen kennt Entity Framework Core die Klasse nicht. Zustandsabfrage, Attach() und Speichern von Änderungen ist daher nicht möglich.

Listing: Projektion auf ein DTO

```
class DTO_Flight
  {
  public int FlightID { get; set; }
  public DateTime Date { get; set; }
  public string Departure { get; set; }
  public string Destination { get; set; }
  public short? FreeSeats { get; set; }
  public byte[] Timestamp { get; set; }
  }

  public static void Projection_DTO()
  {
  using (var ctx = new WWWingsContext())
  {
  CUI.MainHeadline(nameof(Projection_DTO));

  var q = (from f in ctx.FlightSet
           where f.FlightNo > 100
```

```
                orderby f.FlightNo
                select new DTO_Flight()
                {
                  FlightID = f.FlightNo,
                  Date = f.Date,
                  Departure = f.Departure,
                  Destination = f.Destination,
                  FreeSeats = f.FreeSeats,
                  Timestamp = f.Timestamp
                }).Take(2);

    var flightSet = q.ToList();

    foreach (var f in flightSet)
    {
      Console.WriteLine($"Flight Nr {f.FlightID} from {f.Departure} to {f.Destination} has
{f.FreeSeats} free seats!");
    }

    Console.WriteLine("Number of flights: " + flightSet.Count);

    foreach (var f in flightSet)
    {
      Console.WriteLine(f.FlightID);
      // not posssible:  Console.WriteLine("Before attach: " + f + " State: " +
ctx.Entry(f).State + " Timestamp: " + ByteArrayToString(f.Timestamp));
      // not posssible:   ctx.Attach(f);
      // not posssible:   Console.WriteLine("After attach: " + f + " State: " +
ctx.Entry(f).State + " Timestamp: " + ByteArrayToString(f.Timestamp));
      // not posssible:
      // f.FreeSeats--;
      // not posssible:   Console.WriteLine("After Änderung: " + f + " State: " +
ctx.Entry(f).State + " Timestamp: " + ByteArrayToString(f.Timestamp));

      var anz = ctx.SaveChanges(); // no changes can be saved
      Console.WriteLine("Number of saved changes: " + anz);
      // not posssible:  Console.WriteLine("After saving: " + f + " State: " +
ctx.Entry(f).State + " Timestamp: " + ByteArrayToString(f.Timestamp));
    }
  }
}
```

14.8   Abfrage nach Einzelobjekten

Die sprachintegrierte Suchsprache LINQ (Language Integrated Query) bietet vier Operationen, um das erste bzw. einzige Element einer Menge zu wählen:

- First(): Das erste Element einer Menge. Wenn mehrere Elemente in der Menge sind, werden alle anderen bis auf das erste verworfen. Wenn es kein Element gibt, tritt ein Laufzeitfehler auf.

- FirstOrDefault(): Das erste Element einer Menge oder ein Standardwert (bei Referenztypen null bzw. Nothing), wenn die Menge leer ist. Wenn mehrere Elemente in der Menge sind, werden alle anderen bis auf das erste verworfen.

- Single(): Das einzige Element einer Menge. Wenn es kein Element gibt oder wenn mehrere Elemente in der Menge sind, tritt ein Laufzeitfehler auf.

- SingleOrDefault(): Das einzige Element einer Menge. Wenn es kein Element gibt, wird der Standardwert (bei Referenztypen null oder Nothing) geliefert. Wenn mehrere Elemente in der Menge sind, tritt ein Laufzeitfehler auf.

First() und FirstOrDefault() beschränken die Ausgabemenge datenbankseitig mit dem SQL-Operator TOP(1). Single() und SingleOrDefault() verwenden ein Top(2) und stellen damit fest, ob es mehr als ein Element gibt, was dann zum Laufzeitfehler führt.

Listing: LINQ-Abfrage nach einem Einzelobjekt mit SingleOrDefault()

```
using (var ctx = new WWWingsContext())
{
 var flugNr = 101;
 var f = (from x in ctx.FlugSet
          where x.FlugNr == flugNr
          select x).SingleOrDefault();
 if (f != null)
 {
   Console.WriteLine($"Flug Nr {f.FlugNr} von {f.Abflugort} nach {f.Zielort} hat
{f.FreiePlaetze} freie Plätze!");
 }
 else
 {
   Console.WriteLine("Flug nicht gefunden!");
 }
} // Ende using-Block -> Dispose() wird aufgerufen
```

Die Projektion ist auch für ein Einzelobjekt möglich.

Listing: Projektion auf ein Einzelobjekt

```
var q = from x in ctx.FlightSet
        where x.FlightNo == 101
        orderby x.FlightNo
        select new Flight()
        {
          FlightNo = x.FlightNo,
          Date = x.Date,
          Departure = x.Departure,
          Destination = x.Destination,
          Seats = x.Seats,
          FreeSeats = x.FreeSeats,
        };

var f = q.FirstOrDefault();
```

14.9   Laden anhand des Primärschlüssels mit Find()

Die DbSet<T>-Klasse im klassischen Entity Framework bietet als Alternative zum Laden eines Objekts anhand des Primärschlüssels mit LINQ eine Methode Find() an. Bei Find() übergibt man den Wert des Primärschlüssels. Wenn es einen mehrteiligen Primärschlüssel gibt, muss man mehrere Werte übergeben, z.B. Find("DE","NRW",12345), wenn der Primärschlüssel aus zwei Zeichenketten und einer Zahl besteht. Wenn man zu wenig Werte übergibt, z.B. nur zwei, kommt es zum Laufzeitfehler: "Entity type '...' is defined with a 3-part composite key, but 2 values were passed to the 'DbSet.Find' method.".

Find() war in Entity Framework Core Version 1.0 nicht verfügbar, wurde aber bereits in Version 1.1 nachgerüstet.

Listing: LINQ-Abfrage nach einem Einzelobjekt mit Find

```
public static void LINQ_EinObjekt_Find_v11()
{
  using (var ctx = new WWWingsContext())
  {
    ctx.FlugSet.ToList(); // Caching aller Flüge im Kontext (hier nur als Beispiel!)
    var flugNr = 101;
    var f = ctx.FlugSet.Find(flugNr); // Flug wird aus Cache geladen!
    if (f != null)
    {
      Console.WriteLine($"Flug Nr {f.FlugNr} von {f.Abflugort} nach {f.Zielort} hat {f.FreiePla
etze} freie Plätze!");
    }
    else
    {
      Console.WriteLine("Flug nicht gefunden!");
    }
  } // Ende using-Block -> Dispose() wird aufgerufen
}
```

> Hinweis: Die Methode Find() hat die besondere Verhaltensweise, dass es nach einem Objekt zuerst im First Level Cache des Entity Framework Core-Kontextes sucht und nur eine Datenbankabfrage startet, wenn das Objekt dort nicht enthalten ist. Die Methoden Single(), SingleOrDefault(), First(), FirstOrDefault(), ToList(), ToArray() etc. fragen hingegen immer die Datenbank, auch wenn das Objekt im lokalen Cache vorhanden ist! Allerdings werfen diese Methoden das Ergebnis der Datenbankabfrage zu Gunsten des lokalen Objekts im Cache, d.h. der Rundgang zur Datenbank ist in diesen Fällen überflüssig. Diese Operationen sind allerdings so implementiert, weil die Abfrage mit ihnen ja nicht nur über die Primärschlüsselspalte, sondern jede beliebige Spalte möglich ist. Somit könnte die Datenbankabfrage ein anderes Objekt liefern. Microsoft hat leider keine Optimierung für den Fall eingebaut, dass die Abfrage über den Primärschlüssel erfolgt.

14.10 Gruppierungen mit GroupBy()

Gruppierungen gehören zu den Basiskonstrukten mengenorientierte Abfragesprache wie SQL. Leider hat das Entity Framework Core-Entwicklungsteam Gruppierungen lange Zeit vernachlässigt, was unverständlich war.

- In Entity Framework Core Versionen 1.x und 2.0 wurden LINQ-Gruppierungen komplett im RAM ausgeführt und dafür alle Datensätze einer Tabelle ins RAM geladen, selbst wenn diese Millionen oder Milliarden Datensätze enthielt.

- In Version 2.1 und 2.2 wurden einige LINQ-Gruppierungen in SQL übersetzt, aber nicht alle.

- Erst Version 3.0 beherrscht Gruppierungen auf dem Niveau, das das klassische ADO.NET Entity Framework kannte.

14.10.1 Gruppierungen seit Entity Framework Core 3.0

Das nächste Listing zeigt eine LINQ-Abfrage mit Gruppierung unter Einsatz des LINQ-Gruppierungsoperators (group by bzw. GroupBy()). Diese Abfrage liefert zwar das gewünschte Ergebnis (Anzahl der Flüge pro Abflugort), aber die Abfrage benötigt bei großen Datenmengen extrem viel Zeit. Bei der Ursachenforschung stößt man schnell darauf, dass in dem zum Datenbankmanagementsystem gesendeten SQL-Befehl die Gruppierung völlig fehlt: Entity

Framework Core hat alle Datensätze geladen und im RAM gruppiert, was ein schlechtes und unerwartetes Verhalten ist.

> **ACHTUNG:** Tatsächlich unterstützte Entity Framework Core in der Version 1.x und 2.0 nicht die Übersetzung einer LINQ-Gruppierung in die GROUP BY-Syntax von SQL, was eine sehr erschreckende Lücke in Entity Framework Core war. Dies ist für einige, aber nicht alle Fälle realisiert seit Version 2.1. In Entity Framework Core seit Version 3.0 funktionieren weitere Gruppierungsvarianten.

Listing: Ermittele die Anzahl der Flüge pro Abflugort.

```
// Ermittele die Anzahl der Flüge pro Abflugort
using (var ctx = new WWWingsContext())
{
 var gruppen = from p in ctx.FlugSet
               orderby p.FreiePlaetze
               group p by p.Abflugort into g
               select new { Ort = g.Key, Anzahl = g.Count() };
 Console.WriteLine("Anzahl: " + gruppen.Count());
 // Ausgabe
 foreach (var g in gruppen.ToList())
 {
   Console.WriteLine(g.Ort + ": " + g.Anzahl);
 }
}
```

Das obige Listing sendet in EF Core Version 1.x und 2.0 folgenden SQL-Befehl zum Datenbankmanagementsystem (zweimal, einmal für Count() und einmal für ToList()):

```
SELECT [p].[FlugNr], [p].[Abflugort], [p].[Bestreikt], [p].[CopilotId],
[p].[FlugDatum], [p].[Fluggesellschaft], [p].[FlugzeugTypID], [p].[FreiePlaetze],
[p].[LetzteAenderung], [p].[Memo], [p].[NichtRaucherFlug], [p].[PilotId],
[p].[Plaetze], [p].[Preis], [p].[Timestamp], [p].[Zielort]
FROM [Flug] AS [p]
ORDER BY [p].[Abflugort]
```

Seit Version 2.1 Release Candidate entsteht endlich das gewünschte SQL:

```
SELECT [p].[Departure] AS [City], COUNT(*) AS [Count]
FROM [Flight] AS [p]
GROUP BY [p].[Departure]
HAVING COUNT(*) > 5
ORDER BY [Count]
```

Aggregatoperatoren wie Min(), Max(), Sum() und Average() funktionierten seit Version 3.0. Diese LINQ-Abfrage

```
var groups = (from p in ctx.FlightSet.TagWith("Flüge nach Orten")
              group p by p.Departure into g
              select new
              {
                City = g.Key,
                Count = g.Count(),
                Min = g.Min(x => x.FreeSeats),
                Max = g.Max(x => x.FreeSeats),
                Avg = g.Average(x => x.FreeSeats),
                Sum = g.Sum(x => x.FreeSeats),
              }).ToList();
```

führte Version 1.x und 2.x zu diesem schlechten Ergebnis, bei dem alle Datensätze der Tabelle, auch wenn es Millionen oder Milliarden waren, ins RAM geladen wurden:

```
SELECT [p].[FlightNo], [p].[AircraftTypeID], [p].[AirlineCode], [p].[CopilotId],
[p].[FlightDate], [p].[Departure], [p].[Destination], [p].[FreeSeats],
[p].[LastChange], [p].[Memo], [p].[NonSmokingFlight], [p].[PilotId], [p].[Price],
[p].[Seats], [p].[Strikebound], [p].[Timestamp], [p].[Utilization]
FROM [Flight] AS [p]
ORDER BY [p].[Departure]
```

Seit Entity Framework Core Version 3.0 entsteht nun korrekt in SQL übersetzt:

```
SELECT [f].[Departure] AS [City], COUNT(*) AS [Count], MIN([f].[FreeSeats]) AS
[Min], MAX([f].[FreeSeats]) AS [Max], AVG(CAST(CAST([f].[FreeSeats] AS int) AS
float)) AS [Avg], SUM(CAST([f].[FreeSeats] AS int)) AS [Sum]
FROM [WWWings].[Flight] AS [f]
GROUP BY [f].[Departure]
```

14.10.2 Umgehung für das GroupBy-Problemin Entity Framework Core 1.x/2.x

Die in Entity Framework Core Versionen 1.x und 2.0 komplett fehlende, zum Teil auch in Versionen 2.1 und 2.2 fehlende Umsetzung von LINQ-Gruppierungen in SQL und die an dieser Stelle von Microsoft realisierte Gruppierung der Datensätze im RAM ist für viele Praxisszenarien absolut inakzeptabel.

> **Hinweis:** In Entity Framework Core seit Version 3.0 ist diese Umgehung nicht mehr notwendig, da nun Gruppierungen korrekt in SQL übersetzt werden.

Für die Praxis wird eine Lösung benötigt, die die Gruppierung in dem jeweiligen Datenbankmanagementsystem ausführt. Mit LINQ läßt sich dies in Entity Framework Core 1.x und 2.0 leider nicht umsetzen. Aber auch die Verwendung von SQL birgt eine Herausforderung, denn Entity Framework Core unterstützt bisher ebenfalls nicht die Abbildung von Ergebnissen von SQL-Abfragen auf beliebige Typen, sondern nur auf Entitätsklassen.

Mapping auf Nicht-Entitätstypen

Der Programmcode im nächsten Listing unter Verwendung von FromSql() und einem Query View ist eine Umgebung für die GroupBy-Probleme in Entity Framework Core 1.x und 2.x.

Voraussetzung ist, dass das Gruppierungsergebnis als Klasse definiert wird. Diese Klassendefinition gehört ist das Projekt, wo auch die Entitätsklassen liegen (GO).

```
public class DepartureGroup
 {
   public string Departure { get; set; }
   public int FlightCount { get; set; }
 }
```

Die Klasse muss dem Kontext bekanntgemacht werden, in Entity Framework Core 1.x/2.0 als DbSet<T>, in Entity Framework Core 2.1 und 2.2 als Query Type mit DbQuery<T>:

```
public class WWWingsContext : DbContext
 {
   #region Entities for tables
   public DbSet<Airline> AirlineSet { get; set; }
   public DbSet<Flight> FlightSet { get; set; }
   public DbSet<Pilot> PilotSet { get; set; }
   public DbSet<Passenger> PassengerSet { get; set; }
```

```
public DbSet<Booking> BookingSet { get; set; }
public DbSet<AircraftType> AircraftTypeSet { get; set; }
#endregion

#region Query Views
public DbQuery<DepartureGroup> DepartureGroup { get; set; } // Group Result
#endregion
...
}
```

Zur Ausführung der SQL-Abfrage verwendet man in Entity Framework Core 2.1/2.2 die Methode ctx.Query<T>(). Vorher gab es nur ctx.Set<T>(), was nicht auf einen beliebigen Typ abbilden kann: . Es kommt zum Fehler: "Cannot create a DbSet for 'Gruppe' because this type is not included in the model for the context.".

Listing: Keine Lösung für das GroupBy-Problem

```
public static void GroupBy_SQL_NonEntityType()
{

// Get the number of flights per Departure
 using (var ctx = new WWWingsContext())
 {
 // Map SQL to non-entity class
 Console.WriteLine(ctx.Database.GetType().FullName);
 ctx.Log();
 var sql = "SELECT Departure, COUNT(FlightNo) AS FlightCount FROM Flight GROUP BY
Departure";
 // ERROR!!! Cannot create a DbSet for 'Group' because this type is not included in the
model for the context."
 var groupSet = ctx.Query<DepartureGroup>().FromSql(sql);
 // Output
 foreach (var g in groupSet)
 {
 Console.WriteLine(g.Departure + ": " + g.FlightCount);
 }
 }
 return;
}
```

Entitätsklasse für die Datenbanksicht anlegen

In Entity Framework Core 1.0, 1.1 und 2.0 war die Problemumgebung für das GroupBy-Problem noch etwas aufwändiger.

Weil das Mapping mit FromSql() auf Nicht-Entitätstypen nicht realisiert ist, müssen Sie eine Pseudo-Entitätsklasse für das Ergebnis der Gruppierung anlegen, deren Attribute von Name und Typ den Spalten des Gruppierungsergebnisses entsprechen müssen. Wichtig ist, dass auch diese Entitätsklasse einen Primärschlüssel benötigt, der der Konvention (ID oder KlassennameID) entspricht oder der mit [Key] oder per Fluent-API HasKey() festzulegen ist.

Listing: Entitätsklasse mit zwei Properties für das Gruppierungsergebnis

```
public class AbflugortGruppierung
{
 [Key] // muss einen Key haben
 public string Abflugort { get; set; }
 public int AnzahlFluege { get; set; }
}
```

Einbinden der Entitätsklasse in die Kontextklasse

Die Pseudo-Entitätsklasse für das Gruppierungsergebnis wird nun wie eine Entitätsklasse für eine Tabelle in die Kontextklasse per DbSet<T> eingebunden.

Listing: Einbinden der Entitätsklasse für die Datenbanksicht in die Kontextklasse

```
public class WWWingsContext : DbContext
{
  #region Tabellen
  public DbSet<Flug> FlugSet { get; set; }
  public DbSet<Pilot> PilotSet { get; set; }
  public DbSet<Passagier> PassagierSet { get; set; }
  public DbSet<Flughafen> FlughafenSet { get; set; }
  public DbSet<Buchung> BuchungSet { get; set; }
  public DbSet<Flugzeugtyp> FlugzeugtypSet { get; set; }
  #endregion

  #region Gruppierungsergebnisse (Pseudo-Entitäten)
  public DbSet<AbflugortGruppierung> AbflugortGruppierungSet { get; set; } // für die
Gruppierung
  #endregion ...
}
```

Verwendung der Pseudo-Entitätsklasse

Die Entitätsklasse AbflugortGruppierung wird nun bei FromSQL() als Rückgabetyp eingesetzt.

Listing: Verwendung der Pseudo-Entitätsklasse

```
using (var ctx = new WWWingsContext())
{
  Console.WriteLine(ctx.Database.GetType().FullName);
  ctx.Log();

  var sql = "SELECT Abflugort, COUNT(FlugNr) AS AnzahlFluege FROM Flug GROUP BY Abflugort";
  var gruppen = ctx.Set<AbflugortGruppierung>().FromSql(sql);

  // Ausgabe
  foreach (var g in gruppen)
  {
    Console.WriteLine(g.Abflugort + ": " + g.AnzahlFluege);
  }
}
```

```
Berlin: 10
Dallas: 10
Essen/Mülheim: 18
Frankfurt: 11
Hamburg: 6
Kapstadt: 7
Köln/Bonn: 11
London: 14
Madrid: 16
Mailand: 17
Moskau: 8
München: 8
New York: 10
Oslo: 12
Paris: 14
Prag: 12
Rom: 7
Seattle: 11
```

Abbildung: Ausgabe des obigen Listings

Herausforderung: Migrationen

Die vorherigen Ausführungen haben einige manuelle Arbeiten aufgezeigt, die zur Nutzung des Gruppierungsergebnisses notwendig sind. Leider gibt es über die Tipparbeit hinaus noch eine weitere Herausforderung bei den Datenbankschemamigrationen.

Wenn man nach dem Anlegen der Datenbanksicht in der Kontextklasse eine Schemamigration angelegt, stellt man fest, dass Entity Framework Core nun unerwünschterweise eine Tabelle für die Pseudo-Entitätsklasse in der Datenbank anlegen möchte (siehe CreateTable() im nächsten Listing). Das ist insofern korrekt, als dass wir ja Entity Framework Core vorgegaukelt haben, dass "AbflugortGruppierung" eine Tabelle wäre. Gewünscht ist ein Anlegen einer Tabelle für das Gruppierungsergebnis aber nicht.

Listing: Entity Framework Core legt in der Schemamigration ein CreateTable() für die Pseudo-Entität an, was nicht erwünscht ist.

```
using Microsoft.EntityFrameworkCore.Migrations;
using System;
using System.Collections.Generic;

namespace DZ.Migrations
{
    public partial class v5_Gruppierungsergebnis : Migration
    {
        protected override void Up(MigrationBuilder migrationBuilder)
        {
            migrationBuilder.CreateTable(
                name: "AbflugortGruppierung",
                columns: table => new
                {
                    Abflugort = table.Column<string>(type: "nvarchar(450)", nullable: false),
                    AnzahlFluege = table.Column<int>(type: "int", nullable: false)
                },
                constraints: table =>
                {
                    table.PrimaryKey("PK_AbflugortGruppierung", x => x.Abflugort);
                });
        }
```

```
    protected override void Down(MigrationBuilder migrationBuilder)
    {
        migrationBuilder.DropTable(
            name: "AbflugortGruppierung");
    }
  }
}
```

Es gibt in dieser Situation drei Lösungsmöglichkeiten:

- Man lässt die Tabelle anlegen und verwendet sie einfach nicht.

- Man löscht das CreateTable() in der Up()-Methode und das korrespondierende DropTable() in Down() manuell aus der Migrationsklasse.

- Man trickst Entity Framework Core aus, sodass es beim Anlegen des Migrationsschrittes zur Entwicklungszeit die Entitätsklasse AbflugortStatistik ignoriert, zur Laufzeit aber nicht.

TRICK: Der Trick ist in dem folgenden Codefragment realisiert. Entity Framework Core instanziiert im Rahmen des Anlegens oder Löschens einer Schemamigration die Kontextklasse und ruft OnModelCreating() auf. Dies geschieht aber zur Entwicklungszeit nicht über den eigentlichen Startpunkt der Anwendung (dann würde ja die Anwendung starten), sondern über das Hosten der DLL mit der Kontextklasse in dem Kommandozeilenwerkzeug ef.exe. In OnModelCreating() prüft man daher, ob der aktuelle Prozess den Namen "ef" hat. Wenn ja, dann befinden wir uns nicht in der Laufzeit der Anwendung, sondern in der Entwicklungsumgebung und wollen die Datenbanksicht mit Ignore() ignorieren. Zur Laufzeit der Anwendung aber wird das Ignore() dann nicht ausgeführt und folglich ist eine Verwendung der Datenbanksicht über die Entitätsklasse möglich.

Listing: Entity Framework Core soll nur zur Entwicklungszeit die Entitätsklasse für die Datenbanksicht ignorieren

```
protected override void OnModelCreating(ModelBuilder modelBuilder)
{
    // Trick: die Pseudo-Entitätsklasse verbergen vor dem EF Migration Tool, damit es dafür
keine neue Tabelle anlegen will
    if (System.Diagnostics.Process.GetCurrentProcess().ProcessName.ToLower() == "ef")
    {
      modelBuilder.Ignore<AbflugortGruppierung>();
    }…
}
```

> **ALTERNATIVER TRICK:** Wem die Abfrage des Prozessnamens zu unsicher ist, weil Microsoft diesen Namen ja einmal ändern könnte, kann stattdessen auch einen Schalter in die Kontextklasse in Form eines statischen Attributs (z.B. IsRuntime) einbauen. Im Standard steht dieses IsRuntime auf false und sorgt für die Ignorierung der Pseudo-Entitätsklasse. Zur Laufzeit setzt man aber die Anwendung IsRuntime vor der ersten Instanziierung der Kontextklasse auf true.

Gruppierungen mit Datenbanksichten

Eine Modifikation der Lösung des GroupBy-Problems in Entity Framework Core 1.x und 2.0 ist die Verwendung von Datenbanksichten (Views). Hierbei definiert man eine Datenbanksicht, die die Gruppierung vornimmt und das Gruppierungsergebnis liefert.

Da diese Versionen von Entity Framework Core aber auch keine Datenbankviews unterstützen, ist immer noch der gleiche Trick mit einer Entitätsklasse anzuwenden, die dann das Datenbanksicht-Ergebnis repräsentiert. Wichtig ist dabei, dass man dann bei der Schemamigration nicht mehr die

Option hat, die Tabelle anlegen zu lassen, denn es gibt ja schon eine Datenbanksicht mit diesem Namen, was zu einem Namenskonflikt führen würde.

Details zur Nutzung von Datenbanksichten finden Sie im Kapitel "Abbildung von Datenbanksichten (Views)".

14.11   LINQ im RAM statt in der Datenbank (Client-Evaluation)

In Entity Framework Core 1.x und 2.x gab es ein Feature namens Client-Evaluation, das in der Projektpraxis große Probleme mit sich brachte. Entity Framework Core 1.x und 2.x konnten eine LINQ-Abfrage automatisch ganz oder teilweise im RAM ausführen statt in der Datenbank. Dies geschah vollautomatisch, d.h. oft, ohne dass es der Entwickler bemerkt hätte.

Bei der Abfrage

```
var q2 = (from f in ctx.FlugSet
            where f.FlugNr > 100
            && f.FreiePlaetze.ToString().Contains("1")
            orderby f.FlugNr
            select f).ToList();
```

fand in Entity Framework Core 1.x nur das Filtern über die FlugNr in der Datenbank statt. ToString().Contains() konnte Entity Framework Core offenbar nicht übersetzen und führt diese Bedingung im RAM aus. In Version 2.0 wird der ganze LINQ-Befehl in SQL übersetzt.

Die Abfrage

```
var q3 = from f in ctx.FlugSet
            where f.FreiePlaetze > 0 &&
            f.Datum > DateTime.Now.AddDays(10)
            orderby f.FlugNr
            select f;
```

konnte in Entity Framework Core 1.x AddDays() nicht übersetzt werden, sodass nur der Filter über die freien Plätze, nicht aber der Datumsfilter im Datenbankmanagementsystem stattfanden. In Entity Framework Core 2.0 ist auch dies behoben.

Die folgende Abfrage mit dem LINQ-Operator Union() fand leider auch in Entity Framework Core 2.1/2.2 noch im RAM statt:

```
var alleOrte = (from f in ctx.FlugSet select f.Abflugort).Union(from f in ctx.FlugSet select
f.Zielort).Count();
```

Obwohl hier ja nur eine Zahl gebraucht wird, wird von Entity Framework Core 2.x im Datenbankmanagementsystem ausgeführt:

```
SELECT [f].[Abflugort]
FROM [Flug] AS [f]
SELECT [f0].[Zielort]
FROM [Flug] AS [f0]
```

Dies ist seit Entity Framework Core 3.0 behoben. Nun wird zur Datenbank gesendet:

```
SELECT COUNT(*)
FROM (
    SELECT [f].[Abflugort]
    FROM [Betrieb].[Flug] AS [f]
    UNION
    SELECT [f0].[Zielort]
    FROM [Betrieb].[Flug] AS [f0]
```

```
) AS [t]
```

> **Hinweis:** Bei der Ausführung im RAM drohen jeweils erhebliche Performanceprobleme, weil viel zu viele Datensätze geladen werden. Entwickler können in eine schwere Falle laufen, wenn sie eine solche Abfrage verwenden und dann nicht mit einer großen Menge Datensätze testen, sodass das Performanceproblem erst beim Benutzer in der Praxis auftritt. Dies ist umso verwunderlicher, da Microsoft stets von "Big Data" redet, dann aber mit dem LINQ in Entity Framework Core ein Werkzeug zur Verfügung stellt, das in einigen Punkten gerade nicht Big Data-fähig ist.
>
> Möglich sind solche RAM-Operationen in Entity Framework Core überhaupt erst durch eine neue Provider-Architektur, die dem Provider die Entscheidung überlässt, bestimmte Operationen im RAM auszuführen. Microsoft nennt dies "Client-Evaluation".

Vor diesen Performanceproblemen konnten sich Softwareentwickler in Entity Framework Core 1.x/2,x schützen, indem sie die Client-Evaluation abschalten. Dies ist mit der Methode ConfigureWarnings() möglich, die das DbContextOptionsBuilder-Objekt bereitstellt, das der Entwickler in der OnConfiguring()-Methode erhält. Durch die nachstehende Konfiguration löste jede Client-Evaluation einen Laufzeitfehler (siehe Abbildung) aus. Im Standard protokollierte Entity Framework Core die Client-Evaluation nur (siehe Kapitel "Protokollierung").

```
protected override void OnConfiguring(DbContextOptionsBuilder builder)
{
    builder.UseSqlServer(connstring);
    builder.ConfigureWarnings(warnings => warnings.Throw(RelationalEventId.QueryClientEvaluati
onWarning));
}
```

```
337                          select t;
338
339        List<Flug> l2 = q2.Take(10).ToList();
340
341        Console.WriteLine("Anzahl: " + l2.Count
342
343        foreach (var f in l2)
```

> ! InvalidOperationException was unhandled   ×
>
> An unhandled exception of type 'System.InvalidOperationException' occurred in Microsoft.EntityFrameworkCore.dll
>
> Additional information: Warning as error exception for warning 'RelationalEventId.QueryClientEvaluationWarning': The LINQ expression '[f].FreiePlaetze.ToString().Contains('1')' could not be translated and will be evaluated locally. To suppress this Exception use the

Abbildung: Laufzeitfehler, der bei einer Client-Evaluation ausgelöst wird, wenn diese deaktiviert wurde

Seit Entity Framework Core 3.0 gibt es keine Client-Evaluation mehr. Der Aufzählungseintrag RelationalEventId.QueryClientEvaluationWarning existiert zwar noch, aber der Compiler meldet, dass er obsolet ist.

Wenn in Entity Framework Core seit Version 3.0 eine Abfrage nicht in SQL übersetzt werden kann, kommt es immer zum Laufzeitfehler. Der Text der Fehlermeldung war in Entity Framework Core 3.0 Preview 8 noch verbesserungswürdig (siehe Abbildung).

```
    var q4 = from f in ctx.Flug
             where f.FreiePlaetze > 0 &&
                   GetNumberOfDaysUntil(f.Datum) > 10
             orderby f.FlugNr
             select f;

    Console.WriteLine(q4.ToList());      ⊗
}

private static int GetNumberOfDaysUntil(DateTime t)
{
    return (t - DateTime.Now).Days;
}
```

> Exception Unhandled   ⇤ ×
>
> **System.InvalidOperationException**: 'Operation is not valid due to the current state of the object.'
>
> View Details | Copy Details | Start Live Share session...
> ▶ Exception Settings

Abbildung: Laufzeitfehler, der in Entity Framework Core 3.0 Preview 8 ausgelöst wird, wenn eine LINQ-Abfrage nicht in SQL übersetzt werden kann.

In der RTM-Version ist dies verbessert.

```
var q4a = from f in ctx.FlightSet
            where f.FreeSeats > 0 &&
                GetNumberOfDaysUntil(f.Date) > 10
            orderby f.FlightNo
            select f;

List<Flight> l4a = q4a.Take(10).ToList();  ⊗
```

```
Exception Unhandled                                                         ⇥ ✕
System.InvalidOperationException: 'The LINQ expression 'Where<Flight>(
    source: DbSet<Flight>,
    predicate: (f) => (Nullable<int>)f.FreeSeats > (Nullable<int>)0 && GetNumberOfDaysUntil(f.Date) > 10)'
could not be translated. Either rewrite the query in a form that can be translated, or switch to client
evaluation explicitly by inserting a call to either AsEnumerable(), AsAsyncEnumerable(), ToList(), or ToListAsync ▼

View Details | Copy Details | Start Live Share session...
▶ Exception Settings
```

Abbildung: Laufzeitfehler, der in Entity Framework Core seit Version 3.0 RTM ausgelöst wird, wenn eine LINQ-Abfrage nicht in SQL übersetzt werden kann.

14.12   Falsche Befehlsreihenfolge

Manchmal verursachen Softwareentwickler aber auch selbst den Fehler, dass Operationen im RAM statt im Datenbankmanagementsystem stattfinden. Im folgenden Listing wird zu früh ToList() aufgerufen; deshalb enthält die Variable query dann ein Objekt vom Typ List<Flug> statt IQueryable<Flug>. Daher finden die Filter nach Abflugort und Zielort sowie die Sortierung im RAM mit LINQ-to-Object statt.

> **Praxishinweis:** LINQ verwendet für Abfragen im RAM (LINQ-to-Objects) und LINQ in Entity Framework/Entity Framework Core die gleiche Syntax. Daher kann man einer Programmcodezeile nicht ansehen, ob sie im RAM oder im Datenbankmanagementsystem ausgeführt wird. Das hängt immer vom Datentyp der Grundmenge (also dem, was nach "in" in der LINQ-Abfrage steht) ab.

Listing: ToList() wird zu früh eingesetzt und führt zur Ausführung der folgenden Abfragen im RAM

```
public static void LINQ_CompositionWrongOrder()
{
  CUI.MainHeadline(nameof(LINQ_Composition));

  var departure = "";
  var destination = "Rome";

  // Create context instance
  using (var ctx = new WWWingsContext())
  {
   // Define query
   var query = (from x in ctx.FlightSet
     where x.FreeSeats > 0
     select x).ToList();

   // Conditional addition of further conditions
    if (!String.IsNullOrEmpty(departure)) query = query.Where(x => x.Departure ==
departure).ToList();
    if (!String.IsNullOrEmpty(destination)) query = query.Where(x => x.Destination ==
destination).ToList();

   // Sorting
   var querySorted = from x in query
     orderby x.Date, x.Departure
     select x;
```

```
// The query shoud execute here, but it is already executed
List<Flight> flightSet = querySorted.ToList();

// Count loaded objects
long c = flightSet.Count;
Console.WriteLine("Number of loaded flights: " + c);

// Print result
foreach (var f in flightSet)
{
  Console.WriteLine($"Flight Nr {f.FlightNo} from {f.Departure} to {f.Destination} has
{f.FreeSeats} free seats!");
}
} // End using-Block -> Dispose()
}
```

14.13   Eigene Funktionen in LINQ

Mit "Eigenen Funktionen" ist gemeint, dass eine selbst in C# geschriebene Methode in einem LINQ-Ausdruck aufgerufen wird. Hier ist die Unterstützung seit Entity Framework Core 3.0 anders als in Entity Framework Core 1.x und 2.x.

14.13.1   Eigene Funktionen in LINQ in Entity Framework Core 1.x und 2.x

Durch die Provider-Architektur in Entity Framework Core mit Client Evaluation erschließt sich auch die Möglichkeit, eigene Funktionen in LINQ-Abfragen einzubauen; ausgeführt wird dieser Teil der Abfrage dann aber natürlich im RAM. Die folgende Abfrage bindet die eigene Methode GetTage() ein. Auch in diesem Fall wird nur der Filter über die freien Plätze in der Datenbank ausgeführt.

Hinweis: Lokale Funktionen, die es seit C# 6.0 gibt, dürfen nicht in LINQ-Befehlen aufgerufen werden.

Listing: Eigene Funktionen in LINQ einbinden (Entity Framework Core 1.x und 2.x)

```
public static int GetTage(DateTime t)
{
 return (t - DateTime.Now).Days;
}
...
public static void LINQ_CustomFunction()
{
...
var q4 = from p3 in ctx.FlugSet
         where p3.FreiePlaetze > 0 &&
         GetTage(p3.Datum) > 10
         orderby p3.FlugNr
         select p3;
}
```

14.13.2   Eigene Funktionen in LINQ seit Entity Framework Core 3.0

Durch die Abschaffung der Client Evaluation in Entity Framework Core 3.0 wird der obige Programmcode nun nicht mehr ausgeführt. Es kommt zu einem Laufzeitfehler:

System.InvalidOperationException: 'The LINQ expression '(f) => (Nullable<int>)f.FreeSeats >
(Nullable<int>)0 && GetNumberOfDaysUntil(f.Date) > 10' could not be translated. Either rewrite
the query in a form that can be translated, or switch to client evaluation explicitly by inserting a
call to either AsEnumerable(), AsAsyncEnumerable(), ToList(), or ToListAsync(). See
https://go.microsoft.com/fwlink/?linkid=2101038 for more information.'

```
// Client Evaluation in v1.x/2.x, Exception in 3.x
var q4 = from f in ctx.FlightSet
         where f.FreeSeats > 0 &&
               GetNumberOfDaysUntil(f.Date) > 10
         orderby f.FlightNo
         select f;

List<Flight> l4 = q4.Take(10).ToList();  ⊗
```

> **Exception Unhandled**   ↤ X
>
> **System.InvalidOperationException:** 'The LINQ expression '(f) => (Nullable<int>)
> f.FreeSeats > (Nullable<int>)0 && GetNumberOfDaysUntil(f.Date) > 10' could not
> be translated. Either rewrite the query in a form that can be translated, or switch to
> client evaluation explicitly by inserting a call to either AsEnumerable(),
> AsAsyncEnumerable(), ToList(), or ToListAsync(). See https://go.microsoft.com/fwlink/?
> linkid=2101038 for more information.'

Abbildung: Fehler bei eigenen Funktionen seit Entity Framework Core 3.0

Die Lösung seit Entity Framework Core 3.0 besteht darin, vor dem Einsatz der eigenen Funktion
explizit AsEnumerable() aufzurufen und damit zu erreichen, dass die eigene Funktion im Rahmen
von LINQ-to-Objects im RAM ausgeführt wird.

> **Hintergrund:** Der Softwareentwickler muss nun mit dem Einsatz von AsEnumerable() selbst
> den Schnittpunkt definieren zwischen dem in der Datenbank und dem im RAM ausgeführten
> Teil der Abfrage. Dem Entwickler ist sein Handeln so deutlicher im Bewusstsein. Ihm muss klar
> sein, dass ein Abholen von mehr Datensätzen "teuer" sein kann.

Listing: Eigene Funktionen in LINQ einbinden (seit Entity Framework Core 3.0)

```
public static int GetNumberOfDaysUntil(DateTime t)
{
 return (t - DateTime.Now).Days;
}
...
public static void LINQ_CustomFunction()
{
...
var q4 = (from f in ctx.FlightSet
          where f.FreeSeats > 0
          orderby f.FlightNo
          select f);
var l4 = (from f in q4.AsEnumerable()
          where GetNumberOfDaysUntil(f.Date) > 10
          select f).ToList();
}
```

14.14 Kurzübersicht über die LINQ-Syntax

In diesem Kapitel werden kurz die wichtigsten Befehle der Language Integrated Query (LINQ) anhand von aussagekräftigen Beispielen vorgestellt. Alle Abfragen werden auf dem nachstehend dargestellten Objektmodell ausgeführt. Zu jeder dieser Klassen gibt es eine korrespondierende, gleichnamige Tabelle in der Datenbank.

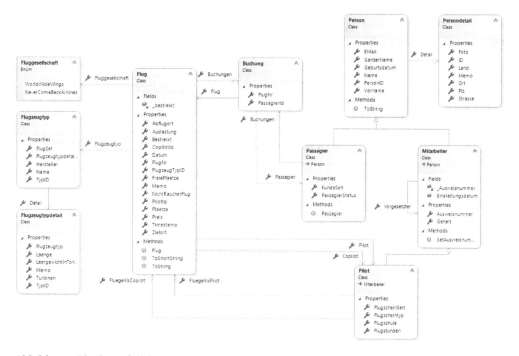

Abbildung: Objektmodell für die folgenden LINQ-Beispiele

Alle Befehle gehen von der vorherigen Instanziierung des Entity Framework Core-Kontextes aus

```
WWWingsContext ctx = new WWWingsContext();
```

Es wird jeweils neben dem LINQ-Befehl auch die alternative Lambda-Schreibweise sowie der resultierende SQL-Befehl dargestellt. Der resultierende SQL-Befehl ist immer gleich für die LINQ- und die Lambda-Schreibweise; er wird daher hier nur einmal abgedruckt.

> **Tipp:** Eine ausführlichere Beispielsammlung von 101 LINQ-Befehlen finden Sie hier:
> *https://code.msdn.microsoft.com/101-LINQ-Samples-3fb9811b*

14.14.1 Einfache SELECT-Befehle (Alle Datensätze)

Zur Umwandlung einer Abfrage in eine Objektmenge unterstützt Entity Framework Core ToArray(), ToList() und ToDictionary() sowie ToLookup().

```
CUI.Headline("Alle Datensätze als Array<T>");
Flug[] flugSet0a = (from f in ctx.FlugSet select f).ToArray();
Flug[] flugSet0b = ctx.FlugSet.ToArray();

CUI.Headline("Alle Datensätze als List<T>");
List<Flug> flugSet1a = (from f in ctx.FlugSet select f).ToList();
List<Flug> flugSet1b = ctx.FlugSet.ToList();
```

```
CUI.Headline("Alle Datensätze als Dictionary<T, T>");
Dictionary<int, Flug> flugSet2a = (from f in ctx.FlugSet select f).ToDictionary(f=>f.FlugNr,
f=>f);
Dictionary<int, Flug> flugSet2b = ctx.FlugSet.ToDictionary(f => f.FlugNr, f => f);

CUI.Headline("Alle Datensätze als ILookup<T, T>");
ILookup<int, Flug> flugSet2c = (from f in ctx.FlugSet select f).ToLookup(f => f.FlugNr, f =>
f);
ILookup<int, Flug> flugSet2d = ctx.FlugSet.ToLookup(f => f.FlugNr, f => f);
```

In allen acht Fällen wird zum Datenbankmanagementsystem gesendet:

```
SELECT [f].[FlugNr], [f].[Abflugort], [f].[Auslastung], [f].[Bestreikt],
[f].[CopilotId], [f].[FlugDatum], [f].[Fluggesellschaft], [f].[FlugzeugTypID],
[f].[FreiePlaetze], [f].[LetzteAenderung], [f].[Memo], [f].[NichtRaucherFlug],
[f].[PilotId], [f].[Plaetze], [f].[Preis], [f].[Timestamp], [f].[Zielort]
FROM [Flug] AS [f]
```

14.14.2   Bedingungen (where)

```
List<Flug> flugSet3a = (from f in ctx.FlugSet
                        where f.Abflugort == "Essen/Mülheim" &&
                        (f.Zielort.StartsWith("Rom") || f.Zielort.Contains("Paris"))
                        && f.FreiePlaetze > 0
                        select f)
                        .ToList();
List<Flug> flugSet3b = ctx.FlugSet.Where(f => f.Abflugort == "Essen/Mülheim" &&
                        (f.Zielort.StartsWith("Rom") || f.Zielort.Contains("Paris"))
                        && f.FreiePlaetze > 0)
                        .ToList();
SELECT [f].[FlugNr], [f].[Abflugort], [f].[Auslastung], [f].[Bestreikt],
[f].[CopilotId], [f].[FlugDatum], [f].[Fluggesellschaft], [f].[FlugzeugTypID],
[f].[FreiePlaetze], [f].[LetzteAenderung], [f].[Memo], [f].[NichtRaucherFlug],
[f].[PilotId], [f].[Plaetze], [f].[Preis], [f].[Timestamp], [f].[Zielort]
FROM [Flug] AS [f]
WHERE (([f].[Abflugort] = N'Essen/Mülheim') AND (([f].[Zielort] LIKE N'Rom' +
N'%' AND (LEFT([f].[Zielort], LEN(N'Rom')) = N'Rom')) OR (CHARINDEX(N'Paris',
[f].[Zielort]) > 0))) AND ([f].[FreiePlaetze] > 0)
```

14.14.3   Bedingungen mit Mengen (in)

```
List<string> Orte = new List<string>() { "Berlin", "Hamburg", "Köln", "Essen/Mülheim" };
List<Flug> flugSet4a = (from f in ctx.FlugSet
                        where Orte.Contains(f.Abflugort)
                        select f)
                        .ToList();
List<Flug> flugSet4b = ctx.FlugSet.Where(f => Orte.Contains(f.Abflugort)).ToList();
SELECT [f].[FlugNr], [f].[Abflugort], [f].[Auslastung], [f].[Bestreikt],
[f].[CopilotId], [f].[FlugDatum], [f].[Fluggesellschaft], [f].[FlugzeugTypID],
[f].[FreiePlaetze], [f].[LetzteAenderung], [f].[Memo], [f].[NichtRaucherFlug],
[f].[PilotId], [f].[Plaetze], [f].[Preis], [f].[Timestamp], [f].[Zielort]
FROM [Flug] AS [f]
WHERE [f].[Abflugort] IN (N'Berlin', N'Hamburg', N'Köln', N'Essen/Mülheim')
```

14.14.4   Sortierungen (orderby)

```
List<Flug> flugSet5a = (from f in ctx.FlugSet
                        where f.Abflugort == "Essen/Mülheim"
                        orderby f.Datum, f.Zielort, f.FreiePlaetze descending
```

```
                          select f).ToList();
List<Flug> flugSet5b = ctx.FlugSet.Where(f => f.Abflugort == "Essen/Mülheim")
                          .OrderBy(f => f.Datum)
                          .ThenBy(f => f.Zielort)
                          .ThenByDescending(f => f.FreiePlaetze)
                          .ToList();
SELECT [f].[FlugNr], [f].[Abflugort], [f].[Auslastung], [f].[Bestreikt],
[f].[CopilotId], [f].[FlugDatum], [f].[Fluggesellschaft], [f].[FlugzeugTypID],
[f].[FreiePlaetze], [f].[LetzteAenderung], [f].[Memo], [f].[NichtRaucherFlug],
[f].[PilotId], [f].[Plaetze], [f].[Preis], [f].[Timestamp], [f].[Zielort]
FROM [Flug] AS [f]
WHERE [f].[Abflugort] = N'Essen/Mülheim'
ORDER BY [f].[FlugDatum], [f].[Zielort], [f].[FreiePlaetze] DESC
```

14.14.5   Paging (Skip() und Take())

```
List<Flug> flugSet6a = (from f in ctx.FlugSet
                          where f.Abflugort == "Essen/Mülheim"
                          orderby f.Datum
                          select f).Skip(100).Take(10).ToList();
List<Flug> flugSet6b = ctx.FlugSet.Where(f => f.Abflugort == "Essen/Mülheim")
                          .OrderBy(f => f.Datum)
                          .Skip(100).Take(10).ToList();
```

Paging wird auf neueren Datenbankmanagementsystemen umgesetzt in Row Limiting Clauses. Für ältere Datenbankmanagementsysteme entstehen komplexere Abfrage mit rownumber()-Funktion.

```
SELECT [f].[FlugNr], [f].[Abflugort], [f].[Auslastung], [f].[Bestreikt],
[f].[CopilotId], [f].[FlugDatum], [f].[Fluggesellschaft], [f].[FlugzeugTypID],
[f].[FreiePlaetze], [f].[LetzteAenderung], [f].[Memo], [f].[NichtRaucherFlug],
[f].[PilotId], [f].[Plaetze], [f].[Preis], [f].[Timestamp], [f].[Zielort]
FROM [Flug] AS [f]
WHERE [f].[Abflugort] = N'Essen/Mülheim'
ORDER BY [f].[FlugDatum]
OFFSET @__p_0 ROWS FETCH NEXT @__p_1 ROWS ONLY
```

14.14.6   Projektion

```
List<Flug> flugSet7a = (from f in ctx.FlugSet
                          where f.Abflugort == "Essen/Mülheim"
                          orderby f.Datum
                          select new Flug()
                          {
                           FlugNr = f.FlugNr,
                           Datum = f.Datum,
                           Abflugort = f.Abflugort,
                           Zielort = f.Zielort,
                           FreiePlaetze = f.FreiePlaetze,
                           Timestamp = f.Timestamp
                          }).ToList();

List<Flug> flugSet7b = ctx.FlugSet
                          .Where(f => f.Abflugort == "Essen/Mülheim")
                          .OrderBy(f => f.Datum)
                          .Select(f => new Flug()
                          {
                           FlugNr = f.FlugNr,
                           Datum = f.Datum,
                           Abflugort = f.Abflugort,
```

```
                        Zielort = f.Zielort,
                        FreiePlaetze = f.FreiePlaetze,
                        Timestamp = f.Timestamp
                    }).ToList();
SELECT [f].[FlugNr], [f].[FlugDatum] AS [Datum], [f].[Abflugort], [f].[Zielort],
[f].[FreiePlaetze], [f].[Timestamp]
FROM [Flug] AS [f]
WHERE [f].[Abflugort] = N'Essen/Mülheim'
ORDER BY [Datum]
```

14.14.7   Aggregatfunktionen (Count(), Min(), Max(), Average(), Sum())

```
int agg1a = (from f in ctx.FlugSet select f).Count();
int? agg2a = (from f in ctx.FlugSet select f).Sum(f => f.FreiePlaetze);
int? agg3a = (from f in ctx.FlugSet select f).Min(f => f.FreiePlaetze);
int? agg4a = (from f in ctx.FlugSet select f).Max(f => f.FreiePlaetze);
double? agg5a = (from f in ctx.FlugSet select f).Average(f => f.FreiePlaetze);


int agg1b = ctx.FlugSet.Count();
int? agg2b = ctx.FlugSet.Sum(f => f.FreiePlaetze);
int? agg3b = ctx.FlugSet.Min(f => f.FreiePlaetze);
int? agg4b = ctx.FlugSet.Max(f => f.FreiePlaetze);
double? agg5b = ctx.FlugSet.Average(f => f.FreiePlaetze);
SELECT COUNT(*)
FROM [Flug] AS [f]


SELECT SUM([f].[FreiePlaetze])
FROM [Flug] AS [f]


SELECT MIN([f].[FreiePlaetze])
FROM [Flug] AS [f]


SELECT MAX([f].[FreiePlaetze])
FROM [Flug] AS [f]


SELECT AVG(CAST([f].[FreiePlaetze] AS float))
FROM [Flug] AS [f]
```

14.14.8   Gruppierungen (GroupBy)

```
var group1a = (from f in ctx.FlugSet
                  group f by f.Abflugort into g
                  select new { Ort = g.Key, Anzahl = g.Count(), Sum = g.Sum(f =>
f.FreiePlaetze), Avg = g.Average(f => f.FreiePlaetze) })
                  .ToList();

var group1b = ctx.FlugSet
                  .GroupBy(f => f.Abflugort)
                  .Select(g => new
                  {
                  Ort = g.Key,
                  Anzahl = g.Count(),
                  Sum = g.Sum(f => f.FreiePlaetze),
                  Avg = g.Average(f => f.FreiePlaetze)
                  }).ToList();
```

> **Hinweis:** LINQ-Gruppierungen werden in Entity Framework Core auch in Version 2.0 noch im RAM ausgeführt. Erst seit Version 2.1 werden diese z.T. korrekt in SQL übersetzt werden. Gruppierungen sollte man daher in den EF Core-Versionen 1.0 bis 2.0 direkt in SQL formulieren. Auch in Version 2.1/2.2 sollte man prüfen, ob eine Gruppierung wirklich in der Datenbank ausgeführt wird.

Das Datenbankmanagementsystem erhält auch in EF Core 2.1/2.2 noch folgenden Befehl:

```
SELECT [f0].[FlugNr], [f0].[Abflugort], [f0].[Auslastung], [f0].[Bestreikt],
[f0].[CopilotId], [f0].[FlugDatum], [f0].[Fluggesellschaft],
[f0].[FlugzeugTypID], [f0].[FreiePlaetze], [f0].[LetzteAenderung], [f0].[Memo],
[f0].[NichtRaucherFlug], [f0].[PilotId], [f0].[Plaetze], [f0].[Preis],
[f0].[Timestamp], [f0].[Zielort]
FROM [Flug] AS [f0]
ORDER BY [f0].[Abflugort]
```

14.14.9   Einzelobjekte (SingleOrDefault(), FirstOrDefault())

```
Flug flug1a = (from f in ctx.FlugSet select f).SingleOrDefault(f => f.FlugNr == 101);
Flug flug1b = ctx.FlugSet.SingleOrDefault(f => f.FlugNr == 101);
SELECT TOP(2) [f].[FlugNr], [f].[Abflugort], [f].[Auslastung], [f].[Bestreikt],
[f].[CopilotId], [f].[FlugDatum], [f].[Fluggesellschaft], [f].[FlugzeugTypID],
[f].[FreiePlaetze], [f].[LetzteAenderung], [f].[Memo], [f].[NichtRaucherFlug],
[f].[PilotId], [f].[Plaetze], [f].[Preis], [f].[Timestamp], [f].[Zielort]
FROM [Flug] AS [f]
WHERE [f].[FlugNr] = 101
Flug flug2a = (from f in ctx.FlugSet
               where f.FreiePlaetze > 0
               orderby f.Datum
               select f).FirstOrDefault();
Flug flug2b = ctx.FlugSet
               .Where(f => f.FreiePlaetze > 0)
               .OrderBy(f => f.Datum)
               .FirstOrDefault();
SELECT TOP(1) [f].[FlugNr], [f].[Abflugort], [f].[Auslastung], [f].[Bestreikt],
[f].[CopilotId], [f].[FlugDatum], [f].[Fluggesellschaft], [f].[FlugzeugTypID],
[f].[FreiePlaetze], [f].[LetzteAenderung], [f].[Memo], [f].[NichtRaucherFlug],
[f].[PilotId], [f].[Plaetze], [f].[Preis], [f].[Timestamp], [f].[Zielort]
FROM [Flug] AS [f]
WHERE [f].[FreiePlaetze] > 0
ORDER BY [f].[FlugDatum]
```

14.14.10   Verbundene Objekte (Include())

```
List<Flug> flugDetailsSet1a = (from f in ctx.FlugSet
               .Include(f => f.Pilot)
               .Include(f => f.Buchungen).ThenInclude(b => b.Passagier)
               where f.Abflugort == "Essen/Mülheim"
               orderby f.Datum
               select f)
               .ToList();

List<Flug> flugDetailsSet1b = ctx.FlugSet
               .Include(f => f.Pilot)
               .Include(f => f.Buchungen).ThenInclude(b => b.Passagier)
               .Where(f => f.Abflugort == "Essen/Mülheim")
               .OrderBy(f => f.Datum)
                    .ToList();
```

Hinweis: Entity Framework Core führt hier direkt nacheinander zwei SQL-Befehle aus, um Joins zu vermeiden.

```
SELECT [f].[FlugNr], [f].[Abflugort], [f].[Auslastung], [f].[Bestreikt],
[f].[CopilotId], [f].[FlugDatum], [f].[Fluggesellschaft], [f].[FlugzeugTypID],
[f].[FreiePlaetze], [f].[LetzteAenderung], [f].[Memo], [f].[NichtRaucherFlug],
[f].[PilotId], [f].[Plaetze], [f].[Preis], [f].[Timestamp], [f].[Zielort],
[f.Pilot].[PersonID], [f.Pilot].[Ausweisnummer], [f.Pilot].[DetailID],
[f.Pilot].[Discriminator], [f.Pilot].[EMail], [f.Pilot].[Geburtsdatum],
[f.Pilot].[Gehalt], [f.Pilot].[Name], [f.Pilot].[VorgesetzterPersonID],
[f.Pilot].[Vorname], [f.Pilot].[FlugscheinSeit], [f.Pilot].[Flugscheintyp],
[f.Pilot].[Flugschule], [f.Pilot].[Flugstunden]
FROM [Flug] AS [f]
INNER JOIN [Mitarbeiter] AS [f.Pilot] ON [f].[PilotId] = [f.Pilot].[PersonID]
WHERE ([f.Pilot].[Discriminator] = N'Pilot') AND ([f].[Abflugort] =
N'Essen/Mülheim')
ORDER BY [f].[FlugDatum], [f].[FlugNr]


SELECT [f.Buchungen].[FlugNr], [f.Buchungen].[PassagierId],
[b.Passagier].[PersonID], [b.Passagier].[DetailID], [b.Passagier].[EMail],
[b.Passagier].[Geburtsdatum], [b.Passagier].[KundeSeit], [b.Passagier].[Name],
[b.Passagier].[PassagierStatus], [b.Passagier].[Vorname]
FROM [Buchung] AS [f.Buchungen]
INNER JOIN [Passagier] AS [b.Passagier] ON [f.Buchungen].[PassagierId] =
[b.Passagier].[PersonID]
INNER JOIN (
    SELECT DISTINCT [f0].[FlugNr], [f0].[FlugDatum]
    FROM [Flug] AS [f0]
    INNER JOIN [Mitarbeiter] AS [f.Pilot0] ON [f0].[PilotId] =
[f.Pilot0].[PersonID]
    WHERE ([f.Pilot0].[Discriminator] = N'Pilot') AND ([f0].[Abflugort] =
N'Essen/Mülheim')
) AS [t] ON [f.Buchungen].[FlugNr] = [t].[FlugNr]
ORDER BY [t].[FlugDatum], [t].[FlugNr]
```

14.14.11   Inner Join (Join)

Explizite Join-Operationen sind nicht notwendig, wenn es Navigationsbeziehungen gibt (vgl. "Verbundene Objekte"). Im nachfolgenden Beispiel werden, um einen Fall ohne Navigationsbeziehung zu konstruieren, alle Flüge gesucht, die die gleiche ID wie ein Pilot haben.

```
var flugDetailsSet2a = (from f in ctx.FlugSet
                join p in ctx.PilotSet
                on f.FlugNr equals p.PersonID
                select new { Nr = f.FlugNr, Flug = f, Pilot = p })
                    .ToList();

var flugDetailsSet2b = ctx.FlugSet
                    .Join(ctx.PilotSet, f => f.FlugNr, p => p.PersonID,
                    (f, p) => new { Nr = f.FlugNr, Flug = f, Pilot = p })
                    .ToList();
SELECT [f].[FlugNr], [f].[Abflugort], [f].[Auslastung], [f].[Bestreikt],
[f].[CopilotId], [f].[FlugDatum], [f].[Fluggesellschaft], [f].[FlugzeugTypID],
[f].[FreiePlaetze], [f].[LetzteAenderung], [f].[Memo], [f].[NichtRaucherFlug],
[f].[PilotId], [f].[Plaetze], [f].[Preis], [f].[Timestamp], [f].[Zielort],
[p].[PersonID], [p].[Ausweisnummer], [p].[DetailID], [p].[Discriminator],
[p].[EMail], [p].[Geburtsdatum], [p].[Gehalt], [p].[Name],
```

```
[p].[VorgesetzterPersonID], [p].[Vorname], [p].[FlugscheinSeit],
[p].[Flugscheintyp], [p].[Flugschule], [p].[Flugstunden]
FROM [Flug] AS [f]
INNER JOIN [Mitarbeiter] AS [p] ON [f].[FlugNr] = [p].[PersonID]
WHERE [p].[Discriminator] = N'Pilot'
```

14.14.12   Cross Join (Kartesisches Produkt)

```
var flugDetailsSet3a =(from f in ctx.FlugSet
                     from b in ctx.BuchungSet
                     from p in ctx.PassagierSet
                     where f.FlugNr == b.FlugNr
                         && b.PassagierId == p.PersonID && f.Abflugort == "Rom"
                     select new { Flug = f, Passagiere = p })
                         .ToList();


var flugDetailsSet3b = ctx.FlugSet
     .SelectMany(f => ctx.BuchungSet, (f, b) => new  { f = f,  b = b})
     .SelectMany(z => ctx.PassagierSet, (x, p) => new {x = x, p = p})
     .Where(y => ((y.x.f.FlugNr == y.x.b.FlugNr) &&
         (y.x.b.PassagierId == y.p.PersonID)) && y.x.f.Abflugort == "Rom")
     .Select(z => new {Flug = z.x.f, Passagiere = z.p } )
     .ToList();
SELECT [f].[FlugNr], [f].[Abflugort], [f].[Auslastung], [f].[Bestreikt],
[f].[CopilotId], [f].[FlugDatum], [f].[Fluggesellschaft], [f].[FlugzeugTypID],
[f].[FreiePlaetze], [f].[LetzteAenderung], [f].[Memo], [f].[NichtRaucherFlug],
[f].[PilotId], [f].[Plaetze], [f].[Preis], [f].[Timestamp], [f].[Zielort],
[p].[PersonID], [p].[DetailID], [p].[EMail], [p].[Geburtsdatum], [p].[KundeSeit],
[p].[Name], [p].[PassagierStatus], [p].[Vorname]
FROM [Flug] AS [f]
CROSS JOIN [Buchung] AS [b]
CROSS JOIN [Passagier] AS [p]
WHERE ((([f].[FlugNr] = [b].[FlugNr]) AND ([b].[PassagierId] = [p].[PersonID]))
AND ([f].[Abflugort] = N'Rom')
```

14.14.13   Join mit Gruppierung

```
var flugDetailsSet4a = (from b in ctx.BuchungSet
             join f in ctx.FlugSet on b.FlugNr equals f.FlugNr
             join p in ctx.PassagierSet on b.PassagierId equals p.PersonID
             where f.Abflugort == "Berlin"
             group b by b.Flug into g
             select new { Flug = g.Key, Passagiere = g.Select(x => x.Passagier) })
             .ToList();


var flugDetailsSet4b = ctx.BuchungSet
     .Join(ctx.FlugSet, b => b.FlugNr, f => f.FlugNr, (b, f) => new { b = b, f = f })
     .Join(ctx.PassagierSet, x => x.b.PassagierId, p => p.PersonID, (x, p)
         => new { x = x, p = p })
     .Where(z => (z.x.f.Abflugort == "Berlin"))
     .GroupBy(y => y.x.b.Flug, y => y.x.b)
     .Select(g => new { Flug = g.Key,
         Passagiere = g.Select(x => x.Passagier) })
     .ToList();
SELECT [b0].[FlugNr], [b0].[PassagierId], [b.Flug0].[FlugNr],
[b.Flug0].[Abflugort], [b.Flug0].[Auslastung], [b.Flug0].[Bestreikt],
[b.Flug0].[CopilotId], [b.Flug0].[FlugDatum], [b.Flug0].[Fluggesellschaft],
[b.Flug0].[FlugzeugTypID], [b.Flug0].[FreiePlaetze], [b.Flug0].[LetzteAenderung],
[b.Flug0].[Memo], [b.Flug0].[NichtRaucherFlug], [b.Flug0].[PilotId],
```

```
[b.Flug0].[Plaetze], [b.Flug0].[Preis], [b.Flug0].[Timestamp],
[b.Flug0].[Zielort], [f0].[FlugNr], [f0].[Abflugort], [f0].[Auslastung],
[f0].[Bestreikt], [f0].[CopilotId], [f0].[FlugDatum], [f0].[Fluggesellschaft],
[f0].[FlugzeugTypID], [f0].[FreiePlaetze], [f0].[LetzteAenderung], [f0].[Memo],
[f0].[NichtRaucherFlug], [f0].[PilotId], [f0].[Plaetze], [f0].[Preis],
[f0].[Timestamp], [f0].[Zielort], [p0].[PersonID], [p0].[DetailID], [p0].[EMail],
[p0].[Geburtsdatum], [p0].[KundeSeit], [p0].[Name], [p0].[PassagierStatus],
[p0].[Vorname]
FROM [Buchung] AS [b0]
INNER JOIN [Flug] AS [b.Flug0] ON [b0].[FlugNr] = [b.Flug0].[FlugNr]
INNER JOIN [Flug] AS [f0] ON [b0].[FlugNr] = [f0].[FlugNr]
INNER JOIN [Passagier] AS [p0] ON [b0].[PassagierId] = [p0].[PersonID]
ORDER BY [b.Flug0].[FlugNr]
```

14.14.14 Unter-Abfragen (Sub-Select)

> **Achtung:** Unterabfragen werden sowohl bei Entity Framework als auch Entity Framework Core einzeln für jeden Ergebnisdatensatz der Hauptabfrage zum Datenbankmanagementsystem gesendet! Dies kann zu erheblichen Leistungsproblemen führen! Seit Entity Framework Core 3.0 entsteht hier ein SQL-Befehl.

```
List<Flug> flugDetailsSet5a = (from f in ctx.FlugSet
        where f.FlugNr == 101
        select new Flug()          {
        FlugNr = f.FlugNr,
        Datum = f.Datum,
        Abflugort = f.Abflugort,
        Zielort = f.Zielort,
        Pilot = (from p in ctx.PilotSet where
                 p.PersonID == f.PilotId select p)
                .FirstOrDefault(),
        Copilot = (from p in ctx.PilotSet where
                  p.PersonID == f.CopilotId select p)
                 .FirstOrDefault(),
        }).ToList();

List<Flug> flugDetailsSet5b = ctx.FlugSet
   .Where(f => f.FlugNr == 101)
   .Select(f =>new Flug()           {
        FlugNr = f.FlugNr,
        Datum = f.Datum,
        Abflugort = f.Abflugort,
        Zielort = f.Zielort,
        Pilot = ctx.PilotSet
            .Where(p => (p.PersonID == f.PilotId))
           .FirstOrDefault(),
        Copilot = ctx.PilotSet
            .Where(p => (p.PersonID) == f.CopilotId)
           .FirstOrDefault()
        }).ToList();
```

Entstehende SQL-Befehle in Entity Framework Core 1.x und 2.x:

```
SELECT [f].[FlugNr], [f].[FlugDatum] AS [Datum], [f].[Abflugort], [f].[Zielort],
[f].[FreiePlaetze], [f].[Timestamp], [f].[PilotId], [f].[CopilotId]
FROM [Flug] AS [f]
WHERE [f].[FlugNr] = 101
```

```
SELECT TOP(1) [p].[PersonID], [p].[Ausweisnummer], [p].[DetailID],
[p].[Discriminator], [p].[EMail], [p].[Geburtsdatum], [p].[Gehalt], [p].[Name],
[p].[VorgesetzterPersonID], [p].[Vorname], [p].[FlugscheinSeit],
[p].[Flugscheintyp], [p].[Flugschule], [p].[Flugstunden]
FROM [Mitarbeiter] AS [p]
WHERE (([p].[Discriminator] = N'Pilot') AND ([p].[PersonID] = @_outer_PilotId)

SELECT TOP(1) [p0].[PersonID], [p0].[Ausweisnummer], [p0].[DetailID],
[p0].[Discriminator], [p0].[EMail], [p0].[Geburtsdatum], [p0].[Gehalt],
[p0].[Name], [p0].[VorgesetzterPersonID], [p0].[Vorname], [p0].[FlugscheinSeit],
[p0].[Flugscheintyp], [p0].[Flugschule], [p0].[Flugstunden]
FROM [Mitarbeiter] AS [p0]
WHERE (([p0].[Discriminator] = N'Pilot') AND ([p0].[PersonID] = @_outer_CopilotId)
```

Entstehender SQL-Befehl in Entity Framework Core seit Version 3.x:

```
SELECT [f].[FlightNo], [f].[FlightDate], [f].[Departure], [f].[Destination],
[f].[FreeSeats], [f].[Timestamp], [t0].[PersonID], [t0].[DayOfBirth],
[t0].[DetailID], [t0].[Discriminator], [t0].[EMail], [t0].[GivenName],
[t0].[Guid], [t0].[PassportNumber], [t0].[Planet], [t0].[Salary],
[t0].[SupervisorPersonID], [t0].[Surname], [t0].[FlightHours],
[t0].[FlightSchool], [t0].[LicenseDate], [t0].[PilotLicenseType],
[t2].[PersonID], [t2].[DayOfBirth], [t2].[DetailID], [t2].[Discriminator],
[t2].[EMail], [t2].[GivenName], [t2].[Guid], [t2].[PassportNumber],
[t2].[Planet], [t2].[Salary], [t2].[SupervisorPersonID], [t2].[Surname],
[t2].[FlightHours], [t2].[FlightSchool], [t2].[LicenseDate],
[t2].[PilotLicenseType]
FROM [WWWings].[Flight] AS [f]
LEFT JOIN (
    SELECT [t].[PersonID], [t].[DayOfBirth], [t].[DetailID], [t].[Discriminator],
[t].[EMail], [t].[GivenName], [t].[Guid], [t].[PassportNumber], [t].[Planet],
[t].[Salary], [t].[SupervisorPersonID], [t].[Surname], [t].[FlightHours],
[t].[FlightSchool], [t].[LicenseDate], [t].[PilotLicenseType]
    FROM (
        SELECT [e].[PersonID], [e].[DayOfBirth], [e].[DetailID],
[e].[Discriminator], [e].[EMail], [e].[GivenName], [e].[Guid],
[e].[PassportNumber], [e].[Planet], [e].[Salary], [e].[SupervisorPersonID],
[e].[Surname], [e].[FlightHours], [e].[FlightSchool], [e].[LicenseDate],
[e].[PilotLicenseType], ROW_NUMBER() OVER(PARTITION BY [e].[PersonID] ORDER BY
[e].[PersonID]) AS [row]
        FROM [WWWings].[Employee] AS [e]
        WHERE [e].[Discriminator] = N'Pilot'
    ) AS [t]
    WHERE [t].[row] <= 1
) AS [t0] ON [f].[PilotId] = [t0].[PersonID]
LEFT JOIN (
    SELECT [t1].[PersonID], [t1].[DayOfBirth], [t1].[DetailID],
[t1].[Discriminator], [t1].[EMail], [t1].[GivenName], [t1].[Guid],
[t1].[PassportNumber], [t1].[Planet], [t1].[Salary], [t1].[SupervisorPersonID],
[t1].[Surname], [t1].[FlightHours], [t1].[FlightSchool], [t1].[LicenseDate],
[t1].[PilotLicenseType]
    FROM (
        SELECT [e0].[PersonID], [e0].[DayOfBirth], [e0].[DetailID],
[e0].[Discriminator], [e0].[EMail], [e0].[GivenName], [e0].[Guid],
[e0].[PassportNumber], [e0].[Planet], [e0].[Salary], [e0].[SupervisorPersonID],
[e0].[Surname], [e0].[FlightHours], [e0].[FlightSchool], [e0].[LicenseDate],
[e0].[PilotLicenseType], ROW_NUMBER() OVER(PARTITION BY [e0].[PersonID] ORDER BY
[e0].[PersonID]) AS [row]
        FROM [WWWings].[Employee] AS [e0]
```

```
    WHERE [e0].[Discriminator] = N'Pilot'
  ) AS [t1]
    WHERE [t1].[row] <= 1
) AS [t2] ON [f].[CopilotId] = [t2].[PersonID]
WHERE [f].[FlightNo] = 101
```

14.15   Lokaler Objektzwischenspeicher in der Kontextklasse (First Level Cache)

Entity Framework Core besitzt genau wie das klassisches Entity Framework einen First-Level-Cache. Dies ist ein Zwischenspeicher innerhalb der Kontextinstanz. In diesen Zwischenspeicher werden im Standard alle materialisierten Objekte verwahrt. Sie verbleiben in diesem Zwischenspeicher, auch wenn es im Programmcode keinen Verweis mehr auf das Objekt gibt. Dies veranschaulicht das folgende Beispiel. Die Funktionsweise des First-Level-Cache verdeutlich die folgende Abbildung.

Dies gilt für alle Entitätsobjekte, die im Tracking-Modus materialisiert wurden. Es gilt nicht für im No-Tracking-Modus materialisierte Objekte (vgl. Kapitel "Leistungsoptimierung") sowie andere Fälle, in denen die Objekte im Zustand "Detached" geladen werden, z.B. Projektionen und Laden von schlüssellosen Entitäten (Keyless Entities, früher: Query Types).

> **Leitsätze:** Die Kontextklasse besitzt einen lokalen Zwischenspeicher (First Level Cache), in dem im Standard ein Verweis auf jedes materialisierte Objekt gehalten wird, solange die Kontextklasseninstanz lebt.
>
> Der lokale Zwischenspeicher hat immer Vorrang vor dem Inhalt der Datenbank. Wenn ein Objekt im Kontext-Cache ist, wird es innerhalb der Kontextinstanz durch eine Ladeoperation (LINQ, SQL, Stored Procedure etc.) niemals ersetzt, egal, ob der Datensatz in der Datenbank älter oder neuer ist.

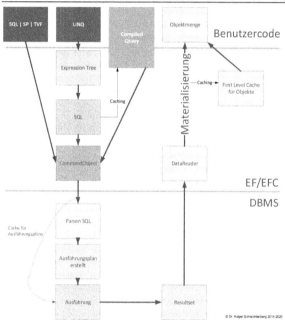

Abbildung: First-Level-Cache in Entity Framework Core

14.15.1 Wirkung des Zwischenspeichers

Das folgende Listing zeigt die Auswirkung des Zwischenspeichers:

- Es werden einige Flüge geladen mit ToList().

- Es wird dann ein Flug geladen mit der Methode Find() über den Primärschlüssel. Da Find() zuerst im lokalen Cache nach dem Objekt sucht und es dort findet, gibt es keine Datenbankabfrage. Der Benutzer bekommt also stets das alte Objekt. Find() geht nur zur Datenbank, wenn das Objekt noch nicht im Cache ist.

- Dann wird der gleiche Flug geladen mit SingleOrDefault() und FirstOrDefault(). Es gibt hier jeweils eine Datenbankabfrage. Man könnte denken, das Objekt wäre damit neu aus der

Datenbank geladen worden. Das ist aber nicht richtig, wie sich gleich herausstellen wird (man könnte das auch hier schon erkennen, wenn man den Datensatz in der Datenbank zwischen der Ausführung von ToList() und SingleOrDefault() bzw. FirstOrDefault() verändert hätte).

- Nun wird das Objekt im RAM geändert. Die Anzahl der freien Plätzen wird um 10 von 246 auf 236 reduziert. Die Änderung erfolgt nur im RAM, wird also noch nicht persistiert, d.h. in der Datenbank stehen weiterhin 246 freie Plätze!

- Ein erneutes Find() fragt (nun erwartungsgemäß!) wieder NICHT die Datenbank, sondern liefert das Objekt aus dem RAM mit 236 freien Plätzen.

- Nun aber kommt die Erkenntnis zu SingleOrDefault() und FirstOrDefault(): Beide führen zwar Datenbankabfragen aus, liefern aber dennoch das Objekt aus dem lokalen Cache mit 236 freien Plätzen, statt dem Stand 246 aus der Datenbank. Dies bedeutet: Die Abfrageergebnisse (die zwei Resultsets) worden verworfen. Analog arbeiten Single() und First().

Hinweis: Es war die Design-Entscheidung von Microsoft, den Objekten im RAM Vorrang zu geben. Es stellt sich aber die Frage, warum SingleOrDefault(), Single(), FirstOrDefault() und First() überhaupt die Datenbankabfrage lossenden, wenn sie das Ergebnis dann verwerfen. Dies kann man nur damit erklären, dass hier eine Optimierung für einen Sonderfall fehlt. Grundsätzlich kann mit den vorgenannten Operationen ja über beliebige Kriterien abfragen und das Datenbankmanagementsystem entscheidet, welches Objekt sie auf diese Kriterien liefert. Dass das Objekt, das den Kriterien entspricht, sicher schon im RAM ist, weiß man lediglich im Fall von Abfragen über den Primärschlüssel oder alternative eindeutige Schlüsselspalten. Da Microsoft aber nicht prüft, ob die Kriterien über solche Schlüssel gehen, gibt es immer eine Datenbankabfrage, auch wenn diese dann im Fall der Abfrage von Schlüsseln überflüssig ist. Vermeiden kann man diesen unnötigen Rundgang zum Datenbankmanagementsystem durch den Einsatz von Find().

Listing: Auswirkungen des Cache

```
public static void LoadModifiedObjectAgain()
  {
  //Preparation
  DataGenerator.MakeSureFlightExists(123);

  CUI.MainHeadline(nameof(LoadModifiedObjectAgain));
  using (var ctx1 = new DA.WWWingsContext())
  {
  ctx1.Log();

  // Load some flights
  CUI.Headline("Load some flights with ToList()");
  ctx1.FlightSet.Where(x => x.FlightNo > 120).Take(10).ToList();

  // Load one flight again
  CUI.Headline("Load one flight with Find()");
  var flight1 = ctx1.FlightSet.Find(123);
  Console.WriteLine(flight1);
  CUI.Headline("Load one flight with SingleOrDefault()");
  var flight2 = ctx1.FlightSet.SingleOrDefault(x => x.FlightNo == 123);
  Console.WriteLine(flight2);
  CUI.Headline("Load one flight with FirstOrDefault()");
  var flight3 = ctx1.FlightSet.FirstOrDefault(x => x.FlightNo == 123);
  Console.WriteLine(flight3);

  CUI.Headline("Changing...");
  flight1.FreeSeats -= 10;
```

```
Console.WriteLine("Flight after change: " + flight1);
// SabveChanges() is missing :-(

// Optional: Force loading object from database!
//CUI.Headline("Reload...");
//ctx1.Entry(flight3).Reload();

// Load this flight another time
CUI.Headline("Load one flight with Find");
var flight4 = ctx1.FlightSet.Find(123);
Console.WriteLine(flight4);
CUI.Headline("Load one flight with SingleOrDefault");
var flight5 = ctx1.FlightSet.SingleOrDefault(x => x.FlightNo == 123);
Console.WriteLine(flight5);
CUI.Headline("Load one flight with FirstOrDefault");
var flight6 = ctx1.FlightSet.FirstOrDefault(x => x.FlightNo == 123);
Console.WriteLine(flight6);
}
```

```
Select LoadModifiedObjectAgain                                                    -    □    ×
LoadModifiedObjectAgain
Load some flights with ToList()
001:Debug #20100 Microsoft.EntityFrameworkCore.Database.Command.CommandExecuting:Executing DbCommand
 [Parameters=[@__p_0='?' (DbType = Int32)], CommandType='Text', CommandTimeout='30']
SELECT TOP(@__p_0) [x].[FlightNo], [x].[AircraftTypeID], [x].[AirlineCode], [x].[CopilotId], [x].[Fl
ightDate], [x].[Departure], [x].[Destination], [x].[FreeSeats], [x].[LastChange], [x].[Memo], [x].[N
onSmokingFlight], [x].[PilotId], [x].[Price], [x].[Seats], [x].[Strikebound], [x].[Timestamp], [x].[
Utilization]
FROM [WWWings].[Flight] AS [x]
WHERE [x].[FlightNo] > 120
Load one flight with Find()
Flight #123: from Dallas to Rome on 14.10.19 17:53: 216 free Seats.
Load one flight with SingleOrDefault()
002:Debug #20100 Microsoft.EntityFrameworkCore.Database.Command.CommandExecuting:Executing DbCommand
 [Parameters=[], CommandType='Text', CommandTimeout='30']
SELECT TOP(2) [x].[FlightNo], [x].[AircraftTypeID], [x].[AirlineCode], [x].[CopilotId], [x].[FlightD
ate], [x].[Departure], [x].[Destination], [x].[FreeSeats], [x].[LastChange], [x].[Memo], [x].[NonSmo
kingFlight], [x].[PilotId], [x].[Price], [x].[Seats], [x].[Strikebound], [x].[Timestamp], [x].[Utili
zation]
FROM [WWWings].[Flight] AS [x]
WHERE [x].[FlightNo] = 123
Flight #123: from Dallas to Rome on 14.10.19 17:53: 216 free Seats.
Load one flight with FirstOrDefault()
003:Debug #20100 Microsoft.EntityFrameworkCore.Database.Command.CommandExecuting:Executing DbCommand
 [Parameters=[], CommandType='Text', CommandTimeout='30']
SELECT TOP(1) [x].[FlightNo], [x].[AircraftTypeID], [x].[AirlineCode], [x].[CopilotId], [x].[FlightD
ate], [x].[Departure], [x].[Destination], [x].[FreeSeats], [x].[LastChange], [x].[Memo], [x].[NonSmo
kingFlight], [x].[PilotId], [x].[Price], [x].[Seats], [x].[Strikebound], [x].[Timestamp], [x].[Utili
zation]
FROM [WWWings].[Flight] AS [x]
WHERE [x].[FlightNo] = 123
Flight #123: from Dallas to Rome on 14.10.19 17:53: 216 free Seats.
```

Abbildung: Ausgabe des vorherigen Listings (Teil 1)

```
LoadModifiedObjectAgain                                              -  □  ×
Changing...
Flight after change: Flight #123: from Dallas to Rome on 14.10.19 17:53: 206 free Seats.
Load one flight with Find
Flight #123: from Dallas to Rome on 14.10.19 17:53: 206 free Seats.
Load one flight with SingleOrDefault
004:Debug #20100 Microsoft.EntityFrameworkCore.Database.Command.CommandExecuting:Executing DbCommand
 [Parameters=[], CommandType='Text', CommandTimeout='30']
SELECT TOP(2) [x].[FlightNo], [x].[AircraftTypeID], [x].[AirlineCode], [x].[CopilotId], [x].[FlightD
ate], [x].[Departure], [x].[Destination], [x].[FreeSeats], [x].[LastChange], [x].[Memo], [x].[NonSmo
kingFlight], [x].[PilotId], [x].[Price], [x].[Seats], [x].[Strikebound], [x].[Timestamp], [x].[Utili
zation]
FROM [WWWings].[Flight] AS [x]
WHERE [x].[FlightNo] = 123
Flight #123: from Dallas to Rome on 14.10.19 17:53: 206 free Seats.
Load one flight with FirstOrDefault
005:Debug #20100 Microsoft.EntityFrameworkCore.Database.Command.CommandExecuting:Executing DbCommand
 [Parameters=[], CommandType='Text', CommandTimeout='30']
SELECT TOP(1) [x].[FlightNo], [x].[AircraftTypeID], [x].[AirlineCode], [x].[CopilotId], [x].[FlightD
ate], [x].[Departure], [x].[Destination], [x].[FreeSeats], [x].[LastChange], [x].[Memo], [x].[NonSmo
kingFlight], [x].[PilotId], [x].[Price], [x].[Seats], [x].[Strikebound], [x].[Timestamp], [x].[Utili
zation]
FROM [WWWings].[Flight] AS [x]
WHERE [x].[FlightNo] = 123
Flight #123: from Dallas to Rome on 14.10.19 17:53: 206 free Seats.
```

Abbildung: Ausgabe des vorherigen Listings (Teil 2)

Objekte im Cache bleiben bestehen, auch wenn es in der Datenbank eine ältere oder neuere Version des Datensatzes gibt. Find() fragt dann gar nicht erst die Datenbank, andere Operationen verwerfen die soeben geladenen Datensätze wieder.

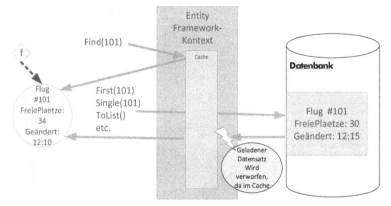

© Dr. Holger Schwichtenberg, www.IT-Visions.de, 2014-2019

Abbildung: Schematische Darstellung der Wirkung des Zwischenspeichers der Kontextklasse (Verhalten von Find() im Vergleich zu anderen Operationen)

14.15.2 Neuladen veralteter Objekte (Reload)

Auch wenn ein anderer Benutzer oder Hintergrundprozess den Datensatz in der Datenbank mittlerweile geändert hat, während sich das lokale Objekt im Cache der Kontextklasse nicht geändert hat, liefern alle Entity Framework Core-Operationen als Ergebnis immer das nun veraltete Objekt aus dem lokalen Cache. Dies beweist das folgende Listing, in dem der zweite Prozess durch eine zweite Instanz derselben Kontextklasse simuliert wird.

Das Listing zeigt am Ende auch zwei Wege, die man das veraltete Objekt tatsächlich los wird und das aktualisiert Datenbankobjekt bekommt:

- Verwendung von ctx.Entry(obj).Reload()

- Setzen des Objektzustandes auf "Detached" mit
  ctx.Entry(obj).State = Microsoft.EntityFrameworkCore.EntityState.Detached
  gefolgt von einer Ladeoperation

Listing: Neuladen von Objekten

```
public static void RefreshPreviouslyLoadedObjectFromDatabase()
{
 using (var ctx1 = new DA.WWWingsContext())
 {
  CUI.Headline("User 1 loads Object");
  var flight0 = ctx1.FlightSet.Find(123);
  Console.WriteLine(flight0);

  CUI.Headline("User 2 modifies the object in the database");
  using (var ctx2 = new DA.WWWingsContext())
  {
   Console.WriteLine("Before: " + flight0.ToString());
   var flight = ctx2.FlightSet.Find(123);
   flight.FreeSeats -= 10;
   int c = ctx2.SaveChanges();
   Console.WriteLine("Saved Changes: " + c);
   Console.WriteLine("After: " + flight0.ToString());
  }

  CUI.Headline("User 1 loads the same object again");
  CUI.Headline("...using Find");
  var flight1 = ctx1.FlightSet.Find(123);
  Console.WriteLine(flight1);
  CUI.Headline("...using SingleOrDefault");
  var flight2 = ctx1.FlightSet.SingleOrDefault(x => x.FlightNo == 123);
  Console.WriteLine(flight2);
  CUI.Headline("...using FirstOrDefault");
  var flight3 = ctx1.FlightSet.FirstOrDefault(x => x.FlightNo == 123);
  Console.WriteLine(flight3);

  CUI.Headline("Force reload!");
  ctx1.Entry(flight3).Reload();
  Console.WriteLine(flight3);

  CUI.Headline("Annother way to force reload");
  ctx1.Entry(flight3).State = Microsoft.EntityFrameworkCore.EntityState.Detached;
  var flight4 = ctx1.FlightSet.Find(123);
  Console.WriteLine(flight4);
 }
}
```

```
RefreshPreviouslyLoadedObjectFromDatabase
User 1 loads Object
Flight #123: from Dallas to Rome on 14.10.19 17:53: 206 free Seats.
User 2 modifies the object in the database
Before: Flight #123: from Dallas to Rome on 14.10.19 17:53: 206 free Seats.
Saved Changes: 1
After: Flight #123: from Dallas to Rome on 14.10.19 17:53: 206 free Seats.
User 1 loads the same object again
...using Find
Flight #123: from Dallas to Rome on 14.10.19 17:53: 206 free Seats.
...using SingleOrDefault
Flight #123: from Dallas to Rome on 14.10.19 17:53: 206 free Seats.
...using FirstOrDefault
Flight #123: from Dallas to Rome on 14.10.19 17:53: 206 free Seats.
Force reload!
Flight #123: from Dallas to Rome on 14.10.19 17:53: 196 free Seats.
Annother way to force reload
Flight #123: from Dallas to Rome on 14.10.19 17:53: 196 free Seats.
```

Abbildung: Ausgabe des vorherigen Listings

14.15.3   Neuladen gelöschter Objekte

Beim erneuten Laden eines Objekt aus der Datenbank, zu dem der zugehörige Datensatz von einem anderen Benutzer oder einem Hintergrundprozess inzwischen gelöscht wurde, gibt es eine Anomalie zur Regel, dass immer das Cache gewinnt: Hier liefern SingleOrDefault() und FirstOrDefault() kein Objekt mehr (also NULL), auch wenn das Objekt im lokalen Cache ja vorhanden ist.

Das Objekt verschwindet dabei aber nicht aus dem Cache, wie das folgende Listing beweist. Auch nachdem SingleOrDefault() und FirstOrDefault() null lieferten, ist das Objekt noch im Cache und mit Find() auffindbar (auch wenn es in der Datenbank ja längst nicht mehr existiert).

> **Hinweis:** Auch in diesem Fall hilft die Methode Reload(), die über ctx.Entry(obj) erreichbar ist. Nach dem Ausführen von Reload() das Objekt aus dem lokalen Cache verschwunden, auch Find() liefert nichts mehr.

Listing: Neuladen von Objekten , die in der Datenbank gelöscht wurden

```
public static void RefreshPreviouslyLoadedObjectFromDatabaseThatHasBeenDeleted()
{
  //Preparation
  DataGenerator.MakeSureFlightExists(124);

  CUI.MainHeadline(nameof(RefreshPreviouslyLoadedObjectFromDatabaseThatHasBeenDeleted));
  using (var ctx1 = new DA.WWWingsContext())
  {
   CUI.Headline("User 1 loads Object");
   var flight0 = ctx1.FlightSet.Find(124);
   Console.WriteLine(flight0);

   CUI.Headline("User 2 removes object in the database");
   using (var ctx2 = new DA.WWWingsContext())
   {
    Console.WriteLine("Object to delete: " + flight0.ToString());
    var flight = ctx2.FlightSet.Find(124);
```

```
   ctx2.FlightSet.Remove(flight);
   int c = ctx2.SaveChanges();
   Console.WriteLine("Saved Changes: " + c);
  }

  CUI.Headline("User 1 loads the same object again");
  CUI.Headline("...using Find");
  var flight1 = ctx1.FlightSet.Find(124);
  Console.WriteLine(flight1?.ToString() ?? "Flight not found");
  CUI.Headline("...using SingleOrDefault");
  var flight2 = ctx1.FlightSet.SingleOrDefault(x => x.FlightNo == 124);
  Console.WriteLine(flight2?.ToString() ?? "Flight not found");
  CUI.Headline("...using FirstOrDefault");
  var flight3 = ctx1.FlightSet.FirstOrDefault(x => x.FlightNo == 124);
  Console.WriteLine(flight3?.ToString() ?? "Flight not found");
  CUI.Headline("...using Find");
  var flight4 = ctx1.FlightSet.Find(124);
  Console.WriteLine(flight4?.ToString() ?? "Flight not found");

  CUI.Headline("Content of the local context cache");
  foreach (var f in ctx1.FlightSet.Local)
  {
   Console.WriteLine(f + ": " + ctx1.Entry(f).State);
  }

  CUI.Headline("Force reload!");
  ctx1.Entry(flight4).Reload();
  Console.WriteLine(flight4);

  CUI.Headline("Content of the local context cache");
  foreach (var f in ctx1.FlightSet.Local)
  {
   Console.WriteLine(f + ": " + ctx1.Entry(f).State);
  }
  CUI.Headline("Load again using Find");
  var flight5 = ctx1.FlightSet.Find(124);
  Console.WriteLine(flight5?.ToString() ?? "Flight not found");
 }
}
```

```
RefreshPreviouslyLoadedObjectFromDatabaseThatHasBeenDeleted
User 1 loads Object
Flight #124: from Berlin to Rome on 17.02.20 18:12: 100 free Seats.
User 2 removes object in the database
Object to delete: Flight #124: from Berlin to Rome on 17.02.20 18:12: 100 free Seats.
Saved Changes: 1
User 1 loads the same object again
...using Find
Flight #124: from Berlin to Rome on 17.02.20 18:12: 100 free Seats.
...using SingleOrDefault
Flight not found
...using FirstOrDefault
Flight not found
...using Find
Flight #124: from Berlin to Rome on 17.02.20 18:12: 100 free Seats.
Content of the local context cache
Flight #124: from Berlin to Rome on 17.02.20 18:12: 100 free Seats.: Unchanged
Force reload!
Flight #124: from Berlin to Rome on 17.02.20 18:12: 100 free Seats.
Content of the local context cache
Load again using Find
Flight not found
```

Abbildung: Ausgabe des vorherigen Listings

14.15.4 Ein typischer Fehler bei Unit Tests

Wer die Existenz und die Mechanismen des Kontext-Cache nicht beachtet, macht sehr leicht Fehler in der Softwarearchitektur. Der im nachstehenden Listing dargestellt Unit Test (ggf. Integrationstest) liefert zwar "OK", in Wirklichkeit müsste er aber fehlschlagen, denn in dem zu testenden Programmcode fehlt ein SaveChanges()! Daher steht in der Datenbank noch der alte und nicht der veränderte Wert.

Der Unit Test testet aber nur, was sich nach der Ausführung des zu testenden Programmcodes im Cache des Kontextes befindet, nicht was sich tatsächlich in der Datenbank befindet. Der strategische Fehler ist, hier nur eine einzige Kontextinstanz sowohl für die Vorbereitung des Tests, den zu testenden Programmcode und die Validierung mit Assertions zu verwenden. Somit überträgt man den Cache und testet nur diesen.

Richtig wäre hier, mindestens drei verschiedene Kontextinstanzen zu verwenden, damit jeweils ein leerer Cache vorhanden ist und alle Abfragen zur Datenbank gehen.

> **Hinweis:** An dieser Stelle wird "Unit Test" als Oberbegriff für automatisierte Tests verwendet. Ein "Unit Test" gegen eine echtes Datenbankmanagementsystem ist ein "Integrationstest". Mit Entity Framework Core kann man aber auch echte Unit Tests schreiben, indem man den In-Memory-Treiber nutzt (siehe dazu das Kapitel "DevOps mit Entity Framework (Continous Integration und Continous Delivery)").

Listing: Ein Unit Test, der nicht richtig testet

```
[Fact]
  public void ErroneousUnitTest()
  {
   CUI.Headline(nameof(ErroneousUnitTest));
   using (var ctx = new DA.WWWingsContext())
   {
    short SeatsBefore = 100;
    short SeatsAfter = 99;
    const int ID = 11000;
    // Prepare DB
    Prepare(ctx, ID, SeatsBefore);

    // Call the code to test
    BookSeat(ctx, ID);

    // Assert
    var f = ctx.FlightSet.SingleOrDefault(x => x.FlightNo == ID);
    Assert.AreEqual(SeatsAfter, f.FreeSeats, "FreeSeatTest");

    // Check the Unit Test --> We will see that the
    // Unit Test is erroneous and proves nothing!
    using (var ctx1 = new DA.WWWingsContext())
    {
     CUI.PrintWarning("Real content of database:");
     var f1 = ctx1.FlightSet.SingleOrDefault(x => x.FlightNo == ID);
     Console.WriteLine(f1);
    }
   }
  }

  /// <summary>
```

```
/// Preparation of Unit Test
/// </summary>
private static void Prepare(WWWingsContext ctx, int ID, short SeatsBefore)
{
 var f = ctx.FlightSet.Find(ID);
 if (f != null) { ctx.Remove(f); ctx.SaveChanges(); }
 f = new Flight();
 f.FlightNo = ID;
 f.Departure = "Essen";
 f.Destination = "Sydney";
 f.AirlineCode = "WWW";
 f.PilotId = ctx.PilotSet.FirstOrDefault().PersonID;
 f.Seats = SeatsBefore;
 f.FreeSeats = SeatsBefore;
 ctx.FlightSet.Add(f);
 ctx.SaveChanges();
 Console.WriteLine(f);
}

/// <summary>
/// Code to test
/// </summary>
private static void BookSeat(WWWingsContext ctx, int ID)
{
 Console.WriteLine($"Booking one seat on flight {ID}...");
 var f = ctx.FlightSet.Find(ID);
 Console.WriteLine("Free Seats before: " + f.FreeSeats);
 f.FreeSeats--;
 Console.WriteLine("Free Seats after: " + f.FreeSeats);
 // this is the mistake: SaveChanges() is missing
}
```

```
ErroneousUnitTest
Flight #11000: from Essen to Sydney on 17.02.20 18:12: 100 free Seats.
Booking one seat on flight 11000...
Free Seats before: 100
Free Seats after: 99
FreeSeatTest: OK
Real content of database:
Flight #11000: from Essen to Sydney on 17.02.20 18:12: 100 free Seats.
```

Abbildung: Ausgabe des vorherigen Listings

14.15.5 Den Zwischenspeicher verwalten

Den aktuellen Inhalt des Zwischenspeichers (First Level Cache des Kontextes) in Bezug auf eine Entitätsklasse kann man über das Property Local in der DbSet<T>-Klasse erhalten.

```
CUI.Headline("Content of local cache");
foreach (var f in ctx.FlightSet.Local)
{
 Console.WriteLine(f);
}
```

Den Zwischenspeicher löschen kann man, indem man die enthaltenen Objekte auf den Zustand "Detached" setzt. Danach gibt es keine Verbindung von der Kontextklasse zu diesen Objekten mehr. Sofern es noch Objektverweise im Programmcode auf die Objekte gibt, bleiben diese allerdings erhalten.

```
CUI.Headline("Clear local cache");
```

```
foreach (var f in ctx.FlightSet.Local.ToList())
{
  ctx.Entry(f).State = EntityState.Detached;
}
```

> **Achtung:** Das Property Local ist vom Typ LocalView<TEntity>. In dieser Klasse gibt es eine Methode Clear(). Man könnte denken, dass Clear() den lokalen Zwischenspeicher löscht. Das ist jedoch nicht so. Tatsächlich setzt Clear() die Objekte auf den Zustand "Deleted", was beim nächsten SaveChanges() zum Löschen der Datensätze führen würde!

Listing: Beweis, dass Clear() nicht den Cache löscht, sondern die Objekte zum Löschen in der Datenbank vorsieht

```
public static void CacheHandling()
  {
    var ctx1 = new DA.WWWingsContext();
    ctx1.Log();

    // Load some flights
    var flights = ctx1.FlightSet.Where(x => x.FlightNo > 120).Take(10).ToList();

    CUI.Headline("Content of the local context cache");
    foreach (var f in ctx1.FlightSet.Local)
    {
      Console.WriteLine(f + ": " + ctx1.Entry(f).State);
    }

    Console.WriteLine("Remove object from the cache...");
    ctx1.Entry(ctx1.FlightSet.Find(123)).State =
Microsoft.EntityFrameworkCore.EntityState.Detached;

    CUI.Headline("Content of the local context cache");
    foreach (var f in ctx1.FlightSet.Local)
    {
      Console.WriteLine(f + ": " + ctx1.Entry(f).State);
    }

    CUI.Headline("Try to remove all objects from the cache using Local.Clear()");
    ctx1.FlightSet.Local.Clear();
    Console.WriteLine("Done!");

    CUI.Headline("However, Local.Clear() will set all objects to state 'deleted' :-(");
    foreach (var f in flights)
    {
      Console.WriteLine(f.ToString() + " State: " + ctx1.Entry(f).State);
    }
```

Abbildung: Ausgabe des vorherigen Listings

14.16   Datenbindung

GUI-Frameworks wie ASP.NET Webforms, Windows Forms und WPF unterstützen Datenbindung, d.h. der Entwickler kann ein Steuerelement mit einem einzelnen Datenobjekt oder einer Menge von Datenobjekten verbinden, und das Steuerelement holt sich selbständig Informationen (oft ist definierbar, welche Informationen) aus den gebundenen Objekten und erzeugt eine Benutzeroberfläche. Ein Beispiel dafür sind Tabellensteuerelemente wie DataGrid oder DataGridView, die für eine Datenobjektmenge eine tabellarische Ausgabe erzeugen.

Mit Entity Framework Core befüllte Instanzen von Entitätsklassen sind grundsätzlich datenbindungsfähig. Allerdings darf eine Datenbindung nur an eine materialisierte Liste erfolgen. Wenn C_Fluege ein ASP.NET Webforms GridView-Webserversteuerelement ist und man diesen Programmcode ausführt:

```
using (var ctx = new DAL.Wwwings66_VieledatenContext())
{
 var flugSet = ctx.Flug.Where(x => x.Abflugort == ort).Skip(von).Take(anz);

 C_Fluege.DataSource = flugSet;
 C_Fluege.DataBind();
}
```

dann kommt es zum Laufzeitfehler: "System.NotSupportedException: Data binding directly to a store query is not supported. Instead populate a DbSet with data, for example by calling Load on the DbSet, and then bind to local data to avoid sending a query to the database each time the databound control iterates the data. For WPF bind to 'DbSet.Local.ToObservableCollection()'. For WinForms bind to 'DbSet.Local.ToBindingList()'. For ASP.NET WebForms bind to 'DbSet.ToList()' or use Model Binding."

Die Fehlermeldung ist zum Glück ausführlich und hilfreich für verschiedene Situationen. Richtig ist die Verwendung von ToList() am Ende der LINQ-Abfrage.

```csharp
using (var ctx = new DAL.Wwwings66_VieledatenContext())
{
 var flugSet = ctx.Flug.Where(x => x.Abflugort == ort).Skip(von).Take(anz).ToList();

 C_Fluege.DataSource = flugSet;
 C_Fluege.DataBind();
}
```

15 Objektbeziehungen und Ladestrategien

Ein Objektmodell beschreibt Beziehungen zwischen Instanzen verschiedener Klassen (z.B. zwischen Flug und Pilot) oder auch zu anderen Instanzen der gleichen Klasse (siehe z.B. das Property Vorgesetzter in der Klasse Mitarbeiter). Die Frage, wann und wie in Beziehung stehende Objekte geladen werden, ist nicht nur entscheidend für den Komfort des Softwareentwicklers, sondern auch für die Perfomanz der Anwendung.

15.1 Überblick über die Ladestrategien

Das klassische Entity Framework unterstützt vier Strategien für das Laden verbundener Objekte: Lazy Loading automatisch, explizites Laden (Explicit Loading), Eager Loading und Preloading via Relationship Fixup (siehe Abbildung). In Entity Framework Core 1.0 gab es nur Eager Loading und Preloading. In Entity Framework Core 1.1 wurde das explizite Laden eingeführt. Das automatische Lazy Loading wurde in Entity Framework Core 2.1 wieder eingeführt.

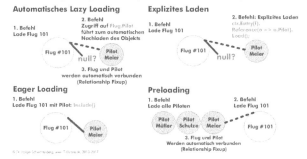

Abbildung: Ladestrategien im Entity Framework Core

15.2 Standardverhalten

Entity Framework Core beschränkt sich in der Standardeinstellung bei einer Abfrage (wie das bisherige Entity Framework auch) darauf, die tatsächlich angeforderten Objekte zu laden und lädt verbundene Objekte nicht automatisch mit.

> **Hinweis:** Eine Ausnahme von dieser Regel sind Owned Types (siehe Kapitel "Weitere Tipps und Tricks zum Mapping"). Owned Types werden immer per Eager Loading mitgeladen.

Eine LINQ-Abfrage wie

```
List<Flug> liste = (from x in ctx.FlugSet
              where x.Abflugort == ort &&
                    x.FreiePlaetze > 0
              orderby x.Datum, x.Abflugort
              select x).ToList();
```

lädt in Bezug auf das in der nächsten Abbildung dargestellte Objektmodell also wirklich nur Instanzen der Klasse Flug. Damit in der Datenbank verbundene Piloten-, Buchungen- oder

Flugzeugtypen-Datensätze werden nicht automatisch mitgeladen. Das Mitladen verbundener Datensätze (in der Fachsprache "Eager Loading" genannt) wäre auch keine gute Idee für die Standardeinstellung, denn hier würden dann ggf. Daten geladen, die später gar nicht gebraucht werden. Zudem haben die verbundenen Datensätze bekanntlich selbst wieder Beziehungen, z.B. Buchungen zu Passagieren. Passagiere haben aber auch Buchungen auf anderen Flügen. Wenn man rekursiv alle diese in Beziehungen stehenden Datensätze mitladen würde, dann würde man im Beispiel des Objektmodells in der nächsten Abbildung mit großer Wahrscheinlichkeit fast alle Datensätze ins RAM laden, denn viele Passagiere sind über gemeinsame Flüge mit anderen Passagieren verbunden. Eager Loading wäre als Standardeinstellung also nicht gut.

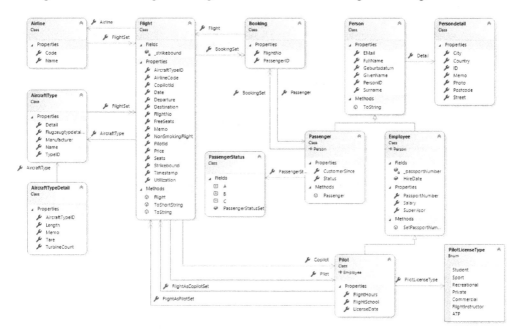

Abbildung: Objektmodell für die Verwaltung von Flügen und in Beziehung stehenden Daten

Auch wenn man mit Find(), Single(), SingleOrDefault(), First() oder FirstOrDefault() einzelne Objekte lädt, werden keine verbundenen Datensätze mitgeladen. Das folgende Listing liefert bei allen Flügen immer nur: "No pilot assigned", "No copilot assigned" und "No booking".

Listing: Vergeblicher Versuch des Zugriffs auf verbundene Objekte in Entity Framework Core

```
using (var ctx = new WWWingsContext())
    {
    // Load only the flight
    var f = ctx.FlightSet.SingleOrDefault(x => x.FlightNo == 101);

    Console.WriteLine($"Flight Nr {f.FlightNo} from {f.Departure} to {f.Destination} has
{f.FreeSeats} free seats!");
    if (f.Pilot != null) Console.WriteLine($"Pilot: {f.Pilot.Surname} has
{f.Pilot.FlightAsPilotSet.Count} flights as pilot!");
    else Console.WriteLine("No pilot assigned!");
    if (f.Copilot != null) Console.WriteLine($"Copilot: {f.Copilot.Surname} has
{f.Copilot.FlightAsCopilotSet.Count} flights as copilot!");
    else Console.WriteLine("No copilot assigned!");

    if (f.BookingSet is null) CUI.PrintError("No bookings :-(");
    else
    {
    Console.WriteLine("Number of passengers on this flight: " + f.BookingSet.Count);
```

```
        Console.WriteLine("Passengers on this flight:");
        foreach (var b in f.BookingSet)
        {
          Console.WriteLine("- Passenger #{0}: {1} {2}", b.Passenger.PersonID,
b.Passenger.GivenName, b.Passenger.Surname);
        }
      }
    }
```

```
Demo_LazyLoading
Flight Nr 101 from Hamburg to Oslo has 122 free seats!
No pilot assigned!
No copilot assigned!
No bookings :-(
```

Abbildung: Ausgabe des obigen Listings

15.3   Lazy Loading

Während beim vorherigen Beispiel Entity Framework Core nur den Flug lädt und nichts weiter tut, würde das klassische Entity Framework nach dem Flug in den folgenden Programmcodezeilen via Lazy Loading auch vollautomatisch die Piloten- und Copiloteninformation (mit jeweils auch deren anderen Flügen) sowie die Buchungen mit den Passagierdaten laden. Entity Framework würde hier nacheinander eine Vielzahl von SELECT-Befehlen zur Datenbank senden. Wie viele es genau sind, hängt von der Anzahl der Passagiere auf diesem Flug ab.

Microsoft hat das automatische Lazy Loading erst in Entity Framework Core 2.1 wieder als eine Option eingeführt. Es ist im Standard aber inaktiv.

15.3.1   Aktivierung des Lazy Loading

Anders als im klassischen Entity Framework muss der Entwickler in Entity Framework Core das Lazy Loading explizit aktivieren:

- In dem Projekt mit der Kontextklasse (hier im Buch: "DA") ist das in Entity Framework Core Version 2.1 neu eingeführte NuGet-Paket Microsoft.EntityFrameworkCore.Proxies zu installieren:

  ```
  Install-Package Microsoft.EntityFrameworkCore.Proxies
  ```

- In der Kontextklasse in OnConfiguring() muss man vor dem Festlegung des Datenbanktreibers noch UseLazyLoadingProxies() ergänzen:
  builder.UseLazyLoadingProxies().UseSqlServer(ConnectionString);

- Alle Navigationseigenschaften im ganzen Objektmodell müssen virtual sein. Das folgende Listing zeigt diese für die Klasse "Flight".

Listing: Klasse "Flight" mit Navigationseigenschaften, die mit virtual deklariert sind

```
using System;
using System.Collections.Generic;
using System.ComponentModel.DataAnnotations;
using System.ComponentModel.DataAnnotations.Schema;
using EFCExtensions;

namespace BO
{
```

```
[Serializable]
public class Flight
{
...
    #region Related Objects
    public virtual Airline Airline { get; set; }
    public virtual ICollection<Booking> BookingSet { get; set; }
    public virtual Pilot Pilot { get; set; }
    public virtual Pilot Copilot { get; set; }
    [ForeignKey("AircraftTypeID")]
    public virtual AircraftType AircraftType { get; set; }

    // Explicit foreign key properties for the navigation properties
    public string AirlineCode { get; set; } // mandatory!
    public int PilotId { get; set; } // mandatory!
    public int? CopilotId { get; set; } // optional
    public byte? AircraftTypeID { get; set; } // optional
    #endregion
}
}
```

Mit diesen Änderungen liefert das unveränderte Listing aus dem vorherigen Unterkapitel zu dem Flug auch den Piloten und Copiloten (jeweils mit der Anzahl ihrer Flüge) und die Passagierliste (siehe folgende Abbildung).

```
Demo_LazyLoading
Flight Nr 101 from Berlin to Seattle has 122 free seats!
Pilot: Lafontaine has 1 flights as pilot!
Copilot: Özdemir has 3 flights as copilot!
Number of passengers on this flight: 8
Passengers on this flight:
- Passenger #6: Niklas Schröder
- Passenger #21: Julia Wolf
- Passenger #26: Leonie Fischer
- Passenger #46: Lukas Richter
- Passenger #49: Laura Schwarz
- Passenger #67: Lisa Weber
- Passenger #78: Anna Wolf
- Passenger #82: Leonie Müller
```

Abbildung: Ausgabe des obigen Listings mit Lazy Loading

15.3.2   Gefahren von Lazy Loading

Allerdings wurden hier nun auch eine Vielzahl von SQL-Befehlen zum Datenbankmanagementsystem gesendet. Entity Framework Profiler (siehe Kapitel "Zusatzwerkzeuge") enthüllt, dass es 14 SQL-Befehle waren:

- Zunächst wurde der angeforderte Flug geladen.

- Dann wurde aus der Employee-Tabelle der Pilot geladen.

- Darauffolgend wurden aus der Flug-Tabelle alle Flüge dieses Piloten geladen (was ineffizient ist, weil hier eigentlich nur die Anzahl der Flüge gebraucht wurde. Dies passiert, egal ob Sie das Property Count oder die LINQ-Erweiterungsmethode Count() verwenden.)

- Nun wurde aus der Employee-Tabelle der Copilot geladen.

- Darauffolgend wurden aus der Flug-Tabelle alle Flüge dieses Copiloten geladen (was ineffizient ist, weil hier eigentlich nur die Anzahl der Flüge gebraucht wurde. Dies passiert, egal ob Sie das Property Count oder die LINQ-Erweiterungsmethode Count() verwenden.)

- Dann wurden alle Buchungen für diesen Flug aus "Booking" geladen.

- Zuletzt wurde für jeden Passagier einzeln die Passagierinformationen aus der Tabelle "Passenger" geladen.

Wären es mehr Passagiere gewesen, wäre entsprechend auch die Anzahl der SQL-Befehle gestiegen.

Praxiswarnung: Der Einsatz von Lazy Loading mag auf den ersten Blick sehr komfortabel erscheinen, allerdings ist die Gefahr sehr groß, dass Sie sehr viele SQL-Befehle zum Datenbankmanagementsystem senden ohne dies auf Anhieb zu erkennen. Der Autor dieses Buchs wurde schon oft von Kunden zu Performance-Tuning-Einsätzen gerufen, wo sich der falsche Einsatz des Lazy Loading als ein Kernproblem entpuppte. Lazy Loading macht keinen Sinn, wenn man schon vorher weiß, dass alle Datensätze gebraucht werden (wie in obigem Beispiel). Hier sollte man Eager Loading einsetzen.

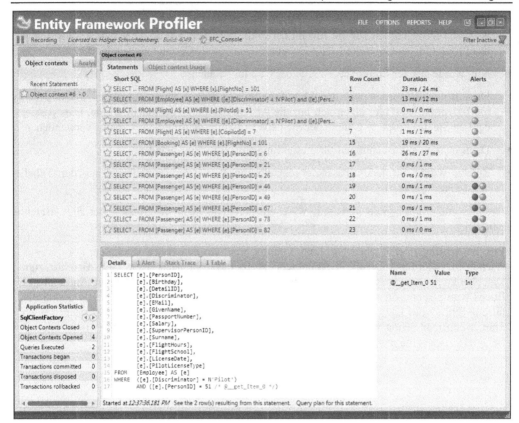

Abbildung: 14 SQL-Befehle wurden gesendet

Lazy Loading macht Sinn für eine Master-Detail-Ansicht auf dem Bildschirm. Wenn es viele Master-Datensätze gibt, wäre es verschwendete Zeit, zu jedem Master-Datensatz auch schon die Detail-Datensätze zu laden. Vielmehr wird man immer nur die Detail-Datensätze zu dem Master-Datensatz, den der Benutzer gerade angeklickt hat, anfordern. Während man an dieser Stelle im bisherigen Entity Framework Core die Master-Detail-Darstellung via Lazy Loading ohne weiteren Programmcode beim Anklicken des Master-Datensatzes realisieren konnte, muss man in Entity Framework Core das Klicken abfangen und die Detail-Datensätze explizit laden.

> **Praxistipp**: Lazy Loading darf auf keinen Fall in Verbindung mit Webservices, Web-APIs/REST-APIs, RPC-Diensten und andere Szenarien verwendet werden, bei den die Entitätsobjekte in Datenformate wie SOAP, XML, JSON oder Protocol Buffers serialisiert werden. Sie Serializer greifen auf alle Properties eines Entitätsobjekts zu und lösen dabei ein Lazy Loading aus. Somit werden unnötige Objekte nachgeladen und mehr Daten als notwendig übertragen.

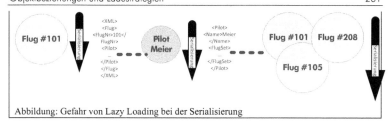

Abbildung: Gefahr von Lazy Loading bei der Serialisierung

15.3.3 Lazy Loading ohne Proxyklassen

Lazy Loading beinhaltet eine besondere Implementierungsherausforderung, denn der OR-Mapper muss jeglichen Zugriff auf alle Objektreferenzen abfangen, um hier bei Bedarf die verbundenen Objekte nachladen zu können. Der Aufruf UseLazyLoadingProxies() sorgt dafür, dass sogenannte Runtime Proxies um alle Instanzen der Entitätsklassen gelegt werden und Entity Framework Core somit alle Aufrufe zu Navigationseigenschaften abfängt und prüft, ob die zugehörigen Daten bereits geladen wurden.

Entity Framework Core unterstützt allerdings auch Lazy Loading ohne diese Runtime Proxies. In diesem Fall sind das Paket Microsoft.EntityFrameworkCore.Proxies und der Aufruf UseLazyLoadingProxies() sowie die Deklaration der Navigationseigenschaften mit virtual nicht notwendig, aber die Implementierung der Entitätsklasse und der Navigationseigenschaften sind zu erweitern:

- Die Entitätsklasse muss darauf vorbereitet sein, eine ILazyLoader-Schnittstelle oder ILazyLoader.Load() als Delegate im Konstruktor injeziert zu bekommen. Letztes ist vorzuziehen, da ILazyLoader in der Microsoft.EntityFrameworkCore.dll steckt und damit eine Abhängigkeit des GO-Projekts mit den Entitätsklassen von Entity Framework Core erzwingen würde.

- In den Navigationseigenschaften muss dann Load() aufgerufen werden.

Das folgende Listing zeigt eine Modifikation der Klasse Passenger mit Lazy Loading ohne Runtime Proxies mit Injizierung von ILazyLoader.Load() als Delegate im Konstruktor der Klasse und dem Aufruf dieses Delegate im Getter der Navigationseigenschaft von BookingSet.

Listing: Lazy Loading ohne Runtime Proxies mit Injizierung von ILazyLoader.Load() als Delegate

```
using System;
using System.Collections.Generic;
using System.ComponentModel.DataAnnotations;
using System.Runtime.CompilerServices;

namespace BO
{
 public static class PocoLoadingExtensions
 {
  public static TRelated Load<TRelated>(
      this Action<object, string> loader,
      object entity,
      ref TRelated navigationField,
      [CallerMemberName] string navigationName = null)
      where TRelated : class
  {
```

```
   loader?.Invoke(entity, navigationName);

   return navigationField;
 }
}


public class PassengerStatus
{
 public const char A = 'A';
 public const char B = 'B';
 public const char C = 'C';
 public static char[] PassengerStatusSet = { PassengerStatus.A, PassengerStatus.B,
PassengerStatus.C };
 }


[Serializable]
public partial class Passenger : Person
{
 private Action<object, string> LazyLoader { get; set; }
 public Passenger()
 {
  this.BookingSet = new List<Booking>();
 }

 /// <summary>
 /// Injection for Lazy Loading without Runtime Proxies
 /// </summary>
 private Passenger(Action<object, string> lazyLoader)
 {
  LazyLoader = lazyLoader;
 }

 // Primary key is inherited!
 #region Primitive Properties
 public virtual Nullable<DateTime> CustomerSince { get; set; }

 public string FrequentFlyer { get; set; }

 [StringLength(1), MinLength(1), RegularExpression("[ABC]")]
 public virtual char Status { get; set; }
 #endregion

 #region Relations
 //public virtual ICollection<Booking> BookingSet { get; set; }

 private ICollection<Booking> _BookingSet;
 public ICollection<Booking> BookingSet
 {
  // Lazy Loading without Runtime Proxies
  get => LazyLoader?.Load(this, ref _BookingSet);
  set => _BookingSet = value;
 }
 #endregion
 }
}
```

Einen Testclient für diesen Fall zeigt das nächste Listing, welches einen Passagier lädt und alle
Buchungen dieses Passagiers ausgibt.

Listing: Test von Lazy Loading ohne Runtime Proxy

```
public static void Demo_LazyLoading_NoProxies()
{
  CUI.MainHeadline(nameof(Demo_LazyLoading_NoProxies));

  using (var ctx = new WWWingsContext())
  {
   ctx.Log();
   var p = ctx.PassengerSet.FirstOrDefault();
   Console.WriteLine(p);

   foreach (var f in p.BookingSet)
   {
    Console.WriteLine("-  hat Flug " + f.FlightNo + " gebucht!");
   }

  }
}
```

In diesem Fall wurden nur zwei SQL-Befehle zum Datenbankmanagementsystem gesendet. Dass es nur zwei Befehle waren, hat aber nichts mit dem Verzicht auf die Runtime Proxies zu tun, sondern liegt an dem Szenario, das nicht mehr Befehle erfordert.

Abbildung: Ausgabe des obigen Listings

15.4   Explizites Nachladen (Explicit Loading)

Eine weitere Form des Nachladens unterstützt Entity Framework Core bereits seit Version 1.1: Das explizite Nachladen auf Befehl. Das wird oft auch als Lazy Loading bezeichnet und mit dem Zusatz "manuell" von dem automatischen Lazy Loading abgegrenzt. Offiziell heißt das manuelle Verfahren aber "Explicit Loading".

Beim expliziten Nachladen gibt der Softwareentwickler mit Hilfe der Methoden Reference() (für Einzelobjekte), Collection() (für Mengen) und einem danach folgenden Load() an, dass in Beziehung stehende Objekte jetzt zu laden sind.

Diese Methoden stehen aber nicht auf dem Entitätsobjekt selbst zur Verfügung, sondern sind Teil der Klasse EntityEntry<T>, die man durch die Methode Entry() in der Klasse DbContext erhält (siehe Listing). Mit IsLoaded() kann man prüfen, ob das Objekt schon geladen wurde. IsLoaded() liefert auch dann true, wenn es kein passendes Objekt in der Datenbank gab. Es zeigt also nicht an, ob eine Navigationsbeziehung ein Gegenobjekt hat, sondern ob in der aktuellen Kontextinstanz schon einmal versucht wurde, ein passendes Objekt dafür zu laden. Wenn also im nächsten Listing der Flug 101 zwar bereits einen zugewiesenen Piloten (Herrn Koch), aber noch keinen Copiloten hat, führt dies zur Ausgabe in der nächsten Abbildung.

> **ACHTUNG:** Egal ob man automatisches Lazy Loading oder das explizite Nachladen verwendet, man muss sich bewusst sein, dass hier Befehle zum Datenbankmanagementsystem gesendet werden und diese Zeit kosten. Während man dieses Bewusstsein beim expliziten Nachladen leicht erlangt, wenn man Load() eintippt, kann man bei dem den ersten Blick komfortableren automatischen Lazy Loading leicht den Überblick verlieren, wie viele Befehle jetzt zur Datenbank gehen. Der Einsatz eines Profilers wie Entity Framework Profiler [www.efprof.com] hilft, sich seiner Taten bewusst zu werden.

Listing: Durch das explizite Nachladen sendet Entity Framework Core sehr viele einzelne SQL-Befehle zur Datenbank

```
/// <summary>
/// Liefert Pilot-, Buchungs- und Passagierinformationen via explizitem Laden
/// </summary>
public static void Demo_ExplizitLoading_v11()
{
  CUI.Headline(nameof(Demo_ExplizitLoading_v11));

  using (var ctx = new WWWingsContext())
  {
    // Lade nur den Flug
    var f = ctx.FlugSet
        .SingleOrDefault(x => x.FlugNr == 101);

    Console.WriteLine($"Flug Nr {f.FlugNr} von {f.Abflugort} nach {f.Zielort} hat {f.FreiePla
etze} freie Plätze!");

    // Lade nur den Piloten und Copilot nach
    if (!ctx.Entry(f).Reference(x => x.Pilot).IsLoaded)
      ctx.Entry(f).Reference(x => x.Pilot).Load();
    if (!ctx.Entry(f).Reference(x => x.Copilot).IsLoaded)
      ctx.Entry(f).Reference(x => x.Copilot).Load();

    // Prüfung, ob geladen
    if (ctx.Entry(f).Reference(x => x.Pilot).IsLoaded) Console.WriteLine("Pilot ist geladen!"
);
    if (ctx.Entry(f).Reference(x => x.Copilot).IsLoaded) Console.WriteLine("Co-
Pilot ist geladen!");


    if (f.Pilot != null) Console.WriteLine($"Pilot: {f.Pilot.Name} hat {f.Pilot.FluegeAlsPilo
t.Count} Flüge als Pilot!");
    else Console.WriteLine("Kein Pilot zugewiesen!");
    if (f.Copilot != null) Console.WriteLine($"Copilot: {f.Copilot.Name} hat {f.Copilot.Flueg
eAlsCopilot.Count} Flüge als Copilot!");
    else Console.WriteLine("Kein Copilot zugewiesen!");

    // Lade nur die Buchungsliste nach
    if (!ctx.Entry(f).Collection(x => x.Buchungen).IsLoaded)
      ctx.Entry(f).Collection(x => x.Buchungen).Load();

    Console.WriteLine("Anzahl Passagiere auf diesem Flug: " + f.Buchungen.Count);
    Console.WriteLine("Passagiere auf diesem Flug:");
    foreach (var b in f.Buchungen)
    {

      // Lade nur den Passagier für diese Buchung nach
      if (!ctx.Entry(b).Reference(x => x.Passagier).IsLoaded)
        ctx.Entry(b).Reference(x => x.Passagier).Load();
```

```
    Console.WriteLine("- Passagier #{0}: {1} {2}", b.Passagier.PersonID, b.Passagier.Vorname
, b.Passagier.Name);
    }
   }
  }
```

```
Demo_EagerLoading
WWWingsContext: OnConfiguring
WWWingsContext: OnModelCreating
Flug Nr 101 von Seattle nach Moskau hat 129 freie Plätze!
Pilot: Koch hat 10 Flüge als Pilot!
Copilot: Stoiber hat 6 Flüge als Copilot!
Anzahl Passagiere auf diesem Flug: 8
Passagiere auf diesem Flug:
- Passagier #12: Niklas Bauer
- Passagier #15: Jan Schäfer
- Passagier #17: Leon Klein
- Passagier #47: Lukas Schneider
- Passagier #59: Laura Wagner
- Passagier #67: Marie Weber
- Passagier #87: Leonie Schäfer
- Passagier #98: Anna Schmidt
```

Abbildung: Ausgabe zum obigem Listing

15.5 Eager Loading

Genau wie das bisherige Entity Framework unterstützt auch Entity Framework Core das Eager Loading. Die Syntax hat sich jedoch ein wenig geändert.

Im bisherigen Entity Framework konnte man bei Include() in der ersten Version nur eine Zeichenkette mit dem Namen einer Navigationseigenschaften angeben; die Zeichenkette wurde nicht vom Compiler geprüft. Ab der dritten Version (Versionsnummer 4.1) kam dann die Möglichkeit hinzu, eines robusteren, weil vom Compiler geprüften Lambda-Audrucks für die Navigationseigenschaften anstelle der Zeichenkette anzugeben. Für Ladepfade über mehrere Ebenen musste man die Lambda-Ausdrücke verschachteln und auch die Select()-Methode verwenden.

In Entity Framework Core gibt es weiterhin Zeichenketten und Lambda-Ausdrücke, jedoch wurde die Syntax für die Lambda-Ausdrücke etwas modifiziert: Anstelle der Verschachtelung mit Select() tritt ThenInclude() analog zu OrderBy() und ThenOrderBy() für die Sortierung über mehrere Spalten. Das nächste Listing zeigt das Eager Loading eines Flugs mit folgenden verbundenen Daten:

- Buchungen und zu jeder Buchung die Passagierinformationen: Include(b => b.Buchungen).ThenInclude(p => p.Passagier)

- Pilot und zu dem Piloten die Liste seiner weiteren Flüge als Pilot: Include(b => b.Pilot).ThenInclude(p => p.FluegeAlsPilot)

- Copilot und zu dem Copiloten die Liste seiner weiteren Flüge als Copilot: Include(b => b.Copilot).ThenInclude(p => p.FluegeAlsCopilot)

Listing: Mit Eager Loading kann man in Entity Framework Core die verbundenen Objekte nutzen.

```
/// <summary>
/// Liefert Pilot-, Buchungs- und Passagierinformationen
/// </summary>
public static void Demo_EagerLoading()
{
  CUI.Headline("Demo_EagerLoading");

  using (var ctx = new WWWingsContext())
  {
    // Lade den Flug und einige verbundene Objekte via Eager Loading
    var f = ctx.FlugSet
        .Include(b => b.Buchungen).ThenInclude(p => p.Passagier)
        .Include(b => b.Pilot).ThenInclude(p => p.FluegeAlsPilot)
        .Include(b => b.Copilot).ThenInclude(p => p.FluegeAlsCopilot)
        .SingleOrDefault(x => x.FlugNr == 101);

    Console.WriteLine($"Flug Nr {f.FlugNr} von {f.Abflugort} nach {f.Zielort} hat {f.FreiePla
etze} freie Plätze!");
    if (f.Pilot != null) Console.WriteLine($"Pilot: {f.Pilot.Name} hat {f.Pilot.FluegeAlsPilo
t.Count} Flüge als Pilot!");
    else Console.WriteLine("Kein Pilot zugewiesen!");
    if (f.Copilot != null) Console.WriteLine($"Copilot: {f.Copilot.Name} hat {f.Copilot.Flueg
eAlsCopilot.Count} Flüge als Copilot!");
    else Console.WriteLine("Kein Copilot zugewiesen!");

    Console.WriteLine("Anzahl Passagiere auf diesem Flug: " + f.Buchungen.Count);
    Console.WriteLine("Passagiere auf diesem Flug:");
    foreach (var b in f.Buchungen)
    {
      Console.WriteLine("- Passagier #{0}: {1} {2}", b.Passagier.PersonID, b.Passagier.Vorname
, b.Passagier.Name);
    }
  }
}
```

Das Listing liefert die Ausgabe in der nächsten Bildschirmabbildung: Sowohl die Informationen zu Pilot und Copilot als auch die Liste der gebuchten Passagiere steht zur Verfügung.

> **ACHTUNG:** Der Compiler prüft bei Include() und ThenInclude() nur, ob die Klasse ein entsprechendes Property oder Field besitzt. Er prüft nicht, ob es sich dabei auch um eine Navigationseigenschaft zu einer anderen Entitätsklasse handelt. Wenn es keine Navigationseigenschaft ist, kommt es erst zur Laufzeit zum Fehler: "The property xy is not a navigation property of entity type 'ab'. The 'Include(string)' method can only be used with a '.' separated list of navigation property names."

```
Demo_EagerLoading
WWWingsContext: OnConfiguring
WWWingsContext: OnModelCreating
Flug Nr 101 von Seattle nach Moskau hat 129 freie Plätze!
Pilot: Koch hat 10 Flüge als Pilot!
Copilot: Stoiber hat 6 Flüge als Copilot!
Anzahl Passagiere auf diesem Flug: 8
Passagiere auf diesem Flug:
- Passagier #12: Niklas Bauer
- Passagier #15: Jan Schäfer
- Passagier #17: Leon Klein
- Passagier #47: Lukas Schneider
- Passagier #59: Laura Wagner
- Passagier #67: Marie Weber
- Passagier #87: Leonie Schäfer
- Passagier #98: Anna Schmidt
```

Abbildung: Ausgabe des Listings

Allerdings gibt es noch einen entscheidenden Unterschied zum bisherigen Entity Framework: Während Entity Framework in den Versionen 1.0 bis 6.x hier nur einen einzigen, sehr großen SELECT-Befehl zum Datenbankmanagementsystem gesendet hätte, entscheidet sich Entity Framework Core, die Abfrage in vier Teile zu teilen (siehe nächste Abbildung):

- Erst wird der Flug geladen mit Join auf die Mitarbeiter-Tabelle, in der sich auch die Pilotinformation befindet (ein Table per Hierarchy-Mapping).

- Im zweiten Schritt lädt Entity Framework Core die sechs anderen Flüge des Copiloten.

- Im dritten Schritt lädt Entity Framework Core die zehn anderen Flüge des Piloten.

- Im letzten Schritt lädt Entity Framework Core die achten gebuchten Passagiere.

Diese Strategie kann schneller sein, als einen großen SELECT-Befehl auszuführen, der ein großes Resultset, in dem Datensätze doppelt vorkommen, liefert und das der OR-Mapper dann auseinandernehmen und von den Duplikaten bereinigen muss. Die Strategie getrennter SELECT-Befehle von Entity Framework Core kann aber auch langsamer sein, da jeder Rundgang zum Datenbankmanagementsystem Zeit kostet. Im bisherigen Entity Framework hatte der Softwareentwickler die freie Wahl, wie groß er eine Eager Loading-Anweisung zuschneiden will und wo er getrennt laden will. In Entity Framework Core wird der Softwareentwickler an dieser Stelle bevormundet und verliert dabei die Kontrolle über die Anzahl der Rundgänge zum Datenbankmanagementsystem.

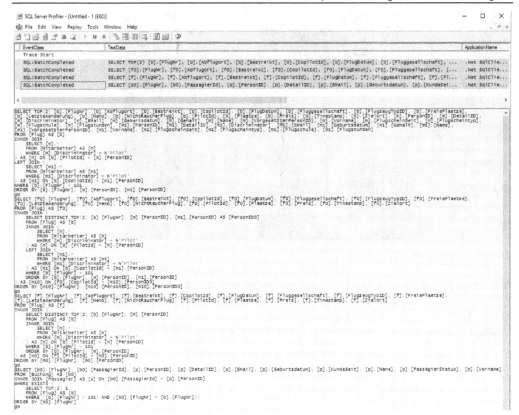

Abbildung: Der SQL Server-Profiler zeigt die vier SQL-Befehle, die das Eager Loading-Beispiel in Entity Framework Core auslöst.

15.6   Eager Loading mit Bedingungen (Filtered Includes)

Mit Entity Framework Core 5.0 Preview 3 hat Microsoft begonnen, eine zusätzliche Funktion beim Eager Loading einzubauen, die oft vermisst wurde: Man kann nun bei Include() Bedingungen angeben, um von den verbundenen Datensätze nur eine Teilmenge zu laden.

Wenn man zu einer Menge von Flügen die Buchungen und die zugehören Passagiere laden wollte, konnte man bisher nur alle Passagiere für die gewählten Flüge mitladen. Bedingungen waren nur für die Hauptmenge möglich.

Beispiel: Lade alle Flüge von Berlin, auf denen es einen Passagier mit einer PassengerID größer als 2000 gibt. Der folgende Befehl lädt aber dann für diese Flüge alle Passagiere und nicht nur diejenigen mit der PassengerID größer als 2000.

```
var flightSet = ctx.FlightSet
    .Include(b => b.BookingSet).ThenInclude(x => x.Passenger)
    .Where(f=>f.Departure =="Berlin" && f.BookingSet.Any(b=>b.PassengerID > 2000)).Take(10)
.ToList();
```

Nun ist eine zusätzliche Mengeneinschränkung bezüglich der verbundenen Passagiere möglich. Durch den folgenden LINQ-Befehl werden wirklich nur die Passagiere mit einer PassengerID größer als 2000 geladen:

```
var flightSet = ctx.FlightSet
```

```
      .Include(b => b.BookingSet.Where(p => p.PassengerID > 2000)).ThenInclude(x => x.Passeng
er)
      .Where(f=>f.Departure =="Berlin" && f.BookingSet.Any(b=>b.PassengerID > 2000)).Take(10)
.ToList();
```

Allerdings sind aktuell in Entity Framework Core 5.0 Preview 3 nur Bedingungen möglich, die sich direkt auf die verbundene Tabelle beziehen. Eine Bedingung über den Passagiernamen lässt in der Preview 3-Version sich weder in Include()

```
var flightSet = ctx.FlightSet
      .Include(b => b.BookingSet.Where(p => p.Passenger.FullName.StartsWith("M")).ThenInclude
(x => x.Passenger)
      .Where(f => f.Departure == "Berlin" && f.BookingSet.Any(b => b.PassengerID > 2000)).Take
(10).ToList();
```

noch in ThenInclude() formulieren:

```
var flightSet = ctx.FlightSet
      .Include(b => b.BookingSet).ThenInclude(x => x.Passenger.Where(p => p.FullName.StartsWi
th("M"))
      .Where(f => f.Departure == "Berlin" && f.BookingSet.Any(b => b.PassengerID > 2000)).Tak
e(10).ToList();
```

15.7   Relationship Fixup

Relationship Fixup ist ein Mechanismus von Entity Framework Core, den es auch schon im klassischen Entity Framework gab. Das Relationship Fixup erledigt zwischen zwei Objekten im RAM in der gleichen Kontextinstanz folgendes:

- **Fall 1**: Wenn zwei Objekte aus der Datenbank, die in der Datenbank per Fremdschlüssel in Beziehung stehen, unabhängig voneinander geladen werden, stellt Entity Framework Core die Beziehung zwischen den beiden Objekten über deren definierten Navigationseigenschaften her. Dies gilt auch, wenn es für eins der Objekte keine Objektvariable (keinen "Zeiger") mehr gibt, aber das Objekt noch im lokalen Cache der Kontextklasse ist.

- **Fall 2:** Wenn ein Objekt im RAM angelegt oder so geändert wird, dass es mit einem anderen Objekt im RAM per Fremdschlüssel in Beziehung steht, stellt Entity Framework Core die Beziehung zwischen den beiden über deren definierte Navigationseigenschaften her.

- **Fall 3a:** Wenn ein Objekt im RAM mit einem anderen Objekt im RAM per Navigationseigenschaft verbunden wird und es auch eine bidirektionale Beziehung mit Navigationseigenschaft in die andere Richtung gibt, so aktualisiert Entity Framework Core auch die andere Navigationseigenschaft.

- **Fall 3b:** Wenn ein Objekt im RAM mit einem anderen Objekt im RAM per Fremdschlüsseleigenschaft verbunden wird, so aktualisiert Entity Framework Core die andere Navigationseigenschaften auf den beiden Objekten.

WICHTIG: In den Fällen Fall 3a und Fall 3b wird das Relationship Fixup erst ausgeführt, wenn ctx.ChangeTracker.DetectChanges() aufgerufen wird. Anders als das klassische Entity Framework führt Entity Framework Core den Aufruf von DetectChanges() nicht mehr automatisch bei fast allen API-Funktionen des ORM aus, was eine Leistungsbremse war. Entity Framework Core führt DetectChanges() nur noch aus bei ctx.SaveChanges(), ctx.Entry() und ctx.Entries() sowie der DbSet<T>().Add()-Methode.

15.7.1   Beispiel für Fall 1

In dem folgenden Beispiel wird zunächst ein Flug in die Variable flug geladen. Dann wird für den Flug die Pilot-ID des Piloten ausgegeben und das Pilot-Objekt selbst. Es ist aber zu diesem Zeitpunkt noch nicht verfügbar, weil es nicht zusammen mit dem Flug geladen wurde.

Danach wird der Pilot zu dem Flug anhand der ID einzeln geladen in die Variable pilot. Das Pilot-Objekt und das Flug-Objekt wären normalerweise nun losgelöst voneinander. Die erneute Ausgabe von flug.Pilot zeigt aber, dass Entity Framework Core die Beziehung via Relationship Fixup hergestellt hat. Ebenso ist die rückwärtige Beziehung erfasst worden: In der Liste pilot.FluegeAlsPilot erscheint nur der zuvor geladene Flug.

> **ACHTUNG**: Weitere, ggf. in der Datenbank enthaltene Flüge dieses Piloten können hier nicht in der Liste erscheinen, weil diese nicht geladen wurden.

Listing: Relationship Fixup im Fall 1

```
public static void RelationshipFixUp_Case1()
    {
      CUI.MainHeadline(nameof(RelationshipFixUp_Case1));

      using (var ctx = new WWWingsContext())
      {

        int flugNr = 101;

        // 1. Lade nur den Flug selbst
        var flug = ctx.FlugSet.Find(flugNr);

        // 2. Ausgabe des Piloten zu dem Flug
        Console.WriteLine(flug.PilotId + ": " + (flug.Pilot != null ? flug.Pilot.ToString() :
"Pilot nicht geladen!"));

        // 3. Lade nun den Piloten dazu einzeln
        var pilot = ctx.PilotSet.Find(flug.PilotId);

        // 4. Ausgabe des Piloten zu dem Flug: Pilot nun verbunden
        Console.WriteLine(flug.PilotId + ": " + (flug.Pilot != null ? flug.Pilot.ToString() :
"Pilot nicht geladen!"));

        // 5. Ausgabe der Flüge des Piloten
        foreach (var f in pilot.FluegeAlsPilot)
        {
          Console.WriteLine(f);
        }

      }
    }
```

Wie beim klassischen Entity Framework erfolgt bei Entity Framework Core im Rahmen des Relationship Fixup auch eine Zuweisung einer Instanz eines Mengentyps zu der Navigationseigenschaft, wenn die Navigationseigenschaft den Wert null hat.

Dieser Automatismus ist gegeben, unabhängig davon, ob der Softwareentwickler bei der Deklaration der Navigationseigenschaft als Typ eine Schnittstelle oder eine Klasse verwendet hat. Wenn eine Mengenklasse verwendet wird, instanziert Entity Framework Core die Mengenklasse selbst. Im Fall der Deklaration der Navigationseigenschaft mit einem Schnittstellentyp wählt Entity

Framework Core selbst eine geeignete Mengenklasse. Bei ICollection<T> wird HashSet<T> gewählt, bei IList<T> eine List<T>.

Das Beispiel funktioniert immer auch auf die gleiche Weise, wenn zwischen Schritt 1 und Schritt 2 der flug auf null gesetzt wird und sogar der Garbage Collector aufgerufen wird, denn flug ist im Cache der Kontextklasse.

```
flug = null;
GC.Collect(GC.MaxGeneration, GCCollectionMode.Forced);
GC.WaitForFullGCComplete();
```

15.7.2 Beispiel für Fall 2

Im Beispiel für Fall 2 wird ein Pilot geladen. Zunächst sind keine Flüge von ihm im RAM. Dann wird ein neuer Flug angelegt und diesem Flug die Pilot-ID des geladenen Piloten zugewiesen. Bei dem Aufruf von ctx.FlugSet.Add() führt Entity Framework Core ein Relationship Fixup durch, sodass nun die Navigationseigenschaften FlugeAlsPilot des Pilot-Objekts und die Navigationseigenschaft flug.Pilot gefüllt sind.

Listing: Relationship Fixup im Fall 2

```
public static void RelationshipFixUp_Case2()
  {

  CUI.MainHeadline(nameof(RelationshipFixUp_Case2));
  void PrintPilot(Pilot pilot)
  {
   CUI.PrintSuccess(pilot.ToString());
   if (pilot.FluegeAlsPilot != null)
   {
    Console.WriteLine("Flüge dieses Piloten:");
    foreach (var f in pilot.FluegeAlsPilot)
    {
     Console.WriteLine(f);
    }
   }
   else
   {
    CUI.PrintWarning("Keine Flüge!");
   }
  }

  using (var ctx = new WWWingsContext())
  {
   // Lade einen Piloten
   var pilot = ctx.PilotSet.FirstOrDefault();

   // Ausgabe der Flüge des Piloten
   PrintPilot(pilot);
   // Erstelle einen neuen Flug
   var flug = new Flug();
   flug.Abflugort = "Essen/Mülheim";
   flug.Zielort = "Berlin";
   flug.Datum = DateTime.Now.AddDays(10);
   flug.FlugNr = ctx.FlugSet.Max(x => x.FlugNr) + 1;
   flug.PilotId = pilot.PersonID;
   ctx.FlugSet.Add(flug);
```

```
// Piloten ausgeben
PrintPilot(pilot);

// Pilot des neuen Flugs
Console.WriteLine(flug.Pilot);


}
}
```

15.7.3   Beispiel für Fall 3

Das folgende Beispiel umfasst wahlweise Fall 3a und 3b (siehe Auskommentierung). Im Beispiel zunächst wird ein Flug geladen. Dann wird ein beliebiger Pilot geladen und dem Flug per Pilot-ID oder Navigationseigenschaft zugewiesen. Hier führt aber Entity Framework Core das Relationship Fixup nicht automatisch aus. Im Fall 3a sind flug.Pilot und pilot.FluegeAlsPilot leer. Dies ändert sich erst mit dem Aufruf ctx.ChangeTracker.DetectChanges(). Im Fall 3b ist flug.Pilot ja manuell gefüllt und pilot.FluegeAlsPilot wird nach ctx.ChangeTracker.DetectChanges() gefüllt.

	Fall 3a	Fall 3b
Zuweisung	flug.Pilot = pilot	flug.PilotId = pilot.PersonID
flug.Pilot	gefüllt	Gefüllt nach DetectChanges()
flug.PilotID	gefüllt	gefüllt
pilot.FluegeAlsPilot	Gefüllt nach DetectChanges()	Gefüllt nach DetectChanges()

Tabelle: Das Verhalten von Fall 3a und 3b im Vergleich

Listing: Relationship Fixup im Fall 3

```
public static void RelationshipFixUp_Case3()
{
  CUI.MainHeadline(nameof(RelationshipFixUp_Case3));

  // Inline-Hilfsroutine zur Ausgabe (ab C# 7.0)
  void PrintFlugPilot(Flug flug, Pilot pilot)
  {
   CUI.PrintSuccess(flug);
   Console.WriteLine(flug.PilotId + ": " + (flug.Pilot != null ? flug.Pilot.ToString() :
"Pilot nicht geladen!"));
   CUI.PrintSuccess(pilot.ToString());
   if (pilot.FluegeAlsPilot != null)
   {
    Console.WriteLine("Flüge dieses Piloten:");
    foreach (var f in pilot.FluegeAlsPilot)
    {
     Console.WriteLine(f);
    }
   }
   else
   {
    CUI.PrintWarning("Keine Flüge!");
   }
  }

  using (var ctx = new WWWingsContext())
```

```
   {
      int flugNr = 101;

      CUI.Headline("Flug laden");

      var flug = ctx.FlugSet.Find(flugNr);
      Console.WriteLine(flug);
      // Ausgabe des Piloten zu dem Flug
      Console.WriteLine(flug.PilotId + ": " + (flug.Pilot != null ? flug.Pilot.ToString() :
"Pilot nicht geladen!"));

      CUI.Headline("Pilot laden");
      var pilot = ctx.PilotSet.FirstOrDefault();
      Console.WriteLine(pilot);

      CUI.Headline("Zuweisung des neuen Pilots");
      // Verbinde den Flug mit dem Piloten
      flug.Pilot = pilot;  // Fall 3a
      //flug.PilotId = pilot.PersonID; // Fall 3b

      // Feststellen, welche Beziehungen es gibt
      PrintFlugPilot(flug, pilot);

      // hier muss man das Relationshop Fixup selbst auslösen
      CUI.Headline("DetectChanges...");
      ctx.ChangeTracker.DetectChanges();

      // Feststellen, welche Beziehungen es gibt
      PrintFlugPilot(flug, pilot);
   }
}
```

15.8   Preloading mit Relationship Fixup

Entity Framework Core unterstützt wie das bisherige Entity Framework eine weitere Ladestrategie: das Preloading in Verbindung mit dem Relationship Fixup im RAM. Dabei schickt der Softwareentwickler mehrere LINQ-Befehle für die verbundenen Objekte explizit ab, und der OR-Mapper setzt die jeweils neu hinzukommenden Objekte bei ihrer Materialisierung mit denjenigen Objekten zusammen, die sich bereits im RAM befinden. Nach der Befehlsfolge

```
var flug = ctx.FlugSet.SingleOrDefault(x => x.FlugNr == 101);
ctx.PilotSet.Where(p => p.FluegeAlsPilot.Any(x => x.FlugNr == 101) || p.FluegeAlsCopilot.Any(
x => x.FlugNr == 101)).ToList();
```

findet man im RAM beim Zugriff auf flug.Pilot und flug.Copilot tatsächlich das entsprechende Pilot- und Copilotobjekt von Flug 101. Entity Framework Core erkennt beim Laden der beiden Piloten, dass es im RAM bereits ein Flug-Objekt gibt, das diese beiden Piloten als Pilot bzw. Copiloten braucht. Es setzt dann im RAM das Flug-Objekt mit den beiden Piloten-Objekten zusammen (via Relationship Fixup, siehe gleichnamiges Unterkapitel).

Während in den beiden obigen Zeilen gezielt Pilot und Copilot für den Flug 101 geladen wurden, kann der Softwareentwickler das Relationship Fixup auch für die Optimierung durch Caching verwenden. Das nächste Listing zeigt, dass alle Piloten geladen werden und danach einige Flüge. Zu jedem geladenen Flug stehen danach Pilot- und Copilot-Objekte zur Verfügung. Wie immer beim Caching braucht man hier natürlich etwas mehr RAM, da auch Pilot-Objekte geladen werden, die niemals gebraucht werden. Außerdem muss man sich bewusst sein, dass man ein Aktualitätsproblem haben kann, weil die abhängigen Daten auf dem gleichen Stand sind wie die Hauptdaten. Aber das verhält sich beim Caching bekanntlich stets auf diese Weise. Allerdings spart man Rundgänge zum Datenbankmanagementsystem, und damit verbessert man die Geschwindigkeit.

Das obige Codefragment zeigt beim Laden der beiden Piloteninformationen auch sehr schön, dass man den Join-Operator in Entity Framework Core vermeiden kann, wenn man die Navigationseigenschaften und die Any()-Methode verwendet. Any() prüft, ob es mindestens einen Datensatz gibt, der eine Bedingung erfüllt oder nicht erfüllt. Im obigen Fall reicht es, dass der Pilot einmal für den gesuchten Flug als Pilot oder Copilot zugeteilt wurde. In anderen Fällen kann man die LINQ-Methode All() einsetzen: Wenn man eine Menge von Datensätzen ansprechen will, die alle eine Bedingung erfüllen oder nicht erfüllen.

Hinweis: Bemerkenswert ist, dass weder beim obigen Laden der beiden Piloten noch beim Laden aller Piloten in dem folgenden Beispiel das Ergebnis der LINQ-Abfrage einer Variablen zugewiesen wird. Dies ist tatsächlich nicht notwendig, denn Entity Framework Core enthält (genau wie das bisherige Entity Framework) in seinem First-Level-Cache einen Verweis im RAM auf alle Objekte, die jemals in eine bestimmte Instanz der Kontextklasse geladen wurden. Das Relationship Fixup funktioniert daher auch ohne Speicherung in einer Variablen. Die Zuweisung zu einer Variablen (List<Pilot> allePiloten = ctx.PilotSet.ToList()) ist freilich nicht schädlich, sondern kann sinnvoll sein, wenn man im Programmablauf eine Liste aller Piloten braucht. Zu beachten ist auch, dass das Relationship Fixup nicht kontextinstanzübergreifend funktioniert. Ein dafür notwendiger Second-Level-Cache ist in Entity Framework Core bisher nicht vorhanden, aber als Zusatzkomponente verfügbar (siehe Kapitel "Zusatzkomponenten").

Listing: Caching der Piloten. Egal, welchen Flug man danach lädt, Pilot- und Copilot-Objekt sind vorhanden.

```
public static void Demo_PreLoadingPilotenCaching()
{
  CUI.MainHeadline(nameof(Demo_PreLoadingPilotenCaching));

  using (var ctx = new WWWingsContext())
  {

    // 1. Lade ALLE Piloten
    ctx.PilotSet.ToList();

    // 2. Lade nur mehrere Flüge. Für alle werden die Pilotinformationen vorhanden sein!
    var flugNrListe = new List<int>() { 101, 117, 119, 118 };
    foreach (var flugNr in flugNrListe)
    {
      var f = ctx.FlugSet
        .SingleOrDefault(x => x.FlugNr == flugNr);

      Console.WriteLine($"Flug Nr {f.FlugNr} von {f.Abflugort} nach {f.Zielort} hat
{f.FreiePlaetze} freie Plätze!");
      if (f.Pilot != null) Console.WriteLine($"Pilot: {f.Pilot.Name} hat
{f.Pilot.FluegeAlsPilot.Count} Flüge als Pilot!");
      else Console.WriteLine("Kein Pilot zugewiesen!");
      if (f.Copilot != null)
        Console.WriteLine($"Copilot: {f.Copilot.Name} hat {f.Copilot.FluegeAlsCopilot.Count}
Flüge als Copilot!");
      else Console.WriteLine("Kein Copilot zugewiesen!");
    }
  }
}
```

Das nächste Listing zeigt die Neufassung der ursprünglichen Aufgabe, alle Pilot- und Passagierdaten zu einem flug zu laden; dieses Mal mit Preloading und Relationship Fixup statt Eager Loading. Hier werden Flug, Piloten, deren andere Flüge, Buchungen und Passagiere einzeln geladen. Der Programmcode sendet also fünf SELECT-Befehle zum Datenbankmanagementsystem (im Gegensatz zu den vier SELECT-Befehlen, die die Lösung mit Eager Loading sendet), vermeidet dabei aber einige Joins.

Listing: Laden von Flug, Piloten, Buchungen und Passagieren in getrennten LINQ-Befehlen. Entity Framework Core setzt die getrennt geladenen Objekte im RAM zusammen.

```csharp
/// <summary>
/// Liefert Pilot-, Buchungs- und Passagierinformationen via Preloading / RelationshipFixup
/// </summary>
public static void Demo_PreLoading()
{
 CUI.Headline("Demo_PreLoading");
 using (var ctx = new WWWingsContext())
 {
   int flugNr = 101;

   // 1. Lade nur den Flug
   var f = ctx.FlugSet
       .SingleOrDefault(x => x.FlugNr == flugNr);

   // 2. Lade beide Piloten
   ctx.PilotSet.Where(p => p.FluegeAlsPilot.Any(x => x.FlugNr == flugNr) || p.FluegeAlsCopil
ot.Any(x => x.FlugNr == flugNr)).ToList();

   // 3. Lade andere Flüge der Piloten
   ctx.FlugSet.Where(x => x.PilotId == f.PilotId || x.CopilotId == f.CopilotId).ToList();

   // 4. Lade Buchungen
   ctx.BuchungSet.Where(x => x.FlugNr == flugNr).ToList();

   // 5. Lade Passagiere
   ctx.PassagierSet.Where(p => p.Buchungen.Any(x => x.FlugNr == flugNr)).ToList();

   // nicht notwendig: ctx.ChangeTracker.DetectChanges();

   Console.WriteLine($"Flug Nr {f.FlugNr} von {f.Abflugort} nach {f.Zielort} hat {f.FreiePla
etze} freie Plätze!");
   if (f.Pilot != null) Console.WriteLine($"Pilot: {f.Pilot.Name} hat {f.Pilot.FluegeAlsPilo
t.Count} Flüge als Pilot!");
   else Console.WriteLine("Kein Pilot zugewiesen!");
   if (f.Copilot != null) Console.WriteLine($"Copilot: {f.Copilot.Name} hat {f.Copilot.Flueg
eAlsCopilot.Count} Flüge als Copilot!");
   else Console.WriteLine("Kein Copilot zugewiesen!");

   Console.WriteLine("Anzahl Passagiere auf diesem Flug: " + f.Buchungen.Count);
   Console.WriteLine("Passagiere auf diesem Flug:");
   foreach (var b in f.Buchungen)
   {
     Console.WriteLine("- Passagier #{0}: {1} {2}", b.Passagier.PersonID, b.Passagier.Vorname
, b.Passagier.Name);
   }
 }
}
```

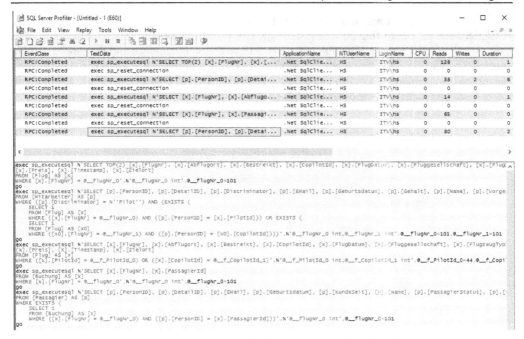

Abbildung: Der SQL Server-Profiler zeigt die fünf SQL-Befehle, die das obige Listing

Der Relationship Fixup-Trick wirkt sich positiv aus, wenn eine oder mehrere der folgenden Bedingungen erfüllt sind:

- Die Ergebnismenge der Hauptdaten ist groß und die Menge der abhängigen Daten ist klein.

- Es gibt mehrere verschiedene abhängige Datenmengen, die vorab geladen werden können.

- Die vorab geladenen Objekte sind selten veränderliche (Stamm-)Daten.

- Man führt in einer einzigen Kontextinstanz mehrere Abfragen aus, die die gleichen abhängigen Daten besitzen.

Im Geschwindigkeitsvergleich zeigt sich auch bei dem hier besprochenen Szenario des Ladens eines Flugs mit Piloten und Passagieren bereits ein Geschwindigkeitsvorteil für das Preloading. Die Messung, die in der nachstehenden Abbildung dargestellt ist, wurde zur Vermeidung von Messabweichungen mit 51 Durchläufen ermittelt, wobei der erste Durchlauf (Kaltstart für den Entity Framework Core-Kontext und ggf. auch die Datenbank) jeweils nicht berücksichtigt wurde. Zudem wurden alle Bildschirmausgaben ausgebaut.

Selbstverständlich kann man Eager Loading und Preloading beliebig mischen. In der Praxis muss man jedoch für jeden einzelnen Fall das optimale Verhältnis finden.

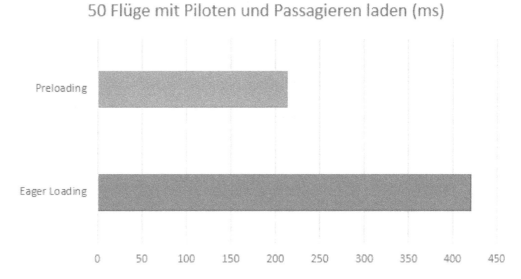

Abbildung: Geschwindigkeitsvergleich von Eager Loading und Preloading

15.9   Objektbeziehungen und lokaler Zwischenspeicher

Das folgende Listing zeigt die Auswirkung des lokalen Zwischenspeichers der Kontextklasse (First Level Cache) auf Objektbeziehungen:

- Ein Flug wird geladen und ausgegeben. Die PilotID dieses Flugs wird gemerkt.

- Das Flug-Objekt wird auf null besetzt und sogar eine Garbage Collection erzwungen. Man könnte meinen, dass die Garbage Collection das Objekt aus dem Speicher endgültig entfernt hat, da es keinen Verweis ("Zeiger") mehr auf das Objekt gibt.

- Wenn man aber nun den Piloten zu den gemerkten PilotID lädt, stellt man überraschend fest, dass in dessen Liste "FlightsAsPilot" der vorher aus dem Speicher entfernte Flug wieder erscheint, obwohl in dem LINQ-Befehl ja nur der Pilot selbst, aber gar nicht dessen Flugliste angefordert wurde und auch das Datenbankmanagementsystem nur den Ladebefehl für den Flug selbst erhalten hat. Hier bekommt man also ggf. ein falsches Bild: Man denkt, dass der Pilot nur einen Flug habe.

- Wenn man die Flüge dieses Piloten explizit lädt, stellt man fest, dass es wesentlich mehr Füge gibt (siehe Abbildung).

Erklärung:

Die Kontextklasse hält noch einen Verweis auf das Flug-Objekt. Wenn der Pilot geladen wird, verbindet Entity Framework Core diese Fluginstanz mit der FlightsAsPilot"-Liste des Piloten im RAM (Relationship Fixup, siehe Kapitel "Objektbeziehungen").

Listing: Auswirkungen des Cache

```
using ITVisions;
using ITVisions.EFCore;
using Microsoft.EntityFrameworkCore;
using System;
using System.Collections.Generic;
using System.Linq;
```

```csharp
using System.Text;
using System.Threading.Tasks;

namespace EFC_Console
{

 /// <summary>
 /// https://stackoverflow.com/questions/3678056/is-there-an-event-for-when-garbage-
 collection-occurs-in-net?rq=1
 /// </summary>
 public class GCNotifier
 {
  public static event EventHandler GarbageCollected;

  ~GCNotifier()
  {
   if (Environment.HasShutdownStarted)
    return;
   if (AppDomain.CurrentDomain.IsFinalizingForUnload())
    return;
   new GCNotifier();
   if (GarbageCollected != null)
    GarbageCollected(null, EventArgs.Empty);
  }

  public static void Start()
  {
   new GCNotifier();
  }
 }

 public class LocalEntityCache
 {
  [NotYetInTheBook][WorkInProgress]
  public static void Demo_CachingAndRelationShipFixup()
  {
   GCNotifier.GarbageCollected += (a,b) => {
    CUI.Print("!!!Garbage Collection!!!", ConsoleColor.Magenta);
   };
   GCNotifier.Start();

   using (var ctx = new DA.WWWingsContext())
   {
    ctx.Log();

    // Load flight
    CUI.Headline("One flight");
    var flight = ctx.FlightSet.Find(123);
    Console.WriteLine(flight);
    Console.WriteLine("Pilot-ID: " + flight.PilotId);
    var pilotID = flight.PilotId;

    // we don't need flight anymore
    flight = null;
    GC.Collect(GC.MaxGeneration, GCCollectionMode.Forced);
    GC.WaitForFullGCComplete();

    // Load pilot of this flight
    CUI.Headline("Pilot");
```

```
var pilot = ctx.PilotSet.SingleOrDefault(x => x.PersonID == pilotID);
Console.WriteLine(pilot);
// OH! The previously, but "forgotten" flight is still there !!!
// one could think, this pilot has only one flight
Console.WriteLine(pilot.FlightAsPilotSet.Count + " Flights:");
foreach (var f in pilot.FlightAsPilotSet)
{
 Console.WriteLine(f);
}

CUI.Headline("All flights of this pilot");
var allFlights = ctx.FlightSet.Where(f => f.PilotId == pilotID).ToList();
foreach (var f in allFlights)
{
 Console.WriteLine(f);
}


 }
 }


 }
}
```

```
王 H:\TFS\Demos\EFC\EFC_Samples22\EFC_Console\bin\Debug\EFC_Console.exe            —    □    ✕
One flight
001:Debug #20100 Microsoft.EntityFrameworkCore.Database.Command.CommandExecuting:Executing DbCommand
 [Parameters=[@__get_Item_0='?' (DbType = Int32)], CommandType='Text', CommandTimeout='30']
SELECT TOP(1) [e].[FlightNo], [e].[AircraftTypeID], [e].[AirlineCode], [e].[CopilotId], [e].[FlightD
ate], [e].[Departure], [e].[Destination], [e].[FreeSeats], [e].[LastChange], [e].[Memo], [e].[NonSmo
kingFlight], [e].[PilotId], [e].[Price], [e].[Seats], [e].[Strikebound], [e].[Timestamp], [e].[Utili
zation]
FROM [Flight] AS [e]
WHERE [e].[FlightNo] = @__get_Item_0
Flight #123: from Vienna to Rome on 03.07.19 22:03: 202 free Seats.
Pilot-ID: 343
Pilot
!!!Garbage Collection!!!
002:Debug #20100 Microsoft.EntityFrameworkCore.Database.Command.CommandExecuting:Executing DbCommand
 [Parameters=[@__pilotID_0='?' (DbType = Int32)], CommandType='Text', CommandTimeout='30']
SELECT TOP(2) [x].[PersonID], [x].[DayOfBirth], [x].[DetailID], [x].[Discriminator], [x].[EMail], [x
].[GivenName], [x].[PassportNumber], [x].[Planet], [x].[Salary], [x].[SupervisorPersonID], [x].[Surn
ame], [x].[FlightHours], [x].[FlightSchool], [x].[LicenseDate], [x].[PilotLicenseType]
FROM [Employee] AS [x]
WHERE ([x].[Discriminator] = N'Pilot') AND ([x].[PersonID] = @__pilotID_0)
#343: Sigmar Wagenknecht
1 Flights:
Flight #123: from Vienna to Rome on 03.07.19 22:03: 202 free Seats.
All flights of this pilot
003:Debug #20100 Microsoft.EntityFrameworkCore.Database.Command.CommandExecuting:Executing DbCommand
 [Parameters=[@__pilotID_0='?' (DbType = Int32)], CommandType='Text', CommandTimeout='30']
SELECT [f].[FlightNo], [f].[AircraftTypeID], [f].[AirlineCode], [f].[CopilotId], [f].[FlightDate], [
f].[Departure], [f].[Destination], [f].[FreeSeats], [f].[LastChange], [f].[Memo], [f].[NonSmokingFli
ght], [f].[PilotId], [f].[Price], [f].[Seats], [f].[Strikebound], [f].[Timestamp], [f].[Utilization]

FROM [Flight] AS [f]
WHERE [f].[PilotId] = @__pilotID_0
Flight #123: from Vienna to Rome on 03.07.19 22:03: 202 free Seats.
Flight #610: from New York/JFC to London on 08.02.19 05:08: 101 free Seats.
Flight #691: from Rome to Frankfurt on 28.04.19 14:21: 180 free Seats.
Flight #708: from Seattle to Kapstadt on 29.03.19 10:51: 150 free Seats.
Flight #758: from Berlin to Hamburg on 29.04.19 14:28: 181 free Seats.
Flight #773: from Oslo to New York/JFC on 19.03.19 09:41: 140 free Seats.
```

Abbildung: Ausgabe des vorherigen Listings

Den aktuellen Inhalt des Zwischenspeichers kann man über das Property Local in der DbSet<T>-Klasse erhalten.

```
CUI.Headline("Content of local cache");
foreach (var f in ctx.FlightSet.Local)
{
 Console.WriteLine(f);
}
```

Den Zwischenspeicher löschen kann man, indem man die enthaltenen Objekte auf den Zustand "Detached" setzt. Danach gibt es keine Verbindung von der Kontextklasse zu diesen Objekten mehr. Sofern es noch Objektverweise im Programmcode auf die Objekte gibt, bleiben diese allerdings erhalten.

```
CUI.Headline("Clear local cache");
foreach (var f in ctx.FlightSet.Local.ToList())
{
 ctx.Entry(f).State = EntityState.Detached;
}
```

Achtung: Das Property Local ist vom Typ LocalView<TEntity>. In dieser Klasse gibt es eine Methode Clear(). Man könnte denken, dass Clear() den lokalen Zwischenspeicher löscht. Das ist jedoch nicht so. Tatsächlich setzt Clear() die Objekte auf den Zustand "Deleted", was beim nächsten SaveChanges() zum Löschen der Datensätze führen würde!

---

16 Einfügen, Löschen und Ändern

An vielen Stellen ist das API und die Vorgehensweise für das Einfügen, Löschen und Ändern von Datensätzen in Entity Framework Core im Vergleich zum bisherigen Entity Framework gleichgeblieben. Im Detail gibt es aber ein paar Änderungen, insbesondere beim Zusammenfassen von mehreren Änderungen zu einem Batch-Rundgang zum Datenbankmanagementsystem.

Der Entwickler kann jederzeit schreibend auf die aus der Datenbank geladenen Entitätsobjekte zugreifen. Er muss diese dabei weder vor der Schreiboperation "ankündigen" noch sie nachher "anmelden". Die Kontextklasse von Entity Framework Core (genauer gesagt: der dort eingebaute **Change Tracker**) verfolgt im Standard alle Änderungen an den Objekten (Change Tracking). Die Änderungsverfolgung findet jedoch nicht statt, wenn die Objekte im speziell (z.B. mit AsNoTracking()) zu aktivierenden No-Tracking-Modus geladen wurden oder die Kontextinstanz inzwischen vernichtet wurde.

16.1   Speichern mit SaveChanges()

Wie im klassischen Entity Framework speichert der Entwickler in Entity Framework Core die im RAM erfolgten Änderungen mit dem Aufruf der Methode SaveChanges() auf der Kontextinstanz ab.

Die Methode SaveChanges() dient der Speicherung von Änderungen in der Datenbank. Sie ist in der Basisklasse DbContext realisiert und wird von dort auf die Kontextklasse vererbt. Dieselässt der Entwickler beim Reverse Engineering erzeugen bzw. erstellt sie beim Forward Engineering selbst.

16.1.1   Verhalten von SaveChanges()

Die Methode SaveChanges() speichert alle Änderungen (neue Datensätze, geänderte Datensätze, gelöschte Datensätze) seit dem Laden bzw. dem letzten SaveChanges() an allen Objekten, die in die Kontextinstanz geladen wurden. SaveChanges() sendet dafür jeweils einen INSERT-, UPDATE- oder DELETE-Befehl zur Datenbank.

> **HINWEIS:** Auch in Entity Framework Core ist es leider nicht möglich, nur einzelne Änderungen von mehreren erfolgten Änderungen abzuspeichern.

SaveChanges() speichert freilich nur die geänderten Objekte und für die geänderten Objekte auch nur die geänderten Attribute, d.h. im UPDATE-Befehl findet man nur eine SET-Anweisung für die korrespondierenden Datenbankspalten (siehe folgendes Schaubild). Damit Entity Framework Core dies leisten kann, muss der OR-Mapper nachvollziehen, welche Änderungen im RAM erfolgen. Man nennt diese Funktion Änderungsverfolgung (engl. Change Tracking) und den Programmteil der Kontextklasse, der dies leistet, den "Change Tracker".

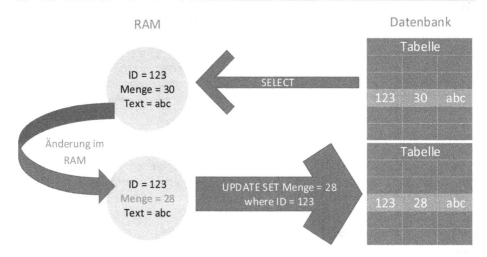

Abbildung: Speicherung nur der geänderten Werte

Bei der Ausführung von SaveChanges() führt Entity Framework Core automatisch immer eine Transaktion im Datenbankmanagementsystem aus, d.h. es werden alle im Kontext erfassten Änderungen persistiert oder keine. Details dazu erfahren Sie im Unterkapitel "Datenbanktransaktionen".

16.1.2 Beispiel

Das nächste Listing zeigt das Laden eines Flug-Objekts und Speichern von Änderungen. Das Laden des Flug-Objekts erfolgt mit SingleOrDefault(). In diesem Flug-Objekt wird dann die Anzahl der freien Plätze um zwei Plätze reduziert. Außerdem wird ein Text in das Memo-Attribut des Flug-Objekts geschrieben.

Listing: Die Anzahl der freien Plätze im Flug-Objekt wird um zwei Plätze reduziert.

```
public static void EinfacheUpdate()
{
  Console.WriteLine("--- Flug ändern");
  int FlugNr = 101;
  using (WWWingsContext ctx = new WWWingsContext())
  {
    var f = ctx.FlugSet.SingleOrDefault(x => x.FlugNr == FlugNr);
    Console.WriteLine($"Nach dem Laden: Flug #{f.FlugNr}: {f.Abflugort}->{f.Zielort} hat
{f.FreiePlaetze} freie Plätze! Zustand es Flug-Objekts: " + ctx.Entry(f).State);
    f.FreiePlaetze -= 2;  // Änderung 1
    f.Memo = $"Letzte Änderung durch Benutzer {System.Environment.UserName} am
{DateTime.Now}.";  ;  // Änderung 2
    Console.WriteLine($"Nach der Änderung: Flug #{f.FlugNr}: {f.Abflugort}->{f.Zielort} hat
{f.FreiePlaetze} freie Plätze! Zustand des Flug-Objekts: " + ctx.Entry(f).State);
    try
    {
      var anz = ctx.SaveChanges();
      if (anz == 0) Console.WriteLine("Problem: Keine Änderung gespeichert!");
      else Console.WriteLine("Anzahl gespeicherter Änderungen: " + anz);
```

```
     Console.WriteLine($"Nach dem Speichern: Flug #{f.FlugNr}: {f.Abflugort}->{f.Zielort} hat
{f.FreiePlaetze} freie Plätze! Zustand des Flug-Objekts: " + ctx.Entry(f).State);
   }
   catch (Exception ex)
   {
     Console.WriteLine("Fehler: " + ex.ToString());
   }
  }
 }
```

Nachstehend folgt der SQL-Befehl, der von Entity Framework Core bei SaveChanges() im obigen Listing gesendet wird. Im SET-Teil des UPDATE-Befehls kommen nur die Datenbankspalten FreiePlaetze und Memo vor. Man sieht auch, dass der UPDATE-Befehl die Anzahl der geänderten Datensätze zurückliefert. Diese Anzahl erhält der Aufrufer von SaveChanges() als Rückgabewert der Methode (siehe Variante "anz" in obigem Listing).

```
exec sp_executesql N'SET NOCOUNT ON;
UPDATE [flug] SET [FreiePlaetze] = @p0
WHERE [FlugNr] = @p1;
SELECT @@ROWCOUNT;
',N'@p1 int,@p0 smallint',@p1=101,@p0=80'
```

16.1.3   Objektzustandsänderungen

Das obige Listing gibt auch dreimal (vor der Änderung, nach der Änderung, nach dem Speichern) einige Informationen über das Flug-Objekt aus. Neben der FlugNr (Primärschlüssel) und der Flugroute (Abflugort und Zielort) werden die Anzahl der freien Plätze und der aktuelle Zustand des Objekts aus der Sicht von Entity Framework Core ausgegeben. Den Zustand kann man nicht von dem Entitätsobjekt selbst ermitteln, sondern nur über die Entry()-Methode der Kontextklasse mit ctx.Entry(obj).State.

Die nächste Abbildung zeigt, wie sich der Objektzustand aus der Sicht von Entity Framework Core verändert: Nach dem Laden ist er Unchanged. Nach der Änderung ist er Modified, d.h. Entity Framework Core weiß, dass sich das Objekt geändert hat. Und nach dem Speichern mit SaveChanges() ist er wieder Unchanged, d.h. der Zustand im RAM entspricht nun wieder dem Zustand in der Datenbank.

```
Flug ändern
Vor der Änderung: Flug #101: Prag->München hat 82 freie Plätze! Zustand des Flug-Objekts: Unchanged
Nach der Änderung: Flug #101: Prag->München hat 80 freie Plätze! Zustand des Flug-Objekts: Modified
Anzahl gespeicherter Änderungen: 1
Nach dem Speichern: Flug #101: Prag->München hat 80 freie Plätze! Zustand des Flug-Objekts: Unchanged
```

Abbildung: Ausgabe des obigen Listings

16.2   Fehlerfälle beim Speichern

Ein von SaveChanges() erzeugter UPDATE- oder DELETE-Befehl enthält im Standardfall in der WHERE-Bedingung nur den Primärschlüssel, d.h. es findet hier keine Prüfung statt, ob das Objekt mittlerweile von einem anderen Benutzer oder Hintergrundprozess geändert wurde. Im Standard gilt bei Entity Framework Core das Prinzip: Der letzte gewinnt. In dem folgenden Schaubild wird die Änderungen in der Spalte "Menge" von Client 2 durch den Client 1 gnadenlos überschrieben. Dabei ist es egal, ob Client 2 vor oder nach Client 1 den Datensatz gelesen hat. Client 1 gewinnt, weil er als letztes schreibt. Client 1 bekommt von den Änderungen von Client 2 nichts mit.

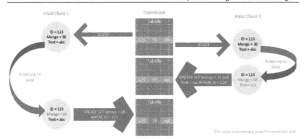

Abbildung: Die Änderung der Menge durch Client 2 wird von Client 1 gnadenlos überschrieben.

Dieses für viele Praxisszenarien unterfliegende Standardverhalten kann der Entwickler jedoch ändern (aufgrund der Komplexität des Themas gibt es dazu in diesem Buch ein eigenständiges Kapitel "Datenänderungskonflikte").

Einen Laufzeitfehler vom Typ DbConcurrencyException bekommt der Aufrufer im Standard lediglich dann, wenn der zu ändernde Datensatz in der Datenbank zwischenzeitlich gelöscht wurde. Dann liefert der UPDATE-Befehl vom Datenbankmanagementsystem zurück, dass "0" Datensätze von der Änderung betroffen waren, was Entity Framework Core als Indiz für einen Änderungskonflikt nimmt.

Bei der Ausführung der Methode SaveChanges() sind Fehler wahrscheinlich (z.B. die DbConcurrencyException). Daher gibt es im obigen Listing das explizite Try-Catch um SaveChanges(). Ein weiterer typischer Laufzeitfehler bei SaveChanges() entsteht, wenn aus der Sicht von .NET erlaubte, aber aus der Sicht der Datenbank unerlaubte Werte geschrieben werden. Dies wäre z.B. bei dem Attribut Memo möglich, wenn diese Spalte in der Datenbank eine Längenbegrenzung hätte. Da die Zeichenketten in .NET grundsätzlich von der Länge her unbegrenzt sind, wäre es möglich, dem Attribut Memo eine aus der Sicht der Datenbank zu lange Zeichenkette zuzuweisen.

Anders als das klassische Entity Framework gibt es bei Entity Framework Core bisher keine Validierung vor dem Speichern bei SaveChanges(), d.h. ungültige Werte fallen erst dem Datenbankmanagementsystem selbst auf. Im konkreten Fall entsteht dann der Laufzeitfehler "Microsoft.EntityFrameworkCore.DbUpdateException: An error occurred while updating the entries. See the inner exception for details." Und das innere Exception-Objekt liefert dann die eigentliche Fehlerquelle: "System.Data.SqlClient.SqlException: String or binary data would be truncated."

16.3   Änderungsverfolgung auch für Unterobjekte

Die Änderungsverfolgung (engl. Change Tracking) funktioniert in Entity Framework Core (wie beim Vorgänger) auch für geänderte Unterobjekte. Im nächsten Listing wird der Flug zusammen mit seinem Piloten geladen. Es werden nicht nur Änderungen im Flug-Objekt, sondern auch im verbundenen Pilot-Objekt vorgenommen (die Flugstunden des Piloten werden erhöht). Der Zustand des Pilot-Objekts ändert sich anlog zum Flug-Objekt von Unchanged zu Modified und nach der Ausführung von SaveChanges() wieder zu Unchanged.

Listing: Änderungen in Unterobjekten

```
public static void UpdateAufHauptUndUnterobjekt()
  {
  Console.WriteLine("--- Flug und Pilot ändern");
  int FlugNr = 101;
  using (WWWingsContext ctx = new WWWingsContext())
   {
   var f = ctx.FlugSet.Include(x => x.Pilot).SingleOrDefault(x => x.FlugNr == FlugNr);

   Console.WriteLine($"Nach dem Laden: Flug #{f.FlugNr}: {f.Abflugort}-
>{f.Zielort} hat {f.FreiePlaetze} freie Plätze! Zustand des Flug-
Objekts: " + ctx.Entry(f).State + " Zustand des Pilot-Objekts: " + ctx.Entry(f.Pilot).State);
   f.FreiePlaetze -= 2;  // Änderung 1
   f.Pilot.Flugstunden = (f.Pilot.Flugstunden ?? 0) + 10;
   f.Memo = $"Letzte Änderung durch Benutzer {System.Environment.UserName} am {DateTime.Now}.
"; ;  // Änderung 2

   Console.WriteLine($"Nach der Änderung: Flug #{f.FlugNr}: {f.Abflugort}-
>{f.Zielort} hat {f.FreiePlaetze} freie Plätze! Zustand des Flug-
Objekts: " + ctx.Entry(f).State + " Zustand des Pilot-Objekts: " + ctx.Entry(f.Pilot).State);

   try
   {
   var anz = ctx.SaveChanges();
   if (anz == 0) Console.WriteLine("Problem: Keine Änderung gespeichert!");
   else Console.WriteLine("Anzahl gespeicherter Änderungen: " + anz);
   Console.WriteLine($"Nach dem Speichern: Flug #{f.FlugNr}: {f.Abflugort}-
>{f.Zielort} hat {f.FreiePlaetze} freie Plätze! Zustand des Flug-
Objekts: " + ctx.Entry(f).State + " Zustand des Pilot-Objekts: " + ctx.Entry(f.Pilot).State);
   }
   catch (Exception ex)
   {
   Console.WriteLine("Fehler: " + ex.ToString());
   }
   }
  }
```

Nachstehend ist der SQL-Befehl, der von Entity Framework Core bei SaveChanges() gesendet wird; er zeigt, dass entsprechend zwei UPDATE-Befehle zum Datenbankmanagementsystem gesendet werden.

```
exec sp_executesql N'SET NOCOUNT ON;
UPDATE [Flug] SET [FreiePlaetze] = @p0, [Memo] = @p1
WHERE [FlugNr] = @p2;
SELECT @@ROWCOUNT;
UPDATE [Mitarbeiter] SET [Flugstunden] = @p3
WHERE [PersonID] = @p4;
SELECT @@ROWCOUNT;
',N'@p2 int,@p0 smallint,@p1 nvarchar(4000),@p4 int,@p3
int',@p2=101,@p0=117,@p1=N'Letzte Änderung durch Benutzer HS am 17.09.2016
16:53:17.',@p4=44,@p3=20
```

16.4   Zusammenfassen von Befehlen (Batching)

Entity Framework Core schickt im Gegensatz zum bisherigen Entity Framework nicht jeden INSERT-, UPDATE- oder DELETE-Befehl in einem eigenen Rundgang zum Datenbankmanagementsystem, sondern fasst die Befehle zu insgesamt größeren Rundgängen zusammen. Diese Funktion nennt Microsoft "Batching".

Entity Framework Core entscheidet selbst über die Größe der Zusammenfassung von Befehlen zu einem Rundgang. In einem Test beim Masseneinfügen von Flug-Datensätzen kam es bei 300 Datensätzen zu zwei Rundgängen, bei 1000 zu sechs Rundgängen, bei 2000 zu 11 und bei 5000 zu 27 Rundgängen zum Datenbankmanagementsystem.

Neben der Add()-Methode gibt es sowohl auf der Kontextklasse als auch auf der Klasse DbSet<Entitätsklasse> eine Methode AddRange(), der man eine Liste von anzufügenden Objekten übergeben kann. Während im bisherigen Entity Framework AddRange() deutlich schneller war als Add(), weil damit wiederholte Prüfungsvorgänge des Change Trackers von Entity Framework entfielen, ist es in Entity Framework Core kein Leistungsunterschied mehr, ob man Add() in einer Schleife 1000x aufruft oder einmal AddRange() mit einer Menge von 1000 Objekten als Parameter. Ein in der nächsten Abbildung deutlich sichtbarer Leistungsvorteil entsteht durch das Batching. Wenn man aber nach Add() immer direkt SaveChanges() aufruft, ist kein Batching möglich (siehe dritter Balken in der nächsten Abbildung).

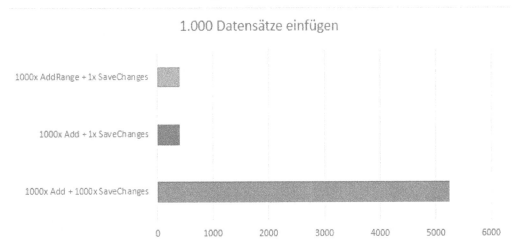

Abbildung: Leistungsmessung beim Masseneinfügen

16.5   Das Foreach-Problem

Beim Entity Framework Core ist es nicht notwendig, eine Abfrage vor einer Iteration mit einem Konvertierungsoperator wie ToList() explizit zu materialisieren. Eine Foreach-Schleife über ein Objekt mit IQueryable-Schnittstelle genügt, um die Datenbankabfrage auszulösen.

> **ACHTUNG:** In diesem Fall jedoch bleibt die Datenbankverbindung geöffnet, solange die Schleife läuft, und die Datensätze werden von dem Iterator der IQueryable-Schnittstelle einzeln abgeholt.

Dies hat zwei Auswirkungen, wenn innerhalb der Schleife weitere Aktionen auf der gleichen Entity Framework-Kontextinstanz erfolgen sollen.

- Leseoperationen sind möglich, erfordern jedoch (zumindest in älteren Versionen von Entity Framework Core) in der Verbindungszeichenfolge den Zusatz MultipleActiveResultSets=True. In Entity Framework Version 2.2 und 3.0 gelang in Tests eine solche untergeordnete Abfrage auch ohne den Zusatz in der Verbindungszeichenfolge.

- Änderungen mit SaveChanges() sind nicht möglich; es kommt zum Laufzeitfehler "System.Data.SqlClient.SqlException: 'New transaction is not allowed because there are other threads running in the session.' System.Data.SqlClient.SqlException: New transaction is not allowed because there are other threads running in the session.".

Es gibt zwei Lösungen:

- Die beste Lösung ist, die Abfrage vor Beginn der Schleife mit ToList() komplett zu materialisieren und das SaveChanges() hinter der Schleife zu positionieren. Dies führt zur Übermittlung aller Änderungen in einem oder wenigen Rundgängen. Es findet aber eine Transaktion über alle Änderungen statt!

- Wenn die Änderungen in mehreren einzelnen Transaktionen die inhaltliche Anforderung ist, dann sollte zumindest ToList() vor der Schleife ausgeführt werden.

> **PRAXISTIPP:** Verwenden Sie immer die explizite Materialisierung mit ToList(), ToArray() etc.

Listing: Eine weitere Abfrage in einer foreach-Schleife, wenn man die Datensätze nicht vorher materialisiert hat.

```
public static void ForEachIteration()
  {
    Console.WriteLine(WWWingsContext.ConnectionString);
    using (var ctx = new DA.WWWingsContext())
    {

      IQueryable<Flight> flightQuery = (from f in ctx.FlightSet
                                        where f.Departure == "Rome"
                                        select f).Take(10);

      foreach (var f in flightQuery)
      {
      // Annother query within the running query
       List<Pilot> pilotQuery =
         (from p in ctx.PilotSet
          where p.FlightAsPilotSet.Any(x=>x.FlightNo == f.FlightNo)
          select p).ToList();
         Console.WriteLine(f + " / Pilots: " + pilotQuery.Count());
      }

    }
  }
```

Listing: SaveChanges() funktioniert nicht innerhalb einer foreach-Schleife, wenn man die Datensätze nicht vorher materialisiert hat.

```
public static void Demo_ForeachProblem()
  {
    CUI.Headline("Start Demo_ForeachProblem");
    WWWingsContext ctx = new WWWingsContext();
    // Abfrage definieren
    var abfrage = (from f in ctx.FlugSet.Include(p => p.Buchungen).ThenInclude(b =>
b.Passagier) where f.Abflugort == "Rom" && f.FreiePlaetze > 0 select f).Take(1);
```

```
    // Abfrage nicht explizit, sondern durch foreach ausführen
    foreach(var flug in abfrage)
    {
      // Ergebnisse ausgeben
      CUI.Print("Flug: " + flug.FlugNr + " von " + flug.Abflugort + " nach " + flug.Zielort +
" hat " + flug.FreiePlaetze + " freie Plätze");


      foreach (var p in flug.Buchungen)
      {
        CUI.Print(" Passagier   " + p.Passagier.Vorname + " " + p.Passagier.Name);
      }


      // Änderung an jedem Flug-Objekt speichern innerhalb der Schleife
      CUI.Print(" Start Speichern");
      flug.FreiePlaetze--;
      ctx.SaveChanges();
      CUI.Print(" Ende Speichern");
    }
  }
```

```
16
17            // Änderung an jedem Flug-Objekt speichern innerhalb der Schleife
18            CUI.Print("  Start Speichern");
19            flug.FreiePlaetze--;
50            ctx.SaveChanges();  ⊗
51            CUI.Print("  Ende Spe chern"):
52          }                        Exception Unhandled                              ⏸ ✕
53
54                       System.Data.SqlClient.SqlException: 'New transaction is not allowed
55          }            because there are other threads running in the session.'
```

Abbildung: Laufzeitfehler, auf den das obige Listing läuft

16.6   Objekte hinzufügen mit Add()

Zum Anfügen eines neuen Datensatzes (in SQL: INSERT) führt der Entwickler bei Entity Framework Core folgende Schritte aus:

- Instanziierung des Objekts mit dem New-Operator (wie gewohnt in .NET). Eine Create()-Fabrikmethode wie im klassischen Entity Framework gibt es in Entity Framework Core nicht.

- Befüllen des Objekts, insbesondere aller Pflichteigenschaften aus der Sicht des Datenbankschemas.

- Anfügen des Objekts an den Kontext entweder über die Add()-Methode in der Kontextklasse oder in der passenden DbSet<Entitätsklasse> in der Kontextklasse.

- Aufruf von SaveChanges().

Das nächste Listing zeigt das Erstellen eines Flug-Objekts. Pflichteigenschaften sind die FlugNr (der Primärschlüssel ist hier kein Autowert und muss daher manuell gesetzt werden), Fluggesellschaft, Abflugort, Zielort und Datum sowie die Beziehung zu einem Piloten. Der Copilot ist hingegen optional. Auch wenn die Fluggesellschaft ein Pflichtfeld ist, so würde der Programmcode auch ohne explizite Zuweisung eines Enumerationswertes funktionieren, denn Entity Framework Core würde hier den Standardwert 0 verwenden, was ein gültiger Zahlenwert aus der Sicht der Datenbank ist.

Alternativ zum vorherigen Laden des Pilot-Objekts und dann folgenden Zuweisen an den Flug könnte man die Aufgabe auch effizienter implementieren, indem man die

Fremdschlüsseleigenschaft PilotId in dem Flug-Objekt verwendet und dort den Primärschlüssel des Pilot-Objekts direkt zuweist: f.PilotId = 234. Hier sieht man den Vorteil einer expliziten Fremdschlüsseleigenschaft: Man spart hier einen Rundgang zur Datenbank.

Listing: Erzeugen eines neuen Flugs

```csharp
public static void EinfachesAdd()
{
  Console.WriteLine("--- Flug hinzufügen");
  using (WWWingsContext ctx = new WWWingsContext())
  {
    var p = ctx.PilotSet.SingleOrDefault(x => x.PersonID == 234);
    // Flug im RAM anlegen
    var f = new Flug();
    f.FlugNr = 123456;
    f.Fluggesellschaft = Fluggesellschaft.WorldWideWings;
    f.Pilot = p;
    f.Abflugort = "Essen";
    f.Zielort = "Sydney";
    f.Copilot = null; // kein Copilot :-(
    f.Plaetze = 100;
    f.FreiePlaetze = 100;
    Console.WriteLine($"Vor dem Anfügen: Flug #{f.FlugNr}: {f.Abflugort}->{f.Zielort} hat
{f.FreiePlaetze} freie Plätze! Zustand des Flug-Objekts: " + ctx.Entry(f).State);
    // Flug dem Kontext hinzufügen
    ctx.FlugSet.Add(f);
    //oder: ctx.Add(f);
    Console.WriteLine($"Nach dem Anfügen: Flug #{f.FlugNr}: {f.Abflugort}->{f.Zielort} hat
{f.FreiePlaetze} freie Plätze! Zustand des Flug-Objekts: " + ctx.Entry(f).State);
    try
    {
      var anz = ctx.SaveChanges();
      if (anz == 0) Console.WriteLine("Problem: Keine Änderung gespeichert!");
      else Console.WriteLine("Anzahl gespeicherter Änderungen: " + anz);
      Console.WriteLine($"Nach dem Speichern: Flug #{f.FlugNr}: {f.Abflugort}->{f.Zielort} hat
{f.FreiePlaetze} freie Plätze! Zustand des Flug-Objekts: " + ctx.Entry(f).State);
    }
    catch (Exception ex)
    {
      Console.WriteLine("Fehler: " + ex.ToString());
    }
  }
}
```

Die Abfolge der Objektzustände ist in diesem Fall (siehe nächste Abbildung): Detached (vor dem Ausführen von Add() kennt der Entity Framework Core-Kontext die neue Flug-Instanz ja noch gar nicht und betrachtet sie daher als transientes Objekt), Added (nach dem Add()) und dann nach dem Speichern Unchanged. Entity Framework Core betrachtet übrigens den mehrmaligen Aufruf von Add() nicht als Fehler. Add() braucht aber nicht mehr als einmal aufgerufen werden.

HINWEIS: Man kann nur ein Objekt mit einem Primärschlüsselwert hinzufügen, den es noch nicht in der aktuellen Kontextinstanz gibt. Will man ein Objekt löschen und dann unter dem gleichen Primärschlüsselwert ein neues Objekt anlegen, muss man nach dem Remove() und vor dem Add() erst einmal SaveChanges() ausführen, sonst beschwert sich Entity Framework Core mit der Fehlermeldung *"System.InvalidOperationException: The instance of entity type 'Flug' cannot be tracked because another instance with the same key value for {'FlugNr'} is already being tracked"*.

```
Flug hinzufügen
Vor dem Anfügen: Flug #123456: Essen->Sydney hat 100 freie Plätze! Zustand des Flug-Objekts: Detached
Nach dem Anfügen: Flug #123456: Essen->Sydney hat 100 freie Plätze! Zustand des Flug-Objekts: Added
Anzahl gespeicherter Änderungen: 1
Nach dem Speichern: Flug #123456: Essen->Sydney hat 100 freie Plätze! Zustand des Flug-Objekts: Unchanged
```

Abbildung: Ausgabe des obigen Listings (Erzeugen eines Flug-Objekts)

16.7   Verbundene Objekte anlegen

Die Methode Add() betrachtet nicht nur das als Parameter übergebene Objekt, sondern auch mit diesem Objekt verbundene Objekte. Wenn sich darunter Objekte im Zustand "Detached" befinden, werden diese automatisch auch an den Kontext angefügt und sind dann im Zustand "Added".

Das Herstellen einer Beziehung im Fall 1:N erfolgt auf der 1-er-Seite durch die Manipulation der Liste mit den listenspezifischen Methoden für das Hinzufügen und Löschen, meist mit den Methoden Add() und Remove(). Bei bidirektionalen Beziehungen kann die Änderung wahlweise auf der 1-er-Seite oder der N-Seite erfolgen. Im konkreten Fall der bidiretionalen Beziehung zwischen Flug und Pilot (siehe nächste Abbildung) gibt es drei äquivalente Möglichkeiten, die Beziehung herzustellen:

- Über die Navigationseigenschaft der 1-er-Seite, also Pilot in Flug:
  flug.Pilot = pilot;

- Über das Fremdschlüssel-Property PersonID in Flug:
  flug.PersonID = 123;

- Über die Navigationseigenschaft der N-Seite, also FluegeAlsPilot auf der Pilot-Seite:
  pilot.FluegeAlsPilot.Add(flug);

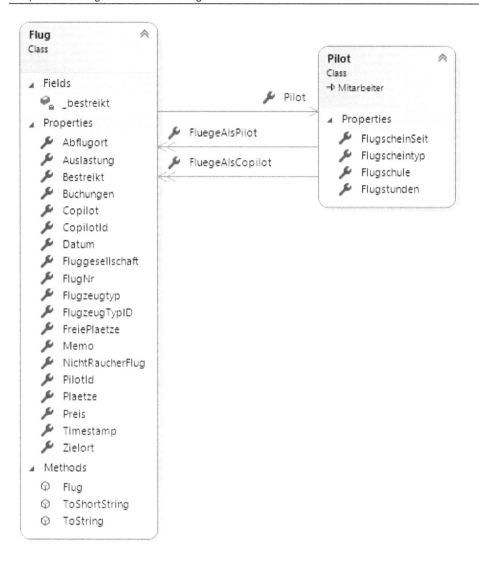

Abbildung: Beziehung zwischen Flug und Pilot

Das folgende Listing zeigt das Anlegen eines neuen Flugs mit neuem Piloten, neuem Flugzeugtyp und neuen Flugzeugtypdetails. Es reicht dafür die Ausführung von Add() für das Flug-Objekt. Entity Framework Core sendet dann bei SaveChanges() fünf INSERT-Befehle zur Datenbank, jeweils einen für die Tabellen Flugzeugtyp, Persondetail, Flugzeugtypdetail, Mitarbeiter (gemeinsame Tabelle für Instanzen der Klassen Mitarbeiter und Pilot im Sinne des Table per Hierarchy-Mapping) und Flug.

Listing: Anlegen eines neuen Flugs mit neuem Piloten mit Personendetail, neuem Flugzeugtyp und Flugzeugtypdetails

```
public static void Demo_BeziehungenAnlegen()
{
 CUI.Headline("Demo_BeziehungenAnlegen");
```

```
using (var ctx = new WWWingsContext())
{
  ctx.Database.ExecuteSqlRaw("Delete from Buchung where FlugNr = 456789");
  ctx.Database.ExecuteSqlRaw("Delete from Flug where FlugNr = 456789");

  var p = new Pilot();
  p.Vorname = "Holger";
  p.Name = "Schwichtenberg";
  p.Einstellungsdatum = DateTime.Now;
  p.FlugscheinSeit = DateTime.Now;
  var pd = new Persondetail();
  //pd.Planet = "Erde";
  p.Detail = pd;

  // bei Änderung auf 1:N
  //p.Detail.Add(pd);

  var fzt = new Flugzeugtyp();
  fzt.Hersteller = "Airbus";
  fzt.Name = "A380-800";

  var fztd = new Flugzeugtypdetail();
  fztd.Turbinen = 4;
  fztd.Laenge = 72.30f;
  fztd.LeergewichtInTonnen = 275;
  fzt.Detail = fztd;

  var f = new Flug();
  f.FlugNr = 456789;
  f.Pilot = p;
  f.Copilot = null;
  f.Plaetze = 850;
  f.FreiePlaetze = 850;
  f.Flugzeugtyp = fzt;

  // Ein Add() für Flug reicht für alle verbundenen Objekte!
  ctx.FlugSet.Add(f);
  ctx.SaveChanges();

  CUI.Print("Flüge: " + ctx.FlugSet.Count());
  CUI.Print("Piloten: " + ctx.PilotSet.Count());

}
}
```

Die nächste Abbildung zeigt Ausschnitte diese fünf INSERT-Befehle.

Abbildung: Durch Batch Updating erfolgen nur drei Rundgänge für fünf INSERT-Befehle.

16.8   Verbundene Objekte ändern / Relationship Fixup

Entity Framework Core erkennt auch Beziehungsänderungen zwischen Entitätsobjekten und speichert diese bei SaveChanges() automatisch ab. Wie beim Erstanlegen eines Flugs mit Pilot gibt es auch bei einer Beziehungsänderung im Idealfall (bidirektionale Beziehungen mit Fremdschlüssel-Property) drei Möglichkeiten:

- Über die Navigationseigenschaft Pilot in Flug:
  flug.Pilot = pilot;

- Über das Fremdschlüssel-Property PilotId in Flug:
  flug.PersonID = 123;

- Über die Navigationseigenschaft FluegeAlsPilot auf der Pilot-Seite:
  pilot.FluegeAlsPilot.Add(flug);

In allen drei Fällen sendet Entity Framework Core bei SaveChanges() zur Datenbank. Durch die Ausführung von SaveChanges() nimmt Entity Framework Core korrekterweise in der Datenbank keine Änderung in der Pilot-Tabelle vor, sondern in der Flug-Tabelle, denn hier befindet sich der Fremdschlüssel, der die Beziehung zwischen Pilot und Flug herstellt.

```
exec sp_executesql N'SET NOCOUNT ON;
UPDATE [Flug] SET [PilotId] = @p0
WHERE [FlugNr] = @p1;
SELECT @@ROWCOUNT;
',N'@p1 int,@p0 int',@p1=101,@p0=123
```

> **PRAXISTIPP:** Zum Entfernen einer Beziehung kann der Entwickler einfach null bzw. nothing zuweisen.

Das nächste Listing zeigt die Zuweisung eines neuen Piloten zu einem Flug. Diese Zuweisung erfolgt jedoch nicht über flug101.Pilot = pilotNeu (1-er-Seite), sondern auf der Pilotseite (N-Seite) über pilotNeu.FluegeAlsPilot.Add(flug101). Spannend ist die Ausgabe dieses Listings. Man sieht, dass zu Beginn beide Piloten einen Flug haben. Nach der Zuweisung hat der neue Pilot zwei Flüge und der alte Pilot immer noch nur einen Flug, was aber falsch ist. Außerdem verweist flug101.Pilot immer noch auf den alten Piloten, was ebenfalls falsch ist.

Nach der Ausführung von SaveChanges() sind die Objektbeziehungen allerdings korrigiert: Jetzt hat der alte Pilot keinen Flug mehr, und der neue Pilot hat zwei Flüge. Zudem verweist flug101.Pilot auf den neuen Piloten. Diese Funktion von Entity Framework Core nennt man **Relationship Fixup**. Im Rahmen des Relationship Fixup prüft Entity Framework Core alle Beziehungen zwischen den Objekten, die sich derzeit im RAM befinden, und ändert diese auch auf der gegenüberliegenden Seite, wenn sich Änderungen auf seiner Seite ergeben haben. Entity Framework Core führt das Relationship Fixup beim Speichern mit SaveChanges() aus.

Der Softwareentwickler kann das Relationship Fixup jederzeit mit der Ausführung der Methode ctx.ChangeTracker.DetectChanges() erzwingen. Wenn viele Objekte in eine Kontextinstanz geladen wurden, kann DetectChanges() viele Millisekunden dauern. Microsoft verzichtet daher in Entity Framework Core darauf, DetectChanges() automatisch an vielen Stellen aufzurufen, und überlässt es dem Entwickler, zu entscheiden, wann er einen konsistenten Zustand der Objektbeziehungen braucht und mit DetectChanges() herstellen möchte.

Listing: Herstellen einer 1:N-Beziehung über die 1-er-Seite

```
public static void Demo_Beziehungen1NRelationhipFixup()
{
   CUI.Headline("Demo_Beziehungen1NRelationhipFixup");
   using (var ctx = new WWWingsContext())
   {
   // Lade einen Flug
   var flug101 = ctx.FlugSet.SingleOrDefault(x=>x.FlugNr==101);
   Console.WriteLine($"Flug Nr {flug101.FlugNr} von {flug101.Abflugort} nach {flug101.Zielor
t} hat {flug101.FreiePlaetze} freie Plätze!");
   // Laden des Piloten für diesen Flug mit der Liste seiner Flüge
   var pilotAlt = ctx.PilotSet.Include(x => x.FluegeAlsPilot).SingleOrDefault(x => x.PersonI
D == flug101.PilotId);
   Console.WriteLine("Pilot: " + pilotAlt.PersonID + ": " + pilotAlt.Vorname + " " + pilotAl
t.Name + " hat " + pilotAlt.FluegeAlsPilot.Count + " Flüge als Pilot!");

   // Nächsten Piloten in der Liste laden mit der Liste seiner Flüge
   var pilotNeu = ctx.PilotSet.Include(x=>x.FluegeAlsPilot).SingleOrDefault(x => x.PersonID
== flug101.PilotId-10);
   Console.WriteLine("Geplanter Pilot: " + pilotNeu.PersonID + ": " + pilotNeu.Vorname + " "
 + pilotNeu.Name + " hat " + pilotNeu.FluegeAlsPilot.Count + " Flüge als Pilot!");

   // Zuweisen an Flug
   CUI.Print("Zuweisung des Flugs zum geplanten Piloten...", ConsoleColor.Cyan);
   pilotNeu.FluegeAlsPilot.Add(flug101);

   // optional: dRelationship Fixup erzwingen
   // ctx.ChangeTracker.DetectChanges();

   CUI.Print("Kontrollausgabe vor dem Speichern: ", ConsoleColor.Cyan);
   Console.WriteLine("Alter Pilot: " + pilotAlt.PersonID + ": " + pilotAlt.Vorname + " " + p
ilotAlt.Name + " hat " + pilotAlt.FluegeAlsPilot.Count + " Flüge als Pilot!");
   Console.WriteLine("Neuer Pilot: " + pilotNeu.PersonID + ": " + pilotNeu.Vorname + " " + p
ilotNeu.Name + " hat " + pilotNeu.FluegeAlsPilot.Count + " Flüge als Pilot!");
   var pilotAktuell = flug101.Pilot; // Aktueller Pilot aus der Sicht des Flug-Objekts
   Console.WriteLine("Pilot für Flug " + flug101.FlugNr + " ist derzeit: " + pilotAktuell.Pe
rsonID + ": " + pilotAktuell.Vorname + " " + pilotAktuell.Name);

   // Speichern mit SaveChanges()
   CUI.Print("Speichern... ", ConsoleColor.Cyan);
   var anz = ctx.SaveChanges();
```

```
    CUI.Headline("Anzahl gespeicherter Änderungen: " + anz);

    CUI.Print("Kontrollausgabe nach dem Speichern: ", ConsoleColor.Cyan);
    Console.WriteLine("Alter Pilot: " + pilotAlt.PersonID + ": " + pilotAlt.Vorname + " " + p
ilotAlt.Name + " hat " + pilotAlt.FluegeAlsPilot.Count + " Flüge als Pilot!");
    Console.WriteLine("Neuer Pilot: " + pilotNeu.PersonID + ": " + pilotNeu.Vorname + " " + p
ilotNeu.Name + " hat " + pilotNeu.FluegeAlsPilot.Count + " Flüge als Pilot!");
      pilotAktuell = flug101.Pilot; // Aktueller Pilot aus der Sicht des Flug-Objekts
    Console.WriteLine("Pilot für Flug " + flug101.FlugNr + " ist jetzt: " + pilotAktuell.Pers
onID + ": " + pilotAktuell.Vorname + " " + pilotAktuell.Name);
    }
```

```
Demo_Beziehungen1NRelationhipFixup
WWWingsContext: OnConfiguring
WWWingsContext: OnModelCreating
Flug Nr 101 von Seattle nach Moskau hat 129 freie Plätze!
Pilot: 89: Frank-Walter Stoiber hat 1 Flüge als Pilot!
Geplanter Pilot: 99: Oskar Merkel hat 1 Flüge als Pilot!
Zuweisung des Flugs zum geplanten Piloten...
Kontrollausgabe vor dem Speichern:
Alter Pilot: 89: Frank-Walter Stoiber hat 1 Flüge als Pilot!
Neuer Pilot: 99: Oskar Merkel hat 2 Flüge als Pilot!
Pilot für Flug 101 ist derzeit: 89: Frank-Walter Stoiber
Speichern...
Anzahl gespeicherter Änderungen: 1
Kontrollausgabe nach dem Speichern:
Alter Pilot: 89: Frank-Walter Stoiber hat 0 Flüge als Pilot!
Neuer Pilot: 99: Oskar Merkel hat 2 Flüge als Pilot!
Pilot für Flug 101 ist jetzt: 99: Oskar Merkel
```

Abbildung: Ausgabe zu obigem Listing: Das Relationsship Fixup funktioniert.

16.9   Widersprüchliche Beziehungen

Wenn es, wie vorgehend erläutert, bis zu drei Möglichkeiten gibt, eine Beziehung zwischen Objekten herzustellen, was passiert dann, wenn mehrere Möglichkeiten parallel angewendet werden und dabei widersprüchliche Daten enthalten sind?

Das nächste Listing in Verbindung mit der Ausgabe in der folgenden Abbildung zeigt, dass die Priorität wie folgt ist:

- Höchste Priorität hat der Wert aus der Objektmenge auf der 1-er-Seite, also im Fall der Beziehung Pilot<->Flug (1:N) der Wert aus Pilot.FluegeAlsPilot.

- Zweithöchste Priorität hat der Wert aus dem Einzelobjekt auf der N-Seite, also im Fall Pilot<->Flug (1:N) der Wert aus Flug.Pilot

- Erst dann wird das Fremdschlüsselproperty auf der N-Seite berücksichtigt, also im Fall Pilot<->Flug (1:N) der Wert aus Flug.PersonID.

Listing: Vier Testszenarien für die Frage, welcher Wert Priorität hat, wenn die Beziehung widersprüchlich gesetzt wird.

```
/// <summary>
/// Vier Testszenarien für die Frage, welcher Wert Priorität hat, wenn die Beziehung
widersprüchlich gesetzt wird
/// </summary>
[EFCBuch("3.1")]
public static void Demo_WiderspruechlicheBeziehungen()
{
 CUI.MainHeadline(nameof(Demo_WiderspruechlicheBeziehungen));
```

```
    Versuch1();
    Versuch2();
    Versuch3();
    Versuch4();
  }

  private static void Versuch1()
  {
   using (var ctx = new WWWingsContext())
   {
     CUI.MainHeadline("Versuch 1: Erst Zuweisung per Navigation Property, dann per
Fremdschlüsselproperty");
     CUI.PrintStep("Lade einen Flug...");
     var flug101 = ctx.FlugSet.Include(f => f.Pilot).SingleOrDefault(x => x.FlugNr == 101);
     Console.WriteLine($"Flug Nr {flug101.FlugNr} von {flug101.Abflugort} nach
{flug101.Zielort} hat {flug101.FreiePlaetze} freie Plätze!");
     CUI.Print("Pilot-Objekt: " + flug101.Pilot.PersonID + " PilotId: " + flug101.PilotId);


     CUI.PrintStep("Lade einen anderen Piloten...");
     var pilotNeu2 = ctx.PilotSet.Find(GetPilotIdEinesFreienPiloten()); // nächster Pilot
     CUI.PrintStep($"Zuweisen des neuen Piloten #{pilotNeu2.PersonID} per Navigation
Property...");
     flug101.Pilot = pilotNeu2;
     CUI.Print($"PilotId: {flug101.PilotId} Pilot-Objekt: {flug101.Pilot?.PersonID}");


     CUI.PrintStep("Wieder Zuweisen eines neuen Piloten per Fremdschlüsselproperty...");
     var neuePilotID = GetPilotIdEinesFreienPiloten();
     CUI.PrintStep($"Zuweisen eines neuen Piloten #{neuePilotID} per
Fremdschlüsselproperty...");
     flug101.PilotId = neuePilotID;
     CUI.Print($"PilotId: {flug101.PilotId} Pilot-Objekt: {flug101.Pilot?.PersonID}");


     CUI.PrintStep("Speichern mit SaveChanges()");
     var anz2 = ctx.SaveChanges();
     CUI.PrintSuccess("Anzahl gespeicherter Änderungen: " + anz2);


     CUI.PrintStep("Kontrollausgabe nach dem Speichern: ");
     CUI.Print($"PilotId: {flug101.PilotId} Pilot-Objekt: {flug101.Pilot?.PersonID}");
   }
  }
  private static void Versuch2()
  {
   using (var ctx = new WWWingsContext())
   {
     CUI.MainHeadline("Versuch 2: Erst Zuweisung per Fremdschlüsselproperty, dann Navigation
Property");
     CUI.PrintStep("Lade einen Flug...");
     var flug101 = ctx.FlugSet.Include(f => f.Pilot).SingleOrDefault(x => x.FlugNr == 101);
     Console.WriteLine($"Flug Nr {flug101.FlugNr} von {flug101.Abflugort} nach
{flug101.Zielort} hat {flug101.FreiePlaetze} freie Plätze!");
     CUI.Print("Pilot-Objekt: " + flug101.Pilot.PersonID + " PilotId: " + flug101.PilotId);

     var neuePilotID2 = GetPilotIdEinesFreienPiloten();
     CUI.PrintStep($"Zuweisen eines neuen Piloten #{neuePilotID2} per
Fremdschlüsselproperty...");
     flug101.PilotId = neuePilotID2;
     CUI.Print($"PilotId: {flug101.PilotId} Pilot-Objekt: {flug101.Pilot?.PersonID}");


     CUI.PrintStep("Lade einen anderen Piloten...");
     var pilotNeu1 = ctx.PilotSet.Find(GetPilotIdEinesFreienPiloten()); // nächster Pilot
```

```
    CUI.PrintStep($"Zuweisen des neuen Piloten #{pilotNeu1.PersonID} per Navigation
Property...");
    flug101.Pilot = pilotNeu1;
    CUI.Print($"PilotId: {flug101.PilotId} Pilot-Objekt: {flug101.Pilot?.PersonID}");


    CUI.PrintStep("Speichern mit SaveChanges()");
    var anz2 = ctx.SaveChanges();
    CUI.PrintSuccess("Anzahl gespeicherter Änderungen: " + anz2);


    CUI.PrintStep("Kontrollausgabe nach dem Speichern: ");
    CUI.Print($"PilotId: {flug101.PilotId} Pilot-Objekt: {flug101.Pilot?.PersonID}");
  }
 }
 private static void Versuch3()
 {
  using (var ctx = new WWWingsContext())
  {
   CUI.MainHeadline("Versuch 3: Zuweisung per FK, dann Navigation Property bei Flug, dann
Navigation Property bei Pilot ");
    CUI.PrintStep("Lade einen Flug...");
    var flug101 = ctx.FlugSet.Include(f => f.Pilot).SingleOrDefault(x => x.FlugNr == 101);
    Console.WriteLine($"Flug Nr {flug101.FlugNr} von {flug101.Abflugort} nach
{flug101.Zielort} hat {flug101.FreiePlaetze} freie Plätze!");
    CUI.Print("Pilot-Objekt: " + flug101.Pilot.PersonID + " PilotId: " + flug101.PilotId);

    var neuePilotID3 = GetPilotIdEinesFreienPiloten();
    CUI.PrintStep($"Zuweisen eines neuen Piloten #{neuePilotID3} per
Fremdschlüsselproperty...");
    flug101.PilotId = neuePilotID3;
    CUI.Print("flug101.PilotId=" + flug101.PilotId);
    CUI.Print($"PilotId: {flug101.PilotId} Pilot-Objekt: {flug101.Pilot?.PersonID}");

    CUI.PrintStep("Lade einen anderen Piloten...");
    var pilotNeu3a = ctx.PilotSet.Find(GetPilotIdEinesFreienPiloten()); // nächster Pilot
    CUI.PrintStep($"Zuweisen des neuen Piloten #{pilotNeu3a.PersonID} per Navigation Property
bei Flug...");
    flug101.Pilot = pilotNeu3a;
    CUI.Print($"PilotId: {flug101.PilotId} Pilot-Objekt: {flug101.Pilot?.PersonID}");

    CUI.PrintStep("Lade noch einen anderen Piloten...");
    var pilotNeu3b = ctx.PilotSet.Include(p => p.FluegeAlsPilot).SingleOrDefault(p =>
p.PersonID == GetPilotIdEinesFreienPiloten()); // nächster Pilot
    CUI.PrintStep($"Zuweisen des neuen Piloten #{pilotNeu3b.PersonID} per Navigation Property
bei Pilot...");
    pilotNeu3b.FluegeAlsPilot.Add(flug101);
    CUI.Print($"PilotId: {flug101.PilotId} Pilot-Objekt: {flug101.Pilot?.PersonID}");

    CUI.PrintStep("Speichern mit SaveChanges()");
    var anz3 = ctx.SaveChanges();
    CUI.PrintSuccess("Anzahl gespeicherter Änderungen: " + anz3);

    CUI.PrintStep("Kontrollausgabe nach dem Speichern: ");
    CUI.Print($"PilotId: {flug101.PilotId} Pilot-Objekt: {flug101.Pilot?.PersonID}");

  }
 }
 private static void Versuch4()
 {
  using (var ctx = new WWWingsContext())
  {
```

```
CUI.MainHeadline("Versuch 4: Erst Zuweisung per FK, dann Navigation Property bei Pilot,
dann Navigation Property bei Flug ");
    CUI.PrintStep("Lade einen Flug...");
    var flug101 = ctx.FlugSet.Include(f => f.Pilot).SingleOrDefault(x => x.FlugNr == 101);
    Console.WriteLine($"Flug Nr {flug101.FlugNr} von {flug101.Abflugort} nach
{flug101.Zielort} hat {flug101.FreiePlaetze} freie Plätze!");
    CUI.Print("Pilot-Objekt: " + flug101.Pilot.PersonID + " PilotId: " + flug101.PilotId);


    var neuePilotID4 = GetPilotIdEinesFreienPiloten();
    CUI.PrintStep($"Zuweisen eines neuen Piloten #{neuePilotID4} per
Fremdschlüsselproperty...");
    flug101.PilotId = neuePilotID4;
    CUI.Print("flug101.PilotId=" + flug101.PilotId);
    CUI.Print($"PilotId: {flug101.PilotId} Pilot-Objekt: {flug101.Pilot?.PersonID}");


    CUI.PrintStep("Lade einen anderen Piloten...");
    var pilotNeu4b = ctx.PilotSet.Include(p => p.FluegeAlsPilot).SingleOrDefault(p =>
p.PersonID == GetPilotIdEinesFreienPiloten()); // nächster Pilot
    CUI.PrintStep($"Zuweisen des neuen Piloten #{pilotNeu4b.PersonID} per Navigation Property
bei Pilot...");
    pilotNeu4b.FluegeAlsPilot.Add(flug101);
    CUI.Print($"PilotId: {flug101.PilotId} Pilot-Objekt: {flug101.Pilot?.PersonID}");


    CUI.PrintStep("Lade noch einen anderen Piloten...");
    var pilotNeu4a = ctx.PilotSet.Find(GetPilotIdEinesFreienPiloten()); // nächster Pilot
    CUI.PrintStep($"Zuweisen des neuen Piloten #{pilotNeu4a.PersonID} per Navigation Property
bei Flug...");
    flug101.Pilot = pilotNeu4a;
    CUI.Print($"PilotId: {flug101.PilotId} Pilot-Objekt: {flug101.Pilot?.PersonID}");


    CUI.PrintStep("Speichern mit SaveChanges()");
    var anz4 = ctx.SaveChanges();
    CUI.PrintSuccess("Anzahl gespeicherter Änderungen: " + anz4);


    CUI.PrintStep("Kontrollausgabe nach dem Speichern: ");
    CUI.Print($"PilotId: {flug101.PilotId} Pilot-Objekt: {flug101.Pilot?.PersonID}");
    }
    }
```

```
H:\TFS\Demos\EF\EFC_WWWings\EFC_Konsole\bin\Debug\EFC_Konsole.exe

Versuch 1: Erst Zuweisung per Navigation Property, dann per Fremdschlüsselproperty
Lade einen Flug...
Flug Nr 101 von Prag nach München hat 122 freie Plätze!
Pilot-Objekt: 20 PilotId: 20
Lade einen anderen Piloten...
Zuweisen des neuen Piloten #12 per Navigation Property...
PilotId: 20 Pilot-Objekt: 12
Wieder Zuweisen eines neuen Piloten per Fremdschlüsselproperty...
Zuweisen eines neuen Piloten #13 per Fremdschlüsselproperty...
PilotId: 13 Pilot-Objekt: 12
Speichern mit SaveChanges()
Anzahl gespeicherter Änderungen: 1
Kontrollausgabe nach dem Speichern:
PilotId: 12 Pilot-Objekt: 12
Versuch 2: Erst Zuweisung per Fremdschlüsselproperty, dann Navigation Property
Lade einen Flug...
Flug Nr 101 von Prag nach München hat 122 freie Plätze!
Pilot-Objekt: 12 PilotId: 12
Zuweisen eines neuen Piloten #14 per Fremdschlüsselproperty...
PilotId: 14 Pilot-Objekt: 12
Lade einen anderen Piloten...
Zuweisen des neuen Piloten #15 per Navigation Property...
PilotId: 14 Pilot-Objekt: 15
Speichern mit SaveChanges()
Anzahl gespeicherter Änderungen: 1
Kontrollausgabe nach dem Speichern:
PilotId: 15 Pilot-Objekt: 15
Versuch 3: Zuweisung per FK, dann Navigation Property bei Flug, dann Navigation Property bei Pilot
Lade einen Flug...
Flug Nr 101 von Prag nach München hat 122 freie Plätze!
Pilot-Objekt: 15 PilotId: 15
Zuweisen eines neuen Piloten #16 per Fremdschlüsselproperty...
flug101.PilotId=16
PilotId: 16 Pilot-Objekt: 15
Lade einen anderen Piloten...
Zuweisen des neuen Piloten #17 per Navigation Property bei Flug...
PilotId: 16 Pilot-Objekt: 17
Lade noch einen anderen Piloten...
Zuweisen des neuen Piloten #18 per Navigation Property bei Pilot...
PilotId: 16 Pilot-Objekt: 17
Speichern mit SaveChanges()
Anzahl gespeicherter Änderungen: 1
Kontrollausgabe nach dem Speichern:
PilotId: 18 Pilot-Objekt: 18
Versuch 4: Erst Zuweisung per FK, dann Navigation Property bei Pilot, dann Navigation Property bei Flug
Lade einen Flug...
Flug Nr 101 von Prag nach München hat 122 freie Plätze!
Pilot-Objekt: 18 PilotId: 18
Zuweisen eines neuen Piloten #19 per Fremdschlüsselproperty...
flug101.PilotId=19
PilotId: 19 Pilot-Objekt: 18
Lade einen anderen Piloten...
Zuweisen des neuen Piloten #20 per Navigation Property bei Pilot...
PilotId: 19 Pilot-Objekt: 18
Lade noch einen anderen Piloten...
Zuweisen des neuen Piloten #21 per Navigation Property bei Flug...
PilotId: 19 Pilot-Objekt: 21
Speichern mit SaveChanges()
Anzahl gespeicherter Änderungen: 1
Kontrollausgabe nach dem Speichern:
PilotId: 20 Pilot-Objekt: 20
```

Abbildung: Ausgabe des obigen Listings

Löschoperationen

16.9.1 Objekte löschen mit Remove()

Um ein Objekt zu löschen, muss der Softwareentwickler die Methode Remove() aufrufen, die es genau wie Add() sowohl direkt auf der Kontextklasse (geerbt von DbContext) oder der

DbSet<Entitätsklasse>-Eigenschaft in der Kontextklasse gibt (siehe nächstes Listing). Durch den Aufruf von Remove() wechselt das geladene Flug-Objekt vom Zustand Unchanged in den Zustand Delete (siehe folgende Abbildung). Es ist aber dann jedoch noch nicht in der Datenbank gelöscht. Erst durch den Aufruf der Methode SaveChanges() erfolgt das Senden eines DELETE-Befehls zum Datenbankmanagementsystem.

Listing: Löschen eines Flug-Datensatzes

```
public static void EinfachesDelete()
{
   Console.WriteLine("--- Flug löschen");

   using (WWWingsContext ctx = new WWWingsContext())
   {
      var f = ctx.FlugSet.SingleOrDefault(x=>x.FlugNr==123456);

      Console.WriteLine($"Nach dem Laden: Flug #{f.FlugNr}: {f.Abflugort}-
>{f.Zielort} hat {f.FreiePlaetze} freie Plätze! Zustand des Flug-
Objekts: " + ctx.Entry(f).State);

      // Flug löschen
      ctx.FlugSet.Remove(f);
      // oder: ctx.Remove(f);

      Console.WriteLine($"Nach dem Löschen: Flug #{f.FlugNr}: {f.Abflugort}-
>{f.Zielort} hat {f.FreiePlaetze} freie Plätze! Zustand des Flug-
Objekts: " + ctx.Entry(f).State);

      try
      {
         var anz = ctx.SaveChanges();
         if (anz == 0) Console.WriteLine("Problem: Keine Änderung gespeichert!");
         else Console.WriteLine("Anzahl gespeicherter Änderungen: " + anz);
         Console.WriteLine($"Nach dem Speichern: Flug #{f.FlugNr}: {f.Abflugort}-
>{f.Zielort} hat {f.FreiePlaetze} freie Plätze! Zustand des Flug-
Objekts: " + ctx.Entry(f).State);

      }
      catch (Exception ex)
      {
         Console.WriteLine("Fehler: " + ex.ToString());

      }
   }
}
```

```
Flug löschen
Nach dem Laden: Flug #123456: Essen->Sydney hat 100 freie Plätze! Zustand des Flug-Objekts: Unchanged
Nach dem Löschen: Flug #123456: Essen->Sydney hat 100 freie Plätze! Zustand des Flug-Objekts: Deleted
Anzahl gespeicherter Änderungen: 1
Nach dem Speichern: Flug #123456: Essen->Sydney hat 100 freie Plätze! Zustand des Flug-Objekts: Detached
```

Abbildung: Ausgabe des obigen Listings

Das ist sind die SQL-Befehle, die durch das obige Listing von Entity Framework Core abgesetzt werden:

```
SELECT TOP(2) [x].[FlugNr], [x].[Abflugort], [x].[Bestreikt], [x].[CopilotId],
[x].[FlugDatum], [x].[Fluggesellschaft], [x].[FlugzeugTypID], [x].[FreiePlaetze],
[x].[Memo], [x].[NichtRaucherFlug], [x].[PilotId], [x].[Plaetze], [x].[Preis],
[x].[Timestamp], [x].[Zielort]
FROM [Flug] AS [x]
WHERE [x].[FlugNr] = 123456
```

```
exec sp_executesql N'SET NOCOUNT ON;
DELETE FROM [Flug]
WHERE [FlugNr] = @p0;
SELECT @@ROWCOUNT;
',N'@p0 int',@p0=123456
```

16.9.2   Löschen mit einem Attrappen-Objekt

Im vorhergehenden Listing ist es ineffizient, dass man das Flug-Objekt komplett laden muss, nur um dann einen Löschbefehl abzusenden. Das Nächste Listing zeigt eine Lösung, bei der dieser Rundgang zum Datenbankmanagementsystem vermieden wird, indem ein Flug-Objekt im RAM erzeugt wird, bei dem nur der Primärschlüssel auf das zu löschende Objekt gesetzt wird. Dieses Attrappen-Objekt fügt man dann mit Attach() an den Kontext an. Dadurch wechselt das Objekt den Zustand von "Detached" zu "Unchanged". Danach führt man schließlich Remove() und SaveChanges() aus. Der Trick funktioniert, weil das Entity Framework zum Löschen im Standard nur den Primärschlüssel kennen muss.

Wichtig für diesen Trick ist,

- dass hier die Methode Attach(), nicht Add() aufgerufen wird, sonst würde Entity Framework Core das Attrappen-Objekt als neues Objekt betrachten.

- dass der Trick nur funktioniert, wenn keine Konfliktprüfungen in Entity Framework Core konfiguriert wurden. Wenn das Modell aber so eingestellt ist, dass beim Speichern der Wert anderer Spalten verglichen werden soll, müssen auch diese im Attrappen-Objekt mit den aktuellen Werten befüllt werden – sonst kann das Objekt nicht gelöscht werden, und es kommt zu einer DbConcurrencyException.

Listing: Effizienteres Löschen eines Flug-Datensatzes mit einem Attrappen-Objekt

```
public static void EinfachesDeleteNurMitKey()
  {
  Console.WriteLine("--- Flug löschen");

  using (WWWingsContext ctx = new WWWingsContext())
  {
  // Attrappen-Objekt erzeugen
  var f = new Flug();
  f.FlugNr = 123456;

  Console.WriteLine($"Nach Erzeugen: Flug #{f.FlugNr}: {f.Abflugort}-
>{f.Zielort} hat {f.FreiePlaetze} freie Plätze! Zustand des Flug-
Objekts: " + ctx.Entry(f).State);

  // Attrappen-Objekt an Kontext anfügen
  ctx.Attach(f);

  Console.WriteLine($"Nach Attach: Flug #{f.FlugNr}: {f.Abflugort}-
>{f.Zielort} hat {f.FreiePlaetze} freie Plätze! Zustand des Flug-
Objekts: " + ctx.Entry(f).State);

  // Flug löschen
  ctx.FlugSet.Remove(f);
  // oder: ctx.Remove(f);

  Console.WriteLine($"Nach dem Löschen: Flug #{f.FlugNr}: {f.Abflugort}-
>{f.Zielort} hat {f.FreiePlaetze} freie Plätze! Zustand des Flug-
Objekts: " + ctx.Entry(f).State);
```

```
  try
  {
    var anz = ctx.SaveChanges();
    if (anz == 0) Console.WriteLine("Problem: Keine Änderung gespeichert!");
    else Console.WriteLine("Anzahl gespeicherter Änderungen: " + anz);
    Console.WriteLine($"Nach dem Speichern: Flug #{f.FlugNr}: {f.Abflugort}-
>{f.Zielort} hat {f.FreiePlaetze} freie Plätze! Zustand des Flug-
Objekts: " + ctx.Entry(f).State);
  }
  catch (Exception ex)
  {
    Console.WriteLine("Fehler: " + ex.ToString());
  }
  }
 }
```

16.9.3   Massenlöschen

Die Remove()-Methode eignet sich nicht für ein Massenlöschen im Sinne von "Delete from Flug where FlugNr > 10000", da Entity Framework Core in jedem Fall pro Objekt einen DELETE-Befehl erzeugen wird. Entity Framework Core kann nicht erkennen, dass man viele DELETE-Befehle zu einem Befehl zusammenfassen kann. In diesem Fall sollte man immer auf klassische Techniken (SQL oder Stored Procedures) zurückgreifen, da der Einsatz von Remove() hier ein Vielfaches langsamer wäre. Eine weitere Option ist die Erweiterung "EFPlus", siehe Kapitel "Zusatzkomponenten".

16.10 Objekte löschen

Zum Löschen von Objekten – genauer gesagt: der korrespondierenden Datensätze in der Datenbank – bietet Entity Framework Core die Methode Remove() auf zwei Ebenen:

- Direkt auf der Kontextinstanz: ctx.Remove(obj)

- Auf einer Instanz von DbSet<T> für die Instanzen des entsprechenden Typs: ctx.XYSet.Remove(obj).

Remove() erwartet als ersten und einzigen Parameter das zu löschende Objekt. Man kann immer nur ein einzelnes Objekt bei Remove() übergeben. Das Objekt muss eine mit der Kontextinstanz verbundene Instanz einer Entitätsklasse sein.

Es ist wichtig, das Verhalten der Methode Remove() zu verstehen: Remove() löscht das Objekt weder im RAM noch den korrespondierenden Datensatz in der Datenbank. Remove() markiert das Objekt beim Change Tracker von Entity Framework Core als "Deleted". Ein DELETE-Befehl wird erst beim nächsten SaveChanges() zur Datenbank gesendet. Nach einem erfolgreichen SaveChanges() ist der Datensatz dann in der Datenbank gelöscht, das Objekt existiert aber weiterhin im RAM. Es ist jedoch nicht mehr mit der Entity Framework Core-Kontextinstanz verbunden und aus deren Sicht dann im Zustand "Detached". Diesen Zustandswechsel zeigen das folgende Listing und die zugehörige Bildschirmausgabe in der nächsten Abbildung auf.

Listing: Löschen eines Flug-Objekts in der Datenbank

```
public static void RemoveFlight()
{
 CUI.MainHeadline(nameof(RemoveFlight));

 using (WWWingsContext ctx = new WWWingsContext())
 {
  var f = ctx.FlightSet.SingleOrDefault(x => x.FlightNo == 123456);
  if (f == null) return;

  Console.WriteLine($"After loading: Flight #{f.FlightNo}: {f.Departure}-
>{f.Destination} has {f.FreeSeats} free seats! State of the flight object: " + ctx.Entry(f).S
tate);

  // Remove flight
  ctx.FlightSet.Remove(f);
  // or: ctx.Remove(f);

  Console.WriteLine($"After deleting: Flight #{f.FlightNo}: {f.Departure}-
>{f.Destination} has {f.FreeSeats} free seats! State of the flight object: " + ctx.Entry(f).S
tate);

  try
  {
   var anz = ctx.SaveChanges();
   if (anz == 0) Console.WriteLine("Problem: No changes saved!");
   else Console.WriteLine("Number of saved changes: " + anz);
   Console.WriteLine($"After saving: Flight #{f.FlightNo}: {f.Departure}-
>{f.Destination} has {f.FreeSeats} free seats! State of the flight object: " + ctx.Entry(f).S
tate);
  }
  catch (Exception ex)
  {
   Console.WriteLine("Error: " + ex.ToString());
  }
 }
```

```
}
RemoveFlight
After loading: Flight #123456: Essen->Sydney has 100 free seats! State of the flight object: Unchanged
After deleting: Flight #123456: Essen->Sydney has 100 free seats! State of the flight object: Deleted
Number of saved changes: 1
After saving: Flight #123456: Essen->Sydney has 100 free seats! State of the flight object: Detached
```

Abbildung: Ausgabe des obigen Listings

Es gibt allerdings Praxisszenarien, in denen man ein Objekt löschen möchte, dessen Primärschlüsselwert man zwar kennt, aber das Objekt selbst ist gar nicht geladen. Dieses Szenario findet man typischerweise bei verteilten Anwendungen (z.B. Webanwendungen). Zum Client (z.B. Webbrowser) erhält man im Server die Information, dass ein Objekt mit einem Primärschlüsselwert zu löschen ist. Entity Framework Core sieht genau wie das klassisches Entity Framework im Standard vor, dass der Entwickler das Objekt erstmal in den RAM lädt und materialisiert, um dann das Löschen mit Remove() zu initiieren. Beim Löschen wird das ganze Objekt im Standard dann aber gar nicht benötigt. Im Standard braucht man nur den Primärschlüsselwert für ein *DELETE from XY where ID = 123*. Es ist also ein überflüssiger Rundgang zwischen Entity Framework Core und Datenbankmanagementsystem, das Objekt zuvor zu laden.

Tatsächlich kann der Entwickler dies optimieren, indem er im RAM ein Dummy-Objekt nur mit dem Primärschlüsselwert (ggf. mehreren Primärschlüsselwerten bei zusammengesetzten Schlüsseln) erzeugt, dieses mit Attach() an die Kontextinstanz anfügt und der Remove()-Methode als Eingabeparameter übergibt. Entity Framework Core erzeugt dann den entsprechenden DELETE-Befehl für das Datenbankmanagementsystem. Alternativ dazu kann man auch mit ExecuteSqlRaw() einen direkten SQL-Befehl zum Datenbankmanagementsystem senden.

> **ACHTUNG:** Dieser Trick funktioniert nicht bei aktivierter Änderungskonflikterkennung (siehe Kapitel "Datenänderungskonflikte"). Bei aktivierter Änderungskonflikterkennung muss der Softwareentwickler alle Vergleichswerte auch im Dummy-Objekt bereitstellen (z.B. den aktuellen Timestamp-Wert).

Listing: Löschen eines Flug-Objekts in der Datenbank nur per Schlüsselspalte

```csharp
public static void RemoveByKeyOnly()
{
  CUI.MainHeadline(nameof(RemoveByKeyOnly));

  using (WWWingsContext ctx = new WWWingsContext())
  {
   // Create a dummy object
   var f = new Flight();
   f.FlightNo = 123456;

   Console.WriteLine($"After creation: Flight #{f.FlightNo}: {f.Departure}-
>{f.Destination} has {f.FreeSeats} free seats! State of the flight object: " + ctx.Entry(f).S
tate);

   // Append the dummy object to context
   ctx.Attach(f);

   Console.WriteLine($"After attach: Flight #{f.FlightNo}: {f.Departure}-
>{f.Destination} has {f.FreeSeats} free seats! State of the flight object: " + ctx.Entry(f).S
tate);

   // Delete flight using the dummy object
   ctx.FlightSet.Remove(f);
   // or:
```

```
ctx.Remove(f);


Console.WriteLine($"After remove: Flight #{f.FlightNo}: {f.Departure}-
>{f.Destination} has {f.FreeSeats} free seats! State of the flight object: " + ctx.Entry(f).S
tate);

try
{
var anz = ctx.SaveChanges();
if (anz == 0) Console.WriteLine("Problem: No changes saved!");
else Console.WriteLine("Number of saved changes: " + anz);
Console.WriteLine($"After saving: Flight #{f.FlightNo}: {f.Departure}-
>{f.Destination} has {f.FreeSeats} free seats! State of the flight object: " + ctx.Entry(f).S
tate);
}
catch (Exception ex)
{
Console.WriteLine("Error: " + ex.ToString());
}
}
}
}
```

```
RemoveFlightWithKey
After creation: Flight #123456: (not set)->(not set) has  free seats! State of the flight object: Detached
After attach: Flight #123456: (not set)->(not set) has  free seats! State of the flight object: Unchanged
After remove: Flight #123456: (not set)->(not set) has  free seats! State of the flight object: Deleted
Number of saved changes: 1
After saving: Flight #123456: (not set)->(not set) has  free seats! State of the flight object: Detached
```

Abbildung: Ausgabe des obigen Listings

16.11 Datenbanktransaktionen

Das Wichtigste zuerst:

- Bei der Ausführung von SaveChanges() führt Entity Framework Core automatisch immer eine Transaktion im Datenbankmanagementsystem aus, d.h. es werden alle im Kontext erfassten Änderungen persistiert oder keine.

- Wenn man über mehrere Aufrufe der Methode SaveChanges() hinweg eine Transaktion benötigt, so muss der Entwickler dies mit ctx.Database.BeginTransaction() sowie Commit() und Rollback() steuern.

- Transaktionen mit System.Transactions.TransactionScope unterstützt Entity Framework Core seit Version 2.1.

> **BEST PRACTICE:** Die beste Transaktion ist eine Transaktion, die man vermeidet. Transaktionen beeinträchtigen immer negativ die Performance, Skalierbarkeit und Robustheit einer Anwendung.

16.11.1 Transaktion in einer Kontextinstanz

Das folgende Beispiel zeigt eine Transaktion über zwei Änderungen an einem Flug, die jeweils eigenständig mit SaveChanges() persistiert werden.

```
using (var ctx = new WWWingsContext())
{
// Transaktion eröffnen. Standard ist System.Data.IsolationLevel.ReadCommitted
using (var t = ctx.Database.BeginTransaction(System.Data.IsolationLevel.ReadCommitted))
{
```

```
// Ausgabe des Isolationslevels
RelationalTransaction rt = t as RelationalTransaction;
DbTransaction dbt = rt.GetDbTransaction();
Console.WriteLine("Transaktion mit Level: " + dbt.IsolationLevel);

// Daten lesen
int flugNr = ctx.FlugSet.OrderBy(x => x.FlugNr).FirstOrDefault().FlugNr;
var f = ctx.FlugSet.Where(x => x.FlugNr == flugNr).SingleOrDefault();

Console.WriteLine("VORHER: " + f.ToString());

// Daten ändern und speichern
f.FreiePlaetze--;
var anz1 = ctx.SaveChanges();
Console.WriteLine("Änderungen gespeichert: " + anz1);

// Noch mal Daten ändern und speichern
f.Memo = "zuletzt geändert am " + DateTime.Now.ToString();
var anz2 = ctx.SaveChanges();
Console.WriteLine("Änderungen gespeichert: " + anz2);

Console.WriteLine("Commit oder Rollback? 1 = Commit, anderes = Rollback");
var eingabe = Console.ReadKey().Key;
if (eingabe == ConsoleKey.D1)
{ t.Commit(); Console.WriteLine("Commit erledigt!"); }
else
{ t.Rollback(); Console.WriteLine("Rollback erledigt!"); }

Console.WriteLine("NACHHER im RAM: " + f.ToString());
ctx.Entry(f).Reload();
Console.WriteLine("NACHHER im DB: " + f.ToString());
 }
 }
```

16.11.2 Transaktion über mehrere Kontextinstanzen ohne TransactionScope

Das folgende Beispiel zeigt eine Transaktion über eine Änderung an der Tabelle Buchung (Buchung einfügen) und an der Tabelle Flug (Anzahl der freien Plätze reduzieren). Hier erfolgt die Transaktion über zwei verschiedene Kontextinstanzen einer Kontextklasse. Möglich wäre auch eine Transaktion über zwei verschiedene Kontextklassen, wenn sich diese auf die gleiche Datenbank beziehen.

Wichtig in diesem Szenario ist, dass

- die Datenbankverbindung getrennt erstellt und geöffnet wird

- die Transaktion auf dieser Verbindung geöffnet wird

- die Kontextinstanzen keine eigene Verbindung öffnen, sondern die offene Verbindung verwenden. Dafür wird das Datenbankverbindungsobjekt in den Konstruktor der Kontextklasse hineingereicht, wo dieser dann gemerkt wird. In OnConfiguring() muss dieses Datenbankverbindungsobjekt dann bei UseSqlServer() o.ä. anstelle der Verbindungszeichenfolge als Parameter übergeben werden!

- nach der Instanziierung das Transaktionsobjekt an ctx.Database.UseTransaction() übergeben wird.

WICHTIG: Wenn man die Verbindung nicht vorab öffnet und an die beteiligten Kontextinstanzen übergibt, kommt es zum Laufzeitfehler: "The specified transaction is not associated with the current connection. Only transactions associated with the current connection may be used."

```
public static void TransactionDemoZweiKontextinstanzen()
{
 Console.WriteLine("---------- TransactionDemo über zwei Kontextinstanzen");

 // Gemeinsame Verbindung öffnen
 using (var connection = new SqlConnection(Program.CONNSTRING))
 {
  connection.Open();
  // Transaktion eröffnen. Standard ist System.Data.IsolationLevel.ReadCommitted
  using (var t = connection.BeginTransaction(System.Data.IsolationLevel.ReadCommitted))
  {
   // Ausgabe des Isolationslevels
   Console.WriteLine("Transaktion mit Level: " + t.IsolationLevel);

   var FlugNr = 199;

   using (var ctx = new WWWingsContext(connection))
   {
    ctx.Database.UseTransaction(t);
    var PassNr = ctx.PassagierSet.FirstOrDefault().PersonID;

    // Buchung erstellen und persistieren
    var b = new GO.Buchung();
    b.FlugNr = FlugNr;
    b.PassagierId = PassNr;
    ctx.BuchungSet.Add(b);
    var anz1 = ctx.SaveChanges();
    Console.WriteLine("Buchungen gespeichert: " + anz1);
   }

   using (var ctx = new WWWingsContext(connection))
   {
    ctx.Database.UseTransaction(t);

    // Freie Plätze ändern und persistieren
    var f = ctx.FlugSet.Find(FlugNr);
    Console.WriteLine("VORHER: " + f.ToString());
    f.FreiePlaetze--;
    f.Memo = "Zuletzt geändert am " + DateTime.Now.ToString();
    Console.WriteLine("NACHHER: " + f.ToString());
    var anz2 = ctx.SaveChanges();
    Console.WriteLine("Flugänderungen gespeichert: " + anz2);

    Console.WriteLine("Commit oder Rollback? 1 = Commit, anderes = Rollback");
    var eingabe = Console.ReadKey().Key;
    Console.WriteLine();
    if (eingabe == ConsoleKey.D1)
    { t.Commit(); Console.WriteLine("Commit erledigt!"); }
    else
    { t.Rollback(); Console.WriteLine("Rollback erledigt!"); }

    Console.WriteLine("NACHHER im RAM: " + f.ToString());
    ctx.Entry(f).Reload();
```

```
        Console.WriteLine("NACHHER im DB: " + f.ToString());
    }
  }
}
```

```
---------- TransactionDemo über zwei Kontextinstanzen
Transaktion mit Level: ReadCommitted
WWWingsContext # 1: ctor
WWWingsContext #01: OnConfiguring
Server=E66;Database=WWWings_EFCDemos;Trusted_Connection=True;MultipleActiveResultSets=True;App=Entit
yframework
WWWingsContext #01: OnModelCreating
Buchungen gespeichert: 1
WWWingsContext # 2: ctor
WWWingsContext #02: OnConfiguring
Server=E66;Database=WWWings_EFCDemos;Trusted_Connection=True;MultipleActiveResultSets=True;App=Entit
yframework
VORHER: Flug #199: von Madrid nach Frankfurt: 172 Freie Plätze.
NACHER: Flug #199: von Madrid nach Frankfurt: 171 Freie Plätze.
Flugänderungen gespeichert: 1
Commit oder Rollback? 1 = Commit, anderes = Rollback
2
Rollback erledigt!
NACHHER im RAM: Flug #199: von Madrid nach Frankfurt: 171 Freie Plätze.
NACHHER im DB: Flug #199: von Madrid nach Frankfurt: 172 Freie Plätze.
```

Abbildung: Ausgabe des obigen Listings

16.11.3 Transaktion über mehrere Kontextinstanzen mit TransactionScope

Dieses Unterkapitel zeigt den Einsatz von System.Transactions.TransactionScope für eine Transaktion über zwei Ausführungen von SaveChanges() in zwei verschiedenen Kontextinstanzen. Dies geht wesentlich prägnanter als die Lösung in dem vorherigen Unterkapitel, setzt aber Entity Framework Core 2.1 und höher voraus.

Der Einsatz der Klasse TransactionScope bietet eine deklarative Möglichkeit, bestimmte Codeblöcke in einer Transaktion auszuführen. Der Entwickler nutzt sie, indem er sie zum Beispiel in einem using-Block instanziiert und innerhalb des Blockes die transaktionalen Aufgaben durchführt. Dabei werden alle in dem Codeblock über ADO.NET zu einer Datenbank gesendeten Befehle Teil der Transaktion, also auch Befehle, die über Entity Framework oder Entity Framework Core gesendet werden. Auch andere transaktionale Ressourcen wie die das Transactional File System (TxF) und die Transactional Registry (TxR), die es beide seit Windows Vista bzw. Windows Server 2008 gibt, können Teil der Transaktion sein (wobei für TxF und TxR spezielle Win32-API-Aufrufe notwendig sind, die die .NET-Standardklassen in den Namensräumen System.IO bzw. Microsoft.Win32.Registry nicht realisieren).

Um in den Genuss der Klasse TransactionScope zu kommen, bindet der Entwickler die Assembly System.Transactions.dll ein. Idealerweise wird diese Klasse innerhalb einer using-Anweisung verwendet. Somit sind der Beginn und das Ende der dadurch repräsentierten Transaktion klar umrissen. Der Zugriff auf transaktionale Ressourcen innerhalb eines TransactionScope-Bereichs erfolgt im Rahmen einer Transaktion. Um die Transaktion zu bestätigen (engl. commit), ruft der Entwickler am Ende des Scopes die Methode Complete() auf. Um die Transaktion zurückzurollen, unterlässt er dies und verlässt den Block anders (z.B. durch return und einen Laufzeitfehler).

Greift der Entwickler innerhalb eines TransactionScope-Bereichs auf mehr als eine transaktionelle Ressource zu, zum Beispiel auf zwei verschiedene Datenbanken, versucht TransactionScope eine verteilte Transaktion zu starten. Neben der Tatsache, dass dies mit einem nicht zu unterschätzenden Overhead einhergeht, müssen alle beteiligten Ressourcen verteilte Transaktionen unterstützen.

Zusätzlich muss bei den betroffenen Rechnern der Distributed Transaction Coordinator (DTC), der mit Windows in Form eines Systemdienstes ausgeliefert wird, gestartet sein.

Greift der Entwickler hingegen über zwei verschiedene Verbindungen auf ein und dieselbe transaktionale Ressource zu (z.B. über zwei Datenbankverbindungen auf dieselbe Datenbank), hängt das Transaktionsverhalten vom verwendeten Datenbanktreiber ab. Unterstützt der Datenbanktreiber für diesen Fall den sogenannten Lightweight Transaction Manager (wie zum Beispiel der Treiber für Microsoft SQL Server), wird eine lokale Transaktion verwendet und der DTC-Dienste wird dann nicht gebraucht. Dies ist der Fall im folgenden Listing.

Listing: Transaktion mit TransactionScope

```
public static void TransactionScopeDemo()
{
  bool commit = true; // change to test transaction

  CUI.Headline(nameof(TransactionScopeDemo));

  using (var t = new TransactionScope())
  {
   CUI.PrintWarning("Begin of TransactionScope...");

   using (var ctx1 = new WWWingsContext())
   {
    int flightNo = ctx1.FlightSet.OrderBy(x => x.FlightNo).FirstOrDefault().FlightNo;
    var f = ctx1.FlightSet.Where(x => x.FlightNo == flightNo).SingleOrDefault();

    Console.WriteLine("Before: " + f.ToString());
    f.FreeSeats--;
    f.Memo = "Last changed at " + DateTime.Now.ToString();

    Console.WriteLine("After: " + f.ToString());

    var count1 = ctx1.SaveChanges();
    Console.WriteLine("Number of first saved changes: " + count1);
   }

   using (var ctx2 = new WWWingsContext())
   {
    var f = ctx2.FlightSet.OrderBy(x => x.FlightNo).Skip(1).Take(1).SingleOrDefault();

    Console.WriteLine("Before: " + f.ToString());
    f.FreeSeats--;
    f.Memo = "Last changed at " + DateTime.Now.ToString();

    Console.WriteLine("After: " + f.ToString());

    var count1 = ctx2.SaveChanges();
    Console.WriteLine("Number of second saved changes: " + count1);
   }

   // Commit the transaction or not ;-)
   if (commit)
   {
    t.Complete();
    CUI.PrintSuccess("Transaction has been commited!");
   }
   else
   {
```

```
    CUI.PrintError("Transaction will be aborted at the end of this block!");
  }
}


  CUI.Headline("Validation:");
  using (var ctx2 = new WWWingsContext())
  {
    var flights = ctx2.FlightSet.OrderBy(x => x.FlightNo).Take(2);
    foreach (var f in flights)
    {
      Console.WriteLine(f);
    }
  }
}
```

Mit der Klasse TransactionScope können Transaktionen auch verschachtelt werden. Wenn innerhalb eines Blocks, der eine TransactionScope-Instanz besitzt, eine weitere Instanz von TransactionScope erzeugt wird, muss durch den Parameter TransactionScopeOption das Verhältnis der Transaktionen spezifiziert werden. Mögliche Werte sind Required, RequiresNew und Suppress.

16.12   Change Tracker abfragen

Den in Entity Framework Core eingebauten Change Tracker, der Änderungen an allen mit dem Entity Framework Core-Kontext verbundenen Objekten überwacht, kann man jederzeit per Programmcode abfragen.

16.12.1   POCOs

Entity Framework Core arbeitet mit POCOs (Plain Old CLR Objects) und nicht nach dem Active Record-Pattern [vgl.: Martin Fowler: Patterns of Enterprise Application Architecture, Addison-Wesley Professional, 2003], d.h.

- ein Entitätsobjekt besitzt keine Basisklasse und implementiert keine Schnittstelle

- ein Entitätsobjekt besitzt keine Methoden, um sich selbst zu laden oder zu speichern

- ein Entitätsobjekt kennt seinen Zustand in Bezug auf die Datenbank (geändert, nicht geändert, neu etc) nicht.

Im klassischen ADO.NET Entity Framework gibt es nach dem Active Record-Prinzip die Möglichkeit, nicht mit POCO-Objekten, sondern mit der Basisklasse EntityObject [*https://docs.microsoft.com/de-de/dotnet/api/system.data.objects.dataclasses.entityobject?view=netframework-4.8*] zu arbeiten. Diese Klasse realisiert und vererbt an jede Entitätsklasse das Property EntityState, das Auskunft über den Zustand des Entitätsobjekt gibt. In der ersten Version von ADO.NET Entity Framework in .NET Framework 3.5.1 war dies auch die einzige Möglichkeit für Entitätsklassen; POCOs wurden erst ab der zweiten Version (die die Versionsnummer 4.0 trugt und in .NET Framework 4.0 erschienen ist) gab es dann auch POCO-Entitätsklassen.

Die Basisklasse EntityObject wird in Entity Framework Core allerdings nicht mehr angeboten. Sie gehört zu den Features, die Microsoft nicht nach Entity Framework Core portieren will.

16.12.2 Zustand eines Objekts

Zur Abfrage des Objektzustandes fragt man also nicht das Entitätsobjekt selbst, sondern das ChangeTracker-Objekt der Kontextklasse, zu der das Entitätsobjekt aktuell gehört. Das ChangeTracker-Objekt besitzt eine Methode Entry(), die für ein übergebenes Entitätsobjekt ein dazugehöriges EntryObject<Entitätstyp> liefert. Entry() ist trotz des Fehlens eines Verbs im Namen eine Methode.

Dieses Objekt vom Typ EntryObject<Entitätstyp> besitzt

- eine Eigenschaft State vom Typ EntityState. Dies ist ein Aufzählungstyp mit den Werten Added, Deleted, Detached, Modified und Unchanged

- In Properties findet man eine Liste aller Eigenschaften des Entitätsobjekts in Form von PropertyEntry-Objekten. Die PropertyEntry-Objekte besitzen jeweils eine Eigenschaft IsModified, die anzeigt, ob die Eigenschaft geändert ist, sowie den alten (OriginalValue) und den neuen Wert (CurrentValue).

- Über das EntryObject<Entitätstyp> kann der Entwickler mit der Methode Property() unter Angabe eines Lambda-Ausdrucks auch direkt ein bestimmtes PropertyEntry-Objekt bekommen.

- Über GetDatabaseValues() kann man den aktuellen Zustand des zum Objekt korrespondierenden Datensatzes aus der Datenbank erhalten.

Beispiel: Die folgende Unterroutine lädt einen Flug (recht wahllos den ersten aus der Datenbanktabelle) und modifiziert dieses Flug-Objekt. Zu Beginn der Routine wird nicht nur eine Variable für das Flug-Objekt selbst, sondern auch eine Variable entryObj für EntryObject<Flug> und propObj für ein PropertyEntry-Objekt erzeugt.

Nach dem Laden von Flug werden entryObj und propObj erstmals mit Objekten des ChangeTracker-Objekts befüllt. Das Entitätsobjekt ist im Zustand "Unchanged", und die Eigenschaft FreiePlaetze liefert bei IsModified "False". Dann wird das Objekt in der Eigenschaft FreiePlaetze geändert. Das Entitätsobjekt ist nun im Zustand "Modified", und IsModified für FreiePlaetze liefert "True".

WICHTIG: Wichtig ist, dass hier die Informationen von dem ChangeTracker-Objekt des Kontextes erneut abgerufen werden mussten; die Instanzen von EntryObject<Flug> und PropertyEntry aktualisieren sich nicht automatisch mit der Veränderung des Entitätsobjekts mit, sondern geben nur den jeweils zum Abrufzeitpunkt aktuellen Zustand wieder.

Daher muss man diese Objekte auch nach dem SaveChanges() zum dritten Mal vom ChangeTracker-Objekt anfordern. Nach SaveChanges() ist der Zustand des Entitätsobjekts wieder "Unchanged", und die Eigenschaft FreiePlaetze liefert bei IsModified "False".

Die Routine gibt zudem per Schleife über die Properties-Eigenschaft von EntryObject<Flug> alle geänderten Eigenschaften des Entitätsobjekts mit altem und neuen Wert im RAM auf dem Bildschirm aus sowie zusätzlich den aktuellen Wert der Datenbank. Den Wert aus der Datenbank kann man über die Methode GetDatabaseValues() im EntryObject<Flug> ermitteln. GetDatabaseValues() löst eine Abfrage der Datenbank aus und befüllt eine PropertyValues-Liste mit allen aktuellen Werten in der Datenbank. Diese Werte in der Datenbank können von den Werten, die Entity Framework Core kennt und die es in den OriginalValue-Eigenschaften sichtbar macht, abweichen, wenn ein anderer Prozess (oder ein anderer Entity Framework Core-Kontext im gleichen Prozess!) inzwischen eine Änderung an dem Datensatz persistiert hat. Dies ist dann ein **Datenänderungskonflikt** (siehe gleichnamiges Kapitel in diesem Buch).

Listing: Abfrage des Change Trackers für ein geändertes Objekt

```
public static void ChangeTracking_EinObjekt()
{
  CUI.MainHeadline(nameof(ChangeTracking_EinObjekt));

  Flug flug;
  EntityEntry<GO.Flug> entryObj;
  PropertyEntry propObj;

  using (var ctx = new WWWingsContext())
  {
    CUI.Headline("Lade Objekt...");
    flug = (from y in ctx.FlugSet select y).FirstOrDefault();

    // Zugriff auf Objekte des Change Trackers
    entryObj = ctx.Entry(flug);
    propObj = entryObj.Property(f => f.FreiePlaetze);
    Console.WriteLine(" Objektzustand: " + entryObj.State);
    Console.WriteLine(" Ist die Eigenschaft freie Plaetze geändert: " + propObj.IsModified);

    CUI.Headline("Ändere Objekt...");
    flug.FreiePlaetze--;

    // Aktualisieren der Objekte des Change Trackers
    entryObj = ctx.Entry(flug);
    propObj = entryObj.Property(f => f.FreiePlaetze);
    Console.WriteLine(" Objektzustand: " + entryObj.State);
    Console.WriteLine(" Ist die Eigenschaft freie Plaetze geändert: " + propObj.IsModified);

    // alle alten und neuen Werte ausgeben
    if (entryObj.State == EntityState.Modified)
    {
      foreach (PropertyEntry p in entryObj.Properties)
      {
        if (p.IsModified) Console.WriteLine(" " + p.Metadata.Name + ": " + p.OriginalValue + "-
>" + p.CurrentValue + " / Datenbankzustand: " +
entryObj.GetDatabaseValues()[p.Metadata.Name]);
      }
    }

    CUI.Headline("Speichern...");
    int anz = ctx.SaveChanges();
    Console.WriteLine(" Anzahl der Änderungen: " + anz);

    // Aktualisieren der Objekte des Change Trackers
    entryObj = ctx.Entry(flug);
    propObj = entryObj.Property(f => f.FreiePlaetze);
    Console.WriteLine(" Objektzustand: " + entryObj.State);
    Console.WriteLine(" Ist die Eigenschaft freie Plaetze geändert: " + propObj.IsModified);
  }
}
```

```
ChangeTracking_EinObjekt
Lade Objekt...
 Objektzustand: Unchanged
 Ist die Eigenschaft freie Plaetze geändert: False
Ändere Objekt...
 Objektzustand: Modified
 Ist die Eigenschaft freie Plaetze geändert: True
 FreiePlaetze: 211->210 / Datenbankzustand: 211
Speichern...
 Anzahl der Änderungen: 1
 Objektzustand: Unchanged
 Ist die Eigenschaft freie Plaetze geändert: False
```

Abbildung: Ausgabe des obigen Listings

16.12.3 Liste aller geänderten Objekte

Das Change Tracker-Objekt kann nicht nur Auskunft zu einem einzelnen Objekt geben, sondern über seine Methode Entries() eine Liste aller von ihm überwachten Entitätsobjekte liefern. Der Entwickler kann dann Entitätsobjekte nach dem gewünschten Zustand herausfiltern.

Beispiel: Die folgende Routine modifiziert drei Flüge und legt dann einen Flug mit der Nummer 123456 an, wenn es ihn noch nicht gibt. Falls es den Flug schon gibt, wird er gelöscht. Danach fragt die Routine das ChangeTracker-Objekt getrennt nach den neuen, den geänderten und den gelöschten Objekten. Alle drei Mengen liefert Entries(). Die Menge wird mit dem Where()-Operator aus LINQ-to-Objects gefiltert. In allen drei Fällen wird die Hilfsroutine PrintChangedProperties() aufgerufen. Aber nur im Fall der geänderten Objekte liefert sie eine Ausgabe. Wenn das Objekt hinzugefügt oder gelöscht wurde, gelten die einzelnen Eigenschaften als unverändert.

Listing: Abfrage des Change Trackers für mehrere geänderte Objekte

```
public static void ChangeTracking_MehrereObjekte()
 {
  CUI.MainHeadline(nameof(ChangeTracking_MehrereObjekte));

  using (var ctx = new WWWingsContext())
  {
   var FlugQuery = (from y in ctx.FlugSet select y).OrderBy(f4 => f4.FlugNr).Take(3);
   foreach (var flug in FlugQuery.ToList())
   {
    flug.FreiePlaetze -= 2;
    flug.Memo = "Geändert am " + DateTime.Now;
   }

   var flugNeu = ctx.FlugSet.Find(123456);
   if (flugNeu != null) { ctx.Remove(flugNeu); }
   else
   {
    flugNeu = new Flug();
    flugNeu.FlugNr = 123456;
    flugNeu.Abflugort = "Essen";
    flugNeu.Zielort = "Sydney";
    flugNeu.Fluggesellschaft = Fluggesellschaft.WorldWideWings;
    flugNeu.PilotId = ctx.PilotSet.FirstOrDefault().PersonID;
    flugNeu.Plaetze = 100;
```

```
  flugNeu.FreiePlaetze = 100;
  ctx.FlugSet.Add(flugNeu);
 }
 CUI.Headline("Neue Objekte");
 IEnumerable<EntityEntry> neueObjekte = ctx.ChangeTracker.Entries().Where(x => x.State ==
EntityState.Added);
 if (neueObjekte.Count() == 0) Console.WriteLine("Keine");
 foreach (EntityEntry entry in neueObjekte)
 {
  CUI.Print("Objekt " + entry.Entity.ToString() + " ist im Zustand " + entry.State,
ConsoleColor.Cyan);
  ITVisions.EFCore.EFC_Util.PrintChangedProperties(entry);
 }


 CUI.Headline("Geänderte Objekte");
 IEnumerable<EntityEntry> geaenderteObjekte = ctx.ChangeTracker.Entries().Where(x =>
x.State == EntityState.Modified);
 if (geaenderteObjekte.Count() == 0) Console.WriteLine("Keine");
 foreach (EntityEntry entry in geaenderteObjekte)
 {
  CUI.Print("Objekt " + entry.Entity.ToString() + " ist im Zustand " + entry.State,
ConsoleColor.Cyan);
  ITVisions.EFCore.EFC_Util.PrintChangedProperties(entry);
 }


 CUI.Headline("Gelöschte Objekte");
 IEnumerable<EntityEntry> geloeschteObjekte = ctx.ChangeTracker.Entries().Where(x =>
x.State == EntityState.Deleted);
 if (geloeschteObjekte.Count() == 0) Console.WriteLine("Keine");
 foreach (EntityEntry entry in geloeschteObjekte)
 {
  CUI.Print("Objekt " + entry.Entity.ToString() + " ist im Zustand " + entry.State,
ConsoleColor.Cyan);
 }
 Console.WriteLine("Änderungen: " + ctx.SaveChanges());
 }
 }
```

Listing: Hilfsroutine zur Abfrage des Change Trackers

```
/// <summary>
/// Listet die geänderten Eigenschaften eines Objekts auf inkl. aktuellem Datenbankzustand
/// </summary>
/// <param name="entry"></param>
public static void PrintChangedProperties(EntityEntry entry)
{
 PropertyValues dbZustand = entry.GetDatabaseValues();
 foreach (PropertyEntry prop in entry.Properties.Where(x => x.IsModified))
 {
  var s = "- " + prop.Metadata.Name + ": " +
  prop.OriginalValue + "->" +
  prop.CurrentValue +
  " Datenbankzustand: " + dbZustand[prop.Metadata.Name];
  Console.WriteLine(s);
 }
}
```

```
ChangeTracking_MehrereObjekte
Neue Objekte
Objekt Flug #123456: von Essen nach Sydney: 100 Freie Plätze. ist im Zustand Added
Geänderte Objekte
Objekt Flug #100: von London nach Prag: 262 Freie Plätze. ist im Zustand Modified
- FreiePlaetze: 264->262 Datenbankzustand: 264
- Memo: Geändert am 15/07/2017 19:00:17->Geändert am 15/07/2017 19:01:25 Datenbankzustand: Geändert am 15/07/2017 19:00:17
Objekt Flug #101: von Oslo nach Köln/Bonn: 119 Freie Plätze. ist im Zustand Modified
- FreiePlaetze: 121->119 Datenbankzustand: 121
- Memo: Geändert am 15/07/2017 19:00:17->Geändert am 15/07/2017 19:01:25 Datenbankzustand: Geändert am 15/07/2017 19:00:17
Objekt Flug #102: von Essen/Mülheim nach New York: 45 Freie Plätze. ist im Zustand Modified
- FreiePlaetze: 47->45 Datenbankzustand: 47
- Memo: Geändert am 15/07/2017 19:00:17->Geändert am 15/07/2017 19:01:25 Datenbankzustand: Geändert am 15/07/2017 19:00:17
Gelöschte Objekte
Keine
```

Abbildung: Erster Durchlauf der Routine: Flug 123456 wird ergänzt.

```
ChangeTracking_MehrereObjekte
Neue Objekte
Keine
Geänderte Objekte
Objekt Flug #100: von London nach Prag: 259 Freie Plätze. ist im Zustand Modified
- FreiePlaetze: 261->259 Datenbankzustand: 261
- Memo: Geändert am 15/07/2017 19:01:25->Geändert am 15/07/2017 19:01:52 Datenbankzustand: Geändert am 15/07/2017 19:01:25
Objekt Flug #101: von Oslo nach Köln/Bonn: 117 Freie Plätze. ist im Zustand Modified
- FreiePlaetze: 119->117 Datenbankzustand: 119
- Memo: Geändert am 15/07/2017 19:01:25->Geändert am 15/07/2017 19:01:52 Datenbankzustand: Geändert am 15/07/2017 19:01:25
Objekt Flug #102: von Essen/Mülheim nach New York: 43 Freie Plätze. ist im Zustand Modified
- FreiePlaetze: 45->43 Datenbankzustand: 45
- Memo: Geändert am 15/07/2017 19:01:25->Geändert am 15/07/2017 19:01:52 Datenbankzustand: Geändert am 15/07/2017 19:01:25
Gelöschte Objekte
Objekt Flug #123456: von Essen nach Sydney: 100 Freie Plätze. ist im Zustand Deleted
Änderungen: 4
```

Abbildung: Zweiter Durchlauf der Routine: Flug 123456 wird wieder gelöscht.

17   Datenänderungskonflikte (Concurrency)

In vielen Praxisszenarien können mehrere Menschen und/oder automatische Hintergrundaufgaben zur gleichen Zeit auf die gleichen Datensätze zugreifen. Dadurch können Änderungskonflikte entstehen, bei denen sich widersprechende Datenänderungen erfolgen. Dieses Kapitel zeigt, wie man solche Konflikte bei Entity Framework Core erkennen und auflösen kann.

17.1   Rückblick

Vorweg eine zentrale Information zu einem immer wiederkehrenden Nutzerwunsch: Entity Framework Core unterstützt genau wie der Vorgänger Entity Framework und die darunterliegende Basistechnik ADO.NET nicht das Sperren von Datensätzen für den Lesezugriff durch andere Prozesse. Dies ist eine bewusste Entscheidung von Microsoft seit .NET 1.0 im Jahr 2002, da solche Sperren sehr viele Performanceprobleme verursachen. In der Alpha-Version von .NET 2.0 (Jahr 2005) gab es einmal einen Prototypen einer solchen Sperrfunktion in der damals neuen Klasse SqlResultSet; diese Klasse hat Microsoft dann aber doch nicht veröffentlicht.

Daher gibt es in .NET und darauf aufbauenden Frameworks wie Entity Framework und Entity Framework Core nur das sogenannte "optimistische Sperren". Optimistisches Sperren ist ein Euphemismus, denn tatsächlich wird dabei im Datenbankmanagementsystem und im RAM nichts gesperrt. Es wird lediglich dafür gesorgt, dass Änderungskonflikte nachträglich auffallen. Der erste Prozess, der eine Änderung schreiben will, gewinnt. Alle weiteren Prozesse können nicht schreiben und bekommen eine Fehlermeldung. Um dies zu erreichen, werden bei UPDATE- und DELETE-Befehlen in die WHERE-Bedingung einzelne oder mehrere Werte aus dem Ursprungsdatensatz aufgenommen.

Das DataSet in Verbindung mit dem DataAdapter und einem CommandBuilder-Objekt fragt dazu in der WHERE-Bedingung eines UPDATE- oder DELETE-Befehls nicht nur den oder die Primärschlüsselspalten ab, sondern alle Spalten mit ihrem alten Wert aus der Sicht des aktuellen Prozesses, also den Werten, die der Prozess beim Lesen des Datensatzes erhalten hat (siehe Listing). Wenn zwischenzeitlich ein anderer Prozess einzelne Spalten geändert hat, führt der UPDATE- oder DELETE-Befehl zwar nicht zu einem Laufzeitfehler im Datenbankmanagementsystem, jedoch zu dem Ergebnis, dass "0" Datensätze betroffen waren. Daran kann der Datenadapter erkennen, dass es einen Änderungskonflikt gab.

Listing: Update-Befehl, wie ihn ein SqlCommandBuilder für die Tabelle "Flug" mit dem Primärschlüssel "FlugNr" erzeugt.

```
UPDATE [dbo].[Flug]
SET [FlugNr] = @p1, [Abflugort] = @p2, [Bestreikt] = @p3, [CopilotId] = @p4,
[FlugDatum] = @p5, [Fluggesellschaft] = @p6, [FlugzeugTypID] = @p7,
[FreiePlaetze] = @p8, [LetzteAenderung] = @p9, [Memo] = @p10, [NichtRaucherFlug]
= @p11, [PilotId] = @p12, [Plaetze] = @p13, [Preis] = @p14, [Timestamp] = @p15,
[Zielort] = @p16
WHERE (([FlugNr] = @p17) AND ((@p18 = 1 AND [Abflugort] IS NULL) OR ([Abflugort]
= @p19)) AND ((@p20 = 1 AND [Bestreikt] IS NULL) OR ([Bestreikt] = @p21)) AND
((@p22 = 1 AND [CopilotId] IS NULL) OR ([CopilotId] = @p23)) AND ([FlugDatum] =
@p24) AND ([Fluggesellschaft] = @p25) AND ((@p26 = 1 AND [FlugzeugTypID] IS NULL)
OR ([FlugzeugTypID] = @p27)) AND ((@p28 = 1 AND [FreiePlaetze] IS NULL) OR
([FreiePlaetze] = @p29)) AND ([LetzteAenderung] = @p30) AND ((@p31 = 1 AND
[NichtRaucherFlug] IS NULL) OR ([NichtRaucherFlug] = @p32)) AND ([PilotId] =
@p33) AND ([Plaetze] = @p34) AND ((@p35 = 1 AND [Preis] IS NULL) OR ([Preis] =
@p36)) AND ((@p37 = 1 AND [Zielort] IS NULL) OR ([Zielort] = @p38)))
```

17.2 Im Standard keine Konflikterkennung

Soweit der historische Rückblick. Bei Entity Framework Core gibt es genau wie beim Entity Framework in der Standardeinstellung gar kein Sperren, also nicht einmal ein optimistisches Sperren. Im Standard gilt einfach "der Letzte, der schreibt, gewinnt" - das war's. Das nächste Listing zeigt das Ändern eines Flugobjekts im RAM und persistieren der Änderung mit SaveChanges() via Entity Framework Core. Dieser Programmcode sendet folgenden SQL-Befehl zum Datenbankmanagementsystem:

```
UPDATE [Flug] SET [FreiePlaetze] = @p0
WHERE [FlugNr] = @p1;
SELECT @@ROWCOUNT;
```

Man sieht, dass hier in der WHERE-Bedingung nur der Primärschlüssel "FlugNr" erscheint, nicht aber der alte Wert der Spalte "FreiePlaetze" oder anderer Spalten. Somit wird der Wert persistiert, auch wenn andere Prozesse den Wert mittlerweile geändert haben. Bei einer Fluggesellschaft kann es so zu Überbuchungen von Flügen kommen. Wenn es zum Beispiel nur noch zwei freie Plätze gibt und zwei Prozesse laden (fast) gleichzeitig diese Information, kann jeder der beiden Prozesse für sich zwei Plätze von diesem Restkontingent abziehen. Der Stand in der Spalte "FreiePlaetze" ist dann nachher in der Datenbank "0". Tatsächlich wurden aber vier Passagiere auf die zwei Plätze gesetzt. Das kann eng im Flugzeug werden.

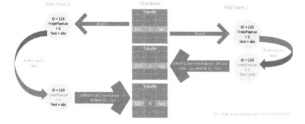

Abbildung: Die Änderung der Menge durch Client 2 wird von Client 1 gnadenlos überschrieben.

SaveChanges() öffnet zwar eine Transaktion, diese gilt aber nur für den einen Speichervorgang selbst und schützt daher nicht vor Datenänderungskonflikten. Das Ignorieren von Konflikten ist jedoch in der Praxis oft kein gangbarer und für die Nutzer akzeptabler Weg. Zum Glück kann man Entity Framework Core umkonfigurieren – auf ähnliche Weise wie dies auch bei Code First im Vorgänger ADO.NET Entity Framework ging.

Der einzige Änderungskonflikt, der Entity Framework Core im Standard auffallen würde, wäre ein Löschen des Datensatzes durch einen anderen Prozess. Denn in diesem Fall würde der UPDATE-Befehl zurückliefern, dass "0" Datensätze geändert wurden, und dann würde Entity Framework Core einen Fehler vom Typ DbUpdateConcurrencyException auslösen.

Listing: Änderung eines Flug-Objekts

```
int flugNr = 101;
using (FluggesellschaftContext ctx = new FluggesellschaftContext())
{

  // Flug laden
  var f = ctx.Fluege.Where(x => x.FlugNr == flugNr).SingleOrDefault();

  // Ausgaben
  Console.WriteLine(f);

  Console.WriteLine("Flug " + flugNr + ": " + DateTime.Now.ToLongTimeString() + ": Freie Plä
tze VORHER: " + f.FreiePlaetze);

  // Flug ändern
  f.FreiePlaetze -= 2;

  // Änderungen speichern
  try
  {
  var anz = ctx.SaveChanges();

  Console.WriteLine("Anzahl gespeicherter Änderungen: " + ctx.SaveChanges());
  Console.WriteLine(DateTime.Now.ToLongTimeString() + ": Freie Plätze NEU: " + f.FreiePlaet
ze);
  }
  catch (Exception ex)
  {
  Console.WriteLine("FEHLER beim Speichern: " + ex.ToString());
  }
```

17.3   Optimistisches Sperren / Konflikterkennung

Erreicht werden sollte, dass Entity Framework Core zumindest folgenden SQL-Befehl zum Datenbankmanagementsystem sendet:

```
UPDATE [Flug] SET [FreiePlaetze] = @p0
WHERE [FlugNr] = @p1 AND [FreiePlaetze] = @p2;
SELECT @@ROWCOUNT;
```

Hierbei erfolgt nun neben der Abfrage des Primärschlüssels "FlugNr" auch eine Abfrage des alten Wertes (Ursprungswert, den es beim Lesen gab) der Spalte "FreiePlaetze". Um diese Konflikterkennung zu implementieren, ist nicht der Client-Programmcode zu ändern, sondern das Entity Framework Core-Modell. Die Spalte FlugNr nennt man in diesem Fall Concurrency Token (deutsch: Parallelitätskennzeichen).

Es gibt zwei Möglichkeiten, im Modell ein Concurrency Token zu konfigurieren:

- per Datenannotation [ConcurrencyCheck]

- per IsConcurrencyToken() im Fluent-API

Das nächste Listing zeigt einen Ausschnitt aus der Entitätsklasse "Flug". Hier wurde nun "FreiePlaetze" mit [ConcurrencyCheck] annotiert, wodurch Entity Framework Core bei allen UPDATE- und DELETE-Befehlen automatisch den alten Wert in der WHERE-Bedingung abfragt. Gleiches wird erreicht durch den Aufruf von IsConcurrencyToken() auf dem entsprechend PropertyBuilder-Objekt in OnModelCreating() in der Entity Framework Core-Kontextklasse.

Listing: Einsatz der Datenannotation [ConcurrencyCheck]

```
public class Flug
  {

  [Key]
  public int FlugNr { get; set; }

  [ConcurrencyCheck]
  public short? FreiePlaetze {get; set;}

  [ConcurrencyCheck]
  public decimal? Preis { get; set; }

// Ohne Prüfung
  public short? Plaetze {get; set;}

  ...

  }
```

Listing: Einsatz von IsConcurrencyToken() im Fluent-API

```
public class WWWingsContext : DbContext
  {
  public DbSet<Flug> FlugSet { get; set; }
  ...

  protected override void OnModelCreating(ModelBuilder builder)
    {
    builder.Entity<Flug>().Property(f => f.FreiePlaetze).IsConcurrencyToken();

  ...

  }
  }
```

Nun kann es sinnvoll sein, die Konfliktprüfung über mehrere Concurrency Token (d.h. mehrere Spalten) zu führen, z.B. die Konfliktprüfung auch über die Spalte "Preis" des Flugs auszuüben. Inhaltlich würde das bedeuten: Wenn sich der Preis des Flugs mittlerweile geändert hat, kann man die Platzanzahl nicht ändern, weil diese Buchung dem Benutzer dann ja zum alten Preis angezeigt worden wäre. Man kann dafür dann die Eigenschaft "Preis" auch mit [ConcurrencyCheck] annotieren oder im Fluent-API ergänzen:

```
builder.Entity<Flug>().Property(f => f.Preis).IsConcurrencyToken();
```

Dann entsteht aus dem Listing folgender SQL-Befehl mit zwei Concurrency Token in der WHERE-Bedingung:

```
SET NOCOUNT ON;
UPDATE [Flug] SET [FreiePlaetze] = @p0
WHERE [FlugNr] = @p1 AND [FreiePlaetze] = @p2 AND [Preis] = @p3;
SELECT @@ROWCOUNT;
```

17.4   Konflikterkennung für alle Eigenschaften

Nun kann es sehr lästig werden, für alle Entitätsklassen, und dort für alle persistenten Eigenschaften, diese Konfiguration per Datenannotation oder Fluent-API vorzunehmen. Zum Glück erlaubt Entity Framework Core auch eine Massenkonfiguration. Das nächste Listing zeigt, wie man in OnModelCreating() aus dem ModelBuilder-Objekt per Model.GetEntityTypes() eine Liste aller Entitätsklassen bekommt, um dort in jeder Entitätsklasse jeweils per GetProperties()

eine Liste aller Eigenschaften zu erhalten, damit dort dann jeweils IsConcurrencyToken = true gesetzt wird. Somit werden alle Spalten zum Concurrency Token.

Listing: Massenkonfiguration des ConcurrencyToken für alle Eigenschaften in allen Entitätsklassen

```
public class WWWingsContext : DbContext
 {
  public DbSet<Flug> FlugSet { get; set; }
  ...
  protected override void OnModelCreating(ModelBuilder builder)
  {
      // hole alle Entitätsklassen
   foreach (IMutableEntityType entity in builder.Model.GetEntityTypes())
   {
    // hole alle Eigenschaften
    foreach (var prop in entity.GetProperties())
    {
      prop.IsConcurrencyToken = true;
    }
   }
   ...
  }
}
```

Aus dem Listing entsteht dann nun ein SQL-Befehl, der alle Spalten in der WHERE-Bedingung umfasst:

```
SET NOCOUNT ON;
UPDATE [Flug] SET [FreiePlaetze] = @p0
WHERE [FlugNr] = @p1 AND [Abflugort] = @p2 AND [Bestreikt] = @p3 AND [CopilotId]
= @p4 AND [FlugDatum] = @p5 AND [Fluggesellschaft] = @p6 AND [FlugzeugTypID] IS
NULL AND [FreiePlaetze] = @p7 AND [LetzteAenderung] = @p8 AND [Memo] = @p9 AND
[NichtRaucherFlug] IS NULL AND [PilotId] = @p10 AND [Plaetze] = @p11 AND [Preis]
= @p12 AND [Zielort] = @p13;
SELECT @@ROWCOUNT;
```

17.5   Konflikteinstellung per Konvention

Vielleicht möchte der Entwickler dennoch einzelne Spalten ausschließen, auch das ist möglich. Hier bietet es sich an, dafür eine eigene Annotation [ConcurrencyNoCheckAttribute] (siehe nächstes Listing) zu definieren, mit der dann alle diejenigen persistenten Properties der Entitätsklasse annotiert werden, für die Entity Framework Core keine Konfliktprüfung ausführen soll. Das nächste Listing zeigt die Erweiterung des Beispiels, das die Annotation [ConcurrencyNoCheckx=>] berücksichtigt. Wichtig ist dabei der Null-Propagating-Operator ?. nach PropertyInfo, denn der Entwickler kann in Entity Framework Core sogenannte "Shadow Properties" definieren, die nur im Entity Framework Core-Modell existieren, aber nicht in der Entitätsklasse. Diese haben dann kein PropertyInfo-Objekt, sodass es im Fall eines Shadow Property ohne den Null-Propagating-Operator zum beliebten "Null-Reference"-Laufzeitfehler käme. Mit dem ConcurrencyNoCheckAttribute kann der Entwickler bei Bedarf einzelne Eigenschaften auf elegante Weise von der Konfliktprüfung ausschließen.

Listing: Annotation für Entitätsklassen-Properties, für die Entity Framework Core keinen ConcurrencyCheck ausführen soll

```
using System;
namespace GO
{
 /// <summary>
```

```
/// Annotation für EFC-Entitätsklassen-Properties, für die EFC keinen ConcurrencyCheck
ausführen soll
/// </summary>
[AttributeUsage(AttributeTargets.Property | AttributeTargets.Class, AllowMultiple = false)]
public class ConcurrencyNoCheckAttribute : Attribute
{
}
}
```

Listing: Massenkonfiguration des ConcurrencyToken für alle Eigenschaften in allen
Entitätsklassen, außer den Eigenschaften, die mit [ConcurrencyNoCheck] annotiert sind

```
public class WWWingsContext : DbContext
{
  public DbSet<Flug> FlugSet { get; set; }
...
  protected override void OnModelCreating(ModelBuilder builder)
  {
  // hole alle Entitätsklassen
 foreach (IMutableEntityType entity in builder.Model.GetEntityTypes())
  {
  // hole alle Eigenschaften
    foreach (var prop in entity.GetProperties())
    {
    // Suche Annotation [ConcurrencyNoCheck]
    var annotation = prop.PropertyInfo?.GetCustomAttribute<ConcurrencyNoCheckAttribute>();
    if (annotation == null)
    {
     prop.IsConcurrencyToken = true;
    }
    else
    {
     Console.WriteLine("Kein Concurrency Check für " + prop.Name);
    }
  }
 }
...
 }
}
```

17.6   Fallweise Konflikteinstellung

Manchmal entsteht in der Praxis der Wunsch, die Konfliktprüfung fallweise bei einzelnen
Änderungen für einzelne Eigenschaften zu aktivieren oder zu deaktivieren. Dieser Wunsch lässt
sich aber leider nicht erfüllen, da die Datenannotationen hineinkompiliert werden und auch
OnModelCreating() nur einmalig pro Prozess ausgerufen wird. Leider kann man das Entity
Framework Core-Modell nach Ende von OnModelCreating() nicht mehr ändern. Zwar bietet die
Klasse DbContext genau wie die Klasse ModelBuilder ein Property Model, aber während bei
ModelBuilder das Property Model den Typ IMutalModel (veränderbar, wie der Name sagt) besitzt,
bekommt man von DbContext nur den Typ IModel, und dort ist IsConcurrencyToken wie viele
andere Eigenschaften "Read-Only" (also unveränderbar). Wer also fallweise die Spalten für das
optimistische Sperren ändern will, muss (über Entity Framework Core oder anderen Wegen) selbst
UPDATE- und DELETE-Befehle zum Datenbankmanagementsystem senden.

17.7   Zeitstempel (Timestamp)

Anstelle des Ursprungswertevergleichs auf Ebene der einzelnen Datenspalten ist es auch möglich, eine zusätzliche Zeitstempel-Spalte einzuführen. Eine solche Spalte, die man in Microsoft SQL Server mit dem Typ rowversion [*https://docs.microsoft.com/en-us/sql/t-sql/data-types/rowversion-transact-sql*] (alias timestamp, siehe nächste Abbildung) anlegt, wird vom Datenbankmanagementsystem selbst bei jeder einzelnen Datensatzänderung vollautomatisch vom Wert erhöht.

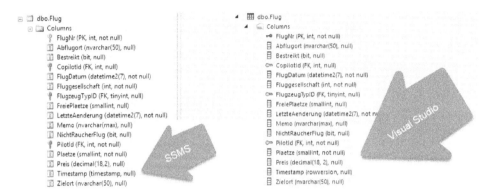

Abbildung: Eine Zeitstempelspalte für einen Datensatz in Microsoft SQL Server: Während SQL Server Management Studio (SSMS) auch in der aktuellen Version v18 hier noch die alte Bezeichnung "timestamp" anzeigt, zeigen die SQL Server Data Tools in Visual Studio 2019 das aktuelle "rowversion" an.

Folglich ist bei einem UPDATE- oder DELETE-Befehl nur noch zu prüfen, ob der Zeitstempelwert noch auf dem vorherigen Wert, den es beim Laden gab, steht. Wenn ja, ist der gesamte Datensatz also unverändert. Wenn nicht, hat ein anderer Prozess zumindest einen Teil des Datensatz mittlerweile verändert. Allerdings kann man mit einer Zeitstempelspalte nicht mehr differenzieren zwischen Spalten, an denen Änderungen relevant sind, und solchen, an denen Änderungen nicht relevant sind. Das Datenbankmanagementsystem passt den Zeitstempel bei jeder Änderung irgendeiner Spalte an, Ausnahmen sind nicht möglich.

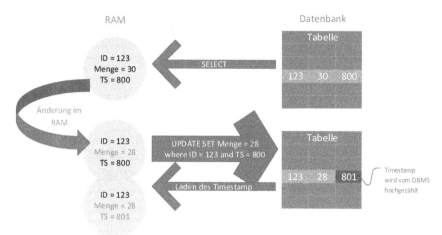

Abbildung: Wirkung einer Zeitstempelspalte in Entity Framework Core

Für die Verwendung von Zeitstempeln zur Änderungskonflikterkennung fügt der Softwareentwickler bei Entity Framework Core eine Spalte des Typs Byte-Array (byte[]) in die Entitätsklasse ein und annotiert diese mit [Timestamp]. Der Name der Spalte ist Entity Framework Core dabei egal:

```
[Timestamp]
public byte[] Timestamp { get; set; }
```

Alternativ dazu kann man dies auch wieder per Fluent-API festlegen, damit ist jedoch etwas mehr im Programmcode zu tun:

```
builder.Entity<Flug>()
        .Property(p => p.Timestamp)
        .ValueGeneratedOnAddOrUpdate()
        .IsConcurrencyToken();
```

Seit Version 1.1 von EFC kann man alternativ auch IsRowVersion() verwenden:

```
modelBuilder.Entity<Flug>().Property(x => x.Timestamp).IsRowVersion();
```

> **ACHTUNG:** Es darf pro Tabelle nur eine Timestamp-/Rowversion-Spalte geben. Die Fehlermeldung: „A table can only have one timestamp column." tritt aber leider erst auf, wenn man Update-Database aufruft, nicht schon bei Add-Migration.

Mehr muss der Entwickler dann für die Zeitstempel-Unterstützung selbst nicht implementieren. Wenn es eine solche Eigenschaft im Objektmodell und die korrespondiere Spalte in der Datenbanktabelle gibt, bezieht sich Entity Framework Core bei allen DELETE- und UPDATE-Befehlen in der WHERE–Bedingung stets auf den vorherigen Zeitstempelwert, z.B.

```
SET NOCOUNT ON;
UPDATE [Flug] SET [FreiePlaetze] = @p0
WHERE [FlugNr] = @p1 AND [Timestamp] IS NULL;
SELECT [Timestamp]
```

```
FROM [Flug]
WHERE @@ROWCOUNT = 1 AND [FlugNr] = @p1;
```

Wie man sieht, sorgt Entity Framework Core auch mit SELECT [Timestamp] dafür, nach einem UPDATE den dann vom Datenbankmanagementsystem geänderten Zeitstempel wieder zu laden, um das Objekt im RAM entsprechend zu aktualisieren. Würde das nicht passieren, dann würde eine zweite Aktualisierung eines Objekts nicht möglich sein, denn dann würde der Zeitstempel im RAM nicht mehr aktuell sein und Entity Framework Core würde immer einen Änderungskonflikt melden, auch wenn es keinen gab, weil ja die eigene erste Änderung den Zeitstempel in der Datenbanktabelle geändert hat.

Auch die Timestamp-Konfiguration kann man per Konventionen automatisieren. Die im nächsten Listing gezeigte Massenkonfiguration macht alle Properties, die den Namen "Timestamp" tragen, automatisch zu Zeitstempeln für die Konflikterkennung.

Listing: Diese Massenkonfiguration macht alle Properties, die Timestamp heißen, automatisch zu Zeitstempeln für die Konflikterkennung

```
public class WWWingsContext : DbContext
{
  public DbSet<Flug> FlugSet { get; set; }
  ...

  protected override void OnModelCreating(ModelBuilder builder)
  {
   // Get all entity classes
   foreach (IMutableEntityType entity in modelBuilder.Model.GetEntityTypes())
   {
    // Get all properties
    foreach (var prop in entity.GetProperties())
    {
     if (prop.Name == "Timestamp")
     {
      prop.ValueGenerated = ValueGenerated.OnAddOrUpdate;
      prop.IsConcurrencyToken = true;
     }

    }
   }
  ...

  }
}
```

17.8   Konflikte auflösen

Zur Prüfung der Konflikterkennung kann man das nächste Beispiel in Verbindung verwenden. Die Abbildung zeigt eine beispielhafte Ausgabe des Programms, wenn es zweimal gestartet wird. Zuerst wird der Prozess mit der ID 6216 gestartet, dann der Prozess 17244. Beide lesen den Flug mit der Nummer 101, in dem es aktuell 20 Plätze gibt. Der Prozess 6216 reduziert dann die Anzahl der Plätze um 5 und persistiert die 15 in der Spalte "FreiePlaetze". Nun nimmt Prozess 17244 eine Buchung für zwei Personen vor, kommt also im RAM auf 18 freie Plätze. Prozess 17244 kann aber nicht persistieren, da Entity Framework Core aufgrund der Konflikterkennung für die Spalte "FreiePlaetze" oder auf Basis einer Timestamp-Spalte einen Fehler des Typs DbUpdateConcurrencyException ausgelöst hat. Der Benutzer in Prozess 17244 erhält die Wahl, entweder die Änderungen des anderen Benutzers zu übernehmen oder aber zu überschreiben oder die beiden Änderungen miteinander zu verrechnen, was im speziellen vorliegenden Fall Sinn machen kann.

Abbildung: Konflikterkennung und Konfliktlösung

Das nächste Listing zeigt die Implementierung. Bei SaveChanges() wird die DbUpdateConcurrencyException abgefangen. In der Fehlerbehandlung wird mit Hilfe der Hilfsfunktion PrintChangedProperties() ausgegeben, welche Eigenschaften des Flugs in diesem Prozess geändert wurden und wie der aktuelle Datenbankzustand ist. Den aktuellen Zustand der Datenbank bekommt der Entwickler durch die Methode GetDatabaseValues(), die eine entsprechende SQL-Abfrage zum Datenbankmanagementsystem sendet. Danach muss sich der Benutzer entscheiden. Entscheidet er sich für das Übernehmen der Änderungen des anderen Prozesses, so wird die Methode Reload() im Entity Framework Core-API aufgerufen, was das geänderte Objekt im RAM verwirft und es neu aus der Datenbank lädt. Entscheidet er sich für das Überschreiben der Änderungen des anderen Prozesses, so ist der Programmcode ein wenig komplizierter und indirekter. Die Befehlskette lädt den aktuellen Zustand aus der Datenbank und setzt diesen im Change Tracker von Entity Framework Core auf die ursprünglichen Werte des Objekts: ctx.Entry(flug).OriginalValues.SetValues(ctx.Entry(flug).GetDatabaseValues()). Danach wird SaveChanges() erneut aufgerufen, was nun funktioniert, da die in der WHERE-Bedingung verwendeten Originalwerte bzw. der dort verwendete Zeitstempel dem aktuellen Zustand des Datensatzes in der Datenbank entsprechen bzw. entspricht. Theoretisch kann dabei aber wieder ein Konflikt auftreten, wenn in der kurzen Zeit zwischen GetDatabaseValues() und SaveChanges() wieder ein anderer Prozess den Datensatz in der Datenbanktabelle verändert. Man sollte also SaveChanges() und die zugehörige Fehlerbehandlung kapseln, was aber hier aus didaktischen Gründen nicht passiert ist, damit der Ablauf besser veranschaulicht werden kann.

In der obigen Abbildung hat sich der Benutzer für die dritte Option, das Verrechnen der beiden Änderungen, entschieden. Dazu benötigt der Prozess 17244 neben seinem Ursprungswert und seinem aktuellen Wert auch den aktuellen Datenbankwert der Spalte "FreiePlaetze". Das Ergebnis ist dann korrekter Weise "13". Die Verrechnung geht aber davon aus, dass beide Prozesse vom gleichen Ursprungswert gestartet sind. Ohne eine Inter-Prozess-Kommunikation kann Prozess 17244 nicht den Ursprungswert von Prozess 6216 kennen. Die Verrechnung funktioniert also nur in speziellen Fällen.

Natürlich ist es auch möglich, dem Benutzer in einer (grafischen) Benutzeroberfläche den Konflikt lösen zu lassen, indem er sich nicht für die ein oder andere Seite entscheidet, sondern selbst Werte eingibt. Implementierungstechnisch entspricht die Verrechnung genau wie die Eingabe eines anderen Werts dann dem zweiten Fall, also Überschreiben der Änderungen des anderen Prozesses. Vor Aufruf von SaveChanges() setzt man einfach die Werte in das Objekt, die man nachher in der Datenbank haben möchte (siehe case ConsoleKey.D3 im Listing).

Listing: Konflikterkennung und Konfliktlösung mit Entity Framework Core

```
public static void EF_Konflikt_BeiFlug()
 {
  CUI.MainHeadline(nameof(EF_Konflikt_BeiFlug));
  Console.WriteLine("Prozess-ID=" + System.Diagnostics.Process.GetCurrentProcess().Id);
  Console.Title = nameof(EF_Konflikt_BeiFlug) + ": Prozess-ID=" +
System.Diagnostics.Process.GetCurrentProcess().Id;
  int flugNr = 151;

  // Kontext instanziieren
  using (WWWingsContext ctx = new WWWingsContext())
  {
  // --- Flug laden
  Flug flug = ctx.FlugSet.SingleOrDefault(x => x.FlugNr == flugNr);
  Console.WriteLine(DateTime.Now.ToLongTimeString() + ": Freie Plätze VORHER: " +
flug.FreiePlaetze);

  short zuBuchendePlaetze = 0;
  string eingabe = "";
  do
  {
   Console.WriteLine("Wieviele Plätze?");
   eingabe = Console.ReadLine(); // Warten (zum Starten eines zweiten Prozesses!)
  } while (!short.TryParse(eingabe, out zuBuchendePlaetze));

  // --- Änderung
  flug.FreiePlaetze -= zuBuchendePlaetze;
  Console.WriteLine(DateTime.Now.ToLongTimeString() + ": Freie Plätze NEU: " +
flug.FreiePlaetze);

  try
  {
  // --- Speicherversuch
  ITVisions.EFCore.EFC_Util.PrintChangedProperties(ctx.Entry(flug));
  var anz = ctx.SaveChanges();
  Console.WriteLine("SaveChanges: Gespeicherte Änderungen: " + anz);
  }
  catch (DbUpdateConcurrencyException ex)
  {
   Console.ForegroundColor = ConsoleColor.Red;
   CUI.PrintError(DateTime.Now.ToLongTimeString() + ": Fehler: Ein anderer Benutzer hat
bereits den Datensatz geändert!");

   CUI.Print("Konflikte bei folgenden Eigenschaften:");
   ITVisions.EFCore.EFC_Util.PrintChangedProperties(ex.Entries.Single());

   // --- Frage beim Benutzer nach
   Console.WriteLine("Was möchten Sie tun?");
   Console.WriteLine("Taste 1: Werte des anderen Benutzers übernehmen");
   Console.WriteLine("Taste 2: Werte des anderen Benutzers überschreiben");
   Console.WriteLine("Taste 3: Werte für 'FreiePlaetze' verrechnen");

   ConsoleKeyInfo key = Console.ReadKey();
   switch(key.Key)
   {
```

```
    case ConsoleKey.D1: // Werte des anderen Benutzers übernehmen
    {
     Console.WriteLine("Sie haben gewählt: Option 1: übernehmen");
     ctx.Entry(flug).Reload();
     break;
    }
    case ConsoleKey.D2: // Werte des anderen Benutzers überschreiben
    {
     Console.WriteLine("Sie haben gewählt: Option 2: überschreiben");
     ctx.Entry(flug).OriginalValues.SetValues(ctx.Entry(flug).GetDatabaseValues());
     // wie RefreshMode.ClientWins bei ObjectContext
     ITVisions.EFCore.EFC_Util.PrintChangeInfo(ctx);
     int anz = ctx.SaveChanges();
     Console.WriteLine("SaveChanges: Gespeicherte Änderungen: " + anz);
     break;
    }
    case ConsoleKey.D3: // Werte verrechnen
     {
      Console.WriteLine("Sie haben gewählt: Option 3: verrechnen");
      var freiePlaetzeOrginal =
ctx.Entry(flug).OriginalValues.GetValue<short?>("FreiePlaetze");
      var freiePlaetzeNun = flug.FreiePlaetze.Value;
      var freiePlaetzeInDB =
ctx.Entry(flug).GetDatabaseValues().GetValue<short?>("FreiePlaetze");
      flug.FreiePlaetze = (short) (freiePlaetzeOrginal -
                          (freiePlaetzeOrginal - freiePlaetzeNun) -
                          (freiePlaetzeOrginal - freiePlaetzeInDB));
      ITVisions.EFCore.EFC_Util.PrintChangeInfo(ctx);
      ctx.Entry(flug).OriginalValues.SetValues(ctx.Entry(flug).GetDatabaseValues());
      int anz = ctx.SaveChanges();
      Console.WriteLine("SaveChanges: Gespeicherte Änderungen: " + anz);
      break;
     }
   }
  }
   Console.WriteLine(DateTime.Now.ToLongTimeString() + ": Freie Plätze NACHHER: " +
flug.FreiePlaetze);

   // --- Gegenprobe des nun gültigen Zustandes
   using (WWWingsContext ctx2 = new WWWingsContext())
   {
    var f = ctx.FlugSet.Where(x => x.FlugNr == flugNr).SingleOrDefault();
    Console.WriteLine(DateTime.Now.ToLongTimeString() + ": Freie Plätze GEGENPROBE: " +
f.FreiePlaetze);

   } // Ende using-Block -> Dispose() wird aufgerufen
  }
 }
```

Listing: Hilfsroutinen für das vorherige Listing

```
/// <summary>
/// Listet die geänderten Eigenschaften eines Objekts auf inkl. aktueller Datenbankzustand
/// </summary>
public static void PrintChangedProperties(EntityEntry entry)
{
 var dbObj = entry.GetDatabaseValues();

 foreach (PropertyEntry prop in entry.Properties.Where(x => x.IsModified))
 {
```

```
    var s = "- " + prop.Metadata.Name + ": " +
     entry.OriginalValues[prop.Metadata.Name] + "->" +
     entry.CurrentValues[prop.Metadata.Name] +
     " Datenbankzustand: " + dbObj[prop.Metadata.Name];
    Console.WriteLine(s);
   }
  }


  /// <summary>
  /// Ausgabe aller geänderten Objekte und dazu die geänderten Properties
  /// </summary>
  /// <param name="ctx"></param>
  public static void PrintChangeInfo(DbContext ctx)
  {
    foreach (EntityEntry entry in ctx.ChangeTracker.Entries())
    {
     if (entry.State == EntityState.Modified)
     {
      CUI.Print(entry.Entity.ToString() + ": ist im Zustand " + entry.State,
ConsoleColor.Yellow);
      IReadOnlyList<IProperty> listProp = entry.OriginalValues.Properties;
      PrintChangedProperties(entry);
     }
    }
  }
```

17.9   Pessimistisches Sperren bei Entity Framework Core

Obwohl Microsoft in .NET und .NET Core bewusst keine Klasse realisiert hat mit der man Datensätze für den Lesezugriff durch andere sperren kann, erlebt der Autor dieses Buchs immer wieder Kunden, die dies trotzdem unbedingt möchten, um Konflikte von vornherein auszuschließen. Mit einem LINQ-Befehl ist eine Lesesperre nicht realisierbar, auch nicht mit einer Aktivierung einer Transaktion. Man benötigt eine Transaktion und zusätzlich einen Datenbankmanagementsystem-spezifischen SQL-Befehl. In Microsoft SQL Server ist dies der Query Hint "SELECT ... WITH (UPDLOCK)" in Verbindung mit einer Transaktion. Dieser Query Hint sorgt dafür, dass ein gelesener Datensatz bis zum Abschluss der Transaktion gesperrt ist. Er wirkt nur innerhalb einer Transaktion, daher findet man im nächsten Listing ein ctx.Database.BeginTransaction() und später den Aufruf von Commit(). Das Listing zeigt auch den Einsatz der von Entity Framework Core bereitgestellten Methode FromSqlRaw(), mit der der Entwickler einen eigenen SQL-Befehl zum Datenbankmanagementsystem senden sowie das Ergebnis in Entitätsobjekte materialisieren kann.

Listing: Schon beim Lesen des Datensatzes wird eine Sperre eingerichtet.

```
public static void EinfachesUpdateMitLeseSperre()
  {
    Console.WriteLine("--- Flug ändern");
    int flugNr = 101;
    using (WWWingsContext ctx = new WWWingsContext())
    {
     try
     {
      ctx.Database.SetCommandTimeout(10); // 10 Sekunden
      // Transaktion starten
      IDbContextTransaction t = ctx.Database.BeginTransaction(); // Standard ist
System.Data.IsolationLevel.ReadCommitted
```

```
      Console.WriteLine("Transaktion im Modus " + t.GetDbTransaction().IsolationLevel);

      // Flug laden mit Lesesperre
      Console.WriteLine("Lese Datensatz...");
      Flug f = ctx.FlugSet.FromSqlRaw("SELECT * FROM dbo.Flug WITH (UPDLOCK) WHERE flugNr =
{0}", flugNr).SingleOrDefault();
      // statt Flug flugDieser = ctx.FlugSet.SingleOrDefault(x => x.FlugNr == flugNr);

      Console.WriteLine($"Vor der Änderung: Flug #{f.FlugNr}: {f.Abflugort}->{f.Zielort} hat
{f.FreiePlaetze} freie Plätze! Zustand des Flug-Objekts: " + ctx.Entry(f).State);

      Console.WriteLine("Warte auf EINGABE...");
      Console.ReadLine();

      // Objekt im RAM ändern
      Console.WriteLine("Objekt ändern...");
      f.FreiePlaetze -= 2;

      Console.WriteLine($"Nach der Änderung: Flug #{f.FlugNr}: {f.Abflugort}->{f.Zielort} hat
{f.FreiePlaetze} freie Plätze! Zustand des Flug-Objekts: " + ctx.Entry(f).State);

      // Änderungen persistieren
      Console.WriteLine("Änderung speichern...");
      var anz = ctx.SaveChanges();
      t.Commit();
      if (anz == 0)
      {
        Console.WriteLine("Problem: Keine Änderung gespeichert!");
      }
      else
      {
        Console.WriteLine("Anzahl gespeicherter Änderungen: " + anz);
        Console.WriteLine($"Nach dem Speichern: Flug #{f.FlugNr}: {f.Abflugort}->{f.Zielort}
hat {f.FreiePlaetze} freie Plätze! Zustand des Flug-Objekts: " + ctx.Entry(f).State);
      }
    }
    catch (Exception ex)
    {
      CUI.PrintError("Fehler: " + ex.ToString());
    }
  }
}
```

Die folgende Abbildung liefert den Beweis, dass tatsächlich ein Lesen des Flug-Objekts mit der Flugnummer 101 durch einen zweiten Prozess nicht möglich ist, solange der erste Prozess seine Transaktion noch nicht beendet hat. In diesem Beispielcode wartet die Verarbeitung mitten in der Transaktion auf eine Benutzereingabe. Eine Benutzereingabe in einer Transaktion ist natürlich "Worst Practices" und sollte niemals in produktivem Programmcode vorkommen. Hier im Beispielcode ist es aber ein sehr geeignetes Instrument, um eine Laufzeit einer Transaktion über mehrere Sekunden zu simulieren, bis der andere Prozess in die Zeitüberschreitung läuft.

Neben diesem Hinweis muss unbedingt auch noch angemerkt werden, dass eine solche Datensatzsperre im Datenbankmanagementsystem an sich schon zu den "Worst Practices" gehört. Sperren, insbesondere Lesesperren, bremsen Anwendungen aus und führen auch schnell zu Deadlocks, wo Prozesse gegenseitig aufeinander warten, sodass keine Verarbeitung mehr stattfinden kann. Mit solchen Praktiken schädigt man also Performance, Skalierbarkeit und Stabilität einer Software. Warum wurde es dann in diesem Buch überhaupt gezeigt? Weil der Autor eben einige Entwickler kennt, die es dennoch wollen.

Die bessere Alternative zu Datensatzsperren im Datenbankmanagementsystem sind übrigens Sperren auf Anwendungsebene, bei denen die Anwendung die Sperren verwaltet – ggf. auch unter Einsatz einer selbstdefinierten Sperrtabelle im RAM. Dies hat den Vorteil, dass die Anwendung dem Benutzer genau präsentieren kann, wer einen Datensatz in Bearbeitung hat. So kann bei Benutzer Müller auf dem Bildschirm stehen: "Dieser Datensatz ist noch für 4 Minuten und 29 Sekunden zur exklusiven Bearbeitung durch Sie verfügbar." Und bei Frau Meier steht: "Dieser Datensatz wird derzeit von Herrn Müller bearbeitet. Er hat noch 4 Minuten und 29 Sekunden den Datensatz zu speichern. Während dieser Zeit können Sie keine Änderungen an diesem Datensatz vornehmen". Dies bietet viele weitere Möglichkeiten, z.B. die Schaltfläche "Ich bin ein Star und möchte Herrn Müller jetzt sofort aus dem Datensatz rauswerfen" usw. In Entity Framework Core gibt es aber keinen vordefinierten Mechanismus für ein Sperren auf Anwendungsebene. Hier ist die eigene Entwicklerkreativität gefragt!

Abbildung: Wenn der obige Programmcode zweimal parallel läuft, kommt es in dem zweiten Prozess nach der eingestellten Wartezeit zum "Execution Timeout Expired" beim Lesezugriff auf den Flug-Datensatz.

18   Protokollierung (Logging)

Im klassischen Entity Framework gibt es zwei einfache Möglichkeiten, sich die SQL-Befehle ausgeben zu lassen, die der OR-Mapper zur Datenbank sendet:

- Aufruf der Methode ToString() auf einem noch nicht ausgeführten Abfrageobjekt (IQueryable<T>)

- das Log-Attribut (seit Entity Framework Version 6.0), an das man eine Methode zuweisen kann, die eine Zeichenkette als Parameter erwartet (Action<string>()), z.B. kontext.Database.Log = Console.WriteLine;

Leider gibt es beide Möglichkeiten in Entity Framework Core 1.0 bis 3.1 nicht in dieser einfachen Form. Die Protokollierung in diesen Versionen ist möglich, aber wesentlich komplizierter als beim Vorgänger. Erst mit Entity Framework Core 5.0 geht es wieder so einfach wie im klassisches Entity Framework.

Dieser Kapitel beschreibt zuerst im Produkt eingebaute SQL-Protokollierung mit Entity Framework Core 1.0 bis 3.1 mit UseLoggerFactory() und dann die zusätzlichen, einfacheren Lösungen, die es in Entity Framework Core 5.0 seit Preview 1 gibt. Darüberhinausgehende Möglichkeit, das generierte SQL mit externen Zusatzwerkzeugen wie dem SQL Server Profiler oder dem Entity Framework Profiler zu betrachten, sind nicht Teil dieses Kapitels.

18.1   Protokollierung mit UseLoggerFactory()

Die eingebaute Protokollierung von Entity Framework Core basiert auf der allgemeinen Protokollierungsinfrastruktur von .NET Core, also den NuGet-Paketen und Klassen im Namensraum Microsoft.Extensions.Logging. In der überschriebenen Methode OnConfiguring() in der von DbContext abgeleiteten Kontextklasse kann der Entwickler auf der übergebenen Instanz von DbContextOptionsBuilder eine Methode UseLoggerFactory(LoggerFactory) aufrufen und dabei eine Instanz der Klasse LoggerFactory übergeben.

```
protected override void OnConfiguring(DbContextOptionsBuilder builder)
{
    if (LoggerFactory != null) builder = builder.UseLoggerFactory(LoggerFactory);
    builder.UseSqlServer(ConnectionString);
}
```

Eine Logger Factory erzeugt man mit der statische Methode Create() der Klasse LoggerFactory. Dabei kann sollte man im Parameter vom Typ Action<ILoggingBuilder> mindestens einen Logger Provider initialisieren. Man kann auch mehrere Logger Provider übergeben, um mehrere Ziele zu beliefern. Wenn man keinen Logger Provider übergibt, erfolgt keine Protokollierung.

Microsoft stellt folgende Logger Provider – jeweils in eigenen NuGet-Paketen - bereit:

- Microsoft.Extensions.Logging.AzureAppServices.BatchingLoggerProvider   (NuGet-Paket Microsoft.Extensions.Logging.AzureAppServices)

- Microsoft.Extensions.Logging.Console.ConsoleLoggerProvider   (NuGet-Paket Microsoft.Extensions.Logging.Console)

- Microsoft.Extensions.Logging.Debug.DebugLoggerProvider   (NuGet-Paket Microsoft.Extensions.Logging.Debug)

- Microsoft.Extensions.Logging.EventLog.EventLogLoggerProvider   (NuGet-Paket Microsoft.Extensions.Logging.EventLog)

- Microsoft.Extensions.Logging.EventSource.EventSourceLoggerProvider   (NuGet-Paket Microsoft.Extensions.Logging.EventSource)

- Microsoft.Extensions.Logging.TraceSource.TraceSourceLoggerProvider   (NuGet-Paket Microsoft.Extensions.Logging.TraceSource)

Jedes der Pakete bietet eine AddXY()-Methode an, z.B. AddConsole() und AddEventLog(), die man aufruft, um eine Instanz von ILoggingBuilder an Create() zu übergeben, siehe Listing.

Listing: Erstellen einer LoggerFactory mit zwei Zielen ohne Filter

```
// Loggerfactory: Logging to Console and Event Log without Filter
var loggerFactory0 = LoggerFactory.Create(builder =>
    {
    builder
        .AddConsole(x => { x.TimestampFormat = "HH:mm:ss | "; })
        .AddEventLog(new Microsoft.Extensions.Logging.EventLog.EventLogSettings() { LogName =
"Application", SourceName = "EFCoreDemos" })
    });
```

Die AddXY()-Methoden können Parameter besitzen. So kann man bei der Methode AddConsole() zum Beispiel die Ausgabe von Datum und Uhrzeit konfigurieren (TimestampFormat). Im Standard werden Datum und Uhrzeit nicht an der Konsole ausgegeben.

Bei AddEventLog() erfolgen die Einträge im Standard in das Windows Event Log "Application" von der Quelle ".NET Runtime". Alternativ kann der Entwickler bei der Methode AddEventLog() eine Instanz von Microsoft.Extensions.Logging.EventLog.EventLogSettings oder einen Lambda-Ausdruck Action<Microsoft.Extensions.Logging.EventLog.EventLogSettings> übergeben und dabei den Namen des Event Log (LogName) und die Ereignisquelle (SourceName) festlegen. Dabei ist zu beachten, dass Event Log und Ereignisquelle vorher existieren müssen. Ein Event Log und eine Ereignisquelle erzeugt man in C# über die statische Methode CreateEventSource():

```
System.Diagnostics.EventLog.CreateEventSource("EFCore", "EFCoreDemos");
```

Alternativ via Windows PowerShell (nicht aber möglich mit PowerShell Core 6.x oder PowerShell 7.0):

```
New-EventLog -LogName EFCoreDemos -Source EFCore
```

In beiden Fällen sind Administratorrechte zum Anlegen von Event Log und Ereignisquelle erforderlich.

Abbildung: Eintrag im Ereignisprotokoll: Ein von Entity Framework Core ausgeführter SQL-Befehl

ACHTUNG: Wichtig bei der Konfiguration der Protokollierung ist, dass die Logger Factory nicht für jede Kontextinstanz immer wieder neu erzeugt wird, da dies zu Speicherlecks und schlechter Leistung führen wird. Microsoft warnt davor in der Dokumentation sehr klar. Richtig ist, das Logger Factory-Instanz zentral zu erzeugen und bei UseLoggerFactory() immer wieder zu verwenden. Es ist zu beachten, dass Entity Framework Core die Methode OnConfiguring() bei jeder Erzeugung einer neuen Kontextinstanz aufruft.

⚠ Warning

It is very important that applications do not create a new
ILoggerFactory instance for each context instance. Doing so will
result in a memory leak and poor performance.

Abbildung: Warnung von Microsoft vor der immer neuen Instanziierung von Logger Factories
[https://docs.microsoft.com/en-us/ef/core/miscellaneous/logging?tabs=v3]

18.2   Filtern nach Level und Protokollkategorien

Optional legt der Softwareentwickler via Action<ILoggingBuilder> mit dem Aufruf der Methode
AddFilter() gewünschte Filterkriterien fest, mit dem man nach Protokollierungskategorien und
Protokollierungslevel filtern kann, siehe Listing.

Listing: Erstellen einer LoggerFactory mit zwei Zielen und mehreren Filterkriterien

```
var loggerFactory1 = LoggerFactory.Create(builder =>
{
  builder
    .AddConsole(x => { x.TimestampFormat = "HH:mm:ss | "; })
    .AddEventLog(new Microsoft.Extensions.Logging.EventLog.EventLogSettings() { LogName =
"EFCoreDemos", SourceName = "EFCore" })
    .AddFilter((category, level) =>
      (category == DbLoggerCategory.Database.Command.Name ||
      category == "Microsoft.EntityFrameworkCore.Model") &&
      (level == LogLevel.Information ||
      level == LogLevel.Debug));
});
```

Die LogLevel in .NET Core sind in dem Aufzählungstyp Microsoft.Extensions.Logging.LogLevel
festgelegt:

- Trace: 0

- Debug: 1

- Information: 2

- Warning: 3

- Error: 4

- Critical: 5

- None: 6

Die Protokollierungskategorien in Entity Framework Core 1.x waren:

- Microsoft.EntityFrameworkCore.DbContext

- Microsoft.EntityFrameworkCore.Storage.Internal.SqlServerConnection

- Microsoft.EntityFrameworkCore.Storage.IExecutionStrategy

- Microsoft.EntityFrameworkCore.Internal.RelationalModelValidator

- Microsoft.EntityFrameworkCore.Query.Internal.SqlServerQueryCompilationContextFactory

- Microsoft.EntityFrameworkCore.Query.ExpressionTranslators.Internal.SqlServerComposite
  MethodCallTranslator

- Microsoft.EntityFrameworkCore.Storage.IRelationalCommandBuilderFactory

- Microsoft.EntityFrameworkCore.Query.Internal.QueryCompiler

Die zwölf Protokollierungskategorien seit Entity Framework Core 2.x sind:

- Microsoft.EntityFrameworkCore.Infrastructure

- Microsoft.EntityFrameworkCore.Database

- Microsoft.EntityFrameworkCore.Database.Connection

- Microsoft.EntityFrameworkCore.Database.Command

- Microsoft.EntityFrameworkCore.Database.Transaction

- Microsoft.EntityFrameworkCore.Model

- Microsoft.EntityFrameworkCore.Model.Validation

- Microsoft.EntityFrameworkCore.Scaffolding

- Microsoft.EntityFrameworkCore.Migrations

- Microsoft.EntityFrameworkCore.Query

- Microsoft.EntityFrameworkCore.ChangeTracking

- Microsoft.EntityFrameworkCore.Update

Die Protokollkategorien sind – anders als die Protokolllevel – nicht als Zahlenwerte, sondern als Zeichenketten definiert. Um zu vermeiden, dass der Entwickler die Zeichenketten im Code verwenden muss, hat Microsoft eine Klasse Microsoft.EntityFrameworkCore.DbLoggerCategory mit untergeordneten Klassen (z.B. DbLoggerCategory.Database.Command) implementiert, die jeweils ein statisches Property Name besitzen, dass die Zeichenkette liefert. Konkret heißt dies: Die Zeichenkette "Microsoft.EntityFrameworkCore.Database" erhält man von dem statischen Property DbLoggerCategory.Database.Command.Name.

18.3   Übergabe der LoggerFactory

Die so konfigurierte Instanz der Klasse LoggerFactory kann der Entwickler innerhalb der Kontextklasse erzeugen oder außerhalb. Das von Microsoft vorgesehene Grundmuster bei Entity Framework Core ist die Verwendung der Klasse DbContextOptionsBuilder<T> mit der man eine Instanz von DbContextOptions überzeugt, die man im Konstruktor der eigenen Kontextklasse zur Weitergabe an die Basisklasse DbContext übergibt.

Wenn die Kontextklasse realisiert so realisiert ist

```
public class WWWingsContext : DbContext
  {
   public WWWingsContext(DbContextOptions options) : base(options)
   {
   }
...
  }
```

kann der Entwickler die Kontextklasse mit UseLoggerFactory() von außerhalb konfigurieren, wie in nächsten Listing gezeigt.

Listing: Übergabe einer Logger Factory an eine Kontextklasse

```
    var options = new DbContextOptionsBuilder<WWWingsContext>()
        .UseSqlServer(WWWingsContext.ConnectionString)
        .UseLoggerFactory(loggerFactory1)
        .Options;

    using (var ctx = new WWWingsContext(options))
    {
     CUI.H2("LINQ query with Tolist()");
     var query = ctx.FlightSet.Where(x => x.FlightNo >= 100).OrderBy(x =>
x.Date).Skip(30).Take(5);
     var list = query.ToList();
     CUI.H2("Find()");
```

```
var flight = ctx.FlightSet.Find(101);
flight.FreeSeats--;
ctx.SaveChanges();
}
```

Man sieht in der der nächsten Abbildung die konfigurierte Konsolenausgabe der Uhrzeit vor der farbigen Ausgabe der Protokolllevel ("dbug", "info"). Danach folgt die Protokollierungskategorie und dann in eckigen Klammern eine sogenannte Ereignis-ID (fünfstellige Zahl).

Abbildung: Protokollausgabe an die Konsole von Listing 3

18.4   Ereignis-IDs

Es gibt viel mehr Ereignis-IDs als Protokollkategorien in Entity Framework Core. Microsoft selbst definiert 120 Ereignis-IDs für den Kern von Entity Framework Core sowie die Provider für Microsoft SQL Server, SQLite und die In-Memory-Datenbank. Weitere Ereignis-IDs kommen durch ggf. geladen Drittanbietertreiber (z.B. für Oracle-Datenbanken) hinzu.

Das nächste Listing zeigt, wie man alle Event-IDs ausgibt, die in fünf .NET-Klassen im Namensraum Microsoft.EntityFrameworkCore.Diagnostics als Fields implementiert sind. Die providerspezifischen Event-ID-Klassen sind nur verfügbar, wenn das entsprechende NuGet-Paket referenziert ist, z.B. das Paket Microsoft.EntityFrameworkCore.Sqlite für die Klasse Microsoft.EntityFrameworkCore.Diagnostics.SqliteEventId. Man wird sehen, dass alle Ereignis-ID Zahlen größer als 10.000 sind. Dieser Grundwert ist in Microsoft.EntityFrameworkCore.Diagnostics.CoreEventId.CoreBaseId definiert.

Listing: Ausgabe aller Ereignis-IDs

```
public static void ListAllEventIDs()
{
  CUI.MainHeadline(nameof(ListAllEventIDs));
  ListEventIDs(typeof(Microsoft.EntityFrameworkCore.Diagnostics.CoreEventId));
  ListEventIDs(typeof(Microsoft.EntityFrameworkCore.Diagnostics.RelationalEventId));
  ListEventIDs(typeof(Microsoft.EntityFrameworkCore.Diagnostics.SqlServerEventId));
  ListEventIDs(typeof(Microsoft.EntityFrameworkCore.Diagnostics.InMemoryEventId));
  ListEventIDs(typeof(Microsoft.EntityFrameworkCore.Diagnostics.SqliteEventId));
}

static int count = 0;
private static void ListEventIDs(Type t1)
```

```
{
  Console.WriteLine("----- Class: " + t1.Name);
  foreach (var f in t1.GetFields())
  {
    var value = f.GetValue(null);
    if (value is Microsoft.Extensions.Logging.EventId)
    {
      count++;
      Console.WriteLine($"{count:000} {f.Name} =
{((Microsoft.Extensions.Logging.EventId)value).Id}");
    }
  }
}
```

18.5   Erweiterungsmethode Log()

Da die Konfiguration der Protokollierung in Entity Framework Core 1.0 bis 3.1 nicht so schnell möglich war wie im klassisches Entity Framework, hat der Autor dieses Buches eine Erweiterung für das Database-Objekt geschaffen in Form der Methode Log() für die Klasse DbContext. Es ist eine Methode und kein Attribut, da es bekanntlich in .NET leider nur Erweiterungsmethoden und keine Erweiterungsattribute gibt.

HINWEIS: Die Log()-Methode wird in einigen Listings in diesem Buch verwendet.

Diese Methode Log() verwendet man so:

Listing: Protokollierung an die Konsole

```
using (var ctx1 = new WWWingsContext())
  {
    var abfrage1 = ctx1.FlugSet.Where(x => x.FlugNr > 300).OrderBy(x =>
x.Datum).Skip(10).Take(5);
    ctx1.Log(Console.WriteLine);
    var flugset1 = abfrage1.ToList();
    flugset1.ElementAt(0).FreiePlaetze--;
    ctx1.SaveChanges();
  }
```

Als Parameter ist analog zu dem Log-Attribut bei Entity Framework auch bei der Log()-Methode eine Methode ohne Rückgabewert anzugeben, die als einzigen Parameter eine Zeichenkette erwartet (Action<string>). Anders als beim klassischen Entity Framework kann man hier auch den Parameter bei Log() weglassen. Dann erfolgt die Ausgabe automatisch farbig in der Windows-Konsole. Dabei wird als besonderes Schmankerl auch die Ausführungsdauer in verschiedenen Farben ausgegeben abhängig von der Länge. Die farbige Darstellung der Dauer wird erreicht durch die Auswertung der von Entity Framework Core übermittelten Texte per regulären Ausdruck *"\(([0-9]*)ms\)"*, da alle Inhalte beim Logger nur als unstrukturierter Text ankommen.

Listing: Protokollierung an die Konsole – im Standard mehrfarbig

```
using (var ctx2 = new WWWingsContext())
  {
    var abfrage2 = ctx2.FlugSet.Where(x => x.FlugNr < 3000).OrderBy(x =>
x.Datum).Skip(10).Take(5);
    ctx2.Log();
    var flugset2 = abfrage2.ToList();
    flugset2.ElementAt(0).FreiePlaetze--;
    ctx2.SaveChanges();
  }
```

Abbildung: Farbige Standardprotokollierung bei der Methode Log()

Soll die Protokollierung in eine Datei gehen, lässt sich das einfach realisieren, indem man selbst eine Methode mit einem String-Parameter und ohne Rückgabewert schreibt und bei Log() übergibt.

Listing: Protokollierung in eine Textdatei

```
using (var ctx3 = new WWWingsContext())
{
  Console.WriteLine("Get some flights...");
  var query3 = ctx3.FlightSet.Where(x => x.FlightNo > 100).OrderBy(x =>
x.Date).Skip(10).Take(5);
  ctx3.Log(LogToFile, new List<string>() { "Microsoft.EntityFrameworkCore.Database.Command"
}, new List<int>() { 20100, 20101 });
  var flightSet3 = query3.ToList();
  flightSet3.ElementAt(0).FreeSeats--;
  Console.WriteLine("Save changes...");
  ctx3.SaveChanges();
  }
}


public static void LogToFile(string s)
{
  Console.WriteLine(s);
  var sw = new StreamWriter(@"c:\temp\EFCore_Log.txt", true);
  sw.WriteLine(DateTime.Now + ": " + s);
  sw.Close();
}
```

Alternativ zu einer Methode, die die nur eine Zeichenkette erwartet Action<string> kann der Nutzer mit LogWithLevel() auch eine Erweiterungsmethode einsetzen, die neben einer Zeichenkette auch einen Protokolllevel als Parameter entgegennimmt (Action<string, LogLevel>) entgegennimmt. Dies erlaubt zum Beispiel verschieden farbige Ausgaben für unterschiedliche Protokollierungslevel.

Listing: Realisierung einer farbigen Protokollausgabe an der Konsole anhand von LogLevel

```
CUI.Headline("Log to Console with different colors");
using (var ctx3 = new WWWingsContext())
{
    Console.WriteLine("Get some flights...");
    var query3 = ctx3.FlightSet.Where(x => x.FlightNo > 100).OrderBy(x =>
x.Date).Skip(10).Take(5);
    ctx3.LogWithLevel(LogToConsoleColor, new List<string>() {
"Microsoft.EntityFrameworkCore.Database.Command" }, new List<int>() { 20100, 20101 });
```

```
   var flightSet3 = query3.ToList();
   flightSet3.ElementAt(0).FreeSeats--;
   Console.WriteLine("Save changes...");
   ctx3.SaveChanges();
}

public void LogToConsoleColor(object s, LogLevel l)
{
   var farbeVorher = Console.ForegroundColor;
   var farbe = l switch
   {
    LogLevel.Error => ConsoleColor.Red,
    LogLevel.Critical => ConsoleColor.Red,
    LogLevel.Warning => ConsoleColor.Yellow,
    _ => ConsoleColor.Cyan
   };

   Console.ForegroundColor = farbe;
   Console.WriteLine(s);
   Console.ForegroundColor = farbeVorher;
}
```

Die Methoden Log() und LogWithLevel() protokollieren im Standard nur die zum DBMS alle gesendeten SQL-Befehle (Ereignis-ID 20101, "Executed") und alle Client-Auswertungen von LINQ (Ereignis-ID 20500, nur in Entity Framework Core vor Version 3.0). Durch weitere Parameter der Log()-Methode kann man den Umfang der Protokollierung beeinflussen:

- Parameter 2 ist eine Liste von Protokollkategorien (Zeichenketten)

- Parameter 3 ist eine Liste von Ereignisnummern (Zahlen)

So greift man alle Protokollausgaben von Entity Framework Core auf (das wird eine sehr umfangreiche Bildschirmausgabe für jeden Befehl):

```
ctx.Log(Console.WriteLine, new List<string>(), new List<int>());
```

Dies ist gleichbedeutend mit:

```
ctx.LogAll(Console.WriteLine);
```

So protokolliert man nur bestimmte Protokollkategorien und Ereignisnummer:

```
ctx1.Log(Console.WriteLine, new List<string>() {
"Microsoft.EntityFrameworkCore.Database.Command" }, new List<int>() { 20100, 20101});
```

Ereignis 20100 ist "Executing" und 20101 ist "Executed".

18.6   Implementierung der Log()-Erweiterungsmethode

Die Implementierung der Erweiterungsmethoden Log(), LogWithLevel() und LogAll() zeigt das folgende Listing:

- Die Log()-Erweiterungsmethode fügt dem Dienst ILoggerFactory eine Instanz eines Logger Providers hinzu.

- Ein Logger Provider (hier FlexLoggerProvider) ist eine Klasse, die ILoggerProvider realisiert. In dieser Klasse ruft Entity Framework Core für jede Protokollierungskategorie einmal CreateLogger() auf.

- CreateLogger() muss dann für jede Protokollierungskategorie eine Logger-Instanz liefern.

- Ein Logger (hier FlexLogger) ist eine Klasse, die ILogger realisiert.

- Eine Klasse FlexLogger, die an die bei Log() angegebene Methode eine Zeichenkette und den Log Level sendet. Wenn keine Methode angegeben wurde, wird ConsoleWriteLineColor() aufgerufen, die verschiedene Farben für verschiedene Protokolllevel verwendet.

- Eine zweite Logger-Klasse ist der NullLogger, der für alle Protokollierungskategorien, die nichts mit der SQL-Ausgabe zu tun haben, die Protokollausgabe verwirft.

Listing: Flexible Logging Provider.cs

```csharp
// Flexible Logging Provider for EF Core
// (C) Dr. Holger Schwichtenberg, www.IT-Visions.de 2016-2020

using Microsoft.EntityFrameworkCore;
using Microsoft.EntityFrameworkCore.Infrastructure;
using Microsoft.Extensions.DependencyInjection;
using Microsoft.Extensions.Logging;
using System;
using System.Collections.Generic;
using System.Reflection;


namespace ITVisions.EFCore.Logging
{
 /// <summary>
 /// Enhancement for the DbContext class for easy logging of the SQL commands sent by EF Core
to a method that expects a string
 /// </summary>
 public static class DbContextExtensionLogging
 {
  public static Dictionary<string, ILoggerProvider> loggerFactories = new Dictionary<string,
ILoggerProvider>();

  public static bool DoLogging = true;
  public static bool DoVerbose = true;
  private static Version VERSION = new Version(4, 0, 0);

  private static List<string> DefaultCategories = new List<string>
  {
   "Microsoft.EntityFrameworkCore.Storage.IRelationalCommandBuilderFactory", // für EFCore
1.x
   "Microsoft.EntityFrameworkCore.Database.Sql", // für EFCore 2.0Preview1
   "Microsoft.EntityFrameworkCore.Database.Command", // für EFCore >= 2.0Preview2,
   "Microsoft.EntityFrameworkCore.Query" // für EFCore >= 2.0Preview2,
  };

  private static List<int> DefaultEventIDs = new List<int>
  {
   Microsoft.EntityFrameworkCore.Diagnostics.RelationalEventId.CommandExecuted.Id, // 20100 =
"Executed"
   20500 // 20500 = Client Evaluation --> EFCore 1.x to 2.2
  };

  public static void ClearLog(this DbContext ctx)
  {
   var serviceProvider = ctx.GetInfrastructure<IServiceProvider>();
   // Add Logger-Factory
   var loggerFactory = serviceProvider.GetService<ILoggerFactory>();
   (loggerFactory as LoggerFactory).Dispose();
  }
```

```
  public static void LogAll(this DbContext ctx, Action<string, LogLevel> logMethod = null,
bool verbose = false)
  {
    LogWithLevel(ctx, logMethod, new List<string>(), new List<int>());
  }


  /// <summary>
  /// Extension Method for Logging to a method expecting a string and LogLevel
  /// </summary>
  /// <example>Log() or Log(Console.WriteLine) for console logging</example>
  public static void Log(this DbContext ctx, Action<string> logMethod = null, List<string>
categories = null, List<int> eventsIDs = null, bool verbose = false)
  {

    void LogMethodWithoutLevel(string s, LogLevel l)
    {
     logMethod(s);
    }

    if (logMethod is null)
     LogWithLevel(ctx, null, categories, eventsIDs, verbose);
    else
     LogWithLevel(ctx, LogMethodWithoutLevel, categories, eventsIDs, verbose);
  }


  /// <summary>
  /// Extension Method for Logging to a method expecting a string and LogLevel
  /// </summary>
  public static void LogWithLevel(this DbContext ctx, Action<string, LogLevel> logMethod =
null, List<string> categories = null, List<int> eventsIDs = null, bool verbose = false)
  {
    DbContextExtensionLogging.DoVerbose = verbose;
    if (eventsIDs == null) eventsIDs = DefaultEventIDs;
    if (categories == null) categories = DefaultCategories;
    var methodName = logMethod?.Method?.Name?.Trim();
    if (string.IsNullOrEmpty(methodName)) methodName = "Default (Console.WriteLine)";

    if (DbContextExtensionLogging.DoVerbose)
    {
      Console.WriteLine("FLEXLOGGER EFCore " + VERSION.ToString() + " (C) Dr. Holger
Schwichtenberg 2016-2020 " + methodName);
      Console.WriteLine("FLEXLOGGER Start Logging to " + methodName);
      Console.WriteLine("FLEXLOGGER Event-IDs: " + String.Join(";", eventsIDs));
      Console.WriteLine("FLEXLOGGER Categories: " + String.Join(";", categories));
    }
    // Make sure we only get one LoggerFactory for each LogMethod!
    var id = ctx.GetType().FullName + "_" + methodName.Replace(" ", "");
    if (!loggerFactories.ContainsKey(id))
    {
     if (verbose) Console.WriteLine("New Logger Provider!");
     var lp = new FlexLoggerProvider(logMethod, categories, eventsIDs);
     loggerFactories.Add(id, lp);
     // Get ServiceProvider
     var serviceProvider = ctx.GetInfrastructure();
     // Get Logger-Factory
     var loggerFactory = serviceProvider.GetService<ILoggerFactory>();
     // Add Provider to Factory
     loggerFactory.AddProvider(lp);
    }
  }
```

```
}

/// <summary>
/// LoggerProvider for FlexLogger
/// </summary>
public class FlexLoggerProvider : ILoggerProvider
{
  public Action<string, LogLevel> _logMethod;
  public List<int> _eventIDs = null;
  public List<string> _categories = null;

  public FlexLoggerProvider(Action<string, LogLevel> logMethod = null, List<string>
categories = null, List<int> eventIDs = null)
  {
    _logMethod = logMethod;
    _eventIDs = eventIDs;
    _categories = categories;
    if (_eventIDs == null) _eventIDs = new List<int>();
    if (_categories == null) _categories = new List<string>();
  }

  /// <summary>
  /// Constructor is called for each category. Here you have to specify which logger should
apply to each category
  /// </summary>
  /// <param name="categoryName"></param>
  /// <returns></returns>
  public ILogger CreateLogger(string categoryName)
  {
    if (_categories == null || _categories.Count == 0 || _categories.Contains(categoryName))
    {
      if (DbContextExtensionLogging.DoVerbose) Console.WriteLine("FLEXLOGGER CreateLogger: " +
categoryName + ": Yes");
      return new FlexLogger(this._logMethod, this._eventIDs);
    }
    if (DbContextExtensionLogging.DoVerbose) Console.WriteLine("FLEXLOGGER CreateLogger: " +
categoryName + ": No");
    return new NullLogger(); // return NULL nicht erlaubt :-(
  }

  public void Dispose()
  { }

  /// <summary>
  /// Log output to console or custom method
  /// </summary>
  private class FlexLogger : ILogger
  {
    private static int count = 0;

    readonly Action<string, LogLevel> logMethod;
    readonly List<int> _EventIDs = null;
    public FlexLogger(Action<string, LogLevel> logMethod, List<int> eventIDs)
    {
      count++;
      this._EventIDs = eventIDs;
      if (logMethod is null) this.logMethod = ConsoleWriteLineColor;
      else this.logMethod = logMethod;
    }
```

```csharp
private static void ConsoleWriteLineColor(object s, LogLevel l)
{
 var farbeVorher = Console.ForegroundColor;
 var farbe = l switch
 {
  LogLevel.Error => ConsoleColor.Red,
  LogLevel.Critical => ConsoleColor.Red,
  LogLevel.Warning => ConsoleColor.Yellow,
  _ => ConsoleColor.Cyan
 };

 Console.ForegroundColor = farbe;
 Console.WriteLine(s);
 Console.ForegroundColor = farbeVorher;
}


public bool IsEnabled(LogLevel logLevel) => true;

private static long Count = 0;

public void Log<TState>(LogLevel logLevel, EventId eventId, TState state, Exception
exception, Func<TState, Exception, string> formatter)
{
  if (!DbContextExtensionLogging.DoLogging) return;

  if
(Assembly.GetAssembly(typeof(Microsoft.EntityFrameworkCore.DbContext)).GetName().Version.Majo
r == 1 || (this._EventIDs != null && (this._EventIDs.Contains(eventId.Id) ||
this._EventIDs.Count == 0)))
  {
    Count++;
    string text = $"{Count:000}:{logLevel} #{eventId.Id} {eventId.Name}:{formatter(state,
exception)}";

    var re = new System.Text.RegularExpressions.Regex(@"\(([0-9]*)ms\)");
    var m = re.Match(text);
    if (m != null && m.Groups.Count == 2)
    {
     var g = m.Groups[1];
     int ms = 0;
     if (Int32.TryParse(g.ToString(), out ms))
     {
      ConsoleColor col = ConsoleColor.Yellow;
      if (ms < 10) col = ConsoleColor.Green;
      if (ms > 50) col = ConsoleColor.Red;
      CUI.Print("Duration: " + ms + "ms!", col);
     }
    }

    // Call log method now
    logMethod(text, logLevel);
  }
}


public IDisposable BeginScope<TState>(TState state)
{
 return null;
}
}
```

```
/// <summary>
/// No Logging
/// </summary>
private class NullLogger : ILogger
{
  public bool IsEnabled(LogLevel logLevel) => false;

  public void Log<TState>(LogLevel logLevel, EventId eventId, TState state, Exception
exception, Func<TState, Exception, string> formatter)
  { }

  public IDisposable BeginScope<TState>(TState state) => null;
 }
 }
}
```

18.7   Protokollierung mit LogTo()

In der Version 5.0 von Entity Framework Core will Microsoft die Protokollierung vereinfachen. Seit der ersten Vorschauversion von März 2020 gibt es nun eine neue Methode LogTo(), die man alternativ zu UseLoggerFactory() auf einer Instanz von DbContextOptionsBuilder verwenden kann. Bei LogTo() kann man bis zu drei Parameter angeben:

- Im ersten Parameter ist wie bei selbstdefinierten Erweiterung Log() eine Methode angeben, die eine Zeichenkette erwartet (Action<string>). Es ist aber nicht möglich, dass die Methode auch den Protokolllevel empfängt.

- Optionaler zweite Parameter ist eine Liste von Ereignis-IDs oder Protokollkategorien.

- Im dritten Parameter kann man optional einen Protokolllevel angeben, ab dem protokolliert werden soll.

Dazu zwei Beispiele:

```
builder.LogTo(Console.WriteLine, new[] { CoreEventId.ContextInitialized,
RelationalEventId.CommandExecuted });
builder.LogTo(Console.WriteLine, new[] { DbLoggerCategory.Database.Name },
LogLevel.Information);
```

Alternativ kann man eine Überladung von LogTo() verwenden, die als ersten Parameter einen Filter über Ereignis-ID und Protokolllevel und im zweiten Parameter eine Methode erwartet, die ein EventData-Objekt erhält, das alle Details zum Ereignis beinhaltet:

```
builder.LogTo((eventID, loglevel) => eventID == CoreEventId.ContextInitialized || eventID ==
RelationalEventId.CommandExecuted, eventData => {
    Console.WriteLine(eventData.EventId + ": " + eventData.LogLevel + ": " + eventData);
  } );
```

18.8   EnableSensitiveDataLogging und EnableDetailedErrors

Mit dem Aufruf der Methode EnableSensitiveDataLogging()

```
builder.EnableSensitiveDataLogging(true);
```

in OnConfiguring() oder auf einer Instanz von DbContextOptionsBuilder<T> sorgt man dafür, dass die Fehler- und Protokollmeldung von Entity Framework Core aussagekräftiger sind, weil sie auch konkrete Werte aus der Datenbank enthalten.

Warnung: Konkrete Werte aus der Datenbank im Protokoll zu zeigen könnte aber ein Sicherheits- oder Datenschutzproblem auslösen! Man sollte daher diese Funktion nur unter größter Vorsicht fallweise (zur Entwicklungszeit oder bei Diagnosephasen im Produktionssystem) einsetzen.

if (Diagnosis) builder.EnableSensitiveDataLogging(true);

Die selbsterstellte Boolean-Variable "Diagnosis" füllt man per Konfigurationseinstellung.

Seit Entity Framework Core 5.0 Preview 3 gibt es zusätzlich auch noch EnableDetailedErrors():

```
builder.EnableDetailedErrors();
```

In der Kontextklasse kann der Entwickler nun neben EnableSensitiveDataLogging(true) mit EnableDetailedErrors() auch im Fall von Datensätzen mit Null-Werten detaillierte Fehlermeldungen erhalten.

EnableSensitiveDataLogging() und EnableDetailedErrors() sind kombinierbar:

```
builder.EnableSensitiveDataLogging(true).EnableDetailedErrors();
```

Hinweis: Dieser Aufruf verringert allerdings die Ausführungsgeschwindigkeit etwas und sollte daher nur zur Diagnose fallweise eingesetzt werden. Dazu kann man den Aufruf in eine Bedingung verpacken:

if (Diagnosis) builder.EnableSensitiveDataLogging(true).EnableDetailedErrors();

18.9 SQL-Ausgabe mit ToQueryString()

In Entity Framework Core 1.0 bis 3.1 liefert der Befehl

```
var abfrage = ctx.FlugSet.Where(x => x.FlugNr > 300).OrderBy(x => x.Datum).Skip(10).Take(5);
Console.WriteLine(abfrage.ToString());
```

Leider nur die Ausgabe des Klassennamens mit Typparameter:

"Microsoft.EntityFrameworkCore.Query.Internal.EntityQueryable`1[GO.Flug]".

Erst in Entity Framework Core 5.0 kann sich der Entwickler in Entity Framework Core 5.0 für eine einzelne, nicht ausgeführte LINQ-Abfrage die korrespondiere SQL-Zeichenkette mit ToQueryString() liefern lassen, ohne das eine Protokollierung konfiguriert werden muss:

```
using (var ctx = new WWWingsContext())
{
    IQueryable<Flight> query = ctx.FlightSet.Where(x => x.FlightNo >= 100).OrderBy(x =>
x.Date).Skip(30).Take(5);
    Console.WriteLine("SQL for LINQ query before execution:\n" + query.ToQueryString());
}
```

18.10 Debugger-Ansichten

Ebenfalls zur vereinfachten Diagnose von Entity Framework Core hat der Microsoft in Version 5.0 Preview 1 die bisherige Debugger-Ansicht Model.DebugView in eine Kurzform in Model.DebugView.ShortView und die bisherige Ansicht unter Model.DebugView.LongView aufgetrennt (siehe Abbildung). Die namensgleichen Eigenschaften gibt es auch noch mal unter ChangeTracker.StateManager.DebugView. Hier kann der Entwickler für jedes mit dem Entity Framework Core-Kontext verbundene Objekt den Zustand und die Veränderungen seit dem letzten Speichern einsehen.

Abbildung: Neue Debugger-Ansichten in Entity Framework Core 5.0 Preview 1

19   Asynchrone Programmierung

Seit .NET Framework 4.5 unterstützt .NET die vereinfachte asynchrone, Task-basierte Programmierung mit async und await. Im klassischen ADO.NET Entity Framework gibt es zugehörige asynchrone Operationen seit Version 6.0. In Entity Framework Core gibt es asynchrone Operationen seit Version 1.0.

19.1   Asynchrone Erweiterungsmethoden

Entity Framework Core ermöglicht sowohl das Lesen als auch das Schreiben von Daten mit dem asynchronen Entwurfsmuster. Dazu hat Microsoft in der Klasse Microsoft.EntityFrameworkCore. EntityFrameworkQueryableExtensions die LINQ-Konversions- und Aggregat-Operatoren, die eine Ergebnismenge liefern, mit asynchronen Varianten erweitert. So gibt es jetzt zum Beispiel die Erweiterungsmethoden ToListAsync() und ToArrayAsync() sowie SingleAsync(), FirstAsync(), SingleOrDefaultAsync() und FirstOrDefaultAsync(), aber auch Aggregatfunktionen wie CountAsync(), AllAsync(), AnyAsync(), AverageAsync(), MinAsync(), MaxAsync() und SumAsync(). Zum Speichern dient die Methode SaveChangesAsync(). Ein *using Microsoft.EntityFrameworkCore* ist unabdingbare Voraussetzung, um diese Erweiterungsmethoden nutzen zu können.

19.2   ToListAsync()

Das folgende Listing zeigt den Einsatz von ToListAsync(). Unterschiede zu einem synchronen Aufruf mit gleicher Ergebnismenge gibt es nur in zwei Zeilen:

- Die Unterprozedur DatenLesenAsync() ist mit async deklariert.

- Statt abfrage.ToList() wird await abfrage.ToListAsync() aufgerufen.

Dass mit diesen marginalen Änderungen Datenbankabfrage und Materialisierung der Objekte durch Entity Framework Core tatsächlich asynchron erfolgen, beweist die Abbildung unten. Hier zeigt sich, dass das Hauptprogramm schon wieder auf eine Eingabe wartet, bevor der erste Flug ausgegeben wird. Die Ausgabe „Start Datenbankabfrage" erfolgt noch in Thread 10. Dann kehrt dieser zum Hauptprogramm zurück, während die Datenbankabfrage und der Rest der Prozedur DatenLesenAsync() nun in Thread 13 weiterlaufen.

Listing: Einsatz von ToListAsync()

```
public static async void DatenLesenAsync()
{
  CUI.MainHeadline("Start DatenLesenAsync");
  using (var ctx = new WWWingsContext())
  {
  // Abfrage definieren
  . var abfrage = (from f in ctx.FlugSet.Include(p => p.Buchungen).ThenInclude(b =>
b.Passagier) where f.Abflugort == "Rom" && f.FreiePlaetze > 0 select f).Take(1);
  // Abfrage asynchron ausführen
  CUI.PrintWithThreadID("Start Datenbankabfrage");
  var fluege = await abfrage.ToListAsync();
  CUI.PrintWithThreadID("Ende Datenbankabfrage");
  // Ergebnisse ausgeben
  foreach (Flug flug in fluege)
  {
    CUI.PrintWithThreadID("Flug: " + flug.FlugNr + " von " + flug.Abflugort + " nach " +
      flug.Zielort + " hat " + flug.FreiePlaetze + " freie Plätze");
```

```
      foreach (var p in flug.Buchungen.Take(5))
      {
        CUI.PrintWithThreadID(" Passagier:   " + p.Passagier.Vorname + " " + p.Passagier.Name);
      }
    }
    CUI.Headline("Ende DatenLesenAsync");
  }
}
```

```
H:\TFS\Demos\EF\EFC_WWWings\EFC_Konsole\bin\Debug\EFC_Konsole.exe           –    □    ×
============ Start ============
Start DatenLesenAsync
WWWingsContext #01: OnConfiguring
Server=.;Database=WWWings_EFCDemos;Trusted_Connection=True;MultipleActiveResultSets=T
rue;App=Entityframework
WWWingsContext #01: OnModelCreating
Thread #01 09:42:46: Start Datenbankabfrage
!!!!!!!!!!!!!!!!!!!!!!! Hauptprogramm wartet auf Eingabe !!!!!!!!!!!!!!!!!!!!
Thread #05 09:42:47: Ende Datenbankabfrage
Thread #05 09:42:47: Flug: 128 von Rom nach Prag hat 144 freie Plätze
Thread #05 09:42:47:  Passagier:   Sarah Richter
Thread #05 09:42:47:  Passagier:   Lukas Hoffmann
Thread #05 09:42:47:  Passagier:   Lukas Schulz
Thread #05 09:42:47:  Passagier:   Anna Fischer
Thread #05 09:42:47:  Passagier:   Marie Neumann
Ende DatenLesenAsync
```

Abbildung: Ausgabe des obigen Listings

19.3   SaveChangesAsync()

Auch zum Speichern gibt es eine asynchrone Operation. Das folgende Listing zeigt in der Verbindung mit der Bildschirmaufnahme der Ausgabe gut, wie die Threads nach ToList() und SaveChangesAsync() wechseln.

Listing: Einsatz von SaveChangesAsync()

```
public static async void DatenÄndernAsync()
  {
    CUI.MainHeadline("Start DatenÄndernAsync");
    using (var ctx = new WWWingsContext())
    {
    // Abfrage definieren
      var abfrage = (from f in ctx.FlugSet.Include(p => p.Buchungen).ThenInclude(b =>
b.Passagier) where f.Abflugort == "Rom" && f.FreiePlaetze > 0 select f).Take(1);
      // Abfrage asynchron ausführen
      CUI.PrintWithThreadID("Start Datenbankabfrage");
      var fluege = await abfrage.ToListAsync();
      CUI.PrintWithThreadID("Ende Datenbankabfrage");
      // Ergebnisse ausgeben
      foreach (Flug flug in fluege)
      {
        CUI.PrintWithThreadID("Flug: " + flug.FlugNr + " von " + flug.Abflugort + " nach " +
          flug.Zielort + " hat " + flug.FreiePlaetze + " freie Plätze");

        foreach (var p in flug.Buchungen.Take(5))
        {
          CUI.PrintWithThreadID(" Passagier:   " + p.Passagier.Vorname + " " + p.Passagier.Name);
          CUI.PrintWithThreadID("    Start Speichern");
          b.Passenger.Status = "A";
```

```
        var anz = await ctx.SaveChangesAsync();
        CUI.PrintWithThreadID($"    {anz} Änderungen gespeichert!");
      }
    }
    CUI.Headline("Ende DatenLesenAsync");
  }
}
```

```
■:\ H:\TFS\Demos\EF\EFC_WWWings\EFC_Konsole\bin\Debug\EFC_Konsole.exe         —    □    ×
============ Start ==============
Start DatenÄndernAsync
WWWingsContext #01: OnConfiguring
Server=.;Database=WWWings_EFCDemos;Trusted_Connection=True;MultipleActiveResultSets=T
rue;App=Entityframework
WWWingsContext #01: OnModelCreating
Thread #01 10:06:43: Start Datenbankabfrage
!!!!!!!!!!!!!!!!!!!! Hauptprogramm wartet auf Eingabe !!!!!!!!!!!!!!!!!!
Thread #03 10:06:44: Ende Datenbankabfrage
Thread #03 10:06:44: Flug: 128 von Rom nach Prag hat 144 freie Plätze
Thread #03 10:06:44:    Passagier: Sarah Richter
Thread #03 10:06:44:        Start Speichern
Thread #09 10:06:44:        1 Änderungen gespeichert!
Thread #09 10:06:44:    Passagier: Lukas Hoffmann
Thread #03 10:06:44:        Start Speichern
Thread #03 10:06:44:        1 Änderungen gespeichert!
Thread #03 10:06:44:    Passagier: Lukas Schulz
Thread #03 10:06:44:        Start Speichern
Thread #09 10:06:44:        1 Änderungen gespeichert!
Thread #09 10:06:44:    Passagier: Anna Fischer
Thread #09 10:06:44:        Start Speichern
Thread #03 10:06:44:        1 Änderungen gespeichert!
Thread #03 10:06:44:    Passagier: Marie Neumann
Thread #03 10:06:44:        Start Speichern
Thread #04 10:06:44:        1 Änderungen gespeichert!
Ende DatenLesenAsync
```

Abbildung: Ausgabe des obigen Listings

19.4 ForeachAsync()

Beim Entity Framework Core ist es nicht notwendig, eine Abfrage vor einer Iteration mit einem Konvertierungsoperator wie ToList() explizit zu materialisieren. Eine foreach-Schleife über ein Objekt mit IQueryable-Schnittstelle genügt, um die Datenbankabfrage auszulösen. In diesem Fall jedoch bleibt die Datenbankverbindung geöffnet, solange die Schleife läuft, und die Datensätze werden von dem Iterator der IQueryable-Schnittstelle einzeln abgeholt.

Auch dieses Konstrukt kann man asynchron ausführen mit der Methode ForEachAsync(), die eine Ergebnismenge schrittweise abruft und über alle Elemente der Menge jeweils den Methodenrumpf einer Methode (im nachstehenden Listing eine anonyme Methode in Form eines Lambda-Ausdrucks) ausführt.

Genau wie Kapitel "Einfügen/Löschen und Ändern/Das Foreach-Problem" schon gesagt wurde: Man kann keine Änderungen Speichern innerhalb einer Schleife über ein IQueryable. Dies gilt für SaveChangesAsync() genauso wie für SaveChanges(). Dies führt zum Laufzeitfehler

"System.Data.SqlClient.SqlException: 'New transaction is not allowed because there are other threads running in the session.".

Vielleicht versuchen Sie SaveChangesAsync() ohne await einzusetzen und denken: Das geht auch in einer Schleife über ein IQueryable. Leider werden Sie feststellen müssen, dass in diesem Fall nichts passiert in der Datenbank. Und wenn Sie das Ergebnis mit SaveChangesAsync().Result auslesen, sind Sie wieder beim o.g. Laufzeitfehler.

> **PRAXISTIPP**: Verzichten Sie auf ForEachAsync() und verwenden ToListAsync()!

Listing: Einsatz von ForEachAsync()

```
public static async void Demo_AsyncForeach()
  {
   CUI.MainHeadline("Start Demo_AsyncForeach");
   WWWingsContext ctx = new WWWingsContext();
   // Abfrage definieren
   var abfrage = (from f in ctx.FlugSet.Include(p => p.Buchungen).ThenInclude(b =>
b.Passagier) where f.Abflugort == "Rom" && f.FreiePlaetze > 0 select f).Take(1);
   // Abfrage asynchron ausführen im Rahmen von ForEachAync
   CUI.PrintWithThreadID("Start Datenausgabe");
   await abfrage.ForEachAsync(flug =>
   {
    // Ergebnisse ausgeben
    CUI.PrintWithThreadID("Flug: " + flug.FlugNr + " von " + flug.Abflugort + " nach " +
flug.Zielort + " hat " + flug.FreiePlaetze + " freie Plätze");

    foreach (var p in flug.Buchungen)
    {
     CUI.PrintWithThreadID(" Passagier: " + p.Passagier.Vorname + " " + p.Passagier.Name);
    }
    flug.FreiePlaetze--;
    // das geht nicht var anz = await ctx.SaveChangesAsync();
   });

   CUI.PrintWithThreadID("Ende Demo_AsyncForeach");
  }
```

19.5   Asynchrone Streams mit AsAsyncEnumerable()

Durch Einführung der asynchronen Streams in C# 8.0 mit der Schnittstelle IAsyncEnumerable<T> kann man nun seit Entity Framework Core 3.0 über eine Abfrage auch mit await foreach(…) iterieren. Derzeit muss man dafür die Erweiterungsmethode AsAsyncEnumerable() anwenden, siehe Listing. Es ist geplant, dass dies entfallen kann [https://github.com/dotnet/roslyn/issues/32289#issuecomment-535804031].

> **Praxishinweis:** Während der Iteration mit await foreach bleibt die Datenbankverbindung geöffnet, siehe Abbildung.

Listing: Asynchrone Streams (seit Entity Framework Core 3.0)

```
public static async void ReadDataAsyncStream()
 {
  CUI.MainHeadline("Start " + nameof(ReadDataAsyncStream));

  using (var ctx = new WWWingsContext())
  {

   CUI.PrintWithThreadID($"Defining Query... Connection state: { ctx.Database.GetDbConnectio
n().State}");
```

```
    // Define query
    IAsyncEnumerable<Flight> query = (from f in ctx.FlightSet where f.Departure == "Rome" && f
.FreeSeats > 0 select f).Take(5).AsAsyncEnumerable();

    CUI.PrintWithThreadID($"await foreach ... Connection state: {  ctx.Database.GetDbConnectio
n().State}");
    await foreach (Flight flight in query)
    {
      CUI.PrintWithThreadID($"Flight: {flight.FlightNo} from {flight.Departure } to { flight.De
stination}  has { flight.FreeSeats} free seats. Connection state: {  ctx.Database.GetDbConnec
tion().State}");
    }

    CUI.PrintWithThreadID($"Done! Connection state: {  ctx.Database.GetDbConnection().State}")
;
  }
 }
```

```
------------------- START --------------
Start ReadDataAsyncStream
Thread #01 19:15:38: Defining Query... Connection state: Closed
Thread #01 19:15:38: await foreach ... Connection state: Closed

!!!!!!!!!!!!!!!!!!!!! Main program is waiting for keypress !!!!!!!!!!!!!!!!!!!!
Thread #05 19:15:38: Flight: 120 from Rome to Sydney  has 104 free seats. Connection state: Open
Thread #05 19:15:38: Flight: 170 from Rome to New York/JFC  has 134 free seats. Connection state: Open
Thread #05 19:15:38: Flight: 176 from Rome to Berlin  has 168 free seats. Connection state: Open
Thread #05 19:15:38: Flight: 185 from Rome to Dallas  has 93 free seats. Connection state: Open
Thread #05 19:15:38: Flight: 190 from Rome to Paris  has 246 free seats. Connection state: Open
Thread #05 19:15:38: Done! Connection state: Closed
```

Abbildung: Ausgabe des obigen Listings

20   Dynamische LINQ-Abfragen

Einer der Vorteile der Language Integrated Query (LINQ) ist die Überprüfbarkeit der Befehle durch den Compiler zur Entwicklungszeit. Es gibt aber einige Praxisfälle, in denen der ausführende Befehl gar nicht komplett zur Entwicklungszeit feststeht, zum Beispiel weil der Benutzer in einer Bildschirmmaske aus zahlreichen Drop-Down-Filtern einige (aber nicht alle) auswählt. Dieses Kapitel zeigt Möglichkeiten auf, wie man LINQ-Befehle in Verbindung mit dem Entity Framework Core teilweise oder ganz dynamisieren kann.

20.1   Schrittweises zusammensetzen von LINQ-Abfragen

LINQ-Abfragen werden erst ausgeführt, wenn man einen Konvertierungsoperator ausführt (Deferred Execution). Vorher kann man eine LINQ-Abfrage um weitere Bedingungen, Sortierungen und auch Paging erweitern, wie das folgende Listing zeigt, in dem fallweise eine Bedingung für Abflugort und/oder Zielort, fallweise ein Filtern nach Flügen mit freien Plätzen und fallweise eine Sortierung ergänzt wird. Gesteuert werden die Fälle über die Variablen zu Beginn, die hier eine Eingabe des Benutzers repräsentieren sollen.

> **PRAXISTIPP:** Solange man aber nicht auf eine Abfrage einen Konvertierungsoperator wie ToList(), To Dictionary(), ToArray() oder First()/Single() anwendet oder auf den Enumerator oder ein einzelnes Element (z.B. mit ElementAt()) zugreift, verweilt die Abfrage als solche im RAM und kann noch modifiziert werden.

Listing: LINQ-Befehle schrittweise zusammensetzen

```
public static void SchrittweisesZusammensetzen()
{
 CUI.MainHeadline(nameof(SchrittweisesZusammensetzen));
 using (WWWingsContext ctx = new WWWingsContext())
 {
  string Abflugort = "Paris";
  string Zielort = "";
  bool nurMitFreienPlaetzen = true;
  bool sortieren = true;

  // Grundabfrage
  IQueryable<Flug> flugQuery = (from f in ctx.FlugSet select f);

  // fallweises Erweitern um Bedingungen
  if (!String.IsNullOrEmpty(Abflugort)) flugQuery = from f in flugQuery where f.Abflugort
== Abflugort select f;
  if (!String.IsNullOrEmpty(Zielort)) flugQuery = from f in flugQuery where f.Zielort ==
Zielort select f;
  // Erweitern in einer wiederverwendbaren Unterroutine ist möglich
  if (nurMitFreienPlaetzen) flugQuery = PlatzAnzahlMussGroesser0Sein(flugQuery);
  // fallweises Erweitern um Sortierung
  if (sortieren) flugQuery = flugQuery.OrderBy(f => f.Datum);

  // Jetzt erst zur Datenbank senden!
  List<Flug> flugListe = flugQuery.ToList();
  if (flugListe.Count == 0) Debugger.Break();
  foreach (var f in flugListe)
  {
   Console.WriteLine("Flug: " + f.FlugNr + " von " + f.Abflugort + " nach " +
   f.Zielort + " hat " + f.FreiePlaetze + " freie Plätze");
  }
}
```

```
  }
 }
 static public IQueryable<Flug> PlatzAnzahlMussGroesser0Sein(IQueryable<Flug> query)
 {
  return query.Where(f => f.FreiePlaetze > 0);
 }
```

Aus diesem Programmcode entsteht folgender SQL-Befehl, in diesem Fall mit Filter über Abflugort und FreiePlaetze sowie der Sortierung nach FlugDatum:

```
SELECT [f].[FlugNr], [f].[Abflugort], [f].[Bestreikt], [f].[CopilotId],
[f].[FlugDatum], [f].[Fluggesellschaft], [f].[FlugzeugTypID], [f].[FreiePlaetze],
[f].[LetzteAenderung], [f].[Memo], [f].[NichtRaucherFlug], [f].[PilotId],
[f].[Plaetze], [f].[Preis], [f].[Timestamp], [f].[Zielort]
FROM [Flug] AS [f]
WHERE ([f].[Abflugort] = @__Abflugort_0) AND ([f].[FreiePlaetze] > 0)
ORDER BY [f].[FlugDatum]
```

20.2　Expression Trees

Expression Trees (.NET-Namensraum System.Linq.Expressions) sind die Basis für alle LINQ-Abfragen: Entity Framework Core wandelt jede LINQ-Abfrage in einen Expression Tree um. Man kann auch selbst mit Expression Trees arbeiten, was aber doch meist sehr aufwändig ist.

Der C#-Programmcode im folgenden Listing definiert zunächst eine LINQ-Abfrage mit einer Bedingung. Dann wird – abhängig von den Werten zweier lokaler Variablen – die Abfrage um zwei zusätzliche Bedingungen erweitert. Auch dieser Programmcode macht sich zunutze, dass LINQ-Befehle erst verzögert ausgeführt werden (Deferred Execution), wenn man die Ergebnismenge tatsächlich benötigt.

Listing: LINQ-Befehle mit Expression Trees erweitern

```
/// <summary>
/// Beispiel für den Einsatz von Expression Trees zur Modifikation einer bestehenden LINQ-
Abfrage bei EF Core
/// </summary>
public static void ExpressionTree_Einfach()
 {
  CUI.MainHeadline(nameof(ExpressionTree_Einfach));

  string Zielort = "Rom";
  short? MindestzahlFreierPlaetze = 10;

  // EF Modell
  using (WWWingsContext ctx = new WWWingsContext())
  {

  // Basismenge
   IQueryable<GO.Flug> abfrage = from flug in ctx.FlugSet where flug.FlugNr < 300 select
flug;

  // dynamische Zusatzbedingungen
   if (!String.IsNullOrEmpty(Zielort) && MindestzahlFreierPlaetze > 0)
   {

   // Laufvariable definieren
   ParameterExpression f = Expression.Parameter(typeof(GO.Flug), "f");

   // Bedingung 1 festlegen
   Expression left = Expression.Property(f, "Zielort");
```

```
    Expression right = Expression.Constant(Zielort);
    Expression Bed1 = Expression.Equal(left, right);

    // Bedingung 2 festlegen
    left = Expression.Property(f, "FreiePlaetze");
    right = Expression.Constant((short?)MindestzahlFreierPlaetze, typeof(short?));
    Expression Bed2 = Expression.GreaterThan(left, right);

    // Verbinden beider Bedingungen mit And
    Expression predicateBody = Expression.And(Bed1, Bed2);

    // Expression Tree aus beiden Bedingungen
    MethodCallExpression whereCallExpression = Expression.Call(
        typeof(Queryable),
        "Where",
        new Type[] { abfrage.ElementType },
        abfrage.Expression,
        Expression.Lambda<Func<GO.Flug, bool>>(predicateBody, new ParameterExpression[] { f
}));

    // Umwandeln des Expression Tree in eine Abfrage
    abfrage = abfrage.Provider.CreateQuery<GO.Flug>(whereCallExpression);
    }

    ctx.Log();
    Console.WriteLine("\nGefundene Flüge:");
    foreach (GO.Flug Flug in abfrage.ToList())
    {
    Console.WriteLine("Flug Nr {0} von {1} nach {2}: {3} freie Plätze!", Flug.FlugNr,
Flug.Abflugort, Flug.Zielort, Flug.FreiePlaetze);
    }
    }
    }
```

Aus dem Listing entsteht folgender SQL-Befehl:

```
SELECT [flug].[FlugNr], [flug].[Abflugort], [flug].[Bestreikt],
[flug].[CopilotId], [flug].[FlugDatum], [flug].[Fluggesellschaft],
[flug].[FlugzeugTypID], [flug].[FreiePlaetze], [flug].[LetzteAenderung],
[flug].[Memo], [flug].[NichtRaucherFlug], [flug].[PilotId], [flug].[Plaetze],
[flug].[Preis], [flug].[Timestamp], [flug].[Zielort]
FROM [Flug] AS [flug]
WHERE (([flug].[FlugNr] < 300) AND ((CASE
    WHEN [flug].[Zielort] = N'Rom'
    THEN CAST(1 AS BIT) ELSE CAST(0 AS BIT)
END & CASE
    WHEN [flug].[FreiePlaetze] > 10
    THEN CAST(1 AS BIT) ELSE CAST(0 AS BIT)
END) = 1)
```

Das geht natürlich auch mit einer beliebigen, zur Laufzeit nicht feststehenden Anzahl von Bedingungen, wie das nächste Listing zeigt, in dem die Bedingungen als SortedDictionary übergeben werden.

Listing: LINQ-Befehle mit Expression Trees erweitern

```
/// <summary>
/// Beispiel für den Einsatz von Expression Trees zur Modifikation
/// einer bestehenden LINQ-Abfrage bei EFC Core
/// am Beispiel einer WHERE-Bedingung mit einer variablen Anzahl von Bedingungen
/// Hintergrund: Ein Benutzer hat auf dem Bildschirm eine variable Anzahl von Filtern
```

```
/// Annahme, um das Beispiel prägnant zu halten: Es wird immer auf Gleichzeit geprüft
/// </summary>
public static void ExpressionTree_Variabel()
{
  CUI.MainHeadline(nameof(ExpressionTree_Variabel));

  // Eingabedaten
  var Filter = new SortedDictionary<string, object>() { { "Abflugort", "Rom" }, { "Zielort",
"Berlin" }, { "PilotID", 123 } };

  // EF Modell
  using (WWWingsContext ctx = new WWWingsContext())
  {

    // Basismenge
    var Q_Vorlaeufig = from flug in ctx.FlugSet select flug;

    // Laufvariable definieren
    ParameterExpression f = Expression.Parameter(typeof(GO.Flug), "f");

    Expression GesamtBedingung = null;
    foreach (var filter in Filter)
    {
     // Bedingung festlegen
     Expression left = Expression.Property(f, filter.Key);
     Expression right = Expression.Constant(filter.Value);
     Expression Bed = Expression.Equal(left, right);
     // Verknüpfen mit den bisherigen Bedingungen
     if (GesamtBedingung == null) GesamtBedingung = Bed;
     else GesamtBedingung = Expression.And(GesamtBedingung, Bed); // hier: "UND"
    }

    // Expression Tree aus allen Bedingungen
    MethodCallExpression whereCallExpression = Expression.Call(
        typeof(Queryable),
        "Where",
        new Type[] { Q_Vorlaeufig.ElementType },
        Q_Vorlaeufig.Expression,
        Expression.Lambda<Func<GO.Flug, bool>>(GesamtBedingung, new ParameterExpression[] { f
}));

    // Umwandeln des Expression Tree in eine Abfrage
    var Q_Endgueltig = Q_Vorlaeufig.Provider.CreateQuery<GO.Flug>(whereCallExpression);

    // Ausgabe der Ergebnismenge
    Console.WriteLine("\nGefundene Flüge:");
    foreach (var Flug in Q_Endgueltig)
    {
      Console.WriteLine("Flug Nr {0} von {1} nach {2}: {3} freie Plätze!", Flug.FlugNr,
Flug.Abflugort, Flug.Zielort, Flug.FreiePlaetze);
    }
  }
}
```

Aus obigem Listing entsteht folgender SQL-Befehl:

```
SELECT [flug].[FlugNr], [flug].[Abflugort], [flug].[Bestreikt],
[flug].[CopilotId], [flug].[FlugDatum], [flug].[Fluggesellschaft],
[flug].[FlugzeugTypID], [flug].[FreiePlaetze], [flug].[LetzteAenderung],
```

```
[flug].[Memo], [flug].[NichtRaucherFlug], [flug].[PilotId], [flug].[Plaetze],
[flug].[Preis], [flug].[Timestamp], [flug].[Zielort]
FROM [Flug] AS [flug]
WHERE ((CASE
    WHEN [flug].[Abflugort] = N'Rom'
    THEN CAST(1 AS BIT) ELSE CAST(0 AS BIT)
END & CASE
    WHEN [flug].[PilotId] = 3
    THEN CAST(1 AS BIT) ELSE CAST(0 AS BIT)
END) & CASE
    WHEN [flug].[Zielort] = N'Essen/Mülheim'
    THEN CAST(1 AS BIT) ELSE CAST(0 AS BIT)
END) = 1
```

20.3   Dynamic LINQ

Wenn das schrittweise Zusammensetzen von LINQ nicht ausreicht, muss man aber dennoch nicht unbedingt Expression Trees verwenden. Eine Alternative ist die Bibliothek "Dynamic LINQ". "Dynamic LINQ" ist kein Bestandteil des .NET Frameworks und auch keine offizielles Add-on. Dynamic LINQ ist nur ein Beispiel, das Microsoft im Rahmen einer Beispielsammlung (siehe [*http://weblogs.asp.net/scottgu/archive/2008/01/07/dynamic-linq-part-1-using-the-linq-dynamic-query-library.aspx*]) ausliefert. Dieses Beispiel wurde aber durch einen Blogeintrag von Scott Guthrie "geadelt" [*http://weblogs.asp.net/scottgu/archive/2008/01/07/dynamic-linq-part-1-using-the-linq-dynamic-query-library.aspx*] und ist seitdem weit verbreitet. Dass das Beispiel als "System.Linq.Dynamic" im Wurzelnamensraum "System" liegt, ist ungewöhnlich und legte nahe, dass Microsoft dies in Zukunft in das .NET Framework integrieren würde. Das ist aber bisher nicht passiert und scheint auch nicht mehr auf der Agenda zu stehen. Dynamic LINQ besteht aus mehreren Klassen mit rund 2000 Codezeilen. Wichtigste Klasse ist DynamicQueryable: Diese Klasse stellt zahlreiche Erweiterungsmethoden für die IQueryable-Schnittstelle bereit, z.B. Where(), OrderBy(), GroupBy() und Select(), die allesamt Zeichenketten akzeptieren.

Das folgende Listing zeigt eine Lösung mit Dynamic LINQ, die eleganter ist als die Lösung mit den Expression Trees.

> **HINWEIS:** In Dynamic LINQ gibt es aber leider keine dynamischen Joins. Dazu findet man aber eine Lösung im Internet [*http://stackoverflow.com/questions/389094/how-to-create-a-dynamic-linq-join-extension-method*].

Listing: Einsatz von Dynamic LINQ

```
public static void DynamicLINQ()
  {
   CUI.MainHeadline(nameof(DynamicLINQ));
   // Eingabedaten
   var Filter = new SortedDictionary<string, object>() { { "Abflugort", "Rom" }, { "Zielort",
"Berlin" }, { "PilotID", 123 } };
   string Sortierung = "FreiePlaetze desc";

   // EF Modell
   using (WWWingsContext ctx = new WWWingsContext())
   {
   // Basismenge
   IQueryable<GO.Flug> abfrage = from flug in ctx.FlugSet where flug.FlugNr > 300 select
flug;

   // Modifikation der Abfrage
   foreach (var filter in Filter)
```

```
      {
        Console.WriteLine(filter.Value.GetType().Name);
        switch (filter.Value.GetType().Name)
        {
          case "String":
            abfrage = abfrage.Where(filter.Key + " = \"" + filter.Value + "\""); break;

          default:
            abfrage = abfrage.Where(filter.Key + " = " + filter.Value); break;
        }
      }

      // optionale Sortierung
      if (!String.IsNullOrEmpty(Sortierung)) abfrage = abfrage.OrderBy(Sortierung);


      // Ausgabe der Ergebnismenge
      Console.WriteLine("\nGefundene Flüge:");
      foreach (var Flug in abfrage)
      {
        Console.WriteLine("Flug Nr {0} von {1} nach {2}: {3} freie Plätze!", Flug.FlugNr,
Flug.Abflugort, Flug.Zielort, Flug.FreiePlaetze);
      }
    }
  }
```

Aus diesem Programmcode entsteht folgender SQL-Befehl:

```
SELECT [flug].[FlugNr], [flug].[Abflugort], [flug].[Bestreikt],
[flug].[CopilotId], [flug].[FlugDatum], [flug].[Fluggesellschaft],
[flug].[FlugzeugTypID], [flug].[FreiePlaetze], [flug].[LetzteAenderung],
[flug].[Memo], [flug].[NichtRaucherFlug], [flug].[PilotId], [flug].[Plaetze],
[flug].[Preis], [flug].[Timestamp], [flug].[Zielort]
FROM [Flug] AS [flug]
WHERE ((([flug].[FlugNr] > 300) AND ([flug].[Abflugort] = N'Rom')) AND
([flug].[PilotId] = 123)) AND ([flug].[Zielort] = N'Berlin')
ORDER BY [flug].[FreiePlaetze] DESC
```

21 Daten lesen und ändern mit SQL, Stored Procedures und Table Valued Functions

Wenn LINQ und das API von Entity Framework Core hinsichtlich Funktionalität oder Performanz nicht reichen, kann der Entwickler auch beliebige SQL-Befehle direkt zur Datenbank senden, einschließlich dem Aufruf von Stored Procedures und der Nutzung von Table Value Functions (TVF).

Language Integrated Query (LINQ) und das Entity Framework Core-API (Add(), Remove(), SaveChanges() usw.) sind eine Abstraktion von SQL. Entity Framework Core bzw. der jeweilige Datenbankprovider wandelt LINQ und API-Aufrufe in SQL um. Die Abstraktion, die Entity Framework Core hier bietet, ist in vielen Fällen gut geeignet, um effiziente, robuste und Datenbankmanagementsystem-neutrale Befehle zur Datenbank zu senden. Aber LINQ und das API können nicht alles, was SQL kann, und nicht alles, was Entity Framework Core zur Datenbank sendet, ist auch immer performant genug.

Auch schon im klassischen Entity Framework konnte der Entwickler anstelle von LINQ direkt SQL-Befehle zur Datenbank senden. In Entity Framework Core gibt es diese Möglichkeiten in veränderter Form. Zum Teil gibt es mehr Möglichkeiten, zum Teil aber auch (bislang noch) weniger Möglichkeiten als im klassischen Entity Framework.

21.1   Abfragen mit FromSqlRaw() und FromSqlInterpolated()

Für SQL-Abfragen, die als Rückgabe einen dem Entity Framework Core-Kontext bekannten Entitätstyp liefern, stehen in der Klasse DbSet<Entitätstyp> die Methoden

- FromSql() und
- FromSql<Entitätstyp>()
- FromSqlRaw() und
- FromSqlRaw<Entitätstyp>() und
- FromSqlInterpolated() und
- FromSqlInterpolated<Entitätstyp>()

bereit. Das Ergebnis ist jeweils ein IQueryable<Entitätstyp> (siehe Listing).

> **HINWEIS:** In Entity Framework Core 1.x und 2.x gab es nur FromSql() und FromSql<T>(). Diese hat Microsoft in Version 3.0 als "deprecated" deklariert und fordert nun die Verwendung der Varianten FromSqlRaw() und FromSqlInterpolated(), weil man zu große Verwechselungsgefahr bei den Syntaxformen sah.
>
> **WARNUNG:** Man sollte die SQL-Befehle nicht als Zeichenkette zusammensetzen, denn dies birgt die Gefahr eines SQL-Injektionsangriffs.

Listing: SQL-Abfrage in Entity Framework Core mit der Gefahr eines SQL-Injektionsangriffs

```
public static void Demo_SQLDirekt1()
{
  CUI.MainHeadline("SQLDirekt1");
  string ort = "Berlin";
  using (var ctx = new WWWingsContext())
  {
```

```
  ctx.Log();
  IQueryable<Flug> flugliste = ctx.FlugSet.FromSqlRaw("Select * from Flug where
Abflugort='" + ort + "'");
  Console.WriteLine(flugliste.Count());
  foreach (var flug in flugliste)
  {
   Console.WriteLine(flug);
  }
  Console.WriteLine(flugliste.Count());
 }
}
```

Besser ist es, die in .NET üblichen Platzhaltern {0}, {1}, {2} usw zu verwenden (siehe nächstes
Listing). Dies wird von Entity Framework Core verarbeitet zu parametrisierten SQL-Befehlen,
dass ein SQL-Injektionsangriff nicht möglich ist.

Listing: SQL-Abfrage in Entity Framework Core ohne Gefahr eines SQL-Injektionsangriffs

```
public static void Demo_SQLDirect2()
 {
  CUI.MainHeadline(nameof(Demo_SQLDirect2));
  string departure = "Berlin";
  string destination = "Rome";
  using (var ctx = new WWWingsContext())
  {
  ctx.Log();
  IQueryable<Flight> flightSet = ctx.FlightSet.FromSqlRaw("Select top 50 * from WWWings.Flig
ht where Departure={0} and Destination={1}", departure, destination);
  Console.WriteLine(flightSet.Count());
  foreach (var flight in flightSet)
  {
   Console.WriteLine(flight);
  }
  Console.WriteLine(flightSet.Count());
  }
 }
```

Alternativ   kann   man   auch   explizite   benannte   Parameter   mit   der   Klasse
System.Data.SqlClient.SqlParameter verwenden.

Listing: Dritte Variante der SQL-Abfrage in Entity Framework Core

```
public static void Demo_SQLDirect3()
 {
  CUI.MainHeadline(nameof(Demo_SQLDirect2));
  string departure = "Berlin";
  string destination = "Rome";
  using (var ctx = new WWWingsContext())
  {
  ctx.Log();

  SqlParameter dep = new SqlParameter("@dep", departure);
  SqlParameter dest = new SqlParameter("@dest", destination);

  IQueryable<Flight> flightSet = ctx.FlightSet.FromSqlRaw("Select top 50 * from WWWings.Flig
ht where Departure=@dep and Destination=@dest", dep, dest);
  Console.WriteLine(flightSet.Count());
  foreach (var flight in flightSet)
  {
   Console.WriteLine(flight);
  }
  Console.WriteLine(flightSet.Count());
```

```
     }
   }
```

Seit Entity Framework Core 2.0 ist es sogar möglich, hier die String Interpolation zu nutzen, die es seit C# 6.0 gibt (siehe nächstes Listing). Hier muss man seit Entity Framework 3.0 FromSqlInterpolated() einsetzen.

Listing: Vierte Variante der SQL-Abfrage in Entity Framework Core

```
public static void Demo_SQLDirect4()
   {
     CUI.MainHeadline(nameof(Demo_SQLDirect4));
     string departure = "Berlin";
     string destination = "Rome";
     using (var ctx = new WWWingsContext())
     {
       ctx.Log();
       IQueryable<Flight> flightSet = ctx.FlightSet.FromSqlInterpolated($@"Select top 50 * from
WWWings.Flight where Departure={departure} and Destination={destination}");
       Console.WriteLine(flightSet.Count());
       foreach (var flight in flightSet)
       {
         Console.WriteLine(flight);
       }
       Console.WriteLine(flightSet.Count());
     }
   }
```

In den vorherigen drei Listings muss man die Platzhalter nicht in einfache Anführungszeichen setzen. Genau genommen: Man darf hier keine einfachen Anführungszeichen verwenden, denn Entity Framework Core wandelt die Abfrage in eine parametrisierte Abfrage (Die Parameter werden zu einer Instanz der Klasse DbParameter) um. Bei beiden Listings empfängt die Datenbank einen SQL-Befehl mit einem Parameter:

```
Select * from Flug where Abflugort=@p0
```

bzw. zwei Parametern:

```
Select * from Flug where Abflugort=@p0 and zielort=@p1
```

Der Entwickler ist also hierbei vor SQL-Injektionsangriffen geschützt und sollte daher zur Vermeidung solcher Sicherheitslücken auch nicht selbst den SQL-Befehl als Zeichenkette zusammensetzen!

21.2   Projektionen mit SQL auf Entitätsklassen

Eine partielle Befüllung von Entitätsklassen mit den FromSql...()-Methoden wird in Entity Framework Core bisher nicht unterstützt, siehe nächstes Listing, das auf einen Laufzeitfehler läuft. Hier muss eine Projektion auf eine Nicht-Entitätsklasse erfolgen (siehe nächstes Kapitel).

> **Praxishinweis:** Jeglicher Versuch der partiellen Befüllung eines Entitätsobjekts scheitert daran, dass Entity Framework Core zur Laufzeit solange mit der Fehlermeldung "The required column xy was not present in the results" meckert, bis alle Eigenschaften des Entitätsobjekts einen Gegenpart im Resultset haben.

Listing: Projektionen mit SQL auf Entitätsklassen

```
public static void Demo_SQLDirect_ProjectionEntityType()
   {
     CUI.MainHeadline(nameof(Demo_SQLDirect_ProjectionEntityType));
     try
     {
```

```
    using (var ctx = new WWWingsContext())
    {
        var flightSet = ctx.FlightSet.FromSqlRaw("Select top 100 FlightNo, Departure,
Destination, strikebound, FlightDate,CopilotId,pilotid, AircraftTypeID, AirlineCode, Seats,
Freeseats, Timestamp, LastChange, NonSmokingFlight, Price, Utilization from WWWings.Flight
where Departure={0}", "Berlin"); // if memo missing? --> The required column 'Memo' was not
present in the results of a 'FromSql' operation.
        Console.WriteLine(flightSet.Count());
        foreach (var flight in flightSet)
        {
          Console.WriteLine(flight + ": " + ctx.Entry(flight).State);
        }
        Console.WriteLine(flightSet.Count());
    }
}
catch (Exception ex)
{
    // The required column 'Memo' was not present in the results of a 'FromSql' operation.
    CUI.PrintError("Expected Error :-) " + ex.Message);
}
}
```

21.3   Projektionen auf von Entitätsklassen

Da man mit den Methoden FromSqlRaw() und FromSqlInterpolated() eine Entitätsklasse nicht partiell befüllen kann, muss man bei dem Wunsch, nicht alle Spalten zu laden, eine eigene Klasse für die Ergebnismenge definieren und in der Kontextklasse registrieren. Während diese Registrierung seit Entity Framework Core 2.1 mit Query Types (DbQuery<T>) erfolgte, kann man seit Entity Framework Core 3.0 dafür ebenfalls DbSet<T> verwenden, muss aber dabei zusätzlich HasNoKey() anwenden (Keyless Entity).

> **Hinweis:** Klasse, die einen Ausschnitt aus Entitätsklassen repräsentieren, werden in diesem Buch als "Data Transfer Objects" bezeichnet und mit dem Kürzel "DTO" markiert.

Gegeben sei die Klasse DTO_Flight, die einen kleinen Ausschnitt der Daten (vier Properties) aus der Datenbanktabelle Flight aufnehmen soll.

Listing: Ein "Data Transfer Object" (DTO) für Flüge

```
using System;

namespace BO
{
public class FlightDTO
{
  public int FlightNo { get; set; }
  public string Departure { get; set; }
  public string Destination { get; set; }
  public DateTime Date { get; set; }

  public override string ToString()
  {
   return $"Flight {this.FlightNo}: {this.Departure}->{this.Destination} at {this.Date}";
  }
 }
}
```

Dieser Versuch

```
var flightSet = ctx.Set<FlightDTO>().FromSqlRaw("Select FlightNo, Departure, Destination,
FlightDate as Date from Flight");
```

kompiliert zwar, führt zum Laufzeitfehler:

> System.InvalidOperationException: 'Cannot create a DbSet for 'FlightDTO' because this type is not included in the model for the context.'

Gleiches passiert in Entity Framework Core 2.1/2.2 beim Einsatz von Query<T>() in Verbindung mit FromSql(). Die Methoden Query<T>() und FromSql() sind seit Entity Framework Core 3.0 obsolet.

Der obige Einsatz von Set<T>().FromSqlRaw() ist korrekt, aber anders als beim klassischen Entity Framework muss der Entwickler den Ergebnistyp vorher in der Kontextklasse als DbSet<T> (in Entity Framework Core 2.1 und 2.2: DbQuery<T>) anmelden. Die Anmeldung geht wie folgt:

Entity Framework Core 2.1/2.2 per Query Type:

```
mb.Entity<DTO_Flight>().ToView(nameof(BO.DTO_Flight)));
```

Entity Framework Core ab 3.0 per Keyless Entity:

```
mb.Entity<DTO_Flight>().HasNoKey().ToView(nameof(BO.DTO_Flight)));
```

ToView() sorgt dafür, dass Entity Framework Core in der Datenbank für diese Klasse keine Tabelle anlegen will.

> **Hinweis:** Bei ToView() muss kurioserweise immer ein Name angegeben werden, eine leere Zeichenkette oder NULL ist nicht erlaubt. Dieser Name würde verwendet werden, wenn man mit LINQ auf das DbSet<T> zugreifen würden, was aber keinen Sinn macht, da es ja keine korrespondierende Tabelle oder Sicht in der Datenbank gibt. In diesem Fall ist die Zeichenkette also beliebig. Sie muss aber innerhalb der Kontextklasse eindeutig sein, da man seit Entity Framework Core 3.0 nicht mehr mehrere Abbildungen für Tabelle oder eine Sicht definieren darf.

HasNoKey() ist seit Entity Framework Core 3.0 das Pendant zu der dort nun obsoleten Verwendung von DbQuery<T>. Man spricht nun von einem Keyless Entity.

> **Ausblick:** Für so registrierte Klassen gibt es keine Änderungsverfolgung mit dem Change Tracker und keine Möglichkeit, sie zu persistieren.

Listing: Registrieren einer Klasse für eine SQL-Ergebnismenge bei der Kontextklasse

```
public class WWWingsContext : DbContext
 {
  #region Entities for tables
  public DbSet<Airline> AirlineSet { get; set; }
  public DbSet<Flight> FlightSet { get; set; }
  public DbSet<Pilot> PilotSet { get; set; }
  public DbSet<Passenger> PassengerSet { get; set; }
  public DbSet<Booking> BookingSet { get; set; }
  public DbSet<AircraftType> AircraftTypeSet { get; set; }
  #endregion

  #region Custom SQL results
  public DbSet<BO.DTO_Flight> DTO_Flight { get; set; } // view
  #endregion
  ...

  protected override void OnModelCreating(ModelBuilder mb)
  {
   mb.Entity<DTO_Flight>().HasNoKey().ToView(nameof(BO.DTO_Flight));
  }
 }
```

Durch die Registrierung der DTO-Klasse bei der Kontextklasse kann man nun wahlweise über ctx.Set<DTO_Flight>().FromSqlRaw(…) oder einfach ctx.DTO_FlightSet.FromSqlRaw(…) das Objekt per SQL befüllen.

Das folgende Listing stellt beide Zugriffsvarianten gegenüber.

Listing: Projektionen bei direkter SQL-Verwendung

```
// EF Core 2.x: FlightDTO ist DbQuery<T> in context class
// EF Core 3.x: FlightDTO ist DbSet<T> in context class
var flightSet1 = ctx.DTO_FlightSet.FromSqlRaw("Select top 100 FlightNo, Departure,
Destination, FlightDate as Date from WWWings.Flight").ToList();
Console.WriteLine("Number of flights: " + flightSet1.Count());


// alternative Syntax:
// EF Core 2.x: Query<T>, Query()<T>, still requires DbQuery<T> in context class :-(
// EF Core 3.x: Set<T>, still requires DbSet<T> in context class :-(
var flightSet2 = ctx.Set<DTO_Flight>().FromSqlRaw("Select top 100 FlightNo, Departure,
Destination, FlightDate as Date from WWWings.Flight").ToList();
Console.WriteLine("Number of flights: " + flightSet2.Count());
```

> **Wichtig:** Das SQL-Resultset muss auch in diesem Fall alle Properties des Objekts mit ihrem korrekten Namen befüllen. Eine partielle Befüllung (Projektion) wird auch hier bisher nicht unterstützt. Jeglicher Versuch der partiellen Befüllung scheitert daran, dass Entity Framework Core zur Laufzeit solange mit der Fehlermeldung "The required column xy was not present in the results" meckert, bis alle Eigenschaften des Entitätsobjekts einen Gegenpart im Resultset haben.

21.4   Beliebige Resultsets mit SQL

Per Entity Framework Core abgesendete SQL-Abfragen müssen sich keineswegs auf Entitätsklassen oder konkrete, in Entity Framework Core bekannte Tabellen beziehen. Auch die Abfragen darüberhinausgehender Tabellen z.B. Systemtabellen des Datenbankmanagementsystems sind möglich.

Im folgenden Beispiel werden Systeminformationen des Microsoft SQL Server via Entity Framework Core abgefragt. Dazu wird in der Geschäftsobjektbibliothek (BO) eine Klasse DTO_ServerInfo definiert. DTO soll hier darauf hinweisen, dass es sich nicht um eine Entitätsklasse handelt.

Listing: Klasse DTO_ServerInfo

```
using System;

namespace BO
{
 /// <summary>
 /// DTO class for SQL Server System Information
 /// </summary>
 public class DTO_ServerInfo
 {
  public string ComputerName { get; set; }
  public string InstanceName { get; set; }
  public string ComputerAndInstancename { get; set; }
  public string ProductVersion { get; set; }
  public string FullVersionInfo { get; set; }
  public string DBName { get; set; }
  public string Edition { get; set; }
```

```
  public Int32 IsLocalDB { get; set; }
  public Int32 IsIntegratedSecurityOnly { get; set; }
  public string BuildClrVersion { get; set; }
 }
}
```

Diese Klasse muss in der Kontextklasse als DbSet<T> registriert werden (vor Entity Framework Core 3.0 war hier DbQuery<T> notwendig):

```
public DbSet<DTO_ServerInfo> DTO_ServerInfoSet { get; set; } // Custom SQL resultset
```

In OnModelCreating() muss man eintragen (vor Entity Framework Core 3.0 war nur ToView(), nicht aber HasNoKey()notwendig):

```
b.Entity<DTO_ServerInfo>().HasNoKey().ToView("string does not matter");
```

Danach kann man die Klasse DTO_SystemInfo via FromSqlRaw() befüllen, wie das folgende Listing zeigt.

Listing: Abfrage von Systeminformationen des Microsoft SQL Server via Entity Framework Core

```
public static void Demo_SQL_AnySql()
  {
   CUI.MainHeadline(nameof(Demo_SQL_AnySql));
   using (var ctx = new WWWingsContext())
   {
    DTO_ServerInfo serverInfo = ctx.DTO_ServerInfoSet.FromSqlRaw("SELECT
SERVERPROPERTY('MachineName') AS ComputerName,  SERVERPROPERTY('InstanceName') AS
InstanceName, @@Servername as ComputerAndInstancename,  SERVERPROPERTY('ProductVersion') AS
ProductVersion,  @@Version as FullVersionInfo, DB_NAME() AS
DBName,SERVERPROPERTY('IsLocalDB') AS IsLocalDB, SERVERPROPERTY('Edition') AS Edition,
SERVERPROPERTY('IsIntegratedSecurityOnly') AS IsIntegratedSecurityOnly,
SERVERPROPERTY('BuildClrVersion') AS BuildClrVersion").First();
    Console.WriteLine(serverInfo.ComputerName);
    Console.WriteLine(serverInfo.InstanceName);
    Console.WriteLine(serverInfo.ProductVersion);
    Console.WriteLine(serverInfo.Edition);
    Console.WriteLine(serverInfo.DBName);
    Console.WriteLine(serverInfo.BuildClrVersion);
    Console.WriteLine(serverInfo.IsLocalDB);
    Console.WriteLine(serverInfo.IsIntegratedSecurityOnly);
    Console.WriteLine(serverInfo.FullVersionInfo);
   }
  }
```

21.5   Zusammensetzbarkeit von LINQ und SQL

Die Implementierung im klassischen Entity Framework hieß DbSet<Entitätsklasse>.SqlQuery() und lieferte als Rückgabeobjekt kein IQueryable<Entitätsklasse>, sondern eine Instanz von DbRawSqlQuery<Entitätstyp>. Die Rückgabe von IQueryable<Entitätsklasse> in Entity Framework Core hat den Vorteil, dass der Entwickler nun SQL und LINQ in einer Abfrage mischen kann.

Dies sieht man schon bei:

```
IQueryable<Flug> flugliste = ctx.FlugSet.FromSqlRaw("Select * from Flug where Abflugort={0}",
ort);
Console.WriteLine(flugliste.Count());
foreach (var flug in flugliste) { … }
```

Hier wird flugliste.Count() zu:

```
SELECT COUNT(*)
FROM (
    Select * from Flug where Abflugort='Berlin'
```

```
) AS [f]
```

Der selbst geschriebene SQL-Befehl wird also als Unterabfrage in die Abfrage eingebettet, die die LINQ-Operation erzeugt.

Dies bedeutet aber auch, dass es in diesem Fall zwei Rundgänge zur Datenbank gibt: einmal für das Zählen und einmal für das Abholen der Datensätze. Genau wie bei LINQ sollte man daher auch bei dem Einsatz von FromSqlRaw() bewusst einen Konvertierungsoperator wie ToList() einsetzen. Im nächsten Listing wird nun die Ergebnismenge direkt abgeholt, und das zweimalige Zählen ist dann nur noch die Abfrage der Länge der materialisierten Objektmenge im RAM, was wesentlich schneller geht!

Listing: Zusammensetzbarkeit von SQL und LIN

```
public static void Demo_SQLDirekt4()
  {
   CUI.MainHeadline("SQLDirekt4");
   string ort = "Berlin";
   using (var ctx = new WWWingsContext())
   {
    ctx.Log();
    List<Flug> flugliste = ctx.FlugSet.FromSqlRaw($@"Select * from Flug where
Abflugort={ort}").ToList();
    Console.WriteLine(flugliste.Count());
    foreach (var flug in flugliste)
    {
     Console.WriteLine(flug);
    }
    Console.WriteLine(flugliste.Count());
   }
  }
```

Noch eindrucksvoller zeigt die Zusammensetzbarkeit von SQL und LINQ in Entity Framework Core das nächste Listing, bei dem mit Include() auch verbundene Datensätze geladen werden, was sonst bei FromSqlRaw() nicht möglich ist.

Listing: Zusammensetzbarkeit von SQL und LINQ in Entity Framework Core

```
 public static void Demo_SQLDirektUndLINQZusammensetzbarkeit()
  {
   CUI.MainHeadline("SQLDirektUndLINQ");
   string ort = "Berlin";
   using (var ctx = new WWWingsContext())
   {
    ctx.Log();
    var flugliste = ctx.FlugSet.FromSqlRaw("Select * from Flug where Abflugort={0}",
ort).Where(x => x.FreiePlaetze > 10) .Include(f=>f.Pilot).OrderBy(x =>
x.FreiePlaetze).ToList();
foreach (var flug in flugliste)
   {
    Console.WriteLine(flug);
   }
   Console.WriteLine(flugliste.Count());
  }
 }
```

Mit Programmcode aus obigem Listing erhält die Datenbank folgenden SQL-Befehl:

```
SELECT [f].[FlugNr], [f].[Abflugort], [f].[Bestreikt], [f].[CopilotId],
[f].[FlugDatum], [f].[Fluggesellschaft], [f].[FlugzeugTypID], [f].[FreiePlaetze],
[f].[LetzteAenderung], [f].[Memo], [f].[NichtRaucherFlug], [f].[PilotId],
[f].[Plaetze], [f].[Preis], [f].[Timestamp], [f].[Zielort], [f.Pilot].[PersonID],
[f.Pilot].[Ausweisnummer], [f.Pilot].[DetailID], [f.Pilot].[Discriminator],
[f.Pilot].[EMail], [f.Pilot].[Geburtsdatum], [f.Pilot].[Gehalt],
```

```
[f.Pilot].[Name], [f.Pilot].[VorgesetzterPersonID], [f.Pilot].[Vorname],
[f.Pilot].[FlugscheinSeit], [f.Pilot].[Flugscheintyp], [f.Pilot].[Flugschule],
[f.Pilot].[Flugstunden]
FROM (
    Select * from Flug where Abflugort=@p0
) AS [f]
INNER JOIN [Mitarbeiter] AS [f.Pilot] ON [f].[PilotId] = [f.Pilot].[PersonID]
WHERE ([f.Pilot].[Discriminator] = N'Pilot') AND ([f].[FreiePlaetze] > 10)
ORDER BY [f].[FreiePlaetze]
```

21.6   Stored Procedures und Table Valued Functions

Mit FromSqlRaw() kann man auch Stored Procedures, die ein Resultset liefern, und Table Valued Functions elegant aufrufen. Zu bedenken ist dabei aber, dass die Zusammensetzbarkeit nur bei Table Valued Functions funktioniert.

Listing: Nutzung einer Stored Procedure, die Flug-Datensätze liefert

```
public static void Demo_SP()
{
  CUI.MainHeadline("Demo_SP");

  using (var ctx = new WWWingsContext())
  {
   var flugliste = ctx.FlugSet.FromSqlRaw("EXEC GetFluegeVonSP {0}", "Rom").Where(x =>
x.FreiePlaetze > 0).ToList();
   Console.WriteLine(flugliste.Count());
   foreach (var flug in flugliste)
   {
    Console.WriteLine(flug);
   }
   Console.WriteLine(flugliste.Count());
  }
}
```

Dieses Listing führt in der Datenbank aus:

```
EXEC GetFluegeVonSP @p0
```

Die ergänzenden Bedingungen (hier: dass es freie Plätze geben muss) werden im RAM ausgeführt.

Im nächsten Listing hingegen wird die Zusatzbedingung im Datenbankmanagementsystem ausgeführt, weil hier eine Table Value Function aufgerufen wird.

Listing: Nutzung einer Table Value Function, die Flug-Datensätze liefert

```
public static void Demo_TVF()
{
  CUI.MainHeadline("Demo_TVF");
  using (var ctx = new WWWingsContext())
  {
   var flugliste = ctx.FlugSet.FromSqlRaw("Select * from GetFluegeVonTVF({0})",
"Rom").Where(x => x.FreiePlaetze > 0).ToList();
   Console.WriteLine(flugliste.Count());
   foreach (var flug in flugliste)
   {
    Console.WriteLine(flug);
   }
   Console.WriteLine(flugliste.Count());
  }
}
```

Das zweite Listing führt hingegen in der Datenbank aus:

```
SELECT [x].[FlugNr], [x].[Abflugort], [x].[Bestreikt], [x].[CopilotId],
[x].[FlugDatum], [x].[Fluggesellschaft], [x].[FlugzeugTypID], [x].[FreiePlaetze],
[x].[LetzteAenderung], [x].[Memo], [x].[NichtRaucherFlug], [x].[PilotId],
[x].[Plaetze], [x].[Preis], [x].[Timestamp], [x].[Zielort]
FROM (
    Select * from GetFluegeVonTVF(@p0)
) AS [x]
WHERE [x].[FreiePlaetze] > 10
```

Es gibt in Entity Framework Core aber bisher weder einen Programmcodegenerator für Wrapper-Methoden zu Stored Procedures und Table Valued Functions (wie dies bei "Database First" im klassischen Entity Framework verfügbar ist) noch einen SQL-Generator für Stored Procedures für INSERT, UPDATE und DELETE (wie dies bei "Code First" im klassischen Entity Framework verfügbar ist).

> **TIPP**: Das kostenpflichte Zusatzwerkzeug Entity Developer (siehe Kapitel "Zusatzwerkzeuge") bietet einen Programmcodegenerator für Wrapper-Methoden zu Stored Procedures und Table Valued Functions.

21.7   Erweiterungsmethode ExecuteSqlQuery()

Das nächste Listing zeigt die Nachrüstung einer ExecuteSqlQuery()-Methode im Database-Objekt, die aber nur ein DbDataReader-Objekt zurückliefert und keine Materialisierung erlaubt.

Listing: Erweiterungsmethode Database.ExecuteSqlQuery()

```
public static class RDFacadeExtensions
 {
  public static RelationalDataReader ExecuteSqlQuery(this DatabaseFacade databaseFacade,
string sql, params object[] parameters)
  {
   var concurrencyDetector = databaseFacade.GetService<IConcurrencyDetector>();

   using (concurrencyDetector.EnterCriticalSection())
   {
    var rawSqlCommand = databaseFacade
       .GetService<IRawSqlCommandBuilder>()
       .Build(sql, parameters);

    return rawSqlCommand
       .RelationalCommand
       .ExecuteReader(
          databaseFacade.GetService<IRelationalConnection>(),
          parameterValues: rawSqlCommand.ParameterValues);
   }
  }
 }
```

Diese Erweiterungsmethode wird dann im nächsten Listing verwendet.

Listing : Einsatz von Database.ExecuteSqlQuery()

```
public static void Demo_Datareader()
 {
  string Ort = "Berlin";
  using (var ctx = new WWWingsContext())
  {
   RelationalDataReader rdr = ctx.Database.ExecuteSqlQuery("Select * from Flug where
Abflugort={0}", Ort);
   DbDataReader dr = rdr.DbDataReader;
```

```
while (dr.Read())
{
  Console.WriteLine("{0}\t{1}\t{2}\t{3} \n", dr[0], dr[1], dr[2], dr[3]);
}
dr.Dispose();
}
}
```

21.8   SQL-DML-Befehle ohne Resultset

SQL-Data Manipulation Language (DML)-Befehle, die keine Ergebnismenge (Resultset) liefern (z.B. Befehle wie INSERT, UPDATE und DELETE), kann man in Entity Framework Core 1.x und 2.x genau wie beim Vorgänger mit ExecuteSqlCommand() im Database-Objekt ausführen und man erhält die Anzahl zurück. Seit Version 3.0 heißt die Methode ExecuteSqlRaw() (siehe Listing).

Listing: Einsatz von Database.ExecuteSqlRaw()

```
public static void Demo_SqlCommand()
{
 using (var ctx = new WWWingsContext())
 {
  var anz = ctx.Database.ExecuteSqlRaw("Delete from Flug where Flugnr>{0}",10000);
  Console.WriteLine("Gelöscht: " + anz);
 }
}
```

22 Weitere Tipps und Tricks zum Mapping

Dieses Kapitel beschreibt zusätzliche Möglichkeiten, dass Mapping der Entitätsklassen auf das Datenbankschema zu beeinflussen. Viele dieser Möglichkeiten werden nicht anhand des Beispiels "World Wide Wings" gezeigt, weil sie nicht in dieses Beispiel passen.

22.1 Mapping auf Properties oder Fields

Die Diskussionen über die Verwendung von Properties und Fields in C# (und anderen objektorientierten Programmiersprachen) sind uralt. Properties haben Vorteile hinsichtlich der Kapselung und Validierung. Schnittstellendefinition (`interface IAbc { ... }`) erlauben nur mit Properties und auch viele UI-Frameworks setzen Properties für die Datenbindung voraus. Dennoch gibt es immer wieder von Entwicklerseite den Wunsch, einige Informationen in Fields zu halten.

> **Hinweis:** Entity Framework Core erlaubt sowohl die Abbildung von Properties als auch Fields auf Datenbankspalten, auch wenn sie privat sind. Bei Properties mit zugehörigem Field hat der Entwickler die Wahl, in welche Situation Entity Framework Core das Field oder das Property anspricht.

22.1.1 Beispielszenario

Das nächste Listing, das für das ganze Kapitel gilt, zeigt ein Beispielszenario mit einer einzigen Entitätsklasse "DemoEntityClass", einer zugehörigen Kontextklasse und passendem Nutzercode. Die Klasse "DemoEntityClass" besitzt mehrere Datenmitglieder in verschiedener Form:

- Öffentliche automatische Properties

- Öffentliches explizites (vollständiges) Property mit Backing Field

- Private automatische Properties

- Privates explizites (vollständiges) Property mit Backing Field

- Öffentliches Field

- Privates Field

Listing: Beispielszenario für diese Kapitel mit einer Entitätsklasse mit öffentlichen und privaten Fields und Properties

```
using ITVisions;
using Microsoft.EntityFrameworkCore;
using System;
using System.Collections.Generic;
using System.Linq;

namespace EFC_MappingScenarios.PropertiesOrFields
{
 /// <summary>
 /// In this example, several classes are deliberately implemented in one file, so that the e
xample is clearer.
 /// </summary>
 class Client
 {

  public static void Run()
  {
   CUI.MainHeadline(nameof(EFC_MappingScenarios.PropertiesOrFields));
```

```
using (var ctx = new Context())
{
 CUI.Print("Database: " + ctx.Database.GetDbConnection().ConnectionString);
 ctx.Database.EnsureDeleted();
 var e = ctx.Database.EnsureCreated();

 if (e)
 {
  CUI.Print("Database has been created!");
 }
 else
 {
  CUI.Print("Database exists!");

 }

 CUI.MainHeadline("Metadata");
 var obj1 = new DemoEntityClass(0);
 foreach (var p in ctx.Entry(obj1).Properties)
 {
  CUI.Print(p.Metadata.Name + ": " + p.Metadata.GetColumnType());
 }

 CUI.MainHeadline("Daten schreiben");
 for (byte i = 1; i < 3; i++)
 {
  var obj = new DemoEntityClass(i);
  obj.ID = i;
  obj.ExplicitPropertyPublic = i;
  obj.FieldPublic = i;
  obj.AutomaticPropertyPublic = i;
  ctx.DemoEntityClassSet.Add(obj);
  ctx.SaveChanges();
 }

 CUI.MainHeadline("Einen Datensatz lesen");
 using (var ctx2 = new Context())
 {
  var d = ctx2.DemoEntityClassSet.FirstOrDefault();
  CUI.Print(d.ID);
 }

 CUI.MainHeadline("Mehrere Datensätze lesen");
 using (var ctx2 = new Context())
 {
   List<DemoEntityClass> d = ctx2.DemoEntityClassSet.Where(x => EF.Property<int>(x, "FieldP
rivate") > 0 && EF.Property<int>(x, "ExplicitPropertyPrivate") > 0).OrderBy(x => EF.Property<
int>(x, "ExplicitPropertyPrivate")).ToList();
   CUI.Print(d.Count);
 }

 }
}

class Context : DbContext
{
 public DbSet<DemoEntityClass> DemoEntityClassSet { get; set; }

 protected override void OnConfiguring(DbContextOptionsBuilder builder)
```

```
 {
  builder.EnableSensitiveDataLogging(true);

  // Set provider and connection string
  builder.UseSqlServer(@"Server=D120;Database=EFC_MappingScenarios_" + nameof(EFC_MappingSc
enarios.PropertiesOrFields) + ";Trusted_Connection=True;MultipleActiveResultSets=True;");
 }

 protected override void OnModelCreating(ModelBuilder modelBuilder)
 {
  // force mapping of private Properties and public Fields and private Fields
  modelBuilder.Entity<DemoEntityClass>().Property("AutomaticPropertyPrivate");
  modelBuilder.Entity<DemoEntityClass>().Property("ExplicitPropertyPrivate").UsePropertyAcc
essMode(PropertyAccessMode.Property);
  modelBuilder.Entity<DemoEntityClass>().Property("FieldPublic");
  // not allowed: modelBuilder.Entity<DemoEntityClass>().Property(x=>x.FieldPublic);
  modelBuilder.Entity<DemoEntityClass>().Property(nameof(DemoEntityClass.FieldPublic));
  modelBuilder.Entity<DemoEntityClass>().Property("FieldPrivate");

  // Force corelation to backing field with name outside of convention
  modelBuilder.Entity<DemoEntityClass>().Property(x => x.ExplicitPropertyPublic).HasField("
priv_explicitPropertyPublic");
 }
}

public class DemoEntityClass
{
 public DemoEntityClass()
 {

 }
 public DemoEntityClass(int wert)
 {
  this.AutomaticPropertyPrivate = wert;
  this.ExplicitPropertyPrivate = wert;
  this.FieldPrivate = wert;
 }
 public byte ID { get; set; }


 public int AutomaticPropertyPublic { get; set; }
 private int AutomaticPropertyPrivate { get; set; }

 private int priv_explicitPropertyPublic;

 [BackingField(nameof(priv_explicitPropertyPublic))]
 public int ExplicitPropertyPublic
 {
  get
  {
   CUI.Print("ExplicitPropertyPublic get");
   return priv_explicitPropertyPublic;
  }

  set
  {
   if (value <= 0) throw new ApplicationException("Invalid value: " + value);
   CUI.Print("ExplicitPropertyPublic set");
   priv_explicitPropertyPublic = value;
```

```
  }
 }

 private int _ExplicitPropertyPrivate;

 private int ExplicitPropertyPrivate
 {
  get
  {
   CUI.Print("ExplicitPropertyPrivate get");
   return _ExplicitPropertyPrivate;
  }

  set
  {
   CUI.Print("ExplicitPropertyPrivate set");
   _ExplicitPropertyPrivate = value;
  }
 }


 public int FieldPublic;
 private readonly int FieldPrivate;
 }
 }
}
```

Wenn man den Programmcode in obigem Listing ausführt, dann entstehen nur lediglich zwei Datenbankspalten in der korrespondierenden Tabelle "DemoEntityClass":

- AutomaticPropertyPublic

- ExplicitPropertyPublic

Dies bedeutet: Entity Framework ignoriert im Standard alle privaten Mitglieder und alle Fields.

22.1.2   Mapping von Fields und privaten Properties

Das Ignorieren von Fields und privaten Properties kann der Softwareentwickler ändern, indem er das Fluent-API der Kontextklasse in OnModelCreating() verwendet und dort mit der Methode Property("NameVonFieldOderProperty") die weiteren Mitglieder der Klasse explizit anmeldet:

```
protected override void OnModelCreating(ModelBuilder modelBuilder)
{
 modelBuilder.Entity<DemoEntityClass>().Property("AutomaticPropertyPrivate");
 modelBuilder.Entity<DemoEntityClass>().Property("ExplicitPropertyPrivate");
 modelBuilder.Entity<DemoEntityClass>().Property("FieldPublic");
 modelBuilder.Entity<DemoEntityClass>().Property("FieldPrivate");
 ...
}
```

Dabei könnte man bei "FieldPublic" auf die Idee kommen, diese typsichere Syntax verwenden zu wollen:

```
modelBuilder.Entity<DemoEntityClass>().Property(p=>p.FieldPublic);
```

Das möchte Entity Framework Core aber nicht und quittiert dies mit einem Laufzeitfehler: *System.ArgumentException: 'The expression 'p => p.FieldPublic' is not a valid property expression. The expression should represent a simple property access: 't => t.MyProperty'. (Parameter 'propertyAccessExpression')'*

> **Tipp:** Wer sicher gehen will, dass ihm keine Tippfehler passieren, kann in diesem Fall den nameof()-Operator nutzen:
>
> *modelBuilder.Entity<DemoEntityClass>().Property(nameof(DemoEntityClass.FieldPublic));*
>
> Dies ist bei den privaten Mitgliedern leider nicht möglich, da nameof() nur mit öffentlichen Mitgliedern funktioniert [*https://github.com/dotnet/csharplang/issues/1990*].

Wenn man ein Field zur Abbildung auf Datenbankspalten verwendet, nennt Microsoft dies ein "Field-only Property". Die Verwendung des Zusatzes "readonly" ist aus der Sicht von Entity Framework Core nicht schädlich, denn Entity Framework Core kann im Rahmen der Materialisierung den Wert dennoch setzen (siehe Beweis in folgender Abbildung), da readonly erst nach Abschluss der Objektkonstruktion gilt.

Abbildung: Das "FieldPrivate" wurde im Rahmen der Materialisierung mit dem Wert aus der Datenbankspalte belegt, auch wenn es "readonly" deklariert ist.

22.1.3 Fields bevorzugt beim Materialisieren

Wer in den Programmcode des Listings zu Beginn dieses Kapitels einmal Haltepunkte bei den Settern der vier Properties

- AutomaticPropertyPrivate

- AutomaticPropertyPublic

- ExplicitPropertyPrivate

- ExplicitPropertyPublic

setzt, wird feststellen, dass die Setter der Properties beim Materialisieren der Objekte im Rahmen eines Ladevorgangs gar nicht verwendet werden. Dies liegt daran, dass Entity Framework Core gemäß eingebauter Konvention die Daten direkt in das korrespondierende Field schreibt.

Das ist eine gute Strategie, denn im Setter und Getter eines Properties könnte Programmcode stecken, der die Objektkonstruktion und die Objektverwendung verlangsamt. Als nachteilig könnte man jetzt ansehen, dass die in Settern enthaltenen Validierungen somit umgangen werden. In den allermeisten Szenarien ist aber davon auszugehen, dass in der Datenbanktabelle keine ungültigen Daten stehen, denn die Daten wurden ja von dem Setter einst vor der Persistierung validiert, als der Benutzer die Daten eingegeben hat, die Daten importiert wurden bzw. von einem Kommunikationspartner empfangen wurden. Natürlich gibt es Szenarien, in denen andere Prozesse in die Datenbanktabelle ungültige Daten schreiben können und man keine andere Möglichkeit zur

Validierung hat. Für solche, eher seltenen Szenarien kann man Entity Framework Core zwingen, doch über die Properties zu gehen. Das wird weiter unten noch erläutert werden.

Es stellt sich aber zuerst einmal die Frage, woher Entity Framework Core denn bei einem expliziten Property denn überhaupt weiß, welches Field zu welchem Property gehört. Analysiert der OR-Mapper den Quellcode?

Man kommt der Sache auf die Spur, wenn man das Field umbenennt, zum Beispiel von explicitPropertyPublic in p_explicitPropertyPublic. Nunmehr wird man feststellen, dass bei der Materialisierung sehr wohl der Setter verwendet wird und sogar auch der Getter aufgerufen wird. Die nächste Abbildung zeigt die Verwendung des Setters, die laut Call Stack ganz offensichtlich bei der Materialisierung im Rahmen des Aufrufs von FirstOrDefault() erfolgt. Spannend ist, dass Entity Framework Core danach auch noch den Getter aufruft (was die übernächste Abbildung belegt), um die Liste der Originalwerte im Change Tracker zu befüttern.

Abbildung: Aufruf des Setters eines Properties bei der Materialisierung des Objekts im Rahmen einer Datenbankabfrage bei Entity Framework Core

Abbildung: Aufruf des Getters eines Properties bei der Materialisierung des Objekts im Rahmen einer Datenbankabfrage bei Entity Framework Core

Die Änderung des Namens zeigt, dass Entity Framework Core offensichtlich den Zusammenhang zwischen Property und Field über den Namen herstellt. Laut der der Dokumentation (siehe nächste Abbildung) stellt Entity Framework Core den Zusammenhang zwischen Property und Field automatisch her, wenn das Field folgenden Namenskonventionen entspricht:

- _<camel-cased property name>

- _<property name>

- m_<camel-cased property name>

- m_<property name>

Allerdings ist diese Liste offensichtlich nicht vollständig, denn das Ausbleiben des Zugriffs auf den Setter bei der Materialisierung im Listing zu Beginn dieses Kapitels beweist, dass auch ohne führenden Unterstrich und m_ der Zusammenhang hergestellt wird, wenn Field dem Camel-Casing-Namen des Properties entspricht.

Basic configuration

By convention, the following fields will be discovered as backing fields for
a given property (listed in precedence order).

- `_<camel-cased property name>`
- `_<property name>`
- `m_<camel-cased property name>`
- `m_<property name>`

In the following sample, the Url property is configured to have _url as

*Abbildung: Unvollständige Dokumentation für den konventionsbedingten Zusammenhang
zwischen Property-Namen und Field-Namen (Quelle: [https://docs.microsoft.com/en-
us/ef/core/modeling/backing-field?tabs=fluent-api]).*

22.1.4   Abweichungen von den Konventionen

Wenn man den Konventionen nicht folgen kann oder will, besteht dennoch die Möglichkeit, Entity
Framework Core dazu zu bringen, das Field statt des Properties zu verwenden. Dies macht man im
Fluent-API mit dem Methodenaufruf HasField():

```
modelBuilder.Entity<DemoEntityClass>().Property(x => x.ExplicitPropertyPublic).HasField("priv
_explicitPropertyPublic");
```

In diesem konkreten Fall kann bei der Methode Property() die typsichere Lambda-Schreibweise
zum Einsatz kommen, denn es handelt sich ja um ein öffentliches Property. Den Namen des Fields
muss man aber leider wieder als Zeichenkette festlegen, denn dieses ist ja privat.

Seit Entity Framework Core 5.0 Preview 2 kann der Softwareentwickler den Zusammengang
zwischen   einem   Property   und   seinem   Backing   Field   auch   der   Datenannotation
Microsoft.EntityFrameworkCore.BackingFieldAttribute bestimmen:

```
private int priv_explicitPropertyPublic;

[BackingField(nameof(priv_explicitPropertyPublic))]
public int ExplicitPropertyPublic
{
 get
 {
  CUI.Print("ExplicitPropertyPublic get");
  return priv_explicitPropertyPublic;
 }

 set
 {
  CUI.Print("ExplicitPropertyPublic set");
  priv_explicitPropertyPublic = value;
 }
}
```

Seit Entity Framework Core 5.0 Preview 3 kann man das Backing Field auch für Beziehungen mit
Navigation() und HasField() festlegen:

```
modelBuilder.Entity<Flight>().Navigation(e => e.Pilot).HasField("pilot_field");
```

22.1.5 Zugriff auf Property erzwingen

Nun gibt es – wie oben diskutiert – auch den umgekehrten Wunsch: Man will zwar den Namen des Fields als Camel-Casing-Namen bzw. mit Unterstrich oder m_ gestalten, aber dennoch erzwingen, dass Entity Framework Core immer über den Setter und Getter des Properties geht. Grund könnte z.B. sein, dass man dort Prüfungen oder Transformationen vornimmt. Das Verhalten von Entity Framework Core kann man beeinflussen durch den Aufruf der Methode UsePropertyAccessMode() im Fluent-API. Die folgende Zeile erzwingt, dass Entity Framework Core immer über das Property geht und das Field ignoriert:

```
modelBuilder.Entity<DemoEntityClass>().Property("ExplicitPropertyPrivate").UsePropertyAccessM
ode(PropertyAccessMode.Property);
```

In der Dokumentation findet man dann tatsächlich sechs verschiedene Werte in dem Aufzählungstyp (Enumeration) PropertyAccessMode. Man sieht in Abbildung 5, dass der Entwickler differenzieren kann, immer Field bzw. Property zu verwenden oder jeweils nur bei der Materialisierung (alias Objektkonstruktion), nicht aber bei Abfragen.

Die Methode UsePropertyAccessMode() und der Aufzählungstyp PropertyAccessMode wurden in Entity Framework Core 1.1 eingeführt. Vor Version 3.0 gab es nur Field (0), FieldDuringConstruction (1) und Property (2). Zudem hat Microsoft in Version 3.0 im Rahmen der vielen Breaking Changes [*https://docs.microsoft.com/en-us/ef/core/what-is-new/ef-core-3.0/breaking-changes*] auch das Standardverhalten geändert: Es war zuvor PreferFieldDuringConstruction, das heißt: Vor Version 3.0 wurde in Entity Framework Core bei der Objektkonstruktion das Field verwendet, wenn vorhanden. Bei Abfragen wurde jedoch das Property verwendet. Seit Entity Framework Core 3.0 ist das Standardberhalten "PreferField", also wird auch bei der Objektkonstruktion kein ggf. identifiziertes Field verwendet.

Field	0	Enforces that all accesses to the property must go through the field.
		An exception will be thrown if this mode is set and it is not possible to read from or write to the field.
FieldDuringConstruction	1	Enforces that all accesses to the property must go through the field when new instances are being constructed. New instances are typically constructed when entities are queried from the database. An exception will be thrown if this mode is set and it is not possible to write to the field.
		All other uses of the property will go through the property getters and setters, unless this is not possible because, for example, the property is read-only, in which case these accesses will also use the field.
PreferField	3	All accesses to the property goes directly to the field, unless the field is not known, in which as access goes through the property.
PreferFieldDuringConstruction	4	All accesses to the property when constructing new entity instances goes directly to the field, unless the field is not known, in which as access goes through the property. All other uses of the property will go through the property getters and setters, unless this is not possible because, for example, the property is read-only, in which case these accesses will also use the field.
PreferProperty	5	All accesses to the property go through the property, unless there is no property or it is missing a setter/getter, in which as access goes directly to the field.
Property	2	Enforces that all accesses to the property must go through the property getters and setters, even when new objects are being constructed.
		An exception will be thrown if this mode is set and it is not possible to read from or write to the property, for example because it is read-only.

Abbildung: Aufzählungstyp (Enumeration) PropertyAccessMode (Quelle:
[https://docs.microsoft.com/de-
de/dotnet/api/microsoft.entityframeworkcore.propertyaccessmode?view=efcore-3.1])

22.1.6   Verwendung von privaten Mitgliedern in LINQ-Abfragen

Im Zusammenhang mit privaten Datenmitgliedern einer Entitätsklasse stellt sich noch die Abfrage, wie man denn private Properties und private Fields in LINQ-Abfragen verwenden kann; über die Lambda-Syntax ist dies ja nicht möglich. Entity Framework Core bietet dafür die statische Methode Property() in der Klasse EF an.

```
List<DemoEntityClass> d = ctx2.DemoEntityClassSet.Where(x => EF.Property<int>(x, "FieldPrivat
e") > 0 && EF.Property<int>(x, "ExplicitPropertyPrivate") > 0).OrderBy(x=> EF.Property<int>(x
,
```

Wichtig ist aber, dass man diese Methode nur in Fällen verwendet, wo es wirklich kein korrespondierendes öffentliches Mitglied gibt. Wenn man

```
EF.Property<int>(x, "_ExplicitPropertyPrivate")
```

oder

```
EF.Property<int>(x, "_ priv_explicitPropertyPublic")
```

schreibt, kassiert der Softwareentwickler den Laufzeitfehler "System.InvalidOperationException: EF.Property called with wrong property name." – selbst wenn im Fall von ExplicitPropertyPublic alle Zugriffe über das Field priv_explicitPropertyPublic gehen.

22.2   Shadow Properties

Als "Shadow Properties" (alias "Shadow State Properties") bezeichnet Entity Framework Core solche Spalten der Datenbanktabelle, für die es kein Attribut (Field oder Property) in der Entitätsklasse gibt, die aber dennoch von Entity Framework Core verwaltet werden können.

Die Unterstützung für Shadow Properties gehört zu den deutlichen Vorteilen von Entity Framework Core gegenüber dem klassischen ADO.NET Entity Framework. Mit Shadow Properties können nun ORM-basierte .NET-Anwendungen auch auf Spalten zugreifen, die zur Entwicklungszeit noch gar nicht bekannt sind. Damit ist es dann also möglich, zur Betriebszeit einer Anwendung bestehende Datenbanktabellen um neue Spalten zu erweitern und diese neuen Spalten auch in Entity Framework Core zu nutzen ohne die Software neu zu kompilieren.

> **Hinweis:** Es ist bisher nicht möglich, komplette Tabellen nur aus Shadow Properties aufzubauen und damit in Entity Framework Core auf Tabellen zuzugreifen, für die es keine Entitätsklassen gibt. Dieses Feature ist jedoch im Backlog des Entity Framework Core-Entwicklungsteams (siehe   [https://github.com/aspnet/EntityFrameworkCore/issues/749]   und [https://github.com/aspnet/EntityFrameworkCore/issues/9914]).

22.2.1   Automatische Shadow Properties

Ein Shadow Property wird automatisch angelegt, wenn es zu einer Navigationsbeziehung keine passende Fremdschlüsseleigenschaft in der Klasse gibt. Da das relationale Datenbankschema jedoch eine Fremdschlüsselspalte braucht und Entity Framework Core die Daten aus dieser Spalte auch zwingend benötigt, wird diese Fremdschlüsselspalte dann automatisch ein Shadow Property. Wenn der Gegenpart zu einer Navigationsbeziehung mehrere Primärschlüsselspalten besitzt, dann werden entsprechend auch mehrere Fremdschlüsselspalten mit jeweils einem Shadow Property angelegt.

Die Fremdschlüsselspalte und der korrespondierende Name des Shadow Property werden aus dem Namen der Navigationseigenschaft und dem Primärschlüsselnamen der Hauptklasse (gebildet. Dabei vermeidet Entity Framework Core Wortdopplungen (siehe nachstehende Tabelle).

Primärschlüssel der Hauptklasse	Name der Navigationseigenschaft zu der Hauptklasse	Name der Fremdschlüsselspalte / Shadow Property
HauptklasseId	Hauptklasse	HauptklasseId
Id	Hauptklasse	HauptklasseId
Id	Irgendwas	IrgendwasId
HauptklasseId	Irgendwas	IrgendwasHauptklasseId
Id	(keine)	HauptklasseId
HauptklasseId1 und HauptklasseId2 (zusammengesetzter Schlüssel)	Irgendwas	IrgenwasHauptklasseId1 und IrgenwasHauptklasseId2

Tabelle: Automatische Namensbildung für Shadow Properties

22.2.2   Festlegung eines Shadow Property

Ein Entwickler kann Shadow Properties auch manuell mithilfe der Property<T>()-Methode für einen Entitätstyp im Fluent-API der Kontextklasse in der Methode OnModelCreating() definieren.

Das folgende Listing zeigt das Hinzufügen eines Shadow Property namens "LetzteÄnderung" vom Typ DateTime. Dieser Name wird jedoch in einer Variablen gespeichert und kann somit geändert werden.

> **ACHTUNG:** Ein Ändern des Inhaltes der Variablen ShadowStateProp müsste allerdings vor der ersten Instanziierung der Kontextklasse erfolgen, da OnModelCreating() nur einmalig – bei der ersten Verwendung der Kontextklasse – aufgerufen wird.

Listing: Festlegung eines Shadow Properties in OnModelCreating() der Kontextklasse

```
public class WWWingsContext : DbContext
 {
   static public string ShadowStateProp = "LetzteAenderung";
   ...
   protected override void OnModelCreating(ModelBuilder builder)
   {
   ...
   builder.Entity<Flug>().Property<DateTime>(ShadowStateProp);
   }
}
```

22.2.3   Ausgabe aller Shadow Properties einer Entitätsklasse

Die Liste aller Properties einer Entitätsklasse (die echten Properties und die Shadow Properties) erhält man über die Properties-Objektmenge der Instanz von EntityEntry<T>, die man über die Methode Entry() der Kontextklasse gewinnt.

Listing: Ausgabe einer Liste aller Properties einer Entitätsklasse inklusive der Shadow Properties

```
using (WWWingsContext ctx = new WWWingsContext())
{
  var flug = ctx.FlugSet.SingleOrDefault(x => x.FlugNr == FlugNr);

  foreach (var p in ctx.Entry(flug).Properties)
  {
    Console.WriteLine(p.Metadata.Name + ": " + p.Metadata.IsShadowProperty());
  }
}
```

> **Hinweis:** In Entity Framework Core 1.x und 2.x war IsShadowProperty ein Property. Seit Version 3.0 ist es eine Erweiterungsmethode, sodass beim Aufruf die Schreibweise IsShadowProperty() sein muss.

22.2.4   Lesen und Ändern eines Shadow Property

Die Nutzung eines Shadow Property kann nicht direkt auf dem Entitätsobjekt erfolgen, da es dort ja kein echtes Property für die korrespondierende Datenbankspalte gibt. Die Nutzung erfolgt daher über die Instanz von EntityEntry<T>, die man über die Methode Entry() der Kontextklasse gewinnt. Dort kann man dann die Methode Property("Spaltenname") aufrufen und dort dann auch aus dem gelieferten PropertyEntry-Objekt die Eigenschaft CurrentValue abfragen:

```
ctx.Entry(flug).Property("LetzteAenderung").CurrentValue
```

Auf diese Weise kann man übrigens auf jegliche Informationen aus einem Entitätsobjekt zugreifen, auch auf echte Properties:

```
ctx.Entry(flug).Property("FreiePlaetze").CurrentValue
```

Das wird man aber in der Regel nicht machen, weil der Zugriff über das Entitätsobjekt einfacher ist:

```
flug.FreiePlaetze
```

> **ACHTUNG:** Man kann aber über Property("Name") nur echte Properties und Shadow Properties abrufen. Wenn die Datenbanktabelle darüber hinaus Spalten besitzt, sind diese nicht im Zugriff von Entity Framework Core. Der Aufruf ctx.Entry(flug).Property("Zusatz").CurrentValue führt zum Laufzeitfehler: "The property 'Zusatz' on entity type 'Flug' could not be found. Ensure that the property exists and has been included in the model".

Über CurrentValue kann der Softwareentwicklung auch den Wert eines Shadow Property verändern:

```
ctx.Entry(flug).Property("LetzteAenderung").CurrentValue = DateTime.Now;
```

Das folgende Listing zeigt den Einsatz des Shadow Properties "LetzteAenderung" auf der Entitätsklasse "Flug".

Listing: Nutzung eines Shadow Property

```
using (WWWingsContext ctx = new WWWingsContext())
  {
    var flug = ctx.FlugSet.SingleOrDefault(x => x.FlugNr == FlugNr);

    CUI.Print("VORHER: " + flug.ToString() + " / " + ctx.Entry(flug).State,
ConsoleColor.Cyan);
      Console.WriteLine("Freie Plätze: " +
ctx.Entry(flug).Property("FreiePlaetze").CurrentValue);
      Console.WriteLine("Letzte Änderung: " +
ctx.Entry(flug).Property("LetzteAenderung").CurrentValue);
```

```
    flug.FreiePlaetze += 1;   //Änderung
    ctx.Entry(flug).Property("LetzteAenderung").CurrentValue = DateTime.Now;//Änderung

    CUI.Print("NACHHER: " + flug.ToString() + " / " + ctx.Entry(flug).State,
ConsoleColor.Cyan);
    Console.WriteLine("Freie Plätze: " +
ctx.Entry(flug).Property("FreiePlaetze").CurrentValue);
    Console.WriteLine("Letzte Änderung: " +
ctx.Entry(flug).Property("LetzteAenderung").CurrentValue);

    var anz = ctx.SaveChanges();
    Console.WriteLine("Anzahl gespeicherter Änderungen: " + anz);
  }
```

22.2.5   LINQ-Abfragen mit Shadow Properties

Auch in der Language Integrated Query (LINQ) kann man Shadow Properties verwenden. Hier kann man aber nicht mit Entry() und Property() operieren, sondern muss nun das besondere Konstrukt EF.Property<T>() verwenden. EF ist eine statische Klasse von Entity Framework Core.

Erlaubt ist dieses Konstrukt nicht nur in Bedingungen, sondern auch bei der Sortierung und der Spalteneinschränkung (Projektion). Im folgenden Listing wird die letzte Änderung ermittelt, die es in den letzten zwei Tagen gab.

Listing: LINQ-Abfragen mit Shadow Properties

```
CUI.Headline("LINQ-Abfragen mit Shadow Properties");
using (WWWingsContext ctx = new WWWingsContext())
   {
    // Shadow State-Eigenschaft in LINQ nutzen
     var datum = ctx.FlugSet
      .Where(c => EF.Property<DateTime>(c, WWWingsContext.ShadowStateProp) >
DateTime.Now.AddDays(-2))
      .OrderByDescending(c => EF.Property<DateTime>(c, WWWingsContext.ShadowStateProp))
      .Select(x => EF.Property<DateTime>(x, WWWingsContext.ShadowStateProp))
      .FirstOrDefault();

    Console.WriteLine("Letzte Änderung aus DB via LINQ: " + datum);
    // Shadow State-Eigenschaft ändern
   }
```

22.2.6   Praxisbeispiel: Automatisches Setzen bei jedem Speichern

Shadow Properties eignen sich besonders dann, wenn man Informationen vor dem Entwickler verbergen will. Das folgende Listing zeigt ein Überschreiben der Methode SaveChanges() in der Kontextklasse, die dafür sorgt, dass bei jedem Speichervorgang einer Änderung an einem Flug-Objekt automatisch das Shadow Property "LetzteAenderung" auf das aktuelle Datum und die aktuelle Uhrzeit aktualisiert wird.

Listing: Nutzung eines Shadow Properties in der überschriebenen Methode SaveChanges()

```
/// <summary>
/// Überschriebene Methode, setzt Shadow Property
/// </summary>
/// <returns></returns>
public override int SaveChanges()
  {
    // Stelle Änderungen fest
    this.ChangeTracker.DetectChanges();
```

```
// Suche alle neuen und geänderten Flüge
var entries = this.ChangeTracker.Entries<Flug>()
    .Where(e => e.State == EntityState.Added || e.State == EntityState.Modified);

if (!String.IsNullOrEmpty(ShadowStateProp))
{
 // setze für alle diese die Shadow State-Spalte "LetzteAenderung"
 foreach (var entry in entries)
 {
   entry.Property(ShadowStateProp).CurrentValue = DateTime.Now;
 }
}


// nun Basisklasse aufrufen
this.ChangeTracker.AutoDetectChangesEnabled = false; // nicht noch mal DetectChanges()!
var result = base.SaveChanges();
this.ChangeTracker.AutoDetectChangesEnabled = true;


return result;
}
```

22.2.7   Praxisbeispiel: Erweitern der Tabellen zur Betriebszeit der Anwendung

Mit Shadow Properties ist es möglich, zur Betriebszeit einer Anwendung bestehende Datenbanktabellen um neue Spalten zu erweitern und diese neuen Spalten auch in Entity Framework Core zu nutzen, ohne die Software neu zu kompilieren. Das ist im klassischen ADO.NET Entity Framework nicht möglich.

Das folgende Praxisbeispiel geht davon aus, dass es eine CSV-basierte Konfigurationsdatei gibt, in der jeweils in einer Zeile eine Zusatzspalte definiert wird mit jeweils drei Angaben:

- dem Klassennamen der Entitätsklasse inklusive Namensraum

- dem Namen der zusätzlichen Spalte in der Datenbanktabelle

- den korrespondierenden .NET-Typ für die zusätzliche Spalte in seiner ausführlichen Schreibweise mit Namensräumen (wenn die Spalte in der Datenbank NULL-Werte erlaubt, muss man hier auch unbedingt System.Nullable`1[T] verwenden! Das Fragezeichen hinter dem Typnamen (z.B. int?) ist nicht möglich!)

Beispiele:

```
BO.Airline;Address;System.String
BO.Airline;FoundingYear;System.Nullable`1[System.Int32]
BO.Airline;Bunkrupt;System.Nullable`1[System.Boolean]
BO.AircraftType;Role;System.String
```

Das nächste Listing zeigt die Ausgabe aller zusätzlichen Spalten der Entität Airline mit Hilfe von ctx.Entry(objekt).Property(spalte).CurrentValue. Das Ergebnis sieht man in der folgenden Abbildung. In diesem Listing werden diese Daten aus Konfigurationsdaten aus Gründen der Übersichtlichkeit im Programmcode wiedergegeben statt aus der Konfigurationsdatei geladen.

Listing: Auslesen zusätzlicher Spalten einer Tabelle

```
public static void ColumnsAddedAfterCompilation(bool logging = true)
{
  CUI.MainHeadline(nameof(ColumnsAddedAfterCompilation));
  // List of additional columns can be read from a config file or the database schema
```

```
   List<string> additionalColumnSet = new List<string>() {
"BO.Airline;Address;System.String",
"BO.Airline;FoundingYear;System.Nullable`1[System.Int32]",
"BO.Airline;Bunkrupt;System.Nullable`1[System.Boolean]", "BO.AircraftType;Role;System.String"
};
   // List of additional columns must be set before creating the first instance of the
context!
   WWWingsContext.AdditionalColumnSet = additionalColumnSet;

   using (WWWingsContext ctx = new WWWingsContext())
   {
    if (logging) ctx.Log();
    // read any Airline object
    var a = ctx.AirlineSet.Where(x => x.Code == "WWW");
    if (a == null) throw new ApplicationException("No Airline found!");
    Console.WriteLine(a);
    Console.WriteLine("Extra columns:");
    foreach (var col in additionalColumnSet.Where(x=>x.StartsWith("BO.Airline")))
    {
     string columnname = col.Split(';')[1];
     Console.WriteLine(col + "=" + ctx.Entry(a).Property(columnname).CurrentValue);
    }
   }
  }
```

Abbildung: Ausgabe des obigen Listings

Das vorherige Listing übergibt die Konfigurationsdaten der Zusatzspalten an die Kontextklasse über ein statisches Mitglied mit Namen AdditionalColumnSet. Das nächste Listing zeigt einen Ausschnitt aus der Kontextklasse, die in der Methode OnModelCreating() die Konfigurationsdaten verwendet, um für jede Zeile der Konfigurationsdaten jeweils ein Shadow Property anzulegen. Entity Framework Core bietet glücklicherweise neben den generischen Varianten der Methoden Entity() und Property() auch solche an, die die Typnamen als Parameter erwarten.

Listing: Ausschnitt aus der Kontextklasse mit Erweiterungen für zusätzliche Spalten

```
public class WWWingsContext : DbContext
{
  private static int count = 0;
  public WWWingsContext()
  {
   Count++;
  }

  private static List<string> additionalColumnSet = null;
  public static List<string> AdditionalColumnSet
  {
   get { return additionalColumnSet; }
   set
```

```
    {
      if (count >0) throw new ApplicationException("Cannot set AdditionalColumnSet as context
  has been used before!");
      additionalColumnSet = value;
    }
  }
  ...


  protected override void OnModelCreating(ModelBuilder modelBuilder)
  {
  ...

  if (AdditionalColumnSet != null)
    {
    foreach (string shadowProp in AdditionalColumnSet)
      {
      var splitted = shadowProp.Split(';');
      string entityclass = splitted[0];
      string columnname = splitted[1];
      string columntype = splitted[2];
      Type columntypeObj = Type.GetType(columntype);
      modelBuilder.Entity(entityclass).Property(columntypeObj, columnname);
      }
    }
  }
}
```

> **ACHTUNG:** Die Liste AdditionalColumnSet muss vor der ersten Instanziierung der Kontextklasse gesetzt werden, da OnModelCreating() nur einmalig pro Prozess aufgerufen wird. Aus diesem Grund wird im Setter von AdditionalColumnSet geprüft, ob der Kontext zuvor schon instanziiert wurde (dafür gibt es im Konstruktor einen Zähler).
>
> Bei der Angabe des Klassennamens im Parameter der Methode Entity() muss der Namensraum vorangestellt sein.
>
> Beim Aufruf von Property muss zuerst ein System.Type-Objekt übergeben werden.

22.3   Berechnete Spalten (Computed Columns)

Berechnete Spalten sind aus der Sicht von Entity Framework Core solche Datenbankspalten, deren Wert das Datenbankmanagementsystem vergibt. Dies können sein:

- Autowert-Spalten (Identity-Spalten) wie die PersonID in der Klasse Person und die von ihr abgeleiteten Klassen Mitarbeiter, Pilot und Passagier

- Timestamp-Spalten (vgl. Kapitel "Datenänderungskonflikte")

- Spalten mit Standardwerten

- Spalten mit einer Berechnungsformel

22.3.1   Automatisches SELECT

In allen diesen Fällen reagiert Entity Framework Core so, dass es nach einem INSERT oder UPDATE automatisch ein SELECT ausführt, um den neuen Wert der berechneten Spalten aus dem Datenbankmanagementsystem im RAM einzulesen. Im Fall einer Spalte mit Standardwert ist dies jedoch nur nach einem INSERT sinnvoll. Entity Framework Core kennt daher drei Strategien mit jeweils korrespondierenden Methoden im Fluent-API:

- ValueGeneratedOnAdd(): Ein SELECT wird nur nach einem INSERT ausgeführt.

- ValueGeneratedOnAddOrUpdate(): Ein SELECT wird sowohl nach einem INSERT als auch nach einem UPDATE ausgeführt.

- ValueGeneratedNever(): Es wird nach INSERT oder UPDATE kein Select ausgeführt.

ValueGeneratedNever() ist der Standard für alle Spalten, außer in drei Fällen:

- Primärschlüsselspalten, die nur aus einer einzigen Ganzzahl-Spalte des Typ Int16 (short), Int32 (int) oder Int64 (long) bestehen. Diese Primärschlüsselspalten werden im Standard als Autowert-Spalten mit ValueGeneratedOnAdd() angelegt.

- Spalten mit Standardwerten erhalten automatisch ValueGeneratedOnAdd().

- Mit [Timestamp] annotierte Spalten des Types Byte-Array (byte[]) erhalten automatisch ValueGeneratedOnAddOrUpdate().

> **ACHTUNG:** Während Microsoft SQL Server durchaus Autowertspalten (Identity Columns) mit dem Datentyp tinyint (also Byte) zulässt, legt Entity Framework Core beim Datentyp Byte immer fest, dass die Primärschlüssel dann keine Autowerte verwendet werden.

22.3.2   Praxistipp: Spalten mit einer Berechnungsformel anlegen

Entity Framework Core unterstützt im Gegensatz zum Vorgänger auch, beim Forward Engineering Berechnungsformeln im Programmcode festzulegen, die im Datenbankmanagementsystem ausgeführt werden sollen.

Man legt für die berechnete Spalte in der Entitätsklasse ein Property an, z.B. für die Entitätsklasse "Flug" neben "Plaetze" (Gesamtanzahl der Plätze im Flugzeug) und "FreiePlaetze" auch ein Property "Auslastung", das den Prozentsatz der gebuchten Plätze ausdrückt. Dabei macht es Sinn, den Setter dieses Properties für die berechnete Spalte auf private zu deklarieren, denn es soll ja kein Nutzer des Objekts den Wert setzen können. Ganz weglassen kann man den Setter hier aber nicht, denn Entity Framework Core braucht ja eine Möglichkeit, den aus dem Datenbankmanagementsystem erhaltenen Wert zu setzen.

```
public class Flug
 {
  public int FlugNr { get; set; }
  …
  public short Plaetze { get; set; }
  public short? FreiePlaetze { get; set; }
  public decimal? Auslastung { get; private set; }
}
```

Nun definiert man im Fluent-API in OnModelCreating() mit HasComputedColumnSql() eine Formel. In diesem Fall wird die prozentuale Auslastung für jeden Flug aus der Anzahl der freie Plätze und der Gesamtplätze errechnet.

```
modelBuilder.Entity<Flug>().Property(p => p.Auslastung)
        .HasComputedColumnSql("100.0-(([FreiePlaetze]*1.0)/[Plaetze])*100.0");
```

> **Hinweis:** Die Verwendung von ValueGeneratedOnAddOrUpdate() ist nicht notwendig, denn HasComputedColumnSql() impliziert diese Strategie.

Bei der Erstellung einer Schemamigration sieht man die Formel dann wieder im Aufruf des MigrationBuilder.

```
public partial class v2_FlugAuslastung : Migration
 {
```

```
protected override void Up(MigrationBuilder migrationBuilder)
{
    migrationBuilder.AddColumn<int>(
        name: "Auslastung",
        table: "Flug",
        type: "decimal",
        nullable: true,
        computedColumnSql: "100.0-((([FreiePlaetze]*1.0)/[Plaetze])*100.0)");
}
...
}
```

Diese Formel sieht man dann im Datenbankschema wieder.

Abbildung: Spalte mit Berechnungsformel im Microsoft SQL Server Management Studio

22.3.3 Spalten mit einer Berechnungsformel nutzen

Das Property zu einer Spalte mit Berechnungsformel kann man auslesen wie jede andere auch.

WICHTIG: Zu beachten ist aber, dass sich der Wert eines Property zu einer Spalte mit Berechnungsformel erst ändert, wenn man SaveChanges() ausgeführt hat. Im folgenden Beispiel zeigt die Auslastung nach der Reduzierung der Plätze zunächst noch den alten Wert an. Erst nach SaveChanges() erhält man den neuen Wert.

Listing: Die Spalte Auslastung in der Klasse Flug basiert auf einer Formel

```
public static void Demo_BerechneteSpalteAuslastung()
{
    CUI.Headline(nameof(Demo_BerechneteSpalteAuslastung));
    int flugNr = 101;
```

```
using (WWWingsContext ctx = new WWWingsContext())
{
ctx.Log();
var flug = ctx.FlugSet.Find(flugNr);
Console.WriteLine($"VOHER: {flug}: Auslastung={flug.Auslastung:##0.00}%");

flug.FreiePlaetze -= 10;

// Die Änderung ist in der Auslastung noch nicht sichtbar, da ja die Auslastung im DBMS
berechnet wird
Console.WriteLine($"NACH DER ÄNDERUNG: {flug}: Auslastung={flug.Auslastung:##0.00}%");

ctx.SaveChanges();
// Die Änderung in der Auslastung ist jetzt sichtbar
Console.WriteLine($"NACH DEM SPEICHERN: {flug}: Auslastung={flug.Auslastung:##0.00}%");

CUI.Headline("Metadaten zu Flug");
foreach (var p in ctx.Entry(flug).Properties)
{
 Console.WriteLine(p.Metadata.Name + ": " + p.Metadata.ValueGenerated);
}

CUI.Headline("Metadaten zu Flug");
foreach (PropertyEntry p in ctx.Entry(flug).Properties)
{
 Console.WriteLine(p.Metadata.Name + ": " + p.Metadata.ValueGenerated);
}
}
```

Die folgende Bildschirmabbildung zeigt die Ausgabe des obigen Listings. Man sieht, dass:

- sich die Auslastung erst nach dem SaveChanges() aktualisiert

- die Spalte Auslastung die Strategie "OnAddOrUpdate" besitzt (was man in einem PropertyEntry-Objekt über Metadata.ValueGenerated abfragen kann)

- Entity Framework Core daher nach dem SaveChanges() ein SELECT für diesen Wert (und den Timestamp) ausführt.

```
Demo_BerechneteSpalteAuslastung
001:Debug #200100 Microsoft.EntityFrameworkCore.Database.Command.CommandExecuting:Executing DbCommand [Parameters=[@__ge
t_Item_0='?'], CommandType='Text', CommandTimeout='30']
SELECT TOP(1) [e].[FlugNr], [e].[Abflugort], [e].[Auslastung], [e].[Bestreikt], [e].[CopilotId], [e].[FlugDatum], [e].[F
luggesellschaft], [e].[FlugzeugTypID], [e].[FreiePlaetze], [e].[LetzteAenderung], [e].[Memo], [e].[NichtRaucherFlug], [e
].[PilotId], [e].[Plaetze], [e].[Preis], [e].[Timestamp], [e].[Zielort]
FROM [Flug] AS [e]
WHERE [e].[FlugNr] = @__get_Item_0
VOHER: Flug #101: von London nach Seattle: 123 Freie Plätze.: Auslastung=50,80%
NACH DER ÄNDERUNG: Flug #101: von London nach Seattle: 113 Freie Plätze.: Auslastung=50,80%
002:Debug #200100 Microsoft.EntityFrameworkCore.Database.Command.CommandExecuting:Executing DbCommand [Parameters=[@p1='
?', @p0='?', @p2='?' (Size = 8)], CommandType='Text', CommandTimeout='30']
SET NOCOUNT ON;
UPDATE [Flug] SET [FreiePlaetze] = @p0
WHERE [FlugNr] = @p1 AND [Timestamp] = @p2;
SELECT [Auslastung], [Timestamp]
FROM [Flug]
WHERE @@ROWCOUNT = 1 AND [FlugNr] = @p1;
NACH DEM SPEICHERN: Flug #101: von London nach Seattle: 113 Freie Plätze.: Auslastung=54,80%
Metadaten zu Flug
FlugNr: Never
Abflugort: OnAdd
Auslastung: OnAddOrUpdate
Bestreikt: Never
CopilotId: Never
Datum: OnAdd
Fluggesellschaft: Never
FlugzeugTypID: Never
FreiePlaetze: Never
LetzteAenderung: Never
Memo: Never
NichtRaucherFlug: Never
PilotId: Never
Plaetze: Never
Preis: OnAdd
Timestamp: OnAddOrUpdate
Zielort: OnAdd
```

Abbildung: Ausgabe des obigen Listings

22.3.4   Spalten mit einer Berechnungsformel beim Reverse Engineering

Entity Framework Core erkennt beim Reverse Engineering mit Scaffold-DbContext
Berechnungsformeln und legt dafür entsprechend ein Property an. Das Property erhält jedoch einen
öffentlichen Setter. Die Formel legt der Codegenerator im Fluent API ab; die hat aber beim Reverse
Engineering keine Bedeutung. Eine Bedeutung würde sie erst erhalten, wenn der Entwickler später
vom Reverse Engineering zum Forward Engineering wechselt.

```
public decimal? Auslastung { get; set; }
```
Im Fluent-API findet man:

```
entity.Property(e => e.Auslastung)
.HasColumnType("numeric(20, 8)")
.HasComputedColumnSql("((100.0)-(([FreiePlaetze]*(1.0))/[Plaetze])*(100.0))");
```
Basis für das Reverse Engineering war hier das Datenbankschema mit der Spalte Auslastung, das
zuvor per Forward Engineering erzeugt wurde.

22.4   Standardwerte (Default Values)

Entity Framework Core unterstützt vom Datenbankmanagementsystem vergebene Standardwerte
für Spalten beim Anlegen von neuen Datensätzen, wenn kein Wert für diese Spalten übergeben
wurde. Diese Unterstützung gibt es sowohl beim Forward Engineering als auch beim Reverse
Engineering.

22.4.1   Standardwerte beim Forward Engineering festlegen

Die Festlegung von Standardwerten für Spalten, die das Datenbankmanagementsystem zuweisen
soll, wenn beim Anlegen eines Datensatzes kein expliziter Wert geliefert wird, erfolgt mit den

Methode HasDefaultValue() und HasDefaultValueSql() im Fluent API. Der Standardwert kann sein:

- ein statischer Wert (z.B. Zahl oder Zeichenkette): Hier verwendet man HasDefaultValue().

- ein SQL-Ausdruck, z.B. Aufruf einer Funktion wie getdate(): Hier verwendet man HasDefaultValueSql().

Beispiele:

```
modelBuilder.Entity<Flug>().Property(x => x.Preis).HasDefaultValue(123.45m);
modelBuilder.Entity<Flug>().Property(x => x.Abflugort).HasDefaultValue("(offen)");
modelBuilder.Entity<Flug>().Property(x => x.Zielort).HasDefaultValue("(offen)");
modelBuilder.Entity<Flug>().Property(x => x.Datum).HasDefaultValueSql("getdate()");
```

Entity Framework Core berücksichtigt diese Standardwerte beim Anlegen der Datenbank (siehe folgende Bildschirmabbildung).

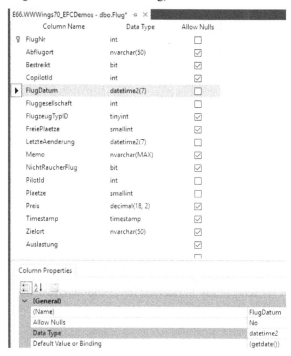

Abbildung: Standardwert für die Spalte FlugDatum im Microsoft SQL Server Management Studio

22.4.2 Standardwerte verwenden

Festgelegte Standardwerte werden von Entity Framework Core berücksichtigt: Im Rahmen der ValueGeneratedOnAdd()-Strategie fragt Entity Framework Core nach einem INSERT die Standardwerte per SELECT ab, dies aber nur, insofern vorher kein Wert übergeben wurde.

Das folgende Beispiel zeigt dies sehr eindrucksvoll:

- Es wird ein Wert für den "Abflugort" von dem Programmcode vergeben. Entity Framework Core fragt daher in SELECT nicht nach dem Abflugort.

- "Zielort" ist mit null belegt. Entity Framework Core fragt daher in SELECT nach dem von dem Datenbankmanagementsystem vergebenen Wert für "Zielort".

- "FlugDatum" und "Preis" wurden im neuen Objekt gar nicht gesetzt. Entity Framework Core fragt daher in SELECT nach den von dem Datenbankmanagementsystem vergebenen Werten für "FlugDatum" und "Preis".

Listing: Verwendung von Standardwerten

```
using (WWWingsContext ctx = new WWWingsContext())
  {
    var pilot = ctx.PilotSet.FirstOrDefault();
    ctx.Log();
    var f = new Flug();
    f.FlugNr = ctx.FlugSet.Max(x => x.FlugNr) + 1;
    f.Abflugort = "Essen/Mülheim";
    f.Zielort = null;
    f.Pilot = pilot;
    f.Copilot = null;
    f.FreiePlaetze = 100;
    f.Plaetze = 100;
    CUI.Headline("Objekt wurde im RAM angelegt");
    Console.WriteLine($"{f} Preis: {f.Preis:###0.00} Euro.");
    ctx.FlugSet.Add(f);
    CUI.Headline("Objekt wurde an ORM angebunden");
    Console.WriteLine($"{f} Preis: {f.Preis:###0.00} Euro.");
    ctx.SaveChanges();
    CUI.Headline("Objekt wurde vom ORM gespeichert");
    Console.WriteLine($"{f} Preis: {f.Preis:###0.00} Euro.");

    f.FreiePlaetze--;
    CUI.Headline("Objekt wurde im RAM geändert");
    Console.WriteLine($"{f} Preis: {f.Preis:###0.00} Euro.");
    ctx.SaveChanges();
    CUI.Headline("Objekt wurde vom ORM erneut gespeichert");
    Console.WriteLine($"{f} Preis: {f.Preis:###0.00} Euro.");
  }
```

Die folgende Bildschirmausgabe zeigt, dass die Standardwerte erst nach dem SaveChanges() gesetzt sind. Nach der Änderung mit UPDATE fragt Entity Framework Core die Standardwerte nicht erneut ab (nur die Spalte mit der Berechnungsformel "Auslastung" und der vom Datenbankmanagementsystem vergebenen Spalte "Timestamp").

```
Demo_DefaultValues
001:Debug #200100 Microsoft.EntityFrameworkCore.Database.Command.CommandExecuting:Executing DbCommand [Parameters=[], Co
mmandType='Text', CommandTimeout='30']
SELECT MAX([x].[FlugNr])
FROM [Flug] AS [x]
Objekt wurde im RAM angelegt
Flug #212: von Essen/Mülheim nach  am 01.01.01 00:00: 100 Freie Plätze. Preis:  Euro.
Objekt wurde an ORM angebunden
Flug #212: von Essen/Mülheim nach  am 01.01.01 00:00: 100 Freie Plätze. Preis:  Euro.
002:Debug #200100 Microsoft.EntityFrameworkCore.Database.Command.CommandExecuting:Executing DbCommand [Parameters=[@p0='
?', @p1='?' (Size = 50), @p2='?', @p3='?', @p4='?', @p5='?', @p6='?', @p7='?', @p8='?' (Size = 4000), @p9='?', @p10='?',
@p11='?'], CommandType='Text', CommandTimeout='30']
SET NOCOUNT ON;
INSERT INTO [Flug] ([FlugNr], [Abflugort], [Bestreikt], [CopilotId], [Fluggesellschaft], [FlugzeugTypID], [FreiePlaetze]
, [LetzteAenderung], [Memo], [NichtRaucherFlug], [PilotId], [Plaetze])
VALUES (@p0, @p1, @p2, @p3, @p4, @p5, @p6, @p7, @p8, @p9, @p10, @p11);
SELECT [Auslastung], [FlugDatum], [Preis], [Timestamp], [Zielort]
FROM [Flug]
WHERE @@ROWCOUNT = 1 AND [FlugNr] = @p0;
Objekt wurde vom ORM gespeichert
Flug #212: von Essen/Mülheim nach (offen) am 19.08.17 15:28: 100 Freie Plätze. Preis: 123,45 Euro.
Objekt wurde im RAM geändert
Flug #212: von Essen/Mülheim nach (offen) am 19.08.17 15:28: 99 Freie Plätze. Preis: 123,45 Euro.
003:Debug #200100 Microsoft.EntityFrameworkCore.Database.Command.CommandExecuting:Executing DbCommand [Parameters=[@p1='
?', @p0='?', @p2='?' (Size = 8)], CommandType='Text', CommandTimeout='30']
SET NOCOUNT ON;
UPDATE [Flug] SET [FreiePlaetze] = @p0
WHERE [FlugNr] = @p1 AND [Timestamp] = @p2;
SELECT [Auslastung], [Timestamp]
FROM [Flug]
WHERE @@ROWCOUNT = 1 AND [FlugNr] = @p1;
Objekt wurde vom ORM erneut gespeichert
Flug #212: von Essen/Mülheim nach (offen) am 19.08.17 15:28: 99 Freie Plätze. Preis: 123,45 Euro.
```

Abbildung: Ausgabe des obigen Listings

22.4.3   Praxistipp: Standardwerte schon beim Anlegen des Objekts vergeben

Wenn Sie wünschen, dass die Standardwerte schon direkt nach dem Anlegen des Objekts im RAM wirken, dann müssen Sie diese Standardwerte nicht im Datenbankmanagementsystem vergeben, sondern im Konstruktor der Klasse.

Listing: Standardwerte im Konstruktor vergeben

```
public partial class Flug
 {

  public Flug()
  {
   this.Abflugort = "(offen)";
   this.Zielort = "(offen)";
   this.Preis = 123.45m;
   this.Datum = DateTime.Now;
  }
...
 }
```

Die folgende Bildschirmabbildung zeigt am Beispiel der Eigenschaften Datum und Preis, dass die Standardwerte dann sofort gelten. Die in dem Konstruktor der Klasse Flug festgelegten Standardwerte für Abflugort und Zielort wirken aber nicht, da der Programmcode diese Werte überschreibt.

```
Demo_DefaultValues
001:Debug #200100 Microsoft.EntityFrameworkCore.Database.Command.CommandExecuting:Executing DbCommand [Parameters=[], Co
mmandType='Text', CommandTimeout='30']
SELECT MAX([x].[FlugNr])
FROM [Flug] AS [x]
Objekt wurde im RAM angelegt
Flug #213: von Essen/Mülheim nach  am 19.08.17 15:30: 100 Freie Plätze. Preis: 123,45 Euro.
Objekt wurde an ORM angebunden
Flug #213: von Essen/Mülheim nach  am 19.08.17 15:30: 100 Freie Plätze. Preis: 123,45 Euro.
002:Debug #200100 Microsoft.EntityFrameworkCore.Database.Command.CommandExecuting:Executing DbCommand [Parameters=[@p0=
?', @p1='?' (Size = 50), @p2='?', @p3='?', @p4='?', @p5='?', @p6='?', @p7='?', @p8='?', @p9='?' (Size = 4000), @p10='?',
@p11='?', @p12='?', @p13='?'], CommandType='Text', CommandTimeout='30']
SET NOCOUNT ON;
INSERT INTO [Flug] ([FlugNr], [Abflugort], [Bestreit], [CopilotId], [FlugDatum], [Fluggesellschaft], [FlugzeugTypID], [
FreiePlaetze], [LetzteAenderung], [Memo], [NichtRaucherFlug], [PilotId], [Plaetze], [Preis])
VALUES (@p0, @p1, @p2, @p3, @p4, @p5, @p6, @p7, @p8, @p9, @p10, @p11, @p12, @p13);
SELECT [Auslastung], [Timestamp], [Zielort]
FROM [Flug]
WHERE @@ROWCOUNT = 1 AND [FlugNr] = @p0;
Objekt wurde vom ORM gespeichert
Flug #213: von Essen/Mülheim nach (offen) am 19.08.17 15:30: 100 Freie Plätze. Preis: 123,45 Euro.
Objekt wurde im RAM geändert
Flug #213: von Essen/Mülheim nach (offen) am 19.08.17 15:30: 99 Freie Plätze. Preis: 123,45 Euro.
003:Debug #200100 Microsoft.EntityFrameworkCore.Database.Command.CommandExecuting:Executing DbCommand [Parameters=[@p1=
?', @p2='?' (Size = 8)], CommandType='Text', CommandTimeout='30']
SET NOCOUNT ON;
UPDATE [Flug] SET [FreiePlaetze] = @p0
WHERE [FlugNr] = @p1 AND [Timestamp] = @p2;
SELECT [Auslastung], [Timestamp]
FROM [Flug]
WHERE @@ROWCOUNT = 1 AND [FlugNr] = @p1;
Objekt wurde vom ORM erneut gespeichert
Flug #213: von Essen/Mülheim nach (offen) am 19.08.17 15:30: 99 Freie Plätze. Preis: 123,45 Euro.
```

Abbildung: Ausgabe des Listings "Standardwerte verwenden" bei Vergabe der Standardwerte im Konstruktor

22.4.4   Standardwerte beim Reverse Engineering

Entity Framework Core erkennt beim Reverse Engineering mit Scaffold-DbContext Standardwerte und legt diese im Fluent-API ab (wobei es hier nur darum geht, dass Entity Framework Core weiß, dass es einen Standardwert gibt. Wie dieser konkret aussieht, ist beim Reverse Engineering egal. Tatsächlich könnte man hier nachträglich auch einen Leerstring eintragen.). Es wird immer HasDefaultValueSql() verwendet, auch für statische Werte.

```
entity.Property(e => e.FlugDatum).HasDefaultValueSql("(getdate())")
entity.Property(e => e.Preis).HasDefaultValueSql("((123.45))");
entity.Property(e => e.Abflugort)
            .HasMaxLength(50)
            .HasDefaultValueSql("(N'(offen)')");
entity.Property(e => e.Zielort)
            .HasMaxLength(50)
            .HasDefaultValueSql("(N'(offen)')");
```

22.5   Tabellenaufteilung (Table Splitting) mit Owned Types

"Owned Types" sind in Entity Framework Core der Nachfolger der "Complex Types", die es im klassischen ADO.NET Entity Framework gibt.

In Entity Framework und Entity Framework Core kann ein Entitätstyp durch Navigationseigenschaften Beziehungen zu anderen Entitätstypen besitzen. Dabei wird jeder Entitätstyp auf eine eigene Datenbanktabelle abgebildet (ausgenommen bei Vererbung nach dem Table-per-Hierarchy-Prinzip), und die Beziehungen werden, wie im relationalen Datenbankmodell üblich, per Fremdschlüsselspalte hergestellt.

Bereits das klassische ADO.NET Entity Framework besitzt mit "Complex Types" eine alternative Möglichkeit, Beziehungen im Objektmodell zu definieren, die in der Datenbank aber nicht auf verschiedene Tabellen, sondern eine einzige Tabelle abgebildet werden. Dies bedeutet eine bessere Performanz beim Laden, weil kein Join notwendig wird. Dieses Optimierungsverfahren nennt man in der Welt der Objekt-Relationalen Mapper (ORM) "Table Splitting".

Der von Microsoft ganz neu geschriebene ORM "Entity Framework Core" unterstützte in den Versionen 1.0 und 1.1 zunächst gar kein Table Splitting. Dieses Feature wurde erst in Entity Framework Core 2.0 wieder eingeführt und in Version 2.1 und 2.2 jeweils etwas verbessert. In Entity Framework Core spricht Microsoft nicht mehr von "Complex Types", sondern "Owned Types". In der deutschen Dokumentation ist die Übersetzung "Entitätstypen im Besitz".

22.5.1 Owned Types

Die Tabellenaufteilung per "Owned Types" erfolgt so:

- Der Softwareentwickler legt eine Entitätsklasse und zusätzlich eine oder mehrere abhängige Klassen ("Owned Types") an.

- Die Entitätsklasse erhält 1:0/1-Navigationseigenschaften, die auf die abhängigen Klassen verweisen. 1:N ist derzeit noch nicht möglich.

- Für diese Navigationseigenschaften wird die OwnsOne()-Operation in OnModelCreating() aufgerufen. Seit Entity Framework Core Version 2.1 kann man alternativ auch die abhängige Klasse mit der Annotation [Owned] versehen.

Das nächste Listing zeigt ein Beispiel mit verschiedenen Szenarien: Es gibt zwei Entitätsklassen "Master" (mit zwei Primärschlüsselspalten) und "Detail" (mit einer Primärschlüsselspalte) sowie sieben abhängige Typen "Split1", "Split2", "Split3", "Split4", "Split5", "Split6" und "Split7" mit Basisklasse "Split7Base". Die Entitätsklasse "Master" besitzt zwei Beziehungen zu "Detail": Eine 1:1 Beziehung über das Property "Detail" und eine 1:1-Beziehung über das Property "DetailSet".

Die Entitätsklasse "Master" besitzt zudem sechs Properties, die auf abhängige Typen verweisen:

- Property S1 vom Typ Split1

- Property S2 vom Typ Split2

- Property S3 vom Typ Split3

- Properties S4a und S4b jeweils vom Typ Split4, wobei die beiden letztgenannten jeweils auf den Typ Split3 verweisen

- Property S5 vom Typ Split5

- Property S7 vom Typ Split7

Die Klasse Split5 wiederum besitzt ein Property S6 zum abhängigen Typ "Split6". Owned Types sind über mehrere Ebenen möglich. Zudem besitzt die Klasse Split5 eine Navigationseigenschaft Detail, die auf eine Instanz der Klasse Detail beinhaltet. Ein Owned Type kann auf einen Entitätstyp verweisen; das ist mit einem Complex Type im klassischen ADO.NET Entity Framework nicht möglich.

Das Listing enthält ein komplettes Beispiel inklusive Kontextklasse und Startcode. Wenn man das Beispiel startet, entsteht die in Abbildung 1 gezeigte Datenbank im Microsoft SQL Server. Hier sieht man, dass nur drei Tabellen angelegt wurden: "Master" und "Detail" sowie "Split7". Master hat die zwei Primärschlüssel und einen Fremdschlüssel "DetailId" für die 1:1-Beziehung zu

"Detail". Detail hat einen Primärschlüssel und einen aus zwei Spalten zusammengesetzten Fremdschlüssel ("MasterId1" und "MasterId2") für die 1:N-Beziehung. Split7 hat genau wie Master die Primärschlüsselspalten "MasterId1" und "MasterId2".

Der Fokus soll hier auf die "Split"-Klassen gelegt werden. Für diese gibt es (mit Ausnahme von Split7) keine eigenen Tabellen in der Datenbank, sondern Entity Framework Core hat alle Spalten der Klasse Split1, Split2, Split3, Split4, Split5 und Split6 in die Tabelle "Master" integriert. Dabei ist jeweils der Propertynamen der Hauptklasse und ein Unterstrich vorangestellt worden. Aus dem Property "Memo" in der Klasse Split1 wurde die Spalte "S1_Memo", aus dem gleichnamigen Property "Memo" in der Klasse Split2 wurde "S2_Memo" usw. Die Klasse Split4, die ja zweimal referenziert wurde in Properties S4a und S4b findet sich als Spalte "S4a_Memo" und "S4b_Memo" entsprechend auch zweimal in der resultierenden Datenbanktabelle wieder.

Eine Namensbesonderheit ist die Spalte S5_DetailID; hier verwendet Entity Framework Core nicht den Propertynamen aus der Klasse Split5, sondern den Primärschlüsselnamen der Klasse Detail.

Eine weitere Abweichung dieser Namensregel sind die Spalte "S3-Created", "S3-Title" und "S4-Memo". Sie hätten eigentlich "S3_DateTime", "S3_Title" und "S3_Memo" heißen müssen. Dass sie einen anderen Namen haben, war jedoch der explizite Wunsch des Entwicklers, der im Fluent-API-Code festlegte, dass die Spaltennamen für die Properties der Klasse Split3 in der Datenbanktabelle anders heißen sollen:

```
modelBuilder.Entity<Master>().OwnsOne(c => c.S3, o =>
  {
  o.Property(p => p.DateTime).HasColumnName("S3-Created");
  o.Property(p => p.Title).HasColumnName("S3-Title").HasMaxLength(200);
  o.Property(p => p.Memo).HasColumnName("S3-Memo");
  });
```

Der Regel folgt hingegen die Datenbankspalte "S5_S6_Memo", denn sie besteht aus dem Propertynamen für Split5 in Master ("S5") und dem Propertynamen für Split6 in Split5 ("S6") sowie dem Propertynamen in Split6 ("Memo"). Auch die Spalte "MemoBase" aus der Klasse "Split7Base", der Basisklasse von "Split7", wird nach der Regel in Master erzeugt, heißt also "S7_MemoBase". Der Name der Basisklasse Split7Base erscheint nicht.

Listing: Einsatz von Owned Types

```
using ITVisions;
using ITVisions.EFCore;
using Microsoft.EntityFrameworkCore;
using System;
using System.Collections.Generic;
using System.Linq;


namespace EFC_MappingScenarios.TableSplitting
{

  #region Client
  /// <summary>
  /// In this example, several classes are deliberately implemented in one file, so that the
  example is clearer.
  /// </summary>
  class DEMO_OwnedTypesTableSplitting
  {

   public static void Run()
   {
    CUI.MainHeadline(nameof(DEMO_OwnedTypesTableSplitting));
    using (var ctx = new MyContext())
```

```
{
 CUI.Print("Database: " + ctx.Database.GetDbConnection().ConnectionString);
 var e1 = ctx.Database.EnsureDeleted();
 if (e1)
 {
  CUI.Print("Database has been deleted!");
 }

 var e2 = ctx.Database.EnsureCreated();

 if (e2)
 {
  CUI.Print("Database has been created!");
 }
 else
 {
  CUI.Print("Database exists!");

 }

 CUI.MainHeadline("Metadata");

 CUI.Headline("Master");
 var m = new Master() { MasterId1 = 123, MasterId2 = 456 };
 foreach (var p in ctx.Entry(m).Properties)
 {
  Console.WriteLine(p.Metadata.Name + ": " + p.Metadata.IsShadowProperty());
 }

 CUI.Headline("Detail");
 var d = new Detail();
 foreach (var p in ctx.Entry(d).Properties)
 {
  Console.WriteLine(p.Metadata.Name + ": " + p.Metadata.IsShadowProperty());
 }

 CUI.Headline("Split1");
 var s = new Split1();
 foreach (var p in ctx.Entry(s).Properties)
 {
  Console.WriteLine(p.Metadata.Name + ": " + p.Metadata.IsShadowProperty());
 }

 CUI.MainHeadline("Create Data");
 m.Detail = d;
 m.S1 = new Split1() { Memo = "Split1 Memo" };

 m.S3 = new Split3() { DateTime = DateTime.Now, Title = "Test", Memo = "Split3 Memo" };
 m.S4a = new Split4() { Memo = "Split4a Memo" };
 m.S4b = new Split4() { Memo = "Split4b Memo" };
 m.S5 = new Split5() { Memo = "Split5 Memo" };
 m.S5.S6 = new Split6() { Memo = "Split6 Memo" };
 m.S5.Detail = new Detail() { DetailMemo = "Split5 Detail Memo" };
 m.S7 = new Split7() { Memo = "Split7 Memo" };
 ctx.MasterSet.Add(m);
 var count = ctx.SaveChanges();
 Console.WriteLine(count + " records saved!");
}
```

```
CUI.MainHeadline("Read Data");
using (var ctx = new MyContext())
{
 ctx.Log();

 var masterSet = ctx.MasterSet.ToList();

 foreach (var o in masterSet)
 {
  Console.WriteLine(o.MasterId1 + "-" + o.MasterId2 + ": " + o.S3.Title + "/" +
o.S5.S6.Memo + "/" + o.S5.Detail?.DetailMemo);
 }
}
using (var ctx = new MyContext())
{
 var masterSet2 = ctx.MasterSet.Include(x => x.S5.Detail).ToList();

 foreach (var o in masterSet2)
 {
  Console.WriteLine(o.MasterId1 + "-" + o.MasterId2 + ": " + o.S3.Title + "/" +
o.S5.S6.Memo + "/" + o.S5.Detail.DetailMemo);
 }
}

using (var ctx = new MyContext())
{
 var masterSet3 = ctx.MasterSet.AsNoTracking().Include(x => x.S5.Detail).Select(x => new {
x.MasterId1, x.MasterId2, x.S3, x.S5, x.S5.S6, x.S5.Detail }).ToList();

 foreach (var o in masterSet3)
 {
  Console.WriteLine(o.MasterId1 + "-" + o.MasterId2 + ": " + o.S3.Title + "/" +
o.S5.S6.Memo + "/" + o.S5.Detail.DetailMemo);
 }
}
}
#endregion

#region Context class

class MyContext : DbContext
{
 public DbSet<Master> MasterSet { get; set; }
 public DbSet<Detail> DetailSet { get; set; }
 public DbSet<Split1> Split1 { get; set; }

 protected override void OnConfiguring(DbContextOptionsBuilder builder)
 {
  // Set provider and connection string
  string connstring =
@"Server=.;Database=EFC_MappingScenarios_TableSplitting;Trusted_Connection=True;MultipleActiv
eResultSets=True;";
  builder.UseSqlServer(connstring);
 }

 protected override void OnModelCreating(ModelBuilder modelBuilder)
 {
  // Define a composite key
  modelBuilder.Entity<Master>().HasKey(b => new { b.MasterId1, b.MasterId2 });
```

```csharp
  // Define table splitting
  modelBuilder.Entity<Master>().OwnsOne(c => c.S1);
  modelBuilder.Entity<Master>().OwnsOne(typeof(Split2), "S2");
  modelBuilder.Entity<Master>().OwnsOne(c => c.S3, o =>
  {
   o.Property(p => p.DateTime).HasColumnName("S3-Created");
   o.Property(p => p.Title).HasColumnName("S3-Title").HasMaxLength(200);
   o.Property(p => p.Memo).HasColumnName("S3-Memo");
  });
  modelBuilder.Entity<Master>().OwnsOne(c => c.S4a);
  modelBuilder.Entity<Master>().OwnsOne(c => c.S4b);
  modelBuilder.Entity<Master>().OwnsOne(c => c.S5, o => { o.OwnsOne(x => x.S6); });
  modelBuilder.Entity<Master>().OwnsOne(c => c.S7).ToTable("Split7");
 }
}
#endregion

#region Entity Classes
public class Master
{
 public int MasterId1 { get; set; }
 public int MasterId2 { get; set; }
 public string Memo { get; set; }

 // Navigation Type to other Entity classes 1:1 and 1:N
 public List<Detail> DetailSet { get; set; }
 public Detail Detail { get; set; }

 // Owned Types, currently only 1:1 possible!
 public Split1 S1 { get; set; }
 private Split2 S2 { get; set; }
 public Split3 S3 { get; set; }
 public Split4 S4a { get; set; }
 public Split4 S4b { get; set; }
 public Split5 S5 { get; set; }

 public Split7 S7 { get; set; }
 // not possible:
 //public Split7Base S7Base { get; set; }
 public Master()
 {
  this.S2 = new Split2() { Memo = "Split2 Memo" };
 }
}

public class Detail
{
 public int DetailId { get; set; }
 public string DetailMemo { get; set; }
}
#endregion

#region Owned Types

public class Split1
{
 public string Memo { get; set; }
}
```

```csharp
public class Split2
{
 public string Memo { get; set; }


}

public class Split3
{
 public DateTime DateTime { get; set; }
 public string Title { get; set; }
 public string Memo { get; set; }
}

[Owned]
public class Split4
{
 public string Memo { get; set; }


}

[Owned]
public class Split5
{
 public string Memo { get; set; }
 public Split6 S6 { get; set; }

 public Detail Detail { get; set; }
}

[Owned]
public class Split6
{
 public string Memo { get; set; }
}

[Owned]
public class Split7 : Split7Base
{
 public string Memo { get; set; }
}

[Owned]
public class Split7Base
{
 public string MemoBase { get; set; }
}

#endregion
}
```

Hinweise:

In Entity Framework Core 1.x und 2.x war IsShadowProperty ein Property. Seit Version 3.0 ist es eine Erweiterungsmethode, sodass beim Aufruf die Schreibweise IsShadowProperty() sein muss.

In der Abfrage masterSet3 ist seit Entity Framework Core 3.0 ein AsNoTracking() notwendig, da sonst die Projektion nicht mehr funktioniert. Laufzeitfehler ist dann:

> "System.InvalidOperationException: A tracking query projects owned entity without corresponding owner in result. Owned entities cannot be tracked without their owner. Either include the owner entity in the result or make query non-tracking using AsNoTracking()."

Abbildung: Die aus dem vorherigen Listing erzeugte Datenbank

22.5.2   Weitere Möglichkeiten mit Owned Types

Es stellt sich nun die Frage, warum es in der Datenbanktabelle "Master" keine Spalte "S7_Memo" gibt, sondern eine eigene Tabelle "Split7" mit Spalte "Memo" und zwei Primärschlüsselspalten "MasterId1" und "MasterId2". Nein, es liegt nicht daran, dass Entity Framework Core eine Obergrenze für die Spalte von Owned Types besitzt, sondern auch hier wieder an der expliziten Anweisung des Entwicklers mit ToTable() nach OwnsOne():

```
modelBuilder.Entity<Master>().OwnsOne(c => c.S7).ToTable("Split7");
```

Owned Types sind eigentlich ein Instrument für Table Splitting, also eine einzige Tabelle auf mehrere Klassen aufzuteilen, oder anders gesagt, mehrere Klassen in einer Tabelle zu speichern. Microsoft erlaubt aber tatsächlich auch, Owned Types in eigene Tabelle abzulegen. Das gibt dem Softwareentwickler viel Flexibilität.

In dem Fluent-API fällt die Zeile für S2 auf, die keinen Lambda-Ausdruck, sondern eine Zeichenkette verwendet:

```
modelBuilder.Entity<Master>().OwnsOne(typeof(Split2), "S2");
```

Dies ist erforderlich, weil das Property "S2" als "private" deklariert ist und daher hier ein Lambda-Ausdruck nicht funktionieren kann.

Seit Entity Framework Core Version 2.1 ist es in vielen Fällen auch möglich, anstelle der Fluent-API-Konfiguration die Annotation Microsoft.EntityFrameworkCore.OwnedAttribute aus der Assembly und dem gleichnamigen NuGet-Paket Microsoft.EntityFrameworkCore.Abstractions [https://www.nuget.org/packages/Microsoft.EntityFrameworkCore.Abstractions] zu verwenden:

```
[Owned]
public class Split4
```

```
{
  public string Memo { get; set; }

}

[Owned]
public class Split5
{
  public string Memo { get; set; }
  public Split6 S6 { get; set; }
}

[Owned]
public class Split6
{
  ...
}
```

Damit könnte man dann auf nachstehende Zeilen in der Fluent-API-Konfiguration verzichten:

```
modelBuilder.Entity<Master>().OwnsOne(c => c.S1);
modelBuilder.Entity<Master>().OwnsOne(typeof(Split2), "S2");
modelBuilder.Entity<Master>().OwnsOne(c => c.S4a);
modelBuilder.Entity<Master>().OwnsOne(c => c.S4b);
modelBuilder.Entity<Master>().OwnsOne(c => c.S5, o => { o.OwnsOne(x => x.S6); });
```

Nur die Zeilen mit den Umbenennungen und dem ToTable() wären noch erforderlich, weil [Owned] keine Konstruktorparameter besitzt, über die der Entwickler etwas einstellen könnte.

```
modelBuilder.Entity<Master>().OwnsOne(c => c.S3, o =>
{
   o.Property(p => p.DateTime).HasColumnName("S3-Created");
   o.Property(p => p.Title).HasColumnName("S3-Title").HasMaxLength(200);
   o.Property(p => p.Memo).HasColumnName("S3-Memo");
});
modelBuilder.Entity<Master>().OwnsOne(c => c.S7).ToTable("Split7");
```

Owned Types können bis einschließlich Version 2.1 nur in 1:0/1-Beziehungen eingesetzt werden. Seit Entity Framework Core Version 2.2 sind auch 1:N-Beziehungen mit Owned Types möglich via OwnsMany().

Man definiert in der Entitätsklasse eine Menge

```
public List<Split8> S8Set { get; set; } = new List<Split8>();
```

und legt dann im Fluent-API fest:

```
modelBuilder.Entity<Master>().OwnsMany(c => c.S8Set);
```

Solche Owned Type-Mengen müssen natürlich immer in einer eigenen Tabelle abgelegt werden. Sie "erben" den Primärschlüssel der Haupttabelle.

- ⊟ ▦ dbo.Split8
  - ⊟ ▨ Columns
    - ⚷ ID (PK, int, not null)
    - ⊟ DateTime (datetime2(7), not null)
    - ⊟ Memo (nvarchar(max), null)
    - ⚷ MasterId1 (FK, int, not null)
    - ⚷ MasterId2 (FK, int, not null)

Abbildung: Tabelle für einen OwnsMany-Split

22.5.3 Daten schreiben und lesen mit Owned Types

Beim Erstellen von Objekten ist zu beachten, dass Entity Framework Core im RAM keineswegs automatisch Instanzen von Owned Types erzeugt. Für die Instanziierung ist und bleibt allein der Entwickler verantwortlich:

```
var m = new Master() { MasterId1 = 123, MasterId2 = 456 };
m.Detail = d;
m.S1 = new Split1() { Memo = "Split1 Memo" };
m.S3 = new Split3() { DateTime = DateTime.Now, Title = "Test", Memo = "Split3 Memo" };
m.S4a = new Split4() { Memo = "Split4a Memo" };
m.S4b = new Split4() { Memo = "Split4b Memo" };
m.S5 = new Split5() { Memo = "Split5 Memo" };
m.S5.S6 = new Split6() { Memo = "Split6 Memo" };
m.S5.Detail = new Detail() { DetailMemo = "Split5 Detail Memo" };
m.S7 = new Split7() { Memo = "Split7 Memo" };
ctx.MasterSet.Add(m);
var count = ctx.SaveChanges();
```

Beim Datenlesen wendet Entity Framework Core automatisch Eager Loading an, d.h. alle Owned Types werden immer mitgeladen – egal, ob der Owned Type in der gleichen oder per ToTable() in einer eigenen Tabelle liegt. So führt der LINQ-Befehl:

```
var masterSet = ctx.MasterSet.ToList();
```

zu folgendem SQL-Befehl, der alle Spalten aus der Tabelle Master und auch die Tabelle Split7 lädt:

```
SELECT [m].[MasterId1], [m].[MasterId2], [m].[DetailId], [m].[Memo],
[m.S7].[MasterId1], [m.S7].[MasterId2], [m.S7].[Memo], [m.S7].[MemoBase],
[m.S5].[MasterId1], [m.S5].[MasterId2], [m.S5].[S5_DetailId], [m.S5].[S5_Memo],
[m.S5.S6].[MasterId1], [m.S5.S6].[MasterId2], [m.S5.S6].[S5_S6_Memo],
[m.S4b].[MasterId1], [m.S4b].[MasterId2], [m.S4b].[S4b_Memo],
[m.S4a].[MasterId1], [m.S4a].[MasterId2], [m.S4a].[S4a_Memo], [m.S3].[MasterId1],
[m.S3].[MasterId2], [m.S3].[S3-Created], [m.S3].[S3-Memo], [m.S3].[S3-Title],
[m.S2].[MasterId1], [m.S2].[MasterId2], [m.S2].[S2_Memo], [m.S1].[MasterId1],
[m.S1].[MasterId2], [m.S1].[S1_Memo]
FROM [MasterSet] AS [m]
LEFT JOIN [Split7] AS [m.S7] ON ([m].[MasterId1] = [m.S7].[MasterId1]) AND
([m].[MasterId2] = [m.S7].[MasterId2])
LEFT JOIN [MasterSet] AS [m.S5] ON ([m].[MasterId1] = [m.S5].[MasterId1]) AND
([m].[MasterId2] = [m.S5].[MasterId2])
LEFT JOIN [MasterSet] AS [m.S5.S6] ON ([m.S5].[MasterId1] =
[m.S5.S6].[MasterId1]) AND ([m.S5].[MasterId2] = [m.S5.S6].[MasterId2])
LEFT JOIN [MasterSet] AS [m.S4b] ON ([m].[MasterId1] = [m.S4b].[MasterId1]) AND
([m].[MasterId2] = [m.S4b].[MasterId2])
LEFT JOIN [MasterSet] AS [m.S4a] ON ([m].[MasterId1] = [m.S4a].[MasterId1]) AND
([m].[MasterId2] = [m.S4a].[MasterId2])
LEFT JOIN [MasterSet] AS [m.S3] ON ([m].[MasterId1] = [m.S3].[MasterId1]) AND
([m].[MasterId2] = [m.S3].[MasterId2])
LEFT JOIN [MasterSet] AS [m.S2] ON ([m].[MasterId1] = [m.S2].[MasterId1]) AND
([m].[MasterId2] = [m.S2].[MasterId2])
LEFT JOIN [MasterSet] AS [m.S1] ON ([m].[MasterId1] = [m.S1].[MasterId1]) AND
([m].[MasterId2] = [m.S1].[MasterId2])
```

Dabei ist die hohe Redundanz in dem erzeugten SQL-Befehl auffallend, da immer wieder die Tabelle MasterSet mit sich selbst "gejoint" wird. Man hätte das gleiche auch mit nur einem Join zwischen Master und Split7 erreichen können.

Das Eager Loading bezieht sich aber wirklich nur auf die Owned Types. In den folgenden Zeilen liefert DetailMemo keinen Wert, weil Detail den Wert null besitzt. Der Operator ?. verhindert den Programmabsturz mit einer NullReferenceExeption.

```
foreach (var o in masterSet)
{
 Console.WriteLine(o.MasterId1 + "-" + o.MasterId2 + ": " + o.S3.Title + "/" + o.S5.S6.Memo +
"/" + o.S5.Detail?.DetailMemo);
}
```

Detail wird nur geladen, weil es ein Include() dafür gibt.

```
var masterSet2 = ctx.MasterSet.Include(x => x.S5.Detail).ToList();
```

Es ist nicht verboten, auch Include()-Befehle für die Owned Types abzusetzen, aber es ist überflüssig.

```
var masterSet2 = ctx.MasterSet.Include(x => x.S5.S6).Include(x => x.S5.Detail).ToList();
```

Will man das Eager Loading von Owned Types verhindern, dann muss man eine Projektion einsetzen. Im Fall dieses LINQ-Befehls mit Projektion via Select()-Methode

```
var masterSet3 = ctx.MasterSet.Include(x => x.S5.Detail).Select(x => new { x.MasterId1,
x.MasterId2, x.S3, x.S5, x.S5.S6, x.S5.Detail }).ToList();
```

erhält das Datenbankmanagementsystem folgenden SQL-Befehl, der nur die angeforderten Spalten lädt. Entsprechend gibt es weniger Joins, weil nicht alle Owned Types betroffen sind:

```
SELECT [x.S5].[MasterId1], [x.S5].[MasterId2], [x.S5].[S5_DetailId],
[x.S5].[S5_Memo], [x.S5.S6].[MasterId1], [x.S5.S6].[MasterId2],
[x.S5.S6].[S5_S6_Memo], [x.S5.Detail].[DetailId], [x.S5.Detail].[DetailMemo],
[x.S5.Detail].[MasterId1], [x.S5.Detail].[MasterId2], [x.S3].[MasterId1],
[x.S3].[MasterId2], [x.S3].[S3-Created], [x.S3].[S3-Memo], [x.S3].[S3-Title],
[x].[MasterId1] AS [MasterId10], [x].[MasterId2] AS [MasterId20]
FROM [MasterSet] AS [x]
LEFT JOIN [MasterSet] AS [x.S5] ON ([x].[MasterId1] = [x.S5].[MasterId1]) AND
([x].[MasterId2] = [x.S5].[MasterId2])
LEFT JOIN [MasterSet] AS [x.S5.S6] ON ([x.S5].[MasterId1] =
[x.S5.S6].[MasterId1]) AND ([x.S5].[MasterId2] = [x.S5.S6].[MasterId2])
LEFT JOIN [DetailSet] AS [x.S5.Detail] ON [x.S5].[S5_DetailId] =
[x.S5.Detail].[DetailId]
LEFT JOIN [MasterSet] AS [x.S3] ON ([x].[MasterId1] = [x.S3].[MasterId1]) AND
([x].[MasterId2] = [x.S3].[MasterId2])
```

22.5.4   Einschränkungen bei Owned Types

Für einen Owned Type sollte es kein Property vom Typ DbSet<OwnedTyp> in der Kontextklasse geben; denn dann wäre es ja auch kein Owned Typ mehr, sondern ein vollständiger Entitätstyp. Grundsätzlich lässt Entity Framework Core zwar ein

```
class MyContext : DbContext
 {
  …
  public DbSet<Split1> Split1 { get; set; }
}
```

zu, beim Versuch, ein Objekt mit Add() anzufügen, steigt der ORM dann aber aus: "Unable to track an entity of type 'Split1' because primary key property 'MasterId1' is null." Dabei hat ja Split1 gar kein Property mit Namen "MasterId1".

Man kann aber durchaus bei der Kontextklasse Metadaten für einen Owned Type anfordern, auch wenn es gar kein DbSet<OwnedTyp> gibt:

```
var obj3 = new Split1();
```

```
foreach (var p in ctx.Entry(obj3).Properties)
  {
    Console.WriteLine(p.Metadata.Name + ": " + p.Metadata.IsShadowProperty());
  }
```

> **Hinweis:** In Entity Framework Core 1.x und 2.x war IsShadowProperty ein Property. Seit Version 3.0 ist es eine Erweiterungsmethode, sodass beim Aufruf die Schreibweise IsShadowProperty() sein muss.

Diese Programmcodezeilen liefern folgende Ausgabe von drei Properties in der Klasse Split1, obwohl diese ja im Programmcode nur ein Property besitzt:

```
MasterId1: True
MasterId2: True
Memo: False
```

Dies zeigt, dass der Owned Type zwei Shadow Properties für jede der beiden Primärschlüsselspalten von Entity Framework Core erhält; somit erklärt sich auch obige Fehlermeldung, dass MasterId1 null ist.

Das Beispiel in diesem Kapitel hat gezeigt, dass ein Owned Type durchaus eine Vererbung besitzen darf, auch wenn in der Dokumentation in der Sektion "Current shortcomings" zu lesen ist: "Inheritance hierarchies that include owned entity types are not supported" [https://docs.microsoft.com/en-us/ef/core/modeling/owned-entities]. Entity Framework Core unterstützt aber nicht, aus einer einzigen Vererbungshierarchie mehrere Klassen als Owned Types in der gleichen Entitätsklasse zu verwenden:

```
public class Master
{
...
  public Split7 S7 { get; set; }
  public Split7Base S7Base { get; set; }
}
```

Die obigen Programmcodezeilen mit einem Verweis auf Split7 und Split7Base bringen Entity Framework Core aus dem Konzept und es kommt der Laufzeitfehler: "The entity type 'Split7Base' requires a primary key to be defined." Die Meldung ist natürlich unsinnig, denn die Klasse Split7Base besitzt die Annotation [Owned], ist also kein Entitätstyp, wie die Fehlermeldung behauptet.

22.6   Sequenzobjekte (Sequences)

Ein Sequenzobjekt (alias Sequenz, engl. Sequence) ist ein im ANSI-SQL-Standard 2003 [https://en.wikipedia.org/wiki/SQL:2003] definiertes und bei einigen relationalen Datenbankmanagementsystemen (z.B. Oracle, Microsoft SQL Server) vorhandenes Konzept für die flexible Festlegung von Autowerten - als Alternative zu den herkömmlichen "Identity Increment"-Werten. In Microsoft SQL Server gibt es Sequenzen seit Version 2012.

22.6.1   Was sind Sequenzen?

Eine Sequenz liefert Zahlen in aufsteigender oder absteigender Reihenfolge, die in einem definierten Intervall generiert werden. Die Sequenz kann so konfiguriert werden, dass sie beim Erreichen eines definierbaren Endwertes neu gestartet wird, also einen Zyklus bildet (Sequenzzyklus). Während Identitätsspalten nur mit tinyint, smallint, int und bigint funktionieren, kann man Sequenzen auch zur Vergabe von Werten für die Spaltentypen decimal und numeric verwenden.

Sequenzobjekte haben daher folgende Eigenschaften:

- Minimalwert

- Maximalwert

- Startwert (ein Wert zwischen Minimal- und Maximalwert), der die erste Zahl darstellt, die
  geliefert wird

- Inkrement bzw. Dekrement: Wert, um die der aktuelle Wert erhöht wird für den nächsten Wert

- Sequenzzyklus: Ja oder Nein

Anders als Identitätsspalten sind Sequenzobjekte unabhängig von einer Tabelle, können also von
mehreren Tabellen verwendet werden.

22.6.2   Erstellen von Sequenzen mit T-SQL

Sequenzobjekte sieht man im Microsoft SQL Server Management Studio (SSMS) im Ast
"Programmability/Sequences" einer Datenbank. Dort kann man sie auch in einem Dialog anlegen.

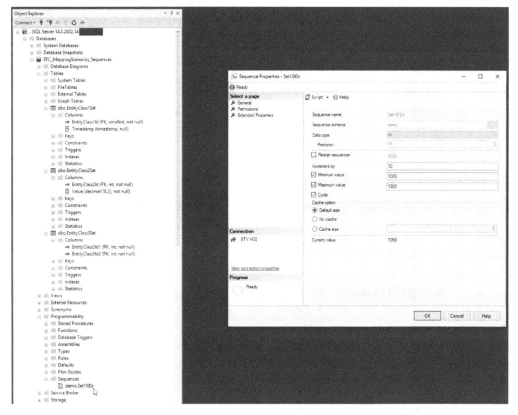

Abbildung: Eine Sequenz im SQL Server Management Studio

Alternativ kann man Sequenzen per T-SQL anlegen:

```
CREATE SEQUENCE [demo].[Set10IDs]
 AS [int]
 START WITH 1100
 INCREMENT BY 10
 MINVALUE 1000
```

```
MAXVALUE 1300
CYCLE
GO
```

Von Sequenzen kann man das nächste Element abrufen, ohne eine Zeile in einer Tabelle einzufügen. Dies geht in T-SQL via:

```
select NEXT VALUE FOR schema.NameDerSequenz
```

Danach gilt die Sequenznummer als abgerufen. Der Abruf wird nicht rückgängig gemacht, wenn er Teil einer Transaktion ist, die abgebrochen wird.

Sequenzen können als Standardwerte für Spalten verwendet werden. Während es für jede Tabelle nur eine Spalte mit "Identity Increment" geben darf, sind mehrere Spalten mit Sequenzzuordnungen möglich. Das folgende Listing zeigt das Anlegen einer Tabelle mit einer "Identity Increment"-Spalte ("ID1") und drei Spalten mit Sequenzstandardwerten ("ID2","ID3" und "ID4"). Dabei verwenden ID2 und ID3 die Sequenz Seq1, die bei 100 startet und mit Schritt 1 hochzählt, während ID4 die Sequenz Seq2 nutzt, die bei 1000 startet und mit Schritt 10 hochzählt.

```
CREATE SCHEMA Demo ;
GO


-- Create two sequences
CREATE SEQUENCE Demo.Seq1
    START WITH 100
    INCREMENT BY 1 ;
GO


CREATE SEQUENCE Demo.Seq10
    START WITH 1000
    INCREMENT BY 10 ;
GO


-- Create a table using the two sequences
CREATE TABLE Demo.SequenceTest
    (ID1 int IDENTITY (10,1) PRIMARY KEY,
    ID2 int not null  DEFAULT (NEXT VALUE FOR Demo.Seq1),
      ID3 int not null  DEFAULT (NEXT VALUE FOR Demo.Seq1),
      ID4 int not null  DEFAULT (NEXT VALUE FOR Demo.Seq10),
    Memo  nvarchar(max)
      ) ;
GO


-- Create data
INSERT INTO Demo.SequenceTest VALUES ( DEFAULT,DEFAULT,DEFAULT,'test1' )
INSERT INTO Demo.SequenceTest VALUES ( DEFAULT,DEFAULT,DEFAULT,'test2' )
INSERT INTO Demo.SequenceTest VALUES ( DEFAULT,DEFAULT,DEFAULT,'test3' )


-- Query
SELECT * FROM Demo.SequenceTest
```

Wenn man sich das Ergebnis ansieht, erkennt man, dass ID2 und ID3 die gleichen Werte erhalten. Dies ist auch im ANSI-Standard so festgelegt: "If there are multiple instances of the NEXT VALUE FOR function specifying the same sequence generator within a single Transact-SQL statement, all those instances return the same value for a given row processed by that Transact-SQL statement. This behavior is consistent with the ANSI standard."

[https://docs.microsoft.com/en-us/sql/relational-databases/sequence-numbers/sequence-numbers?view=sql-server-2017]

	ID1	ID2	ID3	ID4	Memo
1	10	100	100	1000	test1
2	11	101	101	1010	test2
3	12	102	102	1020	test3

Abbildung: Ausgabe des obigen T-SQL-Skripts

22.6.3   Erstellen von Sequenzen beim Forward Engineering

Bei Entity Framework Core wird eine Sequenz im Fluent-API per HasSequence() definiert und dann mit HasDefaultValueSql() verwendet (z.B. für Primärschlüssel). Es gibt keine vordefinierte Datenannotation für die Festlegung von Sequenzen.

Das folgende Listing zeigt die Definition einer zyklischen Sequenz zwischen 1000 und 1300 mit 10er-Schritten und dem Start bei 1100. Diese Sequenz wird dann an drei Stellen (einfacher Primärschlüssel, zusammengesetzter Primärschlüssel und sonstige Spalte) verwendet, indem mit HasDefaultValueSql("NEXT VALUE FOR Sequenzname") der Abruf des nächsten Wertes als Standardwert für eine Spalte festgelegt wird.

Listing: Erstellen und Anwenden von Sequenzen

```
// zyklische Sequenz zwischen 1000 und 1300, 10er Schritte, Start bei 1100
modelBuilder.HasSequence<int>("ZehnerSprungIDs", schema: "demo")
.StartsAt(1100).IncrementsBy(10).HasMin(1000).HasMax(1300).IsCyclic();

// Sequenz verwendet für Primärschlüssel (short)
modelBuilder.Entity<Entitaetsklasse1>()
        .Property(o => o.Entitaetsklasse1Id)
        .HasDefaultValueSql("NEXT VALUE FOR demo.ZehnerSprungIDs");
// Sequenz verwendet für normale Spalte (decimal)
modelBuilder.Entity<Entitaetsklasse2>()
      .Property(o => o.Wert)
      .HasDefaultValueSql("NEXT VALUE FOR demo.ZehnerSprungIDs");

// Sequenz verwendet für Teil des zusammengesetzten Primärschlüssels (int)
modelBuilder.Entity<Entitaetsklasse3>().HasKey(b => new { b.Entitaetsklasse3Id1,
b.Entitaetsklasse3Id2 });
modelBuilder.Entity<Entitaetsklasse3>()
    .Property(o => o.Entitaetsklasse3Id1)
    .HasDefaultValueSql("NEXT VALUE FOR demo.ZehnerSprungIDs");
```

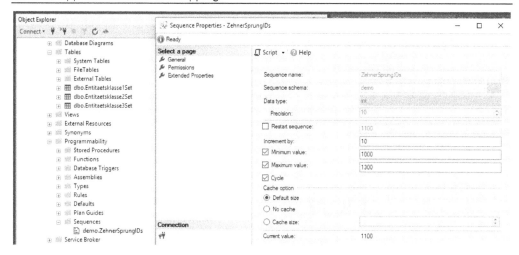

Abbildung: Erstellte Sequenz im Microsoft SQL Server Management Studio

22.6.4   Sequenzen im Einsatz

Das folgende Listing zeigt ein in sich geschlossenes Gesamtbeispiel:

- Die Kontextklasse verweist auf drei Entitätsklassen.

- Die Kontextklasse erstellt eine Sequenz.

- In der Entitaetsklasse1 wird die Sequenz für den Primärschlüssel verwendet.

- In der Entitaetsklasse2 wird die Sequenz für die Spalte "Wert" (Typ decimal) verwendet.

- In der Entitaetsklasse3 wird die Sequenz für einen Teil des Primärschlüssels verwendet.

- Im Programm werden dann Instanzen aller drei Klassen erzeugt und persistiert.

Listing: Projekt EFC_MappingTest, Sequences.cs

```
using ITVisions;
using Microsoft.EntityFrameworkCore;
using System;
using System.ComponentModel.DataAnnotations;

/// <summary>
/// Dieses Beispiel zeigt Definition und Einsatz der Sequenzobjekte.
/// In diesem Beispiel sind bewusst mehrere Klassen in einer Datei realisiert, damit das
Beispiel übersichtlicher ist.
/// </summary>
namespace EFC_MappingTest.Sequences
{

 class Kontext : DbContext
 {
  public DbSet<Entitaetsklasse1> Entitaetsklasse1Set { get; set; }
  public DbSet<Entitaetsklasse2> Entitaetsklasse2Set { get; set; }
  public DbSet<Entitaetsklasse3> Entitaetsklasse3Set { get; set; }
  protected override void OnConfiguring(DbContextOptionsBuilder builder)
  {
   // Provider und Connection String festlegen!
```

```
   string connstring =
@"Server=.;Database=EFC_MappingTest_Sequences10;Trusted_Connection=True;MultipleActiveResultS
ets=True;";
   builder.UseSqlServer(connstring);
   builder.EnableSensitiveDataLogging(true);
 }


 protected override void OnModelCreating(ModelBuilder modelBuilder)
 {
   // zyklische Sequenz zwischen 1000 und 1300, 10er-Schritte, Start bei 1100
   modelBuilder.HasSequence<int>("ZehnerSprungIDs", schema: "demo")
     .StartsAt(1100).IncrementsBy(10).HasMin(1000).HasMax(1300).IsCyclic();

   // Sequenz verwendet für Primärschlüssel (short)
   modelBuilder.Entity<Entitaetsklasse1>()
           .Property(o => o.Entitaetsklasse1Id)
           .HasDefaultValueSql("NEXT VALUE FOR demo.ZehnerSprungIDs");
   // Sequenz verwendet für normale Spalte (decimal)
   modelBuilder.Entity<Entitaetsklasse2>()
         .Property(o => o.Wert)
         .HasDefaultValueSql("NEXT VALUE FOR demo.ZehnerSprungIDs");

   // Sequenz verwendet für Teil des zusammengesetzten Primärschlüssels (int)
   modelBuilder.Entity<Entitaetsklasse3>().HasKey(b => new { b.Entitaetsklasse3Id1,
b.Entitaetsklasse3Id2 });
   modelBuilder.Entity<Entitaetsklasse3>()
       .Property(o => o.Entitaetsklasse3Id1)
       .HasDefaultValueSql("NEXT VALUE FOR demo.ZehnerSprungIDs");
 }
 }

public class Entitaetsklasse1
{
 public short Entitaetsklasse1Id { get; set; }
 [Timestamp]
 public byte[] Timestamp { get; set; }
}

public class Entitaetsklasse2
{
 public int Entitaetsklasse2Id { get; set; }
 public decimal Wert { get; set; }
}

public class Entitaetsklasse3
{
 public int Entitaetsklasse3Id1 { get; set; }
 public int Entitaetsklasse3Id2 { get; set; }
}

class SequencesDemos
{
 public static void Run()
 {
   CUI.MainHeadline("---------- Datenbank erstellen");
   using (var ctx = new Kontext())
   {
    //ctx.Log();
    CUI.Print("Datenbank: " + ctx.Database.GetDbConnection().ConnectionString);
```

```
var e = ctx.Database.EnsureCreated();
if (e)
{
 CUI.Print("Datenbank wurde neu erzeugt!");
}
else
{
 CUI.Print("Datenbank war vorhanden!");
}

for (int i = 0; i < 3; i++)
{
 var obj1 = new Entitaetsklasse1();
 ctx.Entitaetsklasse1Set.Add(obj1);

 CUI.Headline("Entitaetsklasse1");
 Console.WriteLine($"VOHER: Primärschlüssel: {obj1.Entitaetsklasse1Id}");
 var anz1 = ctx.SaveChanges();
 Console.WriteLine($"Gespeicherte Änderungen: {anz1}.Primärschlüssel:
{obj1.Entitaetsklasse1Id}");
 CUI.Headline("Entitaetsklasse2");
 var obj2 = new Entitaetsklasse2();
 ctx.Entitaetsklasse2Set.Add(obj2);
 Console.WriteLine($"VOHER: Primärschlüssel: {obj2.Entitaetsklasse2Id} Wert:
{obj2.Wert}");
 var anz2 = ctx.SaveChanges();
 Console.WriteLine($"Gespeicherte Änderungen: {anz2}. Primärschlüssel:
{obj2.Entitaetsklasse2Id} Wert: {obj2.Wert}");
 CUI.Headline("Entitaetsklasse3");
 var obj3 = new Entitaetsklasse3();
 ctx.Entitaetsklasse3Set.Add(obj3);
 Console.WriteLine($"VOHER: Primärschlüssel:
{obj3.Entitaetsklasse3Id1}/{obj3.Entitaetsklasse3Id2}");
 var anz3 = ctx.SaveChanges();
 Console.WriteLine($"Gespeicherte Änderungen: {anz3}. Primärschlüssel:
{obj3.Entitaetsklasse3Id1}/{obj3.Entitaetsklasse3Id2}");
   }
  }
 }
 }
}
```

Die folgende Bildschirmabbildung zeigt nicht den ersten Durchlauf, der bei Sequenznummer 1100 gestartet ist, sondern einen der folgenden Durchläufe. Für Entitaetsklasse1 wird die Sequenznummer 1280 vergeben, für Entitaetsklasse2 die 1290 und für Entitaetsklasse3 die 1300. Damit ist das Ende des Wertebereichs der zyklischen Sequenz erreicht. Der nächste Wert ist daher die 1000.

```
H:\TFS\Demos\EF\EFC_WWWings\EFC_MappingTest\bin\Debug\EFC_MappingTest.exe                                    –

---------- Datenbank erstellen
Datenbank: Server=.;Database=EFC_MappingTest_Sequences10;Trusted_Connection=True;MultipleActiveResultSets=True;
Datenbank war vorhanden!
Entitaetsklasse1
VOHER: Primärschlüssel: -32667
Gespeicherte Änderungen: 1.Primärschlüssel: 1280
Entitaetsklasse2
VOHER: Primärschlüssel: -2147482647 Wert: 0
Gespeicherte Änderungen: 1. Primärschlüssel: 7 Wert: 1290,00
Entitaetsklasse3
VOHER: Primärschlüssel: -2147482647/0
Gespeicherte Änderungen: 1. Primärschlüssel: 1300/0
Entitaetsklasse1
VOHER: Primärschlüssel: -32666
Gespeicherte Änderungen: 1.Primärschlüssel: 1000
Entitaetsklasse2
VOHER: Primärschlüssel: -2147482646 Wert: 0
Gespeicherte Änderungen: 1. Primärschlüssel: 8 Wert: 1010,00
Entitaetsklasse3
VOHER: Primärschlüssel: -2147482646/0
Gespeicherte Änderungen: 1. Primärschlüssel: 1020/0
Entitaetsklasse1
VOHER: Primärschlüssel: -32665
Gespeicherte Änderungen: 1.Primärschlüssel: 1030
Entitaetsklasse2
VOHER: Primärschlüssel: -2147482645 Wert: 0
Gespeicherte Änderungen: 1. Primärschlüssel: 9 Wert: 1040,00
Entitaetsklasse3
VOHER: Primärschlüssel: -2147482645/0
Gespeicherte Änderungen: 1. Primärschlüssel: 1050/0
```

Abbildung: Ausgabe des obigen Listings

Praxishinweis: Falls es irgendwann dazu kommt, dass im Rahmen des Sequenzzyklus ein Wert
für einen Primärschlüssel verwendet wird, der schon in dieser Tabelle im Einsatz ist, kommt es
zu einem Laufzeitfehler: "Violation of PRIMARY KEY constraint 'PK_Entitaetsklasse1Set'.
Cannot insert duplicate key in object 'dbo.Entitaetsklasse1Set'. The duplicate key value is (…)."

22.7   Alternative Schlüssel

Eine Datenbanktabelle in einer relationalen Datenbank kann neben einem Primärschlüssel (der aus
einer oder mehreren Spalten bestehen kann) weitere Schlüssel (die ebenfalls aus einer oder
mehreren Spalten bestehen können) besitzen, die jede Zeile in der Datenbanktabelle eindeutig
identifizieren. Dafür besitzen Datenbankmanagementsysteme Konzepte wie Unique Index und
Unique Constraint. Beide Konzepte sind sehr ähnlich. Dies wird für Microsoft SQL Server in
[https://technet.microsoft.com/en-us/library/aa224827(v=sql.80).aspx] diskutiert mit dem Fazit
"In summary, we can safely conclude that there's no practical difference between a unique
constraint and a unique index other than the fact that the unique constraint is also listed as a
constraint object in the database".

Das klassische Entity Framework Core erlaubt lediglich die Erstellung eines Unique Index. Im neu
implementierten Entity Framework Core kann man bereits seit Version 1.0 zusätzlich auch Unique
Constraints erstellen. Entity Framework Core nennt dies einen alternativen Schlüssel ("Alternate
Key"), siehe folgende Tabelle. Der alternative Schlüssel kann im Gegensatz zu dem eindeutigen
Index auch in einer Beziehung zwischen Tabellen als Fremdschlüssel Verwendung finden.

	Eindeutiger Index	**Alternativer Schlüssel**
Datenbankkonzept	Unique Index	Unique Constraint
Unterstützt in Entity Framework	Ja, ab Version 6.1	Nein

Unterstützt in Entity Framework Core	Ja, ab Version 1.0	Ja, ab Version 1.0
Verwendung als Fremdschlüssel in Beziehungen in Entity Framework / Entity Framework Core	Nein	Ja

Tabelle: Eindeutiger Index versus Alternativer Schlüssel

22.7.1 Alternative Schlüssel definieren

Einen alternativen Schlüssel definiert man im Fluent-API von Entity Framework Core, also in der Methode OnModelCreating() der Kontextklasse, mit dem Aufruf HasAlternateKey() auf einem EntityTypeBuilder<T>-Objekt. Hier erhält die Klasse "Detail" einen alternativen Schlüssel für die Spalte "Guid":

```
modelBuilder.Entity<Detail>()
.HasAlternateKey(c => c.Guid);
```

Ein alternativer Schlüssel kann genau wie ein Primärschlüssel aus mehreren Spalten zusammengesetzt sein. Dafür verwendet man ein anonymes Objekt als Parameter bei HasAlternateKey(). Das folgende Beispiel zeigt die Zusammensetzung des alternativen Schlüssels aus den Spalten "Guid" und "Area" in der Tabelle "Detail":

```
modelBuilder.Entity<Detail>()
.HasAlternateKey(c => new { c.Guid, c.Area });
```

Entity Framework Core lässt die Namen der Unique Constraints mit den Buchstaben "AK" (wie "Alternative Key") beginnen. Wenn dem Softwareentwickler die von Entity Framework Core vergebenen Namen der Unique Constraints nicht gefallen, kann er im Fluent-API auch eigene Namen vergeben mit HasName(), zum Beispiel:

```
// Alternate key with one column
modelBuilder.Entity<Detail>()
.HasAlternateKey(c => c.Guid)
.HasName("UniqueContraint_Detail_Guid"); ;
// Alternative key with two columns
modelBuilder.Entity<Detail>()
.HasAlternateKey(c => new { c.Guid, Area = c.Area })
.HasName("UniqueContraint_Detail_GuidAndArea");
```

Die folgende Abbildung zeigt die angelegten Unique Constraints im Microsoft SQL Server Management Studio. Zu beachten ist, dass die Unique Constraints nicht unter dem Ast "Constraints" sichtbar sind, sondern bei "Keys" und bei "Indexes" jeweils mit einem nach oben gerichtetem Schlüssel erscheinen, während die schwarz gefüllten horizontalen, nach links gerichteten Schlüssel Primärschlüssel sind und die weißen, nach rechts gerichteten Schlüssel Fremdschlüssel darstellen.

Die Tabelle "MasterSet" besitzt neben dem Primärschlüssel eine Unique Constraint für die "Guid"-Spalte. Die Tabelle "DetailSet" besitzt neben dem Primärschlüssel " PK_DetailSet" und dem Fremdschlüssel "PK_DetailSet", der zur "Guid"-Spalte von "MasterSet" führt, noch zwei Unique Constraints: Eine nur auf der "Guid"-Spalte und eine auf "Guid"- und "Area"-Spalte zusammen. Dies beweist, dass Entity Framework Core auch erlaubt, dass eine Spalte Teil mehrerer alternativer Schlüssel sein kann.

Für die Praxis sei gesagt, dass man Beziehungen immer über Ganzzahlenspalten bilden, und der Fremdschlüssel sollte sich auf den Primärschlüssel beziehen sollte, weil dies die größte

Performance und den geringsten Speicherverbrauch bietet. Die hier gezeigte Beziehung über eine GUID-Spalte dient nur der Veranschaulichung, dass dies möglich ist.

Man sieht in der nächsten Abbildung auch noch einen Unique Index mit Namen "UniqueIndex_Master_ReplicationGuid" in der Tabelle Master. Dieser Unique Index erscheint nur unter "Indexes" mit einer Objektbaumdarstellung, nicht aber unter "Keys". Einen Unique Index legt man mit HasIndex() und Unique() an, wobei HasName() optional ist:

```
modelBuilder.Entity<Master>()
.HasIndex(c => c.ReplicationGuid)
.IsUnique()
.HasName("UniqueIndex_Master_ReplicationGuid");
```

Abbildung: Unique Constraints und Unique Indexes Im Object Explorer des Microsoft SQL Server Management Studio

22.7.2 Alternative Schlüssel im Einsatz

Das nächste Listing zeigt ein in sich geschlossenes Gesamtbeispiel:

- Die Kontextklasse verweist auf zwei Entitätsklassen: Master und Detail.

- Die Klasse "Master" besitzt neben dem Primärschlüssel einen alternativen Schlüssel für die "Guid"-Spalte und einen Unique Index für "ReplicationGuid".

- Die Klasse "Detail" besitzt neben dem Primärschlüssel und dem Fremdschlüssel, der zur "Guid"-Spalte von "Master" führt, noch zwei alternative Schlüssel: Einen nur auf der "Guid"-Eigenschaft und einen auf "Guid"- und "Area"-Eigenschaft zusammen.

- Das Programm gibt zunächst die Liste der Properties beider Klassen aus und schreibt auf den Bildschirm, ob es sich dabei um einen Schlüssel (IsKey()) oder auch zusätzlich um einen Primärschlüssel (IsPrimaryKey()) oder Index (IsIndex())) handelt. Dabei ist zu beachten, dass IsKey() für Primärschlüssel, Fremdschlüssel und alternative Schlüssel "true" liefert, aber IsIndex() nur für Fremdschlüssel und Unique Index true liefert, weil nur diese Objekte aus der Sicht von Entity Framework Core einen expliziten Index erhalten haben. Auch die alternativen Schlüssel listet ja SQL Server Management Studio unter "Indexes", aber das interessiert Entity Framework Core an dieser Stelle nicht.

- Das Programm erzeugt dann ein Detailobjekt und ein Hauptobjekt. Es verbindet diese über die GUID.

Listing: Alternative Schlüssel im Einsatz

```
using ITVisions;
using Microsoft.EntityFrameworkCore;
using System;
using System.Collections.Generic;


namespace EFC_MappingScenarios.AlternateKeys
{
 /// <summary>
 /// In this example, several classes are deliberately implemented in one file, so that the
example is concise.
 /// </summary>
 class DEMO_AlternateKeys
 {
  public static void Run()
  {
   CUI.MainHeadline(nameof(DEMO_AlternateKeys));
   using (var ctx = new MyContext())
   {
    CUI.Print("Database: " + ctx.Database.GetDbConnection().ConnectionString);

    var e1 = ctx.Database.EnsureDeleted();
    if (e1)
    {
     CUI.Print("Database has been deleted!");
    }

    var e2 = ctx.Database.EnsureCreated();
    if (e2)
    {
     CUI.Print("Database has been created!");
    }
```

```csharp
    else
    {
     CUI.Print("Database exists!");
    }

    CUI.Headline("Metadata for entity Detail");
    var obj1 = new Detail();
    foreach (var p in ctx.Entry(obj1).Properties)
    {
     Console.WriteLine(p.Metadata.Name + ": Key=" + p.Metadata.IsKey() + " PrimaryKey=" +
p.Metadata.IsPrimaryKey() + " Index=" + p.Metadata.IsIndex());
    }

    CUI.Headline("Metadata for entity Master");
    var obj2 = new Master();
    foreach (var p in ctx.Entry(obj2).Properties)
    {
     Console.WriteLine(p.Metadata.Name + ": Key=" + p.Metadata.IsKey() + " PrimaryKey=" +
p.Metadata.IsPrimaryKey() + " Index=" + p.Metadata.IsIndex());
    }

    CUI.Headline("Two new objects...");
    var h = new Master();
    h.Guid = Guid.NewGuid();
    var d = new Detail();
    d.Guid = Guid.NewGuid();
    d.Area = "AB";
    h.DetailSet.Add(d);
    ctx.MasterSet.Add(h);
    var count = ctx.SaveChanges();
    if (count > 0)
    {
     CUI.PrintSuccess(count + " Saved changes!");
     CUI.Headline("Master object");
     Console.WriteLine(h.ToNameValueString());
     CUI.Headline("Detail object");
     Console.WriteLine(d.ToNameValueString());
    }
   }
  }
 }

/// <summary>
/// Context class
/// </summary>
class MyContext : DbContext
{
 public DbSet<Master> MasterSet { get; set; }
 public DbSet<Detail> DetailSet { get; set; }

 protected override void OnConfiguring(DbContextOptionsBuilder builder)
 {
  // Set provider and connection string
  string connstring =
@"Server=D120;Database=EFC_MappingScenarios_AlternateKey;Trusted_Connection=True;MultipleActi
veResultSets=True;";
  builder.UseSqlServer(connstring);
 }

 protected override void OnModelCreating(ModelBuilder modelBuilder)
```

```
{
  // Alternate key with one column
  modelBuilder.Entity<Detail>()
    .HasAlternateKey(c => c.Guid).HasName("UniqueContraint_Detail_Guid"); ;

  // Alternative key with two columns
  modelBuilder.Entity<Detail>()
 .HasAlternateKey(c => new { c.Guid, Bereich = c.Area
}).HasName("UniqueContraint_Detail_GuidAndArea");

  // Alternate key with one column
  modelBuilder.Entity<Master>()
    .HasAlternateKey(c => c.Guid).HasName("UniqueContraint_Master_Guid"); ;

  // Unique Index
  modelBuilder.Entity<Master>()
 .HasIndex(c => c.ReplicationGuid).IsUnique().HasName("UniqueIndex_Master_ReplicationGuid");

  // The Entity Framework Core automatically generates an alternate key if, in a
relationship definition, you do not create the relationship between foreign key and primary
key, but use a different column of the parent class instead of the primary key.
  modelBuilder.Entity<Detail>()
        .HasOne(p => p.Master)
        .WithMany(b => b.DetailSet)
        .HasForeignKey(p => p.MasterGuid)
        .HasPrincipalKey(b => b.Guid);
 }
}


/// <summary>
/// Entity class
/// </summary>
public class Master
{
 public int MasterID { get; set; }
 public Guid Guid { get; set; }
 public Guid ReplicationGuid { get; set; }
 public string Memo { get; set; }
 public List<Detail> DetailSet { get; set; } = new List<Detail>();
}


/// <summary>
/// Entity class
/// </summary>
public class Detail
{
 public string DetailID { get; set; }
 public string DetailMemo { get; set; }
 public Guid Guid { get; set; }
 public string Area { get; set; }
 public Guid MasterGuid { get; set; }
 public Master Master { get; set; }
}
}
```

```
DEMO_AlternateKeys                                                    —   □   ×
Entity Framework Core Samples
(C) Dr. Holger Schwichtenberg 2016-2019, www.EFCore.net
Application compiled for: .NETFramework,Version=v4.7.2
Application running on: 4.7.03056 / 461808
EF Core version: 2.2.0.0/2.2.0-rtm-35687
DEMO_AlternateKeys
Database: Server=D120;Database=EFC_MappingScenarios_AlternateKey;Trusted_Connection=True;MultipleActiveResultSets=True;
Database has been deleted!
Database has been created!
Metadata for entity Detail
DetailID: Key=True PrimaryKey=True Index=False
Area: Key=True PrimaryKey=False Index=False
DetailMemo: Key=False PrimaryKey=False Index=False
Guid: Key=True PrimaryKey=False Index=False
MasterGuid: Key=False PrimaryKey=False Index=True
Metadata for entity Master
MasterID: Key=True PrimaryKey=True Index=False
Guid: Key=True PrimaryKey=False Index=False
Memo: Key=False PrimaryKey=False Index=False
ReplicationGuid: Key=False PrimaryKey=False Index=True
Two new objects...
2 Saved changes!
Master object
DetailSet: 1x EFC_MappingScenarios.AlternateKeys.Detail
Guid: f33f76f7-09dc-4ce9-92d5-8ad211284b87
MasterID: 1
Memo:
ReplicationGuid: 00000000-0000-0000-0000-000000000000
Detail object
Area: AB
DetailID: afb937e2-150f-4035-92c6-12092d5b9527
DetailMemo:
Guid: f43b3af1-b55d-492d-8974-68f3398091dd
Master: EFC_MappingScenarios.AlternateKeys.Master
MasterGuid: f33f76f7-09dc-4ce9-92d5-8ad211284b87
==== DONE!
```

Abbildung: Ausgabe des obigen Listings

ACHTUNG: Alternative Schlüssel dürfen genauso wie Primärschlüssel nicht den Null-Wert besitzen. Dies quittiert Entity Framework Core mit dem Laufzeitfehler, der auch besagt, dass in einem Unique Index Null erlaubt ist: "Unable to track an entity of type 'DetailKlasse' because alternate key property 'Guid' is null. If the alternate key is not used in a relationship, then consider using a unique index instead. Unique indexes may contain nulls, while alternate keys must not."

22.8   Kaskadierendes Löschen (Cascading Delete)

Wenn in einer Objektbeziehung (1:1, 1:n) ein Master-Datensatz gelöscht wird, bezeichnet "kaskadierendes Löschen" (Cascading Delete) die Frage, was dann mit den mit diesem Master-Datensatz verbundenem Detaildatensatz (im Fall 1:1) bzw. den Detaildatensätzen (im Fall 1:n) passiert.

22.8.1   Löschoptionen in Entity Framework Core

Das neuentwickelte Entity Framework Core bietet für das kaskadierende Löschen abhängiger Objekte insgesamt vier Optionen und damit mehr Optionen als der Vorgänger ADO.NET Entity Framework.

Es gibt in Entity Framework Core vier Modi für das kaskadierende Löschen:

- **Cascade**: in diesem Modus löscht EF Core die verbundenen Details. Der Modus ist daher im Standard für Pflichtbeziehungen.

- **ClientSetNull**: dieser Modus ist für optionale Beziehungen gedacht und seit Version 2.0 von Entity Framework Core auch Standard für diese. Zuvor war "Restrict" der Standard für optionale Beziehungen. EF Core setzt im RAM und in der Datenbank den Fremdschlüssel auf NULL.

- **SetNull**: ist eine Variante von ClientSetNull, wo das Nullsetzen des Fremdschlüssels in der Datenbank dem Datenbankmanagementsystem überlassen wird

- **Restrict**: bedeutet, dass EF Core sich aus dem Thema heraushält, also weder Löschbefehle sendet noch sonst irgendwas verändert bei den verbundenen Datensätzen.

Die folgende Tabelle zeigt die genauen Auswirkungen auf RAM und Datenbank.

Wenn für die in Beziehung stehenden Datensätze keine zugehörigen Objekte materialisiert sind, sendet Entity Framework Core immer (egal bei welcher Einstellung) nur **einen einzigen Löschbefehl** für den Master-Datensatz zur Datenbank. Was dann mit den Detaildatensätzen passiert, ist dem Datenbankmanagementsystem überlassen.

Wenn für die in Beziehung stehenden Datensätze die zugehörigen Objekte jedoch materialisiert sind, sendet Entity Framework Core ggf. (abhängig von der Einstellung) vor dem Löschen des Master-Datensatzes einen DELETE- oder UPDATE-Befehl für die Detaildatensätze zum Datenbankmanagementsystem. Zudem werden (je nach Einstellung) auch die Fremdschlüsselproperties im RAM geändert.

Zusätzlich anzumerken ist, dass SetNull nicht möglich ist bei Pflichtbeziehungen. Hier scheitert schon ein Anlegen der Datenbank mit "Cannot create the foreign key (name) with the SET NULL referential action, because one or more referencing columns are not nullable. Could not create constraint or index".

Entity Framework Core-Einstellung	Standard bei...	Resultierende Einstellung des Fremdschlüssels im DBMS	Laufzeitverhalten: materialisierte verbundene Objekte	Laufzeitverhalten: NICHT materialisierte verbundene Datensätze
Cascade	Pflicht-beziehungen	Cascade	EF Core sendet DELETE für verbundene Objekte. Fremdschlüsselproperty im RAM bleibt erhalten.	DBMS löscht verbundenen Datensatz automatisch
ClientSetNull	optionalen Beziehungen ab Entity Framework Core v2.0	No Action	EF Core sendet UPDATE SET = NULL für verbundene Objekte. Fremdschlüsselproperty im RAM wird auf NULL gesetzt. Aber: Bei Pflichtbeziehungen kommt es bei SaveChanges() zum Laufzeitfehler ("The association between entity types 'Master' and 'Detail2' has been severed but the relationship is either marked as 'Required' or is implicitly	Keine. Fehler, wenn Datensätze in DB vorhanden

			required because the foreign key is not nullable. If the dependent/child entity should be deleted when a required relationship is severed, then setup the relationship to use cascade deletes.").	
SetNull	---	SetNull	EF Core sendet UPDATE SET = NULL für verbundene Objekte. Fremdschlüsselproperty im RAM wird auf NULL gesetzt.	DBMS setzt Fremdschlüsselsp alte auf NULL
Restrict	optionalen Beziehungen in Entity Framework Core v1.x	No Action	v1.x: UPDATE SET = NULL v2.x: Fehler, wenn Objekte im RAM vorhanden	Keine. Fehler, wenn Datensätze in DB vorhanden

Tabelle: Einstellungen für kaskadierendes Löschen und ihre Auswirkungen

Die Einstellungen für das kaskadierende Löschen erfolgen in der Beziehungsdeklaration im Fluent-API über die Methode OnDelete() und den Aufzählungstyp DeleteBehavior:

```
modelBuilder.Entity<DetailKlasse1>()
  .HasOne(f => f.Hauptklasse)
  .WithMany(t => t.DetailKlasse1Set)
  .HasForeignKey(x=>x.HauptklasseId)
  .OnDelete(DeleteBehavior.Cascade);
modelBuilder.Entity<DetailKlasse2>()
  .HasOne(f => f.Hauptklasse)
  .WithMany(t => t.DetailKlasse2Set)
  .HasForeignKey(x => x.HauptklasseId)
  .OnDelete(DeleteBehavior.ClientSetNull);
modelBuilder.Entity<DetailKlasse3>()
  .HasOne(f => f.Hauptklasse)
  .WithMany(t => t.DetailKlasse3Set)
  .HasForeignKey(x => x.HauptklasseId)
  .OnDelete(DeleteBehavior.SetNull);
modelBuilder.Entity<DetailKlasse4>()
  .HasOne(f => f.Hauptklasse)
  .WithMany(t => t.DetailKlasse4Set)
  .HasForeignKey(x => x.HauptklasseId)
  .OnDelete(DeleteBehavior.Restrict);
```

22.8.2   Beispiel

Das folgende Listing baut ein Testszenario für die Kaskadierungsoptionen auf. Es gibt eine Hauptklasse mit vier Mengen zu vier verschiedenen Detailklassen. Es wird jeweils eine der vier Kaskadierungsoptionen von Entity Framework Core für jeder der vier Detailklassen verwendet.

Listing: Projekt EFC_MappingTest, CascadingDelete.cs

```
using ITVisions;
using ITVisions.EFCore;
using Microsoft.EntityFrameworkCore;
using System;
using System.Collections.Generic;
using System.Linq;
```

```csharp
/// <summary>
/// In diesem Beispiel sind bewusst mehrere Klassen in einer Datei realisiert, damit das
Beispiel übersichtlicher ist.
/// </summary>
namespace EFC_MappingTest_CascadingDelete
{
 class DEMO_CascasdingDelete
 {
  public static void Run()
  {
   CUI.MainHeadline("----------- Datenbank erstellen");
   using (var ctx = new MyContext())
   {
    CUI.Print("Datenbank: " + ctx.Database.GetDbConnection().ConnectionString);

    var e = ctx.Database.EnsureCreated();

    if (e)
    {
     CUI.Print("Datenbank wurde neu erzeugt!");
    }
    else
    {
     CUI.Print("Datenbank war vorhanden!");

    }

    CUI.Headline("Metadaten der Hauptklasse");
    var obj2 = new Hauptklasse();
    foreach (var p in ctx.Entry(obj2).Properties)
    {
     Console.WriteLine(p.Metadata.Name + ": ");
    }
    foreach (var p in ctx.Entry(obj2).Navigations)
    {
     Console.WriteLine(p.Metadata.Name + ": " + p.Metadata);
    }


    ctx.Database.ExecuteSqlRaw("Delete from DetailKlasse1Set");
    ctx.Database.ExecuteSqlRaw("Delete from DetailKlasse2Set");
    ctx.Database.ExecuteSqlRaw("Delete from DetailKlasse3Set");
    ctx.Database.ExecuteSqlRaw("Delete from DetailKlasse4Set");
    ctx.Database.ExecuteSqlRaw("Delete from HauptklasseSet");

    var d1 = new DetailKlasse1();
    var d2 = new DetailKlasse2();
    var d3 = new DetailKlasse3();
    var d4 = new DetailKlasse4();
    var h = new Hauptklasse();
    h.DetailKlasse1Set.Add(d1);
    h.DetailKlasse2Set.Add(d2);
    h.DetailKlasse3Set.Add(d3);
    //h.DetailKlasse4Set.Add(d4); // wenn man das Objekt ergänzt, läuft der Code auf einen
Fehler


    CUI.Headline("Hauptobjekt mit Details anlegen...");
```

```
    ctx.HauptklasseSet.Add(h);
    var anz1 = ctx.SaveChanges();
    Console.WriteLine("Gespeicherte Änderungen: " + anz1);
    DbContextExtensionLogging.DoLogging = false;

    PrintStatusDB();


  }


  CUI.Headline("Lösche Hauptobjekt...");
  using (var ctx = new MyContext())
  {
    var h = ctx.HauptklasseSet.Include(x => x.DetailKlasse1Set).Include(x =>
x.DetailKlasse2Set).Include(x => x.DetailKlasse3Set).FirstOrDefault();
    PrintStatusRAM(h);
    DbContextExtensionLogging.DoLogging = true;
    Console.WriteLine("---- Löschen");
    ctx.Remove(h);
    ctx.Log();
    var anz2 = ctx.SaveChanges();
    DbContextExtensionLogging.DoLogging = false;
    Console.WriteLine("Gespeicherte Änderungen: " + anz2);


    PrintStatusDB();
    PrintStatusRAM(h);
  }
}

private static void PrintStatusRAM(Hauptklasse h)
{
  Console.WriteLine("h.Detailklasse1=" + h.DetailKlasse1Set.Count + " / Detailklasse1.FK=" +
(h.DetailKlasse1Set.Count > 0 ? h.DetailKlasse1Set.ElementAt(0)?.HauptklasseId.ToString() :
"--"));
  Console.WriteLine("h.Detailklasse2=" + h.DetailKlasse2Set.Count + " / Detailklasse2.FK=" +
(h.DetailKlasse2Set.Count > 0 ? h.DetailKlasse2Set.ElementAt(0)?.HauptklasseId.ToString() :
"--"));
  Console.WriteLine("h.Detailklasse3=" + h.DetailKlasse3Set.Count + " / Detailklasse3.FK=" +
(h.DetailKlasse3Set.Count > 0 ? h.DetailKlasse3Set.ElementAt(0)?.HauptklasseId.ToString() :
"--"));
  Console.WriteLine("h.Detailklasse4=" + h.DetailKlasse4Set.Count + " / Detailklasse4.FK=" +
(h.DetailKlasse4Set.Count > 0 ? h.DetailKlasse4Set.ElementAt(0)?.HauptklasseId.ToString() :
"--"));
}

private static void PrintStatusDB()
{
  using (var ctx = new MyContext())
  {
    Console.WriteLine("DB Hauptklassen: " + ctx.HauptklasseSet.Count());
    Console.WriteLine("DB Detailklasse1: " + ctx.DetailKlasse1Set.Count());
    Console.WriteLine("DB Detailklasse2: " + ctx.DetailKlasse2Set.Count());
    Console.WriteLine("DB Detailklasse3: " + ctx.DetailKlasse3Set.Count());
    Console.WriteLine("DB Detailklasse4: " + ctx.DetailKlasse4Set.Count());
  }
}
}

class MyContext : DbContext
{
  public DbSet<Hauptklasse> HauptklasseSet { get; set; }
```

```
  public DbSet<DetailKlasse1> DetailKlasse1Set { get; set; }
  public DbSet<DetailKlasse2> DetailKlasse2Set { get; set; }
  public DbSet<DetailKlasse3> DetailKlasse3Set { get; set; }
  public DbSet<DetailKlasse4> DetailKlasse4Set { get; set; }

  protected override void OnConfiguring(DbContextOptionsBuilder builder)
  {
    // Provider und Connection String festlegen!
    string connstring =
@"Server=.;Database=EFC_DeleteBehavior9;Trusted_Connection=True;MultipleActiveResultSets=True
;";
    builder.UseSqlServer(connstring);
  }

  protected override void OnModelCreating(ModelBuilder modelBuilder)
  {

  modelBuilder.Entity<DetailKlasse1>()
   .HasOne(f => f.Hauptklasse)
   .WithMany(t => t.DetailKlasse1Set).HasForeignKey(x =>
x.HauptklasseId).OnDelete(DeleteBehavior.Cascade);

  modelBuilder.Entity<DetailKlasse2>()
   .HasOne(f => f.Hauptklasse)
   .WithMany(t => t.DetailKlasse2Set).HasForeignKey(x =>
x.HauptklasseId).OnDelete(DeleteBehavior.ClientSetNull);

  modelBuilder.Entity<DetailKlasse3>()
    .HasOne(f => f.Hauptklasse)
    .WithMany(t => t.DetailKlasse3Set).HasForeignKey(x =>
x.HauptklasseId).OnDelete(DeleteBehavior.SetNull);

  modelBuilder.Entity<DetailKlasse4>()
    .HasOne(f => f.Hauptklasse)
    .WithMany(t => t.DetailKlasse4Set).HasForeignKey(x =>
x.HauptklasseId).OnDelete(DeleteBehavior.Restrict);
  }
 }

 public class Hauptklasse
 {
  public int HauptklasseId { get; set; }
  public string Memo { get; set; }

  public List<DetailKlasse1> DetailKlasse1Set { get; set; } = new List<DetailKlasse1>();
  public List<DetailKlasse2> DetailKlasse2Set { get; set; } = new List<DetailKlasse2>();
  public List<DetailKlasse3> DetailKlasse3Set { get; set; } = new List<DetailKlasse3>();
  public List<DetailKlasse4> DetailKlasse4Set { get; set; } = new List<DetailKlasse4>();

 }

 public class DetailKlasse1
 {
  public int DetailKlasse1Id { get; set; }
  public string DetailklasseMemo { get; set; }

  public Hauptklasse Hauptklasse { get; set; }

  public int? HauptklasseId { get; set; }
```

```
}

public class DetailKlasse2
{
  public int DetailKlasse2Id { get; set; }
  public string DetailklasseMemo { get; set; }

  public Hauptklasse Hauptklasse { get; set; }
  public int? HauptklasseId { get; set; }
}

public class DetailKlasse3
{
  public int DetailKlasse3Id { get; set; }
  public string DetailklasseMemo { get; set; }

  public Hauptklasse Hauptklasse { get; set; }
  public int? HauptklasseId { get; set; }
}

public class DetailKlasse4
{
  public int DetailKlasse4Id { get; set; }
  public string DetailklasseMemo { get; set; }

  public Hauptklasse Hauptklasse { get; set; }
  public int? HauptklasseId { get; set; }
}
}
```

In dieser Situation kommt es unter der Annahme, dass ein Hauptklasse-Objekt im RAM mit jeweils einer der ersten drei Detailklassen-Objekte verbunden ist, dass diese drei Detailklassen-Objekte im RAM sind und nun das Hauptklasse-Objekt per Remove() und anschließendem SaveChanges() gelöscht wird, zu folgender Reaktion:

- Löschbefehl für den Datensatz in Tabelle DetailKlasse1Set (im Cascade-Modus): Der Fremdschlüsselwert von dem DetailKlasse1 zu dem Hauptklasse-Objekt im RAM bleibt aber erhalten.

- Aktualisierungsbefehl für den Datensatz in Tabelle DetailKlasse2Set (im ClientSetNull-Modus): Der Fremdschlüsselwert wird auf null gesetzt. Der Fremdschlüsselwert von dem DetailKlasse2-Objekt zu dem Hauptklasse-Objekt im RAM wird auch auf null gesetzt.

- Aktualisierungsbefehl für den Datensatz in Tabelle DetailKlasse3Set (im SetNull-Modus): Der Fremdschlüsselwert wird auf null gesetzt. Der Fremdschlüsselwert von dem DetailKlasse3-Objekt zu dem Hauptklasse-Objekt im RAM wird auch auf null gesetzt.

- Löschbefehl für das Hauptklasse-Objekt

```
---- Löschen
001:Debug #200100 Microsoft.EntityFrameworkCore.Database.Command.CommandExecuting:Executing DbCommand [Parameters=[@p0=
?', @p2='?', @p1='?', @p4='?', @p3='?'], CommandType='Text', CommandTimeout='30']
SET NOCOUNT ON;
DELETE FROM [DetailKlasse1Set]
WHERE [DetailKlasse1Id] = @p0;
SELECT @@ROWCOUNT;

UPDATE [DetailKlasse2Set] SET [HauptklasseId] = @p1
WHERE [DetailKlasse2Id] = @p2;
SELECT @@ROWCOUNT;

UPDATE [DetailKlasse3Set] SET [HauptklasseId] = @p3
WHERE [DetailKlasse3Id] = @p4;
SELECT @@ROWCOUNT;
002:Debug #200100 Microsoft.EntityFrameworkCore.Database.Command.CommandExecuting:Executing DbCommand [Parameters=[@p5=
?'], CommandType='Text', CommandTimeout='30']
SET NOCOUNT ON;
DELETE FROM [HauptklasseSet]
WHERE [HauptklasseId] = @p5;
SELECT @@ROWCOUNT;
Gespeicherte Änderungen: 4
```

Abbildung: Entity Framework Core hat vor dem Löschen des Datensatzes für das Hauptklasse-Objekt die Verbindungen zu den drei DetailKlasse-Objekten getrennt.

Wenn man die im Listing auskommentierte Zeile h.DetailKlasse4Set.Add(d4) ergänzt, dann kommt es zum Laufzeitfehler: "The DELETE statement conflicted with the REFERENCE constraint "FK_Detail4Set_HauptklasseSet_HauptklasseId". The conflict occurred in database "EFC_MappingTest_CascadingDelete", table "dbo.DetailKlasse4Set", column 'HauptklasseId'.", weil die Beziehung zu DetailKlasse4 im Modus "Restrict" ist. Gleiches würde passieren, bei DetailKlasse2 (im Modus "ClientSetNull"), wenn das Objekt nicht im RAM wäre.

Wenn man die Zeile h.DetailKlasse4Set.Add(d4) und das Objekt mit .Include(x => x.Detail4Set) ins RAM ergänzt, dann kommt es zum Laufzeitfehler: "The association between entity types 'Hauptklasse' and 'DetailKlasse4' has been severed but the foreign key for this relationship cannot be set to null. If the dependent entity should be deleted, then setup the relationship to use cascade deletes."

22.9 Abbildung von Datenbanksichten (Views)

Die Abbildung von Datenbanksichten (Views) wird in Entity Framework Core erst ab Entity Framework Core 2.1 partiell unterstützt. Seit Entity Framework Core 3.0 gibt es nun vollständige Unterstützung, auch beim Reverse Engineering.

Vor Entity Framework Core 2.1 gab es nur einen Workaround, in dem man Views im Programmcode wie Tabellen behandelte.

Beim Forward Engineering müssen aber Views auch weiterhin manuell in der Datenbank mit CREATE VIEW erzeugt werden.

	Entity Framework Core 1.0, 1.1 und 2.0	Entity Framework Core 2.1 und 2.2	Entity Framework Core ab 3.0
Views beim Reverse Engineering	Unberücksichtigt, können nachträglich mit Workaround verwendet werden, wenn sie als DbSet<T> manuell angelegt wurden.	Unberücksichtigt, können nachträglich manuell als Query Type (DbQuery<T>) in der Kontextklasse ergänzt werden.	Seit Entity Framework Core 3.0 werden Datenbankviews als Keyless Entity mit DbSet<T> berücksichtigt (war für Version 2.2 geplant und wurde verschoben)

Views beim Forward Engineering	Manuell erstellte Views können mit Workaround verwendet werden, wenn sie als DbSet<T> manuell angelegt wurden.	Manuell erstellte Views können als Query Type (DbQuery<T>) in der Kontextklasse ergänzt werden. Der View muss in der Datenbank aber manuell angelegt werden.	Manuell erstellte Views können als Keyless Entity mit DbSet<T> in der Kontextklasse ergänzt werden. Der View muss in der Datenbank aber manuell angelegt werden.

22.9.1 Datenbanksicht anlegen

Die Datenbanksicht muss manuell in der Datenbank (ggf. mit Hilfe eines Werkzeugs wie SQL Server Management Studio) per CREATE VIEW angelegt werden. Die per CREATE VIEW erstellte Datenbanksicht in dem nächsten Listing liefert pro Abflugort die Anzahl der Flüge sowie den zeitlich letzten Flug für die Tabelle "Flug" aus der World Wide Wings-Datenbank.

Listing: Anlegen einer Datenbanksicht per SQL-Befehl

```
USE WWWingsV2_EN
GO
CREATE VIEW dbo.[V_DepartureStatistics]
AS
SELECT departure, COUNT(FlightNo) AS FlightCount
FROM dbo.Flight
GROUP BY departure
GO
```

22.9.2 Entitätsklasse für die Datenbanksicht anlegen

Beim Foward Engineering ist manuell eine Klasse für die Datenbanksicht anzulegen, deren Attribute den Spalten der Datenbanksicht entsprechen, die abgebildet werden sollen (hier Klasse V_DepartureStatistics zur Aufnahme der Daten aus der Datenbanksicht "V_DepartureStatistics"). Die Klasse muss keinen Schlüssel besitzen.

Listing: Klasse für eine Datenbanksicht mit zwei Properties für die beiden abzubildenden Spalten der Datenbanksicht

```
public class V_DepartureStatisticsView
{
 public string Departure { get; set; }
 public int FlightCount { get; set; }
}
```

22.9.3 Einbinden der Entitätsklasse in die Kontextklasse

Seit Entity Framework Core 3.0 sind die Entitätsklassen für die Datenbanksichten in der Kontextklasse wie folgt einzubinden:

- Es ist ein öffentliches Property vom Typ DbSet<T> anzulegen.

- Im Fluent-API ist ToView() für die Entitätsklasse aufzurufen.

- Wenn die Sicht aktualisierbar ist, ist HasKey(x=>x.Name) zu verwenden, sonst HasNoKey(). Folge von HasNoKey() ist, dass alle Objekte im Zustand "Detached" geladen werden und eine

Änderungsverfolgung sowie eine Aktualisierung, Löschen oder Hinzufügen von Datensätzen nicht möglich ist.

Hinweis: Bei ToView() ist zwingend der Name der Datenbanksicht anzugeben, selbst wenn dieser dem Klassennamen entspricht. Der Name des DbSet<T>-Properties ist beliebig.

Listing: Einbindung einer nicht-aktualisierbaren Datenbanksicht.

```
public class WWWingsContext : DbContext
 {
  #region Entities for tables
  public DbSet<Airline> AirlineSet { get; set; }
  public DbSet<Flight> FlightSet { get; set; }
...
  #endregion

#region DbSet for DB views
  public DbSet<V_DepartureStatistics> V_DepartureStatisticsSet { get; set; }
#endregion...

  protected override void OnModelCreating(ModelBuilder mb)
  {
   ...
mb.Entity<V_DepartureStatistics>().HasNoKey().ToView(nameof(V_DepartureStatistics));
   ...
  }
}
```

Hinweis: Seit Version 3.0 werden Datenbankviews grundsätzlich als DbSet<T> angelegt. Ob in Entity Framework Core eine Änderungsverfolgung stattfindet, hängt davon ab, ob ein Primärschlüssel für die Entität definiert ist. Wenn ein Primärschlüssel für die Entität existiert, bedeutet dies aber nicht automatisch, dass das jeweilige Datenbankmanagementsystem dies auch so sieht und Änderungen speichern kann!

22.9.4 Verwendung der Datenbanksicht

Die Verwendung der Entitätsklasse für die Datenbanksicht erfolgt seit Entity Framework Core 3.0 über das DbSet<T>-Property oder die Methode Set<T>() in einer LINQ-Abfrage. Auch ein Mapping aus SQL, Stored Procedure oder Table Valued Function mit FromSqlRaw() oder FromSqlInterpolated() sowie eine Mischung davon mit LINQ ist möglich.

Listing: Verwendung der Entitätsklasse für die Datenbanksicht

```
 public static void DatabaseView()
  {
   CUI.MainHeadline(nameof(DatabaseView));

   using (var ctx = new WWWingsContext())
   {
    var query = ctx.DepartureStatisticsView.Where(x => x.FlightCount > 0).OrderBy(x =>
x.FlightCount);
    var liste = query.ToList();
    foreach (var stat in liste)
    {
     Console.WriteLine($"{stat.FlightCount:000} Flights departing from {stat.Departure}.");
    }
   }
  }
```

Alternativ mit Set<T>():

```
var query = ctx.Set<V_DepartureStatistics>().Where(x => x.FlightCount > 0).OrderBy(x =>
x.FlightCount);
```

Alternativ mit FromSqlRaw() mit purem SQL:

```
var query = ctx.V_DepartureStatisticsSet.FromSqlRaw("select * from
WWWings.V_DepartureStatistics where FlightCount> 0 order by FlightCount");
```

Alternativ mit FromSqlRaw() mit Mischung aus SQL und LINQ:

```
var query = ctx.V_DepartureStatisticsSet.FromSqlRaw("select * from
WWWings.V_DepartureStatistics where FlightCount> 0").OrderBy(x => x.FlightCount);
```

22.9.5   Änderungen persistieren in Datenbanksichten

Alle Entitätsklassen, für die im Fluent API HasNoKey() aufgerufen wurde, sind nicht aktualisierbar. Es gibt keine Änderungsverfolgung für diese Objekte.

Sie sind aus der Sicht der Entity Framework Core-Kontextklasse nach der Materialisierung nicht mehr vorhanden. Während man Objekte aus Entitätsklassen mit Primärschlüssel nachträglich auch dem Kontext hinzufügen kann, ist dies bei Objekten aus Entitätsklassen ohne Primärschlüssel nicht möglich. Man kann nicht einmal den Zustand aus der Sicht von Entity Framework Core abfragen.

Die folgende Tabelle zeigt die Auswirkungen von verschiedenen Operationen auf einem Objekt aus einer Entitätsklasse ohne Primärschlüssel.

ctx.Entry(obj).State	System.InvalidOperationException: 'Unable to track an instance of type 'Viewname' because it does not have a primary key. Only entity types with primary keys may be tracked.'
ctx.Attach(obj);	System.InvalidOperationException: 'Unable to track an instance of type 'Viewname' because it does not have a primary key. Only entity types with primary keys may be tracked.'
ctx.Viewname.Local	System.InvalidOperationException: 'The invoked method cannot be used for the entity type 'Viewname' because it does not have a primary key.'
p.Property = Wert; ctx.SaveChanges();	Objekt lässt sich im RAM ändern, aber SaveChanges() persistiert nichts.

Praxistipp: Entity Framework Core geht im Standard davon aus, dass Datenbankensichten nicht aktualisierbar sind. Wenn eine Sicht in der Datenbank aktualisierbar ist, kann er in Entity Framework Core behandelt werden wie eine Tabelle. In diesem Fall ist nicht HasNoKey(), sondern HasKey() zu verwenden.

22.9.6   Datenbanksichten mit Entity Framework Core 2.1 und 2.2

Die Vorgehensweise für Datenbanksichten in den Entity Framework Core Versionen 2.1 und 2.2 war ähnlich, aber doch im Detail anders:

- Die Deklaration der Entitätsklasse war gleich.

- In der Kontextklasse wurde Query Types mit DbQuery<T> statt DbSet<T> für nicht-aktualisierbare Datenbanksichten verwendet. Aktualisierbare Datenbanksichten musste man hingegen wie Tabellen mit DbSet<T> anlegen.

- Es gab kein HasNoKey(). Dass es keinen Schlüssel gab, war Standard bei Einsatz von DbQuery<T>.

- Bei der Abfrage in LINQ verwendete man Query<T>(), wenn das Property ein DbQuery<T> war, sonst Set<T>().

Listing: Einbinden der Entitätsklasse für die Datenbanksicht in die Kontextklasse

```
public class WWWingsContext: DbContext
{
  #region Entities for tables
  public DbSet<Airline> AirlineSet { get; set; }
  public DbSet<Flight> FlightSet { get; set; }
  public DbSet<Pilot> PilotSet { get; set; }
  public DbSet<Passenger> PassengerSet { get; set; }
  public DbSet<Booking> BookingSet { get; set; }
  public DbSet<AircraftType> AircraftTypeSet { get; set; }
  #endregion

  #region Query Views
  public DbQuery<DepartureStatisticsView> DepartureStatisticsView { get; set; } // View
  #endregion
...
}
```

Achtung: DbQuery<T> liefert immer vom Kontext losgelöste Daten, die nicht vom Change Tracker überwacht werden und daher auch nicht geändert werden können.

Mit Einsatz von DbSet<T> und einem definierten Primärschlüssel konnte man auch in Entity Framework Core 1.x/2.x, wenn die Datenbanksicht beschreibbar ist, mit dem API von Entity Framework Core auch per SaveChanges() die Inhalte ändern bzw. Datensätze anfügen und löschen.

22.9.7   Datenbanksichten mit Entity Framework Core 1.x und 2.0

In Entity Framework Core 1.0, 1.1 und 2.0 gab es gar keine direkte Unterstützung für Datenbanksichten. Hier gab es einen Trick, diese dennoch zu nutzen. Dabei war ist wichtig, dass die Entitätsklasse einen Primärschlüssel benötigt, der mit [Key] oder per Fluent-API-Methode HasKey() festzulegen ist.

Listing: Entitätsklasse mit zwei Properties für die beiden abzubildenden Spalten der Datenbanksicht (Entity Framework Core 1.x und 2.0)

```
[Table("V_DepartureStatistics")]
 public class V_DepartureStatistics
 {
  [Key] // must have a PK only in EFC 1.0, 1.1 and 2.0
  public string Departure { get; set; }
  public int FlightCount { get; set; }
 }
```

Views als DbSet<T>

Die Entitätsklasse für die Datenbanksicht wurde nun wie eine Entitätsklasse für eine Tabelle in die Kontextklasse per DbSet<T> eingebunden. DbQuery<T> gab es damals noch nicht.

Listing: Einbinden der Entitätsklasse für die Datenbanksicht in die Kontextklasse

```
public class WWWingsContext: DbContext
{
  #region Entities for tables
  public DbSet<Airline> AirlineSet { get; set; }
```

```
public DbSet<Flight> FlightSet { get; set; }
public DbSet<Pilot> PilotSet { get; set; }
public DbSet<Passenger> PassengerSet { get; set; }
public DbSet<Booking> BookingSet { get; set; }
public DbSet<AircraftType> AircraftTypeSet { get; set; }
#endregion


#region Pseudo-entities for views
public DbSet<V_DepartureStatistics> V_DepartureStatisticsSet { get; set; } // for view
#endregion
...

}
```

Listing: Verwendung der Entitätsklasse für die Datenbanksicht

```
using DA;
using ITVisions;
using System;
using System.Linq;


namespace EFC_Console
{
 public class DatabaseViews
 {

  /// <summary>
  /// Read Data from View
  /// EFC 1.x/2.0
  /// </summary>
  public static void DatabaseViewWithPseudoEntity()
  {
   CUI.MainHeadline(nameof(DatabaseViewWithPseudoEntity));

   using (var ctx = new WWWingsContext())
   {
    var query = ctx.V_DepartureStatisticsSet.Where(x => x.FlightCount > 0);
    var liste = query.ToList();
    foreach (var stat in liste)
    {
     Console.WriteLine($"{stat.FlightCount:000} Flights departing from {stat.Departure}.");
    }
   }
  }
 }

}
```

Herausforderung: Migrationen

Der Einsatz von DbSet<T> in Entity Framework Core 1.x/2.0 schien den Vorteil der Änderbarkeit der View-Daten zu haben, er hatte aber auch einen entscheidenden Nachteil: Wenn man nach dem Anlegen der Datenbanksicht in der Kontextklasse eine Schemamigration anlegte, stellte man fest, dass Entity Framework Core nun unerwünschterweise eine Tabelle für die Datenbanksicht in der Datenbank anlegen wollte.

Listing: Entity Framework Core legt in der Schemamigrationsklasse ein CreateTable() für die Datenbanksicht an, was nicht erwünscht ist.

```
using Microsoft.EntityFrameworkCore.Migrations;
using System;
using System.Collections.Generic;
```

```
namespace DA.Migrations
{
    public partial class v8 : Migration
    {
        protected override void Up(MigrationBuilder migrationBuilder)
        {

            migrationBuilder.CreateTable(
                name: "V_DepartureStatistics",
                columns: table => new
                {
                    Departure = table.Column<string>(nullable: false),
                    FlightCount = table.Column<int>(nullable: false)
                },
                constraints: table =>
                {
                    table.PrimaryKey("PK_V_DepartureStatistics", x => x.Departure);
                });
        }

        protected override void Down(MigrationBuilder migrationBuilder)
        {

            migrationBuilder.DropTable(
                name: "V_DepartureStatistics");
        }
    }
}
```

Das war aus der Sicht von Entity Framework Core insofern korrekt, als wir dem ORM ja vorgegaukelt hatten, dass "V_DepartureStatistics" eine Tabelle wäre.

Diese Schemamigration ließ sich aber leider gar nicht ausführen, da es nur ein Objekt mit Namen "V_DepartureStatistics" in der Datenbank geben kann.

Es gab aus dieser Situation zwei Lösungsmöglichkeiten:

- Man löschte das CreateTable() in der Up()-Methode und das korrespondierende DropTable() in Down() manuell aus der Migrationsklasse.

- Man trickste Entity Framework Core aus, sodass der ORM beim Anlegen des Migrationsschrittes zur Entwicklungszeit die Entitätsklasse DepartureStatistics ignoriert, zur Laufzeit aber nicht.

TRICK: Der Trick ist in dem folgenden Codefragment realisiert. Entity Framework Core instanziiert im Rahmen des Anlegens oder Löschens einer Schemamigration die Kontextklasse und ruft OnModelCreating() auf. Dies geschieht aber zur Entwicklungszeit nicht über den eigentlichen Startpunkt der Anwendung (dann würde ja die Anwendung starten), sondern über das Hosten der DLL mit der Kontextklasse in dem Kommandozeilenwerkzeug ef.exe. In OnModelCreating() prüft man daher, ob der aktuelle Prozess den Namen "ef" hat. Wenn ja, dann befinden wir uns nicht in der Laufzeit der Anwendung, sondern in der Entwicklungsumgebung und wollen die Datenbanksicht mit Ignore() ignorieren. Zur Laufzeit der Anwendung aber wird das Ignore() dann nicht ausgeführt und folglich ist eine Verwendung der Datenbanksicht über die Entitätsklasse möglich.

Listing: Entity Framework Core soll nur zur Entwicklungszeit die Entitätsklasse für die
Datenbanksicht ignorieren.

```
protected override void OnModelCreating(ModelBuilder modelBuilder)
{
    // Trick: die Datenbanksicht verbergen vor dem EF Migration Tool, damit es dafür keine
neue Tabelle anlegen will
    if (System.Diagnostics.Process.GetCurrentProcess().ProcessName.ToLower() == "ef")
    {
     modelBuilder.Ignore<DepartureStatistics>();
    }
    ...
}
```

> **ALTERNATIVER TRICK:** Wem die Abfrage des Prozessnamens zu unsicher ist, weil
> Microsoft diesen Namen ja einmal ändern könnte, kann stattdessen auch einen Schalter in die
> Kontextklasse in Form eines statischen Attributs (z.B. bool IsRuntime { get; set; } = false)
> einbauen. Im Standard steht dieses IsRuntime auf false und sorgt für die Ignorierung der
> Entitätsklasse für die Datenbanksicht. Zur Laufzeit setzt aber die Anwendung IsRuntime vor
> der ersten Instanziierung der Kontextklasse auf true.

22.10   Sichten auf Kontextebene (Defining Queries)

Seit Entity Framework Core 2.1 unterstützt der OR-Mapper auch die Definition von Sichten
innerhalb der Kontextklasse, d.h. von Sichten, die nicht in der Datenbank existieren. Diese Sichten
werden Defining Query genannt.

22.10.1   Entitätsklassen für Defining Queries

Für die Ergebnismenge einer Defining Query ist jeweils eine Entitätsklasse zu implementieren.

> **Praxishinweis:** Es ist leider nicht möglich, bestehende Entitätsklassen für Tabellen,
> Datenbanksichten oder andere Defining Queries doppelt zu verwenden, selbst wenn die Struktur
> der Ergebnismenge identisch ist.

Das folgende Listing zeigt zwei Beispiele für Entitätsklassen für Defining Queries.

Listing: Zwei Entitätsklassen, die für Defining Queries verwendet werden sollen

```
using System;

namespace BO
{
 /// <summary>
 /// Used with Defining Query i.e. ToQuery() with LINQ
 /// </summary>
 public class DTO_FlightWithPilots
 {
  public int? FlightNo { get; set; }
  public string Departure { get; set; }
  public string Destination { get; set; }
  public DateTime? Date { get; set; }
  public string PilotName { get; set; }
  public string CopilotName { get; set; }

  public override string ToString()
  {
   return $"Flight {this.FlightNo}: {this.Departure}->{this.Destination} at {this.Date} flown
by pilots {this.PilotName} and { this.CopilotName}";
  }
 }
 /// <summary>
 /// Used with Defining Query i.e. ToQuery() with SQL
```

```
/// </summary>
public class DTO_PassengerStatusStatistics
{
  public string Status { get; set; }
  public int Count { get; set; }
}
}
```

22.10.2 Registrierung der Entitätsklassen in der Kontextklasse

Die Entitätsklassen sind seit Entity Framework Core 3.0 in der Kontextklasse als ein öffentliches Property vpm DbSet<T> zu registrieren (in Entity Framework Core 2.1 und 2.2 war hier DbQuery<T> notwendig).

```
public class WWWingsContext : DbContext
{
...
#region Entities for defining queries
public DbSet<DTO_FlightWithPilots> DTO_FlightWithPilotsSet { get; set; }
public DbSet<DTO_PassengerStatusStatistics> DTO_PassengerStatusStatisticsSet { get; set; }
#endregion
...
}
```

22.10.3 Abfragedefinition

Die eigentliche Abfragedefinition in der Kontextklasse ist in der Methode OnModelCreating() per LINQ, per SQL (inkl. Zugriff auf eine Stored Procedure oder Table Valued Function) oder eine Mischung aus SQL und LINQ zu definieren. Dabei kommt HasNoKey() und ToQuery() zum Einsatz.

```
protected override void OnModelCreating(ModelBuilder mb)
{
...

#region Defining Queries

// use LINQ
mb.Entity<DTO_FlightWithPilots>().HasNoKey().ToQuery(() =>
from f in FlightSet.Include(f1 => f1.Pilot).Include(f1 => f1.Copilot)
select new DTO_FlightWithPilots() { FlightNo = f.FlightNo, Destination = f.Destination,
Departure = f.Departure, Date = f.Date, PilotName = f.Pilot.GivenName + " " +
f.Pilot.Surname, CopilotName = f.Copilot.GivenName + " " + f.Copilot.Surname }
);

// use SQL +LINQ
mb.Entity<DTO_PassengerStatusStatistics>().HasNoKey().ToQuery(() =>
from f in DTO_PassengerStatusStatisticsSet.FromSqlRaw("SELECT Status, COUNT(PersonID) AS
Count FROM WWWings.Passenger GROUP BY Status").OrderByDescending(x=>x.Count) select f
);
#endregion
...
}
```

> **Wichtig:** Defining Queries müssen HasNoKey() verwenden. Wenn versucht wird, bei einer Defining Query einen Schlüssel mit HasKey() zu definieren, kommt es zum Laufzeitfehler: "The entity type 'DTO_FlightWithPilots' cannot use 'ToQuery' to create a defining query because it also defines a primary key. Defining queries can only be used to back entity types without keys.'. Wenn HasNoKey() bei einer Defining Query vergessen wird, kommt es zum Laufzeitfehler "The entity type 'DTO_FlightWithPilots' requires a primary key to be defined. If you intended to use a keyless entity type call 'HasNoKey()". In Entity Framework Core 2.1/2.2 in Verbindung mit DbQuery<T> war HasNoKey() allerdings nicht erforderlich.

22.10.4   Verwendung der Defining Queries

Das folgende Listing zeigt die Verwendung der beiden Defining Queries über die DbSet<T>-Properties. Die Verwendung entspricht der üblichen Verwendung von Tabellen und Datenbanksichten.

```
using DA;
using ITVisions;
using ITVisions.EFCore;
using System;
using System.Collections.Generic;
using System.Linq;

namespace EFC_Console
{
 class DefiningQueries
 {
  [EFCBook("7.2", "2.1")]
  public static void UseDefiningQuery_DTO_FlightWithPilots()
  {
   CUI.MainHeadline(nameof(UseDefiningQuery_DTO_FlightWithPilots));

   List<string> departuresInGermany = new List<string>() { "Berlin", "Frankfurt", "Munich",
"Hamburg", "Essen/Mülheim", "Duesseldorf", "Cologne" };
   using (var ctx = new WWWingsContext())
   {
    ctx.Log();
    var flightsWithPilots = from f in ctx.DTO_FlightWithPilotsSet
                            where departuresInGermany.Contains(f.Departure)
                            orderby f.Date
                            select f;
    foreach (var f in flightsWithPilots.ToList())
    {
     Console.WriteLine(f);
    }
   }
  }

  [EFCBook("7.2", "2.1")]
  public static void UseDefiningQuery_DTO_PassengerStatusStatistics()
  {
   CUI.MainHeadline(nameof(UseDefiningQuery_DTO_PassengerStatusStatistics));
   using (var ctx = new WWWingsContext())
   {
    ctx.Log();
    var passengerStatusStatisticsSet = from p in ctx.DTO_PassengerStatusStatisticsSet
                            where p.Count > 0
                            select p;

    foreach (var p in passengerStatusStatisticsSet.ToList())
    {
     Console.WriteLine(p.Status + ": " + p.Count + " Passengers");
    }
   }
  }
 }
}
```

Wie das obige Listing zeigt, sind weitere Abfrage- und Sortierkriterien im Client möglich. Die Kriterien der Defining Query und des Clients werden zusammen im Datenbankmanagementsystem ausgeführt. Im Fall des Einsatzes von SQL wird der SQL-Teil wie üblich als Unterabfrage ausgeführt.

SQL zu UseDefiningQuery_DTO_FlightWithPilots():

```
SELECT [f].[FlightNo], [f].[Destination], [f].[Departure], [f].[FlightDate] AS
[Date], ([t].[GivenName] + N' ') + [t].[Surname] AS [PilotName],
([t0].[GivenName] + N' ') + [t0].[Surname] AS [CopilotName]
FROM [WWWings].[Flight] AS [f]
INNER JOIN (
```

```
    SELECT [e].[PersonID], [e].[DayOfBirth], [e].[DetailID], [e].[Discriminator],
[e].[EMail], [e].[GivenName], [e].[Guid], [e].[PassportNumber], [e].[Salary],
[e].[SupervisorPersonID], [e].[Surname], [e].[FlightHours], [e].[FlightSchool],
[e].[LicenseDate], [e].[PilotLicenseType]
    FROM [WWWings].[Employee] AS [e]
    WHERE [e].[Discriminator] = N'Pilot'
) AS [t] ON [f].[PilotId] = [t].[PersonID]
LEFT JOIN (
    SELECT [e0].[PersonID], [e0].[DayOfBirth], [e0].[DetailID],
[e0].[Discriminator], [e0].[EMail], [e0].[GivenName], [e0].[Guid],
[e0].[PassportNumber], [e0].[Salary], [e0].[SupervisorPersonID], [e0].[Surname],
[e0].[FlightHours], [e0].[FlightSchool], [e0].[LicenseDate],
[e0].[PilotLicenseType]
    FROM [WWWings].[Employee] AS [e0]
    WHERE [e0].[Discriminator] = N'Pilot'
) AS [t0] ON [f].[CopilotId] = [t0].[PersonID]
WHERE [f].[Departure] IN (N'Berlin', N'Frankfurt', N'Munich', N'Hamburg',
N'Essen/Mülheim', N'Duesseldorf', N'Cologne')
ORDER BY [f].[FlightDate]
```

SQL zu UseDefiningQuery_DTO_PassengerStatusStatistics():

```
SELECT [d].[Count], [d].[Status]
FROM (
    SELECT Status, COUNT(PersonID) AS Count FROM WWWings.Passenger GROUP BY
Status
) AS [d]
WHERE [d].[Count] > 0
ORDER BY [d].[Count] DESC
```

22.10.5 Alternativen zu Defining Queries

Es darf hier nicht unerwähnt bleiben, dass es eine einfache Alternative zu Defining Queries gibt, die den gleichen Effekt hat. Man kann als Softwareentwickler einfach auf der Ebene der Datenzugriffsschicht oder Geschäftslogik Methoden anbieten, die IQueryable<T> zurückliefern und dem Client somit die Möglichkeit geben, diese Abfragen vor der Ausführung zu erweitern.

Auch in diesem Fall muss man eine Klasse für den Rückgabetyp in der Kontextklasse anlegen. Die Abfrage selbst aber definiert man in einer "Manager"-Klasse.

> **Praxistipp:** Der große Vorteil dieser Methode ist, dass man mehrere verschiedene Abfragen für einen einzelnen Entitätstyp schreiben kann (siehe nächstes Listing). Das ist bei Defining Queries nicht möglich.

Listing: IQueryable<T> in einer Manager-Klasse anzubieten ist die Alternative zu Defining Queries

```
using BO;
using DA;
using Microsoft.EntityFrameworkCore;
using System;
using System.Linq;

namespace BL
{
    /// <summary>
    /// A repository class whose method returns IQueryable<T>
    /// </summary>
    public class PassengerManager : IDisposable
```

```
    {
      private WWWingsContext ctx = new WWWingsContext();
      public IQueryable<Passenger> GetBaseQuery()
      {
        var query = (from x in ctx.PassengerSet
                     select x);
        return query;
      }


      public IQueryable<DTO_PassengerStatusStatistics> PassengerStatusStatisticsUnordered()
      {
        return from x in ctx.DTO_PassengerStatusStatisticsSet.FromSqlRaw("SELECT Status,
COUNT(PersonID) AS Count FROM WWWings.Passenger GROUP BY Status") select x;
      }


      public IQueryable<DTO_PassengerStatusStatistics> PassengerStatusStatisticsOrdered()
      {
        return from x in ctx.DTO_PassengerStatusStatisticsSet.FromSqlRaw("SELECT Status,
COUNT(PersonID) AS Count FROM WWWings.Passenger GROUP BY Status").OrderBy(x => x.Count)
select x;
      }


      public void Dispose()
      {
        ctx.Dispose();
      }
    }
}
```

Listing: Nutzung der IQueryable()-Methoden

```
    public static void DefiningQueryAlternative_DTO_PassengerStatusStatistics()
    {
      CUI.MainHeadline(nameof(DefiningQueryAlternative_DTO_PassengerStatusStatistics));
      using (var bl = new BL.PassengerManager())
      {
        CUI.H2("PassengerStatusStatisticsUnordered()");
        var passengerStatusStatisticsSet1 =
bl.PassengerStatusStatisticsUnordered().Where(x=>x.Count >0);

        foreach (var p in passengerStatusStatisticsSet1.ToList())
        {
          Console.WriteLine(p.Status + ": " + p.Count + " Passengers");
        }


        CUI.H2("PassengerStatusStatisticsOrdered()");
        var passengerStatusStatisticsSet2 = bl.PassengerStatusStatisticsOrdered().Where(x =>
x.Count > 0);

        foreach (var p in passengerStatusStatisticsSet2.ToList())
        {
          Console.WriteLine(p.Status + ": " + p.Count + " Passengers");
        }
      }
    }
```

22.11   Wertkonvertierungen (Value Converter)

Im klassischen Entity Framework und im Entity Framework Core 1.0, 1.1, 2.0 gab es für jeden
Datenbankspaltentyp genau einen kompatiblen .NET-Datentypen. Man konnte zwar mit
Datenannotation [Column(TypeName = "typname")] bzw. im Fluent-API einen anderen

Datenbankspaltentyp erzwingen, dies funktionierte aber nur, insofern die Typen aus der Sicht des Datenbankmanagementsystems kompatibel waren. Eine Konvertierung/Umwandlung von Werten beim Laden (Materialisieren) oder Speichern von neuen und geänderten Datensätzen war nicht vorgesehen.

Mit Entity Framework Core 2.1 hat Microsoft Value Converter eingeführt, die eine solche Wertkonvertierung realisieren. Die Umwandlung definiert man im Fluent API mit HasConversion(). Es gibt vordefinierte Konverter (siehe folgende Abbildung) und man kann eigene Konverter erstellen. Notwendiger Namensraum ist Microsoft.EntityFrameworkCore.Storage.ValueConversion.

- `BoolToZeroOneConverter` - Bool to zero and one
- `BoolToStringConverter` - Bool to strings such as "Y" and "N"
- `BoolToTwoValuesConverter` - Bool to any two values
- `BytesToStringConverter` - Byte array to Base64-encoded string
- `CastingConverter` - Conversions that require only a Csharp cast
- `CharToStringConverter` - Char to single character string
- `DateTimeOffsetToBinaryConverter` - DateTimeOffset to binary-encoded 64-bit value
- `DateTimeOffsetToBytesConverter` - DateTimeOffset to byte array
- `DateTimeOffsetToStringConverter` - DateTimeOffset to string
- `DateTimeToBinaryConverter` - DateTime to 64-bit value including DateTimeKind
- `DateTimeToStringConverter` - DateTime to string
- `DateTimeToTicksConverter` - DateTime to ticks
- `EnumToNumberConverter` - Enum to underlying number
- `EnumToStringConverter` - Enum to string
- `GuidToBytesConverter` - Guid to byte array
- `GuidToStringConverter` - Guid to string
- `NumberToBytesConverter` - Any numerical value to byte array
- `NumberToStringConverter` - Any numerical value to string
- `StringToBytesConverter` - String to UTF8 bytes
- `TimeSpanToStringConverter` - TimeSpan to string
- `TimeSpanToTicksConverter` - TimeSpan to ticks

Abbildung: Liste der vordefinierten Konverter (Quelle: [https://docs.microsoft.com/en-us/ef/core/modeling/value-conversions])

22.11.1 Einschränkungen

Die Konvertierung wird niemals für NULL-Werte aufgerufen. Die Konvertierung bezieht sich immer nur auf eine Eigenschaft / Datenbanktabellenspalte; es können nicht mehrere Eigenschaften / Datenbanktabellenspalten zusammen konvertiert werden.

22.11.2   Beispiel 1: Konvertierung zwischen String und Boolean

Die Entitätsklasse Passenger soll ein zusätzliches Property FrequentFlyer erhalten, welches im
Programmcode als string ("Yes" und "No") repräsentiert wird, in der Datenbank aber effizienter
als Boolean bzw. Bit gespeichert werden soll.

```
public partial class Passenger : Person
 {
 ...

  public bool FrequentFlyer { get; set; }
}
```

In OnModelCreating() in der Kontextklasse ist ein Konverter für dieses Property zu definieren. Da
es keinen von Microsoft vordefinierten Konverter für diesen Fall gibt, muss der Entwickler selbst
einen Konverter definieren. Er hat dafür zwei syntaktische Möglichkeiten:

- Instanziierung der Klasse ValueConverter und Festlegung von zwei Lambda-Ausdrücken für
  beide   Konvertierungsrichtungen   im   Konstruktor   (convertToStoreExpression: die
  Konvertierung vom Objekt zum Datensatz beim Speichern ist der erste Konstruktorparameter;
  convertFromStoreExpression: der zweite Konstruktorparameter beschreibt die Konvertierung
  vom Datensatz zum Objekt bei der Materialisierung)

- Nutzung der beiden Lambda-Ausdrücke direkt in der Methode HasConversion().

Listing: Konverter zwischen String und Boolean

```
protected override void OnModelCreating(ModelBuilder modelBuilder)
  {
  // FrequentFlyer String<->Bool Converter: Syntax 1: Explicit Converter instance
  var converterForFrequentFlyer = new ValueConverter<string, bool>(
  v => (v == "Yes" ? true : false),
  v => (v ? "Yes" : "No"));
  modelBuilder
      .Entity<Passenger>().Property(x => x.FrequentFlyer).
      HasConversion(converterForFrequentFlyer);

  // FrequentFlyer String<->Bool Converter: Alternative Syntax 2: Inline Converter
  modelBuilder
      .Entity<Passenger>().Property(x => x.FrequentFlyer).
      HasConversion(v => (v == "Yes" ? true : false), v => (v ? "Yes" : "No"));
}
```

In den Datenbankschemamigrationen erkennt man, dass Entity Framework Core tatsächlich nun
die Spalte FrequentFlyer als Boolean-Wert (d.h. SQL Server-Datentyp "bit") anlegt.

Listing: Schemamigration für die neue Spalte FrequentFlyer

```
using System;
using System.Collections.Generic;
using Microsoft.EntityFrameworkCore.Migrations;

namespace DA.Migrations
{
    public partial class v3 : Migration
    {
        protected override void Up(MigrationBuilder migrationBuilder)
        {
            migrationBuilder.AddColumn<bool>(
                name: "FrequentFlyer",
                table: "Passenger",
                nullable: true);
```

```
        }

        protected override void Down(MigrationBuilder migrationBuilder)
        {
            migrationBuilder.DropColumn(
                name: "FrequentFlyer",
                table: "Passenger");
        }
    }
}
```

	Column Name	Data Type	Allow Nulls
🔑	PersonID	int	☐
	Surname	nvarchar(MAX)	☑
	GivenName	nvarchar(MAX)	☑
	Birthday	datetime2(7)	☑
	EMail	nvarchar(MAX)	☑
	DetailID	int	☑
	CustomerSince	datetime2(7)	☑
▶	FrequentFlyer	bit	☑
	Status	nvarchar(1)	☐

Abbildung: In der Datenbank entsteht eine bit-Spalte für FrequentFlyer

Das nächste Listing zeigt einen Testfall für dieses Feature.

Listing: Verwendung der neuen Spalte FrequentFlyer

```
/// <summary>
/// Test for FrequentFlyer Property
/// </summary>
[EFCBook("5.0", "2.1")]
public static void ConvertStringToBoolean()
{
 CUI.MainHeadline(nameof(ConvertStringToBoolean));
 using (WWWingsContext ctx = new WWWingsContext())
 {
  ctx.Log();

  // Add new Passenger
  var p = new Passenger();
  p.GivenName = "Max";
  p.Surname = "Müller";
  p.Birthday = new DateTime(2070, 2, 3);
  p.Status = 'A';
  p.FrequentFlyer = "Yes";
  ctx.PassengerSet.Add(p);
  var count = ctx.SaveChanges();

  Console.WriteLine("Saved Changes: " + count);
  Console.WriteLine("Added new Passenger #" + p.PersonID);
```

```
// Get all Frequent Travellers
Console.WriteLine("All Frequent Travellers:");
var ft = ctx.PassengerSet.Where(x => x.FrequentFlyer == "Yes").ToList();
foreach (var pas in ft)
{
  Console.WriteLine(pas);
}

// Get all Frequent Travellers
Console.WriteLine("All Frequent Travellers:");
var ft2 = ctx.PassengerSet.Where(x => x.FrequentFlyer.StartsWith("Y")).ToList();
foreach (var pas in ft2)
{
  Console.WriteLine(pas);
}

// Get raw data from Database as DataReader
var r = ctx.Database.ExecuteSqlRaw("Select p.PersonID, p.Surname, p.Birthday, p.Status
from Passenger as p where p.personID= " + p.PersonID);
DbDataReader dr = r.DbDataReader;
while (dr.Read())
{
  Console.WriteLine("{0}\t{1}\t{2}\t{3} \n", dr[0], dr[1], dr[2], dr[3]);
}
dr.Dispose();
}
```

In dem obigen Listing wird zunächst ein Passagier als Frequent Flyer erzeugt und dann werden alle Frequent Flyer ausgelesen. Entity Framework Core schickt dafür zur Datenbank:

```
SELECT [x].[PersonID], [x].[Birthday], [x].[CustomerSince], [x].[DetailID],
[x].[EMail], [x].[FrequentFlyer], [x].[GivenName], [x].[Status], [x].[Surname]
FROM [Passenger] AS [x]
WHERE [x].[FrequentFlyer] = 1
```

Allerdings bergen Konverter auch Herausforderungen. Wenn Sie in LINQ formulieren:

```
var ft = ctx.PassengerSet.Where(x => x.FrequentFlyer.StartsWith("Y")).ToList();
```

sendet Entity Framework Core zur Datenbank:

```
SELECT [x].[PersonID], [x].[Birthday], [x].[CustomerSince], [x].[DetailID],
[x].[EMail], [x].[FrequentFlyer], [x].[GivenName], [x].[Status], [x].[Surname]
FROM [Passenger] AS [x]
WHERE [x].[FrequentFlyer] LIKE 0 + 0 AND (LEFT([x].[FrequentFlyer], LEN(N'Y')) =
0)
```

Dies liefert aber eben nicht diejenigen, die in der Spalte FrequentFlyer eine 1 haben, sondern diejenigen, die dort eine 0 haben!

22.11.3   Beispiel 2: Konvertierung zwischen Aufzählungstyp und String

Der Aufzählungtyp PilotLicenseType in der Klasse Pilot soll nicht wie bisher in Entity Framework und Entity Framework Core als Zahlenwert, sondern nun als Zeichenkette persistiert werden.

Die Klasse Pilot ist dabei nicht zu verändern: Sie besitzt weiterhin ein Property PilotLicenseType für den Aufzählungstyp PilotLicenseType.

Listing: Klasse Pilot mit PilotLicenseType

```
using System;
using System.Collections.Generic;
```

```
using System.ComponentModel.DataAnnotations;

namespace BO
{

 public enum PilotLicenseType
 {
  // https://en.wikipedia.org/wiki/Pilot_licensing_and_certification
  Student, Sport, Recreational, Private, Commercial, FlightInstructor, ATP
 }


 [Serializable]
 public partial class Pilot : Employee
 {
  // PK is inherited from Employee

  #region Primitive Properties
  public virtual DateTime LicenseDate { get; set; }
  public virtual Nullable<int> FlightHours { get; set; }

  public virtual PilotLicenseType PilotLicenseType
  {
   get;
   set;
  }
...
 }
}
```

In OnModelCreating() in der Kontextklasse ist ein Konverter für dieses Property festzulegen. Dabei gibt es drei syntaktische Möglichkeiten:

- Verwendung der vordefinierten Konverterklasse EnumToStringConverter

- Instanziierung der Klasse ValueConverter und Festlegung von zwei Lambda-Ausdrücken für beide Konvertierungsrichtungen im Konstruktor (convertToStoreExpression: die Konvertierung vom Objekt zum Datensatz beim Speichern ist der erste Konstruktorparameter; convertFromStoreExpression: der zweite Konstruktorparameter beschreibt die Konvertierung vom Datensatz zum Objekt bei der Materialisierung)

- Nutzung der beiden Lambda-Ausdrücke direkt in der Methode HasConversion().

Listing: Konverter für PilotLicenseType festlegen

```
 protected override void OnModelCreating(ModelBuilder modelBuilder)
 {
  // Syntax 1: Predefinied Converter instance
  var converter = new EnumToStringConverter<PilotLicenseType>();
  modelBuilder
   .Entity<Pilot>()
   .Property(e => e.PilotLicenseType)
   .HasConversion(converter);

  // Alternative Syntax 2: Explicit Converter instance
  var valueconverter = new ValueConverter<PilotLicenseType, string>(
   v => v.ToString(),
   v => (PilotLicenseType)Enum.Parse(typeof(PilotLicenseType), v));

  modelBuilder
   .Entity<Pilot>().Property(x => x.PilotLicenseType).
```

```
HasConversion(valueconverter);

// Alternative Syntax 3: Inline Converter
modelBuilder
    .Entity<Pilot>().Property(x => x.PilotLicenseType).
    HasConversion(x => x.ToString(),
          x => (PilotLicenseType)Enum.Parse(typeof(PilotLicenseType), x));
...
}
```

In einer mit Add-Migration erzeugten Migrationsklasse stellt sich das Property dann wie im nächsten Listing gezeigt dar (der Tabellenname heißt Employee, da Pilot von Employee erbt und Entity Framework Core in diesem Fall Table-per-Hierarchy-Mapping für die Vererbung verwendet).

Listing: Migrationsklasse für PilotLicenseType

```
using System;
using System.Collections.Generic;
using Microsoft.EntityFrameworkCore.Migrations;

namespace DA.Migrations
{
    public partial class v3 : Migration
    {
        protected override void Up(MigrationBuilder migrationBuilder)
        {
            migrationBuilder.AddColumn<string>(
                name: "PilotLicenseType",
                table: "Employee",
                nullable: true);
        }

        protected override void Down(MigrationBuilder migrationBuilder)
        {
            migrationBuilder.DropColumn(
                name: "PilotLicenseType",
                table: "Employee");
        }
    }
}
```

In Preview 1 von Version 2.1 konnte die Datenbank mit diesem Konverter nur per Aufruf der Methode ctx.Database.EnsureCreated() zur Laufzeit angelegt werden. Der Autor dieses Buchs hatte dies als Bug bei Microsoft gemeldet: [https://github.com/aspnet/EntityFrameworkCore/issues/11338]. Seit der Release Candidate-Version können auch Schemamigrationen damit angelegt werden.

> Zu beachten sind die Unterschiede bei der Datentyplänge: Syntaxform 1 legt nvarchar(512) an, denn die maximale Länge für Bezeichnernamen in C# sind 511 Zeichen. Bei Syntaxform 2 und 3 könnten aber durch den Ausdruck theoretisch längere Namen entstehen. Entity Framework Core legt daher aus Vorsicht nvarchar(MAX) an.

Bei Syntaxform 2 kann man die Länge über den dritten Konstruktorparameter der ValueConverter-Klasse steuern. Der folgende Codeausschnitt zeigt die Begrenzung auf 20 Zeichen mit Hilfe einer Instanz von ConverterMappingHints:

```
var cmh = new ConverterMappingHints(20);
var valueconverter = new ValueConverter<PilotLicenseType, string>(
    v => v.ToString(),
    v => (PilotLicenseType)Enum.Parse(typeof(PilotLicenseType), v), cmh);
```

```
modelBuilder
.Entity<Pilot>().Property(x => x.PilotLicenseType).
HasConversion(valueconverter);
```

Damit wird die Zeichenkettenlänge der Spalte PilotLicenseType dann auf nvarchar(20) begrenzt, siehe folgende Abbildung.

	Column Name	Data Type	Allow Nulls
🔑	PersonID	int	☐
	Surname	nvarchar(MAX)	☑
	GivenName	nvarchar(MAX)	☑
	Birthday	datetime2(7)	☑
	EMail	nvarchar(MAX)	☑
	DetailID	int	☑
	Salary	real	☐
	SupervisorPersonID	int	☑
	PassportNumber	nvarchar(MAX)	☑
	Discriminator	nvarchar(MAX)	☐
	LicenseDate	datetime2(7)	☑
	FlightHours	int	☑
▶	PilotLicenseType	nvarchar(20)	☑

Abbildung: ConverterMappingHints führt zur Längenbegrenzung

Das folgende Listing zeigt den Einsatz der Konvertierung beim Anlegen eines Piloten und beim Auslesen aller Piloten mit einem bestimmten Flugscheintyp. Das weitere Auslesen des Datensatzes mit dem DataReader am Ende dient zur Überprüfung, ob in der Datenbank tatsächlich die Zeichenkette statt der Zahl des Aufzählungszahlenwertes gespeichert wurde.

Listing: Programmcode, der Konverter verwendet

```
public static void ConvertEnumToString()
{
 CUI.MainHeadline(nameof(ConvertEnumToString));
 using (WWWingsContext ctx = new WWWingsContext())
 {
  // Add new Pilot
  var p = new Pilot();
  p.GivenName = "Max";
  p.Surname = "Müller";
  p.Birthday = new DateTime(2070, 2, 3);
  p.PilotLicenseType = PilotLicenseType.FlightInstructor;
  ctx.PilotSet.Add(p);
  var count = ctx.SaveChanges();

  Console.WriteLine("Saved Changes: " + count);
  Console.WriteLine("Added new Pilot #" + p.PersonID);

  // Get raw data from Database as DataReader
```

```
var r = ctx.Database.ExecuteSqlRaw("Select p.PersonID, p.Surname, p.PilotLicenseType,
p.Birthday from Employee as p where p.personID= " + p.PersonID);

  DbDataReader dr = r.DbDataReader;

  while (dr.Read())
  {
    Console.WriteLine("{0}\t{1}\t{2}\t{3} \n", dr[0], dr[1], dr[2], dr[3]);
  }

  dr.Dispose();
  }
 }
```

Allerdings funktioniert der Datenzugriff mit LINQ nicht. Entity Framework Core sendet hier den Zahlwert statt der Zeichenkette zur Datenbank:

```
SELECT [x].[PersonID], [x].[Birthday], [x].[DetailID], [x].[Discriminator],
[x].[EMail], [x].[GivenName], [x].[PassportNumber], [x].[Salary],
[x].[SupervisorPersonID], [x].[Surname], [x].[FlightHours], [x].[FlightSchool],
[x].[LicenseDate], [x].[PilotLicenseType]
FROM [Employee] AS [x]
WHERE ([x].[Discriminator] = N'Pilot') AND ([x].[PilotLicenseType] = 5)
```

Hier steigt dann die Datenbank mit folgendem Laufzeitfehler aus: "System.Data.SqlClient.SqlException: 'Conversion failed when converting the nvarchar value 'FlightInstructor' to data type int.".

22.12   Datenbefüllung bei der Schemamigration (Data Seeding)

Mit Version 2.1 von Entity Framework Core führte Microsoft das Befüllen von Datenbanktabellen im Rahmen von Schemamigrationen wieder ein.

Praxishinweis: Data Seeding hätte ein nettes Feature sein können. Leider hat das Entwicklungsteam hier wieder einmal eine neue Funktion nicht hinreichend getestet, sodass es in einigen Fällen gar nicht funktioniert. Was auch wieder zeigt: Das Entwicklungsteam testet leider immer nur mit sehr einfachen Datenbanktabellen und nicht mit echten Praxisszenarien, die man bei den Kunden findet. Warten wir also auf Version 2.2, bis wir Data Seeding dann hoffentlich überall einsetzen können.

Im klassischen ADO.NET Entity Framework gibt es seit Version 4.1 das Code First-Vorgehensmodell mit Schemamigrationen. Eine Möglichkeit ist dort auch, dass beim Anlegen einer Tabelle in der Datenbank diese auch direkt mit Daten befüllt wird. Dies nennt man Data Seeding. Es wird unterstützt durch die Methode Seed() in der von DbMigrationsConfiguration<Kontextname> abgeleiteten Konfigurationsklasse. Im Entity Framework Core gab es in Versionen 1.0, 1.1 und 2.0 kein Data Seeding. Erst mit Version 2.1, erschienen am 30. Mai 2018, wurde es wieder eingeführt, allerdings in veränderter Form. Eine von DbMigrationsConfiguration<Kontextname> abgeleitete Konfigurationsklasse gibt es nicht mehr in Entity Framework Core. Der Programmcode für das Data Seeding kommt nun direkt

- in die Methode OnModelCreating() in die Kontextklasse oder

- in die Methode Configure() in eine von IEntityTypeConfiguration<Entitätstyp> abgeleitete Konfigurationsklasse.

Im ersten Fall enthält der Entwickler als Parameter ein Objekt des Typs ModelBuilder, im zweiten Fall ein EntityTypeBuilder<Entitätstyp>. In beiden Fällen legt man die in die Tabelle einzufüllenden Daten per HasData() unter Übergabe eines typisierten oder anonymen Objekts fest.

Das nächste Listing zeigt dies anhand der Konfigurationsklasse für die Airline-Entitätsklasse.

Listing: Data Seeding in der Konfigurationsklasse für die Airline-Entitätsklasse

```
class AirlineETC : IEntityTypeConfiguration<Airline>
{
  public void Configure(EntityTypeBuilder<Airline> c)
  {
    var a1 = new Airline() { Code = "WWW", Name = "World Wide Wings" };
    var a2 = new Airline() { Code = "NCB", Name = "Never Come Back Airline" };
    c.HasData(a1);
    c.HasData(a2);
  }


}
```

Das nächste Listing zeigt die etwas andere Syntax für die Kontextklasse, denn hier muss erst noch auf die Entitätsklasse mit Entity<T>() verwiesen werden.

Listing: Data Seeding in der Kontextklasse für die Airline-Entitätsklasse

```
public class WWWingsContext : DbContext
{
  protected override void OnConfiguring(DbContextOptionsBuilder builder)
  {
...
  }

  protected override void OnModelCreating(ModelBuilder modelBuilder)
  {
    var a1 = new Airline() { Code = "WWW", Name = "World Wide Wings" };
    var a2 = new Airline() { Code = "NCB", Name = "Never Come Back Airline" };
    modelBuilder.Entity<Airline>().HasData(a1);
    modelBuilder.Entity<Airline>().HasData(a2);
    ...
  }
}
```

In beiden Fällen kommt es nach dem Anlegen einer Schemamigration zu Einträgen mit dem Aufruf InsertData() in der Migrationsklasse, sowohl in der Up() bzw. DeleteData() in der Down()-Methode der Migrationsklasse. Sofern man in späteren Migrationsschritten Daten ergänzt bzw. entfernt, werden dafür entsprechend dann auch Aufrufe von InsertData() oder DeleteData() erzeugt.

Listing: Die von Add-Migration generierte Migrationsklasse mit Data Seeding

```
using Microsoft.EntityFrameworkCore.Migrations;

namespace DA.Migrations
{
    public partial class v2 : Migration
    {
        protected override void Up(MigrationBuilder migrationBuilder)
        {
            migrationBuilder.InsertData(
                table: "Airline",
                columns: new[] { "Code", "Name" },
                values: new object[] { "WWW", "World Wide Wings" });

            migrationBuilder.InsertData(
                table: "Airline",
                columns: new[] { "Code", "Name" },
                values: new object[] { "NCB", "Never Come Back Airline" });
```

```
    }

        protected override void Down(MigrationBuilder migrationBuilder)
        {
            migrationBuilder.DeleteData(
                table: "Airline",
                keyColumn: "Code",
                keyValue: "NCB");

            migrationBuilder.DeleteData(
                table: "Airline",
                keyColumn: "Code",
                keyValue: "WWW");
        }
    }
}
```

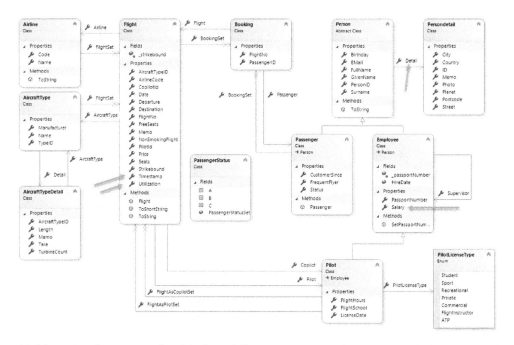

Abbildung: Das hier verwendete Objektmodell. Die im Text erwähnten Herausforderungen sind mit roten Pfeilen markiert.

22.12.1 Herausforderung Shadow Properties

Leider ist es in der Praxis dann nicht immer so einfach wie im obigen Fall. Wenn man auf diese Weise einen Piloten anlegen will

```
var p1 = new Pilot { PersonID = 123, GivenName = "Max", Surname = "Müller", PilotLicenseType
= PilotLicenseType.Commercial, Salary = 100000.0F, LicenseDate = new DateTime(1970, 1, 1) };
modelBuilder.Entity<Pilot>().HasData(p1);
```

meckert das Commandlet Add-Migration, weil das abhängige Pflichtobjekt "Persondetail" fehlt:

The seed entity for entity type 'Pilot' with the key value 'PersonID:123' cannot be added because it has the navigation 'Detail' set. To seed relationships you need to add the related entity seed to 'Persondetail' and specify the foreign key values {'DetailID'}.

Nun könnte man dieses anlegen und verbinden, wie man es von Entity Framework und Entity Framework Core kennt:

```
var pd2 = new Persondetail() { ID = 123, City = "Essen" };
var p2 = new Pilot { PersonID = 123, Detail = pd2, GivenName = "Max", Surname = "Müller",
PilotLicenseType = PilotLicenseType.Commercial, Salary = 100000.0F, LicenseDate = new
DateTime(1970, 1, 1) };
modelBuilder.Entity<Pilot>().HasData(p2);
```

Leider aber funktioniert diese Vorgehensweise beim Data Seeding nicht. Entity Framework Core möchte explizit, dass man den Wert für die Fremdschlüsselspalte angibt, die hier "DetailID" heißt. Also müssen wir das PersonDetail-Objekt explizit mit HasData() anmelden und dann auf die ID verweisen:

```
var pd3 = new Persondetail() { ID = 123, City = "Essen" };
modelBuilder.Entity<Persondetail>().HasData(pd3);
var p3 = new Pilot { PersonID = 123, DetailID = 123, GivenName = "Max", Surname = "Müller",
PilotLicenseType = PilotLicenseType.Commercial, Salary = 100000.0F, LicenseDate = new
DateTime(1970, 1, 1) };
modelBuilder.Entity<Pilot>().HasData(p3);
```

Aber, wenn die Navigationseigenschaft Detail in der Entitätsklasse gar kein explizites Fremdschlüsselproperty DetailID besitzt, sondern DetailID ein Shadow Property ist (vgl. Abbildung 1), das zwar in der Datenbanktabelle als Spalte, nicht aber in der Entitätsklasse als Property existiert, dann kompiliert der obige Programmcode gar nicht erst, denn die Klasse Pilot besitzt in diesem Fall folglich kein Property PilotID.

Hier muss man sich behelfen, indem man das Objekt an einen anonymen Typ übergibt, also "Pilot" nach den new-Operator weglässt:

```
var pd4 = new Persondetail() { ID = 123, City = "Essen" };
modelBuilder.Entity<Persondetail>().HasData(pd4);
var p4 = new { PersonID = 123, DetailID = 123, GivenName = "Max", Surname = "Müller",
PilotLicenseType = PilotLicenseType.Commercial, Salary = 100000.0F, LicenseDate = new
DateTime(1970,1,1) };
modelBuilder.Entity<Pilot>().HasData(p4);
```

Nun muss man aber aufpassen, dass man wirklich alle notwendigen Spalten auch befüllt, und zwar mit dem richtigen Typ. Sonst sieht man Fehlermeldungen wie

The seed entity for entity type 'Pilot' cannot be added because there was no value provided for the required property 'Salary'.

wenn man Salary gar nicht gesetzt hat oder

The seed entity for entity type 'Pilot' cannot be added because the value '100000' provided for the property 'Salary' is not of the type 'float'.

wenn man Salary = 10000.0 geschrieben hat und das "F" vergessen hat.

Sofern in einem solchen Fall die Fehlermeldung weniger aussagekräftig, ohne die konkreten Werte, so angezeigt wird:

The seed entity for entity type 'Pilot' cannot be added because the value provided for the property 'Salary' is not of the type 'float'. Consider using 'DbContextOptionsBuilder.EnableSensitiveDataLogging' to see the involved property values.

aber man lieber die genauen Werte hätte, dann sollte man in der Kontextklasse Entity Framework
Core per EnableSensitiveDataLogging(true) erlauben, die Werte auszugeben:

```
protected override void OnConfiguring(DbContextOptionsBuilder builder)
{
  builder.EnableSensitiveDataLogging(true);
  builder.UseLazyLoadingProxies().UseSqlServer(ConnectionString);
  ...
}
```

Nicht nur bei fehlenden Fremdschlüsselspalten, auch bei anderen Fällen von Shadow Properties,
z.B. dem Shadow Property "LastChange" in der Klasse Flight, muss man mit anonymen Typen
befüllen, denn auch hier gibt es kein passendes Property in der Klasse Flight, das man mit einem
Wert belegen könnte:

```
var f1 = new { FlightNo = 101, Departure = "Essen/Mülheim", Destination = "Berlin", Date =
DateTime.Now.AddDays(2), Seats = (short?)100, PilotId = 123,  LastChange = DateTime.Now };
modelBuilder.Entity<Flight>().HasData(f1);
```

22.12.2 Bug bei berechneten Spalten

Im Fall der Klasse "Flight" gibt es aber noch zwei Herausforderungen. Diese Tabelle besitzt sowohl
eine vom Datenbankmanagementsystem automatisch bei jeder Änderung hochgezählte
Timestamp-Spalte   zur   Konflikterkennung   als   auch   eine   ebenfalls   vom
Datenbankmanagementsystem   selbst   berechnete   Spalte   "Utilization"   für   den
Flugauslastungsprozentsatz.

Entity Framework Core 2.1/2.2 kann zwar eine Migrationsklasse mit dem Commandlet Add-
Migration erfolgreich erzeugen, beim Einspielen in das Datenbankmanagementsystem mit dem
Commandlet Update-Database kommt es dann aber zum Fehler:

*The column "Utilization" cannot be modified because it is either a computed column or is the result
of a UNION operator.*

Problem ist hier, dass Entity Framework Core beim Data Seeding die beiden Spalten missachtet,
die nur vom Datenbankmanagementsystem mit Werten belegt werden können, und hat folgenden
Programmcode für InsertData() erzeugt, der auch die Spalten "Timestamp" und "Utilization"
explizit mit null befüllen will:

```
migrationBuilder.InsertData(
            table: "Flight",
            columns: new[] { "FlightNo", "AircraftTypeID", "AirlineCode", "CopilotId",
"FlightDate", "Departure", "Destination", "FreeSeats", "LastChange", "Memo",
"NonSmokingFlight", "PilotId", "Price", "Seats", "Strikebound", "Timestamp", "Utilization" },
            values: new object[] { 101, null, null, null, new DateTime(2018, 8, 11, 14,
46, 18, 862, DateTimeKind.Local), "Essen/Mülheim", "Berlin", null, new DateTime(2018, 8, 9,
14, 46, 18, 865, DateTimeKind.Local), null, null, 123, null, (short)100, null, null, null });
```

Wieder einmal wieder hat das Entity Framework Core-Entwicklungsteam also ein Feature mit
heißer Nadel gestrickt ohne es in Verbindung mit anderen wichtigen Features zu testen.

Was sagt das Entwicklungsteam dazu? Arthur Vickers aus dem Entwicklungsteam empfiehlt in
seinem   Kommentar   in   [https://github.com/aspnet/EntityFrameworkCore/issues/11969]   allen
Ernstes, den generierten InsertData()-Aufruf per Hand nachzubearbeiten. Im vorliegenden Fall
wäre dies also:

```
migrationBuilder.InsertData(
            table: "Flight",
```

```
        columns: new[] { "FlightNo", "AircraftTypeID", "AirlineCode", "CopilotId",
"FlightDate", "Departure", "Destination", "FreeSeats", "LastChange", "Memo",
"NonSmokingFlight", "PilotId", "Price", "Seats", "Strikebound" },
        values: new object[] { 101, null, null, null, new DateTime(2018, 8, 11, 14,
16, 48, 444, DateTimeKind.Local), "Essen/Mülheim", "Berlin", null, new DateTime(2018, 8, 9,
14, 16, 48, 449, DateTimeKind.Local), null, null, 123, null, (short)100, null});
```

Das kann man ja vielleicht noch machen bei wenigen Datensätzen. Aber was, wenn man Data Seeding verwenden will, um in einer Schleife viele Testdaten zu erzeugen oder aus einer anderen Datenquelle (z.B. Textdateien) viele Datensätze laden will? Oder wenn man einen Migrationsschritt mehrfach löschen und wieder anlegen muss? Die vorgeschlagene Umgehung wird dann zur zeitaufwändigen Qual.

Den Fehler beheben will Microsoft laut [https://github.com/aspnet/EntityFrameworkCore/issues/11969] leider erst in Version 2.2 von Entity Framework Core, die derzeit für Ende 2018 geplant ist.

Was ist die Alternative? Ganz einfach: Die Datensätze nicht in Rahmen einer Schemamigration, sondern beim Start des eigentlichen Programms über das normale Entity Framework Core-API (also Add() und SaveChanges()) in die Datenbank bringen oder ein eigenes Konsolenprogramm schreiben, das auch als Build-Schritt laufen kann (vgl. Datengenerator in den Programmcodebeispielen zu diesem Buch).

22.13   Eigene Konventionen (Custom Conventions)

Entity Framework Core basiert genau wie der Vorgänger ADO.NET Entity Framework aus Konventionen, die man bei Bedarf durch eigene Konfiguration (via Datenannotation auf der Entitätsklasse oder Fluent-API in der Methode OnModelCreating() in der eigenen, von DbContext abgeleiteten Kontextklasse) außer Kraft setzen kann.

Mit eigenen Konventionen kann ein Softwareentwickler die in Entity Framework Core eingebauten Konventionen ändern oder eigene Regelwerke bei der Datenbankgenerierung und dem Verhalten von Entity Framework Core etablieren. Damit vermeidet er, aufwändig jede Entitätsklassen bzw. deren Properties einzeln konfigurieren zu müssen.

In Entity Framework Core 1.x und 2.x konnte man eigene Konventionen nur mit der im folgenden Abschnitt als "Massenkonfiguration mit dem Fluent-API" bezeichneten Vorgehensweise implementieren.

Seit Entity Framework Core 3.0 kann man Konventionsklassen schreiben, die auf der Schnittstelle Microsoft.EntityFrameworkCore.Metadata.Conventions.IConvention   (in   der Microsoft.EntityFrameworkCore.dll) basieren.

22.13.1   Eigene Konventionen per Massenkonfiguration mit dem Fluent-API

Neben der Möglichkeit, jeweils einzelne Entitätsklassen im Fluent-API in der Methode OnModelCreating() anzupassen, kann man dort mit geschickter Programmierung auch mehrere Entitätsklassen auf einmal konfigurieren. Das Unterobjekt "Model" des übergebenen ModelBuilder-Objekts liefert über GetEntityTypes() eine Liste aller Entitätsklassen in Form von Objekten mit der Schnittstelle IMutableEntityType. Diese Schnittstelle bietet wiederum Zugang zu allen Konfigurationsoptionen für eine Entitätsklasse.

Beispiel

Das Beispiel im folgenden Listing zeigt, wie man die Konventionen so aushebelt, dass alle Tabellennamen heißen wie die DbSet<Entitätsklasse>-Eigenschaft in der Kontextklasse. Mit entity.SetTableName(entity.DisplayName()) erhalten wieder alle Tabellen den Namen der Entitätsklasse selbst. Ausgenommen davon werden nur die Klassen, die eine [Table]-Annotation besitzen, sodass der Entwickler die Möglichkeit hat, individuelle Abweichungen von der Regel festzulegen. Die [Table]-Annotation gehört zum Standard im Namensraum System.ComponentModel.DataAnnotations.Schema   aus   der System.ComponentModel.Annotations.dll (im gleichnamigen NuGet-Paket).

Listing: Massenkonfiguration im Fluent-API

```
protected override void OnModelCreating(ModelBuilder mb)
{
    ...
#region Bulk configuration via model class for all table names
foreach (IMutableEntityType entity in mb.Model.GetEntityTypes())
    {
    // All table names = class names (~ EF 6.x),
    // except the classes that have a [Table] annotation or derived classes (where ToTable()
is not allowed in EF Core >= 3.0)
    var annotation = entity.ClrType?.GetCustomAttribute<TableAttribute>();
    if (annotation == null && entity.BaseType == null)
    {
     entity.SetTableName(entity.DisplayName());
    }
```

```
    }
#endregion
...

}
```

Obiger Programmcode läuft in Entity Framework Core ab Version 3.0. In den Versionen 1.x und 2.x war ein gleiches Verhalten zwar ebenfalls möglich, im konkreten Fall jedoch haben sich aber das API und das Verhalten geändert:

- Der Befehl entity.SetTableName(entity.DisplayName() war Entity Framework Core 1.x und 2.x so zu schreiben: entity.Relational().TableName = entity.DisplayName()

- Die Zusatzbedingung && entity.BaseType == null ist seit Entity Framework Core 3.0 notwendig, da es dort nicht mehr erlaubt ist, ToTable() auf einer abgeleiteten Klasse auszuführen. Dies war bisher erlaubt, wenn auch ohne Effekt, da abgeleitete Klassen nach dem Table-per-Hierarchy-Vererbungsprinzip in der gleichen Tabelle wie die Basisklassen landen. Microsoft will mit diesem Breaking Change die Voraussetzungen schaffen, dass in einer Nachfolgeversion ohne weiteren Breaking Change dann auch Vererbung mit Table-per-Type möglich ist. Somit könnte das Table-per-Type-Feature schließlich in einer kommenden Version erscheinen (geplant für Entity Framework Core 5.0).

Auslagern der Konventionen

Den Programmcode für die Massenkonfiguration kann man gut in Erweiterungsmethoden auslagern und dann in der Methode OnModelCreating() aufrufen. Das übernächste Listing zeigt einige Beispiele für eigene Konventionen. Diese aktiviert man dann in dieser Form:

```
using ITVisions.EFC.CustomConventions;
...
protected override void OnModelCreating(ModelBuilder mb)
{
...
    #region Custom Conventions (without IConvention)
    mb.ApplyCustomConvention_ViewsQueryResults();
    mb.ApplyCustomConvention_Tablenames();
    mb.ApplyCustomConvention_PropertyEndingNoAreKeys();
    mb.ApplyCustomConvention_Index();
    mb.ApplyCustomConvention_ColumnBasedConcurrency();
    mb.ApplyCustomConvention_TimestampBasedConcurrency();
    #endregion...
}
```

Natürlich kann man die Aufrufe auch wieder zusammenfassen, wenn man die OnModelCreating()-Methode übersichtlich halten will:

```
using ITVisions.EFC.CustomConventions;
...
protected override void OnModelCreating(ModelBuilder mb)
{
...
    #region Custom Conventions (without IConvention)
    mb.ApplyAllMyConventions();
    #endregion...
}
```

Weitere Beispiele für eigene Konventionen

Das Listing 2 zeigt folgende Beispiele für eigene Konventionen in Erweiterungsmethoden:

- **TimestampBasedConcurrency**: Alle Spalten, die Timestamp heißen, sind automatisch eine Timestamp-basierte Konflikterkennung.

- **ColumnBasedConcurrency**: Alle Spalten dienen der Konflikterkennung, außer denen, die die Annotation [ConcurrencyNoCheck] besitzen.

- **Index**: Die neue erfundene Datenannotation [Index] auf Properties wird berücksichtigt. Man kann [Index] auf eine Spalte anwenden, wenn diese indiziert werden soll. Wenn der Index für mehrere Spalten gelten soll, muss man die Namen aller Spalten angeben.

- **PropertyEndingNoAreKeys**: Alle Properties, deren Name auf "No" endet, sind Primärschlüssel der Entitätsklasse und somit der resultierenden Tabelle.

- **Tablenames**: Alle Tabellen heißen im Standard wie die Entitätsklassennamen.

- **ViewsQueryResults**: Alle Entitätsklassen, die mit [View] oder [QueryResult] annotiert sind, gelten als primärschlüssellose Entitätstypen. Sie werden für Sichten in der Datenbank bzw. Resultsets von SQL-Abfragen oder Stored Procedures verwendet, für die es keine entsprechende Tabelle oder Sicht in der Datenbank gibt.

Listing: CustomConventions_WithoutIConvention.cs

```
using ITVisions.EFC.Annotations;
using Microsoft.EntityFrameworkCore;
using Microsoft.EntityFrameworkCore.Metadata;
using Microsoft.EntityFrameworkCore.Metadata.Internal;
using System;
using System.ComponentModel.DataAnnotations.Schema;
using System.Linq;
using System.Reflection;

namespace ITVisions.EFC.CustomConventions
{

 /// <summary>
 /// Custom Conventions without use of IConvention
 /// IConvention is only available in EF Core >=3.0
 /// However, this technique works in EF Core >= 1.0 :-)
 /// </summary>
 static class CustomConventions_WithoutIConvention
 {

 public static void ApplyAllMyConventions(this ModelBuilder mb)
 {
  mb.ApplyCustomConvention_ViewsQueryResults();
  mb.ApplyCustomConvention_Tablenames();
  mb.ApplyCustomConvention_PropertyEndingNoAreKeys();
  mb.ApplyCustomConvention_Index();
  mb.ApplyCustomConvention_ColumnBasedConcurrency();
  mb.ApplyCustomConvention_TimestampBasedConcurrency();
 }

 /// <summary>
 /// Bulk configuration for Timestamp column
 /// </summary>
 /// <param name="mb"></param>
 ///

 public static void ApplyCustomConvention_TimestampBasedConcurrency(this ModelBuilder mb)
 {
```

```csharp
// Get all entity classes
foreach (IMutableEntityType entity in mb.Model.GetEntityTypes())
{
 // Get all properties
 foreach (var prop in entity.GetProperties())
 {
  if (prop.Name == "Timestamp")
  {
   prop.ValueGenerated = ValueGenerated.OnAddOrUpdate;
   prop.IsConcurrencyToken = true;
  }
 }
}
}


/// <summary>
/// Bulk configuration via model class for a concurrency check of all properties except
those annotated with [ConcurrencyNoCheck]
/// if you activate this, some samples in this project are not working anymore,
e.g.projections with updates!
/// </summary>
/// <param name="mb"></param>
public static void ApplyCustomConvention_ColumnBasedConcurrency(this ModelBuilder mb)
{
 // Get all entity classes
 foreach (IMutableEntityType entity in mb.Model.GetEntityTypes())
 {
  // get all properties
  foreach (var prop in entity.GetProperties())
  {
   // Look for annotation [ConcurrencyNoCheck]
   var annotation = prop.PropertyInfo?.GetCustomAttribute<ConcurrencyNoCheckAttribute>();
   if (annotation == null)
   {
    prop.IsConcurrencyToken = true;
   }
   else
   {
    Console.WriteLine("No Concurrency Check for " + prop.Name);
   }
   if (prop.Name == "Timestamp")
   {
    prop.ValueGenerated = ValueGenerated.OnAddOrUpdate;
    prop.IsConcurrencyToken = true;
   }
   foreach (var a in prop.GetAnnotations())
   {
    Console.WriteLine(prop.Name + ":" + a.Name + "=" + a.Value);
   }
  }
 }
}


/// <summary>
/// Bulk configuration using custom annotation [INDEX]
/// </summary>
/// <param name="mb"></param>
public static void ApplyCustomConvention_Index(this ModelBuilder mb)
```

```
{
  //Get all entity classes
  foreach (IMutableEntityType entity in mb.Model.GetEntityTypes())
  {
   // get all properties
   foreach (var prop in entity.GetProperties())
   {
    // Look for annotation [Index]
    var annotations = prop.PropertyInfo?.GetCustomAttributes<IndexAttribute>();
    if (annotations != null)
    {
     foreach (var annotation in annotations)
     {
      if (annotation.PropertyNames != null && annotation.PropertyNames.Length > 0)
      {
       //Console.WriteLine($"Index on {entity.Name}: " + String.Join(";",
annotation.PropertyNames));
       mb.Entity(entity.Name).HasIndex(annotation.PropertyNames);
      }
      else
      {
       //Console.WriteLine($"Index on {entity.Name}: " + prop.Name);
       mb.Entity(entity.Name).HasIndex(prop.Name);
      }
     }
    }
   }
  }
}

/// <summary>
/// Bulk configuration: Columns ending in "No" become primary keys without auto increment
/// </summary>
public static void ApplyCustomConvention_PropertyEndingNoAreKeys(this ModelBuilder mb)
{
  foreach (IMutableEntityType entity in mb.Model.GetEntityTypes())
  {
   IMutableProperty prop = entity.GetProperties().FirstOrDefault(x =>
x.Name.EndsWith("No"));
   if (prop != null)
   {
    entity.SetPrimaryKey(prop);
    prop.ValueGenerated = ValueGenerated.Never;
   }
  }
}

/// <summary>
/// Bulk configuration via model class for all table names
/// </summary>
/// <param name="mb"></param>
public static void ApplyCustomConvention_Tablenames(this ModelBuilder mb)
{
  foreach (IMutableEntityType entity in mb.Model.GetEntityTypes())
  {
   // All table names = class names (~ EF 6.x),
   // except the classes that have a [Table] annotation or derived classes (where ToTable()
is not allowed in EF Core >= 3.0)
   var type = entity.ClrType;
```

```
    if (type.GetCustomAttribute<TableAttribute>() == null &&
type.GetCustomAttribute<ViewAttribute>() == null &&
type.GetCustomAttribute<QueryResultAttribute>() == null && entity.BaseType == null)
    {
      //EF Core 1.x/2.x: entity.Relational().TableName = entity.DisplayName();
      entity.SetTableName(entity.DisplayName());
    }
  }
}


/// <summary>
/// Bulk configuration for views and query results
/// </summary>
/// <param name="mb"></param>
public static void ApplyCustomConvention_ViewsQueryResults(this ModelBuilder mb)
{
  foreach (EntityType entity in mb.Model.GetEntityTypes().ToList())
  {
    ViewAttribute va = entity.ClrType?.GetCustomAttribute<ViewAttribute>();
    if (va != null)
    {
      string viewName = String.IsNullOrEmpty(va.ViewName) ? entity.DisplayName() :
va.ViewName;
      mb.Entity(entity.ClrType).HasNoKey().ToView(viewName);
    }
    QueryResultAttribute qa = entity.ClrType?.GetCustomAttribute<QueryResultAttribute>();
    if (qa != null)
    {
      mb.Entity(entity.ClrType).HasNoKey().ToView(entity.DisplayName());
    }
  }
}
}
```

Diese eigenen Konventionen basieren zum Teil auf eigenen Datenannotationen. Datenannotationen schreibt man, indem man eine Klasse implementiert, die von System.Attribute erbt.

Hinweis: Ursprünglich hat Microsoft die Annotationen "Attribute" genannt, was aber im Konflikt stand zu der in der objektorientierten Welt üblichen Bezeichnung für die Datenmitglieder einer Klasse. Mittlerweile spricht Microsoft wie bei Java von Annotationen. Die Basisklasse heißt aber aus historischen Gründen noch "System.Attribute" und die abgeleiteten Klassen tragen auch "Attribute" im Namen, damit man statt [AbcAttribute] auch [Abc] schreiben kann.

Diese eigenen Annotationsklassen (hier im Namensraum ITVisions.EFC.Annotations, siehe nächstes Listing) müssen nicht nur in der Datenzugriffsschicht (DA), wo sich die Kontextklasse befindet, sondern auch im Geschäftsobjektprojekt (BO) bekannt sein, denn dort müssen die Annotationen auf die Entitätsklassen bzw. deren Properties angewendet werden.

Listing: CustomEFCoreAttributes.cs

```
using System;

namespace EFCExtensions
{
  /// <summary>
  /// Annotation for EFCore for types that are mapped to a view
  /// </summary>
```

```csharp
[AttributeUsage(AttributeTargets.Class, AllowMultiple = false)]
public class ViewAttribute : Attribute
{
 public string ViewName { get; set; }
 public ViewAttribute(string ViewName = "")
 {
  this.ViewName = ViewName;
 }
}


/// <summary>
/// Annotation for EFCore for types that only are used as resultset of custom SQL and mapped
with FromSqlRaw() und FromSqlInterpolated()
/// </summary>
[AttributeUsage(AttributeTargets.Class, AllowMultiple = false)]
public class QueryResultAttribute : Attribute
{
}


/// <summary>
/// Annotation for EFCore entity classes and properties for which EFCore should not run a
concurrency check
/// </summary>
[AttributeUsage(AttributeTargets.Property, AllowMultiple = false)]
public class ConcurrencyNoCheckAttribute : Attribute
{
}


[AttributeUsage(AttributeTargets.Property, AllowMultiple = true)]
public class IndexAttribute : System.Attribute
{
 public string[] PropertyNames;
 public IndexAttribute()
 {
 }

 public IndexAttribute(params string[] PropertyNames)
 {
  this.PropertyNames = PropertyNames;
 }
}
}
```

22.13.2   Eigene Konventionen per IConvention

Seit Entity Framework Core 3.0 kann der Softwareentwickler Konventionsklassen schreiben, die auf der Schnittstelle IConvention basieren.

Hinweis: Die Nutzung von eigenen Konventionen per IConvention ist noch recht umständlich im Vergleich zu der Anwendung im klassischen Entity Framework (modelBuilder.Conventions.Add() und modelBuilder.Conventions.Remove()). Microsoft diskutiert dies bereits seit dem 22. Mai 2014 auf GitHub [*https://github.com/dotnet/efcore/issues/214*]. Es sind aber immer noch nicht alle Punkte umgesetzt, die dort angedacht wurden.

IConvention

Wenn man eine eigene Konventionsklasse implementiert, sollte man jedoch nicht IConvention direkt implementieren, sondern eine der vielen davon abgeleiteten Schnittstellen. Von IConvention abgeleitete Schnittstellen sind:

- Microsoft.EntityFrameworkCore.Metadata.Conventions.IEntityTypeAddedConvention

- Microsoft.EntityFrameworkCore.Metadata.Conventions.IEntityTypeAnnotationChangedConvention

- Microsoft.EntityFrameworkCore.Metadata.Conventions.IEntityTypeBaseTypeChangedConvention

- Microsoft.EntityFrameworkCore.Metadata.Conventions.IEntityTypeIgnoredConvention

- Microsoft.EntityFrameworkCore.Metadata.Conventions.IEntityTypeMemberIgnoredConvention

- Microsoft.EntityFrameworkCore.Metadata.Conventions.IEntityTypePrimaryKeyChangedConvention

- Microsoft.EntityFrameworkCore.Metadata.Conventions.IEntityTypeRemovedConvention

- Microsoft.EntityFrameworkCore.Metadata.Conventions.IForeignKeyAddedConvention

- Microsoft.EntityFrameworkCore.Metadata.Conventions.IForeignKeyAnnotationChangedConvention

- Microsoft.EntityFrameworkCore.Metadata.Conventions.IForeignKeyOwnershipChangedConvention

- Microsoft.EntityFrameworkCore.Metadata.Conventions.IForeignKeyPrincipalEndChangedConvention

- Microsoft.EntityFrameworkCore.Metadata.Conventions.IForeignKeyPropertiesChangedConvention

- Microsoft.EntityFrameworkCore.Metadata.Conventions.IForeignKeyRemovedConvention

- Microsoft.EntityFrameworkCore.Metadata.Conventions.IForeignKeyRequirednessChangedConvention

- Microsoft.EntityFrameworkCore.Metadata.Conventions.IForeignKeyUniquenessChangedConvention

- Microsoft.EntityFrameworkCore.Metadata.Conventions.IIndexAddedConvention

- Microsoft.EntityFrameworkCore.Metadata.Conventions.IIndexAnnotationChangedConvention

- Microsoft.EntityFrameworkCore.Metadata.Conventions.IIndexRemovedConvention

- Microsoft.EntityFrameworkCore.Metadata.Conventions.IIndexUniquenessChangedConvention

- Microsoft.EntityFrameworkCore.Metadata.Conventions.IKeyAddedConvention

- Microsoft.EntityFrameworkCore.Metadata.Conventions.IKeyAnnotationChangedConvention

- Microsoft.EntityFrameworkCore.Metadata.Conventions.IKeyRemovedConvention

- Microsoft.EntityFrameworkCore.Metadata.Conventions.IModelFinalizedConvention

- Microsoft.EntityFrameworkCore.Metadata.Conventions.IModelInitializedConvention

- Microsoft.EntityFrameworkCore.Metadata.Conventions.INavigationAddedConvention

- Microsoft.EntityFrameworkCore.Metadata.Conventions.INavigationRemovedConvention

- Microsoft.EntityFrameworkCore.Metadata.Conventions.InversePropertyAttributeConvention

- Microsoft.EntityFrameworkCore.Metadata.Conventions.IPropertyAddedConvention

- Microsoft.EntityFrameworkCore.Metadata.Conventions.IPropertyAnnotationChangedConvention

- Microsoft.EntityFrameworkCore.Metadata.Conventions.IPropertyFieldChangedConvention

- Microsoft.EntityFrameworkCore.Metadata.Conventions.IPropertyNullabilityChangedConvention

Zudem gibt im Namensraum Microsoft.EntityFrameworkCore.Metadata.Conventions einige Klassen, die bereits IConvention realisieren:

- Microsoft.EntityFrameworkCore.Metadata.Conventions.BackingFieldConvention

- Microsoft.EntityFrameworkCore.Metadata.Conventions.BaseTypeDiscoveryConvention

- Microsoft.EntityFrameworkCore.Metadata.Conventions.CascadeDeleteConvention

- Microsoft.EntityFrameworkCore.Metadata.Conventions.ChangeTrackingStrategyConvention

- Microsoft.EntityFrameworkCore.Metadata.Conventions.ConstructorBindingConvention

- Microsoft.EntityFrameworkCore.Metadata.Conventions.ContextContainerConvention

- Microsoft.EntityFrameworkCore.Metadata.Conventions.CosmosDiscriminatorConvention

- Microsoft.EntityFrameworkCore.Metadata.Conventions.DbFunctionTypeMappingConvention

- Microsoft.EntityFrameworkCore.Metadata.Conventions.DbSetFindingConvention

- Microsoft.EntityFrameworkCore.Metadata.Conventions.DerivedTypeDiscoveryConvention

- Microsoft.EntityFrameworkCore.Metadata.Conventions.DiscriminatorConvention

- Microsoft.EntityFrameworkCore.Metadata.Conventions.EntityTypeAttributeConventionBase<TAttribute>

- Microsoft.EntityFrameworkCore.Metadata.Conventions.ForeignKeyAttributeConvention

- Microsoft.EntityFrameworkCore.Metadata.Conventions.ForeignKeyIndexConvention

- Microsoft.EntityFrameworkCore.Metadata.Conventions.ForeignKeyPropertyDiscoveryConvention

- Microsoft.EntityFrameworkCore.Metadata.Conventions.KeyAttributeConvention

- Microsoft.EntityFrameworkCore.Metadata.Conventions.KeyDiscoveryConvention

- Microsoft.EntityFrameworkCore.Metadata.Conventions.ModelCleanupConvention

- Microsoft.EntityFrameworkCore.Metadata.Conventions.NavigationAttributeConventionBase<TAttribute>
- Microsoft.EntityFrameworkCore.Metadata.Conventions.NavigationEagerLoadingConvention
- Microsoft.EntityFrameworkCore.Metadata.Conventions.NonNullableConventionBase
- Microsoft.EntityFrameworkCore.Metadata.Conventions.NonNullableNavigationConvention
- Microsoft.EntityFrameworkCore.Metadata.Conventions.NonNullableReferencePropertyConvention
- Microsoft.EntityFrameworkCore.Metadata.Conventions.NotMappedMemberAttributeConvention
- Microsoft.EntityFrameworkCore.Metadata.Conventions.OwnedTypesConvention
- Microsoft.EntityFrameworkCore.Metadata.Conventions.PropertyAttributeConventionBase<TAttribute>
- Microsoft.EntityFrameworkCore.Metadata.Conventions.PropertyDiscoveryConvention
- Microsoft.EntityFrameworkCore.Metadata.Conventions.QueryFilterDefiningQueryRewritingConvention
- Microsoft.EntityFrameworkCore.Metadata.Conventions.RelationalDbFunctionAttributeConvention
- Microsoft.EntityFrameworkCore.Metadata.Conventions.RelationalMaxIdentifierLengthConvention
- Microsoft.EntityFrameworkCore.Metadata.Conventions.RelationalValueGenerationConvention
- Microsoft.EntityFrameworkCore.Metadata.Conventions.RelationshipDiscoveryConvention
- Microsoft.EntityFrameworkCore.Metadata.Conventions.ServicePropertyDiscoveryConvention
- Microsoft.EntityFrameworkCore.Metadata.Conventions.SharedTableConvention
- Microsoft.EntityFrameworkCore.Metadata.Conventions.SqlServerIndexConvention
- Microsoft.EntityFrameworkCore.Metadata.Conventions.SqlServerMemoryOptimizedTablesConvention
- Microsoft.EntityFrameworkCore.Metadata.Conventions.SqlServerValueGenerationStrategyConvention
- Microsoft.EntityFrameworkCore.Metadata.Conventions.StoreGenerationConvention
- Microsoft.EntityFrameworkCore.Metadata.Conventions.StoreKeyConvention
- Microsoft.EntityFrameworkCore.Metadata.Conventions.TableNameFromDbSetConvention
- Microsoft.EntityFrameworkCore.Metadata.Conventions.TypeMappingConvention
- Microsoft.EntityFrameworkCore.Metadata.Conventions.ValidatingConvention
- Microsoft.EntityFrameworkCore.Metadata.Conventions.ValueGenerationConvention

Vorgehensweise

Die Realisierung eigener Konventionen auf Basis von IConvention ist deutlich komplexer als die Massenkonfiguration mit dem Fluent-API. Notwendige Schritte sind:

- Implementieren einer Konventionsklasse auf Basis einer der o.g. Schnittstellen oder o.g. Klassen. Dabei ist das API zur Konfiguration hier anders: Während man in OnModelCreating() mit den Schnittstellen IMutableEntityType und IMutableProperty arbeitet, die man auch bei der Einzelkonfiguration verwendet, nutzt man in der eigenen Konventionsklasse auf Basis von IConvention die etwas anders aufgebauten Schnittstellen IConventionEntityTypeBuilder und IConventionEntityType bzw. IConventionProperty. Dabei ruft man z.B. entityTypeBuilder.PrimaryKey() unter Angabe einer List<IConventionProperty> auf, statt einfach entity.SetPrimaryKey(IMutableProperty) zu nutzen.

- Implementieren einer eigenen ConventionSetBuilder-Klasse auf Basis der Standard-ConventionSetBuilder-Klasse des jeweiligen Datenbankproviders (z.B. SqlServerConventionSetBuilder). In dieser Klasse holt man sich die Liste der Standardkonventionen für den Datenbankprovider als Instanz von ConventionSet und ergänzt die eigene Konventionsklasse. Natürlich wäre es auch möglich, auf die Standardkonventionen zu verzichten; dann müsste man aber einige Dinge, die Entity Framework Core normalerweise automatisch macht, über eigene Konventionen oder manuell per Fluent-API konfigurieren.

- Aktivieren der eigenen ConventionSetBuilder-Klasse mit der Methode ReplaceService() für die Schnittstelle IProviderConventionSetBuilder in der Methode OnConfiguring() der eigenen, von DbContext abgeleiteten Kontextklasse.

Beispiel

Im folgenden Listing werden beispielhaft zwei eigene Konventionen realisiert:

- GuidPrimaryKeyConvention: Alle Spalten, die "Guid" heißen, werden zum Primärschlüssel.

- IndexAttributeConvention: Die neue erfundene Datenannotation [Index] wird berücksichtigt. Man kann [Index] auf eine Spalte anwenden, wenn diese indiziert werden soll. Wenn der Index für mehrere Spalten gelten soll, muss man die Namen aller Spalten angeben. Optional kann man mit dem ersten Parameter "true" erreichen, dass ein eindeutiger Index (Unique Index) erstellt wird.

Das Beispiel bezieht sich nicht auf World Wide Wings und ist in sich abgeschlossen, d.h. es wird eine eigene Datenbank zur Laufzeit erzeugt und mit einigen Testdaten befüllt.

Listing: \EFC_MappingScenarios\Console\CustomConventions.cs

```
using ITVisions;
using Microsoft.EntityFrameworkCore;
using Microsoft.EntityFrameworkCore.Metadata;
using Microsoft.EntityFrameworkCore.Metadata.Builders;
using Microsoft.EntityFrameworkCore.Metadata.Conventions;
using Microsoft.EntityFrameworkCore.Metadata.Conventions.Infrastructure;
using Microsoft.EntityFrameworkCore.Storage;
using System;
using System.Collections.Generic;
using System.Linq;

/// <summary>
/// ---> In this example, several classes are deliberately implemented in one file, so that
the example is clearer.
/// </summary>
```

```csharp
namespace EFC_MappingScenarios.CustomConventions
{

 /// <summary>
 /// Annotation for EF Core
 /// To Create an Index for one or many columns
 /// [Index] or [Index("C1","C2","C3")]
 /// </summary>
 [AttributeUsage(AttributeTargets.Property, AllowMultiple = true)]
 public class IndexAttribute : System.Attribute
 {
  public bool Unique { get; set; }
  public string[] PropertyNames;
  public IndexAttribute()
  {
  }
  public IndexAttribute(bool unique, params string[] propertyNames)
  {
   this.Unique = unique;
   this.PropertyNames = propertyNames;
  }

  public IndexAttribute(params string[] propertyNames) : this(false, propertyNames)
  {
  }

 }

 public class MyCustomConventionSet : SqlServerConventionSetBuilder
 {
  public MyCustomConventionSet(ProviderConventionSetBuilderDependencies dependencies,
RelationalConventionSetBuilderDependencies relationalDependencies, ISqlGenerationHelper
sqlGenerationHelper)
      : base(dependencies, relationalDependencies, sqlGenerationHelper)
  {
  }

  public override ConventionSet CreateConventionSet()
  {
   ConventionSet cs = base.CreateConventionSet();

   foreach (var c in cs.EntityTypeAddedConventions)
   {
    Console.WriteLine("Default Convention:" + c.ToString());
   }

   // Add two custom conventions when an entity type is added to the model.
   cs.EntityTypeAddedConventions.Add(new GuidPrimaryKeyConvention());
   cs.EntityTypeAddedConventions.Add(new IndexAttributeConvention());
   return cs;
  }
 }

 /// <summary>
 /// EF Core Custom Convention
 /// A column named "Guid" is the primary key
 /// </summary>
 public class GuidPrimaryKeyConvention : IEntityTypeAddedConvention
 {
```

```csharp
  public void ProcessEntityTypeAdded(IConventionEntityTypeBuilder entityTypeBuilder,
IConventionContext<IConventionEntityTypeBuilder> context)
  {
    Console.WriteLine();
    foreach (IConventionProperty p in
entityTypeBuilder.Metadata.GetDeclaredProperties().ToList())
    {
     if (p.PropertyInfo.Name == "Guid")
     {
       List<IConventionProperty> keyList = new List<IConventionProperty>() { p };
       entityTypeBuilder.PrimaryKey(keyList);
       Console.WriteLine(nameof(GuidPrimaryKeyConvention) + ": Property: " +
entityTypeBuilder.Metadata.Name + "." + p.PropertyInfo.Name + " is Primary Key!");
     }
    }
  }
}


/// <summary>
/// EF Core Custom Convention
/// Use [Index] annotation
/// </summary>
public class IndexAttributeConvention : IEntityTypeAddedConvention
{
  public void ProcessEntityTypeAdded(IConventionEntityTypeBuilder entityTypeBuilder,
IConventionContext<IConventionEntityTypeBuilder> context)
  {
   foreach (IConventionProperty p in
entityTypeBuilder.Metadata.GetDeclaredProperties().ToList())
    {
     var annotations = p.PropertyInfo.GetCustomAttributes(typeof(IndexAttribute),
false).OfType<IndexAttribute>();
     foreach (var annotation in annotations)
     {
      if (annotation != null)
      {
       if (annotation.PropertyNames != null && annotation.PropertyNames.Length > 0)
       {
        List<IConventionProperty> keyList = new List<IConventionProperty>() { };
        foreach (var propertyName in annotation.PropertyNames)
        {
         var propToIndex = entityTypeBuilder.Metadata.GetProperties().First(x => x.Name ==
propertyName);
         if (propToIndex != null) { keyList.Add(propToIndex); }
         else { throw new ApplicationException("Property for index not found: " +
propertyName); }
        }

        var cib = entityTypeBuilder.HasIndex(keyList, true);
        cib.Metadata.SetName("Index_" + String.Join("_", annotation.PropertyNames));
        if (annotation.Unique) cib.Metadata.SetIsUnique(true, true);
        Console.WriteLine($"{nameof(IndexAttributeConvention)}: Index on
{entityTypeBuilder.Metadata.Name}: " + String.Join(",", annotation.PropertyNames));
       }
       else
       {
        List<IConventionProperty> keyList = new List<IConventionProperty>() { p };
        var cib = entityTypeBuilder.HasIndex(keyList, true);
        cib.Metadata.SetName("Index_" + p.Name);
        if (annotation.Unique) cib.Metadata.SetIsUnique(true, true);
```

```
        Console.WriteLine($"{nameof(IndexAttributeConvention)}: Index on
{entityTypeBuilder.Metadata.Name}: " + p.Name);
      }
    }
  }
 }
}

class DEMO_CustomConventions
{
 public static void Run()
 {
  CUI.MainHeadline(nameof(DEMO_CustomConventions));

  // Set provider and connection string
  string connstring = @"Server=.;Database=EFC_" + nameof(DEMO_CustomConventions) +
";Trusted_Connection=True;MultipleActiveResultSets=True;";

  // Konfiguration von außen
  var optionsBuilder =
   new DbContextOptionsBuilder<Context>()
   .UseSqlServer(connstring)
  .EnableSensitiveDataLogging(true)
        .ReplaceService<IProviderConventionSetBuilder, MyCustomConventionSet>(); ;

  using (var ctx = new Context(optionsBuilder.Options))
  {
   CUI.Headline("Create Database");

   CUI.Print("Database: " + ctx.Database.GetDbConnection().ConnectionString);
   CUI.Print("Exists?: " + ctx.Database.CanConnect());

   var e1 = ctx.Database.EnsureDeleted();
   if (e1)
   {
    CUI.Print("Database has been deleted!");
   }

   var e = ctx.Database.EnsureCreated();
   if (e)
   {
    CUI.Print("Database has been created!");
   }
   else
   {
    CUI.Print("Database exists!");
   }

   CUI.Headline("Create Data");
   for (int i = 0; i < 3; i++)
   {
    var obj1 = new EntityClassWithGuidPK();
    obj1.Name1 = "Test1";
    obj1.Name2 = "Test2";
    obj1.Name3 = "Test" + DateTime.Now.Millisecond;
    ctx.EntityClassWithGuidPKSet.Add(obj1);
    var c = ctx.SaveChanges();
    Console.WriteLine(obj1.Guid);
```

```
      Console.WriteLine($"Number of saved changes: {c}");
    }
    CUI.PrintSuccess("Done!");
   }
  }
 }


class Context : DbContext
{
  public DbSet<EntityClassWithGuidPK> EntityClassWithGuidPKSet { get; set; }
  public DbSet<EntityClassWithIntPK> EntityClassWithIntPKSet { get; set; }

  public Context(DbContextOptions<Context> options) : base(options)
  {
  }

  protected override void OnConfiguring(DbContextOptionsBuilder builder)
  {
   CUI.Headline("OnConfiguring");

   if (!builder.IsConfigured)
   {
    // Set provider and connection string
    string connstring = @"Server=.;Database=EFC_" + nameof(DEMO_CustomConventions) +
";Trusted_Connection=True;MultipleActiveResultSets=True;";
    builder.UseSqlServer(connstring);  ;
    builder.EnableSensitiveDataLogging(true);

    // Use MyCustomConventionSet instead of default Convention Set
    builder.ReplaceService<IProviderConventionSetBuilder, MyCustomConventionSet>();
   }
  }

  protected override void OnModelCreating(ModelBuilder modelBuilder)
  {
   CUI.Headline("OnModelCreating");
   // Print Metadata of all mapped properties
   foreach (IMutableEntityType entity in modelBuilder.Model.GetEntityTypes())
   {
    Console.WriteLine(entity.Name);
    foreach (var prop in entity.GetProperties())
    {
     Console.WriteLine("- Property: " + prop.Name + " KEY: " + prop.IsKey() + " INDEX: " +
prop.IsIndex());
    }
    Console.WriteLine("Indexes:");
    foreach (var index in entity.GetIndexes())
    {
     Console.WriteLine("- " + index.GetName() + " UNIQUE: " + index.IsUnique);
    }
   }
  }
 }

public class EntityClassWithIntPK
{
  public int Id { get; set; } // is PK (default convention)
  [Index]
```

```
  public string Name1 { get; set; }
  [Index]
  public string Name2 { get; set; }
  [Index(true, "Name1", "Name2", "Name3")]
  public string Name3 { get; set; }
}


public class EntityClassWithGuidPK
{
  public Guid Guid { get; set; } // is PK (custom convention)

  [Index("Name1", "Name2")]
  public string Name1 { get; set; }
  public string Name2 { get; set; }
  [Index(true)]
  public string Name3 { get; set; }
  public string Name4 { get; set; } // no index ;-)
}
}
```

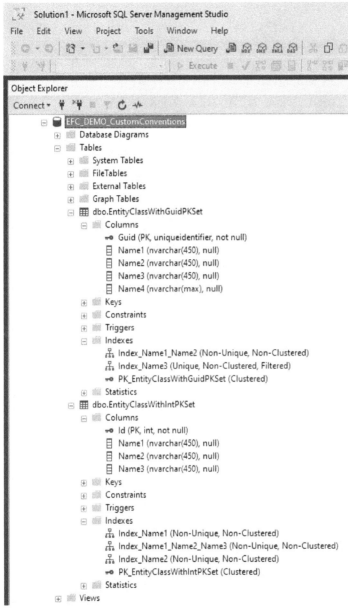

Abbildung: Die durch das vorherige Listing erstellte Datenbank

Der Aufruf von ReplaceService() kann genauso wie andere Konfigurationen per DbContextOptionsBuilder<T> von außen, d.h. durch den Erzeuger der Kontextklasseninstanz, erfolgen.

```
var optionsBuilder =
    new DbContextOptionsBuilder<Context>()
    .UseSqlServer(connstring)
    .EnableSensitiveDataLogging(true)
    .ReplaceService<IProviderConventionSetBuilder, MyCustomConventionSet>();
```

```
using (var ctx = new Context(optionsBuilder.Options))
{
...
}
```

Dafür muss die Kontextklasse dann einen entsprechenden Konstruktor anbieten:

```
class Context : DbContext
 {
  public DbSet<EntityClassWithGuidPK> EntityClassWithGuidPKSet { get; set; }
  public DbSet<EntityClassWithIntPK> EntityClassWithIntPKSet { get; set; }

  public Context(DbContextOptions<Context> options) : base(options)
  {

...

  }
}
```

22.14   Wechsel von Reverse Engineering auf Forward Engineering

Das Forward Engineering-Modell ist in Entity Framework Core besser unterstützt als das Reverse Engineering. Ein Wechsel von Reverse Engineering zu Forward Engineering ist in vier Schritten möglich:

1. Nach Reverse Engineering aus der Datenbank ergänzt man zunächst im Startprojekt eine Referenz auf das NuGet-Paket "Microsoft.EntityFrameworkCore.Design". Optional legt man ein eigenes .NET Core-Konsolenprojekt an, das nur zur Entwicklungszeit als Heimat für dieses Paket zum Einsatz kommt.

2. Man erzeugt mit "Add-Migration v1" eine erste Datenbankschemamigration.

3. Man löscht hieraus aber allen (!) Programmcode innerhalb der Up()- und Down()-Methoden, denn die dort zur Erzeugung hinterlegten Tabellen gibt es in der Datenbank ja schon (Add-Migration schaut nicht in der Datenbank nach, ob es die Tabellen schon gibt und will sie daher neu anlegen).

4. Man führt diese nun leere Migrationsklasse mit Update-Database aus. Dabei entsteht in der Datenbank eine neue Datenbanktabelle __EFMigrationsHistory. Diese Tabelle speichert von nun an auch die Schemamigrationsgeschichte und dient Entity Framework Core in Zukunft zur Feststellung, welche Migrationsschritte noch ausstehen.

Beispiel: Ein entsprechendes Beispiel finden Sie in der Beispielsammlung unter \EFC_WWWingsV1_Reverse\DA_MoveFromReverseToForward.

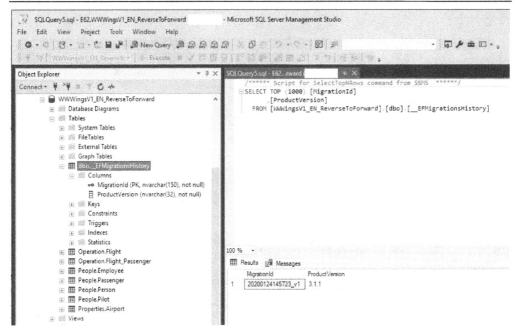

Abbildung: Die Tabelle __EFMigrationsHistory in einer Datenbank, die bisher zum Reverse Engineering verwendet wurde.

23 Weitere Tipps und Tricks zu LINQ und SQL

Dieses Kapitel beschreibt weitere Möglichkeiten bei LINQ- und SQL-basierten Abfragen.

23.1 Globale Abfragefilter (ab Version 2.0)

Ein schönes neues Feature seit Entity Framework Core 2.0 sind globale Abfragefilter. Damit kann ein Entwickler zentral in OnModelCreating() Filter-Bedingungen definieren, die Entity Framework Core dann an jede LINQ-Abfrage, jede direkte SQL-Abfrage, jeden Aufruf einer Table Value Function und auch an jede Nachladeoperation anhängt. Diese Funktion ist zum Beispiel gut geeignet für folgende Szenarien:

- **Mandantenfähigkeit**: Eine Spalte in einem Datensatz drückt aus, zu welchem Mandant ein Datensatz gehört. Mit dem globalen Filter wird sichergestellt, dass jeder Mandant nur seine Daten sieht. Ohne globalen Filter müsste der Entwickler daran denken, die Bedingung für den Mandanten in jeder Abfrage zu berücksichtigen.

- **Soft Delete:** Datensätze, die gelöscht werden, sollen nicht wirklich gelöscht werden, sondern nur eine Markierung erhalten. Mit dem globalen Filter wird sichergestellt, dass der Nutzer keine aus seiner Sicht "gelöschten" Daten sieht. Ohne globalen Filter müsste der Entwickler daran denken, die Bedingung "Geloescht = false" in jeder Abfrage zu berücksichtigen.

23.1.1 Filter definieren

Ein globale Filter wird in OnModelCreating() pro Entitätsklasse mit der Methode HasQueryFilter() eingestellt.

Beispiel: Globaler Filter, dass immer bei allen Anfragen nur die Flüge einer bestimmten Fluggesellschaft (also eines Mandanten) und allein nicht ausgebuchte Flüge zurückgegeben werden

```
builder.Entity<Flug>().HasQueryFilter(x => x.FreiePlaetze > 0 && x.Fluggesellschaft ==
Fluggesellschaft.WorldWideWings);
```

> **ACHTUNG:** Man kann immer nur höchstens einen Filter definieren pro Entitätsklasse. Wenn man HasQueryFilter() mehrfach aufruft, gilt nur der Inhalt des letzten Filters. Um mehrere Bedingungen zu verknüpfen, setzt man den UND-Operator (in C#: &&) ein, wie oben gezeigt.

23.1.2 Filter nutzen

Durch obigen Filter entsteht aus dieser LINQ-Abfrage

```
List<Flug> flugSet = (from f in ctx.FlugSet
                where f.Abflugort == "Essen/Mülheim"
                select f).ToList();
```

das folgende SQL mit den Zusatzbedingungen aus dem globalen Filter:

```
SELECT [f].[FlugNr], [f].[Abflugort], [f].[Bestreikt], [f].[CopilotId],
[f].[FlugDatum], [f].[Fluggesellschaft], [f].[FlugzeugTypID], [f].[FreiePlaetze],
[f].[LetzteAenderung], [f].[Memo], [f].[NichtRaucherFlug], [f].[PilotId],
[f].[Plaetze], [f].[Preis], [f].[Timestamp], [f].[Zielort]
FROM [Flug] AS [f]
WHERE ((([f].[FreiePlaetze] > 0) AND ([f].[Fluggesellschaft] = 0)) AND
([f].[Abflugort] = N'Essen/Mülheim')
```

Auch bei Eager Loading per

```
var pilotenMitFluegenSet = ctx.PilotSet.Include(x => x.FluegeAlsPilot).ToList();
```

und beim expliziten Nachladen berücksichtigt Entity Framework Core die globalen Filter!

Listing: Beispiel für explizites Nachladen mit Load()

```
var pilotenSet = ctx.PilotSet.ToList();
foreach (var p in pilotenSet.ToList())
   {
     Console.WriteLine(p);
     ctx.Entry(p).Collection(x => x.FluegeAlsPilot).Load();
     foreach (var f in p.FluegeAlsPilot.ToList())
     {
      Console.WriteLine(" - " + f.ToString());
     }
   }
```

23.1.3   Praxistipp: Filter ignorieren

Der Entwickler kann jedoch in jeder einzelnen Abfrage entscheiden, einen möglichen globalen Filter zu ignorieren. Dies erfolgt mit IgnoreQueryFilters():

```
List<Flug> flugAlleSet = (from f in ctx.FlugSet.IgnoreQueryFilters()
                          where f.Abflugort == "Essen/Mülheim"
                          select f).ToList();
```

Hinweis: Es ist aber bisher nicht möglich, nur einzelne Teile eines Filters zu ignorieren. Dies ist zwar von Nutzern gewünscht (vgl. [https://github.com/aspnet/EntityFramework/issues/8576]), aber eine Implementierung ist bisher von Microsoft nicht vorgesehen.

23.1.4   Globale Abfragefilter bei SQL-Abfragen (ab Version 2.0)

Die bereits im Kapitel "Daten lesen mit LINQ" besprochenen globalen Abfragefilter funktionieren auch bei der direkten Abfrage via SQL mit FromSqlRaw().

Beispiel: Globaler Filter, dass nur die Flüge einer Fluggesellschaft und nur nicht ausgebuchte Flüge zurückgegeben werden, wird mit HasQueryFilter() in OnModelCreating() in der Kontextklasse definiert:

```
builder.Entity<Flug>().HasQueryFilter(x => x.FreiePlaetze > 0 && x.Fluggesellschaft ==
Fluggesellschaft.WorldWideWings);
```

Dadurch entsteht aus dieser Abfrage

```
List<Flug> flugSet2 = ctx.FlugSet.FromSqlRaw("select * from Flug where Abflugort =
'Berlin'").ToList();
```

das folgende SQL:

```
SELECT [f].[FlugNr], [f].[Abflugort], [f].[Bestreikt], [f].[CopilotId],
[f].[FlugDatum], [f].[Fluggesellschaft], [f].[FlugzeugTypID], [f].[FreiePlaetze],
[f].[LetzteAenderung], [f].[Memo], [f].[NichtRaucherFlug], [f].[PilotId],
[f].[Plaetze], [f].[Preis], [f].[Timestamp], [f].[Zielort]
FROM (
    select * from Flug where Abflugort = 'Berlin'
) AS [f]
WHERE ([f].[FreiePlaetze] > 200) AND ([f].[Fluggesellschaft] = 0)
```

23.1.5   Globale Abfragefilter bei Stored Procedures und Table Valued Functions

Die globalen Abfragefilter funktionieren auch bei der Verwendung von Table Value Functions (TVFs) mit FromSqlRaw().

Mit obigem globalem Filter, dass nur die Flüge einer Fluggesellschaft und nur nicht ausgebuchte Flüge zurückgegeben werden, wird diese SQL-Abfrage im Code

```
List<Flug> flugSet3 = ctx.FlugSet.FromSqlRaw("Select * from GetFluegeVonTVF({0})",
"Berlin").Where(f=>f.NichtRaucherFlug == true).ToList();
```

in den globalen Filter eingebettet und daher zum Datenbankmanagementsystem gesendet:

```
SELECT [f].[FlugNr], [f].[Abflugort], [f].[Bestreikt], [f].[CopilotId],
[f].[FlugDatum], [f].[Fluggesellschaft], [f].[FlugzeugTypID], [f].[FreiePlaetze],
[f].[LetzteAenderung], [f].[Memo], [f].[NichtRaucherFlug], [f].[PilotId],
[f].[Plaetze], [f].[Preis], [f].[Timestamp], [f].[Zielort]
FROM (
    Select * from GetFluegeVonTVF(@p0)
) AS [f]
WHERE ((([f].[FreiePlaetze] > 200) AND ([f].[Fluggesellschaft] = 0)) AND
([f].[NichtRaucherFlug] = 1)
```

> **ACHTUNG:** Beim Aufruf einer Stored Procedure wirken die globalen Filter im RAM!
>
> Aus der Abfrage
>
> *List<Flug>   flugSet4   =   ctx.FlugSet.FromSqlRaw("EXEC   GetFluegeVonSP   {0}",*
> *"Berlin").ToList();*
>
> wird daher in der Datenbank nur ausgeführt:
>
> *EXEC GetFluegeVonSP @p0*

23.2   Skalare Datenbankfunktionen

Die statische Klasse "EF" bietet seit Entity Framework Core 2.0 in ihrem Mitglied "Function" einige statische Methoden zum Aufruf von skalaren Datenbankfunktionen an, für die es kein Äquivalent in LINQ gibt. Mit Hilfe von EF.Functions können diese Datenbankfunktionen in LINQ-Abfrage integriert und in SQL übersetzt werden.

> **Hinweis:** Ein Aufruf ist nur in LINQ-to-Entities, nicht in anderen LINQ-Dialekten wie LINQ-to-Objects möglich.

Beispiel für den Aufruf von DATEDIFF(MONTH,x,y), die sowohl in der Where-Bedingung als auch in Select verwendet wird:

```
using (var ctx = new WWWingsContext())
{
 ctx.Log();
 var flightsWith12Months = ctx.FlightSet.Where(c => EF.Functions.DateDiffMonth(DateTime.Now,
c.Date) < 12 && c.Date > DateTime.Now).Take(20).Select(x => new { Date = x.Date, Destination
= x.Destination, Departure = x.Departure, Months = EF.Functions.DateDiffMonth(DateTime.Now, x
.Date) });
 foreach (var f in flightsWith12Months)
 {
  Console.WriteLine(f.Date + ": " + f.Departure + "-
>" + f.Destination + " within " + f.Months + " months");
 }
}
```

Das wird so in SQL übersetzt:

```
SELECT TOP(@__p_1) [f].[FlightDate] AS [Date], [f].[Destination],
[f].[Departure], DATEDIFF(MONTH, GETDATE(), [f].[FlightDate]) AS [Months]
FROM [WWWings].[Flight] AS [f]
WHERE (DATEDIFF(MONTH, GETDATE(), [f].[FlightDate]) < 12) AND ([f].[FlightDate] >
GETDATE())
```

Abbildung: Ausgabe des obigen Listings

Die folgende Tabelle zeigt die angebotenen Funktionen (Quelle: Dokumentation, Stand Entity Framework Core 3.1):

Like(DbFunctions, String, String)	An implementation of the SQL LIKE operation. On relational databases this is usually directly translated to SQL.
	Note that if this function is translated into SQL, then the semantics of the comparison will depend on the database configuration. In particular, it may be either case-sensitive or case-insensitive. If this function is evaluated on the client, then it will always use a case-insensitive comparison.
Like(DbFunctions, String, String, String)	An implementation of the SQL LIKE operation. On relational databases this is usually directly translated to SQL.
	Note that if this function is translated into SQL, then the semantics of the comparison will depend on the database configuration. In particular, it may be either case-sensitive or case-insensitive. If this function is evaluated on the client, then it will always use a case-insensitive comparison.
Contains(DbFunctions, String, String)	A DbFunction method stub that can be used in LINQ queries to target the SQL Server CONTAINS store function.
Contains(DbFunctions, String, String, Int32)	A DbFunction method stub that can be used in LINQ queries to target the SQL Server CONTAINS store function.

DateDiffDay(DbFunctions, DateTime, DateTime)	Counts the number of day boundaries crossed between the startDate and endDate. Corresponds to SQL Server's DATEDIFF(DAY,startDate,endDate).
DateDiffDay(DbFunctions, DateTimeOffset, DateTimeOffset)	Counts the number of day boundaries crossed between the startDate and endDate. Corresponds to SQL Server's DATEDIFF(DAY,startDate,endDate).
DateDiffDay(DbFunctions, Nullable<DateTime>, Nullable<DateTime>)	Counts the number of day boundaries crossed between the startDate and endDate. Corresponds to SQL Server's DATEDIFF(DAY,startDate,endDate).
DateDiffDay(DbFunctions, Nullable<DateTimeOffset>, Nullable<DateTimeOffset>)	Counts the number of day boundaries crossed between the startDate and endDate. Corresponds to SQL Server's DATEDIFF(DAY,startDate,endDate).
DateDiffHour(DbFunctions, DateTime, DateTime)	Counts the number of hour boundaries crossed between the startDate and endDate. Corresponds to SQL Server's DATEDIFF(HOUR,startDate,endDate).
DateDiffHour(DbFunctions, DateTimeOffset, DateTimeOffset)	Counts the number of hour boundaries crossed between the startDate and endDate. Corresponds to SQL Server's DATEDIFF(HOUR,startDate,endDate).
DateDiffHour(DbFunctions, Nullable<DateTime>, Nullable<DateTime>)	Counts the number of hour boundaries crossed between the startDate and endDate. Corresponds to SQL Server's DATEDIFF(HOUR,startDate,endDate).
DateDiffHour(DbFunctions, Nullable<DateTimeOffset>, Nullable<DateTimeOffset>)	Counts the number of hour boundaries crossed between the startDate and endDate. Corresponds to SQL Server's DATEDIFF(HOUR,startDate,endDate).
DateDiffHour(DbFunctions, Nullable<TimeSpan>, Nullable<TimeSpan>)	Counts the number of hour boundaries crossed between the startTimeSpan and endTimeSpan. Corresponds to SQL Server's DATEDIFF(HOUR,startDate,endDate).
DateDiffHour(DbFunctions, TimeSpan, TimeSpan)	Counts the number of hour boundaries crossed between the startTimeSpan and endTimeSpan. Corresponds to SQL Server's DATEDIFF(HOUR,startDate,endDate).
DateDiffMicrosecond(DbFunctions, DateTime, DateTime)	Counts the number of microsecond boundaries crossed between the startDate and endDate. Corresponds to SQL Server's DATEDIFF(MICROSECOND,startDate,endDate).
DateDiffMicrosecond(DbFunctions, DateTimeOffset, DateTimeOffset)	Counts the number of microsecond boundaries crossed between the startDate and endDate. Corresponds to SQL Server's DATEDIFF(MICROSECOND,startDate,endDate).
DateDiffMicrosecond(DbFunctions, Nullable<DateTime>, Nullable<DateTime>)	Counts the number of microsecond boundaries crossed between the startDate and endDate. Corresponds to SQL Server's DATEDIFF(MICROSECOND,startDate,endDate).

DateDiffMicrosecond(DbFunctions, Nullable<DateTimeOffset>, Nullable<DateTimeOffset>)	Counts the number of microsecond boundaries crossed between the startDate and endDate. Corresponds to SQL Server's DATEDIFF(MICROSECOND,startDate,endDate).
DateDiffMicrosecond(DbFunctions, Nullable<TimeSpan>, Nullable<TimeSpan>)	Counts the number of microsecond boundaries crossed between the startTimeSpan and endTimeSpan. Corresponds to SQL Server's DATEDIFF(MICROSECOND,startDate,endDate).
DateDiffMicrosecond(DbFunctions, TimeSpan, TimeSpan)	Counts the number of microsecond boundaries crossed between the startTimeSpan and endTimeSpan. Corresponds to SQL Server's DATEDIFF(MICROSECOND,startDate,endDate).
DateDiffMillisecond(DbFunctions, DateTime, DateTime)	Counts the number of millisecond boundaries crossed between the startDate and endDate. Corresponds to SQL Server's DATEDIFF(MILLISECOND,startDate,endDate).
DateDiffMillisecond(DbFunctions, DateTimeOffset, DateTimeOffset)	Counts the number of millisecond boundaries crossed between the startDate and endDate. Corresponds to SQL Server's DATEDIFF(MILLISECOND,startDate,endDate).
DateDiffMillisecond(DbFunctions, Nullable<DateTime>, Nullable<DateTime>)	Counts the number of millisecond boundaries crossed between the startDate and endDate. Corresponds to SQL Server's DATEDIFF(MILLISECOND,startDate,endDate).
DateDiffMillisecond(DbFunctions, Nullable<DateTimeOffset>, Nullable<DateTimeOffset>)	Counts the number of millisecond boundaries crossed between the startDate and endDate. Corresponds to SQL Server's DATEDIFF(MILLISECOND,startDate,endDate).
DateDiffMillisecond(DbFunctions, Nullable<TimeSpan>, Nullable<TimeSpan>)	Counts the number of millisecond boundaries crossed between the startTimeSpan and endTimeSpan. Corresponds to SQL Server's DATEDIFF(MILLISECOND,startDate,endDate).
DateDiffMillisecond(DbFunctions, TimeSpan, TimeSpan)	Counts the number of millisecond boundaries crossed between the startTimeSpan and endTimeSpan. Corresponds to SQL Server's DATEDIFF(MILLISECOND,startDate,endDate).
DateDiffMinute(DbFunctions, DateTime, DateTime)	Counts the number of minute boundaries crossed between the startDate and endDate. Corresponds to SQL Server's DATEDIFF(MINUTE,startDate,endDate).
DateDiffMinute(DbFunctions, DateTimeOffset, DateTimeOffset)	Counts the number of minute boundaries crossed between the startDate and endDate. Corresponds to SQL Server's DATEDIFF(MINUTE,startDate,endDate).
DateDiffMinute(DbFunctions, Nullable<DateTime>, Nullable<DateTime>)	Counts the number of minute boundaries crossed between the startDate and endDate. Corresponds to SQL Server's DATEDIFF(MINUTE,startDate,endDate).

DateDiffMinute(DbFunctions, Nullable<DateTimeOffset>, Nullable<DateTimeOffset>)	Counts the number of minute boundaries crossed between the startDate and endDate. Corresponds to SQL Server's DATEDIFF(MINUTE,startDate,endDate).
DateDiffMinute(DbFunctions, Nullable<TimeSpan>, Nullable<TimeSpan>)	Counts the number of minute boundaries crossed between the startTimeSpan and endTimeSpan. Corresponds to SQL Server's DATEDIFF(MINUTE,startDate,endDate).
DateDiffMinute(DbFunctions, TimeSpan, TimeSpan)	Counts the number of minute boundaries crossed between the startTimeSpan and endTimeSpan. Corresponds to SQL Server's DATEDIFF(MINUTE,startDate,endDate).
DateDiffMonth(DbFunctions, DateTime, DateTime)	Counts the number of month boundaries crossed between the startDate and endDate. Corresponds to SQL Server's DATEDIFF(MONTH,startDate,endDate).
DateDiffMonth(DbFunctions, DateTimeOffset, DateTimeOffset)	Counts the number of month boundaries crossed between the startDate and endDate. Corresponds to SQL Server's DATEDIFF(MONTH,startDate,endDate).
DateDiffMonth(DbFunctions, Nullable<DateTime>, Nullable<DateTime>)	Counts the number of month boundaries crossed between the startDate and endDate. Corresponds to SQL Server's DATEDIFF(MONTH,startDate,endDate).
DateDiffMonth(DbFunctions, Nullable<DateTimeOffset>, Nullable<DateTimeOffset>)	Counts the number of month boundaries crossed between the startDate and endDate. Corresponds to SQL Server's DATEDIFF(MONTH,startDate,endDate).
DateDiffNanosecond(DbFunctions, DateTime, DateTime)	Counts the number of nanosecond boundaries crossed between the startDate and endDate. Corresponds to SQL Server's DATEDIFF(NANOSECOND,startDate,endDate).
DateDiffNanosecond(DbFunctions, DateTimeOffset, DateTimeOffset)	Counts the number of nanosecond boundaries crossed between the startDate and endDate. Corresponds to SQL Server's DATEDIFF(NANOSECOND,startDate,endDate).
DateDiffNanosecond(DbFunctions, Nullable<DateTime>, Nullable<DateTime>)	Counts the number of nanosecond boundaries crossed between the startDate and endDate. Corresponds to SQL Server's DATEDIFF(NANOSECOND,startDate,endDate).
DateDiffNanosecond(DbFunctions, Nullable<DateTimeOffset>, Nullable<DateTimeOffset>)	Counts the number of nanosecond boundaries crossed between the startDate and endDate. Corresponds to SQL Server's DATEDIFF(NANOSECOND,startDate,endDate).
DateDiffNanosecond(DbFunctions, Nullable<TimeSpan>, Nullable<TimeSpan>)	Counts the number of nanosecond boundaries crossed between the startTimeSpan and endTimeSpan. Corresponds to SQL Server's DATEDIFF(NANOSECOND,startDate,endDate).
DateDiffNanosecond(DbFunctions, TimeSpan, TimeSpan)	Counts the number of nanosecond boundaries crossed between the startTimeSpan and endTimeSpan. Corresponds

	to SQL Server's DATEDIFF(NANOSECOND,startDate,endDate).
DateDiffSecond(DbFunctions, DateTime, DateTime)	Counts the number of second boundaries crossed between the startDate and endDate. Corresponds to SQL Server's DATEDIFF(SECOND,startDate,endDate).
DateDiffSecond(DbFunctions, DateTimeOffset, DateTimeOffset)	Counts the number of second boundaries crossed between the startDate and endDate. Corresponds to SQL Server's DATEDIFF(SECOND,startDate,endDate).
DateDiffSecond(DbFunctions, Nullable<DateTime>, Nullable<DateTime>)	Counts the number of second boundaries crossed between the startDate and endDate. Corresponds to SQL Server's DATEDIFF(SECOND,startDate,endDate).
DateDiffSecond(DbFunctions, Nullable<DateTimeOffset>, Nullable<DateTimeOffset>)	Counts the number of second boundaries crossed between the startDate and endDate. Corresponds to SQL Server's DATEDIFF(SECOND,startDate,endDate).
DateDiffSecond(DbFunctions, Nullable<TimeSpan>, Nullable<TimeSpan>)	Counts the number of second boundaries crossed between the startTimeSpan and endTimeSpan. Corresponds to SQL Server's DATEDIFF(SECOND,startDate,endDate).
DateDiffSecond(DbFunctions, TimeSpan, TimeSpan)	Counts the number of second boundaries crossed between the startTimeSpan and endTimeSpan. Corresponds to SQL Server's DATEDIFF(SECOND,startDate,endDate).
DateDiffYear(DbFunctions, DateTime, DateTime)	Counts the number of year boundaries crossed between the startDate and endDate. Corresponds to SQL Server's DATEDIFF(YEAR,startDate,endDate).
DateDiffYear(DbFunctions, DateTimeOffset, DateTimeOffset)	Counts the number of year boundaries crossed between the startDate and endDate. Corresponds to SQL Server's DATEDIFF(YEAR,startDate,endDate).
DateDiffYear(DbFunctions, Nullable<DateTime>, Nullable<DateTime>)	Counts the number of year boundaries crossed between the startDate and endDate. Corresponds to SQL Server's DATEDIFF(YEAR,startDate,endDate).
DateDiffYear(DbFunctions, Nullable<DateTimeOffset>, Nullable<DateTimeOffset>)	Counts the number of year boundaries crossed between the startDate and endDate. Corresponds to SQL Server's DATEDIFF(YEAR,startDate,endDate).
FreeText(DbFunctions, String, String)	A DbFunction method stub that can be used in LINQ queries to target the SQL Server FREETEXT store function.
FreeText(DbFunctions, String, String, Int32)	A DbFunction method stub that can be used in LINQ queries to target the SQL Server FREETEXT store function.
IsDate(DbFunctions, String)	Validate if the given string is a valid date. Corresponds to the SQL Server's ISDATE('date').

Neuerungen in Entity Framework Core 5.0 Preview 1 sind:

- DateDiffWeek()

- DateFromParts()

Seit Entity Framework Core 5.0 Preview 3 steht nun auch die Transact-SQL-Funktion DATALENGTH() [*https://docs.microsoft.com/de-de/sql/t-sql/functions/datalength-transact-sql?view=sql-server-ver15*] in Entity Framework Core zur Verfügung. DATALENGTH() ermittelte die Anzahl der Bytes, die ein Wert in der Datenbank verbraucht:

```
using (var ctx = new WWWingsContext())
 {
  var flightSetWithDepartureNamesRequiringMoreThen25Bytes = ctx.FlightSet.Where(c => EF.Func
tions.DataLength(c.Departure) > 25);
   foreach (var f in flightSetWithDepartureNamesRequiringMoreThen25Bytes)
   {
    Console.WriteLine(f.Departure + " " + f.Departure.Length);
   }
 }
```

23.3 Zukünftige Abfragen (Future Queries)

Die Zusatzkomponente "Entity Framework Plus" (siehe Kapitel "Zusatzkomponenten"), die es trotz ihres auf das Vorgängerprodukt verweisenden Namens auch für Entity Framework Core gibt, realisiert ein Zusatzfeature mit Namen "Future Queries", das in der Dokumentation [http://entityframework-plus.net] zum Teil auch "Query Future" genannt wird.

23.3.1 Konzept der Future Queries

Mit den Standardfunktionen von ADO.NET Entity Framework und Entity Framework Core hat ein Entwickler die Möglichkeit, einzelne Abfrage zu definieren und dann durch Ausführung eines Konvertierungsoperators zu einem beliebigen Zeitpunkt auszuführen. Der Entwickler kann also für jede einzelne Abfrage über den Ausführungszeitpunkt frei entscheiden. Allerdings führt jede Anfrage zu einem einzelnen Rundgang zum Datenbankmanagementsystem.

Bei einer "Future Queries" in EFPlus definiert der Entwickler eine Reihe von Abfragen mit Aufruf der Erweiterungsmethode Future(), die aber noch nicht direkt ausgeführt werden. Das besondere bei den Future Queries ist, dass alle definierten zukünftigen Abfragen zusammen in einem einzigen Rundgang zum Datenbankmanagementsystem ausgeführt werden, sobald die Daten einer der Abfrage benötigt werden, weil ein Konvertierungs- oder Aggregatoperator angewendet wird.

23.3.2 Future()

In dem folgenden Listing werden zunächst drei zukünftige Abfragen der Erweiterungsmethode Future(), definiert. Es findet noch keine Datenbankabfrage statt. Dann erst werden die Daten von zwei dieser vor definierten zukünftigen Abfragen mit ToList() tatsächlich abgerufen (alle Piloten und Flüge von Berlin). Wie die folgende Bildschirmabbildung zeigt, werden bereits bei dem ersten ToList()-Zugriff auf die Daten nun alle drei Abfragen ausgeführt – in einem einzigen Rundgang zur Datenbank.

Dann werden zwei weitere zukünftige Abfragen (Flüge von London und Flüge von Paris) definiert. Nun erfolgt der Zugriff auf die Daten der dritten Abfrage aus dem ersten Rutsch (hier: Flüge von Rom). Es erfolgt aber nun gar kein Rundgang zum Datenbankmanagementsystem, da diese Daten ja im ersten Datenbankrundgang schon geladen wurden. Erst als dann ein Aufruf von ToList() auf die Flüge von London erfolgt, führt Entity Framework Core nun die später definierten zukünftigen Abfragen der Flüge von London und Paris aus.

Listing: Future Queries mit EFPlus

```
public static void EFPlus_FutureQuery()
   {
     using (var ctx = new EFC_Kontext.WWWingsContext())
     {
      ctx.Log();
      CUI.Headline("Definiere drei zukünftige Abfragen... nix passiert in DB!");
      QueryFutureEnumerable<Pilot> qAllePiloten = ctx.PilotSet.Future();
      QueryFutureEnumerable<Flug> qFugSetRom = ctx.FlugSet.Where(x => x.Abflugort ==
"Rom").Future();
      QueryFutureEnumerable<Flug> qFlugSetBerlin = ctx.FlugSet.Where(x => x.Abflugort ==
"Berlin").Future();
      CUI.Headline("Zugriff auf Piloten:");
      var allePiloten = qAllePiloten.ToList();
      Console.WriteLine(allePiloten.Count + " Piloten sind geladen!");
      CUI.Headline("Zugriff auf Flüge von Rom:");
      var flugSetRom = qFugSetRom.ToList();
      Console.WriteLine(flugSetRom.Count + " Flüge von Berlin sind geladen!");
      CUI.Headline("Definiere noch zwei Abfragen... nix passiert in DB!");
      QueryFutureEnumerable<Flug> qFugSetLondon = ctx.FlugSet.Where(x => x.Abflugort ==
"London").Future();
      QueryFutureEnumerable<Flug> qFlugSetParis = ctx.FlugSet.Where(x => x.Abflugort ==
"Paris").Future();
      CUI.Headline("Zugriff auf Flüge von Berlin:");
      var flugSetBerlin = qFlugSetBerlin.ToList();
      Console.WriteLine(flugSetBerlin.Count + " Flüge von Rom sind geladen!");
      CUI.Headline("Zugriff auf Flüge von London:");
      var flugSetLondon = qFugSetLondon.ToList();
      Console.WriteLine(flugSetLondon.Count + " Flüge von London sind geladen!");
      CUI.Headline("Zugriff auf Flüge von Paris:");
      var flugSetParis = qFlugSetParis.ToList();
      Console.WriteLine(flugSetParis.Count + " Flüge von Paris sind geladen!");
     }
   }
```

```
Definiere drei Abfragen... nix passiert in DB!
Zugriff auf Piloten:
001:Debug #200100 Microsoft.EntityFrameworkCore.Database.Command.CommandExecuting:Executing DbCommand [Parameters=[], Co
mmandType='Text', CommandTimeout='30']
SELECT [m].[PersonID], [m].[Ausweisnummer], [m].[DetailID], [m].[Discriminator], [m].[EMail], [m].[Geburtsdatum], [m].[G
ehalt], [m].[Name], [m].[VorgesetzterPersonID], [m].[Vorname], [m].[flugscheinSeit], [m].[flugscheintyp], [m].[Flugschul
e], [m].[Flugstunden]
FROM [Mitarbeiter] AS [m]
WHERE [m].[Discriminator] = N'Pilot'
002:Debug #200100 Microsoft.EntityFrameworkCore.Database.Command.CommandExecuting:Executing DbCommand [Parameters=[], Co
mmandType='Text', CommandTimeout='30']
SELECT [x].[FlugNr], [x].[Abflugort], [x].[Auslastung], [x].[Bestreikt], [x].[CopilotId], [x].[FlugDatum], [x].[Fluggese
llschaft], [x].[FlugzeugTypID], [x].[FreiePlaetze], [x].[LetzteAenderung], [x].[Memo], [x].[NichtRaucherFlug], [x].[Pilo
tId], [x].[Plaetze], [x].[Preis], [x].[Zielort]
FROM [Flug] AS [x]
WHERE [x].[Abflugort] = N'Berlin'
003:Debug #200100 Microsoft.EntityFrameworkCore.Database.Command.CommandExecuting:Executing DbCommand [Parameters=[], Co
mmandType='Text', CommandTimeout='30']
SELECT [x].[FlugNr], [x].[Abflugort], [x].[Auslastung], [x].[Bestreikt], [x].[CopilotId], [x].[FlugDatum], [x].[Fluggese
llschaft], [x].[FlugzeugTypID], [x].[FreiePlaetze], [x].[LetzteAenderung], [x].[Memo], [x].[NichtRaucherFlug], [x].[Pilo
tId], [x].[Plaetze], [x].[Preis], [x].[Zielort]
FROM [Flug] AS [x]
WHERE [x].[Abflugort] = N'Rom'
50 Piloten sind gelanden!
Zugriff auf Flüge von Berlin:
10 Flüge von Berlin sind gelanden!
Definiere noch zwei Abfragen... nix passiert in DB!
Zugriff auf Flüge von Rom:
7 Flüge von Rom sind gelanden!
Zugriff auf Flüge von London:
004:Debug #200100 Microsoft.EntityFrameworkCore.Database.Command.CommandExecuting:Executing DbCommand [Parameters=[], Co
mmandType='Text', CommandTimeout='30']
SELECT [x].[FlugNr], [x].[Abflugort], [x].[Auslastung], [x].[Bestreikt], [x].[CopilotId], [x].[FlugDatum], [x].[Fluggese
llschaft], [x].[FlugzeugTypID], [x].[FreiePlaetze], [x].[LetzteAenderung], [x].[Memo], [x].[NichtRaucherFlug], [x].[Pilo
tId], [x].[Plaetze], [x].[Preis], [x].[Zielort]
FROM [Flug] AS [x]
WHERE [x].[Abflugort] = N'London'
005:Debug #200100 Microsoft.EntityFrameworkCore.Database.Command.CommandExecuting:Executing DbCommand [Parameters=[], Co
mmandType='Text', CommandTimeout='30']
SELECT [x].[FlugNr], [x].[Abflugort], [x].[Auslastung], [x].[Bestreikt], [x].[CopilotId], [x].[FlugDatum], [x].[Fluggese
llschaft], [x].[FlugzeugTypID], [x].[FreiePlaetze], [x].[LetzteAenderung], [x].[Memo], [x].[NichtRaucherFlug], [x].[Pilo
tId], [x].[Plaetze], [x].[Preis], [x].[Zielort]
FROM [Flug] AS [x]
WHERE [x].[Abflugort] = N'Paris'
14 Flüge von London sind gelanden!
Zugriff auf Flüge von Paris:
14 Flüge von Paris sind gelanden!
```

Abbildung: Ausgabe des obigen Listings

23.3.3 FutureValue()

Bei Abruf einzelner Objekte oder von elementaren Werten funktioniert die Erweiterungsmethode Future() nicht. Hier muss man zunächst die normale LINQ-Aggregatfunktion durch eine spezielle von EFPlus-realisierte Erweiterungsmethode zu ersetzen. So muss man Count() durch DeferredCount() ersetzen, Min() durch DeferredMin(), Max() und DeferredMax(), FirstOrDefault() durch DeferredFirstOrDefault() usw. Danach muss man dann auch noch FutureValue() aufrufen. Beispiele dafür zeigt das folgende Listing: Hier werden drei zukünftige Abfragen definiert, die dann zusammen zum Datenbankmanagementsystem gesendet werden. Die passende Ausgabe sieht man in der folgenden Abbildung. Auch hier gibt es nur einen Rundgang zum Datenbankmanagementsystem für alle drei Abfragen!

Listing: Einzelobjekte und Einzelwerte bei Future Queries

```
public static void EFPlus_FutureQuery_SingleObjectsAndValues()
{
 CUI.MainHeadline(nameof(EFPlus_FutureQuery_SingleObjectsAndValues));
 using (var ctx = new DA.WWWingsContext())
 {
  ctx.Log();
  CUI.Headline("Define three future queries ... nothing happens in the database");
  QueryFutureValue<int> qPilotCount = ctx.PilotSet.DeferredCount().FutureValue();
  QueryFutureValue<DateTime?> qBirthdayOfOldestPilot = ctx.PilotSet.DeferredMin(x =>
x.Birthday).FutureValue();
```

```
    QueryFutureValue<Pilot> qOldestPilot = ctx.PilotSet.OrderBy(x =>
x.Birthday).DeferredFirstOrDefault().FutureValue();

    CUI.Headline("We need the values now!");
    Console.WriteLine("Number of pilots: " + qPilotCount.Value);
    Console.WriteLine("Birthday of oldest pilot: " +
qBirthdayOfOldestPilot.Value.Value.ToShortDateString());
    Console.WriteLine("Name of of oldest pilot: " + qOldestPilot.Value.FullName);

  }
```

```
EFPlus_FutureQuery_SingleObjectsAndValues
Define three future queries ... nothing happens in the database
We need the values now!
001:Debug #20100 Microsoft.EntityFrameworkCore.Database.Command.CommandExecuting:Executing DbCommand
 [Parameters=[], CommandType='Text', CommandTimeout='30']
SELECT COUNT(*)
FROM [Employee] AS [e]
WHERE [e].[Discriminator] = N'Pilot'
002:Debug #20100 Microsoft.EntityFrameworkCore.Database.Command.CommandExecuting:Executing DbCommand
 [Parameters=[], CommandType='Text', CommandTimeout='30']
SELECT MIN([x].[Birthday])
FROM [Employee] AS [x]
WHERE [x].[Discriminator] = N'Pilot'
003:Debug #20100 Microsoft.EntityFrameworkCore.Database.Command.CommandExecuting:Executing DbCommand
 [Parameters=[], CommandType='Text', CommandTimeout='30']
SELECT TOP(1) [x].[PersonID], [x].[Birthday], [x].[DetailID], [x].[Discriminator], [x].[EMail], [x].
[GivenName], [x].[PassportNumber], [x].[Salary], [x].[SupervisorPersonID], [x].[Surname], [x].[Fligh
tHours], [x].[FlightSchool], [x].[LicenseDate], [x].[PilotLicenseType]
FROM [Employee] AS [x]
WHERE [x].[Discriminator] = N'Pilot'
ORDER BY [x].[Birthday]
Number of pilots: 110
Birthday of oldest pilot: 25.07.1940
Name of of oldest pilot: Frank-Walter Lindner
```

Abbildung: Ausgabe des obigen Listings

23.3.4   Bug in Verbindung mit EF Profiler

EFPlus funktioniert hier nicht in Verbindung mit dem Entity Framework Profiler (EFProfiler, siehe Kapitel "Zusatzwerkzeuge"). Wenn in dem Programmcode HibernatingRhinos.Profiler.Appender.EntityFramework.EntityFrameworkProfiler.Initialize() vorkommt, dann stürzt EFPlus ab mit dem Hinweis, dass man den Support kontaktieren solle.

```
public static void EFPlus_FutureQuery_SingleObjectsAndValues()
{
 CUI.MainHeadline(nameof(EFPlus_FutureQuery_SingleObjectsAndValues));
 using (var ctx = new DA.WWWingsContext())
 {
  ctx.Log();
  CUI.Headline("Define three future queries ... nothing happens in the database");
  QueryFutureValue<int> qPilotCount = ctx.PilotSet.DeferredCount().FutureValue();
  QueryFutureValue<DateTime?> qBirthdayOfOldestPilot = ctx.PilotSet.DeferredMin(x => x.Birthday).FutureValue();
  QueryFutureValue<Pilot> qOldestPilot = ctx.PilotSet.OrderBy(x => x.Birthday).DeferredFirstOrDefault().FutureValue();

  CUI.Headline("We need the values now!");
  Console.WriteLine("Number of pilots: " + qPilotCount.Value);  ⊗
  Console.WriteLine("Birthday of oldest pilot: " + qBirthdayOfOld stPilot.Value.Value.ToShortDateString());
  Console.WriteLine("Name of of oldest pilot: " + qOldestPilot.'   Exception Unhandled                                    ⇩ ✕
 }
}                                                                    System.InvalidOperationException: 'Cannot parse
                                                                    Z.EntityFramework.Plus.CreateEntityCommand in
                                                                    Command.Statistics._selectRows. Please contact support.'

                                                                    View Details | Copy Details

                                                                    ▷ Exception Settings
```

Abbildung: Absturz von EFPlus in Verbindung mit EF Profiler

23.4   Befehlsverfolgung mit Query Tags (ab Version 2.2)

Bei Einsatz eines Objekt-Relationalen Mappers (ORM) wie Entity Framework und Entity Framework Core mit integrierter SQL-Abstraktion stellt sich in der Praxis (gerade bei der Performanceoptimierung) häufiger die Frage, woher bestimmte SQL-Befehle kommen, die zur Datenbank gesendet werden und man im Monitoring/Profiling des Datenbankmanagementsystems beobachten kann.

In Entity Framework Core Version 2.2 hat Microsoft ein kleines, aber sehr nützliches Feature ergänzt, mit dem man besser aufspüren kann, wo und warum im eigenen Programmcode ein bestimmter SQL-Befehl ausgelöst wurde. Diese Möglichkeit gibt es sowohl für LINQ-Abfragen als auch bei der Nutzung von direkten SQL-Befehlen, Stored Procedures und Table Valued Functions.

23.4.1   TagWith()

Durch den Aufruf TagWith("Zeichenkette") kann der Softwareentwickler an jede LINQ- und SQL-Abfrage eine beliebige Zeichenfolge anheften, die dann als Kommentar vor dem (generierten) SQL-Befehl zum Datenbankmanagementsystem gesendet wird und in Monitoring-/Profiling-Werkzeugen erscheint.

TagWith() ist eine im Namensraum Microsoft.EntityFrameworkCore bereitgestellte Erweiterungsmethode für IQueryable<T>. Dies erlaubt, TagWith() an verschiedenen Positionen in Entity Framework Core-Abfragen einzusetzen. Allerdings immer nur vor und nicht nach einem der Konvertierungsoperatoren ToList(), ToArray(), ToDictionary(), Single(), First(), SingleOrDefault() und FirstOrdefault().

> **Hinweis:** In 2.2 Preview 1 hieß die Methode noch WithTag().

23.4.2   Einsatz von TagWith()

Die Angabe von TagWith() kann auf dem DbSet<T> erfolgen:

```
var flightSet3 = (from f3 in ctx.FlightSet
                .TagWith(@"All flights from Airports starting with letter M")
```

```
            where f3.Departure.StartsWith("M")
            select f3).ToList();
```

oder auch an jeder beliebigen Stelle im weiteren Verlauf einer Abfrage in LINQ-Syntax:

```
var flightSet4 = (from f4 in ctx.FlightSet
                 where f4.Departure.StartsWith("M")
                 orderby f4.Date
                 select f4).TagWith(@"All flights from Airports starting with letter M,
ordered by Date").ToList();
```

oder einer Abfrage in Methoden-Syntax:

```
var flightSet5 = ctx.FlightSet.Where(f5 => f5.Departure.StartsWith("M")).TagWith(@"All
flights from Airports starting with letter M, ordered by Date").OrderBy(f5 =>
f5.Date).ToList();;
```

Achtung: Ein Aufruf der Erweiterungsmethode TagWith() erst nach dem Konvertierungsoperator ToList(), ToArray(), Single(), First() etc. ist nicht möglich, weil dann die Abfrage bereits ausgeführt wurde.

Die folgende Tabelle zeigt Abfragebeispiele, in denen LINQ (Fall 1 bis 4), SQL (Fall 7), Stored Procedures (Fall 8) und Table Valued Functions (Fall 9) jeweils mit TagWith() eingesetzt werden. Die zweite Spalte zeigt die Abfrage im C#-Programmcode, die dritte Spalte das resultierende SQL. An den Beispielen in dieser Tabelle lässt sich beobachten:

- Die Kommentare beginnen jeweils mit zwei Minuszeichen, z.B.

  -- All flights from Airports starting with letter M

  In den Preview-Versionen von EF Core 2.2 begannen die Kommentare noch mit "-- EFCore:". Dies hat Microsoft in der RTM-Version geändert.

- Wie Fälle 1 bis 5 beweisen, hat die Position von TagWith() in der Abfrage keinen Einfluss auf die Position des Kommentars, der zum Datenbankmanagementsystem gesendet wird; der Kommentar steht immer in der ersten Zeile.

- Fall 5 beweist zudem, dass TagWith() in einer einzigen Abfrage mehrfach vorkommen darf (auch bei fallweise Komposition des Befehls) und dann zu mehreren Kommentaren in der Ausgabe führt, die alle vor dem Befehl stehen.

- Wie Fall 6 beweist, wiederholt Entity Framework Core die Kommentare vor jeder SQL-Abfrage, wenn aus einer LINQ-Abfrage mehrere SQL-Abfragen resultieren.

- Die Tatsache, dass die in SQL verwendeten Variablen heißen wie die Variablen in den LINQ- und Lambda-Ausdrücken (f2, f3, f4, f5 usw.), ist schon seit Version 1.0 von Entity Framework Core auch ohne Einsatz von TagWith() gegeben. Dazu gehört auch, dass Entity Framework Core in Fall 1 den Bezeichner f (erster Buchstabe der Entität Flight) verwendet, obwohl die LINQ-Abfrage im C#-Programmcode keine Variable braucht.

Fall	Abfrage	SQL
1	var flightSet1 = ctx.FlightSet .TagWith(@"All flights") .ToList();	-- All flights SELECT [f].[FlightNo], [f].[AircraftTypeID], [f].[AirlineCode], [f].[CopilotId], [f].[FlightDate], [f].[Departure], [f].[Destination], [f].[FreeSeats], [f].[LastChange], [f].[Memo], [f].[NonSmokingFlight], [f].[PilotId], [f].[Price], [f].[Seats], [f].[Strikebound], [f].[Timestamp], [f].[Utilization]

2	var flightSet2a = (from f2a in ctx.FlightSet .TagWith(@"All flights from Airports starting with letter M - TagWith() on DbSet") where f2a.Departure .StartsWith("M") select f2a).ToList();	-- All flights from Airports starting with letter M - TagWith() on DbSet SELECT [f2a].[FlightNo], [f2a].[AircraftTypeID], [f2a].[AirlineCode], [f2a].[CopilotId], [f2a].[FlightDate], [f2a].[Departure], [f2a].[Destination], [f2a].[FreeSeats], [f2a].[LastChange], [f2a].[Memo], [f2a].[NonSmokingFlight], [f2a].[PilotId], [f2a].[Price], [f2a].[Seats], [f2a].[Strikebound], [f2a].[Timestamp], [f2a].[Utilization] FROM [WWWings].[Flight] AS [f2a] WHERE [f2a].[Departure] LIKE N'M' + N'%' AND (LEFT([f2a].[Departure], LEN(N'M')) = N'M')
3	var flightSet2b = (from f2a in ctx.FlightSet where f2a.Departure.StartsWith ("M") select f2a).TagWith(@"All flights from Airports starting with letter M - TagWith at the end of the query").ToList();	-- All flights from Airports starting with letter M - TagWith() on DbSet SELECT [f2a].[FlightNo], [f2a].[AircraftTypeID], [f2a].[AirlineCode], [f2a].[CopilotId], [f2a].[FlightDate], [f2a].[Departure], [f2a].[Destination], [f2a].[FreeSeats], [f2a].[LastChange], [f2a].[Memo], [f2a].[NonSmokingFlight], [f2a].[PilotId], [f2a].[Price], [f2a].[Seats], [f2a].[Strikebound], [f2a].[Timestamp], [f2a].[Utilization] FROM [WWWings].[Flight] AS [f2a] WHERE [f2a].[Departure] LIKE N'M' + N'%' AND (LEFT([f2a].[Departure], LEN(N'M')) = N'M')
4	var flightSet2c = ctx.FlightSet .Where(f2c => f2c.Departure.StartsWith ("M")) .TagWith(@"All flights from Airports starting with letter M - Method Syntax").ToList();	-- All flights from Airports starting with letter M - Method Syntax SELECT [f2c].[FlightNo], [f2c].[AircraftTypeID], [f2c].[AirlineCode], [f2c].[CopilotId], [f2c].[FlightDate], [f2c].[Departure], [f2c].[Destination], [f2c].[FreeSeats], [f2c].[LastChange], [f2c].[Memo], [f2c].[NonSmokingFlight], [f2c].[PilotId], [f2c].[Price], [f2c].[Seats], [f2c].[Strikebound], [f2c].[Timestamp], [f2c].[Utilization] FROM [WWWings].[Flight] AS [f2c] WHERE [f2c].[Departure] LIKE N'M' + N'%' AND (LEFT([f2c].[Departure], LEN(N'M')) = N'M') 005:Information #20100 Microsoft.EntityFrameworkCore.Database.Command.Com

		mandExecuting:Executing DbCommand [Parameters=[], CommandType='Text', CommandTimeout='30']
5	var flightSet4Query = ctx.FlightSet .Where(f4 => f4.Departure.StartsWith("M")) .TagWith(@"All flights from Airports starting with letter M"); if (sort) flightSet4Query = flightSet4Query.OrderBy (f4 => f4.Date).TagWith(@"ord ered by Date"); List\<Flight\> flightSet4 = flightSet4Query.ToList();	-- All flights from Airports starting with letter M -- ordered by Date SELECT [f4].[FlightNo], [f4].[AircraftTypeID], [f4].[AirlineCode], [f4].[CopilotId], [f4].[FlightDate], [f4].[Departure], [f4].[Destination], [f4].[FreeSeats], [f4].[LastChange], [f4].[Memo], [f4].[NonSmokingFlight], [f4].[PilotId], [f4].[Price], [f4].[Seats], [f4].[Strikebound], [f4].[Timestamp], [f4].[Utilization] FROM [WWWings].[Flight] AS [f4] WHERE [f4].[Departure] LIKE N'M' + N'%' AND (LEFT([f4].[Departure], LEN(N'M')) = N'M') ORDER BY [f4].[FlightDate]
6	var flightSet = (from p in ctx.PilotSet .TagWith(@"All flights\nflown by Pilots starting with letter M") where p.Surname.StartsWith("M") select p.FlightAsPilotSet).ToLi st();	-- All flights\nflown by Pilots starting with letter M SELECT [p].[PersonID] FROM [WWWings].[Employee] AS [p] WHERE ([p].[Discriminator] = N'Pilot') AND ([p].[Surname] LIKE N'M' + N'%' AND (LEFT([p].[Surname], LEN(N'M')) = N'M')) ORDER BY [p].[PersonID] -- All flights\nflown by Pilots starting with letter M SELECT [p.FlightAsPilotSet].[FlightNo], [p.FlightAsPilotSet].[AircraftTypeID], [p.FlightAsPilotSet].[AirlineCode], [p.FlightAsPilotSet].[CopilotId], [p.FlightAsPilotSet].[FlightDate], [p.FlightAsPilotSet].[Departure], [p.FlightAsPilotSet].[Destination], [p.FlightAsPilotSet].[FreeSeats], [p.FlightAsPilotSet].[LastChange], [p.FlightAsPilotSet].[Memo], [p.FlightAsPilotSet].[NonSmokingFlight], [p.FlightAsPilotSet].[PilotId], [p.FlightAsPilotSet].[Price], [p.FlightAsPilotSet].[Seats], [p.FlightAsPilotSet].[Strikebound],

		[p.FlightAsPilotSet].[Timestamp], [p.FlightAsPilotSet].[Utilization], [t].[PersonID]
		FROM [WWWings].[Flight] AS [p.FlightAsPilotSet]
		INNER JOIN (
		SELECT [p0].[PersonID]
		FROM [WWWings].[Employee] AS [p0]
		WHERE ([p0].[Discriminator] = N'Pilot') AND ([p0].[Surname] LIKE N'M' + N'%' AND (LEFT([p0].[Surname], LEN(N'M')) = N'M'))
		) AS [t] ON [p.FlightAsPilotSet].[PilotId] = [t].[PersonID]
		ORDER BY [t].[PersonID]
7	var flightSet6 = ctx.FlightSet .TagWith(@"All flights from airports starting with letter M, ordered by Date") .FromSql("Select * from WWWings.Flight where Departure like 'M%' order by FlightDate").ToList();	-- All flights from airports starting with letter M, ordered by Date

Select * from WWWings.Flight where Departure like 'M%' order by FlightDate |
| 8 | var flightSet10 = ctx.FlightSet .TagWith($"All flights from {ort} using a SP") .FromSql($"EXEC WWWings.GetFlightsFromSP {ort}") .Where(x => x.FreeSeats > 0) .Take(10).ToList(); | -- All flights from Berlin using a SP

EXEC WWWings.GetFlightsFromSP @p0 |
| 9 | var flightSet11 = ctx.FlightSet .TagWith($"All flights from {ort} using a TVF") .FromSql("Select * from WWWings.GetFlightsFromTVF({0})", ort) | -- All flights from Berlin using a TVF

SELECT TOP(@__p_1) [x].[FlightNo], [x].[AircraftTypeID], [x].[AirlineCode], [x].[CopilotId], [x].[FlightDate], [x].[Departure], [x].[Destination], [x].[FreeSeats], [x].[LastChange], [x].[Memo], [x].[NonSmokingFlight], [x].[PilotId], [x].[Price], |

.Where(x => x.FreeSeats > 10)	[x].[Seats], [x].[Strikebound], [x].[Timestamp], [x].[Utilization]
.Take(10).ToList();	FROM (Select * from WWWings.GetFlightsFromTVF(@p0)) AS [x] WHERE [x].[FreeSeats] > CAST(10 AS smallint)

Tabelle: Neun Fallbeispiele für den Einsatz von TagWith()

Das folgende Listing zeigt einige Beispiele für den Einsatz von TagWith() sowohl mit LINQ- als auch direkten SQL-Abfragen. Die folgende Abbildung zeigt die an den Microsoft SQL Server gesendeten SQL-Befehlen mit Kommentaren im SQL Server Profiler.

Listing: Verwendung von Query Tags in LINQ- und SQL-Abfragen

```
public static void GeneratedSQLAndQueryTags()
  {
    CUI.MainHeadline(nameof(GeneratedSQLAndQueryTags));

    using (var ctx = new WWWingsContext())
    {
     ctx.Log();

     var flightSet1 = ctx.FlightSet.TagWith(@"All flights").ToList();

      var flightSet2 = ctx.FlightSet.Where(f2 => f2.Departure == "Rome").TagWith(@"All flights
from Rome").ToList();

     var flightSet3 = (from f3 in ctx.FlightSet
                .TagWith(@"All flights from Airports starting with letter M")
                where f3.Departure.StartsWith("M")
                select f3).ToList();
     var flightSet4 = (from f4 in ctx.FlightSet

                where f4.Departure.StartsWith("M")
                orderby f4.Date
                select f4).TagWith(@"All flights from Airports starting with letter M,
ordered by Date").ToList();

      var flightSet5 = ctx.FlightSet.Where(f5 => f5.Departure.StartsWith("M")).TagWith(@"All
flights from Airports starting with letter M, ordered by Date").OrderBy(f5 =>
f5.Date).ToList();;

     var flightSet6 = ctx.FlightSet
       .FromSqlRaw("Select * from Flight where Departure like 'M%' order by FlightDate")
       .TagWith(@"SQL: All flights from Airports starting with letter M, ordered by Date")
       .ToList();
    }
  }
```

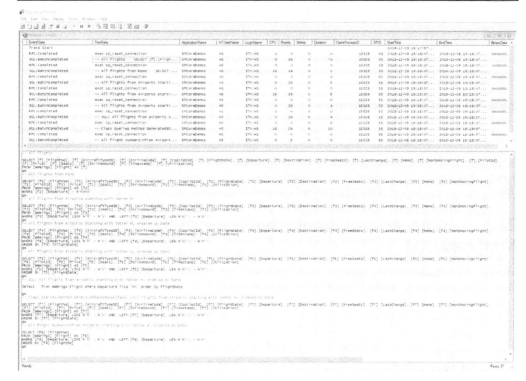

Abbildung: Der SQL Server-Profiler zeigt die Query Tags, die mit TagWith() vergeben wurden, als Kommentare an.

Praxistipp: Es liegt an dem Entwickler, eine sinnvolle Zeichenkette anzugeben, mit deren er den SQL-Befehl besser verstehen und nachvollziehen kann. Ein Tipp ist, den Namen der Klasse und der Methode in die Zeichenkette einzubauen, aber nicht als feste Zeichenkette, sondern mit dem Operator nameof() als Variable, die sich ändert, wenn Namen der Klasse und der Methode sich ändern:

```
public class Queries
 {
  public static void GeneratedSQLAndQueryTags()
   {
using (var ctx = new WWWingsContext())
   {
  CUI.MainHeadline(nameof(GeneratedSQLAndQueryTags));   var flightSet7 =
ctx.FlightSet.Where(f7 => f7.Departure.StartsWith("M")).TagWith($"Class: {nameof(Queries)}
Method: {nameof(GeneratedSQLAndQueryTags)}: (All flights from Airports starting with letter
M, ordered by Date").OrderBy(f7 => f7.Date).ToList();
   ...
   }
  }
}
```

In Entity Framework Core 2.2 Preview 2 konnte in folgender Abfrage, die eine List<int> statt List<Flight> liefert TagWith() noch nicht eingesetzt werden. Der Compiler beschwerte sich mit: The type 'int' must be a reference type in order to use it as parameter 'TEntity' in the generic type or method 'EntityFrameworkQueryableExtensions.TagWith<TEntity>(IQueryable<TEntity>, string)'. Diese Einschränkung wurde in der RTM-Version behoben [https://github.com/aspnet/EntityFrameworkCore/issues/13326].

```
// does not compile in EFCore 2.2 Preview 2
List<int> flightSet8 = (from f8 in ctx.FlightSet
            where f8.Departure.StartsWith("M")
            orderby f8.FlightNo
            select f8.FlightNo).TagWith(@"All flight numbers from Airports starting with letter
M, ordered by Date").ToList();
```

23.4.3   Einschränkungen

Es ist bislang nicht möglich, zu verhindern, dass die Kommentare aus TagWith() zum Datenbankmanagementsystem gesendet werden. Einige Entwickler würden sicherlich bevorzugen, die Kommentare im Normalbetrieb zu verstecken und nur zum Debugging oder der Ablaufverfolgung einer Anwendung sichtbar zu machen [https://github.com/aspnet/EntityFrameworkCore/issues/13500].

23.5   Benachrichtigungen bei Datenänderungen (Query Notifications)

Mit der .NET-Klasse SqlDependency kann eine Anwendung sich benachrichtigen lassen, wenn Daten sich in einer Microsoft SQL Server-Tabelle ändern.

In der Softwareentwicklungspraxis mit .NET und .NET Core kommt immer wieder die Frage auf, wie man sich vom Datenbankserver informieren lassen kann, wenn sich Datensätze in einer Datenbanktabelle geändert haben. Microsoft bietet seit SQL Server 2005 dafür das Konzept der Query Notifications und dazu korrespondierend die .NET-Klasse System.Data.SqlClient.SqlDependency (seit .NET Framework 2.0 [*https://docs.microsoft.com/de-de/dotnet/api/system.data.sqlclient.sqldependency*] und auch in .NET Core seit Version 2.1 [*https://github.com/dotnet/corefx/blob/master/src/System.Data.SqlClient/src/System/Data/SqlClient/SqlDependency.cs*]). In Oracle funktioniert es ab Version 9.2 mit Hilfe der Klasse Oracle.DataAccess.Client.OracleDependency aus Oracles eigenem .NET-Treiber „ODP.NET" [https://www.oracle.com/webfolder/technetwork/tutorials/obe/db/dotnet/changenotification/ChangeNotification.htm].

Entity Framework und Entity Framework Core (seit Version 2.1, vgl. [https://github.com/dotnet/corefx/issues/17833]) bieten keine eingebaute Abstraktion für diese Benachrichtigungen. Man kann aber dennoch eine Query Notifications zusammen mit Microsofts Objekt-Relationalen Mappern verwenden. Der Programmcode in diesem Kapitel läuft sowohl mit Entity Framework als auch mit Entity Framework Core.

23.5.1   SqlDependency für Microsoft SQL Server

Im Microsoft SQL Server ist zunächst einmal zur Vorbereitung der Service Broker [*https://docs.microsoft.com/en-us/sql/database-engine/configure-windows/sql-server-service-broker*] für eine Datenbank zu aktivieren und konfigurieren (siehe nächstes Listing). Die im Listing genannte URL verweist nicht auf die Dokumentation, sondern ist eine XML-Schema-URL, gehört also zwingend zum Befehl dazu.

Listing: Dreizeiliges SQL-Skript zur Aktivierung und Konfiguration des SQL Server Service Broker

```
ALTER DATABASE [WWWingsV2_2_EN] SET ENABLE_BROKER;
CREATE QUEUE Q1;
CREATE SERVICE N ON QUEUE Q1
([http://schemas.microsoft.com/SQL/Notifications/PostQueryNotification]);
```

Der grundsätzliche Ablauf im .NET-Programmcode gestaltet sich dann in sechs Schritten so:

- Der Entwickler ruft die statische Methode SqlDependency.Start() unter Angabe der Verbindungszeichenfolge zu der gewünschten Microsoft SQL Server-Datenbank auf.

- Nun muss mit einem SqlConnection-Objekt und der Methode Open() eine Datenbankverbindung unter Angabe zum ersten Schritt schon verwendeten Verbindungszeichenfolge geöffnet werden.

- Im dritten Schritt ist ein SqlCommand-Objekt auf Basis der offenen Verbindung unter Angabe eines SQL SELECT-Befehls zu erstellen, der die zu überwachende Datenmenge beschreibt.

- Nun kommt abermals die Klasse SqlDependency zum Einsatz, dieses Mal aber muss eine Instanz erzeugt werden, die auf das im vorherigen Schritt erstellte SqlCommand-Objekt Bezug nimmt.

- Diese Instanz löst ein Ereignis OnChange() aus, das von dem Entwickler zu behandeln ist.

- Als letztes ist nun das im dritten Schritt erstellte SqlCommand-Objekt mit ExecuteReader() auch noch auszuführen. Eine Iteration über den Resultset ist aber nicht notwendig; das SqlDataReader-Objekt kann sofort wieder geschlossen werden.

23.5.2   Aufbau des SQL-Befehls

Leider gibt es zahlreiche Restriktionen hinsichtlich der Eingrenzung der zu überwachenden Datenmenge. Zu diesen Restriktionen gehören, dass folgende Elemente in einem SQL-SELECT nicht erlaubt sind zur Festlegung der zu überwachenden Datenmenge:

- Sternoperator (*) zur Spaltenauswahl

- Tabellennamen ohne Schemaname

- Tabellen, die eine berechnete Spalte besitzen

- Bezug auf Datenbankviews

- Aggregationsfunktionen wie COUNT, AVG, MAX und MIN

- Schlüsselwörter TOP, DISTINCT, CONTAINS, UNION, PIVOT, INTERSECT, EXCEPT und INTO

- Outer Joins und Self Joins

- Subqueries

- Bezug auf Tabellen mit Computed Columns

Weitere Restriktionen hinsichtlich des SQL-SELECT-Befehls listet die Dokumentation [https://docs.microsoft.com/en-us/previous-versions/sql/sql-server-2008-r2/ms181122(v=sql.105)].

Statt den SQL-Befehl über den DataReader abzusetzen, könnte man auf die Idee kommen, einen Befehl via Entity Framework oder Entity Framework Core abzusetzen, denn die OR-Mapper verwenden im Untergrund ja auch einen DataReader. Leider klappt dies nicht, denn dieser DataReader ist dann nicht mit dem SqlDependency-Objekt verbunden.

Bei der Ereignisbehandlung ist zu berücksichtigen, dass auch im Fehlerfall ein Ereignis ausgelöst wird. Sofern der gesendete SQL-Befehl nicht den oben genannten Regeln entspricht, wird sofort ein Ereignis mit Typ "SUBCRIPTION" ausgelöst. Dementsprechend muss man in der Ereignisbehandlung das Property Type des übergebenen Parameters vom Typ SqlNotificationEventArgs abfragen, um den Fehlerfall zu erkennen. Sonst wundert man sich, dass sich angeblich immer nach der Registrierung der SqlDependency sofort eine Datenänderung ereignet. Leider steht im Property Info nur eine sehr weit gefasste Meldung "Invalid", wenn man einen unerlaubten SQL-Befehl wie "Select * from WWWings.Flight where Departure = 'Berlin'" bei der SqlDependency registriert.

Eine registrierte Query Notification funktioniert außerdem nicht mehr nach einem Neustart des SQL Servers. In diesem Fall ist die Query Notification erneut zu erstellen.

23.5.3   Query Notification in einer Konsolenanwendungen

Das nächste Listing zeigt ein komplettes Beispiel für Query Notifications in einer Konsolenanwendungen:

- Die Hauptroutine Run() liest zunächst die Daten per Entity Framework bzw. Entity Framework Core ein.

- Damit die Verbindungszeichenfolge nicht erneut aus der Konfigurationsdatei geladen wird, wird der Entity Framework (Core)-Kontext nach der aktuellen Verbindungszeichenfolge gefragt. Hier gibt es einen Unterschied zwischen dem klassischen Entity Framework und Entity Framework Core (siehe Kommentar im Programmcode).

- Dann ruft die Hauptroutine die Methode SqlDependency.Start() auf, siehe Schritt 1 oben.

- Danach wird die Hilfsroutine CreateSqlDependency() gerufen, die Schritte 2 bis 6 erledigt. Abgefragt wird die Tabelle "Flight" im Datenbankschema "WWWings". Als Ereignisbehandlung für das OnChange()-Ereignis wird bei die Methode HandleOnChange() als Funktionszeiger übergeben.

- Danach folgt der Start eines Tasks, der im Hintergrund alle zwei Sekunden eine Änderung der Anzahl der freien Plätze auf einem Flug in einer Endlosschleife simuliert.

- Die Hauptroutine wartet nun mit Console.Readline().

- Wenn eine Taste gedrückt wurde, wird die Query Notification per SqlDependency.Stop() und auch der Task mit der Änderungssimulation gestoppt.

Wichtig ist, dass die Query Notification nur ein einziges Mal wirkt und dann verbraucht ist. Dies bedeutet, dass die Ereignisbehandlung HandleOnChange() immer wieder CreateSqlDependency() aufrufen muss.

Listing: Einsatz der Klasse SqlDependency in Verbindung mit Entity Framework

```
using DA;
using ITVisions;
using Microsoft.EntityFrameworkCore;
using System;
using System.Data.SqlClient;
using System.Linq;
using System.Threading;
using System.Threading.Tasks;

namespace EFC_Console
{

public class EFC_Notifications
  {
   string CONNSTRING = "";
   string SQL = "";
   SqlConnection conn;

   /// <summary>
   /// Hauptroutine
   /// </summary>
```

```csharp
public void Run()
{
  // Read Data using EFC
  ReadData();
  // Get the Connection String from the EF context
  CONNSTRING = new WWWingsContext().Database.GetDbConnection().ConnectionString;
  //    CONNSTRING = new WWWingsContext().Database.Connection.ConnectionString; // Classic
EF

  SQL = "Select FlightNo, Departure, Destination,Flightdate, Freeseats from WWWings.Flight
where Departure = 'Berlin'";

  // Start Query Notification
  SqlDependency.Start(CONNSTRING);
  SqlDependency dep = CreateSqlDependency(CONNSTRING, SQL, HandleOnChange);

  // Start background task, that changes the data continuously
  var cts = new CancellationTokenSource();
  Task.Factory.StartNew(() => SimulationOfChangingData(cts), cts.Token);

  // Wait
  Console.ReadLine();
  // End Query Query Notification
  SqlDependency.Stop(CONNSTRING);
  cts.Cancel();
}

/// <summary>
/// Hilfsroutine
/// </summary>
private SqlDependency CreateSqlDependency(string CONNSTRING, string SQL,
OnChangeEventHandler onChangeEventHandler)
{
  conn = new SqlConnection(CONNSTRING);
  conn.Open();
  SqlCommand cmd = new SqlCommand(SQL, conn);
  SqlDependency dep = new SqlDependency(cmd);
  dep.OnChange += new OnChangeEventHandler(onChangeEventHandler);
  CUI.PrintSuccess("Created SQLDependency for " + SQL + " with ID: " + dep.Id);
  SqlDataReader r = cmd.ExecuteReader(); // Important to execute the query now, no need to
iterate!
  r.Close();
  return dep;
}

/// <summary>
/// Handle Event
/// </summary>
void HandleOnChange(object sender, SqlNotificationEventArgs e)
{
  if (e.Type == SqlNotificationType.Subscribe || e.Info == SqlNotificationInfo.Error ||
e.Info == SqlNotificationInfo.Invalid)
  {
    CUI.PrintError("Fehler: " + e.Type.ToString() + ": " + e.Info.ToString());
  }
  else
  {
    CUI.PrintWarning("\nData has changed!");
    CUI.PrintWarning("Type: " + e.Type.ToString() + " Source: " + e.Source.ToString() +
"Info: " + e.Info.ToString());
    ReadData();
    if (conn!= null && conn.State == System.Data.ConnectionState.Open) conn.Close();
    CreateSqlDependency(CONNSTRING, SQL, HandleOnChange);
  }
}

/// <summary>
/// Make continous changes to the data in the background
/// </summary>
public void SimulationOfChangingData(CancellationTokenSource token)
{
  CUI.Headline(nameof(SimulationOfChangingData));
  for (; ; )
```

```
     {

       if (token.IsCancellationRequested) return;

       using (var ctx = new WWWingsContext())
       {
         var f = ctx.FlightSet.Where(x => x.Departure == "Berlin").OrderBy(x =>
x.FlightNo).Skip(2).FirstOrDefault();

         if (f.FreeSeats is null || f.FreeSeats < 10) f.FreeSeats = 250;
         f.FreeSeats -= (short)new System.Random(DateTime.Now.Millisecond).Next(10);
         ctx.SaveChanges();
       }
       System.Threading.Thread.Sleep(2000);
     }
   }

   /// <summary>
   /// Read data using Entity Framework / Entity Framework Core
   /// </summary>

   void ReadData()
   {
    using (var ctx = new WWWingsContext())
    {
      var flightFromBerlinSet = ctx.FlightSet.Where(x => x.Departure ==
"Berlin").OrderBy(x=>x.FlightNo).Take(5).ToList();
      foreach (var f in flightFromBerlinSet)
      {
        Console.WriteLine(f);
      }
    }
   }
 }
}
```

23.5.4   Diagnosemöglichkeiten

Sollte trotz Datenänderungen kein Ereignis ausgelöst werden, kann man wie folgt eine Diagnose auf dem Microsoft SQL Server durchführen:

- Man kann abfragen, für welche Datenbanken der Service Broker aktiviert ist:

  SELECT name, is_broker_enabled FROM sys.databases

- Man kann in einer Datenbank die aktivierten Abonnements abrufen:

  *select * from sys.dm_qn_subscriptions*

- Man kann die Warteschlange abrufen, in der Nachrichten stecken bleiben können, die nicht zustellt werden konnten (hierbei ist insbesondere die Spalte „transmission_status" zu beachten, in der eventuelle Zustellungsfehler angezeigt werden):

  *select * from sys.transmission_queue*

23.5.5   Query Notification in einer Desktop-Anwendungen

Zu beachten ist, dass das Ereignis natürlich in einem anderen Thread eingeht, in einer GUI-Anwendung ist der Aufruf von ReadData() auf den UI-Thread zu synchronisieren, z.B. mit Dispatcher.Invoke(new Action(() => { … })) bei der Windows Presentation Foundation (WPF). Abbildung 1 und 2 zeigen zwei auf verschiedenen Systemen laufendende Instanzen derselben WPF-Anwendung, mit dem ein Mitarbeiter eine Fluggesellschaft Flüge von einem Abflugort bearbeiten kann. Nachdem der Benutzer auf dem ersten System auf "Yes" geklickt hat, um die Datensätze zu speichern (Abbildung 1), sieht der Benutzer auf dem zweiten System (in Abbildung 2) den Hinweis, dass die Daten sich geändert haben mit der Option, sie nun neu zu laden. Während der Entity Framework-Kontext Auskunft über die Anzahl der neuen, geänderten und gelöschten Datensätze gibt, bekommt man diese Informationen aus der Query Notification nicht; man müsste diese Zahlen selbst durch Vergleich mit der zuvor geladenen Datenmenge ermitteln.

W World Wide Wings - FlightGrid DEMO - Dr. Holger Schwichtenberg- Version: 2018.12.9.0 — □ ✕

| New York/JFC | All | | Tracking | | Test Connection | Load | Save | |

Fliht No	Departure	Destination	Seats	Free Seats	Non Smoking Flight	Date	Memo
144	New York/JFC	Seattle	853	235	☐	28.07.2019	
163	New York/JFC	Prague	140	220	☐	09.07.2019	
168	New York/JFC	Chicago	140	123	☐	03.04.2019	
184	New York/JFC	Hamburg	140	213	☐	02.07.2019	
187	New York/JFC	Frankfur				15.03.2019	
207	New York/JFC	Prague				06.07.2019	
209	New York/JFC	Berlin				17.07.2019	
214	New York/JFC	Dallas				11.04.2019	
231	New York/JFC	Chicago				12.03.2019	
233	New York/JFC	Paris	853	113	☐	23.03.2019	
307	New York/JFC	Prague	853	27	☐	27.12.2018	
354	New York/JFC	Seattle	853	166	☐	16.05.2019	
361	New York/JFC	Moscow	140	80	☐	19.02.2019	
362	New York/JFC	London	140	211	☐	30.06.2019	
384	New York/JFC	Rome	853	84	☐	23.02.2019	
394	New York/JFC	Dallas	853	140	☐	20.04.2019	
418	New York/JFC	Moscow	140	25	☐	25.12.2018	
421	New York/JFC	Berlin	140	166	☐	16.05.2019	

Confirmation

Do you want to save the following changes?
Changed: 2 New: 0 Deleted: 1

Yes   No

Flight #144. State: Modified

Abbildung 1: Auf dem ersten System ändert der Benutzer die Daten

Fliht No	Departure	Destination	Seats	Free Seats	Non Smoking Flight	Date		Memo
144	New York/JFC	Seattle	853	238	☐	28.07.2019	15	
163	New York/JFC	Prague	140	220	☐	09.07.2019	15	
168	New York/JFC	Chicago	140	123	☐	03.04.2019	15	
184	New York/JFC	Hamburg	140	213	☐	02.07.2019	15	
187	New Yo						019 15	
207	New Yo						019 15	
209	New Yo						019 15	
214	New Yo						019 15	
231	New Yo						019 15	
233	New York/JFC	Paris	853	112	☐	23.03.2019	15	
307	New York/JFC	Prague	853	27	☐	27.12.2018	15	
311	New York/JFC	Munich	140	50	☐	20.01.2019	15	

World Wide Wings - FlightGrid DEMO - Dr. Holger Schwichtenberg - Version: 2018.12...   —   ☐   ✕

New York/JFC ∨ | All ∨ | Tracking ∨ | Test Connection | Load | Save

Query Notification

Data has changed in database. Do you like to load the current data?

Yes   No

Query Notification! Data has changed in database...

Abbildung 2: Auf dem zweiten System sieht der Benutzer eine Benachrichtigung.

Das nächste Listing zeigt die Ausschnitte aus der Implementierung dieser WPF-Anwendung mit Query Notifications. In CreateSqlDependency() wird die Auswahl des linken DropDown-Eingabesteuerelements beim Zusammensetzen des SQL-Befehls berücksichtigt, sofern dort ein Ort (anderes als "All") ausgewählt ist.

Den größten Unterschied zur Konsolenanwendung sieht man in der Implementierung der Ereignisbehandlung. Hier muss die Interaktion mit der Benutzeroberfläche (Nachfrage beim Benutzer mit einer Message Box und ggf. Neufestlegung der Inhalte des DataGrid-Steuerelements via ItemsSource) im Aufruf von Dispatcher.Invoke() erfolgen. Interessant ist noch die Variable AskBeforeReload. Diese wird beim Speichern vor dem Aufruf von SaveChanges() auf false gesetzt. Eine Query Notification wird auch ausgelöst, wenn der aktuelle Benutzer die Daten geändert hat. In diesem Fall macht es zwar Sinn, die Daten neu zu laden, damit der Benutzer bei der Gelegenheit auch Änderungen anderer Benutzer sieht, aber er sollte nicht gefragt werden, da es auch sein kann, dass Änderungen nur von ihm selbst sind.

Listing: Ausschnitte aus der Implementierung einer WPF-Anwendung mit Query Notifications

```
using BO;
using DA;
using Microsoft.EntityFrameworkCore;
using System;
using System.Data;
using System.Data.SqlClient;
using System.Diagnostics;
using System.Linq;
using System.Reflection;
using System.Windows;
```

```csharp
using System.Windows.Controls;
using System.Windows.Input;

namespace GUI.WPF
{
 public partial class FlightGrid : Window
 {
  WWWingsContext ctx;
  string SQL;
  SqlConnection conn;
  bool AskBeforeReload = true;

  public FlightGrid()
  {
   InitializeComponent();
...
   SqlDependency.Start(DA.WWWingsContext.ConnectionString);
   SqlDependency dep = CreateSqlDependency(DA.WWWingsContext.ConnectionString,
HandleOnChange);
  }

  /// <summary>
  /// Set up Query Notification
  /// </summary>
  private SqlDependency CreateSqlDependency(string CONNSTRING, OnChangeEventHandler
onChangeEventHandler)
  {
   string SQL;
   string City = this.C_City.Text.ToString();
   SQL = "Select FlightNo, Departure, Destination, Flightdate, Freeseats from
WWWings.Flight";
   if (City != "All") SQL += " where Departure = @city";
   conn = new SqlConnection(CONNSTRING);
   conn.Open();
   SqlCommand cmd = new SqlCommand(SQL, conn);
   if (City != "All")
   {
    cmd.Parameters.Add("@city", SqlDbType.NVarChar);
    cmd.Parameters["@city"].Value = City;
   }
    SqlDependency dep = new SqlDependency(cmd);

   dep.OnChange += new OnChangeEventHandler(onChangeEventHandler);
   //CUI.PrintSuccess("Created SQLDependency for " + SQL + " with ID: " + dep.Id);
   SqlDataReader r = cmd.ExecuteReader();
   r.Close();
   return dep;
  }

  /// <summary>
  /// Handle SqlDependency event
  /// </summary>
  void HandleOnChange(object sender, SqlNotificationEventArgs e)
  {
   if (e.Type == SqlNotificationType.Subscribe || e.Info == SqlNotificationInfo.Error ||
e.Info == SqlNotificationInfo.Invalid)
   {
    MessageBox.Show("Fehler: " + e.Type.ToString() + ": " + e.Info.ToString());
   }
   else
```

```
{
    Dispatcher.Invoke(new Action(() =>
    {
        SetStatus("Query Notification! Data has changed in database...");
        if (!AskBeforeReload || MessageBox.Show("Data has changed in database. Do you like to
load the current data?", "Query Notification", MessageBoxButton.YesNo) ==
MessageBoxResult.Yes)
        {
            AskBeforeReload = true;
            LoadData();
            if (conn != null && conn.State == System.Data.ConnectionState.Open) conn.Close();
            CreateSqlDependency(WWWingsContext.ConnectionString, HandleOnChange);
        }
    }));
}
}

private void SetStatus(string s)
{
    this.C_Status.Content = s;
}

/// <summary>
/// Load flights
/// </summary>
private void C_Load_Click(object sender, RoutedEventArgs e)
{
    LoadData();
}

/// <summary>
/// Load data
/// </summary>
private void LoadData()
{
    // Use a fresh context, if user clicks load!
    // otherwise in tracking mode, user will not see flight updated in another process
    ctx = new WWWingsContext();
    // Clear data grid
    this.C_flightDataGrid.ItemsSource = null;
    // Get departure
    string City = this.C_City.Text.ToString();

    // Prepare query
    var q = ctx.FlightSet.AsQueryable();
    if (this.C_Mode.Text == "NoTracking") q = q.AsNoTracking();
    if (City != "All") q = (from f in q where f.Departure == City select f);

    if (Int32.TryParse(this.C_Count.Text, out int count))
    {
        if (count > 0) q = q.Take(count);
    }

    // Show status
    SetStatus("Loading with " + this.C_Mode.Text + "...");
    var sw = new Stopwatch();
    sw.Start();
    // Execute query
```

```
     var fluege = q.ToList();
     sw.Stop();

     // Databinding to data grid
     this.C_flightDataGrid.ItemsSource = fluege;

     // Show Status
     SetStatus(fluege.Count() + " loaded records using " + this.C_Mode.Text + ": " +
sw.ElapsedMilliseconds + "ms!");
   }


   /// <summary>
   /// Save the changed flights
   /// </summary>
   private void C_Save_Click(object sender, RoutedEventArgs e)
   {
     // Get changes and ask
     var added = from x in ctx.ChangeTracker.Entries() where x.State == EntityState.Added
select x;
     var del = from x in ctx.ChangeTracker.Entries() where x.State == EntityState.Deleted
select x;
     var mod = from x in ctx.ChangeTracker.Entries() where x.State == EntityState.Modified
select x;

     if (MessageBox.Show("Do you want to save the following changes?\n" +
String.Format("Changed: {0} New: {1} Deleted: {2}", mod.Count(), added.Count(), del.Count()),
"Confirmation", MessageBoxButton.YesNo) == MessageBoxResult.No) return;

     string Ergebnis = "";

     try
     {
      int count;
      AskBeforeReload = false;
      // Save
      count = ctx.SaveChanges();
      // Show status
      SetStatus("Number of saved changes: " + count);
     }
     catch (DbUpdateConcurrencyException ex)
     {
      AskBeforeReload = true;
      if (MessageBox.Show("Annother user has changed the records you want to save. Do you want
to discard your changes?","Conflict", MessageBoxButton.YesNo) == MessageBoxResult.Yes) {
LoadData(); return; }
     }
     catch (Exception ex)
     {
      MessageBox.Show("Cannot save: " + ex.Message, "Error");
     }
   }
...
  }
}
```

24 Leistungsoptimierung (Performance Tuning)

Dieses Kapitel enthält Hinweise zur Beschleunigung der Datenbankzugriffe mit Entity Framework Core.

24.1 Vorgehensmodell zur Leistungsoptimierung bei Entity Framework Core

Wie schon beim Vorgänger Entity Framework hat sich auch bei Entity Framework Core folgendes Vorgehensmodell bei der Optimierung der Leistung der Datenbankzugriffe bewährt:

- Im ersten Schritt werden alle Datenzugriffe mit Entity Framework Core und LINQ implementiert, außer bei UPDATE-, DELETE- und INSERT-Massenoperationen. Für die Massenoperationen wird direkt SQL bzw. ein Bulk Insert verwendet.

- Die Anwendung wird dann mit realistischen Datenmengen getestet. Dort, wo die Geschwindigkeit zu langsam ist, wird in drei Stufen optimiert.

  - In Stufe 1 wird innerhalb von Entity Framework Core optimiert durch dort verfügbare Instrumente wie No-Tracking, Caching, Paging, Wechsel der Ladestrategie (z.B. Eager Loading oder Preloading statt Nachladen) bzw. Reduzierung der Anzahl der Round-Trips.

  - Dort, wo dies nicht reicht, werden in Stufe 2 die LINQ-Befehle geprüft und durch besser optimierte SQL-Befehle oder andere Datenbankkonstrukte wie Views, Stored Procedures oder Table Valued Functions (TVFs) ersetzt. Der Zugriff darauf erfolgt weiterhin per Entity Framework Core.

  - Erst in Stufe 3 wird Entity Framework Core abgelöst durch DataReader- und Command-Objekte für den Zugriff auf SQL-Befehle, Views, Stored Procedures oder Table Valued Functions (TVFs).

24.2 Best Practices für Ihre eigenen Leistungstests

Wenn Sie Leistungstest durchführen, um die Geschwindigkeit verschiedener Alternativen zu betrachten, beachten Sie bitte folgende Hinweise:

- Führen Sie den Leistungstest nicht in Visual Studio durch. Debugger und das ggf. aktivierte IntelliTrace bremsen ihren Programmcode aus, und zwar je nach Vorgehensweise in unterschiedlich starker Weise, sodass Sie weder absolut noch proportional korrekte Ergebnisse erhalten.

- Führen Sie die Messung nicht in einer Anwendung mit grafischer Benutzeroberfläche (GUI) aus und auch nicht mit Konsolenausgaben. Schreiben Sie eine Konsolenanwendung für den Leistungstest, aber machen Sie keine Ausgaben oder messen Sie die Konsolenausgaben aber nicht mit.

- Wiederholen Sie jeden Test mehrfach, mindestens zehnmal, und rechnen Sie den Durchschnitt aus. Es gibt viele Faktoren, die die Ergebnisse beeinflussen können (z.B. die Garbage Collection der .NET-Laufzeitumgebung, Windows-Auslagerungsdatei).

- Werten Sie den ersten Durchlauf (Kaltstart) nicht mit. Hier sind zusätzlich Aufgaben von Entity Framework Core und dem Datenbankmanagementsystem zu erledigen (z.B.

Aufwärmen der Datenbank, Verbindungsaufbau, Generierung des Mapping-Codes usw.), die das Ergebnis verfälschen. Führen Sie also elf Durchläufe durch, wenn Sie zehn valide Messergebnisse haben wollen.

- Testen Sie gegen ein entferntes Datenbankmanagementsystem auf einem anderen System (außer wenn die spätere Lösung tatsächlich eine lokale Datenbank verwendet).

- Sorgen Sie dafür, dass der Testrechner keine anderen signifikanten Prozesse während des Tests ausführt und das Netzwerk nicht signifikant aktiv ist (führen Sie die Tests aus, wenn alle anderen Feierabend haben, oder bauen Sie ein eigenes Netzwerk dafür auf!).

24.3 Leistungsvergleich verschiedener Datenzugriffstechniken in .NET

Für die Neuimplementierung des Objekt-Relationalen Mappers Entity Framework Core war für Microsoft neben dem Streben nach Plattformunabhängigkeit ein wesentlicher Beweggrund, die Performanz gegenüber dem klassischen ADO.NET Entity Framework zu steigern. Dieses Kapitel zeigt exemplarisch eins von vielen Messszenarien.

Die nachstehende Abbildung zeigt, dass Entity Framework Core 3.1 auf dem .NET Framework 4.8 im No-Tracking-Modus genau so schnell ist wie ein DataReader mit manuellem Mapping (d.h. mit Umkopieren aus dem DataReader in ein .NET-Objekt: obj.x = Convert(dr["x"])).

Auch im Tracking-Modus ist Entity Framework Core rascher als der das klassische ADO.NET Entity Framework 6.4 unterwegs. Unter .NET Core ist Entity Framework Core schneller als unter .NET Framework.

Die schnellste Messung (17 ms in .NET Framework 4.8 bzw. 14 ms in .NET Core 3.1) stammt von einem DataReader, bei dem die Datensätze aber nicht auf Objekte abgebildet wurden.

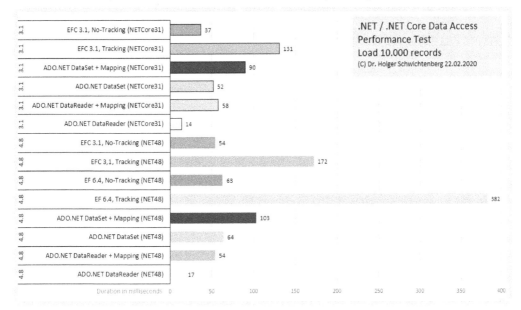

Abbildung: Leistungsvergleich verschiedener Datenzugriffstechniken in .NET

Hinweise zum obigen Messszenario:

- Der Datenbankserver ist ein Microsoft SQL Server 2016 (virtualisiert) auf Windows Server 2016. Die Leistung des Datenbankservers wäre noch besser, wenn er nicht virtualisiert wäre bzw. zumindest nicht-virtualisierten Festplattenspeicher nutzen könnte.

- Der Client ist ein Windows-10-Rechner.

- Die beiden Rechner sind über ein Ein-Gigabit-Ethernet-Netzwerk verbunden.

- Der ausgeführte Befehl ist ein einfaches SELECT ohne Joins oder Aggregatoperatoren.

- Es wurden 10.000 Datensätze geladen.

- Ein Ergebnisdatensatz umfasst 13 Spalten aus einer einzigen Tabelle.

- Datentypen sind int, smallint, nvarchar(30), nvarchar(max), bit, timestamp.

- Der angezeigte Wert ist jeweils der Durchschnitt aus 100 Wiederholungen.

- Der jeweils erste Zugriff für jede Technik (Kaltstart) wurde nicht gewertet.

HINWEIS: Dies ist natürlich nur eins von vielen möglichen Vergleichsszenarien. Da die Leistung von der Hardware, dem Betriebssystem, den Softwareversionen und vor allem auch vom Datenbankschema abhängt, macht es keinen Sinn, an dieser Stelle weitere Performancevergleiche zu dokumentieren. Sie müssen ohnehin die Leistung in Ihrem jeweils konkreten Szenario messen!

24.4   Objektzuweisung optimieren

Für eine Beziehungszuweisung gibt es in Entity Framework Core zwei Möglichkeiten:

- Zuweisung über einen Objektverweis (erstes Listing)

- Zuweisung über eine Fremdschlüsseleigenschaft (zweites Listing)

Listing: Zuweisung über einen Objektverweis

```
public static void PilotAendern_Mit_Objekt()
{
 CUI.Headline(nameof(PilotAendern_Mit_Objekt));
 var flugNr = 102;
 var neuerPilotNr = 9;

 using (var ctx = new WWWingsContext())
 {
  ctx.Log();
  Flug flug = ctx.FlugSet.Find(flugNr);
  Pilot neuerPilot = ctx.PilotSet.Find(neuerPilotNr);
  flug.Pilot = neuerPilot;
  var anz = ctx.SaveChanges();
  Console.WriteLine("Anzahl gespeicherter Änderungen: " + anz);
 }
}
```

Listing: Zuweisung über eine Fremdschlüsseleigenschaft

```
public static void PilotAendern_Mit_FK()
{
 CUI.Headline(nameof(PilotAendern_Mit_FK));
 var flugNr = 102;
 var neuerPilotNr = 123;
```

```
using (var ctx = new WWWingsContext())
{
ctx.Log();
Flug flug = ctx.FlugSet.Find(flugNr);
flug.PilotId = neuerPilotNr;
var anz = ctx.SaveChanges();
Console.WriteLine("Anzahl gespeicherter Änderungen: " + anz);
}


}
```

Die Verwendung der Fremdschlüsseleigenschaft ist etwas performanter, weil hier das Objekt nicht explizit geladen werden muss. Der von Entity Framework Core zur Datenbank gesendete UPDATE-Befehl sieht in beiden Fällen gleich aus (siehe Bildschirmabbildung).

Wenn das zuzuweisende Objekt bereits im RAM ist, hat man die freie Wahl zwischen beiden Syntaxformen. Wenn man aber nur den Primärschlüsselwert des zuzuweisenden Objekts im RAM hat, dann sollte man die Fremdschlüsseleigenschaft nutzen. Diese Situation ist häufig bei Webanwendungen und Webservices gegeben, weil man vom Client nur den Primärschlüsselwert bekommt.

> **Empfehlung:** Fremdschlüsseleigenschaften sind in Entity Framework Core optional. Die Optimierungsmöglichkeit bei der Zuweisung ist aber ein guter Grund, warum man Fremdschlüsseleigenschaften zusätzlich zu den Navigationseigenschaften in den Entitätsklassen implementieren sollte!

Abbildung: Ausgabe des obigen Listings

PRACTICAL TIP: Auch wenn es keine Fremdschlüsseleigenschaft gibt, kann man das Laden des Objekts umgehen, indem man das in Entity Framework Core vorhandene "Shadow Property" der Fremdschlüsselspalte nutzt (siehe Listing). Der Nachteil dieser Vorgehensweise ist aber, dass der Name der Fremdschlüsselspalte dann als Zeichenkette im Programmcode verwendet werden muss, was umständlicher in der Eingabe und fehleranfälliger ist.

Listing: Zuweisung über das Shadow Property der Fremdschlüsselspalte

```
/// <summary>
///
/// </summary>
public static void PilotAendern_Mit_ShadowProperty()
{
  CUI.Headline(nameof(PilotAendern_Mit_ShadowProperty));
  var flugNr = 102;
  var neuerPilotNr = 123;
  using (var ctx = new WWWingsContext())
  {
    ctx.Log();
    Flug flug = ctx.FlugSet.Find(flugNr);
    ctx.Entry(flug).Property("PilotId").CurrentValue = neuerPilotNr;
    var anz = ctx.SaveChanges();
    Console.WriteLine("Anzahl gespeicherter Änderungen: " + anz);
  }
```

24.5   Massenoperationen

Entity Framework Core bietet in seiner Grundausstattung keine Unterstützung von Massenoperationen auf mehr als einem Datensatz, sondern behandelt für das Löschen und Ändern jeden Datensatz einzeln. Dieses Kapitel diskutiert das Thema anhand eines Löschbefehls (DELETE) für 1000 Datensätze. Die Ausführungen gelten für Datenmassenaktualisierungen mit UPDATE analog.

24.5.1   Einzellöschen

Das nachstehende Listing zeigt die sehr inperformante Variante des Löschens aller Datensätze aus einer Tabelle „Flug", bei denen der Primärschlüssel einen Wert größer als 20000 hat: Alle Datensätze müssen zunächst geladen und in .NET-Objekten materialisiert werden. Jedes einzelne .NET-Objekt wird dann über die Remove()-Methode zum Löschen markiert, und die Löschung wird schließlich von dem Entity Framework Core-Kontext bei der Ausführung der Methode SaveChanges() einzeln für jedes Objekt in einen DELETE-Befehl umgesetzt.

Wenn 1000 Flüge zu löschen sind, sind also 1001 Befehle (ein SELECT und 1000 DELETE-Befehle) erforderlich. In der folgenden Implementierung werden die 1000 DELETE-Befehle, jeder einzeln in einem eigenen Rundgang, zum Datenbankmanagementsystem gesendet, weil das SaveChanges() nach jedem einzelnen Remove() innerhalb der Schleife erfolgt.

Listing: Massenlöschen ohne Batching mit Entity Framework Core-API

```
public static void MassenloeschenEFAPIohneBatching()
{
  var sw = new Stopwatch();
  sw.Start();
  int count = 0;
  using (var ctx = new WWWingsContext())
  {
    var grenze = 20000;
    var flugListe = ctx.FlugSet.Where(x => x.FlugNr >= grenze).Take(1000).ToList();
```

```
      foreach (Flug f in flugListe)
      {
        ctx.FlugSet.Remove(f);
        var anz = ctx.SaveChanges();
        count += anz;
      }
    }
    sw.Stop();
    Console.WriteLine("Anzahl ausgeführter DELETE-Befehle: " + count);
    Console.WriteLine("Dauer: " + sw.ElapsedMilliseconds);
  }
```

24.5.2   Optimierung durch Batching

Im klassischen Entity Framework spielt es keine Rolle, ob das SaveChanges() in der Schleife nach jedem Remove() steht oder außerhalb der Schleife: Der alte OR-Mapper überträgt immer jeden DELETE-Befehl einzeln zum Datenbankmanagementsystem. In Entity Framework Core gibt es nun aber Batching (vgl. Kapitel "Einfügen, Löschen und Ändern"), das das Problem abmildert.

Das folgende Listing, das SaveChanges() nur einmal am Ende ausführt, führt daher nicht zu 1000 DELETE-Rundgängen zum Datenbankmanagementsystem, sondern nur zu einem Rundgang (vgl. Abbildung aus dem Microsoft SQL Server Profiler). Insgesamt gibt es dann nur noch zwei Rundgänge (einen für das Laden mit SELECT und einen für die 1000 DELETE-Befehle). Die Ausführungszeit verringert sich damit deutlich (siehe Tabelle).

Vorgehensweise	Rundgänge	Anzahl DELETE-Befehle	Ausführungszeit
Massenlöschen von 1000 Flug-Datensätzen ohne Batching mit Entity Framework Core-API	1001	1000	43,637 Sekunden
Massenlöschen von 1000 Flug-Datensätzen mit Batching mit Entity Framework Core-API	2	1000	4,392 Sekunden

Listing: Massenlöschen mit Batching mit Entity Framework Core-API

```
  public static void MassenloeschenEFAPIBatching()
  {
    var sw = new Stopwatch();
    sw.Start();
    using (var ctx = new WWWingsContext())
    {
      var grenze = 20000;
      var flugListe = ctx.FlugSet.Where(x => x.FlugNr >= grenze) .Take(1000).ToList();
      foreach (Flug f in flugListe)
      {
        ctx.FlugSet.Remove(f);
      }
      var anz = ctx.SaveChanges();
      Console.WriteLine("Anzahl ausgeführter DELETE-Befehle: " + anz);
    }
    sw.Stop();
    Console.WriteLine("Dauer: " + sw.ElapsedMilliseconds);
  }
```

Abbildung: 1000 Delete-Befehle werden in einem Rundgang zum Datenbankmanagementsystem übertragen.

24.5.3   Löschen ohne Laden mit Pseudo-Objekten

Auch mit Einsatz des Batching bleibt ineffizient, dass zunächst alle Datensätze geladen werden, nur um sie dann zu löschen. Entity Framework Core erwartet bei der Ausführung ein Entitätsobjekt.

Hier gibt es nun den Trick, ein solches Entitätsobjekt als Pseudo-Objekt im RAM manuell zu konstruieren und dies Remove() als Parameter zu übergeben (siehe folgendes Listing). Dies steigert die Leistung erheblich (siehe Tabelle). Allerdings ist dies nur unter zwei Voraussetzungen möglich:

- Die Primärschlüssel der zu löschenden Objekte sind bekannt.

- Es ist keine Konflikterkennung (Concurrency Check) durch [ConcurrencyCheck], IsConcurrencyToken() oder eine Timestamp-Spalte aktiv.

Vorgehensweise	Rundgänge	Anzahl DELETE-Befehle	Ausführungszeit
Massenlöschen von 1000 Flug-Datensätzen ohne Batching mit Entity Framework Core-API	1001	1000	43,637 Sekunden
Massenlöschen von 1000 Flug-Datensätzen mit Batching mit Entity Framework Core-API	2	1000	4,392 Sekunden
Massenlöschen von 1000 Flug-Datensätzen mit Batching mit Entity	1	1000	0,207 Sekunden

Framework Core-API unter Einsatz von Pseudo-Objekten			

Listing: Massenlöschen mit Batching mit Entity Framework Core-API unter Einsatz von Pseudo-Objekten

```
public static void MassenloeschenEFAPIBatchingOhneLaden()
{
  CUI.Headline(nameof(MassenloeschenEFAPIBatchingOhneLaden));
  var sw = new Stopwatch();
  sw.Start();
  using (var ctx = new WWWingsContext())
  {
    for (int i = 20000; i < 21000; i++)
    {
      var f = new Flug() { FlugNr = i };
      ctx.FlugSet.Attach(f);
      ctx.FlugSet.Remove(f);
    }
    var anz = ctx.SaveChanges();
    Console.WriteLine("Anzahl ausgeführter DELETE-Befehle: " + anz);
  }
  sw.Stop();
  Console.WriteLine("Dauer: " + sw.ElapsedMilliseconds);
}
```

24.5.4   Einsatz von klassischem SQL anstelle des Entity Framework Core-APIs

Durch die bisherigen Maßnahmen konnte die Ausführungsdauer bereits signifikant reduziert werden, aber die Dauer ist immer noch viel länger als notwendig. Anstatt hier das Entity Framework Core-API zu verwenden, ist es in einer Situation, in der eine aufeinanderfolgende Menge von Datensätzen zu löschen ist, wesentlich effizienter, einen einzelnen klassischen SQL-Befehl abzusetzen:

```
Delete dbo.Flug where FlugNr >= 20000
```

Das Absetzen dieses SQL-Befehls erledigt der Entwickler entweder auf die klassische Art über ein ADO.NET-Command mit Parameter-Objekt (siehe erstes Listing) oder – prägnanter – über die direkte SQL-Unterstützung in Entity Framework Core (siehe zweites Listing) mit der Methode ExecuteSqlRaw() im Unterobjekt Database des Entity Framework Core-Kontextes. Dabei ist hervorzuheben, dass die an String.Format() angelehnte Platzhaltersyntax ebenso gut gegen SQL-Injektionsangriffe schützt wie die Parametrisierung im ersten Listing, denn hier werden gerade nicht einfach Zeichenketten zusammengesetzt, wie die Syntax suggeriert, sondern intern ebenfalls SQL-Parameter-Objekte erzeugt.

Die Ausführungszeit sinkt in beiden Fällen auf unter 40 Millisekunden, was auch nicht verwundert, denn das Programm hat nun nicht mehr zu tun als eine Datenbankverbindung aufzubauen und ein paar wenige Zeichen zu übertragen. Ein Leistungsunterschied zwischen der Übertragung via Entity Framework Core-Kontext oder Command-Objekt lässt sich nicht messen.

Nachteil dieser Vorgehensweise ist natürlich, dass nun wieder SQL-Zeichenketten zum Einsatz kommen, für die es keine Compilerprüfung gibt, und somit die Gefahr von Syntax- und Typfehlern besteht, die erst zur Laufzeit auffallen.

Vorgehensweise	Rundgänge	Anzahl DELETE-Befehle	Ausführungszeit
Massenlöschen von 1000 Flug-Datensätzen ohne Batching mit Entity Framework Core-API	1001	1000	43,637 Sekunden
Massenlöschen von 1000 Flug-Datensätzen mit Batching mit Entity Framework Core-API	2	1000	4,392 Sekunden
Massenlöschen von 1000 Flug-Datensätzen mit Batching mit Entity Framework Core-API unter Einsatz von Pseudo-Objekten	1	1000	0,207 Sekunden
Massenlöschen von 1000 Flug-Datensätzen mit SQL über Entity Framework-Kontext	1	1	0,072 Sekunden
Massenlöschen von 1000 Flug-Datensätzen mit SQL über ADO.NET-Command-Objekt mit Parameter	1	1	0,040 Sekunden

Listing: Massenlöschen mit SQL über ADO.NET-Command-Objekt mit Parameter

```
public static void MassenloeschenSQLueberADONETCommand()
{
 CUI.Headline(nameof(MassenloeschenSQLueberADONETCommand));
 var sw = new Stopwatch();
 sw.Start();
 var grenze = 20000;
 using (SqlConnection connection = new SqlConnection(Program.CONNSTRING))
 {
  connection.Open();
  SqlCommand command = new SqlCommand("Delete top (1000) dbo.Flug where FlugNr > @Grenze",
connection);
  command.Parameters.Add(new SqlParameter("@Grenze", grenze));
  var anz = command.ExecuteNonQuery();
 }
 sw.Stop();
 Console.WriteLine("Dauer: " + sw.ElapsedMilliseconds);
}
```

Listing: Massenlöschen mit SQL über Entity Framework Core-Kontext

```
public static void MassenloeschenSQLueberEFC()
{
 CUI.Headline(nameof(MassenloeschenSQLueberEFC));
 var sw = new Stopwatch();
 sw.Start();
 using (var ctx = new WWWingsContext())
 {
  var grenze = 20000;
  var anz = ctx.Database.ExecuteSqlRaw("Delete top (1000) dbo.Flug where FlugNr >= {0}",
grenze);
```

```
  Console.WriteLine("Anzahl ausgeführter DELETE-Befehle: " + anz);
 }
 sw.Stop();
 Console.WriteLine("Dauer: " + sw.ElapsedMilliseconds);
}
```

24.5.5 Lamdba-Ausdrücke für Massenlöschen mit EFPlus

Die Zusatzkomponente "Entity Framework Plus" (siehe Kapitel "Zusatzkomponenten"), die es trotz ihres auf das Vorgängerprodukt verweisenden Namens auch für Entity Framework Core gibt, erlaubt es, UPDATE- und DELETE-Befehle in Lambda-Ausdrücken auf Basis von LINQ-Befehlen zu formulieren und damit zu vermeiden, dass SQL als fehleranfälliger Text im Programmcode zu hinterlegen ist.

Die Komponente EFPlus realisiert Erweiterungsmethoden mit Namen Update() und Delete(). Um diese zu aktivieren, ist ein using Z.EntityFramework.Plus; notwendig. Hierbei ist zu beachten, dass auch in diesem Namen kein Entity Framework Core vorkommt.

Das nächste Listing zeigt die Anwendung von Delete() auf einen LINQ-Befehl. Wie die nächste Bildschirmabbildung zeigt, sind die von EFPlus erzeugten SQL-Befehle aber leider suboptimal: Sie arbeiten immer mit einem geschachtelten SELECT, obwohl dies gar nicht notwendig wäre. Aus der Sicht der Autoren von EFPlus war dies aber die einfachste Implementierung, weil man so einfach auf die vorhandene SELECT-Befehl-Generierung von Entity Framework Core aufsetzen kann. Die Ausführung ist dennoch ähnlich performant wie die Verwendung eines direkten SQL-Befehls (siehe Tabelle).

Listing: Massenlöschen mit EFPlus

```
 public static void MassenloeschenEFPlus()
 {
  int grenze = 20000;
  CUI.Headline(nameof(MassenloeschenEFPlus));
  var sw = new Stopwatch();
  sw.Start();
  using (var ctx = new WWWingsContext())
  {
   var anz = ctx.FlugSet.Where(x => x.FlugNr >= grenze).Take(1000).Delete();
   Console.WriteLine("Anzahl ausgeführter DELETE-Befehle: " + anz);
  }
  sw.Stop();
  Console.WriteLine("Dauer: " + sw.ElapsedMilliseconds);
 }
```

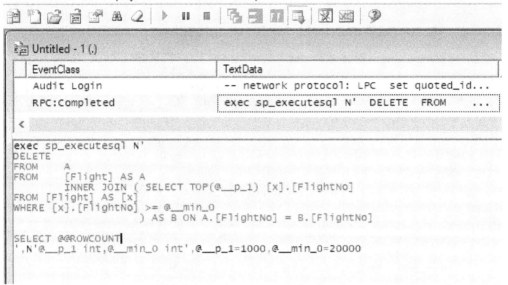

Abbildung: SQL-DELETE-Befehl, den EFPlus zum Datenbankmanagementsystem sendet

Vorgehensweise	Rundgänge	Anzahl DELETE-Befehle	Ausführungszeit
Massenlöschen von 1000 Flug-Datensätzen ohne Batching mit Entity Framework Core-API	1001	1000	43,637 Sekunden
Massenlöschen von 1000 Flug-Datensätzen mit Batching mit Entity Framework Core-API	2	1000	4,392 Sekunden
Massenlöschen von 1000 Flug-Datensätzen mit Batching mit Entity Framework Core-API unter Einsatz von Pseudo-Objekten	1	1000	0,207 Sekunden
Massenlöschen von 1000 Flug-Datensätzen mit SQL über Entity Framework-Kontext	1	1	0,072 Sekunden
Massenlöschen von 1000 Flug-Datensätzen mit SQL über ADO.NET-Command-Objekt mit Parameter	1	1	0,040 Sekunden
Massenlöschen von 1000 Flug-Datensätzen mit EFPlus	1	1	0,037 Sekunden

24.5.6   Massenaktualisierung mit EFPlus

Das nächste Listing zeigt die Formulierung eines UPDATE-Befehls mit der Zusatzkomponente "Entity Framework Plus" (EFPlus, siehe Kapitel "Zusatzkomponenten") mit der Erweiterungsmethode Update(), der bei jedem zukünftigen Flug ab Berlin die Anzahl der freien Plätze um eins reduziert. Die Bildschirmabbildung zeigt den zum Datenbankmanagementsystem gesendeten SQL-UPDATE-Befehl, der ebenso wie bei Delete() mit einer Verschachtelung arbeitet.

Listing: Massenaktualisierung mit EFPlus

```
public static void Run_BatchUpdate()
{
  using (var ctx = new DZ.WWWingsContext())
  {
    var anz = ctx.FlugSet.Where(x => x.Abflugort == "Berlin" && x.Datum >=
DateTime.Now).Update(x => new Flug() { FreiePlaetze =
(short)(x.FreiePlaetze.GetValueOrDefault() - 1) });
    Console.WriteLine("Geänderte Datensätze:" + anz);
  }
}
```

Abbildung: SQL-UPDATE-Befehl, den EFPlus zum Datenbankmanagementsystem sendet

24.5.7   Optionen für Update() und Delete() bei EFPlus

EFPlus bietet zu Update() und Delete() jeweils auch ein asynchrones Pendant: DeleteAsync() und UpdateAsync(). Per Interceptor kann man den Befehlstext noch auslesen oder sogar verändern. Bei Delete() kann man eine Batch Size sowie eine Verzögerung zwischen zwei Batches angeben. Sowohl bei Update() als auch Delete() kann man ein Table Lock festlegen.

```
var count = ctx.FlightSet.Where(x => x.FlightNo >= min).Take(1000).Delete(x => { x.BatchSize
= 250; x.BatchDelayInterval = 2000; x.UseTableLock = true; } );
```

24.6   Leistungsoptimierung durch No-Tracking

Wie schon beim Vorgänger ADO.NET Entity Framework gibt es auch beim neuen Entity Framework Core einen No-Tracking-Modus, der das Laden von Datensätzen erheblich beschleunigt. Bei der Neuimplementierung hat Microsoft durch eine zusätzliche Kontextoption den Praxiseinsatz dieser Funktion verbessert.

Die Geschwindigkeitsmessung in der nächsten Abbildung zeigt, dass der optionale No-Tracking-Modus gegenüber dem Tracking-Modus, der im Standard aktiv ist, erhebliche Geschwindigkeitsvorteile bringt – sowohl beim alten ADO.NET Entity Framework als auch beim neuen Entity Framework Core. Im No-Tracking-Modus kann Entity Framework Core 10.000 Datensätze (13 Spalten aus einer Tabelle, kein Join, Datentypen int, smallint, nvarchar(30), nvarchar(max), bit, timestamp) in famosen 46 Millisekunden über das Netzwerk abholen und im RAM in Objekte materialisieren. Das ist fast so schnell wie ein ADO.NET DataReader mit manuellem Mapping (also selbst geschriebene Codezeilen wie obj.Name = Convert.ToString(dataReader["Name"])). Im normalen Tracking-Modus dauert das Lesen der Datensätze etwas mehr als doppelt so lang (100 Millisekunden).

Die Abbildung zeigt dazu im Vergleich auch Entity Framework 6.1.3: Hier dauert es im Tracking-Modus sogar 263 Millisekunden. Mit 53 Millisekunden ist im No-Tracking-Modus nur ein marginaler Unterschied zu Entity Framework Core vorhanden. Microsoft hat in Entity Framework Core gegenüber Entity Framework 6.1.3 also vor allem den Tracking-Modus beschleunigt. Dennoch lohnt sich in Entity Framework Core auch der No-Tracking-Modus.

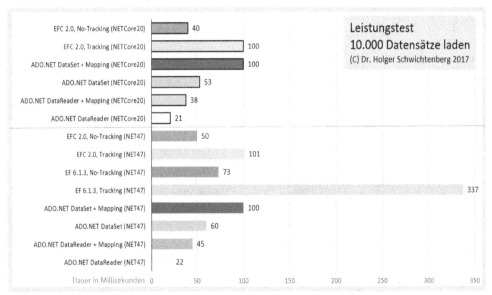

Abbildung: Leistungsvergleich

24.6.1   No-Tracking aktivieren

In den ersten Versionen des alten Entity Framework musste man den No-Tracking-Modus durch die Eigenschaft MergeOption für jede Entitätsklasse oder jede Abfrage durch eine zusätzliche Programmcodezeile setzen. Seit Entity Framework 4.1 gibt es die Möglichkeit, das Setzen auf Ebene einer Abfrage mit der Erweiterungsmethode AsNoTracking() wesentlich eleganter zu gestalten (siehe nächstes Listing). In Entity Framework Core wird hierfür nur noch AsNoTracking() verwendet.

Listing: Aktivierung des No-Tracking-Modus mit AsNoTracking() in Entity Framework 6.x und Entity Framework Core

```
CUI.MainHeadline("No-Tracking-Modus");
// Laden im No-Tracking-Modus
  using (WWWingsContext ctx = new WWWingsContext())
  {
   var flugSet = ctx.FlugSet.AsNoTracking().ToList();
   var flug = flugSet[0];
   Console.WriteLine(flug + ": " + ctx.Entry(flug).State); // Detached
   flug.FreiePlaetze--;
   Console.WriteLine(flug + ": " + ctx.Entry(flug).State); // Detached
   int anz = ctx.SaveChanges();
   Console.WriteLine($"Gespeicherte Änderungen: {anz}"); // 0
  }
```

Die Konsequenz des No-Tracking-Modus zeigt die folgende Bildschirmabbildung mit der Ausgabe des vorherigen Listings: Die Änderungsverfolgung ("Change Tracking") des Entity Framework Core wirkt nicht mehr, wenn man den No-Tracking-Modus aktiviert. Im Standardfall sind Objekte nach dem Laden im Zustand "Unchanged" und Wechseln nach einer Änderung in den Zustand "Modified". Beim Laden im No-Tracking-Modus sind sie nach dem Laden "Detached" und bleiben dies auch nach der Änderung. Die Ausführung der Methode SaveChanges() sendet dann keine Änderung zum Datenbankmanagementsystem, da Entity Framework Core von der Änderung nichts mitbekommen hat.

```
Tracking-Modus
WWWingsContext: OnConfiguring
WWWingsContext: OnModelCreating
Flug #100: von Köln/Bonn nach Rom: 237 Freie Plätze. Zustand: Unchanged
Flug #100: von Köln/Bonn nach Rom: 236 Freie Plätze. Zustand: Modified
Gespeicherte Änderungen: 1
No-Tracking-Modus
WWWingsContext: OnConfiguring
Flug #100: von Köln/Bonn nach Rom: 236 Freie Plätze. Zustand: Detached
Flug #100: von Köln/Bonn nach Rom: 235 Freie Plätze. Zustand: Detached
Gespeicherte Änderungen: 0
```

Abbildung: Bildschirmausgabe dem vorherigen Listing

24.6.2 No-Tracking fast immer möglich

Der No-Tracking-Modus sollte auf jeden Fall immer für Objekte angewendet werden, die nur der Anzeige von Daten dienen und überhaupt nicht modifiziert werden sollen. Aber auch wenn man einzelne Objekte modifizieren will, kann man die Objekte zunächst im No-Tracking-Modus laden und dann später noch an die Kontextklasse anheften. Dafür muss man die zu ändernden Objekte lediglich – im besten Fall vor (!) der Änderung – mit der Methode Attach() dem Kontext hinzufügen. Diese Methode gibt es sowohl in der DbContext-Klasse als auch in der DbSet<T>-Klasse.

Durch die Attach()-Methode wird ein Objekt an die Änderungsverfolgung von Entity Framework Core angefügt. Das Objekt wird dadurch vom Zustand "Detached" in den Zustand "Unchanged" überführt. Es dürfen natürlich nur Instanzen von Entitätsklasse an Attach() übergeben werden.

Wenn der Entwickler Instanzen von Klassen übergibt, die der Entity Framework Core-Kontext nicht kennt, kommt es zur Fehlermeldung "The entity type xy was not found. Ensure that the entity type has been added to the model."

Das nächste Listing und die dazugehörige Bildschirmausgabe zeigen den Einsatz der Attach()-Methode in drei Szenarien:

- Attach() wird ausgeführt vor der eigentlichen Änderung. In diesem Fall ist nichts weiter zu tun, denn Entity Framework Core erkennt nach dem Attach() alle Änderungen und überführt das Objekt bei einer Änderung selbständig vom Zustand Unchanged in den Zustand Modified.

- Falls eine Änderung schon vor der Ausführung von Attach() stattgefunden hat, weiß Entity Framework Core nichts vor der Änderung, die vorab stattgefunden hat. Daher muss der Entwickler die Änderung nachträglich anmelden mit ctx.Entry(obj).Property(f => f.Eigenschaft).IsModified = true.

- Falls der Entwickler die geänderten Eigenschaften des Objekts nicht kennt (z.B. weil die Änderungen im aufrufenden Programmcode oder einem anderen Prozess stattgefunden haben) oder es ihm zu lästig ist, die einzelnen Eigenschaften auf IsModified zu setzen, kann er mit ctx.Entry(flug).State = EntityState.Modified auch den Zustand des ganzen Objekts setzen.

Listing: Einsatz der Attach()-Methode

```
CUI.MainHeadline("No-Tracking-Modus - Attach() vorher");
   // Laden im No-Tracking-Modus
   using (WWWingsContext ctx = new WWWingsContext())
   {
    var flugSet = ctx.FlugSet.AsNoTracking().ToList();
    var flug = flugSet[0];
    Console.WriteLine(flug + " Zustand: " + ctx.Entry(flug).State); // Detached
    ctx.Attach(flug);
    Console.WriteLine(flug + " Zustand: " + ctx.Entry(flug).State); // Unchanged
    flug.FreiePlaetze--;
    Console.WriteLine(flug + " Zustand: " + ctx.Entry(flug).State); // Modified
    int anz = ctx.SaveChanges();
    Console.WriteLine($"Gespeicherte Änderungen: {anz}"); // 0
   }


   CUI.MainHeadline("No-Tracking-Modus - Attach() nachher mit Setzen des Zustandes auf
Attributebene");
   // Laden im No-Tracking-Modus
   using (WWWingsContext ctx = new WWWingsContext())
   {
    var flugSet = ctx.FlugSet.AsNoTracking().ToList();
    var flug = flugSet[0];
    Console.WriteLine(flug + " Zustand: " + ctx.Entry(flug).State); // Detached
    flug.FreiePlaetze--;
    Console.WriteLine(flug + " Zustand: " + ctx.Entry(flug).State); // Detached
    ctx.Attach(flug);
    Console.WriteLine(flug + " Zustand: " + ctx.Entry(flug).State); // Unchanged
    // geändertes Attribut bei EFC melden
    ctx.Entry(flug).Property(f => f.FreiePlaetze).IsModified = true;
    Console.WriteLine(flug + " Zustand: " + ctx.Entry(flug).State); // Modified
    int anz = ctx.SaveChanges();
    Console.WriteLine($"Gespeicherte Änderungen: {anz}"); // 1
   }
```

```
CUI.MainHeadline("No-Tracking-Modus - Attach() nachher mit Setzen des Zustandes auf
Objektebene");
// Laden im No-Tracking-Modus
using (WWWingsContext ctx = new WWWingsContext())
{
 var flugSet = ctx.FlugSet.AsNoTracking().ToList();
 var flug = flugSet[0];
 Console.WriteLine(flug + " Zustand: " + ctx.Entry(flug).State); // Detached
 flug.FreiePlaetze--;
 Console.WriteLine(flug + " Zustand: " + ctx.Entry(flug).State); // Detached
 ctx.Attach(flug);
 Console.WriteLine(flug + " Zustand: " + ctx.Entry(flug).State); // Unchanged
 // ganzes Objekt zu Zustand versetzen
 ctx.Entry(flug).State = EntityState.Modified;
 Console.WriteLine(flug + " Zustand: " + ctx.Entry(flug).State); // Modified
 int anz = ctx.SaveChanges();
 Console.WriteLine($"Gespeicherte Änderungen: {anz}"); // 1
}
```

```
No-Tracking-Modus - Attach() vorher
WWWingsContext: OnConfiguring
WWWingsContext: OnModelCreating
Flug #100: von Köln/Bonn nach Rom: 230 Freie Plätze. Zustand: Detached
Flug #100: von Köln/Bonn nach Rom: 230 Freie Plätze. Zustand: Unchanged
Flug #100: von Köln/Bonn nach Rom: 229 Freie Plätze. Zustand: Modified
Gespeicherte Änderungen: 1
No-Tracking-Modus - Attach() nachher mit Setzen des Zustandes auf Atributebene
WWWingsContext: OnConfiguring
Flug #100: von Köln/Bonn nach Rom: 229 Freie Plätze. Zustand: Detached
Flug #100: von Köln/Bonn nach Rom: 228 Freie Plätze. Zustand: Detached
Flug #100: von Köln/Bonn nach Rom: 228 Freie Plätze. Zustand: Unchanged
Flug #100: von Köln/Bonn nach Rom: 228 Freie Plätze. Zustand: Modified
Gespeicherte Änderungen: 1
No-Tracking-Modus - Attach() nachher mit Setzen des Zustandes auf Objektebene
WWWingsContext: OnConfiguring
Flug #100: von Köln/Bonn nach Rom: 228 Freie Plätze. Zustand: Detached
Flug #100: von Köln/Bonn nach Rom: 227 Freie Plätze. Zustand: Detached
Flug #100: von Köln/Bonn nach Rom: 227 Freie Plätze. Zustand: Unchanged
Flug #100: von Köln/Bonn nach Rom: 227 Freie Plätze. Zustand: Modified
Gespeicherte Änderungen: 1
```

Abbildung: Ausgabe von obigem Listing

Wie obige Abbildung beweist, wird die Änderung in allen drei Fällen von SaveChanges()
gespeichert. Hinter den Kulissen gibt es jedoch einen Unterschied zwischen den drei o.g.
Szenarien. In Szenario 1 und 2 sendet Entity Framework Core einen SQL-UPDATE-Befehl zur
Datenbank, der nur die tatsächlich geänderte Spalte "FreiePlaetze" aktualisiert:

```
exec sp_executesql N'SET NOCOUNT ON;
UPDATE [Flug] SET [FreiePlaetze] = @p0
WHERE [FlugNr] = @p1;
```

Im dritten Szenario hat es der Entwickler aber versäumt, dem Entity Framework Core die
Information zu geben, welche Eigenschaften sich eigentlich geändert haben. Entity Framework
Core kann sich hier nicht anders helfen, als die Werte aller Eigenschaften wieder zur Datenbank
zu senden, auch wenn diese dort schon bekannt sind:

```
exec sp_executesql N'SET NOCOUNT ON;
UPDATE [Flug] SET [Abflugort] = @p0, [Bestreikt] = @p1, [CopilotId] = @p2,
[FlugDatum] = @p3, [Fluggesellschaft] = @p4, [FlugzeugTypID] = @p5,
[FreiePlaetze] = @p6, [Memo] = @p7, [NichtRaucherFlug] = @p8, [PilotId] = @p9,
[Plaetze] = @p10, [Preis] = @p11, [Timestamp] = @p12, [Zielort] = @p13
```

```
WHERE [FlugNr] = @p14;
```

> **Praxishinweis:** Neben der Tatsache, dass hier unnötig Daten über die Leitung gesendet werden, birgt eine Aktualisierung aller Spalten auch einen möglichen Datenänderungskonflikt: Wenn andere Prozesse Teile des Datensatzes bereits geändert haben, werden die Änderungen diese anderen Prozesse gnadenlos überschrieben. Man sollte also immer dafür sorgen, dass Entity Framework Core die geänderten Spalten kennt. Wenn die Modifikationen des Objekts vor dem Attach() durch den Aufrufer stattgefunden haben, muss man den Aufrufer dazu verpflichten, entsprechende Metainformationen über die geänderten Eigenschaften mitzuliefern.

24.6.3   No-Tracking im änderbaren Datagrid

Mit dem Attach()-Trick kann man fast alle Datenmengen im No-Tracking-Modus laden. Die folgende Bildschirmabbildung zeigt das in der Praxis übliche Datagrid-Szenario: Der Benutzer kann eine (größere) Datenmenge laden und beliebige Datensätze ändern. Die Änderungen werden dann durch einen Klick auf "Daten speichern" persistiert.

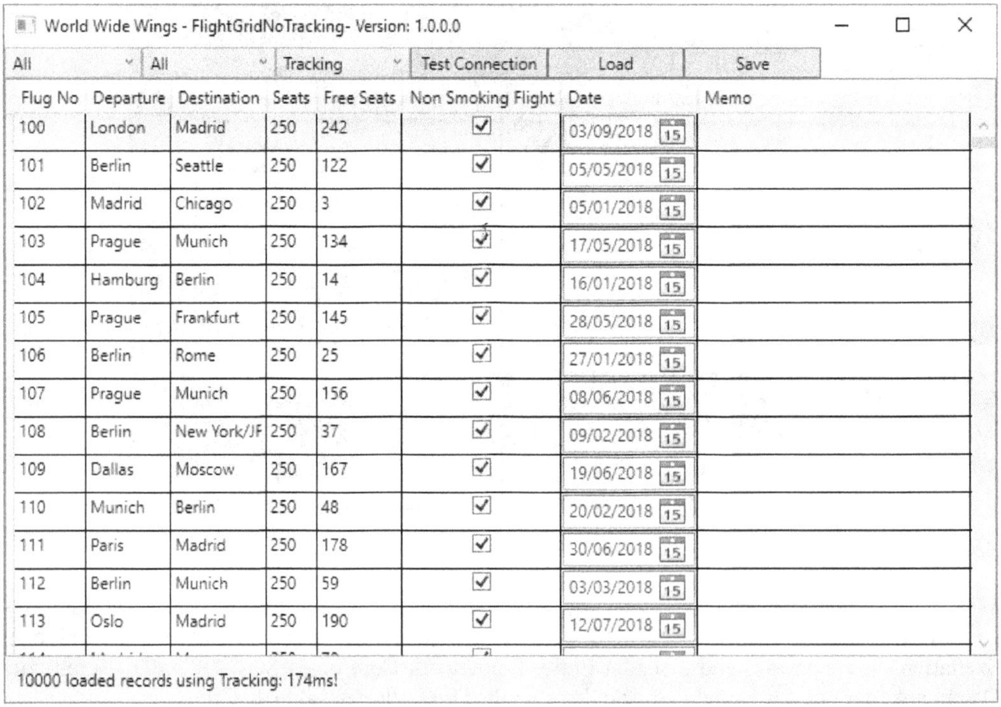

Abbildung: 10.000 Datensätze im Tracking-Modus in 174 Millisekunden geladen

Flug No	Departure	Destination	Seats	Free Seats	Non Smoking Flight	Date	Memo
100	London	Madrid	250	242	✓	03/09/2018	
101	Berlin	Seattle	250	122	✓	05/05/2018	
102	Madrid	Chicago	250	3	✓	05/01/2018	
103	Prague	Munich	250	134	✓	17/05/2018	
104	Hamburg	Berlin	250	14	✓	16/01/2018	
105	Prague	Frankfurt	250	145	✓	28/05/2018	
106	Berlin	Rome	250	25	✓	27/01/2018	
107	Prague	Munich	250	156	✓	08/06/2018	
108	Berlin	New York/JF	250	37	✓	09/02/2018	
109	Dallas	Moscow	250	167	✓	19/06/2018	
110	Munich	Berlin	250	48	✓	20/02/2018	
111	Paris	Madrid	250	178	✓	30/06/2018	
112	Berlin	Munich	250	59	✓	03/03/2018	
113	Oslo	Madrid	250	190	✓	12/07/2018	

10000 loaded records using NoTracking: 97ms!

Abbildung: 10.000 Datensätze im No-Tracking-Modus in 97 Millisekunden geladen

In diesem Fall ist es überhaupt nicht notwendig, die zusätzliche Zeit für den Tracking-Modus beim Laden zu verschwenden. Es reicht völlig aus, die einzelnen Datensätze, die der Benutzer konkret bearbeitet, mit Attach() beim Entity Framework-Kontext anzumelden. Bei dem von Microsoft für die Windows Presentation Foundation (WPF) gelieferten DataGrid-Steuerelementen verwendet man dazu das Ereignis BeginningEdit(). In der Ereignisbehandlungsroutine überführt man mit Attach() das Detached Object in ein Attached Object (siehe nächstes Schaubild) und registriert somit das Objekt auch bei der Änderungsverfolgung des Entity Framework-Kontextes.

Es ist aber keine gute Idee, nach dem Laden mit AsNoTracking() alle Objekte in einer Schleife mit Attach() anzufügen. Attach() braucht unter eine Millisekunde pro Objekt. Das fällt nicht auf, wenn man einzelne Objekte damit anfügt. Aber in Summe ist so eine Schleife langsamer, als wenn man direkt alle Objekte im Tracking-Modus lädt. Wenn man also sicher weiß, dass alle Objekte zu ändern sind, sollte man den Tracking-Modus beim Laden verwenden.

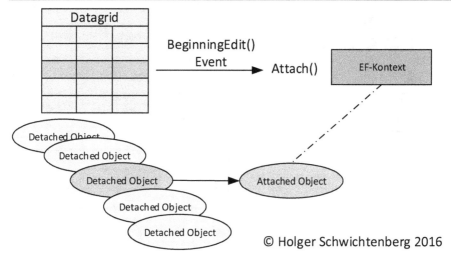

Abbildung: Der Entwickler meldet das im DataGrid zu ändernde Objekt beim Beginn der Änderung mit Attach() beim Entity Framework-Kontext an.

Listing: Attach() im BeginningEdit-Ereignis

```
/// <summary>
/// Called when starting to editing a flight in the grid
/// </summary>
private void C_flightDataGrid_BeginningEdit(object sender, DataGridBeginningEditEventArgs
e)
{
// Get the current flight
var flug = (Flight)e.Row.Item;

if (flug.FlightNo > 0) // important so that new flights are not added before filling
{
// Attach only is not already attached! (however: Re-
Attaching does not throw an exception!)
if (!ctx.FlightSet.Local.Any(x => x.FlightNo == flight.FlightNo))
{
ctx.FlightSet.Attach(flug);
SetStatus($"Flight {flug.FlightNo} can now be edited!");
}
}
}
```

Praxishinweis: Früher durfte Attach() darf nur ausgeführt werden, wenn das Objekt nicht schon mit der Kontextinstanz verbunden war; sonst kam es zum Laufzeitfehler. Inzwischen ist dies kann Fehler mehr. Ob das Objekt schon mit dem Kontext verbunden ist, kann man das Objekt nicht selber fragen. Die DbSet<T>-Klasse aber besitzt ein Property Local, dass alle im lokalen Cache von Entity Framework Core vorhandenen Objekte beinhaltet. Diesen Cache kann der Entwickler abfragen: ctx.FlightSet.Local.Any(x => x.FlightNo == flug.FlightNo)

Achtung: Das Property Local besitzt eine Methode Clear(). Diese führt aber nicht nur – wie man vermuten würde – ein Leeren des Cache des Entity Framework Core-Kontextes aus, sondern setzt alle darin enthaltenen Objekte auch in den Zustand "Deleted", wodurch sie beim nächsten SaveChanges() gelöscht würden! Um die Objekte tatsächlich nur aus dem Cache zu entfernen, muss man die Objekte einzeln in den Zustand detached setzen:

```
foreach (var f in ctx.FlightSet.Local.ToList())
{
ctx.Entry(f).State = EntityState.Detached;
}
```

Figure: *Obwohl No-Tracking geladen wurde, kann der Benutzer alle Änderungen speichern.*

Die nächsten beiden Listings zeigen den XAML-Code und die vollständige Code-Behind-Klasse.

Listing: FlightGridNoTracking.xaml (Projekt EFC_GUI)

```xml
<Window x:Class="GUI.WPF.FlightGridNoTracking"
        xmlns="http://schemas.microsoft.com/winfx/2006/xaml/presentation"
        xmlns:x="http://schemas.microsoft.com/winfx/2006/xaml"
        xmlns:d="http://schemas.microsoft.com/expression/blend/2008"
        xmlns:mc="http://schemas.openxmlformats.org/markup-compatibility/2006"
        xmlns:local="clr-namespace:GUI.WPF"
        xmlns:wpf="clr-namespace:ITVisions.WPF"
        mc:Ignorable="d"
        Title="World Wide Wings - FlightGridNoTracking" Height="455.233" Width="634.884">

<Window.Resources>
 <wpf:InverseBooleanConverter x:Key="InverseBooleanConverter"></wpf:InverseBooleanConverter>
</Window.Resources>

<Grid x:Name="LayoutRoot" Background="White">
 <DockPanel>
```

```xml
<!--===================== Command Bar-->
<StackPanel Orientation="Horizontal" DockPanel.Dock="Top">
 <ComboBox Width="100" x:Name="C_City" ItemsSource="{Binding}">
   <ComboBoxItem  Content="All" IsSelected="True" />
   <ComboBoxItem  Content="Rome" />
   <ComboBoxItem Content="Paris" />
   <ComboBoxItem Content="New York/JFC" />
   <ComboBoxItem Content="Berlin" />
 </ComboBox>
 <ComboBox Width="100" x:Name="C_Count" >
   <ComboBoxItem Content="10" IsSelected="True" />
   <ComboBoxItem Content="100" IsSelected="True" />
   <ComboBoxItem Content="1000" IsSelected="True" />
   <ComboBoxItem Content="All" IsSelected="True" />
 </ComboBox>
 <ComboBox Width="100" x:Name="C_Mode" >
   <ComboBoxItem Content="Tracking" IsSelected="True" />
   <ComboBoxItem Content="NoTracking" IsSelected="False" />
 </ComboBox>
 <Button Width="100" x:Name="C_Test" Content="Test Connection" Click="C_Test_Click"
></Button>
 <Button Width="100" x:Name="C_Load" Content="Load" Click="C_Load_Click"></Button>
 <Button Width="100" x:Name="C_Save" Content="Save" Click="C_Save_Click"></Button>
 </StackPanel>
 <!--==================== Status Bar-->
 <StatusBar DockPanel.Dock="Bottom">
  <Label x:Name="C_Status"></Label>
 </StatusBar>
 <!--==================== Datagrid-->
 <DataGrid Name="C_flightDataGrid" AutoGenerateColumns="False"
EnableRowVirtualization="True"  IsSynchronizedWithCurrentItem="True"  SelectedIndex="0"
Height="Auto" BeginningEdit="C_flightDataGrid_BeginningEdit"
PreviewKeyDown="C_flightDataGrid_PreviewKeyDown"
RowEditEnding="C_flightDataGrid_RowEditEnding">
   <DataGrid.Columns>
    <DataGridTextColumn Binding="{Binding Path=FlightNo}" Header="Flug No"
Width="SizeToHeader" />
    <DataGridTextColumn Binding="{Binding Path=Departure}" Header="Departure"
Width="SizeToHeader" />
    <DataGridTextColumn Binding="{Binding Path=Destination}" Header="Destination"
Width="SizeToHeader" />
    <DataGridTextColumn Binding="{Binding Path=Seats}" Header="Seats" Width="SizeToHeader"
/>
    <DataGridTextColumn Binding="{Binding Path=FreeSeats}" Header="Free Seats"
Width="SizeToHeader" />
    <DataGridCheckBoxColumn Binding="{Binding Path=NonSmokingFlight,
Converter={StaticResource InverseBooleanConverter}}" Header="Non Smoking Flight"
Width="SizeToHeader" />
    <DataGridTemplateColumn Header="Date" Width="100">
     <DataGridTemplateColumn.CellTemplate>
      <DataTemplate>
       <DatePicker SelectedDate="{Binding Path=Date}" />
      </DataTemplate>
     </DataGridTemplateColumn.CellTemplate>
    </DataGridTemplateColumn>
    <DataGridTextColumn Binding="{Binding Path=Memo}" Width="200" Header="Memo"  />
   </DataGrid.Columns>
  </DataGrid>

 </DockPanel>
 </Grid>
```

```
</Window>
```

Listing: FlightGridNoTracking.cs (Projekt EFC_GUI)

```csharp
using BO;
using DA;
using Microsoft.EntityFrameworkCore;
using System;
using System.Data;
using System.Data.SqlClient;
using System.Diagnostics;
using System.Linq;
using System.Reflection;
using System.Windows;
using System.Windows.Controls;
using System.Windows.Input;

namespace GUI.WPF
{
 public partial class FlightGrid : Window
 {

  WWWingsContext ctx;
  string SQL;
  SqlConnection conn;
  bool AskBeforeReload = true;
  string SqlDependencyStatus = "SqlDependency has been set up!";
  public FlightGrid()
  {
   InitializeComponent();
   this.Title = this.Title + " - Version: " +
Assembly.GetExecutingAssembly().GetName().Version.ToString();

   SetStatus(DA.WWWingsContext.ConnectionString);

   SqlDependency.Start(DA.WWWingsContext.ConnectionString);
   SqlDependency dep = CreateSqlDependency(DA.WWWingsContext.ConnectionString,
HandleOnChange);
  }

  /// <summary>
  /// Set up Query Notification
  /// </summary>
  private SqlDependency CreateSqlDependency(string CONNSTRING, OnChangeEventHandler
onChangeEventHandler)
  {
   string SQL;
   string city = this.C_City.Text.ToString();
   SQL = "Select FlightNo, Departure, Destination, Flightdate, Freeseats from
WWWings.Flight";
   if (city != "All") SQL += " where Departure = @city";
   conn = new SqlConnection(CONNSTRING);
   conn.Open();
   SqlCommand cmd = new SqlCommand(SQL, conn);
   if (city != "All")
   {
    cmd.Parameters.Add("@city", SqlDbType.NVarChar);
    cmd.Parameters["@city"].Value = city;
   }
   SqlDependency dep = new SqlDependency(cmd);
```

```
    dep.OnChange += new OnChangeEventHandler(onChangeEventHandler);
    SqlDataReader r = cmd.ExecuteReader();
    r.Close();
    return dep;
}


/// <summary>
/// Handle SqlDependency event
/// </summary>
void HandleOnChange(object sender, SqlNotificationEventArgs e)
{
    if (e.Type == SqlNotificationType.Subscribe || e.Info == SqlNotificationInfo.Error ||
e.Info == SqlNotificationInfo.Invalid)
    {
        SqlDependencyStatus = "SqlDependency Error: " + e.Type.ToString() + ": " +
e.Info.ToString();
        SetStatus(SqlDependencyStatus);


    }
    else
    {


        Dispatcher.Invoke(new Action(() =>
        {
            SetStatus("Query Notification! Data has changed in database...");
            if (!AskBeforeReload || MessageBox.Show("Data has changed in database. Do you like to
load the current data?", "Query Notification", MessageBoxButton.YesNo) ==
MessageBoxResult.Yes)
            {
                AskBeforeReload = true;
                LoadData();
                if (conn != null && conn.State == System.Data.ConnectionState.Open) conn.Close();
                CreateSqlDependency(WWWingsContext.ConnectionString, HandleOnChange);
            }
        }));
    }
}


private void SetStatus(string s)
{
    Dispatcher.Invoke(new Action(() =>
    {
        this.C_Status.Content = s;
    }));
}


/// <summary>
/// Load flights
/// </summary>
private void C_Load_Click(object sender, RoutedEventArgs e)
{
    LoadData();
}


/// <summary>
/// Load data
/// </summary>
private void LoadData()
```

```
{
 // Use a fresh context, if user clicks load!
 // otherwise in tracking mode, user will not see flight updated in another process
 ctx = new WWWingsContext();
 // Clear data grid
 this.C_flightDataGrid.ItemsSource = null;
 // Get departure
 string city = this.C_City.Text.ToString();

 // Prepare query
 var q = ctx.FlightSet.AsQueryable();
 if (this.C_Mode.Text == "NoTracking") q = q.AsNoTracking();
 if (city != "All") q = (from f in q where f.Departure == city select f);

 if (Int32.TryParse(this.C_Count.Text, out int count))
 {
  if (count > 0) q = q.Take(count);
 }

 // Show status
 SetStatus("Loading with " + this.C_Mode.Text + "...");
 var sw = new Stopwatch();
 sw.Start();
 // Execute query
 var fluege = q.ToList();
 sw.Stop();

 // Databinding to data grid
 this.C_flightDataGrid.ItemsSource = fluege; // .Local is empty in NoTracking mode;

 // Show  Status
 SetStatus(fluege.Count() + " loaded records using " + this.C_Mode.Text + ": " +
sw.ElapsedMilliseconds + "ms!");
 }


 /// <summary>
 /// Save the changed flights
 /// </summary>
 private void C_Save_Click(object sender, RoutedEventArgs e)
 {
  // Get changes and ask
  var added = from x in ctx.ChangeTracker.Entries() where x.State == EntityState.Added
select x;
  var del = from x in ctx.ChangeTracker.Entries() where x.State == EntityState.Deleted
select x;
  var mod = from x in ctx.ChangeTracker.Entries() where x.State == EntityState.Modified
select x;

  if (MessageBox.Show("Do you want to save the following changes?\n" +
String.Format("Changed: {0} New: {1} Deleted: {2}", mod.Count(), added.Count(), del.Count()),
"Confirmation", MessageBoxButton.YesNo) == MessageBoxResult.No) return;


 try
 {
  int count;
  AskBeforeReload = false;
  // Save
  count = ctx.SaveChanges();
```

```
  // Show status
  SetStatus("Number of saved changes: " + count);
 }
 catch (DbUpdateConcurrencyException ex)
 {
  AskBeforeReload = true;
  if (MessageBox.Show("Annother user has changed the records you want to save. Do you want
to discard your changes?", "Conflict", MessageBoxButton.YesNo) == MessageBoxResult.Yes) {
LoadData(); return; }
 }
 catch (Exception ex)
 {
  MessageBox.Show("Cannot save: " + ex.Message, "Error");
 }


}

/// <summary>
/// Called when starting to editing a flight in the grid
/// </summary>
 private void C_flightDataGrid_BeginningEdit(object sender, DataGridBeginningEditEventArgs
e)
 {
  // Get the current flight
  var flight = (Flight)e.Row.Item;

  if (flight.FlightNo > 0) // impcityant so that new flights are not added before filling
  {
   // Attach may only be done if the object is not already attached!
   if (!ctx.FlightSet.Local.Any(x => x.FlightNo == flight.FlightNo))
   {
    ctx.FlightSet.Attach(flight);
    SetStatus($"Flight #{flight.FlightNo} can now be edited! State: " +
ctx.Entry(flight).State);
   }
   else
   {
    SetStatus($"Flight #{flight.FlightNo} has been attached to the context before! State: "
+ ctx.Entry(flight).State);
   }
  }
 }

/// <summary>
/// Called when deleting a flight in the grid
/// </summary>
 private void C_flightDataGrid_PreviewKeyDown(object sender, KeyEventArgs e)
 {
  var flight = (Flight)((DataGrid)sender).CurrentItem;

  if (e.Key == Key.Delete)
  {
   // Attach may only be done if the object is not already attached!
   if (!ctx.FlightSet.Local.Any(x => x.FlightNo == flight.FlightNo))
   {
    ctx.FlightSet.Attach(flight);
   }

   ctx.FlightSet.Remove(flight);
   SetStatus($"Flight #{flight.FlightNo} can be deleted!");
```

```
    }

  }

  /// <summary>
  /// Called when adding a flight in the grid
  /// </summary>
  private void C_flightDataGrid_RowEditEnding(object sender, DataGridRowEditEndingEventArgs
e)
  {
    var flight = (Flight)e.Row.Item;
    if (!ctx.FlightSet.Local.Any(x => x.FlightNo == flight.FlightNo))
    {
      ctx.FlightSet.Add(flight);
      SetStatus($"Flight #{flight.FlightNo} has been added!");
    }
  }

  /// <summary>
  /// Test Button
  /// </summary>
  private void C_Test_Click(object sender, RoutedEventArgs e)
  {
    try
    {
      ctx = new WWWingsContext();
      var flight = ctx.FlightSet.FirstOrDefault();
      if (flight == null) MessageBox.Show("No flights :-(\nin DB\n" +
DA.WWWingsContext.ConnectionString, "Test Connection", MessageBoxButton.OK,
MessageBoxImage.Warning);
      else MessageBox.Show(DA.WWWingsContext.ConnectionString + "\n\nDB Connection OK!\n\n"
        + SqlDependencyStatus, "Test Connection", MessageBoxButton.OK,
MessageBoxImage.Information);
    }
    catch (Exception ex)
    {
      MessageBox.Show("Error: " + ex.ToString() + "\nconnecting to DB\n" +
DA.WWWingsContext.ConnectionString, "Test Connection", MessageBoxButton.OK,
MessageBoxImage.Error);
    }
  }

  /// <summary>
  /// Event fired when current row changes
  /// </summary>
  private void C_flightDataGrid_SelectedCellsChanged(object sender,
SelectedCellsChangedEventArgs e)
  {
    // Get the current flight
    var flight = (Flight)this.C_flightDataGrid.CurrentItem;
    if (flight != null) SetStatus($"Flight #{flight.FlightNo}. State: " +
ctx.Entry(flight).State);
  }
 }
}
```

24.6.4   QueryTrackingBehavior und AsTracking()

Der No-Tracking-Modus steigert die Performance beim Lesen von Datensätzen mit Entity Framework und Entity Framework Core erheblich. Die vorherigen Ausführungen haben gezeigt, dass der No-Tracking-Modus fast immer angewendet werden sollte. Leider musste der Softwareentwickler im klassischen Entity Framework immer daran denken, in jeder seiner Abfragen AsNoTracking() zu verwenden. Das ist nicht nur lästig für den Entwickler, sondern birgt zugleich auch die Gefahr des unabsichtlichen Vergessens. Im klassischen Entity Framework hat man für diese Situation eigene Lösungen gebraucht, z.B. eine Abstraktion für den Zugriff DbSet<T>, die den No-Tracking-Modus jedes Mal automatisch aktiviert hat.

In Entity Framework Core hat Microsoft seit Version 1.0 eine elegantere Lösung eingebaut: Der Entwickler kann den gesamten Entity Framework Core-Kontext in einen No-Tracking-Modus schalten. Dafür gibt es in der Klasse Microsoft.EntityFrameworkCore.DbContext im Unterobjekt ChangeTracker die Aufzählungseigenschaft QueryTrackingBehavior: Sie steht im Standard auf QueryTrackingBehavior.TrackAll, d.h. das Tracking ist aktiviert. Wenn der Entwickler sie jedoch auf QueryTrackingBehavior.NoTracking umstellt, werden alle Abfragen im No-Tracking-Modus ausgeführt, auch ohne den Einsatz der Erweiterungsmethode AsNoTracking(). Um einzelne Abfragen im Tracking-Modus auszuführen, gibt es dann für diesen No-Tracking-Grundmodus eine neue Erweiterungsmethode AsTracking() (siehe das folgende Listing).

Listing: Setzen des QueryTrackingBehavior und Einsatz von AsTracking()

```
CUI.MainHeadline("Grundeinstellung TrackAll. Abfrage mit AsNoTracking()");
using (WWWingsContext ctx = new WWWingsContext())
   {
   ctx.ChangeTracker.QueryTrackingBehavior = QueryTrackingBehavior.TrackAll; // Standard
   var flugSet = ctx.FlugSet.AsNoTracking().ToList();
   var flug = flugSet[0];
   Console.WriteLine(flug + " Zustand: " + ctx.Entry(flug).State); // Detached
   flug.FreiePlaetze--;
   Console.WriteLine(flug + " Zustand: " + ctx.Entry(flug).State); // Detached
   int anz = ctx.SaveChanges();
   }


CUI.MainHeadline("Grundeinstellung NoTracking.");
using (WWWingsContext ctx = new WWWingsContext())
   {
   ctx.ChangeTracker.QueryTrackingBehavior = QueryTrackingBehavior.NoTracking; // NoTracking
   var flugSet = ctx.FlugSet.ToList();
   var flug = flugSet[0];
   Console.WriteLine(flug + " Zustand: " + ctx.Entry(flug).State); // Detached
   flug.FreiePlaetze--;
   Console.WriteLine(flug + " Zustand: " + ctx.Entry(flug).State); // Detached
   int anz = ctx.SaveChanges();
   }


   CUI.MainHeadline("Grundeinstellung NoTracking. Abfrage mit AsTracking()");
   using (WWWingsContext ctx = new WWWingsContext())
      {
      ctx.ChangeTracker.QueryTrackingBehavior = QueryTrackingBehavior.NoTracking; // NoTracking
      var flugSet = ctx.FlugSet.AsTracking().ToList();
      var flug = flugSet[0];
      Console.WriteLine(flug + " Zustand: " + ctx.Entry(flug).State); // Unchanged
      flug.FreiePlaetze--;
      Console.WriteLine(flug + " Zustand: " + ctx.Entry(flug).State); // Modified
      int anz = ctx.SaveChanges();
      }
```

```
Grundeinstellung TrackAll. Dann: AsNoTracking()
WWWingsContext: OnConfiguring
WWWingsContext: OnModelCreating
Flug #100: von Köln/Bonn nach Rom: 216 Freie Plätze. Zustand: Detached
Flug #100: von Köln/Bonn nach Rom: 215 Freie Plätze. Zustand: Detached
Grundeinstellung NoTracking.
WWWingsContext: OnConfiguring
Flug #100: von Köln/Bonn nach Rom: 216 Freie Plätze. Zustand: Detached
Flug #100: von Köln/Bonn nach Rom: 215 Freie Plätze. Zustand: Detached
Grundeinstellung NoTracking. Dann: AsTracking()
WWWingsContext: OnConfiguring
Flug #100: von Köln/Bonn nach Rom: 216 Freie Plätze. Zustand: Unchanged
Flug #100: von Köln/Bonn nach Rom: 215 Freie Plätze. Zustand: Modified
```

Abbildung: Ausgabe zu obigem Listing

24.6.5   Konsequenzen des No-Tracking-Modus

Der No-Tracking-Modus hat neben der fehlenden Änderungsverfolgung weitere Konsequenzen:

- Die Objekte laden sich nicht im First-Level-Cache von Entity Framework Core. Beim erneuten Zugriff auf das Objekt (z.B. mit DbSet<T>.Find()) wird es also immer wieder von dem Datenbankmangementsystem geladen.

- Es findet kein Relationship Fixup statt. Relationship Fixup bezeichnet eine Funktion von Entity Framework Core, die zwei unabhängig geladenen Objekte im RAM verbindet, wenn sie laut Datenbank zusammengehören. Beispiel: Pilot 123 wurde geladen. Nun wird Flug 101 geladen und hat in seiner Fremdschlüsselbeziehung für den Piloten den Wert 123 stehen. Entity Framework Core wird nun den Flug 101 und den Pilot 123 im RAM verbinden, sodass man vom Flug zum Piloten und – bei bidirektionalen Navigationseigenschaften – auch vom Piloten zum Flug navigieren kann.

- Auch Lazy Loading kann bei No-Tracking nicht funktionieren.

24.6.6   Best Practices

Microsoft hat mit dem neuen Grundeinstellung QueryTrackingBehavior.NoTracking und der neuen Erweiterungsmethode AsTracking() eine sehr sinnvolle Ergänzung in Entity Framework Core vorgenommen. Dem Autor dieses Buchs, der schon viele mangelhafte Anwendungen von Entity Framework in der Praxis gesehen hat, geht das aber noch nicht weit genug: Er hätte das QueryTrackingBehavior.NoTracking zum Standard gemacht, damit alle Entwickler im Standard eine performante Abfrageausführung bekommen. So muss nun jeder Entwickler daran denken, dass er QueryTrackingBehavior.NoTracking setzt. Am besten ist es, man macht dies bereits im Konstruktor der Kontextklasse selbst und hat in der Folge keine Last mehr mit dem Overhead von Tracking-Abfragen!

24.7 Leistungsoptimierung durch Compiled Queries

Mit kompilierten LINQ-Abfragen (Compiled Queries) lassen sich in Entity Framework Core (wie schon im klassischen Entity Framework) für oft wiederholte Abfragen (kleine) Leistungsvorteile bei Entity Framework Core erzielen.

24.7.1 Konzept einer Compiled Query

Das klassische ADO.NET Entity Framework und auch das neuere Entity Framework Core übersetzen eine LINQ-Abfrage in SQL. Dabei muss der Objekt-Relationale Mapper nicht nur die aktiven Konventionen und die Konfiguration des Objektsmodells (Festgelegt durch Datenannotationen in den Entitätsklassen und die überschriebene Methode OnModelCreating() in der Kontextklasse), sondern auch das aktuelle angesprochene Datenbankmanagementsystem (festgelegt in der überschriebenen Methode OnConfiguring() in der Kontextklasse) berücksichtigen. Dementsprechend sind einige Rechenoperationen (immer wieder) notwendig. Die Umwandlung sieht man links oben in der folgenden Abbildung.

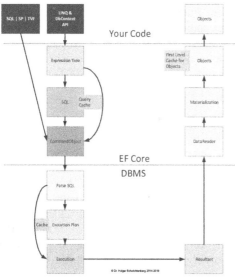

Abbildung: Der Weg von LINQ über SQL zum materialisierten Resultset

Sowohl das klassische ADO.NET Entity Framework und auch das neuere Entity Framework Core kennen jeweils die Möglichkeit, der "Compiled Queries", die im "Query Cache" bevorratet werden. Dabei wird das SQL-Resultat für eine LINQ-Anfrage zwischengespeichert. Diese Zwischenspeicherung erfolgt automatisch im Hintergrund oder manuell durch einen Methodenaufruf des Entwicklers.

Das klassische ADO.NET Entity Framework besitzt seit der Version 1.0 aus dem Jahr 2008 die manuelle Übersetzungsoption und seit der Version 5.0 aus dem Jahr 2012 einen automatischen Query Cache. Entity Framework Core besitzt seit der ersten Version (1.0 aus dem Jahr 2016) einen automatischen Query Cache. Seit Version 2.0 (Jahr 2017) kann ein Softwareentwickler die Abfragen auch manuell in den Query Cache vorkompilieren [*https://docs.microsoft.com/de-de/ef/core/what-is-new/ef-core-2.0*].

24.7.2   Compiled Queries in Entity Framework Core

Entity Framework Core bietet seit Version 2.0 für die explizite Kompilierung zwei Methoden in der statischen Klasse Microsoft.EntityFrameworkCore.EF:

▪ EF.CompileQuery()

▪ EF.CompileAsyncQuery()

Dabei erwarten die Methoden einen Lambda-Ausdruck, indem Kontextklasseinstanz und Abfrageparameter auf eine konkrete Abfrage abbildet werden, z.B.:

```
EF.CompileQuery(
        (WWWingsContext ctx, string d) =>
        (from f in ctx.FlightSet
          .Include(f => f.Pilot)
          .Include(f => f.BookingSet)
          .ThenInclude(b => b.Passenger)
        where f.Departure == d
        orderby f.Date
        select f)
        .First()
        );
```

24.7.3   Leistungstest

Das nächste Listing zeigt einen Leistungstest hinsichtlich einer LINQ-Abfrage mit mehreren Include()-Befehlen (die zu JOIN-Operationen bzw. mehreren Befehlen in SQL führen). Der Leistungstest führt folgende Schritte aus

▪ Die Abfrage wird einmal ausgeführt ohne Leistungsmessung, da die erste Abfrage wegen diverser Caching-Effekte im ORM-Mapper und im Datenbankmanagementsystem nicht repräsentativ ist.

▪ Die Abfrage wird 2000 mal synchron und ohne explizite Query-Kompilierung ausgeführt.

▪ Die Abfrage wird 2000 mal asynchron und ohne explizite Query-Kompilierung ausgeführt.

▪ Die Abfrage wird 2000 mal synchron mit expliziter Query-Kompilierung ausgeführt.

▪ Die Abfrage wird 2000 mal asynchron mit expliziter Query-Kompilierung ausgeführt.

Die Ergebnisse zeigt die nächste Abbildung: Man sieht einen Leistungsvorteil, aber er ist gering. Die Kompilierung selbst ist sehr schnell (nur 0 bis 1 Millisekunde).

```
H:\TFS\Demos\EFC\EFC_Samples30\EFC_Console\bin\Debug\EFC_Console.exe
Entity Framework Core Samples
(C) Dr. Holger Schwichtenberg 2016-2019, www.EFCore.net
Application compiled for: .NETFramework,Version=v4.7.2
Application running on: 4.7.03056 / 461808
EF Core version: 3.0.0.0/3.0.0-preview.19074.3
-------------------- START --------------------
CompiledQueries
Debugger.IsAttached: False
1000 non-compiled sync queries: 7.307ms!
1000 non-compiled async queries: 7.415ms!
Sync query compilation: 0ms!
1000 sync compiled  queries: 6.769ms!
Async query compilation: 1ms!
1000 async compiled queries: 7.237ms!
Summary:
Advantage of 1000 sync compiled queries: 538ms i.e. 0,53800ms per query
Advantage of 1000 async compiled queries: 177ms i.e. 0,17700ms per query
```

Abbildung: Ergebnisse des Leistungstest aus obigem Listing

Microsoft erklärt in [*https://docs.microsoft.com/de-de/ef/core/what-is-new/ef-core-2.0*] den Leistungsvorteil der expliziten kompilierten Queries gegenüber den normalen, automatisch kompilierten Queries mit "Although in general EF Core can automatically compile and cache queries based on a hashed representation of the query expressions, this mechanism can be used to obtain a small performance gain by bypassing the computation of the hash and the cache lookup, allowing the application to use an already compiled query through the invocation of a delegate." [*https://docs.microsoft.com/de-de/ef/core/what-is-new/ef-core-2.0*]

Listing: Leistungstest für Compiled Queries in Entity Framework Core

```
class CompiledQueries
 {
  public static async void Run()
  {
   CUI.Headline(nameof(CompiledQueries));
   CUI.Print("Debugger.IsAttached: " + System.Diagnostics.Debugger.IsAttached);


   int count = 1000;
   string departure = "Berlin";

   long advantageSync = 0;
   long advantageAsync = 0;

   #region Warm up --> do not measure!
   using var ctx0 = new DA.WWWingsContext();
   Flight flightSet0 = (from f in ctx0.FlightSet
                       //.Include(f => f.Pilot)
                       //.Include(f => f.BookingSet).ThenInclude(b => b.Passenger)
                       where f.Departure == departure
                       orderby f.Date
                       select f)
                             .First();
   #endregion

   #region non-compiled query
   using (var ctx1 = new DA.WWWingsContext())
   {

    var sw1 = new Stopwatch();
    sw1.Start();
```

```
      for (int i = 0; i < count; i++)
      {

       Flight flightSet1 = (from f in ctx1.FlightSet
                                  .Include(f => f.Pilot)
                                  .Include(f => f.BookingSet).ThenInclude(b =>
b.Passenger)
                          where f.Departure == departure
                          orderby f.Date
                          select f)
                                .First();
      }
      sw1.Stop();
      Console.WriteLine($"{count} non-compiled sync queries:
{sw1.ElapsedMilliseconds:###,###}ms!");
       advantageSync = sw1.ElapsedMilliseconds;
     }

    using (var ctx1 = new DA.WWWingsContext())
    {

      var sw1a = new Stopwatch();
      sw1a.Start();
      for (int i = 0; i < count; i++)
      {

       Flight flightSet1a = await (from f in ctx1.FlightSet
                                  .Include(f => f.Pilot)
                                  .Include(f => f.BookingSet).ThenInclude(b =>
b.Passenger)
                           where f.Departure == departure
                           orderby f.Date
                           select f)
                                 .FirstAsync();
      }
      sw1a.Stop();
      Console.WriteLine($"{count} non-compiled async queries:
{sw1a.ElapsedMilliseconds:##0,###}ms!");

      advantageAsync = sw1a.ElapsedMilliseconds;
     }
     #endregion

    #region Compiled query
    using (var ctx2 = new DA.WWWingsContext())
    {

      var sw2 = new Stopwatch();
      sw2.Start();
      // define compiled query
      Func<WWWingsContext, string, Flight> cq =
       EF.CompileQuery((WWWingsContext ctx, string d) =>
          (from f in ctx.FlightSet
            .Include(f => f.Pilot)
            .Include(f => f.BookingSet).ThenInclude(b => b.Passenger)
          where f.Departure == d
          orderby f.Date
          select f)
          .First()
            );
```

```csharp
 sw2.Stop();
 Console.WriteLine($"Sync query compilation: {sw2.ElapsedMilliseconds:0}ms!");

 // use compiled query
 var sw3 = new Stopwatch();
 sw3.Start();
 for (int i = 0; i < count; i++)
 {
  Flight result2 = cq(ctx2, departure);
 }
 sw3.Stop();
 Console.WriteLine($"{count} sync compiled  queries:
{sw3.ElapsedMilliseconds:###,###}ms!");

 advantageSync = advantageSync-(sw2.ElapsedMilliseconds + sw3.ElapsedMilliseconds);
}

#endregion

#region Async Compiled Query
using (var ctx3 = new DA.WWWingsContext())
{

 var sw2a = new Stopwatch();
 sw2a.Start();
 // define async compiled query
 Func<WWWingsContext, string, Task<Flight>> cq3 =
   EF.CompileAsyncQuery((WWWingsContext ctx, string d) =>
       (from f in ctx.FlightSet
         .Include(f => f.Pilot)
         .Include(f => f.BookingSet).ThenInclude(b => b.Passenger)
        where f.Departure == d
        orderby f.Date
        select f)
        .First()
            );

 sw2a.Stop();
 Console.WriteLine($"Async query compilation: {sw2a.ElapsedMilliseconds:0}ms!");

 // use async compiled query
 var sw3a = new Stopwatch();
 sw3a.Start();
 for (int i = 0; i < count; i++)
 {
  Flight result2 = await cq3(ctx3, departure);
 }
 sw3a.Stop();
 Console.WriteLine($"{count} async compiled queries:
{sw3a.ElapsedMilliseconds:##0,###}ms!");

 advantageAsync = advantageAsync-(sw2a.ElapsedMilliseconds + sw3a.ElapsedMilliseconds) ;
}


 CUI.Print("Summary:", ConsoleColor.Green);
```

```
   Console.WriteLine($"Advantage of {count} sync compiled queries: {advantageSync:000}ms i.e.
{((decimal)advantageSync/ (decimal)count):0.00000}ms per query");
   Console.WriteLine($"Advantage of {count} async compiled queries: {advantageAsync:000}ms
i.e. {((decimal)advantageAsync / (decimal)count):0.00000}ms per query");
   #endregion
  }}
```

24.7.4   Einschränkungen

Derzeit sind bei Entity Framework Core kompilierte LINQ-Abfragen leider nicht für diejenigen LINQ-Operatoren möglich, die eine Objektmenge liefert, also nicht für die Methoden ToArray(), ToList() und ToDictionary(). Dies stellt eine signifikante Restriktion dar. Der Programmcode in der folgenden Abbildung kompiliert, führt aber zur Laufzeit leider zum Fehler "System.NotSupportedException".

```
public static void RunUnsupportedCollection()
{
  using (var ctx = new DA.WWWingsContext())
  {

  // define compiled query
    Func<WWWingsContext, string, List<Flight>> cq =
     EF.CompileQuery((WWWingsContext c, string d) =>
       (from f in c.FlightSet
        .Include(f => f.Pilot)
        .Include(f => f.BookingSet).ThenInclude(b => b.Passenger)
        where f.Departure == d
        orderby f.Date
        select f)
        .ToList()
         );
    List<Flight> result = cq(ctx, "Rome");
  }
 }
}
```

Abbildung: Laufzeitfehler bei einer Compiled Query mit ToList() in Entity Framework Core 1.x bis 3.0

Das einzige, was sich in Entity Framework Core 3.1 RTM geändert hat, ist die Länge der Fehlermeldung.

```
169      public static void RunUnsupportedCollection()
170      {
171        using (var ctx = new DA.WWWingsContext())
172        {
173
174        // define compiled query
175          Func<WWWingsContext, string, List<Flight>> cq
176           EF.CompileQuery((WWWingsContext c, string d)
177             (from f in c.FlightSet
178              .Include(f => f.Pilot)
179              .Include(f => f.BookingSet).ThenInclude
180             where f.Departure == d
181             orderby f.Date
182             select f)
183             .ToList()
184              );
185          List<Flight> result = cq(ctx, "Rome");
186        }
187      }
```

Abbildung: Laufzeitfehler bei einer Compiled Query mit ToList() in Entity Framework Core 3.1

24.8   Auswahl der besten Ladestrategie

Die bei Entity Framework Core verfügbaren Ladestrategien für verbundene Master- oder Detail-Daten (Explizites Nachladen, Eager Loading und Preloading) wurde bereits im Kapitel "Objektbeziehungen und Ladestrategien" besprochen. Leider kann man nicht allgemein sagen, was die beste Ladestrategie ist. Es kommt immer auf die Situation an, und die beste Ladestrategie für diese Situation ist im Einzelfall durch Performancemessdaten zu ermitteln. Einige pauschalen Aussagen sind dennoch möglich.

Grundsätzlich ist zu empfehlen, verbundene Datensätze nicht pauschal zu laden, wenn diese nicht zwingend gebraucht werden, sondern verbundene Datensätze nur bei tatsächlichem Bedarf zu laden. Es kommt auf die Anzahl der potenziell zu ladenden, verbundenen Daten an, ob sich ein Eager Loading lohnt.

Wenn man schon genau weiß, dass verbundene Daten gebraucht werden (z.B. im Rahmen eines Datenexports), sollte man Eager Loading oder Preloading wählen. Der gezeigte Preloading-Trick kann dabei die Leistung in vielen Fällen deutlich steigern gegenüber dem Eager Loading mit Include().

Wenn man nicht genau weiß, ob die verbundenen Daten gebraucht werden, dann ist die Wahl zwischen Nachladen und Eager Loading oft auch die Wahl zwischen Pest und Cholera. Das Nachladen bremst durch die zusätzlichen Rundgänge zum Server aus, das Eager Loading bremst durch die größeren Resultssets aus. Meist ist jedoch eine erhöhte Anzahl von Rundgängen schlechter für die Performance als die vergrößerten Resultsets.

Für die Zweifelsfälle gibt es folgenden Rat: Verdrahten Sie Nachladen oder Eager Loading nicht im Code, sondern erlauben Sie, dies über eine Konfiguration zur Betriebszeit der Anwendung zu steuern. So kann der Betreiber der Anwendung mit steigenden Datenmengen und entsprechend dem typischen Nutzerverhalten über diese Einstellung die Anwendung "tunen".

24.9   Zwischenspeicherung (Caching)

Sowohl in Web- als auch Desktopanwendungen gibt es Daten, die ständig verwendet werden, aber nur selten in dem Datenspeicher aktualisiert werden. In diesen Fällen bietet sich zeitgesteuertes Zwischenspeichern (Caching) der Daten im RAM an. .NET bietet dafür seit .NET 4.0 die Komponente System.Runtime.Caching.dll.

Einen Vorläufer für System.Runtime.Caching gibt es schon seit .NET 1.0 innerhalb von ASP.NET im Namensraum System.Web.Caching in der System.Web.dll. Die in .NET 4.0 eingeführt Komponente System.Runtime.Caching.dll ist hingegen in allen Anwendungsarten einsetzbar. System.Runtime.Caching bietet von Haus aus nur eine Art von Cache, den MemoryCache für die Zwischenspeicherung im RAM. Weitere Cache-Verfahren (z.B. auf dedizierten Cache-Servern oder im Dateisystem) kann ein Programmierer durch Ableiten von der Basisklasse ObjectCache entwickeln. Das Caching-Feature von Windows Server AppFabric ist eine andere Caching-Option, die aber nicht auf System.Runtime.Caching basiert.

> **Hinweis:** In .NET Core tritt an die Stelle von System.Runtime.Caching das NuGet-Paket Microsoft.Extensions.Caching.Memory. Allerdings ist mittlerweile System.Runtime.Caching im Rahmen des "Windows Compatibility Pack for .NET Core" [*https://blogs.msdn.microsoft.com/dotnet/2017/11/16/announcing-the-windows-compatibility-pack-for-net-core/*] sowie auch als Einzelpaket auch für .NET Core verfügbar.

24.9.1 MemoryCache

Ein Beispiel für die Verwendung von MemoryCache in Verbindung mit Entity Framework Core zeigt das folgende Listing. GetFluege1() prüft zunächst, ob sich die Liste der Flüge von einem Abflugort bereits im Zwischenspeicher befindet. Wenn die Liste nicht vorhanden ist, werden alle relevanten Flüge mit einer neuen Entity Framework-Kontextinstanz geladen. Für diese Datenmenge erzeugt GetFluege1() einen Cache-Eintrag mit Namen "flugSet". Der Programmcode legt mit policy.AbsoluteExpiration = DateTime.Now.AddSeconds(5) fest, dass der Cache-Eintrag nach fünf Sekunden ablaufen soll. Er verschwindet dann automatisch aus dem RAM.

Natürlich wäre es auch möglich, statt für jeden Abflugort einen eigenen Cache-Eintrag anzulegen, alle Flüge in einem Eintrag zwischenzuspeichern und dann erst daraus im RAM zu filtern. Dann wäre die Anzahl der Datenbankzugriffe noch geringer, aber man hätte auch Daten im RAM, die man ggf. nicht braucht. In Erwägung ziehen kann man das daher nur, wenn die Datenmengen nicht zu groß sind. Wieviel RAM in System.Runtime.Caching für die Zwischenspeicherung verwendet werden soll, kann man in der Anwendungskonfigurationsdatei (app.config/web.config) festlegen: wahlweise in absoluten Megabyte-Zahlen (cacheMemoryLimitMegabytes) oder in Prozent des physikalischen Speichers (physicalMemoryLimitPercentage). Auch das Prüfintervall für diese Grenzen (pollingInterval) ist definierbar. Als Alternative zur Definition dieser Parameter über die Anwendungskonfigurationsdatei besteht auch die Möglichkeit, diese in Form einer NameValueCollection an den Konstruktor von MemoryCache zu übergeben.

Die Methode Demo_MemoryCache() im nachstehenden Listing testet die Funktionsweise von GetFluege1(), indem innerhalb von 15 Sekunden jeweils zwei Aufrufe pro Sekunde stattfinden. Die nachfolgende Abbildung beweist, dass die Caching-Lösung wie erwartet funktioniert und nur alle fünf Sekunden die Flüge neu geladen werden.

Listing: Zeitgesteuerte Zwischenspeicherung von mit Entity Framework geladenen Daten mit dem MemoryCache

```
/// <summary>
/// Getfluege mit System.Runtime.Caching.MemoryCache (5 sek)
/// </summary>
public static void Demo_MemoryCache()
 {
   CUI.Headline("----------- GetFluege alle 0,5 Sekunden mit Default Memory Cache (5
Sekunden)");
   DateTime Start = DateTime.Now;
   do
   {
    var flugset = GetFluege1("Rom");
    // TODO: Hier was mit Daten machen :-)
    Console.WriteLine("Verarbeite " + flugset.Count + " Datensätze...");
    System.Threading.Thread.Sleep(500);

   } while ((DateTime.Now - Start).TotalSeconds < 60);

   CUI.Print("Fertig");
 }

 /// <summary>
 /// GetFluege mit MemoryCache (5 sek)
 /// </summary>
 private static List<Flug> GetFluege1(string Abflugort)
 {
   string cacheItemName = "flugSet_" + Abflugort;
```

```csharp
// Zugriff auf Cache-Eintrag
System.Runtime.Caching.MemoryCache cache = System.Runtime.Caching.MemoryCache.Default;
List<Flug> flugSet = cache[cacheItemName] as List<Flug>;
if (flugSet == null) // Element ist NICHT im Cache
{
  CUI.Print($"{DateTime.Now.ToLongTimeString()}: Cache Miss", ConsoleColor.Red);
  using (var ctx = new WWWingsContext())
  {
    ctx.Log();
    // Flüge laden
    flugSet = ctx.FlugSet.Where(x => x.Abflugort == Abflugort).ToList();
  }
  // Flüge im Cache ablegen
  CacheItemPolicy policy = new CacheItemPolicy();
  policy.AbsoluteExpiration = DateTime.Now.AddSeconds(5);
  //oder: policy.SlidingExpiration = new TimeSpan(0,0,0,5);
  cache.Set(cacheItemName, flugSet, policy);
}
else // Element ist schon im Cache
{
  CUI.Print($"{DateTime.Now.ToLongTimeString()}: Cache Hit", ConsoleColor.Green);
}
return flugSet;
}
```

Abbildung: Ausgabe zu obigem Listing.

Hinweis: System.Runtime.Caching kann übrigens noch mehr, insbesondere die sogenannte Zwischenspeicher-Invalidierung (Cache Invalidation) auf Basis der Änderungen von Ressourcen. Z. B. kann ein Cache-Eintrag sofort (also auch vor Ablauf des gesetzten Zwischenspeicherzeitraums) entfernt werden, wenn sich eine Datei ändert (HostFileChangeMonitor) oder der Inhalt einer Datenbanktabelle (SqlChangeMonitor).

24.9.2 CacheManager

Datenzugriffsmethoden wie GetFluege1() gibt es in jeder Anwendung Hunderte oder gar Tausende. Immer wieder den gleichen Programmcode für die Prüfung auf Existenz des Cache-Eintrags und ggf. Erzeugung eines neuen Eintrags zu hinterlegen ist sicherlich keine gute Lösung.

Im nächsten Listing ist die Aufgabe viel prägnanter und aufgeräumter gelöst. GetFluege2() besteht nur aus dem Aufruf der generischen Get()-Methode einer Instanz der Klasse CacheManager. Der CacheManager erhält bei der Instanziierung die Cache-Dauer in Sekunden. Die Methode Get() erwartet neben dem den Rückgabetyp beschreibenden Typparameter den Cache-Eintragsnamen sowie einen Verweis auf eine Lademethode für die Daten. Der dritte und alle ggf. danach folgenden Parameter werden von Get() an die Lademethode weitergegeben. Die Lademethode GetFluege2Internal() ist dann völlig frei von Cache-Aspekten und nur für das Laden der Daten mit Entity Framework zuständig; sie könnte auch direkt aufgerufen werden, was aber meist nicht erwünscht ist. Daher ist sie hier auch "private".

Listing: Vereinfachte Implementierung der Aufgabe, nun mit dem CacheManager.

```
public static void Demo_CacheManager()
{
 CUI.Headline("----------- GetFluege alle 0,5 Sekunden mit CacheManager (5 Sekunden)");
 DateTime Start = DateTime.Now;
 do
 {
  var data = GetFluege2("Rom");
  // TODO: Hier was mit Daten machen :-)
  System.Threading.Thread.Sleep(500);

 } while ((DateTime.Now - Start).TotalSeconds < 60);
 GetFluege2("Rom");
 GetFluege2("Rom");
 GetFluege2("Rom");
 GetFluege2("Paris");
 GetFluege2("");
 GetFluege2("");
 GetFluege2("Rom");
 GetFluege2("Paris");
}


/// <summary>
/// Getfluege mit CacheManager (5 sek)
/// </summary>
private static List<Flug> GetFluege2(string Abflugort)
{
 string cacheItemName = "flugSet_" + Abflugort;

 var cm = new CacheManager<List<Flug>>(5);
 // Optionale Ausgaben als Reaktion auf Events!
 cm.CacheHitEvent += (text) => { CUI.Print($"{DateTime.Now.ToLongTimeString()}: Cache Hit:
" + text, ConsoleColor.Green); };
 cm.CacheMissEvent += (text) => { CUI.Print($"{DateTime.Now.ToLongTimeString()}: Cache
Miss: " + text, ConsoleColor.Red); };

 return cm.Get(cacheItemName, GetFluege2Internal, Abflugort);
}


private static List<Flug> GetFluege2Internal(object[] param)
{
 using (var ctx = new WWWingsContext())
 {
  ctx.Log();
  string Abflugort = param[0] as string;
  // Flüge laden
  return ctx.FlugSet.Where(x => x.Abflugort == Abflugort).ToList();
 }
```

```
    }
```

Wer es noch etwas prägnanter mag, sollte sich das nächste Listing ansehen. Es zeigt eine Variante zum vorherigen Listing mit einer anonymen Funktion. Dabei ist es nicht mehr notwendig, eine getrennte Lademethode zu schreiben; der dafür notwendige Code wird komplett in GetFluege4() eingebettet. Dank der Closure-Technik muss nun Get() nicht einmal mehr den Abflugort als Parameter bekommen, denn die anonyme Methode, die in GetFluege3() eingebettet ist, kann direkt auf alle Variablen der Methode GetFluege3() zugreifen.

Listing: Variante zur Verwendung von CacheManager mit einer anonymen Funktion

```
public static void Demo_CacheManagerLambda()
    {
    CUI.Headline("---------- 3a GetFluege alle 0,5 Sekunden mit CacheManager und Lambda (5
Sekunden)");
    DateTime Start = DateTime.Now;
    do
    {
     var data = GetFluege3("Rom");
     // TODO: Hier was mit Daten machen :-)
     System.Threading.Thread.Sleep(500);

    } while ((DateTime.Now - Start).TotalSeconds < 60);
    }


    public static List<Flug> GetFluege3(string Abflugort)
    {
     string cacheItemName = "flugSet_" + Abflugort;
     Func<string[], List<Flug>> getData = (a) =>
     {
      using (var ctx = new WWWingsContext())
      {
       // Flüge laden
       return ctx.FlugSet.Where(x => x.Abflugort == Abflugort).ToList();
      }
     };

     var cm = new CacheManager<List<Flug>>(5);
     cm.CacheHitEvent += (text) => { CUI.Print($"{DateTime.Now.ToLongTimeString()}: Cache Hit:
" + text, ConsoleColor.Green); };
     cm.CacheMissEvent += (text) => { CUI.Print($"{DateTime.Now.ToLongTimeString()}: Cache
Miss: " + text, ConsoleColor.Red); };

     return cm.Get(cacheItemName, getData);
    }
```

Die elegante Klasse CacheManager ist jedoch keine Klasse des .NET Frameworks, sondern eine Eigenimplementierung des Autors dieses Buchs. Den kompletten Quellcode dieser Klasse zeigt das nächste Listing. Neben der im vorherigen Listing verwendeten generischen Get()-Methode, die einen Typparameter und eine Lademethode erwartet, kann man mit einer anderen Überladung von Get() auch direkt Daten aus dem Cache abrufen. Wenn die Daten nicht vorhanden sind, erhält man hier null zurück. Mit Save() kann man auch direkt speichern. Der Nutzer der CacheManager-Klasse sieht nichts von der zugrundeliegenden Bibliothek System.Runtime.Caching.

Vom Namen her verführerisch klingt für die gegebene Aufgabe auch die Verwendung der Eigenschaft SlidingExpiration statt AbsoluteExpiration. Allerdings führt policy.SlidingExpiration = new TimeSpan(0,0,0,5) dazu, dass die Daten nach dem ersten Laden niemals neu geladen würden, denn der durch TimeSpan(0,0,0,5) festgelegte Zeitraum von 5 Sekunden bezieht sich bei SlidingExpiration auf den letzten Zugriff, d.h. erst fünf Sekunden nach dem letzten Lesezugriff wird der Cache-Eintrag entfernt. Um dennoch ein Neuladen zu erzwingen, müsste man also in der Methode Demo_CacheManager() die Dauer bei Sleep() auf 5000 oder höher setzen.

Listing: Die Hilfsklasse CacheManager vereinfacht den Umgang mit System.Runtime.Caching.

```csharp
using System;
using System.Collections.Generic;
using System.Runtime.Caching;

namespace ITVisions.Caching
{

 /// <summary>
 /// CacheManager for simplified caching with System.Runtime.Caching
 /// (C) Dr. Holger Schwichtenberg 2013-2017
 /// </summary>
 public class CacheManager
 {
  public static List<MemoryCache> AllCaches = new List<MemoryCache>();

  public static bool IsDebug = false;
  /// <summary>
  /// Default cache duration
  /// </summary>
  public static int DefaultCacheSeconds = 60 * 60; // 60 minutes

  /// <summary>
  /// Reduced cache duration in debug mode
  /// </summary>
  public static int DefaultCacheSeconds_DEBUG = 10; // 10 seconds
  /// <summary>
  /// Removes all entries from all caches
  /// </summary>
  public static void Clear()
  {
   MemoryCache.Default.Dispose();
   foreach (var c in AllCaches)
   {
    c.Dispose();
   }
  }


  /// <summary>
  /// Removes all entries with name part from all caches
  /// </summary>
  /// <param name="name"></param>
  public static void RemoveLike(string namepart)
  {
   foreach (var x in MemoryCache.Default)
   {
    if (x.Key.Contains(namepart)) MemoryCache.Default.Remove(x.Key);
   }
   foreach (var c in AllCaches)
   {
    foreach (var x in MemoryCache.Default)
    {
     if (x.Key.Contains(namepart)) MemoryCache.Default.Remove(x.Key);
    }
   }
  }
```

```csharp
}

/// <summary>
/// CacheManager for simplified caching with System.Runtime.Caching
/// (C) Dr. Holger Schwichtenberg 2013-2017
/// </summary>
/// <typeparam name="T">type of cached data</typeparam>
/// <example>
/// public List<Datentyp> GetAll()
/// {
/// var cm = new CacheManager<List<Datentyp>>();
/// return cm.Get("Name", GetAllInternal, "parameter");
/// }
/// public List<Datentyp> GetAllInternal(string[] value)
/// {
/// var q = (from x in Context.MyDbSet where x.Name == value select x);
/// return q.ToList();
/// }
/// </example>
public class CacheManager<T> where T : class
{

 /// <summary>
 /// CacheHit or CassMiss
 /// </summary>
 public event Action<string> CacheEvent;
 /// <summary>
 /// triggered when requested data is in the cache
 /// </summary>
 public event Action<string> CacheHitEvent;
 /// <summary>
 /// triggered when requested data is not in the cache
 /// </summary>
 public event Action<string> CacheMissEvent;

 private readonly int _seconds = CacheManager.DefaultCacheSeconds;


 public MemoryCache Cache { get; set; } = MemoryCache.Default;

 /// <summary>
 /// Created CacheManager with MemoryCache.Default
 /// </summary>
 public CacheManager()
 {
  if (CacheManager.IsDebug || System.Diagnostics.Debugger.IsAttached)
  {
   this._seconds = CacheManager.DefaultCacheSeconds_DEBUG;
  }
  else
  {
   this._seconds = CacheManager.DefaultCacheSeconds;
  }
 }

 public CacheManager(int seconds) : this()
 {
  this._seconds = seconds;
 }
```

```csharp
/// <summary>
/// Generated CacheManager with its own MemoryCache instance
/// </summary>
/// <param name="seconds">Gets or sets the maximum memory size, in megabytes, that an
instance of a MemoryCache object can grow to.</param>
/// <param name="cacheMemoryLimitMegabytes"></param>
/// <param name="physicalMemoryLimitPercentage">Gets or sets the percentage of memory that
can be used by the cache.</param>
/// <param name="pollingInterval">Gets or sets a value that indicates the time interval
after which the cache implementation compares the current memory load against the absolute
and percentage-based memory limits that are set for the cache instance.</param>
public CacheManager(int seconds, int cacheMemoryLimitMegabytes, int
physicalMemoryLimitPercentage, TimeSpan pollingInterval)
{
  var config = new System.Collections.Specialized.NameValueCollection();
  config.Add("CacheMemoryLimitMegabytes", cacheMemoryLimitMegabytes.ToString());
  config.Add("PhysicalMemoryLimitPercentage", physicalMemoryLimitPercentage.ToString());
  config.Add("PollingInterval", pollingInterval.ToString());
  Cache = new MemoryCache("CustomMemoryCache_" + Guid.NewGuid().ToString(), config);
  Console.WriteLine(Cache.PhysicalMemoryLimit);
  Console.WriteLine(Cache.DefaultCacheCapabilities);
  this._seconds = seconds;
}


/// <summary>
/// Get element from cache. It will not load if it is not there!
/// </summary>
public T Get(string name)
{
  object objAlt = Cache[name];
  return objAlt as T;
}


/// <summary>
/// Get element from cache or data source. Name becomes the name of the generic type
/// </summary>
public T Get(Func<string[], T> loadDataCallback, params string[] args)
{
  return Get(typeof(T).FullName, loadDataCallback, args);
}


/// <summary>
/// Retrieves item from cache or data source using the load method.
/// </summary>
public T Get(string name, Func<string[], T> loadDataCallback, params string[] args)
{
  string cacheInfo = name + " (" + Cache.GetCount() + " elements in cache. Duration: " +
_seconds + "sec)";
  string action = "";
  object obj = Cache.Get(name);
  if (obj == null) // not in cache
  {
    action = "Cache miss";
    CacheMissEvent?.Invoke(cacheInfo);
    CUI.PrintVerboseWarning(action + ": " + cacheInfo);

    #region DiagnoseTemp
    string s = DateTime.Now + "############## CACHE MISS for: " + cacheInfo + ": " +
loadDataCallback.ToString() + System.Environment.NewLine;
```

```csharp
    int a = 0;
    var x = Cache.DefaultCacheCapabilities;
    foreach (var c in Cache)
    {
      a++;
      s += $"{a:00}: LIMIT: {Cache.PhysicalMemoryLimit}:" + c.Key + ": " +
c.Value.ToString().Truncate(100) + System.Environment.NewLine;

    }

    Console.WriteLine(s);
    #endregion

    // load data now
    obj = loadDataCallback(args);
    // and store it in cache
    Save(name, obj as T);

    }
    else // found in cache
    {
      action = "Cache hit";
      CUI.PrintVerboseSuccess(action + ": " + cacheInfo);
      CacheHitEvent?.Invoke(cacheInfo);
    }

    // return data
    CacheEvent?.Invoke(action + " for " + cacheInfo);
    return obj as T;
    }

    /// <summary>
    /// Saves an object in the cache
    /// </summary>
    public void Save(string name, T obj)
    {
      if (obj == null) return;
      object objAlt = Cache[name];
      if (objAlt == null)
      {
        CacheItemPolicy policy = new CacheItemPolicy();
        policy.AbsoluteExpiration = DateTime.Now.AddSeconds(_seconds);
        policy.RemovedCallback = new CacheEntryRemovedCallback(this.RemovedCallback);
        Cache.Set(name, obj, policy);
      }
    }

    public void RemovedCallback(CacheEntryRemovedArguments arguments)
    {

    }

    /// <summary>
    /// Removes an entry with specific names from this cache
    /// </summary>
    /// <param name="name"></param>
    public void Remove(string name)
    {
      if (Cache.Contains(name)) Cache.Remove(name);
```

```
  }

  /// <summary>
  /// Removes all entries with specific name part from this cache
  /// </summary>
  public void RemoveLike(string namepart)
  {
   foreach (var x in Cache)
   {
     if (x.Key.Contains(namepart)) Cache.Remove(x.Key);
   }
  }
 }
}
```

24.10   Second-Level-Caching mit EFPlus

Der gezeigte CacheManager ist eine allgemeine Lösung, mit der man nicht nur Entity Framework-Objekte, sondern jede Form von Daten zwischenspeichern kann. Caching bei Entity Framework Core geht aber noch eleganter! Für Entity Framework Core gibt es eine spezielle Caching-Lösung im Rahmen der Zusatzbibliotheken "Entity Framework Plus" (EFPlus") und EFSecondLevelCache.Core (siehe Kapitel "Zusatzkomponenten").

Diese Komponenten realisieren einen kontextinstanzübergreifenden Query Result Cache auf Basis des MemoryCache von System.Runtime.Caching. So einen Cache nennt man einen Second-Level-Cache. Diese Zusatzkomponenten können Abfragen so verändern, dass Entity Framework Core ihr Ergebnis nicht nur in Objekten materialisiert und diese im First-Level-Cache der Kontextinstanz speichert, sondern zusätzlich auch in einem Second-Level-Cache auf Ebene des Prozesses. Eine andere Kontextinstanz kann dann bei der gleichen Abfrage in diesem Second-Level-Cache nachsehen und die dort gespeicherten Objekte liefern anstelle einer neuen Abfrage des Datenbankmanagementsystems (siehe nachstehendes Schaubild).

Hinweis: Hier wird der Second-Level-Cache in EFPlus besprochen. EFSecondLevelCache.Core ist wesentlich komplexer in der Konfiguration, aber auch flexibler, weil neben dem Hauptspeicher-Cache (MemoryCache) auch Redis als Cache möglich ist.

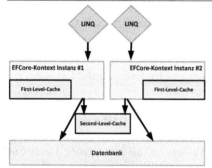

Abbildung: Funktionsweise eines Second-Level-Cache

24.10.1 Einrichten des Second-Level-Cache

Ein Einrichten des Second-Level-Cache in der Kontextklasse ist bei EFPlus nicht notwendig.

24.10.2 Verwenden des Second-Level-Cache

Das nächste Listing zeigt die Anwendung des Second-Level-Cache in EFPlus. In GetFluege4() wird in der LINQ-Anfrage die Methode FromCache() unter Angabe einer Zwischenspeicherdauer (hier: fünf Sekunden) verwendet, und zwar in Form eines Objekts des Typs MemoryCacheEntryOptions aus dem NuGet-Paket Microsoft.Extensions.Caching.Abstraction.

Alternativ kann man die Zwischenspeicherdauer zentral festlegen und dann auf den Parameter bei FromCache() verzichten:

```
var options = new MemoryCacheEntryOptions() { AbsoluteExpiration = DateTime.Now.AddSeconds(5)
};
QueryCacheManager.DefaultMemoryCacheEntryOptions = options;
```

Zu beachten ist, dass GetFluege4() bei jedem Aufruf eine neue Kontextinstanz erzeugt, das Caching funktioniert allerdings dennoch, wie die folgende Bildschirmabbildung beweist.

Anders als bei den Lösungen mit direkter Verwendung des MemoryCache-Objekts hat der Entwickler hier leider keine Möglichkeit, sich ausgeben zu lassen, ob die Objekte aus dem Cache kamen und wann die Datenbank befragt wurde, denn leider feuert der Cache Manager von EFPlus in diesen Fällen keine Ereignisse. Man kann das Zwischenspeicherverhalten also aus den

Datenbankzugriffen ableiten, die man über die Entity Framework-Protokollierung (ctx.Log(), siehe Kapitel "Protokollierung") oder über einen externen Profiler (z.B. Entity Framework-Profiler oder SQL Server-Profiler) sieht.

Listing: Second-Level-Caching mit EFPlus

```
/// <summary>
/// Verwendet Drittanbieterzusatzkomponente EFPlus.Core
/// <summary>
  public static void Demo_SecondLevelCache()
  {
    CUI.Headline("--------+-- Second Level Caching mit EFPlus.Core FromCache() / 5 sek");
    DateTime Start = DateTime.Now;
    do
    {
     var flugSet = GetFluege4("Berlin");
     // TODO: Hier was mit Daten machen :-)
     System.Threading.Thread.Sleep(500);
     Console.WriteLine("Verarbeite " + flugSet.Count + " Flüge im RAM!");

    } while ((DateTime.Now - Start).TotalSeconds < 30);

    GetFluege4("Rom");
    GetFluege4("Rom");
    GetFluege4("Rom");
    GetFluege4("Paris");
    GetFluege4("Mailand");
    GetFluege4("Mailand");
    GetFluege4("Rom");
    GetFluege4("Paris");


  }


  /// <summary>
  /// Caching mit EFPlus FromCache() / 5 sek
  /// </summary>
  /// <param name="abflugort"></param>
  /// <returns></returns>
  public static List<Flug> GetFluege4(string abflugort)
  {
   using (var ctx = new WWWingsContext())
   {
    ctx.Log1();

    var options = new MemoryCacheEntryOptions() { AbsoluteExpiration =
DateTime.Now.AddSeconds(5) };
    CUI.Headline("Lade Flüge von " + abflugort + "...");
    // Flüge laden

    var flugset = ctx.FlugSet.Where(x => x.Abflugort ==
abflugort).FromCache(options).ToList();
    Console.WriteLine(flugset.Count + " Flüge im RAM!");
    return flugset;
   }
  }
```

```
H:\TFS\Demos\EF\EFC_WWWings\EFC_Konsole\bin\Debug\EFC_Konsole.exe                              –    □    ✕
Verarbeite 3 Flüge im RAM!
22:29:37: Hole Flüge von Rom ...
Verarbeite 3 Flüge im RAM!
22:29:37: Hole Flüge von Rom ...
Verarbeite 3 Flüge im RAM!
22:29:38: Hole Flüge von Rom ...
Verarbeite 3 Flüge im RAM!
22:29:38: Hole Flüge von Rom ...
Verarbeite 3 Flüge im RAM!
22:29:39: Hole Flüge von Rom ...
003:Debug #200100 Microsoft.EntityFrameworkCore.Database.Command.CommandExecuting:Executing DbCommand [Parameters=[@__ab
flugort_0='?' (Size = 50)], CommandType='Text', CommandTimeout='30']
SELECT [x].[FlugNr], [x].[Abflugort], [x].[Auslastung], [x].[Bestreikt], [x].[CopilotId], [x].[FlugDatum], [x].[Fluggese
llschaft], [x].[FlugzeugTypID], [x].[FreiePlaetze], [x].[LetzteAenderung], [x].[Memo], [x].[NichtRaucherFlug], [x].[Pilo
tId], [x].[Plaetze], [x].[Preis], [x].[Zielort]
FROM [Flug] AS [x]
WHERE [x].[Abflugort] = @__abflugort_0
Verarbeite 3 Flüge im RAM!
22:29:39: Hole Flüge von Rom ...
Verarbeite 3 Flüge im RAM!
22:29:40: Hole Flüge von Rom ...
Verarbeite 3 Flüge im RAM!
22:29:40: Hole Flüge von Rom ...
Verarbeite 3 Flüge im RAM!
22:29:41: Hole Flüge von Rom ...
Verarbeite 3 Flüge im RAM!
22:29:42: Hole Flüge von Rom ...
Verarbeite 3 Flüge im RAM!
22:29:42: Hole Flüge von Rom ...
```

Abbildung: Ausgabe des obigen Listings

25 Softwarearchitektur mit Entity Framework Core

Das Entity Framework Core gehört zweifelsohne zur Daten(bank)zugriffsschicht. Aber wie sieht eigentlich das Schichtenmodell insgesamt aus, wenn man Entity Framework Core einsetzt? Es gibt mehrere Alternativen, die in diesem Kapitel diskutiert werden sollen.

25.1 Monolithisches Modell

Entity Framework Core kann in einem monolithischen Softwaremodell zum Einsatz kommen, d.h. die Instanziierung des Entity Framework Core-Kontextes und die Ausführung der Befehle (LINQ, Stored Procedures, SQL) stecken direkt in der Benutzerschnittstellensteuerung (siehe Abbildung). Dies macht aber nur in sehr kleinen Anwendungen Sinn (vgl. App "MiracleList Light" im Kapitel "Praxislösungen").

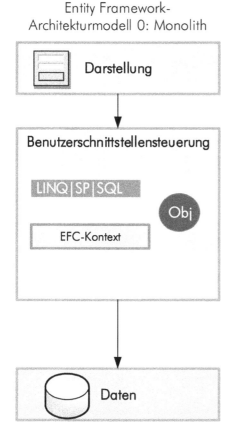

Abbildung: Entity Framework Core im monolithischen Softwarearchitekturmodell

25.2   Entity Framework Core als Datenzugriffsschicht

Das nächste Schaubild zeigt zunächst links den allgemeinen Aufbau einer mehrschichten Anwendung und rechts daneben ein sehr einfaches Mehrschicht-Softwarearchitekturmodell unter Verwendung von Entity Framework Core für den Datenzugriff. Bei diesem sehr pragmatischen Softwarearchitekturmodell wird auf eine dezidierte, entwickelte Datenbankzugriffssteuerungsschicht verzichtet. Vielmehr bildet der Entity Framework-Kontext die komplette Datenbankzugriffssteuerungsschicht. Die darüberliegende Schicht ist direkt die Geschäftslogikschicht. Die Geschäftslogikschicht steuert den Datenzugriff durch LINQ-Befehle (Language Integrated Query) und den Aufruf von Stored Procedures, ggf. auch direkten SQL-Befehlen. Gemäß diesen Anweisungen der Geschäftslogikschicht befüllt Entity Framework-Kontext die Entitätsklassen. Die Entitätsklassen werden über alle Schichten bis zur Benutzerschnittstellensteuerung hochgereicht.

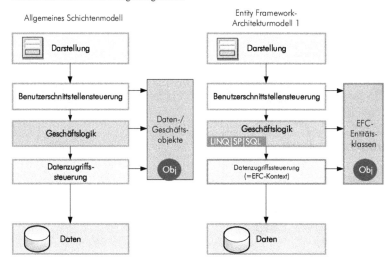

Abbildung: Das pragmatische Entity Framework Core-basierte Softwarearchitekturmodell

Kritik an diesem vereinfachten Modell äußern einige Softwarearchitekten, weil bei diesem Softwarearchitekturmodell die Geschäftslogikschicht von Datenzugriffsbefehlen verunreinigt ist. Die Geschäftslogikschicht sollte "eigentlich" keine Datenbankzugriffsbefehle enthalten. Man kann dies so sehen, wenn man wirklich LINQ mit SQL gleichsetzt. Man kann aber auch LINQ als eine echte Abstraktion von SQL verstehen. LINQ-Befehle sind ja letztlich nur eine Abfolge von datenbankneutralen Methodenaufrufen; die SQL-ähnliche Syntax in C# und Visual Basic ist nur ein syntaktisches Zuckerstückchen für den Softwareentwickler. Der C#- bzw. Visual Basic-Compiler macht daraus sofort wieder eine Methodenaufrufkette. Der Entwickler kann diese Methodenaufrufkette auch selbst verwenden, also Menge.Where(x=>x.KatID > 4).OrderBy(x=>x.Name) schreiben statt from x in Menge where x.KatID > 4 orderby x.Name. Methodenaufrufe sind aber genau die Form, in der Geschäftslogik und Datenzugriffssteuerung normalerweise miteinander kommunizieren; d.h. also, die notwenige Verwendung von LINQ in der Geschäftslogikschicht macht hier nichts anderes als das, was Usus ist zwischen Geschäftslogik und Datenbankzugriffssteuerungsschicht. LINQ ist nur generischer als die meisten APIs von Datenbankzugriffssteuerungsschichten.

Was tatsächlich eine gewisse Verunreinigung der Geschäftslogikschicht darstellt, ist die Verwendung der Entity Framework-Kontextinstanz in der Geschäftslogikschicht. Dies bedeutet, dass die Geschäftslogikschicht selbst eine Referenz auf die Entity Framework Core-Assemblies haben muss. Ein späterer Austausch des Objekt-Relationalen Mappers bedeutet dann also eine Änderung an der Geschäftslogikschicht. Klarer Vorteil dieses ersten Modells ist aber die Einfachheit: Man muss nicht extra eine eigene Datenbankzugriffschicht schreiben. Das spart Zeit und Geld.

25.3 Reine Geschäftslogik

Dennoch werden einige Softwarearchitekten das obige pragmatische Modell als „zu einfach" ablehnen und stattdessen auf das zweite Modell (siehe Abbildung) aus den Lehrbüchern setzen. Hierbei erstellt der Softwareentwickler eine eigene Datenzugriffssteuerungsschicht. In dieser Datenzugriffssteuerungsschicht werden alle LINQ-Aufrufe und Stored Procedure-Wrapper-Methoden nochmals in eigene, selbstgeschriebene Methoden verpackt. Diese Methoden ruft dann die Geschäftslogikschicht auf. In diesem Modell braucht lediglich die Datenzugriffssteuerungsschicht eine Referenz auf die Entity Framework Core-Assemblies; die Geschäftslogik bleibt „rein".

Dieses zweite Softwarearchitekturmodell entspricht der reinen Lehre, bedeutet aber in der Praxis eben auch deutlich mehr Implementierungsaufwand. Gerade in Fällen von „Forms-over-Data"-Anwendungen mit wenig Geschäftslogik im engeren Sinne muss der Entwickler dann viele „stupide" Wrapper-Routinen implementieren. Bei LINQ enthält dann GetKunden() in der Datenbankzugriffsschicht den LINQ-Befehl, und GetKunden() in der Geschäftslogik leitet an GetKunden() in der Datenbankzugriffsschicht weiter. Bei Stored Procedure-Nutzung leiten sogar beide Schichten nur weiter.

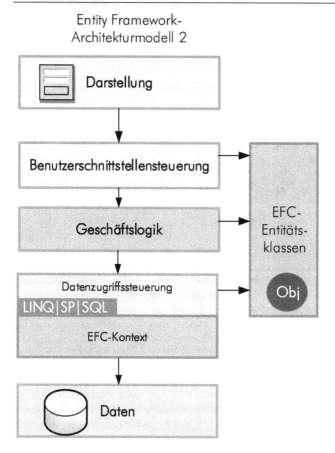

Abbildung: Das lehrbuchartige Entity Framework Core-basierte Softwarearchitekturmodell ohne Verteilung

25.4   Geschäftsobjekt- und ViewModel-Klassen

Das dritte hier zu diskutierende Softwarearchitekturmodell (siehe Abbildung) geht noch einen Abstraktionsschritt weiter und verbietet auch, dass die Entitätsklassen über alle Schichten weitergereicht werden. Vielmehr findet auch hier eine Abbildung der Entitätsklassen auf andere Klassen statt. Diese anderen Klassen heißen oft Geschäfts(objekt)klassen (manchmal auch: Datentransferobjekte (DTO) in Kontrast zu den datenlastigen Entitätsklassen. In Modell 3b (rechts in der Abbildung) werden diese Geschäftsobjektklassen im Rahmen des Model View ViewModel-Pattern (MVVM) nochmals auf Klassen abgebildet, die speziell für die Ansicht aufbereitet sind.

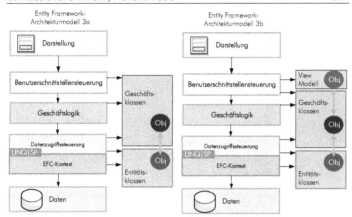

Abbildung: Geschäftsobjekt- und ViewModel-Klassen

Das Geschäftsklassen-basierte Softwarearchitekturmodell wäre zwingend, wenn die erzeugten Entitätsklassen eine zwingende Beziehung zum Entity Framework Core hätten. Das ist aber in Entity Framework Core nicht der Fall (so etwas gab es nur mit der Basisklasse EntityObject in der ersten Version des klassischen ADO.NET Entity Framework). Ein guter Grund für das Geschäftsklassen-basierte Model kann gegeben sein, wenn die Entitätsklassen vom Zuschnitt her gar nicht zur Benutzerschnittstelle passen wollen, z. B. weil es sich um eine „historisch gewachsene" Datenbankstruktur handelt.

Nicht verheimlichen darf man aber, dass dieses Geschäftsklassen-basierte Modell einen ganz erheblichen Implementierungsmehraufwand bedeutet, denn alle Daten müssen aus den Entitätsklassen in die Geschäftsklassen überführt werden. Und dieser Transfer muss bei neuen und geänderten Objekten natürlich auch in umgekehrter Richtung implementiert sein. Solch ein Objekt-Objekt-Mapping (OOM) leistet ein Objekt-Relationaler Mapper wie Entity Framework Core nicht. Für das Objekt-Objekt-Mapping gibt es aber andere Frameworks wie Auto Mapper [*http://automapper.org*] und Value Injecter [*http://valueinjecter.codeplex.com*]. Doch auch mit solchen Frameworks ist der Implementierungsaufwand natürlich signifikant, zumal es auch keinen grafischen Designer für das Objekt-Objekt-Mapping gibt.
Zu beachten ist ebenfalls, dass der Aufwand nicht nur zur Entwicklungszeit höher ist, sondern auch zur Laufzeit, da das zusätzliche Mapping auch Rechenzeit braucht.

25.5 Verteilte Systeme

Sechs Softwarearchitekturmodelle für verteilte Systeme mit Entity Framework Core beim Datenzugriff zeigen die Abbildungen 5 bis 7. Hierbei gibt es nun keinen direkten Zugang zur Datenbank mehr vom Client, sondern eine Service-Fassade auf dem Application Server und Proxy-Klassen im Client, welche die Service-Fassade aufrufen. Hinsichtlich der Aufteilung von Geschäftslogikschicht und Datenzugriffsschicht hat man die gleichen Möglichkeiten wie Modell 1 und Modell 2. Diese Optionen sind hier nicht mehr dargestellt. Es geht vielmehr um die

Entitätsklassen. Wenn man auf der Clientseite die gleichen Klassen wie auf der Serverseite nutzt, spricht man von sogenannten Shared Contracts. Das ist immer dann möglich, wenn Server und Client in .NET geschrieben sind und daher der Client die Assembly mit den Klassen vom Server referenzieren kann. Den Fall der Shared Contracts zeigt Modell 4 links in der Abbildung: Hier verwendet der Client auch die Entitätsklassen von Entity Framework Core.

Falls der Client eine andere Plattform hat (was in Zeiten der abnehmenden Microsoft-Dominanz ja immer öfter passiert), dann muss man zwingend Proxyklassen für die Entitätsklassen schaffen. In Modell 5 sind explizite Proxyklassen gewünscht oder notwendig, weil der Client nicht .NET ist.

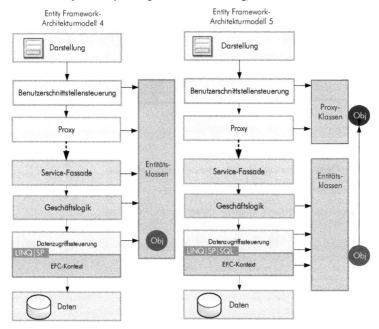

Abbildung: Entity Framework Core-basierte Softwarearchitekturmodelle für ein verteiltes System

Die weiteren Modelle 6 bis 9 unterscheiden sich nur hinsichtlich des Mappings der Entitätsklassen:

- Modell 6 arbeitet zwar mit Shared Contracts, bildet die Entitätsklassen aber auf DTO-Klassen ab, die für die Übertragung auf der Leitung optimiert sind. Im Client findet eine erneute Abbildung in ViewModel-Klassen statt.

- Modell 7 geht von Proxyklassen aus und einem OO-Mapping auf ViewModel-Klassen.

- Modell 8 nutzt DTO-, Proxy- und ViewModel-Klassen.

- Das aufwändigste Modell 9 verwendet zusätzlich zu dem Modell 8 jeweils noch Geschäftsobjektklassen.

Wenn Sie sich jetzt fragen: Wer macht denn Modell 9? Tatsächlich sieht der Autor dieses Buchs in seinem Berateralltag, dass nicht wenige Softwarearchitekturen so aufwändig gestaltet sind. Das sind Projekte, an denen größere Teams arbeiten und dennoch kleine Nutzerwünsche sehr lange in der Umsetzung brauchen.

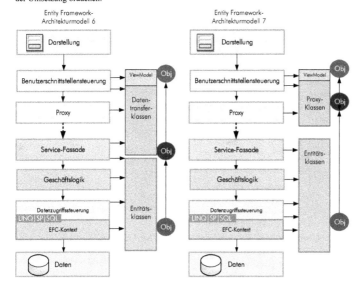

Abbildung: Entity Framework Core-basierte Softwarearchitekturmodelle für ein verteiltes System

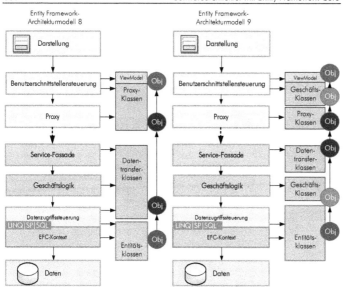

Abbildung: Weitere Entity Framework Core-basierte Softwarearchitekturmodelle mit Verteilung

25.6   Fazit

Der Softwarearchitekt hat beim Einsatz des Entity Framework Core zahlreiche Architekturoptionen. Die Bandbreite beginnt bei einem einfachen, pragmatischen Modell (mit ein paar Kompromissen), bei dem die Entwickler nur drei Assemblies implementieren müssen. Auf der anderen Seite der hier dargestellten Architekturmodelle braucht man mindestens zwölf Assemblies.

Welches der Architekturmodelle man wählen sollte, hängt von verschiedenen Faktoren ab. Dazu zählen natürlich die konkreten Anforderungen, das Systemumfeld und das Know-how der verfügbaren Softwareentwickler. Aber auch das Budget ist ein wichtiger Faktor. Der Autor dieses Buchs erlebt in seinem Alltag als Berater bei Unternehmen immer wieder, dass Softwarearchitekten aufgrund der „reinen Lehre" eine zu komplexe Architektur wählen, die den Rahmenbedingungen nicht angepasst ist. Typischerweise sind in solchen Systemen sogar kleinste Änderungen des Fachanwenders („wir brauchen da links noch ein Feld") nur extrem zeit- und kostenaufwändig zu realisieren. Und manches Projekt ist sogar an der unnötig komplexen Softwarearchitektur schon gescheitert.

Praxistipp: Nutzen Sie so wenig Schichten wie möglich! Denken Sie zweimal darüber nach, bevor Sie eine weitere Abstraktion in Ihr Softwarearchitekturmodell einbauen!

26 Zusatzwerkzeuge

Dieses Kapitel stellt kommerzielle Zusatzwerkzeuge für Entity Framework Core vor. Der Autor dieses Buches ist in keinster Weise an der Entwicklung oder dem Vertrieb dieser Werkzeuge beteiligt!

26.1 Entity Framework Core Power Tools

Bereits für den Vorgänger Entity Framework gab es Power Tools von Microsoft. Die Neuauflage für Entity Framework Core kommt nun von einem externen Entwickler aus Dänemark. Die Entity Framework Core Power Tools sind eine kostenfreie Erweiterung für Visual Studio 2017.

	EF Core Power Tools
Werkzeugname	Entity Framework Core Power Tools
Website für Download stabiler Versionen	*https://www.visualstudiogallery.msdn.microsoft.com/9674e1bb-d942-446a-9059-a8b4bd18dde2*
Projektwebsite	*https://github.com/ErikEJ/EFCorePowerTools*
Hersteller	Erik Ejlskov Jensen (MVP) *https://github.com/ErikEJ*
Kostenfreie Version	Ja
Kommerzielle Version	Nein

26.1.1 Funktionsüberblick

Die Entity Framework Core Power Tools nutzt man über das Kontextmenü eines Projekts im Visual Studio Solution Explorer. Sie bieten folgende Funktionen:

- Grafische Benutzeroberfläche für das Reverse Engineering für SQL Server-, SQL Compact- und SQLite-Datenbanken

- Erstellen eines Diagramms für einen Entity Framework Core-Kontext

- Erstellen eines Diagramms für ein Datenbankschema

- Anzeige der SQL-DDL-Befehle zum Erzeugen des Datenbankschemas aus einem Entity Framework Core-Kontext mit zugehörigen Entitätsklassen

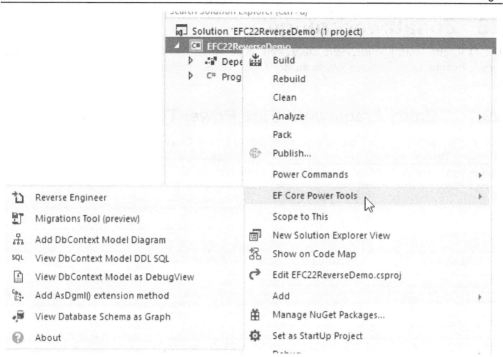

Abbildung: Entity Framework Core Power Tools im Kontextmenü eines Projekts im Solution Explorer in Visual Studio

26.1.2   Reverse Engineering mit Entity Framework Core Power Tools

Reverse Engineering mit Entity Framework Core Power Tools besteht aus drei Schritten. Im ersten Dialog wählt man die Datenbank aus über den Standarddialog von Visual Studio. Im zweiten Schritt wählt man die Tabellen. Die Tabellenauswahl kann man als Textdatei speichern und für einen erneuten Aufruf wieder laden. Im dritten Schritt nimmt man die Einstellungen vor, die auch das Commandlet Scaffold-DbContext erlaubt sowie einige zusätzliche Optionen wie die Pluralisierung von Namen (aber nur für englische Namen). Danach erfolgt die Codegenerierung, die die gleiche ist wie bei Scaffold-DbContext.

Hinweis: Eine spätere Aktualisierung des Programmcodes nach Änderungen in der Datenbank ("Update Model from Database") ist in den Power Tools bisher ebenso wenig wie in Scaffold-DbContext realisiert.

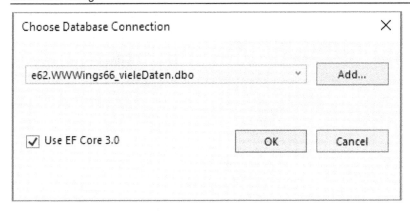

Abbildung: Reverse Engineering mit Entity Framework Core Power Tools (Schritt 1a)

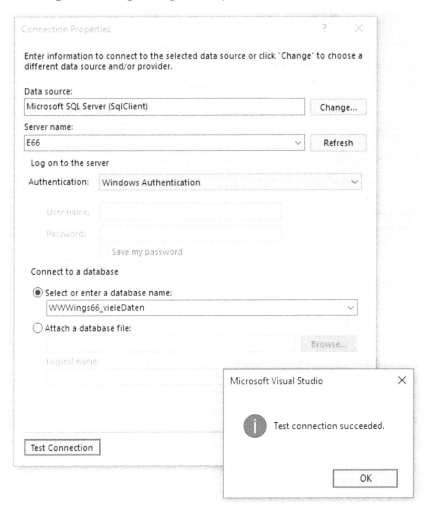

Abbildung: Reverse Engineering mit Entity Framework Core Power Tools (Schritt 1b)

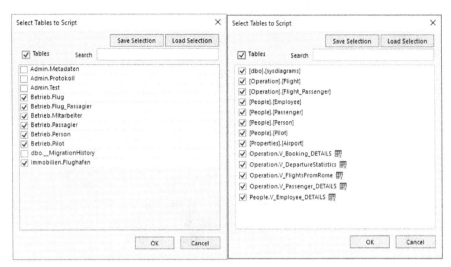

Abbildung: Reverse Engineering mit Entity Framework Core Power Tools (Schritt 2)
Rechts: Seit Version 2.3 werden auch Datenbankviews angezeigt, wenn EF Core >=3.0 gewählt
wurde

📝 tabellen.txt - Notepad

File   Edit   Format   View   Help

```
Betrieb.Flug
Betrieb.Flug_Passagier
Betrieb.Mitarbeiter
Betrieb.Passagier
Betrieb.Person
Betrieb.Pilot
Immobilien.Flughafen
```

Abbildung: Speicherung der obigen Tabellenauswahl in einer Textdatei

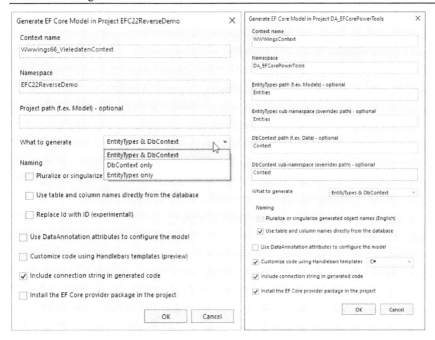

Abbildung: Reverse Engineering mit Entity Framework Core Power Tools (Schritt 3)
Rechts: Mehr Optionen seit Version 2.3

Abbildung: Generierter Programmcode mit Entity Framework Core Power Tools Reverse
Engineering

Tipp: Wenn in den Optionen "Customize Code using Handlebars" gewählt wurde, dann erhält man auch Handlebar-Dateien (.hbs), mit denen man die Programmcodegenerierung an die eigenen Wünsche anpassen kann. Nachdem man die .hdb-Dateien angepasst hat, muss man "Reverse Engineer" im Power Tools-Menü erneut aufrufen.

26.1.3   Schemamigrationen mit Entity Framework Core Power Tools

Über den Menüpunkt "Migrations Tool" erhält der Benutzer eine grafische Unterstützung für Schemamigration, die man sonst mit den Commandlets Add-Migration, Update-Database und Script-Migration an der Package Manager Console (PMC) ausführt.

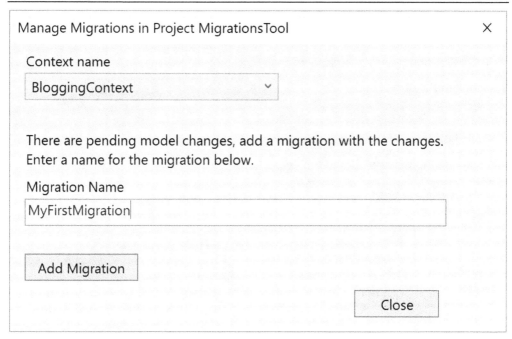

Abbildung: Anlegen einer neuen Migration

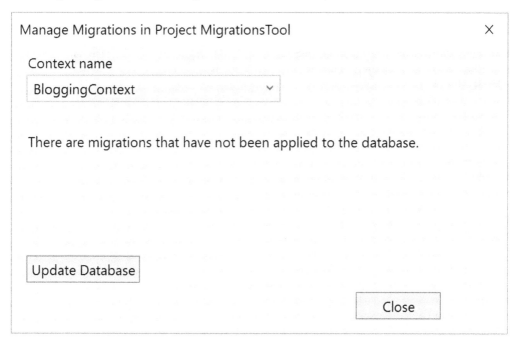

Abbildung: Aktualisieren der Datenbank

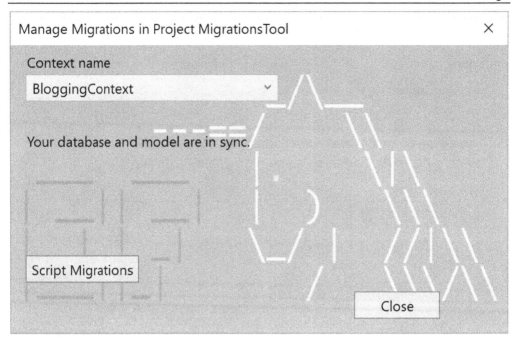

Abbildung: Nach dem Aktualisieren der Datenbank

26.1.4   Diagramme mit Entity Framework Core Power Tools

Das nachstehende Bild zeigt die über die Funktion "Add DbContext Model Diagram" erzeugte grafische Darstellung des Entity Framework Core-Modells als Directed Graph Markup Language (DGML)-Datei.

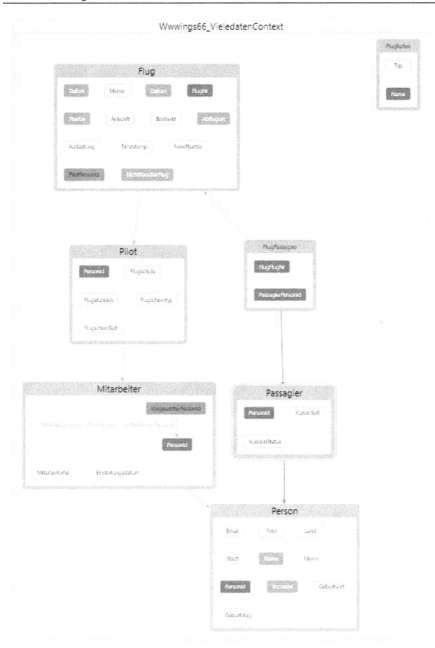

Abbildung: Entity Framework Core-Modell als Diagramm mit Entity Framework Core Power Tools

Diese Diagrammerzeugung kann man auch zur Laufzeit der Anwendung auslösen mit der Erweiterungsmethode AsDgml(), die im NuGet-Paket ErikEJ.EntityFrameworkCore.DgmlBuilder realisiert ist.

Listing: Einsatz von AsDgml()

```
using System;
```

```
using Microsoft.EntityFrameworkCore;

namespace EFC_Reverse
{
 class Program
 {
  static void Main(string[] args)
  {
   using (var ctx = new Wwwings66_VieledatenContext())
   {
    var path = System.IO.Path.GetTempFileName() + ".dgml";
    System.IO.File.WriteAllText(path,ctx.AsDgml(),System.Text.Encoding.UTF8);
    Console.WriteLine("Datei gespeichert: " + path);
   }
  }
 }
}
```

26.2   LINQPad

Language Integrated Query (LINQ) ist bei den Entwicklern aufgrund der statischen Typisierung beliebt. Aber immer einen Compiler anwerfen zu müssen, um einen LINQ-Befehl auszuprobieren, kann lästig sein. Vom Query Editor im Microsoft SQL Server Management Studio sind es Softwareentwickler und Datenbankadministratoren gewöhnt: Man gibt den SQL-Befehl ein, drückt die F5-Taste (oder klickt auf Execute) und sieht das Ergebnis. Microsoft hatte auch einstmals angedacht, auf gleiche Weise die Ausführung von LINQ-to-Entities für das Entity Framework im Management Studio zu erlauben. Erschienen ist davon aber bisher nichts.

Das Drittanbieterwerkzeug LINQPad erlaubt die interaktive Eingabe von LINQ-Befehlen und die direkte Ausführung in einem Editor. LINQ-Befehle können hier gegen Objekte im RAM (LINQ-to-Objects), Entity Framework / Entity Framework Core und verschiedene andere LINQ-Provider ausgeführt werden.

Werkzeugname	LINQPad
Website	*http://www.linqpad.net*
Hersteller	Joseph Albahari, Australien
Kostenfreie Version	Ja
Kommerzielle Version	Ab 45 Dollar

LINQPad gibt es als kostenfreie Freeware-Version. Wer sich aber von der Intellisense-Eingabeunterstützung im Stil von Visual Studio verwöhnen lassen will, muss eine Professional- oder Premium-Variante kaufen. In der Premium-Variante gibt es zusätzlich zahlreiche mitgelieferte Programmcodeschnipsel. Ebenso kann man in der Premium-Variante Abfragen auch über mehrere Datenbanken definieren. Systemvoraussetzung für die Version 5 ist .NET Framework 4.6 oder höher. LINQPad 6 läuft auf .NET Core.

Mit nur 5 MB Größe ist die Anwendung sehr leichtgewichtig. Autor Joseph Albahari legt auf seiner Website Wert auf die Aussage: „it doesn't slow down your computer when you install it!"

26.2.1 Aufbau von LINQPad

LINQPad präsentiert nach dem Start links oben ein Fenster für die Verbindungen (siehe Abbildung). Darunter kann man aus einer mitgelieferten Beispielsammlung (aus dem Buch „C# 6.0 in a Nutshell") wählen oder selbsterstellte Befehle abspeichern (unter „My Queries"). Im Hauptbereich findet man oben den Editor und unten den Ausgabebereich (siehe Mitte/Rechts in der Abbildung).

LINQPad unterstützt die Syntax der Sprachen C#, Visual Basic .NET und F# sowie SQL und Entity SQL (letztere nur für das klassische Entity Framework).

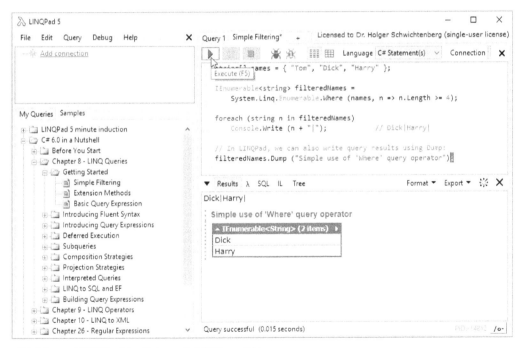

Abbildung: LINQPad in Aktion mit LINQ-to-Objects

26.2.2 Datenquellen einbinden

Für die Ausführung von LINQ-Befehlen gegen einen Entity Framework Core-Kontext muss man mit "Add Connection" eine Verbindung hinzufügen. Allerdings sieht man in dem Dialog aktuell nur Treiber für LINQ-to-SQL und das klassische Entity Framework. Mit "View more Drivers" kann man einen Treiber für Entity Framework Core herunterladen.

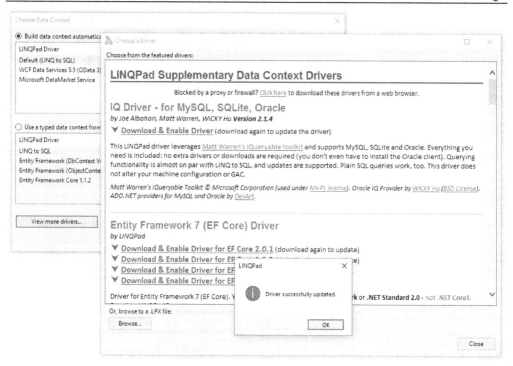

Abbildung: Treiberinstallation in LINQPad

Nach dem Hinzufügen des Treibers sollte man Entity Framework Core auswählen können.

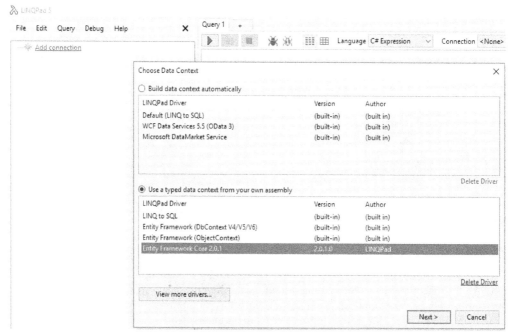

Abbildung: Auswahl von Entity Framework Core als LINQPad-Treiber

Nach der Auswahl des Providers muss man einen Entity Framework Core-Kontext einbinden. Dafür wählt man mit "Browse" (siehe Abbildung) eine .NET-Assembly, die einen solchen Kontext implementiert.

WICHTIG: LINQPad selbst erstellt keine Kontextklassen für Entity Framework / Entity Framework Core. Sie müssen eine solche Klasse immer erst mit Visual Studio oder einem anderen Werkzeug erstellen und kompilieren.

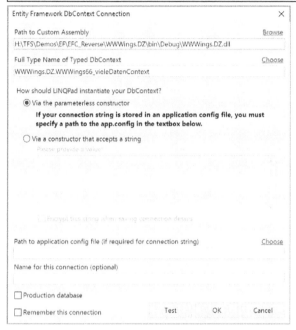

Abbildung: Eine Entity Framework Core-Kontextklasse wurde ausgewählt.

Nach dem Einbinden des Kontextes sieht man die dort vorhandenen Entitätsklassen links im LINQPad.

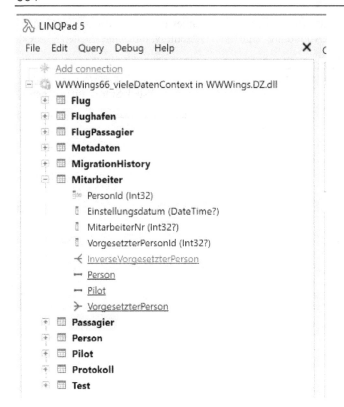

Abbildung: Nach dem Einbinden der Kontextklasse

26.2.3 LINQ-Befehle ausführen

Einige Befehle kann man direkt aus dem Kontextmenü der Entitätsklassen heraus ausführen (siehe Abbildung).

Abbildung: Vordefinierte Befehle im Kontextmenü der Entitätsklasse

Im Abfragebereich kann man selbst Befehle (in der kommerziellen Version mit Eingabeunterstützung) eingeben. Die nächste Bildschirmabbildung zeigt einen LINQ-Befehl mit Bedingung, Projektion und Eager Loading. Die Ergebnisansicht ist im Fall von Eager Loading hierarchisch.

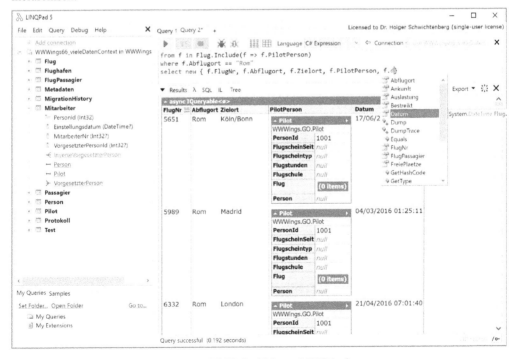

Abbildung: Ausführung eines eigenen LINQ-Befehls im LINQPad

Neben der Ergebnisansicht kann man sich den LINQ-to-Entities-Befehl in den weiteren Registerkarten des Ausgabebereichs auch in folgenden Formaten anzeigen lassen:

- LINQ-Befehl in Lamdba-Syntax

- LINQ-Befehl in SQL Form

- LINQ-Befehl in Microsoft Intermediate Language (IL)

- LINQ-Befehl als Expression Tree

Alternativ zu LINQ-to-Entities kann man Befehle auch in SQL-Syntax erfassen; dies stellt man über das Auswahlmenü „Language" ein.

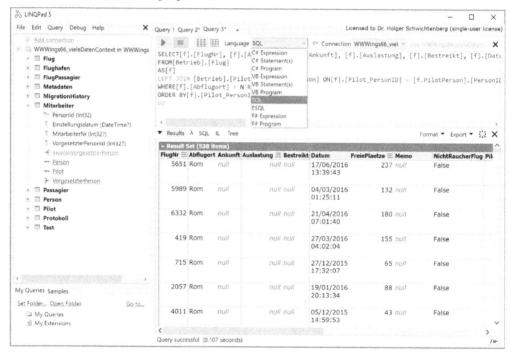

Abbildung: Ausführung eines SQL-Befehls gegen einen Entity Framework Core-Kontext

26.2.4   Abspeichern

Abfragen können als Textdateien mit der Dateinamenserweiterung .linq gespeichert werden.

Ergebnisse können in den Formaten HTML, Word und Excel exportiert werden.

26.2.5   Weitere LINQPad-Treiber

LINQPad bietet neben Entity Framework und Entity Framework Core weitere Treiber für den Zugriff auf z.B.

- Open Data Protocol (OData)-Feeds

- die relationalen Datenbanken Oracle, MySQL, SQLite, RavenDB

- die Cloud-Dienste Microsoft StreamInsight und Azure Table Storage

- Event Traces for Windows (ETW) und

- die ORM-Mapper Mindscape LightSpeed, LLBLGen Pro, DevExpress XPO, DevForce sowie

- die NoSQL-Datenbank FileDb.

26.2.6 Interaktive Programmcodeeingabe

Neben der Ausführung von LINQ-Befehlen kann das Werkzeug LINQPad auch beliebige andere C#-, F#- und Visual Basic-Befehle ausführen. Man wählt dabei unter „Language" zwischen dem Expression Mode und dem Statement Mode. Im Expression Mode erfasst man einzelne Ausdrücke, deren Ergebnis dann ausgegeben werden, z.B. System.DateTime.Now.ToString(new System.Globalization.CultureInfo("ya-JP")). Diese Ausdrücke sind nicht durch ein Semikolon abzuschließen. Man kann immer nur einen Ausdruck ausführen. Wenn man im Editor mehrere Ausdrücke hat, muss man den auszuführenden Ausdruck vorher markieren.

Im „Statement Mode" erfasst man hingegen komplette Programmcodeschnipsel, bei denen jeder Befehl durch ein Semikolon abgeschlossen ist,. Ausgaben erfolgen mit Console.WriteLine().

Listing: Kleines Testprogramm für LINQPad

```
for (int i = 0; i < 10; i++)
{
        Console.WriteLine(i);
}
```

Auch die Definition eigener Typen (z.B. Klassen, siehe nächstes Listing) ist möglich. Allerdings muss man hier beachten, dass LINQPad den erfassten Code in seinem eigenen Standardcode einbettet. Daher gelten folgende Regeln:

- Der auszuführende Hauptprogrammcode muss oben stehen.

- Er muss mit einer zusätzlichen geschweiften Klammer abgeschlossen sein von den folgenden Typdefinitionen.

- Die Typdefinitionen müssen am Ende stehen, und die allerletzte Typdefinition darf keine schließende geschweifte Klammer besitzen.

LINQPad ergänzt also intern offensichtlich eine Typdefinition mit einem Main() ganz oben und eine geschweifte Klammer unten.

Listing: Kleines Testprogramm für LINQPad mit Klassendefinition. Die Klammernsetzung sieht falsch aus, ist aber für LINQPad genau richtig (vgl. Text).

```
var e = new Berechnungsergebnis() { a=1, b=20 };

for (int i = 0; i < e.b; i++)
{
        e.a += i;
        Console.WriteLine(i + ";" + e.a);
}
} // Diese zusätzliche Klammer ist Pflicht!

// Die Typdefinition muss nach dem Hauptprogramm stehen!
class Berechnungsergebnis
 {
 public int a { get; set; }
 public int b { get; set; }
// hier muss man die Klammer weglassen!
```

26.2.7   Fazit zu LINQPad

LINQPad ist ein hilfreiches Werkzeug, um LINQ zu erlernen, LINQ-Befehle zu testen und auch im Allgemeinen, um „mal eben" Befehlsfolgen in C#, Visual Basic und F# zu erproben, ohne dafür ein schwergewichtiges Visual Studio zu starten oder in ein bestehendes Projekt eine „Herumprobier"-Routine einzubauen. Durch die praktische Exportfunktion kann man LINQPad nicht nur zum Entwickeln, sondern auch im Praxisalltag als Werkzeug für Ad-hoc-Datenbankabfragen nutzen.

26.3   Entity Developer

Microsoft bietet bisher keine GUI-Entwicklerwerkzeuge für Entity Framework Core – diese Lücke schließt die Firma DevArt mit dem Produkt Entity Developer.

Bereits in der Vergangenheit hat die Firma DevArt mehr Werkzeug-Funktionen für das klassische Entity Framework geboten als Microsoft selbst. Nun sind sie auch bei Entity Framework Core wieder führend. Entity Developer unterstützt sowohl das Reverse Engineering als auch das Forward Engineering bei Entity Framework Core mit einem grafischen Designer.

	Entity Developer First-class ORM-model designer for NHibernate, Entity Framework, LINQ to SQL and Telerik Data Access
Werkzeugname	Entity Developer
Website	*http://www.devart.com/entitydeveloper*
Hersteller	DevArt, Tschechische Republik
Kostenfreie Version	Ja
Kommerzielle Version	Ab 99.95 Dollar

Die nächste Abbildung zeigt die verfügbaren Produktvarianten. Die kostenfreie Express-Edition kann Modelle mit maximal zehn Tabellen verwalten.

Feature	Professional	NHibernate	Entity Framework	LINQ to SQL	Express
NHibernate support	✓	✓	✗	✗	✓
Entity Framework v1 - v6 support	✓	✗	✓	✗	✓
Entity Framework Core support	✓	✗	✓	✗	✓
Telerik Data Access support	✓	✗	✗	✗	✓
LINQ to SQL support	✓	✗	✗	✓	✓
Visual schema modelling	✓	✓	✓	✓	✓
Reverse engineering	✓	✓	✓	✓	✓
Predefined templates	✓	✓	✓	✓	✓
Custom templates	✓	✓	✓	✓	✗
Unlimited number of entities in model	✓	✓	✓	✓	✗
Single License Price	$299.95	$199.95	$199.95	$99.95	Free

Abbildung: Varianten von Entity Developer

Bei der Installation von Entity Developer bietet die Installationsroutine neben der eigenständigen Entity Developer-Anwendung bereits eine VSIX-Integration in ein installiertes Visual Studio 2015 und/oder Visual Studio 2017 an. Die Anwendung ist mit rund 60 MB Festplattenbedarf recht schlank.

26.3.1   Auswahl der ORM-Technik

Abhängig von der installierten Variante bietet Entity Developer dann beim Start verschiedene ORM-Techniken an. Für Entity Framework Core entsteht eine .efml-Datei, für das klassische Entity Framework eine .edml-Datei, für Telerik Data Access eine .daml-Datei und für nHibernate eine .hbml-Datei. Nach der Auswahl "EF Core Model" folgt im zweiten Assistentenschritt die Entscheidung zwischen Reverse Engineering (hier "Database First" genannt) und Forward Engineering (hier "Model First" genannt). Als Datenbanken unterstützt Entity Developer neben Microsoft SQL Server auch Oracle, MySQL, PostgreSQL, SQLite und IBMs DB2 – jeweils in Verbindung mit dem DevArt-eigenen Entity Framework Core-Treibern (siehe [*https://www.devart.com/dotconnect/#database*]).

Hinweis: Bei der Verwendung von Entity Developer innerhalb von Visual Studio gibt es keinen Auswahlassistenten für die ORM-Technik, sondern spezifische Elementvorlagen z.B. "DevArt EF Core Model" oder "DevArt NHibernate Model".

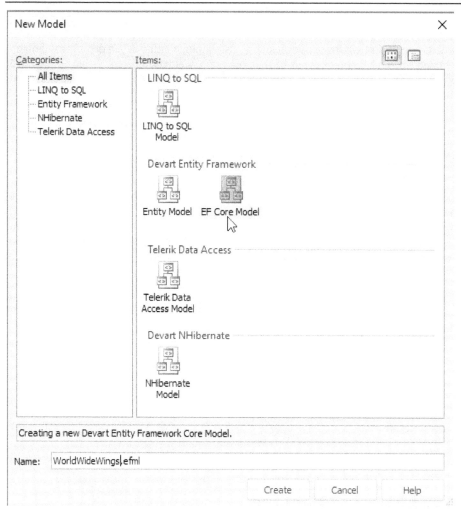

Abbildung: Auswahl der ORM-Technik in Entity Developer (eigenständiges Programm)

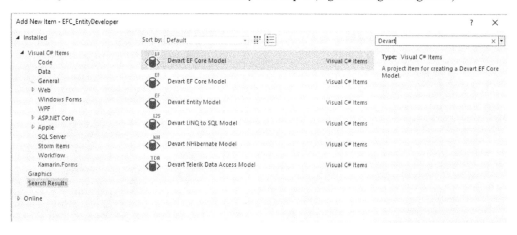

Abbildung: Entity Developer-Vorlagen innerhalb von Visual Studio

26.3.2 Reverse Engineering mit Entity Developer

Bei Database First gilt es dann, eine bestehende Datenbank und aus dieser die Artefakte (Tabellen, Views, Stored Procedures und Table Valued Functions) auszuwählen – wie man es von dem Assistenten für das klassische Entity Framework in Visual Studio kennt, allerdings mit dem Vorteil, dass der Entwickler bis herunter auf die Spaltenebene wählen darf.

Danach folgt eine Seite in dem Assistenten mit den Einstellungen für die Namenskonventionen für die Codegenerierung, die weit über das hinausgehen, was Visual Studio bisher bot. In der dann folgenden Optionsseite sind einige Optionen wie die N:M-Beziehungen und die Table per Type-Vererbung ausgegraut, weil Entity Framework Core diese Mapping-Möglichkeiten noch nicht besitzt. Im vorletzten Schritt wählt der Entwickler aus, ob er alle Artefakte auf einer Diagrammoberfläche haben möchte oder nur ausgewählte. Auch möglich ist, ein Diagramm pro Schemaname anzulegen. Für jedes Diagramm entsteht eine .view-Datei.

Im letzten Schritt wählt man dann noch die Codegenerierungsvorlage(n) aus. Entity Developer bietet in dem Dialog an, direkt mehrere Codegenerierungsvorlagen anzuwenden.

Abbildung: Auswahl des Vorgehensmodells

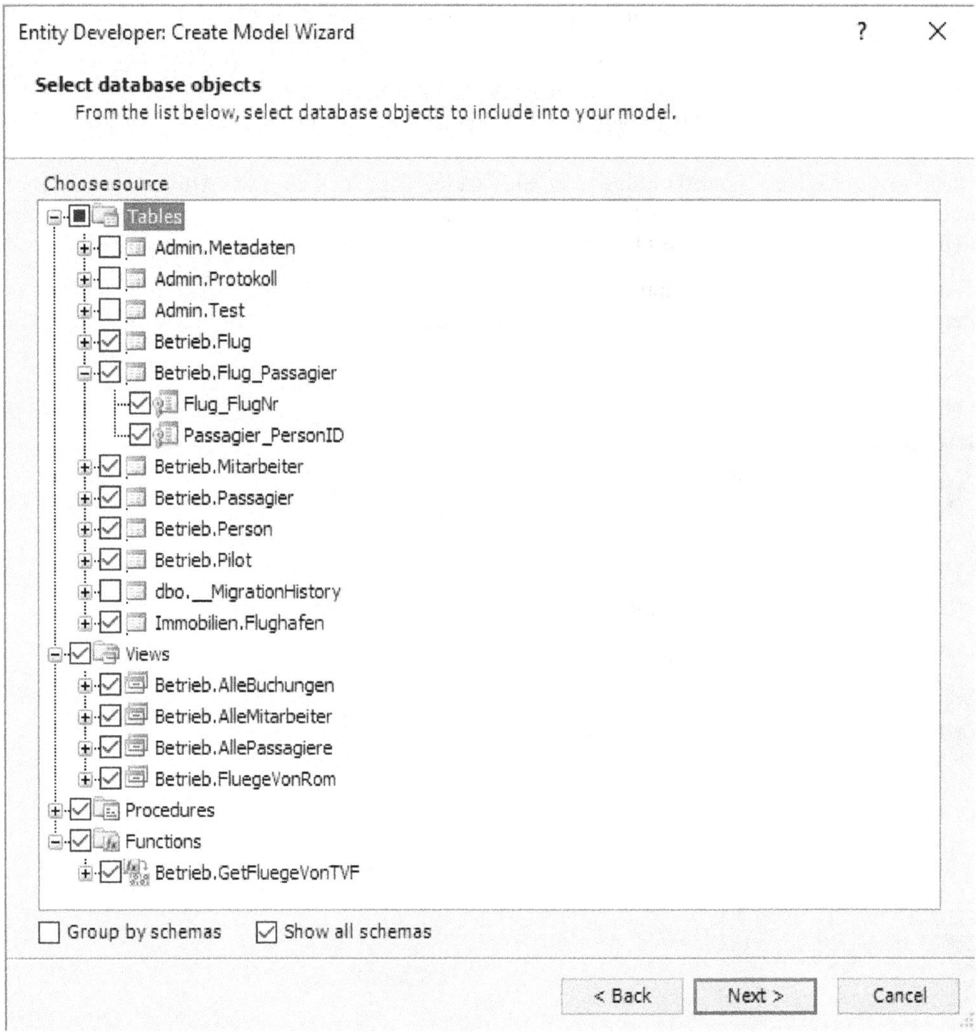

Entity Developer: Create Model Wizard	?	X

Select database objects

From the list below, select database objects to include into your model.

Choose source

- ☐ **Tables**
  - ☐ Admin.Metadaten
  - ☐ Admin.Protokoll
  - ☐ Admin.Test
  - ☑ Betrieb.Flug
  - ☑ Betrieb.Flug_Passagier
    - ☑ Flug_FlugNr
    - ☑ Passagier_PersonID
  - ☑ Betrieb.Mitarbeiter
  - ☑ Betrieb.Passagier
  - ☑ Betrieb.Person
  - ☑ Betrieb.Pilot
  - ☐ dbo.__MigrationHistory
  - ☑ Immobilien.Flughafen
- ☑ Views
  - ☑ Betrieb.AlleBuchungen
  - ☑ Betrieb.AlleMitarbeiter
  - ☑ Betrieb.AllePassagiere
  - ☑ Betrieb.FluegeVonRom
- ☑ Procedures
- ☑ Functions
  - ☑ Betrieb.GetFluegeVonTVF

☐ Group by schemas   ☑ Show all schemas

[< Back] [Next >] [Cancel]

Abbildung: Auswahl der Artefakte bis auf die Spaltenebene hinunter

Entity Developer: Create Model Wizard   ?   ✕

Set up naming rules

On this page, specify naming rules for entities and their elements selected on the previous step.

Class and Method Names		Class Properties' Names	
Case:	Unchanged ⌄	Case:	Unchanged ⌄
Remove prefix(es):		Remove prefix(es):	
Remove suffix(es):		Remove suffix(es):	
Add prefix:		Add prefix:	
Add suffix:		Add suffix:	
Pluralization:	Unchanged ⌄	Pluralization:	Unchanged ⌄

Unchanged
Singularize
Pluralize

☑ Remove underscore   ☑ Remove underscore

☐ Add underscore   ☐ Add underscore

☑ Remove invalid characters   ☑ Remove invalid characters

☐ Add schema as prefix   ☑ Pluralize collection navigation properties

EntitySet Pluralization: Pluralize ⌄   ☐ Add constraint details to navigation properties

Example:		Example:	
Original:	Test Object_Name	Original:	Test Object_Name
Becomes:	TestObjectName	Becomes:	TestObjectName

              < Back   Next >   Cancel

Abbildung: Viele Einstellungen für die Namenskonventionen von Klassen und Klassenmitgliedern im zu generierenden Code in Entity Developer

Entity Developer: Create Model Wizard   ?   ✕

Model properties
On this page you can set the properties of the model.

Database First Settings

☐ Detect Many-to-Many associations   ☐ Use shadow foreign key properties

☐ Detect Table Per Type inheritances   ☑ Preserve schema name in storage

☑ Use database comments   ☑ Preserve columns details

☐ Use the following connection string from App.Config: ☑ Preserve columns SqlType and Default

ITVCRM_TESTModelConnectionString

☐ Rewrite connection string during regeneration

Context Namespace: [   ]

Default Namespace: [   ]

Default Schema: [   ]

Model First Settings

Default Precision: [▲▼]

Default Scale: [▲▼]

Default Length: [▲▼]

                          ☐ Default Unicode

                              [< Back]   [Next >]   [Cancel]

Abbildung: Modelleigenschaften wählen

Entity Developer: Create Model Wizard ? ✕

Choose Model Diagram Contents

On this page you can choose model diagram content.

What should the model diagram contain?

◉ **All Entities**

Diagram contains all entities from the model.

○ **Split By Schemas**

Entities of the model are grouped according to schemas on the server, and for each group a separate diagram is created.

○ **Custom**

Diagram contains only the entities selected by user.

```
☐ WWWings66_VieleDatenModel
   ☐ AlleBuchungen
   ☐ AlleMitarbeiter
   ☐ AllePassagiere
   ☐ FluegeVonRom
   ☐ Flug
   ☐ Flughafen
   ☐ FlugPassagier
   ☐ Mitarbeiter
   ☐ Passagier
   ☐ Person
   ☐ Pilot
```

☐ Group by schemas

[< Back] [Next >] [Cancel]

Abbildung: Diagramminhalt wählen

Die folgende Abbildung zeigt die bei Entity Developer mitgelieferten Vorlagen, die unter [*https://www.devart.com/entitydeveloper/templates.html*] nur knapp dokumentiert sind. Hier muss man ausprobieren, ob der generierte Code auf die eigenen Bedürfnisse passt. Die vordefinierten Vorlagen kann man mit der Funktion "Copy to Model Folder" in eine .tmpl-Datei in den eigenen Anwendungsordner kopieren und dort dann modifizieren. Auch eigene .tmpl-Vorlagendateien sind möglich. Die Vorlagen sind ähnlich zu dem in Visual Studio verwendeten Text Template Transformation Toolkit (T4)-Vorlagen, aber nicht kompatibel. Anders als bei den T4-Vorlagen kann man bei den DevArt-Vorlagen die Codegenerierung durch Parameter beeinflussen, die man in einem Property Grid setzt. Hier kann man zum Beispiel für die gewählte Vorlage "EF Core" festlegen, dass

- Entitätsklassen und Kontextklasse in verschiedenen Ordnern landen (hier kann man einen relativen oder absoluten Pfad erfassen)

- Partielle Klassen erzeugt werden

- die Schnittstellen INotifyPropertyChanging und INotifyPropertyChanged in den Entitätsklassen implementiert werden

- die Entitätsklassen die Annotationen [DataContract] und [DataMember] für die Windows Communication Foundation (WCF) erhalten

- die Entitätsklassen die Annotationen [Serializable] erhalten

- die Entitätsklassen Equals() überschreiben

- die Entitätsklassen IClonable implementieren.

Die Namen der Diagramme, die Vorlagen und deren Parameter sowie die Liste der generierten Dateien legt Entity Developer in einer .edps-Datei ab.

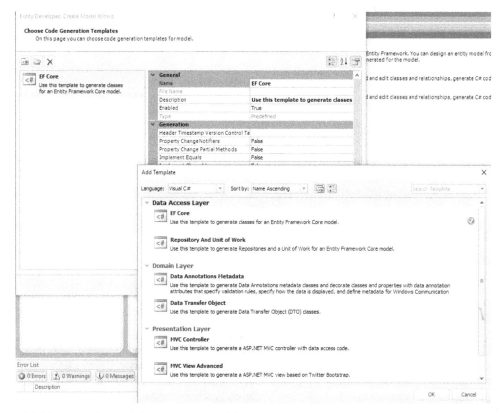

Abbildung: Codegenerierungsvorlage wählen

Nach Abschluss des sehr flexiblen Assistenten kommt dann beim Betrachten des Modells im Designer aber erstmal ein wenig Ernüchterung, zumindest dann, wenn man auch Datenbank-Views gewählt hat: Entity Developer beschwert sich, dass es dafür keinen Primärschlüssel gibt. Das liegt daran, dass Entity Framework Core noch gar nicht auf das Mapping von Views eingestellt ist und

Views wie Tabellen behandelt, die immer einen Primärschlüssel haben müssen. Einen solchen muss man dann also manuell im Property-Fenster für jeden Datenbank-View setzen.

Die Beziehungen zwischen den Tabellen sind auch bei Entity Developer in Verbindung mit Entity Framework Core im Standard als Assoziationen modelliert, auch wenn Vererbung möglich wäre. In Verbindung mit dem klassischen Entity Framework gibt es in Entity Developer die Option, Table per Type-Vererbungen zu erkennen, aber Entity Framework Core unterstützt noch keine Table per Type-Vererbung.

Der Entwickler kann nun das oder die Diagramme anpassen bzw. neue Diagramme im Model Explorer (siehe links in der nächsten Abbildung) anlegen. Der Entwickler kann weitere Tabellen, Sichten, Prozeduren und Funktionen direkt per Drag & Drop aus dem Database Explorer (in der Abbildung ganz rechts) in das Modell aufnehmen, statt wie bei Visual Studio dafür immer wieder den Assistenten aufrufen zu müssen. Entity Developer kann genau wie die klassischen Entity Framework-Werkzeuge in Visual Studio mehrere Diagramme pro Modell mit sich überschneidenden Entitäten verwalten. Die Reihenfolge der Properties in einer Entitätsklasse kann der Entwickler per Drag&Drop verändern, während die Reihenfolgeänderung mit Microsofts Werkzeug kurioserweise nur ganz umständlich per Kontextmenü oder zugehörigem Tastatur-Shortcut möglich ist. Auch zwischen verschiedenen Entitäten ist Drag&Drop von Properties möglich. Entity Developer erlaubt es, den Entitäten im Modell Farben zuzuweisen, um sie optisch besser zu trennen. Die Einfärbung gilt dann für alle Diagramme, in denen die Entität vorkommt. Auf der Diagrammfläche kann der Entwickler auch Kommentare an beliebiger Stelle positionieren.

Die Programmcodegenerierung wird ausgelöst durch den Menüpunkt Model/Generate Code (Taste F7). Mit der Standardcodegenerierungsvorlage "EF Core" entsteht:

- eine Kontextklasse

- eine Entitätsklasse pro Tabelle und pro Datenbanksicht (View)

- eine Klasse für jeden Rückgabetyp einer Stored Procedure

Der Programmcode für die Nutzung der Stored Procedures und Table-valued Functions steckt in der Kontextklasse, die dadurch sehr lang werden kann. Interessant ist, dass Entity Developer bei der Implementierung gar nicht auf Entity Framework Core zurückgreift, sondern die Datensätze per DataReader abholt und das komplette Mapping selbst realisiert (siehe nächstes Listing). Immerhin erkennt Entity Developer, dass die in dem Listing abgebildete Stored Procedure "GetFlug" die gleiche Struktur zurückgibt wie die Tabelle Flug, und verwendet daher die Entitätsklasse Flug im Rückgabetyp. Entity Developer bzw. die Vorlage hätten an dieser Stelle auch Entity Framework Core mit der Erweiterungsmethode FromSqlRaw() einsetzen können. Vorteil dieser eigenen Implementierung von DevArt ist, dass sie auch für Stored Procedures funktioniert, die keine Entitätstypen zurückliefern. Das kann Entity Framework Core noch nicht. Entity Developer erzeugt in diesen Fällen eigene Klassen für den Rückgabetyp.

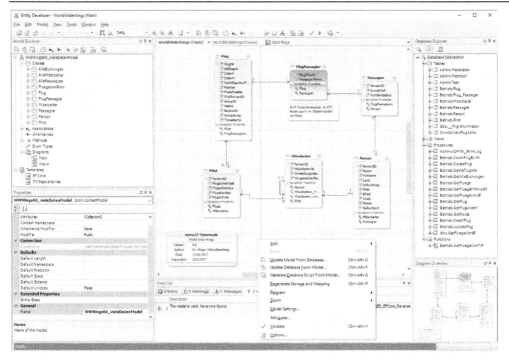

Abbildung: Grafischer Designer in Entity Developer

Listing: Mapping für die Stored Procedure GetFlug()

```csharp
public List<Flug> GetFlug (System.Nullable<int> FlugNr)
    {

        List<Flug> result = new List<Flug>();

        DbConnection connection = this.Database.GetDbConnection();
        bool needClose = false;
        if (connection.State != ConnectionState.Open)
        {
            connection.Open();
            needClose = true;
        }

        try
        {
        using (DbCommand cmd = connection.CreateCommand())
            {
            if (this.Database.GetCommandTimeout().HasValue)
                cmd.CommandTimeout = this.Database.GetCommandTimeout().Value;
            cmd.CommandType = CommandType.StoredProcedure;
            cmd.CommandText = @"Betrieb.GetFlug";

            DbParameter FlugNrParameter = cmd.CreateParameter();
            FlugNrParameter.ParameterName = "FlugNr";
            FlugNrParameter.Direction = ParameterDirection.Input;
            if (FlugNr.HasValue)
            {
                FlugNrParameter.Value = FlugNr.Value;
            }
```

```
                    else
                    {
                        FlugNrParameter.DbType = DbType.Int32;
                        FlugNrParameter.Size = -1;
                        FlugNrParameter.Value = DBNull.Value;
                    }
                    cmd.Parameters.Add(FlugNrParameter);

                    using (IDataReader reader = cmd.ExecuteReader())
                    {
                        while (reader.Read())
                        {
                            Flug row = new Flug();
                            if (!reader.IsDBNull(reader.GetOrdinal("FlugNr")))
                                row.FlugNr =
(int)Convert.ChangeType(reader.GetValue(reader.GetOrdinal(@"FlugNr")), typeof(int));

                            if (!reader.IsDBNull(reader.GetOrdinal("Abflugort")))
                                row.Abflugort =
(string)Convert.ChangeType(reader.GetValue(reader.GetOrdinal(@"Abflugort")), typeof(string));

                            if (!reader.IsDBNull(reader.GetOrdinal("Datum")))
                                row.Datum =
(System.DateTime)Convert.ChangeType(reader.GetValue(reader.GetOrdinal(@"Datum")),
typeof(System.DateTime));

                            if (!reader.IsDBNull(reader.GetOrdinal("NichtRaucherFlug")))
                                row.NichtRaucherFlug =
(bool)Convert.ChangeType(reader.GetValue(reader.GetOrdinal(@"NichtRaucherFlug")),
typeof(bool));

...

                            if (!reader.IsDBNull(reader.GetOrdinal("Timestamp")))
                                row.Timestamp =
(byte[])Convert.ChangeType(reader.GetValue(reader.GetOrdinal(@"Timestamp")), typeof(byte[]));
                            else
                                row.Timestamp = null;

                            result.Add(row);
                        }
                    }
                }
                finally
                {
                    if (needClose)
                        connection.Close();
                }
                return result;
            }
```

Den generierten Programmcode kann man nun in ein Visual Studio-Projekt aufnehmen, sofern man die Schritte nicht schon dort ausgeführt hat. Die verwendeten Vorlagendateien kann man in Entity Developer jederzeit anpassen (siehe Ast "Templates" im "Model Explorer"). Vorlagen kann man auch in Entity Developer bearbeiten – inklusive Intellisense-Eingabeunterstützung.

Alternativ dazu kann man auch die installierte Visual Studio-Erweiterung nutzen. In Visual Studio findet man in den Elementvorlagen in der Rubrik "Data" dann neue Einträge wie "DevArt EF Core Model". Danach folgt der gleiche Assistent und am Ende der gleiche Designer (inkl. Model

Explorer und Vorlageneditor) wie bei der eigenständigen Anwendung. Der Vorteil ist, dass der generierte Programmcode automatisch zu dem Visual Studio-Projekt gehört, in dem auch die .efml-Datei liegt.

Das Modell kann man mit dem Menüpunkt "Model/Update Model from Database" aktualisieren, wenn sich das Datenbankschema geändert hat. Generelle Abbildungsregeln für Datenbanktypen auf .NET-Typen legt der Entwickler unter "Tools/Options/Servers' Options" fest.

Sehr hilfreich ist auch die Datenvorschau ("Retrieve Data" im Kontextmenü einer Entitätsklasse) inklusive Navigation zu verbundenen Datensätzen und hierarchischem Aufklappen. Die Datenvorschau kann direkt aus dem Diagramm heraus im Kontextmenü einer jeden Entität oder aus einer Tabelle bzw. Sicht im Database Explorer aufgerufen werden.

26.3.3   Forward Engineering mit Entity Developer

Nach dem Reverse Engineering mit Entity Developer soll nun noch das Forward Engineering betrachtet werden. Nach der Auswahl von "Model First" folgt direkt der Dialog "Model Properties", da es hier keine bestehende Datenbank, deren Artefakte und Namenskonventionen für die Generierung zu wählen gibt. Mit den Einstellungen bei "Model First Settings" kann der Entwickler hier Standards für die Datenbankschemagenerierung vorgeben:

- Default Precision: bei Dezimalzahlen die Anzahl der Stelle vor dem Komma

- Default Scale: bei Dezimalzahlen die Anzahl der Stelle nach dem Komma

- Default Length: bei Zeichenketten die Maximalanzahl der Zeichen (leer bedeutet, dass die Zeichenketten unbegrenzt sind)

Im dritten und letzten Schritt des Assistenten im Fall "Model First" kommt dann der Dialog zur Auswahl der Codegenerierungsvorlage(n).

Danach erscheint die leere Designer-Oberfläche, die der Entwickler nun mit Hilfe der Symbole im "Model Explorer" mit Klassen, Enumerationen, Assoziationen und Vererbungsbeziehungen befüllen und durch das "Properties"-Fenster konfigurieren kann (siehe nächste Abbildung). Hier kann er z.B. Primärschlüssel setzen, die Annotation [ConcurrencyCheck] aktivieren und festlegen, dass eine Eigenschaft ein "Shadow Property" sein soll, welche es zwar in der Datenbank, nicht aber in der generierten Entitätsklasse gibt. In Entity Framework Core nicht verfügbare Optionen, wie etwa eine N:M-Abbildung, bietet Entity Developer in einem Entity Framework Core-Modell gar nicht erst an.

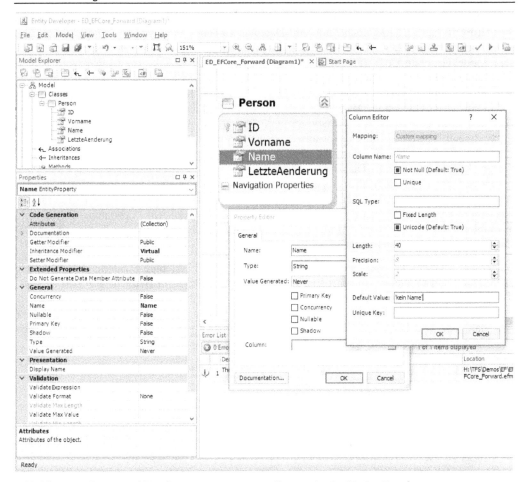

Abbildung: Anlegen und Konfigurieren von neuen Properties im Entity Developer

Mit der Funktion "Model/Update Database from Model" kann der Entwickler dann daraus ein Datenbankschema erzeugen. Dieser Assistent fragt nach einer Zieldatenbank, die aber schon existieren muss. Der Assistent zeigt dann an, welche Schemaänderungen zur Datenbank zu übertragen sind und bietet die Wahl an, bestimmte Änderungen nicht zu übertragen. Im letzten Schritt kann man sich das auszuführende SQL-Skript ansehen. Entity Developer verwendet dafür nicht die kommandozeilenbasierten Schemamigrationswerkzeuge von Entity Framework Core (dotnet ef bzw. die PowerShell-Commandlets), sondern sein eigenes Verfahren, in dem das bestehende Schema mit dem Zielschema verglichen wird. Dabei bemüht sich aber auch Entity Developer, die Daten zu erhalten. Mit der Option "Recreate Database Tables" kann der Entwickler auch erreichen, dass bestehende Tabellen inklusive ihrer Daten verschwinden. Eine Zusatztabelle __EFMigrationsHistory gibt es bei den Migrationen von Entity Developer nicht. Konventionen für die Namensgebung im zu generierenden Datenbankschema legt man unter Model/Settings/Synchronization/Database Naming fest.

Im Menü Model/Generate Database Script from Model kann der Entwickler ein SQL-Skript für das zu erzeugende Schema generieren lassen ohne Bezug auf eine konkrete Datenbank. Dabei kann er das Ziel-Datenbankmanagementsystem und die Version (bei SQL Server z.B. 2000, 2005, 2008, 2012, 2014 und Azure (aber bisher nicht SQL Server 2016) auswählen.

Entity Developer unterstützt bei vielen Kleinigkeiten. So wird der obiger Abbildung festgelegte Standardwert 'kein Name' nicht nur im Datenbankschema eingetragen, sondern auch im Konstruktor der Entitätsklasse verwendet (siehe Listing), die man wie beim Reverse Engineering über Model/Generate Code (F7) erzeugt. Bei den Codegenerierungseinstellungen wurden hier INotifyPropertyChanging/INotifyPropertyChanged sowie die WCF-Data-Contract-Attributierung aktiviert. Die bei der Klasse und dem Property "Vorname" hinterlegten Kommentare wurden bereits im Entity Developer-Designer erfasst. Ebenfalls im Entity Developer erfassen kann man beliebige Annotationen zu Entitätstypen und Properties. Dafür wählt man zunächst im Kontextmenü "Attributes" und dann dort .NET-Attribute aus beliebigen .NET-Assemblies aus. Wenn das .NET-Attribut im Konstruktor Parameter erfordert, kann man diese im Dialog erfassen. Einige Annotationen wie [DisplayName] und [Range] und [RegularExpression] kann der Entwickler direkt in dem Property-Fenster setzen (siehe "Validation" links unten in der Abbildung). Damit die Validierungsannotationen tatsächlich im generierten Programmcode verewigt werden, muss man in der Codegenerierungsvorlage ein Validation Framework auswählen. Neben den .NET-Validierungsannotationen kann man hier auch die alte .NET Enterprise Library oder nHibernate Validator wählen.

Interessant ist auch, dass der Entwickler das Propertygrid um beliebige Einstellungen erweitern kann. Diese Einstellungen können dann bei der Codegenerierung in Betracht gezogen werden. Zusätzliche Einstellungen definiert man im Menü "Model/Settings/Model" im dort angezeigten Baum unter "Model/Extended Properties" für Artefakte wie Klassen, Properties und Assoziationen. Die Bedeutung dieser Zusatzeinstellungen muss der Entwickler dann in einer eigenen .tmpl-Codegenerierungsvorlage berücksichtigen.

Listing: Beispiel für eine von Entity Developer generierte Entitätsklasse

```
//-------------------------------------------------------------------------
// This is auto-generated code.
//-------------------------------------------------------------------------
// This code was generated by Entity Developer tool using EF Core template.
// Code is generated on: 13/06/2017 12:02:13
//
// Changes to this file may cause incorrect behavior and will be lost if
// the code is regenerated.
//-------------------------------------------------------------------------

using System;
using System.Data;
using System.ComponentModel;
using System.Linq;
using System.Linq.Expressions;
using System.Data.Common;
using System.Collections.Generic;
using System.Runtime.Serialization;

namespace EDTestModel
{
    /// <summary>
    /// Entitätsklasse für eine Einzelperson
    /// </summary>
    [DataContract(IsReference = true)]
    public partial class Person : INotifyPropertyChanging, INotifyPropertyChanged {

        private static PropertyChangingEventArgs emptyChangingEventArgs = new
PropertyChangingEventArgs(System.String.Empty);

        private int _ID;
```

```csharp
    private string _Vorname;

    private string _Name;

    private System.Nullable<System.DateTime> _Geburtstag;

    public Person()
    {
        this._Name = @"kein Name";
        OnCreated();
    }

    [DataMember(Order=1)]
    public virtual int ID
    {
        get
        {
            return this._ID;
        }
        set
        {
            if (this._ID != value)
            {
                this.SendPropertyChanging();
                this._ID = value;
                this.SendPropertyChanged("ID");
            }
        }
    }

    /// <summary>
    /// Vorname der Person
    /// </summary>
    [DataMember(Order=2)]
    public virtual string Vorname
    {
        get
        {
            return this._Vorname;
        }
        set
        {
            if (this._Vorname != value)
            {
                this.SendPropertyChanging();
                this._Vorname = value;
                this.SendPropertyChanged("Vorname");
            }
        }
    }

    [DataMember(Order=3)]
    public virtual string Name
    {
        get
        {
            return this._Name;
        }
```

```
        set
        {
            if (this._Name != value)
            {
                this.SendPropertyChanging();
                this._Name = value;
                this.SendPropertyChanged("Name");
            }
        }
    }


    [DataMember(Order=4)]
    public virtual System.Nullable<System.DateTime> Geburtstag
    {
        get
        {
            return this._Geburtstag;
        }
        set
        {
            if (this._Geburtstag != value)
            {
                this.SendPropertyChanging();
                this._Geburtstag = value;
                this.SendPropertyChanged("Geburtstag");
            }
        }
    }


    #region Extensibility Method Definitions

    partial void OnCreated();

    public override bool Equals(object obj)
    {
      Person toCompare = obj as Person;
      if (toCompare == null)
      {
        return false;
      }

      if (!Object.Equals(this.ID, toCompare.ID))
        return false;

      return true;
    }

    public override int GetHashCode()
    {
      int hashCode = 13;
      hashCode = (hashCode * 7) + ID.GetHashCode();
      return hashCode;
    }

    #endregion

    public virtual event PropertyChangingEventHandler PropertyChanging;

    public virtual event PropertyChangedEventHandler PropertyChanged;
```

```
protected virtual void SendPropertyChanging()
{
        var handler = this.PropertyChanging;
    if (handler != null)
        handler(this, emptyChangingEventArgs);
}

protected virtual void SendPropertyChanging(System.String propertyName)
{
        var handler = this.PropertyChanging;
    if (handler != null)
        handler(this, new PropertyChangingEventArgs(propertyName));
}

protected virtual void SendPropertyChanged(System.String propertyName)
{
        var handler = this.PropertyChanged;
    if (handler != null)
        handler(this, new PropertyChangedEventArgs(propertyName));
}
    }
}
```

26.4 Entity Framework Profiler

Objekt-Relationales Mapping bedeutet Abstraktion von SQL, und dabei stellt sich naturgemäß die Frage, welche und wie viele Befehle wirklich zum Datenbankmanagementsystem gesendet werden. Die Kommunikation kann man mit dem DBMS-eigenen Profiler wie dem Microsoft SQL Server Profiler überwachen oder mit einem ORM-spezifischen Werkzeug wie dem Entity Framework Profiler.

Fast alle OR-Mapper verwenden eigene Abfragesprachen, z.B. HQL bei nHibernate und LINQ bei Entity Framework und Entity Framework Core. Diese Sprachen arbeiten auf dem datenbankneutralen Objektmodell, und der OR-Mapper sorgt für die Umwandlung in den SQL-Dialekt des jeweiligen Datenbankmanagementsystems. Gerade diese automatisierte Erzeugung von SQL-Befehlen ist immer wieder ein Ansatzpunkt für grundsätzliche Kritik am ORM, insbesondere aus dem Lager der "SQL-Optimierer". Tatsächlich sind nicht immer alle vom OR-Mapper erzeugten SQL-Befehle optimal.

Nicht optimales SQL und ungünstige Ladestrategien aufzuspüren gehört zu den Aufgaben eines jeden Softwareentwicklers, der OR-Mapper einsetzt. Hier setzt der Entity Framework Profiler der Firma "Hibernating Rhinos" an, der sowohl mit Entity Framework Core als auch dem Vorgänger Entity Framework funktioniert.

	Entity Framework Profiler
Werkzeugname	Entity Framework Profiler
Website	*http://www.efprof.com*
Hersteller	Hibernating Rhinos, Israel

Kostenfreie Version	Nein
Kommerzielle Version	Ab 45$ pro Monat

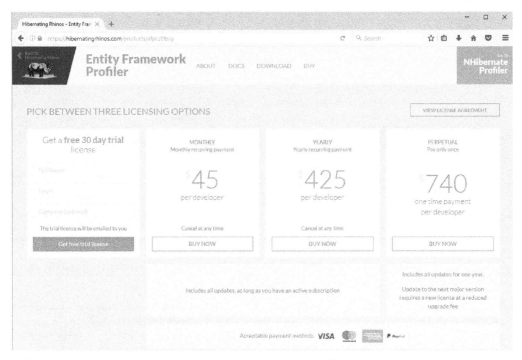

Abbildung: Lizensierungsoptionen für Entity Framework Profiler

26.4.1   Einbinden des Entity Framework Profilers

Damit der Entity Framework Profiler überhaupt die Aktivitäten zwischen OR-Mapper und Datenbankmanagementsystem mitschneiden kann, muss die zu überwachende Anwendung "instrumentiert" werden. Dazu sind zwei Änderungen am Programmcode notwendig:

- Der Entwickler muss eine Referenz zur Assembly HibernatingRhinos.Profiler.Appender.dll erstellen.

> **PRAXISTIPP:** Diese Assembly wird mit dem Entity Framework Profiler ausgeliefert (Ordner "/Appender"), und zwar in drei Varianten: für .NET 3.5, für .NET 4.x und als .NET Standard-Assembly (auch für .NET Core). Während Sie diese Assembly in einem Projekt mit dem klassischen .NET Framework direkt referenzieren können, sollten Sie in einem .NET Core-Projekt die Assembly nicht aus dem Ordner /Appender/netstandard/ direkt referenzieren, sondern über NuGet installieren (Install-Package EntityFrameworkProfiler.Appender). Sonst fehlen Ihnen möglicherweise Abhängigkeiten.

- Zu Beginn ihres Programms (oder dort, wo Sie das Profiling im Programm beginnen wollen) muss die Programmcodezeile
HibernatingRhinos.Profiler.Appender.EntityFramework.EntityFrameworkProfiler.Initialize() im Programmcode erscheinen.

> **PRAXISTIPP:** Der Entity Framework Profiler setzt nicht voraus, dass die Anwendung im Visual Studio-Debugger läuft. Die Aufzeichnung funktioniert auch, wenn die Anwendung direkt gestartet wird – sogar wenn Sie im "Release"-Modus kompiliert wurde. Entscheidend ist nur die eine Zeile Instrumentierungscode. Man kann die Anwendung also so gestalten, dass der Instrumentierungscode bei Bedarf aufgerufen wird, z.B. gesteuert über eine Konfigurationsdatei.

26.4.2   Befehle überwachen mit Entity Framework Profiler

Nun startet man die WPF-basierte Entity Framework Profiler-Benutzeroberfläche (EFProf.exe) vor der zu überwachenden Anwendung. Nach Start der zu überwachenden Anwendung sieht man dann im Entity Framework Profiler in der Liste links alle erzeugten Instanzen der Entity Framework-Klasse ObjectContext (bzw. aller davon abgeleiteten Klassen). Leider sind die einzelnen Kontextinstanzen nicht benannt; die Benennung muss der Nutzer selbst in der Entity Framework Profiler-Benutzeroberfläche vornehmen.

Jeweils zu einem Kontext sieht man die Anzahl der über den Kontext ausgeführten SQL-Befehle mit den jeweiligen Ausführungszeiten, und zwar sowohl diejenigen im DBMS selbst als auch die Gesamtzeit, also inklusive der Materialisierung der Objekte im RAM. In der nächsten Abbildung erkennt man zum Beispiel sofort das Problem, dass viele Objektkontexte erzeugt werden, ohne dass überhaupt irgendein Befehl darüber zur Ausführung kommt.

> **ACHTUNG:** Entity Framework Profiler spricht von "Object Context", was im klassischen Entity Framework die ursprüngliche Basisklasse für den Entity Framework-Kontext war. In Entity Framework Core gibt es nur noch den moderneren DbContext. Die Bezeichnung im Entity Framework Profiler wurde nicht angepasst. Der Entity Framework Profiler funktioniert aber sowohl mit der Basisklasse DbContext in Entity Framework als auch in Entity Framework Core.

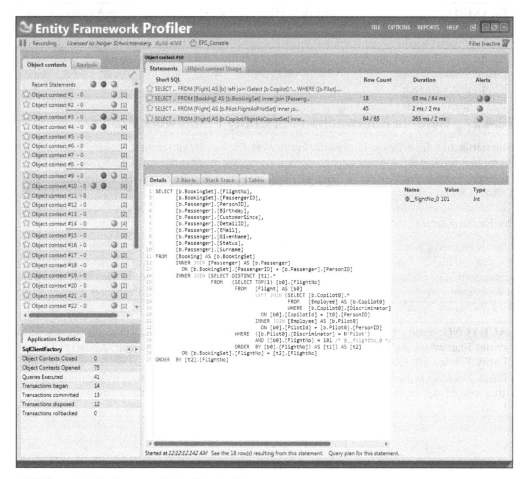

Abbildung: Entity Framework Profiler in Aktion

Im rechten Teil des Bildschirms findet man zu dem aktuell gewählten Kontext dann eine Liste der ausgeführten Befehle. Unter "Details" kann man den kompletten SQL-Befehl mit Parametern und den zugehörigen Ausführungsplan (siehe nächste Abbildung) sowie auch die Ergebnismenge sehen. Hierfür muss man jedoch die Verbindungszeichenfolge in Entity Framework Profiler einpflegen (siehe übernächste Abbildung).

Die Registerkarte "Stack Trace" offenbart, welche Methode einen einzelnen SQL-Befehl ausgelöst hat. Sehr nett ist, dass ein Doppelklick auf einen Eintrag im "Stack Trace" direkt zu der passenden Codestelle im geöffneten Visual Studio führt. Damit findet man dann sehr schnell den LINQ- oder SQL-Befehl, der den SQL-Befehl ausgelöst hat.

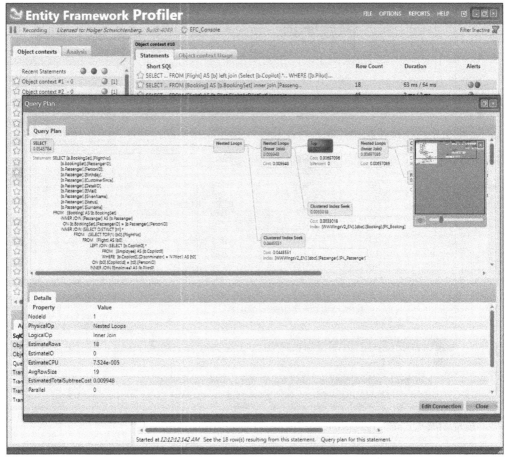

Abbildung: Ausführungsplan des Datenbankmanagementsystems im Entity Framework Profiler

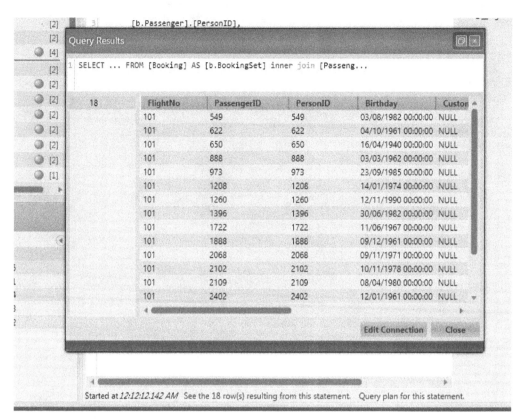

Abbildung: Anzeige der Ergebnismenge im Entity Framework Profiler

26.4.3   Warnungen vor potenziellen Problemen

Eine besondere Beachtung sind die grauen (Vorschläge) und roten Kreise (Warnungen) wert (siehe nächste Abbildung). Hier will der Entity Framework Profiler ein potenzielles Problem entdeckt haben. In der Abbildung ist das – so wie er es nennt – ein "SELECT N+1"-Problem. Eine Vielzahl gleichartiger SQL-Befehle, die nacheinander ausgeführt werden, deutet darauf hin, dass hier fehlerhafterweise automatisches Lazy Loading zum Einsatz kommt. Man sollte Eager Loading in Erwägung ziehen.

Ein anderes Problem, das der Entity Framework Profiler sehr gut aufzeigt, ist die wirklich nicht empfohlene Verwendung eines Kontext-Objekts in verschiedenen Threads. Andere Hinweise (siehe Abbildung) gibt es, wenn eine Abfrage viele Joins verwendet, mit einem Platzhalter (like "%xy") beginnt, viele Datensätze zurückliefert und keine TOP-Anweisung enthält ("Unbounded Result Sets"). Gerade über den letzten Punkt kann man wirklich streiten. Intention dieses Vorschlags ist, dass ein Entwickler nicht in Gefahr laufen sollte, dass er viel mehr Datensätze abfragt, als er wirklich erwartet und braucht. Aber in der Praxis lässt sich (außer bei Anwendungen, die Datensätze explizit mit Blättern-Funktion anzeigen) oft keine Obergrenze festlegen, die dauerhaft gilt. Eine Warnung gibt es auch, wenn viele INSERT-, UPDATE- und DELETE-Befehle ausgeführt werden und man prüfen sollte, ob dies nicht durch eine Massenoperation abbildbar ist.

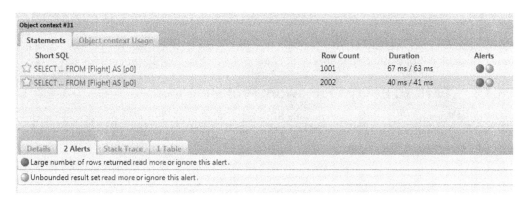

Abbildung: Warnungen und Vorschläge im Entity Framework Profiler

26.4.4 Analysefunktionen

Sehr hilfreich sind die Analysefunktionen in der Registerkarte "Analysis". Hier gibt es Auswertungen, die zeigen

- welche Methoden im Programmcode welche SQL-Befehle ausgelöst haben (Queries by Method, siehe Abbildung)

- wie viele verschiedene Befehle es gab (trotz des Namens Unique Queries erscheinen hier auch INSERT-, UPDATE- und DELETE-Befehle!)

- welche Befehle am längsten gedauert haben (Expensive Queries).

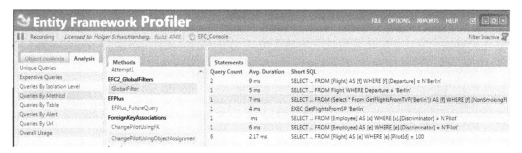

Abbildung: Analyse "Queries by Method"

Eine sehr interessante Funktion verbirgt sich im Menü File/Export to File. Hierdurch entsteht eine mit JavaScript angereicherte HTML-Seite, in der man eine ähnliche Oberfläche wie im Entity Framework Profiler sieht. Man kann alle Kontextinstanzen und die SQL-Befehle betrachten und die Analyseergebnisse aufrufen. Es fehlt aber der Stack Trace und die Warnungen.

Die normale Speicherfunktion erzeugt eine Binärdatei mit der Dateinamenserweiterung .efprof. Eine solche Datei kann auch der zu überwachende Programmcode direkt erzeugen, indem man im Startbefehl statt Initialize() die Methode InitializeOfflineProfiling(Dateiname.efprof) aufruft. Dann muss die Entity Framework Profiler-Benutzeroberfläche nicht laufen, während die Anwendung läuft. Ein Profiling ist also auch auf Zielsystemen problemlos möglich.

26.4.5 Kommandozeilenunterstützung und API

Im Sinne von Continous Integration kann man den Entity Framework Profiler auch von der Kommandozeile aus ausführen. Man braucht aber pro Rechner eine Lizenz. Der Profiler selbst besitzt auch eine Programmierschnittstelle in *HibernatingRhinos.Profiler.Integration.dll*.

26.4.6 Fazit zu Entity Framework Profiler

Der Entity Framework Profiler ist ein sehr hilfreiches Werkzeug, um sich gewahr zu werden, welche SQL-Befehle eine auf dem Entity Framework Core basierende Anwendung wirklich ausführt. Der Preis ist jedoch hoch.

27 Zusatzkomponenten

Dieses Kapitel stellt Zusatzkomponenten für Entity Framework Core vor, die die Funktionen von Entity Framework Core erweitern. Der Autor dieses Buches ist in keinster Weise an der Entwicklung oder dem Vertrieb dieser Werkzeuge beteiligt!

27.1 Oracle-Treiber von DevArt (dotConnect for Oracle)

Die Firma Oracle bietet bisher für ihre Datenbanken keine Unterstützung für Entity Framework Core an. Grundsätzlich hat Oracle zwar angekündigt [http://www.oracle.com/technetwork/topics/dotnet/tech-info/odpnet-dotnet-core-sod-3628981.pdf] daran zu arbeiten, aber bisher ist keine Lösung verfügbar. Auch beim klassischen Entity Framework dauerte es einige Jahre, bis Oracle eine Lösung anbot.

Einen kommerziellen Oracle-Treiber für Entity Framework Core gibt es von der Firma DevArt im Rahmen des Produkts "dotConnect for Oracle"

	dotConnect for Oracle
Komponentenname	dotConnect for Oracle
Website	*https://www.devart.com/dotconnect/oracle*
Quellcode	Nein
Installation	Setup: dcoracleXYpro.exe
	Install-Package Devart.Data.Oracle.EFCore
Kostenfreie Version	Nein
Kommerzielle Version	Ja (ab $149,95)

27.1.1 Unterstützte Oracle-Versionen

Das Produkt unterstützt Oracle-Datenbanken 12c, 11g, 10g, 9i, 8i, 8.0 and 7.3, einschließlich der Varianten "Personal" und "Express". Ab Version 8.0 werden sowohl die x86- als auch die x64-Variante der Oracle-Datenbanken unterstützt.

27.1.2 Installation

Zunächst ist auf dem System das Installationspaket dotConnect for Oracle von DevArt (dcoracleXYpro.exe, wobei XY für die Versionsnummer steht) auszuführen. Der Standardinstallationspfad ist C:\Program Files (x86)\Devart\dotConnect\Oracle.

Zudem ist das NuGet-Paket **Devart.Data.Oracle.EFCore** im Projekt zu installieren, in dem sich die Kontextklasse befindet.

Abbildung: NuGet-Paket für Entity Framework Core-Zugriff auf Oracle via dotConnect for Oracle

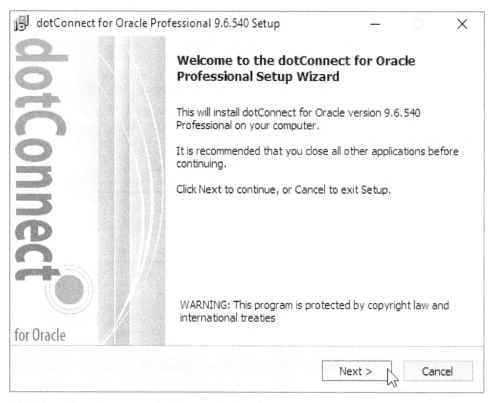

Abbildung: Installation von dotConnect for Oracle

Von den nachstehenden Installationsoptionen ist für Entity Framework Core sind die Visual Studio-Integration, Entity Developer, Hilfe- und Beispieldateien wirklich sinnvoll. Alle andere Installationsoptionen bieten eine Integration von Oracle in andere Frameworks wie das klassische ADO.NET Entity Framework, das klassische ASP.NET, Windows Workflow Foundation (WF), das Microsoft Sync Framework und die .NET Enterprise Library. Man könnte denken, die Option "LINQ" wird gebraucht. Hier verbirgt sich aber ein eigener LINQ-Provider für Oracle (ähnlich wie LINQ-to-SQL für Microsoft SQL Server), der nichts mit Entity Framework Core oder ADO.NET Entity Framework zu tun hat.

☑ Required runtime assemblies	5,7 MB
☑ Visual Studio integration	3,7 MB
☑ Visual Studio Enterprise 2017	3,7 MB
☐ Support for ADO.NET Entity Framework	0,7 MB
☐ LINQ	1,9 MB
☑ Entity Developer	24,0 MB
☐ ASP.NET Web Providers	0,3 MB
☐ SQL Server Business Intelligence Solutions	16,0 MB
☐ Support for Synchronization Framework	0,2 MB
☐ WF Instance Store	0,2 MB
☐ ASP.NET Identity	0,2 MB
☐ Enterprise Library Data Access Block	0,4 MB
☑ Samples	4,6 MB
☑ Help files	

Abbildung: Installationsoptionen von dotConnect for Oracle

Abbildung: Vorherige Versionen des Providers und von Entity Developer auf dem System müssen vorab manuell deinstalliert werden.

27.1.3 Visual Studio-Integration

Die Visual Studio-Integration von dotConnect for Oracle sorgt dafür, dass im Server Explorer unter Data Connections nun auch Verbindungen zu Oracle-Datenbanken möglich sind. Wählen Sie dazu "Add Connection" und dann "Oracle Database" bei Data Source und "dotconnect for Oracle" bei Data provider.

> **Tipp:** Zu empfehlen bei der Verbindungsherstellung ist der "Direct"-Modus. Damit vermeiden Sie, dass Sie das Oracle-Client-Setup von Oracle zusätzlich brauchen! Wenn Sie eine Verbindungszeichenfolge wie "User Id=WWWings;Password=secret;Data Source=xy;" ohne SID und Port verwenden, müssen Sie die Oracle-Client-Software dafür installieren, sonst kommt es zum Fehler: "Cannot obtain Oracle Client information from registry. Make sure that Oracle Client Software is installed and that the bitness of your application (x86) matches the bitness of your Oracle Client, or use the Direct mode of connecting to a server." Hinweise zu der Angabe "Data Source" finden Sie unter [https://docs.oracle.com/cd/B28359_01/win.111/b28375/featConnecting.htm].

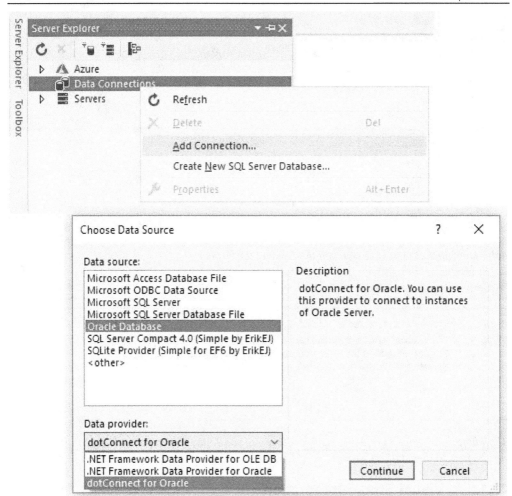

Abbildung: Providerauswahl in Visual Studio

Add Connection   ?   ✕

Enter information to connect to the selected data source
or click "Change" to choose a different data source and/or
provider.

Data source:

| Oracle Database (dotConnect for Oracle) | Change... |

Connection Parameters

Server   localhost

SID   OraDoc   Port 1521 ⬍

User Id   System

Password ******

☑ Allow saving password

Connect as Normal   ⌄

☑ Direct

Connection String

user id=System;password=******;server=localhost;conn

Advanced...

Test Connection   OK   Cancel

Microsoft Visual Studio   ✕

ⓘ   Test connection succeeded.

OK

Abbildung: Verbindungsaufbau in Visual Studio – mit dem "Direct"-Modus von dotConnect for Oracle

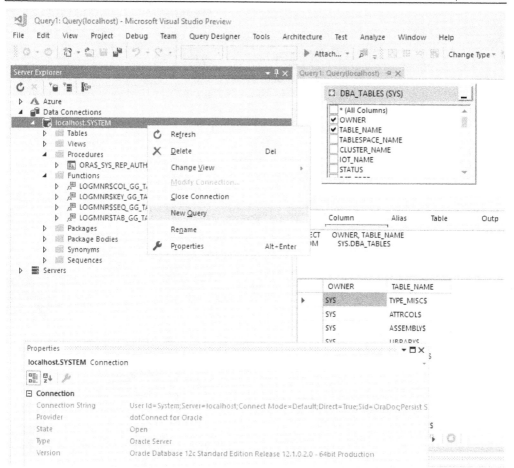

Abbildung: Nach dem Herstellen der Verbindung sieht man im Server Explorer die Datenbankobjekte und in Fenster "Properties" die Verbindungszeichenfolge.

27.1.4   Datenbanktreibername

Der Entity Framework-Treiber von DevArt hat den Namen "Devart.Data.Oracle.Entity.EFCore".

27.1.5   Entity Framework Core-Werkzeuge

Der Oracle-Treiber funktioniert beim Reverse Engineering und beim Forward Engineering mit den Standard-Werkzeugen von Entity Framework Core, also z.B.

```
Scaffold-DbContext "User ID=WWWings; Password=secret; Direct=true; Host=localhost;
SID=ITVisions; Port=1521;" Devart.Data.Oracle.Entity.EFCore -Tables DEPT,EMP
```

> **Tipp:** Alternativ dazu können Sie das Produkt "Entity Developer" von DevArt einsetzen, wenn Sie eine grafische Benutzeroberfläche für das Reverse Engineering oder das Forward Engineering von Oracle-Datenbanken wünschen.

27.1.6   Kontextklasse

In der Kontextklasse in OnConfiguring() können Sie die Methode UseOracle() mit einer Verbindungszeichenfolge aufrufen.

```
protected override void OnConfiguring(DbContextOptionsBuilder builder)
{
builder.UseOracle(@"User ID=WWWings; Password=secret; Direct=true; Host=localhost; SID=hs;
Port=1521;");
}
```

Praxishinweis: Die obige Verbindungszeichenfolge verwendet das sogenannte "Oracle Direct"-Verfahren, das bereits in diesem Kapitel diskutiert wurde. In .NET Core- und .NET Standard-Projekten ist es notwendig, auch den DevArt-Lizenzschlüssel in der Verbindungszeichenfolge einzufügen, sonst bekommen Sie Fehler des Type "LicenceException" mit dem Text "not supported". Die Lizenzschlüssel sind sehr lang. Beispiel für eine Verbindungszeichenfolge mit einem fiktiven Lizenzschlüssel:

```
User Id=WWWings;Server=localhost;Connect
Mode=Default;Direct=True;Sid=hs;Persist Security
Info=True;Password=secret;License
Key=C2wjF8+sFkG3SuIAVw/ouJa2l9aMsxFicBKFfC8kLewnYWbLNlv7BNJm8R+YQ+cfkrYH
uRD7Ihnq3Apd8GoC6i1LYy4Mw/yvfmFc3fqgvt/usfuoVyccwzryYC1TxJYnPK/Rs1dpGzTD
OpVss17bs5VPuzQF2z2fzZyF6pWDInzaxbZNcTSEwfott6O1pPgGxvXTTrGyer8GFtRqevo7
aa11PRf5dZbet7PH873rxxb722GxgZO8b50sZABK4bUn3CibxC3RuHEqFzQHwnK02h==
```

27.1.7   Entitätsklassen

Es ist zu beachten, dass die Schema-, Tabellen- und Spaltennamen in Oracle nur jeweils 30 Zeichen lang sein dürfen [https://docs.oracle.com/database/121/SQLRF/sql_elements008.htm#SQLRF51129]. Bei zu langen Namen erscheint der Laufzeitfehler: "Table name 'EntityClassWithAllSupportedDataTypes' is too long. An identifier with more than 30 characters was specified.".

27.1.8   Datentypen

Die folgenden Abbildungen zeigen die Abbildung zwischen Oracle-Spaltentypen und .NET-Datentypen bei dem DevArt-Oracle-Treiber.

Oracle data types	SSDL[1]	CSDL[1]	.NET
NUMBER(1)	bool	Boolean	System.Boolean
NUMBER(2)..NUMBER(9)[2]	int	Int32	System.Int32
NUMBER(10)..NUMBER(18)[2]	int64	Int64	System.Int64
NUMBER (p, s), where 0 < s < p < 16[2]	double	Double	System.Double
other NUMBERs	decimal	Decimal	System.Decimal
FLOAT, REAL, BINARY_FLOAT[3], BINARY_DOUBLE[3]	the same[3]	Decimal	System.Decimal
DATE, TIMESTAMP, TIMESTAMP WITH TIME ZONE, TIMESTAMP WITH LOCAL TIME ZONE	the same[4]	DateTime	System.DateTime
INTERVAL DAY TO SECOND	the same[4]	Time	System.TimeSpan
CHAR, NCHAR, VARCHAR2, NVARCHAR2, CLOB, NCLOB, ROWID, UROWID, XMLTYPE, INTERVAL YEAR TO MONTH, LONG[5]	the same[4]	String	System.String
BLOB, RAW[6], LONG RAW[5]	the same[4]	Binary	System.Byte[]
PL/SQL BOOLEAN	the same[4]	Boolean	System.Boolean
RAW(16)	guid	Guid	System.Guid
PL/SQL BOOLEAN	the same[4]	Boolean	System.Boolean
SDO_GEOMETRY[7]	sdo_geometry[4]	Geometry, GeometryCollection, GeometryLineString, GeometryMultiLineString, GeometryMultiPoint, GeometryMultiPolygon, GeometryPoint, GeometryPolygon	DbGeometry
SDO_GEOMETRY[7]	sdo_geography[4]	Geography, GeographyCollection, GeographyLineString, GeographyMultiLineString, GeographyMultiPoint, GeographyMultiPolygon, GeographyPoint, GeographyPolygon	DbGeography

[1] Applicable only to Entity Framework v1 - v6. Not applicable to Entity Framework Core, because Entity Framework Core does not support XML mapping.

[2] The negative scale cases are taken into account.

[3] BINARY_DOUBLE and BINARY_FLOAT data types appeared in Oracle 10g.

[4] These SSDL types completely identical to the corresponding Oracle data types.

[5] According to official Oracle recomendations, using of LONG and LONG RAW data types is not recommended.

[6] All RAW types, except RAW(16).

[7] Supported in Entity Framework v5 and v6.

Abbildung: Datentypabbildung beim Reverse Engineering (Quelle: [https://www.devart.com/dotconnect/oracle/docs/])

.NET	CSDL[1]	SSDL[1]	Oracle data types
System.Boolean	Boolean	bool	NUMBER(1)
System.Byte	Byte	byte	NUMBER(3)[2]
System.Byte[]	Binary	BLOB	BLOB
DbGeometry[3]	Geometry	sdo_geometry	SDO_GEOMETRY
DbGeography[3]	Geography	sdo_geography	SDO_GEOMETRY
System.DateTime	DateTime	TIMESTAMP	TIMESTAMP
System.DateTimeOffset	DateTimeOffset	datetimeoffset	TIMESTAMP WITH TIME ZONE
System.Decimal	Decimal	decimal	NUMBER[4]
System.Double	Double	double	NUMBER
System.Guid	Guid	guid	RAW(16)
System.Int16	Int16	int16	NUMBER(5)[2]
System.Int32	Int32	int	NUMBER(10)[2]
System.Int64	Int64	int64	NUMBER(19)[2]
System.SByte	SByte	sbyte	NUMBER(3)[2]
System.Single	Single	single	NUMBER(15,5)[2]
System.String	String	VARCHAR2	VARCHAR2
System.TimeSpan	Time	INTERVAL DAY TO SECOND	INTERVAL DAY TO SECOND

[1] Applicable only to Entity Framework v1 - v6. Not applicable to Entity Framework Core, because Entity Framework Core does not support XML mapping.

[2] Note that when mapping corresponding database data type, you will need the .NET type with larger precision. That is because, for example, any Int32 value can be stored in the NUMBER(10) column, but largest NUMBER(10) column value cannot be stored in the Int32 field, it requires Int64 field.

[3] Supported in Entity Framework v5 and v6.

[4] Mapping of this type depends on the DecimalPropertyConvention. If this convention is enabled (it is enabled by default), System.Decimal is mapped to NUMBER(18,2). Otherwise, it is mapped to NUMBER.

Abbildung: Datentypabbildung beim Forward Engineering (Quelle: [https://www.devart.com/dotconnect/oracle/docs])

27.2 Entity Framework Plus (EFPlus)

Entity Framework Plus (EFPlus) ist eine Zusatzkomponente, die es auch für das klassische Entity Framework gibt. Auch wenn die Website von EFPlus immer nur von Entity Framework spricht: Es gibt auch eine Variante für Entity Framework Core.

Entity Framework Plus bietet mehrere Zusatzfunktionen zu Entity Framework Core:

- Formulierung von UPDATE- und DELETE-Befehlen als Lambda-Ausdrücke (siehe Kapitel "Leistungsoptimierung/Massenoperationen")

- Auditing: Alle Änderungen an Datensätzen werden automatisch in einer Änderungstabelle vermerkt

- Globale Abfragefilter (beherrscht Entity Framework Core seit Version 2.0 auch selbst. EFPlus bietet dies auch für Entity Framework Core 1.x)

- Einen Second-Level-Cache als Alternative zu EFSecondLevelCache.Core (siehe Kapitel "Leistungsoptimierung/Second-Level-Caching")

- Future Queries: Zusammenfassen mehrerer SELECT-Abfragen in einem Rundgang zum Datenbankmanagementsystem (siehe Kapitel /Skalare Datenbankfunktionen

- Die statische Klasse "EF" bietet seit Entity Framework Core 2.0 in ihrem Mitglied "Function" einige statische Methoden zum Aufruf von skalaren Datenbankfunktionen an, für die es kein

Äquivalent in LINQ gibt. Mit Hilfe von EF.Functions können diese Datenbankfunktionen in LINQ-Abfrage integriert und in SQL übersetzt werden.

> **Hinweis:** Ein Aufruf ist nur in LINQ-to-Entities, nicht in anderen LINQ-Dialekten wie LINQ-to-Objects möglich.

Beispiel für den Aufruf von DATEDIFF(MONTH,x,y), die sowohl in der Where-Bedingung als auch in Select verwendet wird:

```
using (var ctx = new WWWingsContext())
{
 ctx.Log();
 var flightsWith12Months = ctx.FlightSet.Where(c => EF.Functions.DateDiffMonth(DateTime.Now,
c.Date) < 12 && c.Date > DateTime.Now).Take(20).Select(x => new { Date = x.Date, Destination
= x.Destination, Departure = x.Departure, Months = EF.Functions.DateDiffMonth(DateTime.Now, x
.Date) });
 foreach (var f in flightsWith12Months)
 {
  Console.WriteLine(f.Date + ": " + f.Departure + "-
>" + f.Destination + " within " + f.Months + " months");
 }
}
```

Das wird so in SQL übersetzt:

```
SELECT TOP(@__p_1) [f].[FlightDate] AS [Date], [f].[Destination],
[f].[Departure], DATEDIFF(MONTH, GETDATE(), [f].[FlightDate]) AS [Months]
FROM [WWWings].[Flight] AS [f]
WHERE (DATEDIFF(MONTH, GETDATE(), [f].[FlightDate]) < 12) AND ([f].[FlightDate] >
GETDATE())
```

```
EF Core Samples @ .NET Core 3.1.3 EFCore 5.0.0.0/5.0.0-preview.3.20181.2                    □   ×
001:Information #20100 Microsoft.EntityFrameworkCore.Database.Command.CommandExecuting:Executing DbCommand [Parameters=[
@__p_1='20'], CommandType='Text', CommandTimeout='30']
SELECT TOP(@__p_1) [f].[FlightDate] AS [Date], [f].[Destination], [f].[Departure], DATEDIFF(MONTH, GETDATE(), [f].[Fligh
tDate]) AS [Months]
FROM [WWWings].[Flight] AS [f]
WHERE (DATEDIFF(MONTH, GETDATE(), [f].[FlightDate]) < 12) AND ([f].[FlightDate] > GETDATE())
16.10.2020 23:08:28: Berlin->Seattle within 6 months
18.06.2020 09:08:28: Berlin->Seattle within 2 months
30.06.2020 10:32:28: Seattle->Oslo within 2 months
11.07.2020 11:49:28: New York/JFC->Sydney within 3 months
22.07.2020 13:06:28: Berlin->New York/JFC within 3 months
02.08.2020 14:23:28: Hamburg->Dallas within 4 months
13.08.2020 15:40:28: Berlin->Rome within 4 months
25.08.2020 17:04:28: Paris->Moscow within 4 months
27.04.2020 03:04:28: Essen/Mülheim->Chicago within 0 months
05.09.2020 18:21:28: Rome->Chicago within 5 months
08.05.2020 04:21:28: Vienna->Chicago within 1 months
16.09.2020 19:38:28: Sydney->Rome within 5 months
20.05.2020 05:45:28: Munich->Seattle within 1 months
27.09.2020 20:55:28: London->Duesseldorf within 5 months
31.05.2020 07:02:28: Oslo->Berlin within 1 months
08.10.2020 22:12:28: Berlin->Seattle within 6 months
11.06.2020 08:19:28: Seattle->Madrid within 2 months
20.10.2020 23:36:28: Hamburg->Chicago within 6 months
03.07.2020 10:53:28: New York/JFC->Madrid within 3 months
15.07.2020 12:17:28: Cologne->Rome within 3 months
```

Abbildung: Ausgabe des obigen Listings

Die folgende Tabelle zeigt die angebotenen Funktionen (Quelle: Dokumentation, Stand Entity Framework Core 3.1):

Like(DbFunctions, String, String)	An implementation of the SQL LIKE operation. On relational databases this is usually directly translated to SQL.
	Note that if this function is translated into SQL, then the semantics of the comparison will depend on the database

	configuration. In particular, it may be either case-sensitive or case-insensitive. If this function is evaluated on the client, then it will always use a case-insensitive comparison.
Like(DbFunctions, String, String, String)	An implementation of the SQL LIKE operation. On relational databases this is usually directly translated to SQL. Note that if this function is translated into SQL, then the semantics of the comparison will depend on the database configuration. In particular, it may be either case-sensitive or case-insensitive. If this function is evaluated on the client, then it will always use a case-insensitive comparison.
Contains(DbFunctions, String, String)	A DbFunction method stub that can be used in LINQ queries to target the SQL Server CONTAINS store function.
Contains(DbFunctions, String, String, Int32)	A DbFunction method stub that can be used in LINQ queries to target the SQL Server CONTAINS store function.
DateDiffDay(DbFunctions, DateTime, DateTime)	Counts the number of day boundaries crossed between the startDate and endDate. Corresponds to SQL Server's DATEDIFF(DAY,startDate,endDate).
DateDiffDay(DbFunctions, DateTimeOffset, DateTimeOffset)	Counts the number of day boundaries crossed between the startDate and endDate. Corresponds to SQL Server's DATEDIFF(DAY,startDate,endDate).
DateDiffDay(DbFunctions, Nullable<DateTime>, Nullable<DateTime>)	Counts the number of day boundaries crossed between the startDate and endDate. Corresponds to SQL Server's DATEDIFF(DAY,startDate,endDate).
DateDiffDay(DbFunctions, Nullable<DateTimeOffset>, Nullable<DateTimeOffset>)	Counts the number of day boundaries crossed between the startDate and endDate. Corresponds to SQL Server's DATEDIFF(DAY,startDate,endDate).
DateDiffHour(DbFunctions, DateTime, DateTime)	Counts the number of hour boundaries crossed between the startDate and endDate. Corresponds to SQL Server's DATEDIFF(HOUR,startDate,endDate).
DateDiffHour(DbFunctions, DateTimeOffset, DateTimeOffset)	Counts the number of hour boundaries crossed between the startDate and endDate. Corresponds to SQL Server's DATEDIFF(HOUR,startDate,endDate).
DateDiffHour(DbFunctions, Nullable<DateTime>, Nullable<DateTime>)	Counts the number of hour boundaries crossed between the startDate and endDate. Corresponds to SQL Server's DATEDIFF(HOUR,startDate,endDate).
DateDiffHour(DbFunctions, Nullable<DateTimeOffset>, Nullable<DateTimeOffset>)	Counts the number of hour boundaries crossed between the startDate and endDate. Corresponds to SQL Server's DATEDIFF(HOUR,startDate,endDate).

DateDiffHour(DbFunctions, Nullable<TimeSpan>, Nullable<TimeSpan>)	Counts the number of hour boundaries crossed between the startTimeSpan and endTimeSpan. Corresponds to SQL Server's DATEDIFF(HOUR,startDate,endDate).
DateDiffHour(DbFunctions, TimeSpan, TimeSpan)	Counts the number of hour boundaries crossed between the startTimeSpan and endTimeSpan. Corresponds to SQL Server's DATEDIFF(HOUR,startDate,endDate).
DateDiffMicrosecond(DbFunctions, DateTime, DateTime)	Counts the number of microsecond boundaries crossed between the startDate and endDate. Corresponds to SQL Server's DATEDIFF(MICROSECOND,startDate,endDate).
DateDiffMicrosecond(DbFunctions, DateTimeOffset, DateTimeOffset)	Counts the number of microsecond boundaries crossed between the startDate and endDate. Corresponds to SQL Server's DATEDIFF(MICROSECOND,startDate,endDate).
DateDiffMicrosecond(DbFunctions, Nullable<DateTime>, Nullable<DateTime>)	Counts the number of microsecond boundaries crossed between the startDate and endDate. Corresponds to SQL Server's DATEDIFF(MICROSECOND,startDate,endDate).
DateDiffMicrosecond(DbFunctions, Nullable<DateTimeOffset>, Nullable<DateTimeOffset>)	Counts the number of microsecond boundaries crossed between the startDate and endDate. Corresponds to SQL Server's DATEDIFF(MICROSECOND,startDate,endDate).
DateDiffMicrosecond(DbFunctions, Nullable<TimeSpan>, Nullable<TimeSpan>)	Counts the number of microsecond boundaries crossed between the startTimeSpan and endTimeSpan. Corresponds to SQL Server's DATEDIFF(MICROSECOND,startDate,endDate).
DateDiffMicrosecond(DbFunctions, TimeSpan, TimeSpan)	Counts the number of microsecond boundaries crossed between the startTimeSpan and endTimeSpan. Corresponds to SQL Server's DATEDIFF(MICROSECOND,startDate,endDate).
DateDiffMillisecond(DbFunctions, DateTime, DateTime)	Counts the number of millisecond boundaries crossed between the startDate and endDate. Corresponds to SQL Server's DATEDIFF(MILLISECOND,startDate,endDate).
DateDiffMillisecond(DbFunctions, DateTimeOffset, DateTimeOffset)	Counts the number of millisecond boundaries crossed between the startDate and endDate. Corresponds to SQL Server's DATEDIFF(MILLISECOND,startDate,endDate).
DateDiffMillisecond(DbFunctions, Nullable<DateTime>, Nullable<DateTime>)	Counts the number of millisecond boundaries crossed between the startDate and endDate. Corresponds to SQL Server's DATEDIFF(MILLISECOND,startDate,endDate).
DateDiffMillisecond(DbFunctions, Nullable<DateTimeOffset>, Nullable<DateTimeOffset>)	Counts the number of millisecond boundaries crossed between the startDate and endDate. Corresponds to SQL Server's DATEDIFF(MILLISECOND,startDate,endDate).

DateDiffMillisecond(DbFunctions, Nullable<TimeSpan>, Nullable<TimeSpan>)	Counts the number of millisecond boundaries crossed between the startTimeSpan and endTimeSpan. Corresponds to SQL Server's DATEDIFF(MILLISECOND,startDate,endDate).
DateDiffMillisecond(DbFunctions, TimeSpan, TimeSpan)	Counts the number of millisecond boundaries crossed between the startTimeSpan and endTimeSpan. Corresponds to SQL Server's DATEDIFF(MILLISECOND,startDate,endDate).
DateDiffMinute(DbFunctions, DateTime, DateTime)	Counts the number of minute boundaries crossed between the startDate and endDate. Corresponds to SQL Server's DATEDIFF(MINUTE,startDate,endDate).
DateDiffMinute(DbFunctions, DateTimeOffset, DateTimeOffset)	Counts the number of minute boundaries crossed between the startDate and endDate. Corresponds to SQL Server's DATEDIFF(MINUTE,startDate,endDate).
DateDiffMinute(DbFunctions, Nullable<DateTime>, Nullable<DateTime>)	Counts the number of minute boundaries crossed between the startDate and endDate. Corresponds to SQL Server's DATEDIFF(MINUTE,startDate,endDate).
DateDiffMinute(DbFunctions, Nullable<DateTimeOffset>, Nullable<DateTimeOffset>)	Counts the number of minute boundaries crossed between the startDate and endDate. Corresponds to SQL Server's DATEDIFF(MINUTE,startDate,endDate).
DateDiffMinute(DbFunctions, Nullable<TimeSpan>, Nullable<TimeSpan>)	Counts the number of minute boundaries crossed between the startTimeSpan and endTimeSpan. Corresponds to SQL Server's DATEDIFF(MINUTE,startDate,endDate).
DateDiffMinute(DbFunctions, TimeSpan, TimeSpan)	Counts the number of minute boundaries crossed between the startTimeSpan and endTimeSpan. Corresponds to SQL Server's DATEDIFF(MINUTE,startDate,endDate).
DateDiffMonth(DbFunctions, DateTime, DateTime)	Counts the number of month boundaries crossed between the startDate and endDate. Corresponds to SQL Server's DATEDIFF(MONTH,startDate,endDate).
DateDiffMonth(DbFunctions, DateTimeOffset, DateTimeOffset)	Counts the number of month boundaries crossed between the startDate and endDate. Corresponds to SQL Server's DATEDIFF(MONTH,startDate,endDate).
DateDiffMonth(DbFunctions, Nullable<DateTime>, Nullable<DateTime>)	Counts the number of month boundaries crossed between the startDate and endDate. Corresponds to SQL Server's DATEDIFF(MONTH,startDate,endDate).
DateDiffMonth(DbFunctions, Nullable<DateTimeOffset>, Nullable<DateTimeOffset>)	Counts the number of month boundaries crossed between the startDate and endDate. Corresponds to SQL Server's DATEDIFF(MONTH,startDate,endDate).

DateDiffNanosecond(DbFunctions, DateTime, DateTime)	Counts the number of nanosecond boundaries crossed between the startDate and endDate. Corresponds to SQL Server's DATEDIFF(NANOSECOND,startDate,endDate).
DateDiffNanosecond(DbFunctions, DateTimeOffset, DateTimeOffset)	Counts the number of nanosecond boundaries crossed between the startDate and endDate. Corresponds to SQL Server's DATEDIFF(NANOSECOND,startDate,endDate).
DateDiffNanosecond(DbFunctions, Nullable<DateTime>, Nullable<DateTime>)	Counts the number of nanosecond boundaries crossed between the startDate and endDate. Corresponds to SQL Server's DATEDIFF(NANOSECOND,startDate,endDate).
DateDiffNanosecond(DbFunctions, Nullable<DateTimeOffset>, Nullable<DateTimeOffset>)	Counts the number of nanosecond boundaries crossed between the startDate and endDate. Corresponds to SQL Server's DATEDIFF(NANOSECOND,startDate,endDate).
DateDiffNanosecond(DbFunctions, Nullable<TimeSpan>, Nullable<TimeSpan>)	Counts the number of nanosecond boundaries crossed between the startTimeSpan and endTimeSpan. Corresponds to SQL Server's DATEDIFF(NANOSECOND,startDate,endDate).
DateDiffNanosecond(DbFunctions, TimeSpan, TimeSpan)	Counts the number of nanosecond boundaries crossed between the startTimeSpan and endTimeSpan. Corresponds to SQL Server's DATEDIFF(NANOSECOND,startDate,endDate).
DateDiffSecond(DbFunctions, DateTime, DateTime)	Counts the number of second boundaries crossed between the startDate and endDate. Corresponds to SQL Server's DATEDIFF(SECOND,startDate,endDate).
DateDiffSecond(DbFunctions, DateTimeOffset, DateTimeOffset)	Counts the number of second boundaries crossed between the startDate and endDate. Corresponds to SQL Server's DATEDIFF(SECOND,startDate,endDate).
DateDiffSecond(DbFunctions, Nullable<DateTime>, Nullable<DateTime>)	Counts the number of second boundaries crossed between the startDate and endDate. Corresponds to SQL Server's DATEDIFF(SECOND,startDate,endDate).
DateDiffSecond(DbFunctions, Nullable<DateTimeOffset>, Nullable<DateTimeOffset>)	Counts the number of second boundaries crossed between the startDate and endDate. Corresponds to SQL Server's DATEDIFF(SECOND,startDate,endDate).
DateDiffSecond(DbFunctions, Nullable<TimeSpan>, Nullable<TimeSpan>)	Counts the number of second boundaries crossed between the startTimeSpan and endTimeSpan. Corresponds to SQL Server's DATEDIFF(SECOND,startDate,endDate).
DateDiffSecond(DbFunctions, TimeSpan, TimeSpan)	Counts the number of second boundaries crossed between the startTimeSpan and endTimeSpan. Corresponds to SQL Server's DATEDIFF(SECOND,startDate,endDate).

DateDiffYear(DbFunctions, DateTime, DateTime)	Counts the number of year boundaries crossed between the startDate and endDate. Corresponds to SQL Server's DATEDIFF(YEAR,startDate,endDate).
DateDiffYear(DbFunctions, DateTimeOffset, DateTimeOffset)	Counts the number of year boundaries crossed between the startDate and endDate. Corresponds to SQL Server's DATEDIFF(YEAR,startDate,endDate).
DateDiffYear(DbFunctions, Nullable<DateTime>, Nullable<DateTime>)	Counts the number of year boundaries crossed between the startDate and endDate. Corresponds to SQL Server's DATEDIFF(YEAR,startDate,endDate).
DateDiffYear(DbFunctions, Nullable<DateTimeOffset>, Nullable<DateTimeOffset>)	Counts the number of year boundaries crossed between the startDate and endDate. Corresponds to SQL Server's DATEDIFF(YEAR,startDate,endDate).
FreeText(DbFunctions, String, String)	A DbFunction method stub that can be used in LINQ queries to target the SQL Server FREETEXT store function.
FreeText(DbFunctions, String, String, Int32)	A DbFunction method stub that can be used in LINQ queries to target the SQL Server FREETEXT store function.
IsDate(DbFunctions, String)	Validate if the given string is a valid date. Corresponds to the SQL Server's ISDATE('date').

Neuerungen in Entity Framework Core 5.0 Preview 1 sind:

- DateDiffWeek()

- DateFromParts()

Seit Entity Framework Core 5.0 Preview 3 steht nun auch die Transact-SQL-Funktion DATALENGTH() [*https://docs.microsoft.com/de-de/sql/t-sql/functions/datalength-transact-sql?view=sql-server-ver15*] in Entity Framework Core zur Verfügung. DATALENGTH() ermittelte die Anzahl der Bytes, die ein Wert in der Datenbank verbraucht:

```
using (var ctx = new WWWingsContext())
  {
   var flightSetWithDepartureNamesRequiringMoreThen25Bytes = ctx.FlightSet.Where(c => EF.Func
tions.DataLength(c.Departure) > 25);
   foreach (var f in flightSetWithDepartureNamesRequiringMoreThen25Bytes)
   {
   Console.WriteLine(f.Departure + " " + f.Departure.Length);
   }
  }
```

- Zukünftige Abfragen (Future Queries)"

- Bulk-Operationen: Insert, Update, Delete, Merge (Upsert), Synchronisation (Upsert und Delete). Diese Features sind im Gegensatz zu den vorgenannten Funktionen nicht kostenfrei.

	Entity Framework Plus **EF Must-Have Features**
Komponentenname	Entity Framework Plus for EFCore

Website	*http://entityframework-plus.net*
Quellcode	*https://github.com/zzzprojects/EntityFramework-Plus*
NuGet	Install-Package Z.EntityFramework.Plus.EFCore
Kostenfreie Version	Ja
Kommerzielle Version	Ja (ab $74 pro Arbeitsplatz)

27.3   Second-Level-Caching mit EFSecondLevelCache.Core

Die Komponente **EFSecondLevelCache.Core** bietet einen alternativen Second-Level-Cache an zu dem Second-Level-Cache, der in "Entity Framework Plus" enthalten ist. EFSecondLevelCache.Core ist wesentlich komplexer in der Konfiguration, aber auch flexibler, weil neben dem Hauptspeicher-Cache (MemoryCache) auch Redis als Cache möglich ist.

EFSecondLevelCache.Core	
Entity Framework Core Second Level Caching Library.	
Komponentenname	EFSecondLevelCache.Core
Website	*https://github.com/VahidN/EFSecondLevelCache.Core*
NuGet	Install-Package EFSecondLevelCache.Core
Quellcode	Ja
Notwendige Basispakete	CacheManager.Core
	CacheManager.Microsoft.Extensions.Caching.Memory
	CacheManager.Serialization.Json
	Optional: CacheManager.StackExchange.Redis
Kostenfreie Version	Ja
Kommerzielle Version	Nein

27.4   Objekt-Objekt-Mapping mit AutoMapper

In modernen Softwarearchitekturen ist nicht nur das Objekt-Relationale Mapping (ORM) von relationalen Datenbankstrukturen auf Objekte, sondern auch das Mapping verschiedener Objektstrukturen aufeinander (Objekt-Objekt-Mapping - OOM) eine typische Programmieraufgabe. Während Entity Framework Core sich ganz ORM konzentriert, muss man OOM selbst mit Bordmitteln von .NET oder mit einer Zusatzkomponente wie AutoMapper realisieren.

Das Open Source-Werkzeug AutoMapper erleichtert das sogenannte Objekt-Objekt-Mapping (OOM).

Die Anforderung, einen Objekttyp in einen anderen Objekttyp umzuwandeln, gibt es häufig, zum Beispiel im Rahmen von Data Transfer Objects (Datentransferobjekte, DTOs) zwischen Schichten oder ViewModels, die zur Anzeige oder zum Ausdruck aufbereitete Daten enthalten (siehe Architekturschaubilder in den nächsten Abbildungen). Dabei sind sich die aufeinander abzubildenden Objekttypen oft ähnlich, aber nicht ganz identisch. Und sie besitzen in der Regel keine gemeinsame Basisklasse oder eine gemeinsame Schnittstelle, die eine Typkonvertierung auf Programmiersprachebene, also per Typkonvertierungsausdruck, erlauben würde.

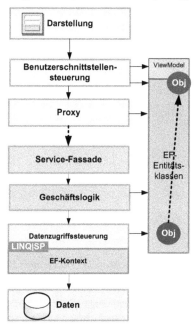

Abbildung: Objekt-Objekt-Mapping kommt zwischen Entitätsklassen und ViewModel-Klassen zum Einsatz.

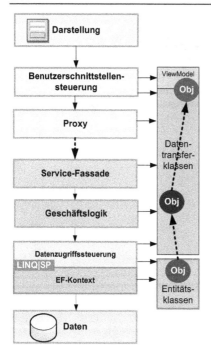

Abbildung: Objekt-Objekt-Mapping kommt in modernen Softwarearchitekturen auch zwischen Entitätsklassen und Datentransferklassen zum Einsatz.

Die .NET Framework- und .NET Core-Klassenbibliotheken enthalten keine Funktionen, die die Abbildung von verschiedenen Objekttypen (also das Objekt-Objekt-Mapping) unterstützen. Die Type Converter in der .NET Framework-Klassenbibliothek [*http://msdn.microsoft.com/en-us/library/system.componentmodel.typeconverter.asp*] definieren lediglich eine einheitliche Schnittstelle für Objekttypabbildungen. Sie helfen aber nicht bei der eigentlichen Abbildungsarbeit.

27.4.1 Objekt-Objekt-Mapping per Reflection

Selbstgeschriebenes Objekt-Objekt-Mapping bedeutet, innerhalb einer Iteration für jede Instanz von x eine Instanz von y anzulegen und die relevanten Attribute von x einzeln an Properties von y zuzuweisen. Bei Objekten, die sich in höheren Schichten der Softwarearchitektur ändern können, findet man dann auch zusätzlich noch den umgekehrten Programmcode, der die Attribute von y zurück auf die Attribute von x abbildet.

Diesen Objekt-Objekt-Mapping-Programmcode zu schreiben ist keine intellektuelle Herausforderung, sondern eine lästige Fleißarbeit, wobei immer das Risiko besteht, Properties zu vergessen. Wenn solche Mapping-Aufgaben manuell ausprogrammiert werden, erhöht sich stets auch der Wartungsaufwand für eine Anwendung. Denn bei jedem neuen Datenbankfeld muss abschließend Mapping-Programmcode an vielen verschiedenen Stellen in der Anwendung geändert werden.

Heißen die Attribute gleich und haben Sie denselben Datentyp, kann man das Objekt-Objekt-Mapping ganz einfach per Reflection selbst machen. Das nächste Listing zeigt dazu zwei Erweiterungsmethoden der Klasse System.Object, die dieser einfachen Konvention folgen. Wenn die Namen aber (unregelmäßig) abweichen oder die Attributwerte nicht 1:1 abzubilden sind, hilft der primitive Ansatz nicht.

Listing: Kopieren gleichnamiger Properties zwischen zwei Klassen via Reflection

```
using System;
using System.Reflection;

namespace ITVisions
{
 public static class ObjectExtensions
 {

/// <summary>
/// Kopieren gleichnamiger Attribute auf ein anderes, neues Objekt
/// </summary>
public static T CopyTo<T>(this object from)
    where T : new()
{
 T to = new T();
 return CopyTo<T>(from, to);
}


/// <summary>
/// Kopieren gleichnamiger Attribute auf ein anderes, bestehendes Objekt
/// </summary>
public static T CopyTo<T>(this object from, T to)
    where T : new()
{
 Type FromType = from.GetType();
 Type ToType = to.GetType();

 // Kopieren der einzelnen Fields
 foreach (FieldInfo f in FromType.GetFields())
 {
  FieldInfo t = ToType.GetField(f.Name);
  if (t != null)
  {
   t.SetValue(to, f.GetValue(from));
  }
 }

 // Kopieren der einzelnen Properties
 foreach (PropertyInfo f in FromType.GetProperties())
 {
  object[] Empty = new object[0];
  PropertyInfo t = ToType.GetProperty(f.Name);
  if (t != null)
  {
   //Console.WriteLine(f.GetValue(from, Empty));
   t.SetValue(to, f.GetValue(from, Empty), Empty);
  }
 }

 return to;
}
```

```
  }
}
```

```
using ITVisions;
using System;

namespace ITV_AppUtil.ManualTest
{

 public class Kunde
 {
  public int ID { get; set; }
  public string Name { get; set; }
  public string Ort { get; set; }
 }

 public class KundeDTO
 {
  public int ID { get; set; }
  public string Name { get; set; }
 }

 public class OOM_Demo
 {

  public static void Run()
  {
   var k = new Kunde() { ID = 1, Name = "Holger Schwichtenberg", Ort = "Essen" };
   // Kopieren gleichnamiger Properties auf ein neues Objekt
   var kDTO = k.CopyTo<KundeDTO>();
   Console.WriteLine(kDTO.ID + ": " + kDTO.Name);

   // Kopieren gleichnamiger Properties auf ein bestehendes Objekt
   var kDTO2 = new KundeDTO();
   kDTO2 = k.CopyTo(kDTO2);
   Console.WriteLine(kDTO2.ID + ": " + kDTO2.Name);
  }

 }
}
```

27.4.2   AutoMapper

Mittlerweile hat sich die Open Source-Bibliothek AutoMapper von Jimmy Bogard in der .NET-Entwicklerwelt für das Objekt-Objekt-Mapping etabliert. Das NuGet-Paket "AutoMapper" [*https://www.nuget.org/packages/AutoMapper*] (Install-Package AutoMapper) besteht aus der AutoMapper.dll, deren zentrale Klasse AutoMapper.Mapper ist.

	auto×mapper
Komponentenname	AutoMapper
Website	*https://automapper.org*

Quellcode	*https://github.com/AutoMapper*
NuGet	Install-Package Automapper
Kostenfreie Version	Ja
Kommerzielle Version	Nein

AutoMapper läuft auf folgenden .NET-Varianten:

- .NET

- .NET Core

- Silverlight

- .NET for Windows Store Apps / Windows Runtime

- Universal Windows Platform (UWP) Apps

- Xamarin.iOS und

- Xamarin.Android

Den Quellcode [*https://github.com/AutoMapper/AutoMapper*] und ein Wiki [*https://github.com/AutoMapper/AutoMapper/wiki*] findet man bei Github. Weitere Ressourcen (z.B. ein Video) findet man auf der AutoMapper-Website [*http://automapper.org*]. Insgesamt ist die verfügbare Dokumentation aber – wie bei so vielen Open Sourcen-Projekten – leider sehr knapp und unvollständig.

Hinweis: Dieses Kapitel beschreibt die Version 8.1.1 von AutoMapper. Leider gab es bei AutoMapper in der Vergangenheit gravierende Änderungen, sodass die hier gezeigten Befehle in älteren Versionen nur teilweise funktionieren. Zwischen Version 8.0 und der Version 9.0 gibt es erneut gravierende Breaking Changes.

27.4.3   Beispielszenario

Im Folgenden soll das in der nächsten Abbildung dargestellte Objektmodell auf das vereinfachte Objektmodell aus der übernächsten Abbildung abgebildet werden. Die Klassen Pilot, Mitarbeiter und Person werden aufgelöst. Die Informationen zum Piloten werden einerseits auf eine Zeichenkette direkt in der FlugView-Klasse abgebildet, andererseits auf ein Detailobjekt "PilotDetailView". Die neue PassagierView-Klasse umfasst auch die Personendaten aus der Person-Klasse. Viele Informationen (z.B. aus der Entität "Mitarbeiter") werden hier bewusst nicht mehr verwendet.

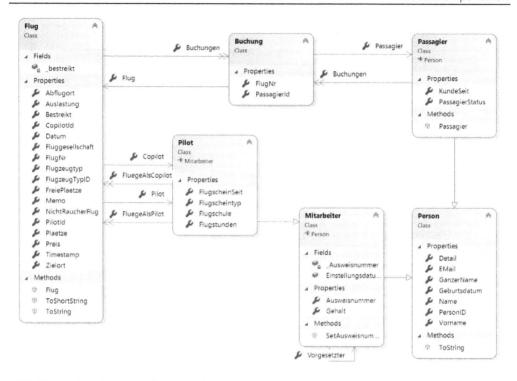

Abbildung: Ausschnitt aus dem World Wide Wings 2-Objektmodell, das Entity Framework Core verwendet

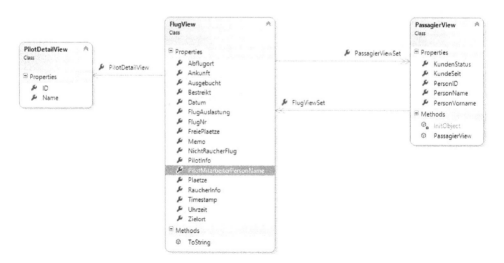

Abbildung: Das Zielmodell für das Objekt-Objekt-Mapping, das aus dem Modell aus der vorherigen Abbildung entstehen soll

27.4.4   Abbildungen konfigurieren

Bevor man mit AutoMapper eine Abbildung durchführen kann, muss man die Abbildung mit den beteiligten Klassen bei AutoMapper einmalig pro Application Domain registrieren. Dies erfolgt mit der Methode Initialize().

ACHTUNG: Wenn Initialize() in einer Methode mehrfach aufgerufen wird, gilt nur die letzte ausgeführte Konfiguration!

Innerhalb von Initialize() verwendet man die Methode CreateMap() für die konkrete Mapping-Definition zwischen zwei Klassen. CreateMap() erwartet zwei Typparameter:

- Der erste Parameter ist immer der Quelltyp,

- der zweite der Zieltyp.

Wenn man Konvertierung in beide Richtungen benötigt, muss man diese auch explizit anlegen.

```
Mapper.Initialize(cfg =>
   {
   cfg.CreateMap<Flug, FlugView>();
   cfg.CreateMap<FlugView, Flug>();
   cfg.CreateMap<Passagier, PassagierView>();
   cfg.CreateMap<PassagierView, Passagier>();
   cfg.CreateMap<Pilot, PilotDetailView>();
   cfg.CreateMap<PilotDetailView, Pilot>();
   });
```

Alternativ kann man die Methode ReverseMap() verwenden, um das Mapping in beide Richtungen in einer Zeile anzulegen.

```
Mapper.Initialize(cfg =>
   {
   cfg.CreateMap<Flug, FlugView>().ReverseMap();
   cfg.CreateMap<Passagier, PassagierView>().ReverseMap();
   cfg.CreateMap<Pilot, PilotDetailView>().ReverseMap();
   });
```

Die Reihenfolge mehrerer Aufrufe von CreateMap() innerhalb von Initialize() ist nicht relevant!

Es kann für eine einzige Klasse nicht nur eine Abbildung zu einer Klasse, sondern auch zu mehreren anderen Klassen geben, zum Beispiel:

```
Mapper.Initialize(cfg =>
   {
   .cfg.CreateMap<Flug, FlugView>().ReverseMap();
   cfg.CreateMap<Flug, FlugDTOKurz>();
   cfg.CreateMap<Flug, FlugDTOLang>();
   });
```

Welche dieser Abbildungen (also auf welchen Zieltyp) dann konkret zum Einsatz kommt, entscheidet sich durch die Parameter der Map()-Methode, die die eigentliche Abbildung vornimmt.

27.4.5   Abbildung ausführen mit Map()

Bei der Map()-Methode von AutoMapper gibt es drei Varianten.

Möglichkeit 1: Man kann entweder auf ein neues Objekt abbilden, dann ist als generischer Typparameter der Zieltyp anzugeben und als Parameter der Methode das Quellobjekt:

```
FlugView flugView1 = AutoMapper.Mapper.Map<FlugView>(flug);
```

Möglichkeit 2: Wenn man aber (als zweite Variante von Map()) die nicht-generische Variante von Map() einsetzt, wird der Programmcode umfangreicher. Nun ist nach dem Quellobjekt als zweiter Parameter der Quellobjekttyp und als dritter Parameter der Zieltyp anzugeben. - Außerdem liefert Map() nur noch den Muttertyp System.Object zurück, wodurch eine Typumwandlung mit *(FlugView)* notwendig wird:

```
FlugView flugView2 = (FlugView)AutoMapper.Mapper.Map(flug, flug.GetType(), typeof(FlugView));
```

Möglichkeit 3: Oder der Entwickler bildet ein Objekt auf ein bestehendes anderes Objekt ab. Das ist die dritte Variante von Map(). In diesem Fall ist kein Typparameter bei der Methode notwendig, sondern als Parameter sind Quell- und Zielobjekt zu übergeben.

```
var flugview3 = new FlugView();
flugview3.Memo = "test";
AutoMapper.Mapper.Map(flug, flugview3);
```

27.4.6   Nicht-statisches API

Neben dem statischen API gibt es in AutoMapper auch ein nicht-statisches API ("Instance API") zur Konfiguration des Mappings. Hierbei konfiguriert man eine Instanz der Klasse MapperConfiguration und erzeugt daraus mit CreateMapper() ein Objekt mit IMapper-Schnittstelle. Dieses Objekt besitzt dann die Map()-Methode.

Listing: nicht-staisches API

```
var config = new MapperConfiguration(cfg => {
  cfg.CreateMap<Flug, FlugView>();
  cfg.CreateMap<Pilot, PilotView>();
  cfg.CreateMap<Passengier, PassagierView>();
  cfg.AddProfile<AutoMapperProfile2>();
});
config.AssertConfigurationIsValid();

IMapper mapper = config.CreateMapper();
var flugView4 = mapper.Map<Flug, FlugView>(flug);
```

27.4.7   Abbildungskonventionen

AutoMapper bildet dabei nicht nur gleichnamige Attribute aufeinander ab, sondern enthält weitere Standardkonventionen:

- Wenn ein Attribut x im Quellobjekt nicht gefunden wird, wird eine Funktion GetX() gesucht und ggf. aufgerufen.

- Wenn der Name des Attributs mehrere Großbuchstaben enthält, und es gibt abhängige Objekte, dann wird jedes Wort als eine Ebene aufgefasst und durch einen Punkt getrennt. Der Name PilotMitarbeiterPersonName entspricht also Pilot.Mitarbeiter.Person.Name. AutoMapper nennt das Feature "Flattening" (deutsch: Flachklopfen).

- AutoMapper ignoriert alle Null-Reference-Laufzeitfehler.

- AutoMapper greift auf private Getter und Setter zu – aber nur, wenn der einzelne Getter oder Setter privat ist. Wenn das ganze Property als "private" deklariert ist, wird es ignoriert.

- Sehr spannend ist in AutoMapper die Behandlung der Groß- und Kleinschreibung sowie von Unterstrichen. AutoMapper sucht nach passenden Properties auch in geänderter Groß-/Kleinschreibung und mit bzw. ohne Unterstrich. Dabei ist sogar die Reihenfolge der Property-Deklaration in den Klassen relevant!

Die folgende Tabelle zeigt verschiedene Fälle mit einem Property "FreiePlätze" in vier verschiedenen Schreibweisen: "FreiePlätze", "freiePlätze", "Freie_Plätze" und "freie_Plätze". Dabei wird immer davon ausgegangen, dass es im Quellobjekt nur die Variante des Properties "FreiePlätze" gibt, die auch in Spalte 1 von der Tabelle gesetzt wird, während im Zielobjekt immer alle vier Varianten des Properties vorhanden sind – und dass die Properties in genau der Reihenfolge deklariert wurden, in denen sie in der Tabelle stehen.

Werte im Quellobjekt	Werte im Zielobjekt	Bemerkung
f.FreiePlaetze = 1	f.FreiePlaetze = 1 f.freiePlaetze = 1 f.Freie_Plaetze = 1 f.freie_Plaetze = 1	Der Wert aus dem einen Property im Quellobjekt wird von AutoMapper in alle vier Varianten im Zielobjekt kopiert.
f.FreiePlaetze = 1 f.freiePlaetze = 2	f.FreiePlaetze = 1 f.freiePlaetze = 1 f.Freie_Plaetze = 1 f.freie_Plaetze = 1	Der Wert aus einem Property freiePlaetze wird ignoriert, weil FreiePlaetze schon seinen Wert auf alle Zielproperties abgebildet hat.
f.FreiePlaetze = 1 f.freiePlaetze = 2 f.Freie_Plaetze = 3	f.FreiePlaetze = 1 f.freiePlaetze = 1 f.Freie_Plaetze = 3 f.freie_Plaetze = 3	Das erste Property ohne Unterstrich bildet auf alle Properties ohne Unterstrich ab und das erste mit Unterstrich auf alle Properties mit Unterstrich.
f.FreiePlaetze = 1 f.freiePlaetze = 2 f.freie_Plaetze = 4	f.FreiePlaetze = 1 f.freiePlaetze = 1 f.Freie_Plaetze = 4 f.freie_Plaetze = 4	Das erste Property ohne Unterstrich bildet auf alle Properties ohne Unterstrich ab und das erste mit Unterstrich auf alle Properties mit Unterstrich.
f.FreiePlaetze = 1 f.freiePlaetze = 2 f.Freie_Plaetze = 3 f.freie_Plaetze = 4	f.FreiePlaetze = 1 f.freiePlaetze = 1 f.Freie_Plaetze = 3 f.freie_Plaetze = 3	Das erste Property ohne Unterstrich bildet auf alle Properties ohne Unterstrich ab und das erste mit Unterstrich auf alle Properties mit Unterstrich.

Tabelle: AutoMappers konventionsbasiertes Mapping-Verhalten bezüglich Unterstrichen und der Groß-/Kleinschreibung

27.4.8   Abbildungskonventionen ändern

Zumindest die Konvention, die Unterstriche als Trennzeichen zu akzeptieren, kann man außer Kraft setzen. Dazu schreibt man eine eigene Konventionsklasse (siehe nächstes Listing) die die Abbildung von Unterstrichen außer Kraft setzt, indem SeparatorCharacter auf einen Leerstring gesetzt und auch kein regulärer Ausdruck bei SplittingExpression angegeben wird.

Listing: Eine eigene Konventionsklasse für AutoMapper, die die Abbildung von Unterstrichen
außer Kraft setzt

```
/// <summary>
/// Konventionsklasse für AutoMapper, die die
/// Abbildung von Unterstrichen außer Kraft setzt
/// </summary>
class NoNamingConvention : INamingConvention
{
 public string SeparatorCharacter
 {
  get { return ""; }
 }
 public Regex SplittingExpression
 {
  get { return new Regex(""); }
 }
}
```

Diese eigene Konvention bindet man nun in die Konfiguration ein:

```
Mapper.Initialize(cfg =>
 {
  cfg.SourceMemberNamingConvention = new NoNamingConvention();
  cfg.DestinationMemberNamingConvention = new NoNamingConvention();
  cfg.CreateMap<Flug, FlugView>().ReverseMap();
  cfg.CreateMap<Passagier, PassagierView>().ReverseMap();
  cfg.CreateMap<Pilot, PilotDetailView>().ReverseMap();
...

 });
```

27.4.9   Profilklassen

Die AutoMapper-Konfiguration kann man in sogenannte Profilklassen, die von der Basisklasse
Profile erben, auslagern.

```
using GO;
namespace EFC_Konsole.AutoMapperDemos
{
  /// <summary>
  /// Simple profile class for AutoMapper
  /// </summary>
  public class AutoMapperProfileEinfach : AutoMapper.Profile
  {
   public AutoMapperProfileEinfach()
   {
    this.SourceMemberNamingConvention = new NoNamingConvention();
    this.DestinationMemberNamingConvention = new NoNamingConvention();
    this.CreateMap<Flug, FlugView>().ReverseMap();
    this.CreateMap<Passagier, PassagierView>().ReverseMap();
    this.CreateMap<Pilot, PilotDetailView>().ReverseMap();
    this.CreateMap<Flug, FlugDTOKurz>();
    this.CreateMap<Flug, FlugDTOLang>();
   }
  }
}
```

Diese Profilklasse ruft man dann in Initialize() via AddProfile() auf.

```
Mapper.Initialize(cfg =>
{
 cfg.AddProfile<AutoMapperProfileEinfach>();
```

```
});
```

27.4.10 Verbundene Objekte

Wenn das Quell- und das Zielobjekt jeweils ein Unterobjekt besitzen und der Property-Name gemäß einer der AutoMapper-Konventionen eine Abbildung vorsehen würde, es aber für den besagten Objekttyp kein Mapping gibt, beschwert sich AutoMapper: "Missing type map configuration or unsupported mapping."

Entweder muss man für den Typ des Unterobjekts auch ein Mapping mit CreateMap() anlegen, oder man muss AutoMapper explizit sagen, dass man das Unterobjekt nicht abbilden möchte.

Das Ignorieren erfolgt über das Fluent-API der CreateMap()-Methode unter Einsatz der Methode Ignore() nach dem Aufruf von ForMember():

```
cfg.CreateMap<Passagier, PassagierView>().ForMember(z => z.Person, m => m.Ignore());
```

> **Hinweis:** Das Flattening funktioniert aber weiterhin nach einem Ignore()-Aufruf für ein Unterobjekt. Das heißt, die Properties PersonVorname und PersonName in der Klasse PassagierView befüllt AutoMapper weiterhin mit den Werten aus Passagier.Person.Vorname und Passagier.Person.Nachname, auch wenn Passagier.Person durch die Ignore()-Anweisung auf null gesetzt wird.

27.4.11 Manuelle Abbildungen

Der Entwickler hat bei AutoMapper zahlreiche Eingriffsmöglichkeiten in das Mapping. Über das Fluent-API der Methode CreateMap() kann man Abbildungen von Properties des Quellobjekts auf Abbildungen von Properties des Zielobjekts, also sogenannte Projektionen, festlegen. Eine manuelle Abbildung erledigt die Methode ForMember(). Dabei ist als erster Parameter ein Lambda-Ausdruck für das Zielproperty (Variablenname z für Ziel) und als zweiter Parameter ein Lambda-Ausdruck für den Wert (Variablenname q für Quelle) anzugeben, wobei auf ein oder mehrere Properties des Quellobjekts Bezug genommen werden kann.

Das folgende Listing zeigt folgende zehn Möglichkeiten:

- Abbildung einer Eigenschaft auf einen statischen Wert mit MapFrom(x=>Wert). Vor Version 8.0 wurde hier UseValue() eingesetzt.

- Abbildung einer Eigenschaft auf das Ergebnis eines Ausdrucks zu einer Quelleigenschaft mit MapFrom(), wobei das Ergebnis ein Boolean-Wert ist

- Abbildung einer Eigenschaft auf eine Berechnung aus mehreren Quelleigenschaften mit MapFrom(), wobei der Wert eine Zahl ist

- Abbildung einer Eigenschaft mit MapFrom() auf das Ergebnis der ToString()-Methode in einem Unterobjekt des Quellobjekts

- Abbildung einer Eigenschaft mit MapFrom() auf ein Objekt, das Werte von mehreren Quelleigenschaften enthält

- Abbildung einer Eigenschaft mit einer ValueResolver-Klasse unter Einsatz von MapFrom() und der IValueResolver-Schnittstelle. Vor Version 8.0 wurde hier ResolveUsing() eingesetzt.

- Abbildung von Nullwerten auf einen anderen Wert mit NullSubstitute()

- Festlegung, dass die Properties des Zielobjekts nicht mit einem Wert des Quellobjekts überschrieben werden dürfen. Dies erledigt die Methode UseDestinationValue().

- Der vorletzte Fall zeigt, wie mit Condition() eine Abbildung nur dann erfolgt, wenn der Quellwert (SourceValue) eine bestimmte Bedingung erfüllt.

- Der letzte Fall zeigt die Umwandlung eines N:M-Mappings in ein 1:N-Mapping. Hier wird die Zwischenentität "Buchung", die "Flug" und "Passagier" verbindet, eliminiert. Die Zielklasse FlugView besitzt direkt eine Eigenschaft vom Typ List<Passagier>.

Da solche Mapping-Definitionen oft sehr umfangreich werden können, bietet es sich in der Regel an, diese in eine Profilklasse (siehe Listing) auszulagern, statt sie irgendwo in den Programmcode einzustreuen.

Listing: Manuelle AutoMapper-Abbildungen mit ForMember()

```
public class AutoMapperProfileKomplex : AutoMapper.Profile
{
 /// <summary>
 /// Complex profile class for AutoMapper
 /// </summary>
 public AutoMapperProfileKomplex()
 {
  #region Mappings for class Flug
  CreateMap<Flug, FlugView>()

  // 1. Set Memo to static value
  .ForMember(z => z.Memo,
             q => q.MapFrom(x=>"Loaded from Database: " + DateTime.Now))

  // 2. Mapping for a bool property
  .ForMember(z => z.Ausgebucht, q => q.MapFrom(f => f.FreiePlaetze <= 0))

  // 3. Mapping with calculation
  .ForMember(z => z.FlugAuslastung,
             q => q.MapFrom(f => (int)Math.Abs(((decimal)f.FreiePlaetze / (decimal)f.Plaetze)
* 100)))

  // 4. Mapping to a method result
  .ForMember(z => z.PilotInfo, m => m.MapFrom(
             q => q.Pilot.ToString()))

  // 5. Mapping to a method result with object construction
  .ForMember(z => z.PilotDetailView,
             m => m.MapFrom(
             q => new PilotDetailView { ID = q.Pilot.PersonID, Name = q.Pilot.GanzerName }))

  // 6. Manual Mapping with Value Resolver
  .ForMember(z => z.RaucherInfo,
                m => m.MapFrom<RaucherinfoResolver>())

  // 7. Manual Mapping if source value is null
  .ForMember(z => z.Zielort, q => q.NullSubstitute("unknown"))

  // 8. No Mapping for existing values
  .ForMember(z => z.Timestamp, q => q.UseDestinationValue())

  // 9. Conditional Mapping
  .ForMember(z => z.Plaetze, x => x.Condition(q => q.FreiePlaetze < 250))

  // 10. Map n:m to zu 1:n (for Flug->Buchung->Passagier)
  .ForMember(dto => dto.PassagierViewSet, opt => opt.MapFrom(x => x.Buchungen.Select(y =>
y.Passagier).ToList()))
```

```
// 11. Include reverse Mapping
.ReverseMap();
#endregion

#region Other class mappings

CreateMap<Pilot, string>().ConvertUsing<PilotStringConverter>();

// Map n:m to zu 1:n (for Passagier->Buchung->Flug)
CreateMap<Passagier, PassagierView>()
  .ForMember(z => z.FlugViewSet, m => m.MapFrom(q => q.Buchungen.Select(y => y.Flug)));
#endregion
}
```

Listing: Eine Value Resolver-Klasse für AutoMapper

```
/// <summary>
/// Value Resolver for AutoMapper, converts true/false to
/// string property "Nichtraucherflug"
/// </summary>
public class RaucherinfoResolver : IValueResolver<Flug, FlugView, string>
{
 public string Resolve(Flug source, FlugView destination, string member, ResolutionContext
context)
 {
  if (source.NichtRaucherFlug.GetValueOrDefault()) destination.RaucherInfo = "Dies ist ein
Nicht-Raucher-Flug!";
  else destination.RaucherInfo = "Rauchen ist erlaubt.";
  return destination.RaucherInfo;
 }
}
```

27.4.12 Typkonvertierungen

Bei der Abbildung elementarerer Datentypen (string, int, decimal, bool etc.) bildet AutoMapper problemlos ab, wenn die Typen identisch sind oder wenn der Zieltyp string ist. Im Fall des Zieltyps string kann AutoMapper immer durch den Aufruf ToString() zu einer Zeichenkette kommen. Zahlentypen werden automatisch sowohl hoch- als auch herunterkonvertiert. So kann AutoMapper byte auf long abbilden, aber auch long auf byte. Ein Teil dieser Flexibilität ist aber neu seit Version 4.0. Die Version 3.3.1 reagierte auf den Versuch, long auf byte abzubilden, noch mit dem Fehler "Missing type map configuration or unsupported mapping. Mapping types: System.Byte -> System.Int64". Aber auch in AutoMapper 4.0 gilt: Wenn der abzubildende Wert gar nicht in den Zielzahlentyp passt, kommt es zum Laufzeitfehler: "AutoMapper.AutoMapperMappingException: Value was either too large or too small for an unsigned byte."

Und natürlich kann AutoMapper nicht abbilden, falls die Typen grundverschieden sind. Wenn zum Beispiel im Quellobjekt das Property „Geburtstag" den Typ "DateTime" besitzt, aber im Zielobjekt hier "Integer" verwendet wird, kommt es auf jeden Fall zum Laufzeitfehler (AutoMapper.AutoMapperMappingException). In der Fehlermeldung findet man dann detaillierte Angaben zu dem Problem:

System.DateTime -> System.Int32

Destination path:

PassagierView.Geburtstag

Source value:

01.10.1980 00:00:00

Für Typabbildungen, die AutoMapper nicht automatisch vornimmt oder die anders erfolgen sollen, als AutoMapper dies im Standard macht, muss der Softwareentwickler bei AutoMapper einen Type Converter hinterlegen. Ein solcher Type Converter kann in einer einfachen Methode implementiert werden, die Typ x entgegennimmt und y zurückgibt. Diese Konvertermethode registriert man dann bei AutoMapper:

```
cfg.CreateMap<byte, long>().ConvertUsing(x=>ConvertByteToLong(x));
cfg.CreateMap<DateTime, Int32>().ConvertUsing(x=>ConvertDateTimeToInt(x));
```

Man kann ggf. eine Standard-Konverter-Methode des .NET Frameworks aufrufen:

```
cfg.CreateMap<byte, long>().ConvertUsing(x=>Convert.ToInt64(x));
```

Listing: Methodenbasierter Type Converter für AutoMapper

```
/// <summary>
/// Konveriert Byte in Long mit Sonderfall 0
/// </summary>
/// <param name="b">Byte-Wert</param>
/// <returns></returns>
public static long ConvertByteToLong(byte b)
{
 if (b==0) return -1;
 else return (long)b;
}
```

Listing: Weiterer methodenbasierter Type Converter für AutoMapper

```
/// <summary>
/// Konveriert DateTime in Integer (extrahiert nur Jahreszahl)
/// </summary>
/// <param name="b">Byte-Wert</param>
/// <returns></returns>
public static Int32 ConvertDateTimeToInt(DateTime d)
{
 return d.Year;
}
```

Man kann den Type Converter auch realisieren als Klasse, die die Schnittstelle ITypeConverter mit der Methode Convert() realisiert (siehe Listing). Diese eigene Konverter-Klasse registriert man dann mit einer generischen Variante von ConvertUsing():

```
cfg.CreateMap<Pilot, string>().ConvertUsing<PilotStringConverter>();
```

Listing: Klassenbasierter Type Converter für AutoMapper

```
public class PilotStringConverter : ITypeConverter<Pilot, string>
{
 public string Convert(Pilot pilot, string s, ResolutionContext context)
 {
  if (pilot == null) return "(Kein Pilot zugewiesen)";
  return "Pilot # " + pilot.PersonID;
 }
}
```

Die bisher gezeigten Konvertierungen sind global für alle Abbildungen in allen Klassen. Das ist natürlich eine sehr mächtige Möglichkeit, denn man vermeidet damit, einige Abbildungen wiederholen zu müssen. Aber man sollte hier auch vorsichtig sein, denn möglicherweise erzeugt man damit Abbildungen, die man gar nicht will, sodass Daten verloren gehen können.

Es kann aber auch sein, dass man eine solche Konvertierung gar nicht global will, sondern nur für eine einzelne Property-Abbildung in einzelnen Klassen. In diesem Fall kann man einen ValueResolver schreiben (siehe Kapitel "Manuelle Abbildungen").

27.4.13 Objektmengen

Auch wenn man AutoMapper immer nur für die Abbildung von einzelnen Klassen konfiguriert hat, kann AutoMapper nicht nur einzelne Instanzen, sondern auch beliebig große Mengen dieser Klassen aufeinander mit Map() abbilden. Beispiel:

```
List<FlugView> flugviewListe = AutoMapper.Mapper.Map<List<FlugView>>(flugListe);
```

Dabei unterstützt AutoMapper folgende Mengentypen:

- IEnumerable

- IEnumerable<T>

- ICollection

- ICollection<T>

- IList

- IList<T>

- List<T>

- Arrays

Listing: Abbildung einer ganzen Liste

```
/// Mapping a list of Flug objects with related objects Buchung/Passagier to FlugView with
PassagierView
/// </summary>
private static void Demo_ListMapping()
{
 CUI.Headline("Listen-Mapping");

 Mapper.Initialize(cfg =>
 {
  cfg.AddProfile<AutoMapperProfileKomplex>();
 });

 using (var ctx2 = new WWWingsContext())
 {
  var flugListe = ctx2.FlugSet.Include(f => f.Pilot).Include(f =>
f.Buchungen).ThenInclude(x => x.Passagier).Where(f => f.Abflugort == "Berlin").OrderBy(f =>
f.FlugNr).Take(5).ToList();
  // map all objects in this list
  List<FlugView> flugviewListe = Mapper.Map<List<FlugView>>(flugListe);
  foreach (var f in flugviewListe)
  {
   Console.WriteLine(f.ToString());
   if (f.PassagierViewSet != null)
   {
    foreach (var pas in f.PassagierViewSet)
    {
```

```
        Console.WriteLine("   - " + pas.Vorname + " " + pas.Name + " hat " +
pas.FlugViewSet.Count + " Flüge!");
      }
    }
   }
  }
 }
```

27.4.14 Vererbung

Um das Verhalten von AutoMapper bei Vererbungsbeziehungen zu veranschaulichen, wird das
Beispiel aus dem folgenden Listing verwendet mit den Klassen Person, Frau und Mann sowie
zugehörigen Datentransferobjekt (DTO)-Klassen PersonDTO, FrauDTO und MannDTO. Die
Unterschiede zwischen Mann und Frau sind hier – den Klischees entsprechend – auf den Besitz
einer signifikanten Anzahl von Autos (beim Mann) bzw. Schuhen (bei der Frau) reduziert. Die
DTO-Klassen unterscheiden sich durch den Datentyp für die Anzahl-Werte (Byte statt Integer)
sowie die Zusammenfassung von Vorname und Nachname zu einem Property Name. Außerdem
wird beim Geburtstag in den DTO-Klassen nur noch das Jahr und nicht mehr das komplette Datum
gespeichert.

Listing: Klassenhierarchie für das Vererbungsbeispiel

```
class Person
{
 public string Vorname { get; set; }
 public string Nachname { get; set; }
 public DateTime Geburtstag { get; set; }
}

class Mann : Person
{
 public int AnzahlAutos { get; set; }
}

class Frau : Person
{
 public int AnzahlSchuhe { get; set; }
}

class PersonDTO
{
 public string Name { get; set; }
 public int Geburtsjahr { get; set; }
}

class MannDTO : PersonDTO
{
 public byte AnzahlAutos { get; set; }
}

class FrauDTO : PersonDTO
{
 public byte AnzahlSchuhe { get; set; }
}
```

Grundsätzlich muss man in einer Vererbungsbeziehung ein Mapping für jede einzelne Klasse in
der Vererbungshierarchie festlegen, also:

```
Mapper.Initialize(cfg =>
  {
```

```
    cfg.CreateMap<Person, PersonDTO>();
    cfg.CreateMap<Mann, MannDTO>();
    cfg.CreateMap<Frau, FrauDTO>();
  });
```

Während AutoMapper die Typumwandlung von Integer in Byte automatisch erledigt, fehlt noch die Abbildung für Name und Geburtsdatum. Der Typkonflikt im Fall von Geburtsdatum führt beim Mapping zum Laufzeitfehler (AutoMapper.AutoMapperMappingException).

Dabei reicht es nicht, die manuellen Abbildungen mit ForMember() und MapFrom() nur auf der Basisklasse festzulegen:

```
cfg.CreateMap<Person, PersonDTO>()
  .ForMember(z => z.Name, map => map.MapFrom(q => q.Vorname + " " + q.Nachname))
  .ForMember(z => z.Geburtsjahr, map => map.MapFrom(q => q.Geburtstag.Year));
cfg.CreateMap<Mann, MannDTO>()
cfg.CreateMap<Frau, FrauDTO>()
```

Danach erfolgt nur das Mapping für die Klasse Person korrekt. Bei den Klassen Mann und Frau kommt es weiterhin zum Laufzeitfehler. AutoMapper erwartet, dass es die manuelle Mapping-Konfiguration für jede Klasse in der Vererbungshierarchie gibt:

```
cfg.CreateMap<Person, PersonDTO>()
    .ForMember(z => z.Name, map => map.MapFrom(q => q.Vorname + " " + q.Nachname))
    .ForMember(z => z.Geburtsjahr, map => map.MapFrom(q => q.Geburtstag.Year));
cfg.CreateMap<Mann, MannDTO>()
    .ForMember(z => z.Name, map => map.MapFrom(q => q.Vorname + " " + q.Nachname))
    .ForMember(z => z.Geburtsjahr, map => map.MapFrom(q => q.Geburtstag.Year));
cfg.CreateMap<Frau, FrauDTO>()
    .ForMember(z => z.Name, map => map.MapFrom(q => q.Vorname + " " + q.Nachname))
    .ForMember(z => z.Geburtsjahr, map => map.MapFrom(q => q.Geburtstag.Year));
```

Diese Programmcode-Wiederholung kann man aber vermeiden, indem man die Include()-Methoden von AutoMapper verwendet (nicht zu verwechseln mit der Include()-Methode von Entity Framework!):

```
cfg.CreateMap<Person, PersonDTO>()
      .Include<Mann, MannDTO>()
      .Include<Frau, FrauDTO>()
      .ForMember(z => z.Name, map => map.MapFrom(q => q.Vorname + " " + q.Nachname))
      .ForMember(z => z.Geburtsjahr, map => map.MapFrom(q => q.Geburtstag.Year));
cfg.CreateMap<Mann, MannDTO>();
cfg.CreateMap<Frau, FrauDTO>();
```

Das nächste Listing zeigt ein Beispiel für das Mapping mit den Typen Person, Mann und Frau – inklusive einer "Geschlechtsumwandlung" eines Mannes in eine Frau, wobei – um weiterhin bei den Klischees zu bleiben – die Anzahl der Autos in die zehnfache Anzahl von Schuhen umgewandelt wird. Nach Definition dieses Mappings ist die eigentliche Wandlung von Mann zu Frau mit AutoMapper vergleichsweise einfach und schmerzlos.

Listing: Mapping mit Person, Mann und Frau

```
var m = new Mann()
{
 Vorname = "Max",
 Nachname = "Mustermann",
 Geburtstag = new DateTime(1980, 10, 1),
 AnzahlAutos = 4
};

// Abbildung Person zu PersonDTO
PersonDTO mDTO1 = Mapper.Map<PersonDTO>(m);
Console.WriteLine(mDTO1.Name + " *" + mDTO1.Geburtsjahr);
```

```
// Abbildung Mann zu MannDTO - Variante 1
MannDTO mDTO2 = (MannDTO)Mapper.Map(m, m.GetType(), typeof(MannDTO));
Console.WriteLine(mDTO2.Name + " *" + mDTO2.Geburtsjahr + " besitzt " + mDTO2.AnzahlAutos + "
 Autos.");


// Abbildung Mann zu MannDTO - Variante 2
MannDTO mDTO3 = Mapper.Map<MannDTO>(m);
Console.WriteLine(mDTO3.Name + " *" + mDTO3.Geburtsjahr + " besitzt " + mDTO3.AnzahlAutos + "
 Autos.");


// Geschlechtsumwandlung: Mann zu Frau definieren
Mapper.CreateMap<Mann, Frau>()
     .ForMember(z => z.AnzahlSchuhe, map => map.MapFrom(q => q.AnzahlAutos * 10));


// Geschlechtsumwandlung: Mann zu Frau vollziehen
Frau f = Mapper.Map<Frau>(m);
Console.WriteLine(f.Vorname + " " + f.Nachname + " *" + f.Geburtstag + " besitzt " + f.Anzahl
Schuhe + " Schuhe.");
```

Spannend ist noch die Frage, was passiert, wenn eine abgeleitete Klasse ein manuelles Mapping besitzt, das im Widerspruch zu einem Mapping einer Basisklasse steht. Laut Dokumentation [*https://github.com/AutoMapper/AutoMapper/wiki/Mapping-inheritance*] erfolgt die Auswertung durch den AutoMapper mit folgender Priorität:

- explizites Mapping in der abgeleiteten Klasse

- vererbtes explizites Mapping

- Mappings mit Ignore()

- und AutoMapper-Konventionen, die erst im letzten Schritt wirken.

27.4.15 Generische Klassen

Auch bei generischen Klassen hilft AutoMapper mit. Gar keine besondere Aufgabe stellt für AutoMapper das Mapping von generischen Listen dar (siehe Listing).

Listing: Mapping generischer Listen, hier am Beispiel List<T>

```
// Generische Liste erzeugen und befüllen
   var PersonSet = new List<Person>();
   for (int i = 0; i < 100; i++)
   {
    PersonSet.Add(new Person() { Vorname="Max", Nachname="Müller"});
   }


   // Mapping für Einzelobjekt definieren
   Mapper.Initialize(cfg =>
   {
    cfg.CreateMap<Person, PersonDTO>()
.ForMember(z => z.Name, map => map.MapFrom(q => q.Vorname + " " + q.Nachname))
.ForMember(z => z.Geburtsjahr, map => map.MapFrom(q => q.Geburtstag.Year));
   });


   // Mapping für Liste geht dann auch!
   var PersonDTOSet = AutoMapper.Mapper.Map<List<PersonDTO>>(PersonSet);


   Console.WriteLine(PersonDTOSet.Count());
   foreach (var p in PersonDTOSet.Take(5))
   {
```

```
            Console.WriteLine(p.Name + ": "+ p.Geburtsjahr);
    }
```

AutoMapper kann aber auch ganze generische Typen auf andere generische Typen abbilden. Wir bleiben bei dem Beispiel mit Person, Frau und Mann und definieren zwei generische Typen für eine Partnerschaft: eine eingetragene Partnerschaft und eine Ehe (siehe Listing).

Listing: Generische Typen für Partnerschaft und Ehe

```
class EingetragenePartnerschaft<T1, T2>
   where T1 : Person
   where T2 : Person
 {
  public T1 Partner1 { get; set; }
  public T2 Partner2 { get; set; }
  public DateTime Datum { get; set; }
 }

 class Ehe<T1, T2>
   where T1 : Person
   where T2 : Person
 {
  public T1 Partner1 { get; set; }
  public T2 Partner2 { get; set; }
  public DateTime Datum { get; set; }
 }
```

Dabei sind wir – im Gegensatz zu dem vorherigen Beispiel mit Autos und Schuhen – dieses Mal nicht nur politisch ganz korrekt, sondern auch noch absolut progressiv (schon zu einem Zeitpunkt, als der Bundestag das noch nicht beschlossen hatte): Wir erlauben nicht nur gleichgeschlechtliche eingetragene Partnerschaften, sondern sogar gleichgeschlechtliche Ehen! Der Autor dieses Buchs will sogar erlauben, eine eingetragene Partnerschaft automatisch in eine Ehe umzuwandeln. Genau das ist unser Mapping. Wir wollen also zum Beispiel den Typ EingetragenePartnerschaft<Mann,Mann> konvertieren in Ehe<Mann,Mann>. Das ist für AutoMapper gar kein Problem. Wir müssen lediglich eine allgemeine Abbildung definieren zwischen den generischen Klassen. Keineswegs muss der Softwareentwickler ein Mapping für alle möglichen Varianten von Typparametern dieser generischen Klassen schreiben.

```
    Mapper.Initialize(cfg =>
    {
     cfg.CreateMap(typeof(EingetragenePartnerschaft<,>), typeof(Ehe<,>));
    });
```

Das nächste Codefragment zeigt die Anwendung dieses Mappings

Listing: Mapping eigener generischer Typen aus dem vorherigen Listing

```
// Eine eingetragene Partnerschaft zwischen zwei Männern
var m1 = new Mann() { Vorname = "Heinz", Nachname="Müller" };
var m2 = new Mann() { Vorname = "Gerd", Nachname = "Meier" };
var ep = new EingetragenePartnerschaft<Mann, Mann>() { Partner1 = m1, Partner2 = m2, Datum =
new DateTime(2015,5,28) };

// Die allgemeine Abbildung zwischen den generischen Klassen
Mapper.Initialize(cfg =>
    {
     cfg.CreateMap(typeof(EingetragenePartnerschaft<,>), typeof(Ehe<,>));
    });

// Dann ist jede Abbildung mit konkreten Typparametern erlaubt!
Ehe<Mann,Mann> ehe = AutoMapper.Mapper.Map<Ehe<Mann,Mann>>(ep);
Console.WriteLine(ehe.Partner1.Vorname + " + " + ehe.Partner2.Vorname + ": " + ehe.Datum.ToSh
ortDateString());
```

Auch ein zusätzliches Mapping der generischen Parameter ist möglich, also von z. B. EingetragenePartnerschaft<Mann, Mann> zu Ehe<MannDTO, MannDTO>. Das setzt natürlich voraus:

- dass die generische Klasse Ehe<T1, T2> als Typparameter auch MannDTO oder die Basisklasse PersonDTO erlaubt (was sie bisher noch nicht tut). Hier muss also dann stehen:

```
class Marriage<T1, T2>
where T1 : PersonDTO
where T2 : PersonDTO
{ ... }
```

- Es muss auch ein Mapping zwischen Mann und MannDTO definiert werden:

```
cfg.CreateMap<Mann, MannDTO>()
.ForMember(z => z.Name, map => map.MapFrom(q => q.Vorname + " " + q.Nachname))
.ForMember(z => z.Geburtsjahr, map => map.MapFrom(q => q.Geburtstag.Year));
```

Danach steht folgender Abbildung zwischen EingetragenePartnerschaft<Mann,Mann> und Ehe<MannDTO,MannDTO> nichts mehr im Wege:

```
Ehe<MannDTO, MannDTO> eheDTO = AutoMapper.Mapper.Map<Ehe<MannDTO, MannDTO>>(ep);
Console.WriteLine(eheDTO.Partner1.Name + " + " + eheDTO.Partner2.Name + ": " + ehe.Datum.ToSh
ortDateString());
```

27.4.16 Zusatzaktionen vor und nach dem Mapping

AutoMapper erlaubt, im Mapping Aktionen festzulegen, die vor dem Mapping oder nach dem Mapping ausgeführt werden. Die Methode BeforeMap() im Fluent-API von CreateMap() legt die vorgelagerten Aktionen fest; AfterMap() die nachgelagerten. Beide Methoden dürfen mehrfach aufgerufen werden, wie das nächste Listing am Beispiel von BeforeMap() zeigt. Beide Methoden erwarten jeweils einen Ausdruck, der sowohl das Quellobjekt (im Listing kurz mit q benannt) als auch das Zielobjekt (im Listing kurz mit z benannt) übergeben bekommt. Es ist möglich, im Rahmen des Ausdrucks eine Methode aufzurufen, auch das zeigt Listing am Beispiel von AfterMap().

Das Beispiel im nächsten Listing macht Folgendes bei der Abbildung von Person auf PersonDTO:

- Wenn der Vorname und/oder Nachname leer ist, wird die Angabe im Quellobjekt jeweils durch ein Fragezeichen ersetzt.

- Wenn im Zielobjekt dann der Name aus "? ?" besteht, also Vor- und Nachname leer waren, wird – abhängig vom Geburtsjahr – der Wert "(Fehler)" oder "keine Angaben" geliefert. Die Geschäftsprozessregel dahinter ist: Alle vor 1980 Geborenen dürfen anonym bleiben. Alle danach Geborenen sind zur Angabe verpflichtet. Wenn der Name dennoch fehlt, muss ein Fehler vorliegen.

Grundsätzlich kann man solche Geschäftslogiken natürlich außerhalb von AutoMapper vollziehen. Vorteile der Integration in AutoMapper dafür sind:

- Man hat alle Mapping-Aktionen an einem Ort.

- Man muss nicht vor bzw. nach dem Mapping noch einmal explizit eine Iteration über die Objekte ausprogrammieren.

Listing: BeforeMap() und AfterMap() im Einsatz

```
public static void BeforeAfterDemo()
{
  CUI.Headline(nameof(BeforeAfterDemo));
```

```
// Generische Liste erzeugen und befüllen
var PersonSet = new List<Person>();
for (int i = 0; i < 10; i++)
{
 PersonSet.Add(new Person()
 {
  Vorname = "Max",
  Nachname = "Mustermann",
  Geburtstag = new DateTime(1980, 10, 1),
 });
}

// Mapping für Einzelobjekt definieren
Mapper.Initialize(cfg =>
{
 cfg.CreateMap<Person, PersonDTO>()
    .ForMember(z => z.Name, map => map.MapFrom(q => q.Vorname + " " + q.Nachname))
    .ForMember(z => z.Geburtsjahr, map => map.MapFrom(q => q.Geburtstag.Year))
    .BeforeMap((q, z) => q.Vorname = (String.IsNullOrEmpty(q.Vorname) ? q.Vorname = "?" :
q.Vorname))
    .BeforeMap((q, z) => q.Nachname = (String.IsNullOrEmpty(q.Nachname) ? q.Nachname = "?"
: q.Nachname))
    .AfterMap((q, z) => z.Name = GetName(z.Name, z.Geburtsjahr));
 cfg.CreateMap<DateTime, Int32>().ConvertUsing(x=>ConvertDateTimeToInt(x));
});

// Mapping für Liste geht dann auch!
var PersonDTOSet = AutoMapper.Mapper.Map<List<PersonDTO>>(PersonSet);

foreach (var p in PersonDTOSet)
{
 Console.WriteLine(p.Name + " ist geboren im Jahr " + p.Geburtsjahr);
}


}

/// <summary>
/// Konveriert DateTime in Integer (extrahiert nur Jahreszahl)
/// </summary>
/// <param name="b">Byte-Wert</param>
/// <returns></returns>
public static Int32 ConvertDateTimeToInt(DateTime d)
{
 return d.Year;
}


/// <summary>
/// Methode, die im Rahmen von AfterMap() aufgerufen wird
/// </summary>
/// <param name="n">Name.</param>
/// <param name="jahr">Geburtsjahr</param>
/// <returns></returns>
public static string GetName(string name, int jahr)
{
 if (name.Trim() != "? ?") return name;
 if (jahr >= 1980) return "(Fehler)";
 return "keine Angaben";
}
```

27.4.17 Geschwindigkeit

AutoMapper verwendet für das Mapping nicht Reflection für jeden Abruf und jedes Setzen von Werten. Vielmehr erzeugt CreateMap() den Programmcode zur Laufzeit mit Hilfe von Reflection.Emit(). Es stellt sich hier die Frage, wie lange das Mapping großer Datenmengen braucht.

In der folgenden Tabelle werden drei Mapping-Wege verglichen:

- explizites, hartcodiertes Objekt-Objekt-Mapping (also x.a = y.a; für jedes Property)

- auf Reflection basierendes Objekt-Objekt-Mapping mit dem Programmcode aus Listing in diesem Kapitel

- Objekt-Objekt-Mapping mit AutoMapper

Damit wir nicht Äpfel mit Birnen vergleichen, findet hier ein Mapping zwischen zwei exakt gleich aufgebauten Typen statt, d.h. alle Properties heißen in beiden Klassen gleich und haben auch denselben Datentyp. Der Geschwindigkeitstest misst die Werte für 1, 10, 100, 1000, 10000 und 100000 Objekte, die sich in einer generischen Liste befinden.

Beim Betrachten der Ergebnistabelle fällt klar auf, dass AutoMapper deutlich langsamer ist. Das Erzeugen des Mapping-Codes mit CreateMap() dauert dabei jeweils konstant rund 208 Millisekunden. Wenn in einem Prozess wiederholt ein Mapping eines Typs stattfindet, fällt diese Zeit nur einmal an. Bei wiederholtem Aufruf liegt der Verbrauch nur noch bei rund 7 Millisekunden. Dennoch ist AutoMapper in allen Fällen langsamer als das explizite Mapping und bei Datenmengen bis 1.000 Objekten sogar langsamer als das auf Reflection basierende Mapping.

Anzahl der Objekte	Explizites (hardcodiertes) Mapping		Reflection-Mapping		AutoMapper	
	Einmaliger Initialisierungsaufwand pro Application Domain	Aufwand für das Mapping	Einmaliger Initialisierungsaufwand pro Application Domain	Aufwand für das Mapping	Einmaliger Initialisierungsaufwand pro Application Domain	Aufwand für das Mapping
1	0	0	0	0	208	18
10	0	0	0	0	208	18
100	0	0	0	1	208	18
1000	0	0	0	10	208	19
10000	0	1	0	104	208	30
100000	0	29	0	1010	208	63

Tabelle: Geschwindigkeitsvergleich von drei Methoden für das Objekt-Objekt-Mapping (alle Angaben in Millisekunden)

27.4.18 Fazit zu AutoMapper

AutoMapper bietet flexible Abbildungsmöglichkeiten zwischen verschiedenen Objektstrukturen. Die Geschwindigkeitsmesswerte von AutoMapper sind auf den ersten Blick sehr enttäuschend. Man darf hier aber nicht verkennen, dass AutoMapper gegenüber dem expliziten Mapping viel Programmierarbeit einspart und gegenüber dem Reflection-Mapping viel mehr leisten kann.

Dennoch gibt es auch kritische Stimmen wie die von Andrew Harcourt [*http://www.uglybugger.org/software/post/friends_dont_let_friends_use_automapper*], der nicht nur die Performanz von AutoMapper kritisiert, sondern auch die Konventionen nicht mag. Die Abbildung gleichnamiger Properties aufeinander werden zum Problem, wenn man ein Property umbenennt, das dann nur noch abgebildet wird, wenn man auch daran denkt, eine manuelle Abbildung mit ForMember() zu schreiben. Er plädiert dafür, von vornehein alle Abbildungen explizit auszuprogrammieren, wodurch automatisches Namens-Refactoring möglich wird. Um die Programmierarbeit für das explizite Mapping zu reduzieren, schreibt er sich einen Code-Generator für den passenden Mapping-Code. Leider liefert er den Code-Generator nicht mit. Werkzeuge, die ein explizites Mapping generieren, sind z.B. OTIS-LIB [*http://code.google.com/p/otis-lib*] und das Object To Object Mapping Utility von Wayne Hartmann [*http://waynehartman.com/download?file=d2333998-c0cc-4bd4-8f02-82bef57d463c*]. Von einem Generator generierter Programmcode ist aber auch nicht jedermanns Sache, wie der Autor dieses Buchs immer wieder in seinen Beratungs- und Schulungseinsätzen merkt. Daher endet dieses Kapitel ohne eine klare Empfehlung für oder gegen AutoMapper. Es kommt auf den Einsatzfall (Größe und Menge der Objekte) und das eigene Empfinden an, womit man sich als Softwarearchitekt wohler fühlt.

27.5   Andere Erweiterungen

Die folgende Tabelle listet zusätzliche Erweiterungen aus der Open Source-Community auf, die (noch) nicht in diesem Buch beschrieben sind.

Name der Erweiterung	Website
EFCore.Practices	*https://github.com/riezebosch/efcore-practices/tree/master/src/EFCore.Practices*
EFDetached.EntityFramework	*https://github.com/leonardoporro/Detached*
EFPlus	*https://github.com/zzzprojects/EntityFramework-Plus*
EntityFrameworkCore.PrimaryKey	*https://github.com/NickStrupat/EntityFramework.PrimaryKey*
EntityFrameworkCore.Rx	*https://docs.microsoft.com/en-us/ef/core/extensions/entityframeworkcore-rx*
EntityFrameworkCore.Triggers	*https://github.com/NickStrupat/EntityFramework.Triggers*
EntityFrameworkCore.TypedOriginalValues	*https://github.com/NickStrupat/EntityFramework.TypedOriginalValues*
LinqKit.Microsoft.EntityFrameworkCore	*https://docs.microsoft.com/en-us/ef/core/extensions/linqkit*
Microsoft.EntityFrameworkCore.AutoHistory	*https://github.com/Arch/AutoHistory*

Microsoft.EntityFrameworkCore.DynamicLinq	*https://github.com/StefH/System.Linq.Dynamic.Core*
Microsoft.EntityFrameworkCore.UnitOfWork	*https://github.com/Arch/UnitOfWork*

Tabelle: Erweiterungen für Entity Framework Core

28   Praxislösungen

Dieses Kapitel beschreibt einige praktische Anwendungsfälle für Entity Framework Core, die außerhalb des World Wide Wings-Beispiels liegen.

28.1   Entity Framework Core in einer ASP.NET Core-Anwendung

Aus dem Fallbeispiel "MiracleList" wird in diesem Kapitel vor allem das Backend erörtert, in dem Entity Framework Core zum Einsatz kommt.

28.1.1   Das Fallbeispiel "MiracleList"

Im Jahr 2015 zahlte Microsoft für die Übernahme des Berliner App-Herstellers Wunderlist mehr als 100 Millionen US-Dollar [https://www.heise.de/newsticker/meldung/Microsoft-uebernimmt-Berliner-Startup-6Wunderkinder-2678017.html]. "MiracleList" ist eine Nachprogrammierung dieser Aufgabenverwaltung als Webanwendung und Cross-Platform-Anwendung für Windows, Linux, MacOS, Android und iOS mit einem Cross-Platform-Cloud-Backend.

Der angemeldete Benutzer kann eine Liste von Aufgabenkategorien erstellen und in jeder Kategorie eine Liste von Aufgaben anlegen. Eine Aufgabe besteht aus einem Titel, einer Notiz, einem Eintragsdatum, einem Fälligkeitsdatum und kann als erledigt markiert werden. Über die Funktionen von Wunderlist hinaus kann in MiracleList eine Aufgabe drei (A, B oder C) statt nur zwei Wichtigkeitsgrade (Wichtig ja/nein) sowie einen Aufwand (Zahl) besitzen. Bewusst besitzt der Aufwand keine Maßeinheit; der Benutzer kann selbst entscheiden, ob er den Aufwand in Stunden, Tagen oder nur in relativen Werten, wie z.B. "1" (für niedrig) bis "10" (für hoch), vergeben will.

Wie bei Wunderlist kann eine Aufgabe Teilaufgaben besitzen, wobei eine Teilaufgabe nur einen Titel und einen Status besitzt. Einige Details aus dem Original fehlen aber in MiracleList, z.B. das Hochladen von Dateien zu Aufgaben, das Verschieben von Aufgaben zwischen Kategorien, die Suche nach Hashtags, das Duplizieren und Drucken von Listen sowie der Aufgabenaustausch zwischen Benutzern. Einige Funktionen wie anklickbare Hyperlinks in Aufgabentexten sind nicht realisiert, um einen Missbrauch der für alle Nutzer offenen Website zu vermeiden.

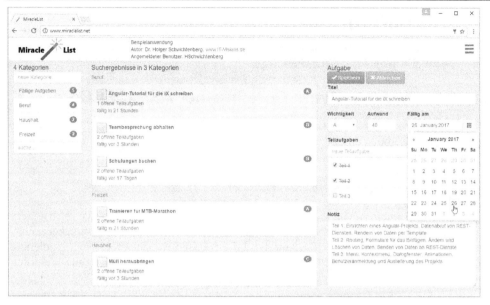

Abbildung: MiracleList-Webanwendung

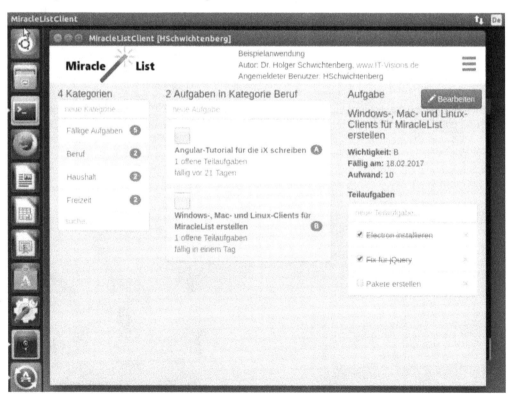

Abbildung: MiracleList-Desktop-Client für Linux

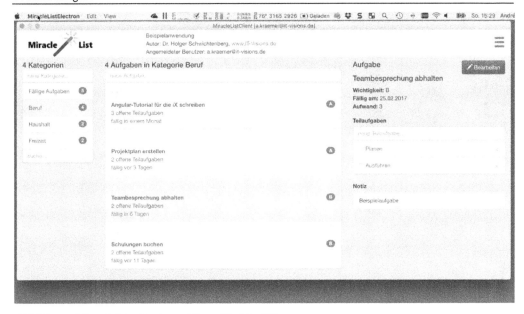

Abbildung: MiracleList-Desktop-Client für MacOS

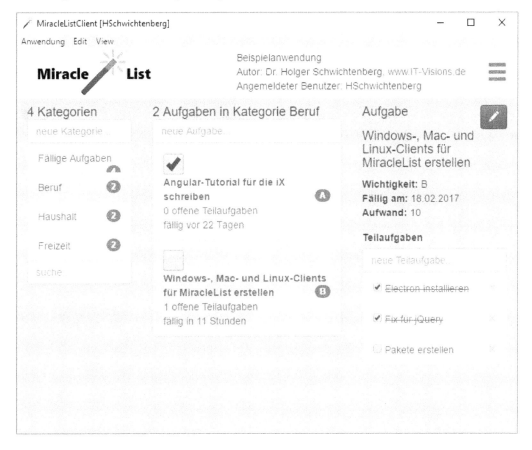

Abbildung: MiracleList-Desktop-Client für Windows

Abbildung: MiracleList-Client für Android

Das Backend besitzt neben dem WebAPI auch eine Weboberfläche, die folgendes anbietet:

- Versionsinformation zum WebAPI

- OpenAPI Specification zum WebAPI

- Hilfeseite zum WebAPI

- Antrag auf eine Client-ID zur Erstellung eines eigenen Clients

- Download der Desktop-Clients

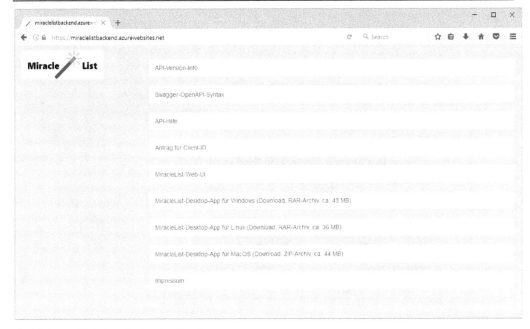

Abbildung: Weboberfläche des Backends

In diesem Buch werden nur Ausschnitte aus dem Backend besprochen, da nur dort Entity Framework Core zum Einsatz kommt.

Links:

- Webanwendung und Download der Clients: *http://www.miraclelist.net*

- Backend: *https://miraclelistbackend.azurewebsites.net*

- Quellcode für das Backend: *https://github.com/HSchwichtenberg/MiracleListBackend*

- Quellcode für das Frontend: *https://github.com/HSchwichtenberg/MiracleListClient*

28.1.2   Architektur

Bei MiracleList kommen dabei folgende Techniken zum Einsatz:

- **Backend**: .NET Core, C#, ASP.NET Core WebAPI, Entity Framework Core, SQL Azure, Azure Web App, Swagger/Swashbuckle.AspNetCore, Application Insights

- **Browser-Frontend**: Single Page Web Application (SPA) mit HTML, CSS, TypeScript, Angular, Bootstrap, MomentJS sowie den Angular-Zusatzkomponenten ng2-datetime, angular2-moment, ngx-contextmenu, ngx-modal und ng2-dnd.

- **Hybride Cross-Platform-App**: Mit Hilfe von Electron für Windows, Linux und macOS. Mit Hilfe von Cordova für Android und iOS.

Das Backend für die MiracleList läuft, für jedermann nutzbar, unter https://miraclelistbackend.azurewebsites.net. Es läuft mit C# 6.0 und .NET Core 2.0, erstellt unter Verwendung von SQL Azure als Datenbank, Entity Framework Core 2.0 als OR-Mapper und ASP.NET Core 2.0 als Webserverframework, gehostet in Microsofts Cloud "Azure" als "Web App".

Das MiracleList-Backend bietet eine klare Schichtentrennung. Die Projektmappe (siehe folgende Abbildung) besteht aus:

- **BO (Business Objects)**: Hier sind die Entitätsklassen realisiert, die für Entity Framework Core verwendet werden. Diese Klassen sind bewusst so implementiert, dass sie auch im WebAPI als Ein- und Ausgabetypen verwendet werden können – also ein zusätzliches OO-Mapping mit AutoMapper oder anderen Werkzeugen überflüssig ist.

- **DAL (Data Access Layer)**: Diese Schicht realisiert den Entity Framework Core-Kontext (Context.cs).

- **BL (Business Logik)**: Hier sind "Manager"-Klassen realisiert, die die Backend-Funktionalität unter Verwendung des Entity Framework Core-Kontextes implementieren.

- **MiracleList_WebAPI**: Hier sind die Controller für das WebAPI realisiert. Außerdem gibt es einige wenige Informations- und Registrierungsseiten, die ASP.NET Core Razor Pages (Server Side Rendering) verwenden.

- **EFTools**: Host für die Entity Framework Core-Werkzeuge für Forward Engineering. Zudem auch eine kleine Konsolenanwendung, die wahlweise alle ausstehenden Datenbankschemamigrationen auf einer Datenbank vollrichtet und/oder das Anlegen von Testdaten vollrichtet.

- **Unit Tests**: Unit Tests und Integrationstests mit XUnit inklusive UI-Tests mit Selenium WebDriver.

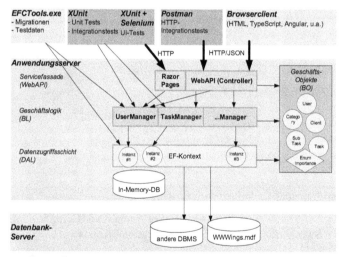

Abbildung: Architekturdiagramm für das MiracleList-Backend

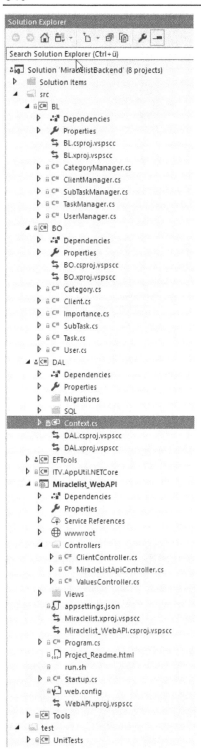

Abbildung: Projekte in der Projektmappe "MiracleListBackend"

28.1.3 Entitätsklassen

Das aus fünf Klassen und einem Aufzählungstyp bestehende Objektmodell von MiracleList zeigt die folgende Abbildung.

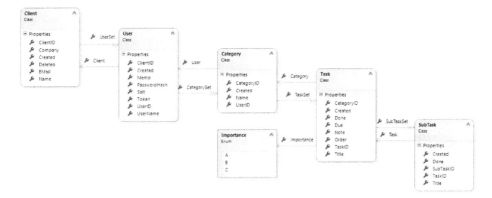

Abbildung: MiracleList-Objektmodell

Listing: Task.cs

```
using System;
using System.Collections.Generic;
using System.ComponentModel.DataAnnotations;

namespace BO
{
 public class Task
 {
  public int TaskID { get; set; } // PK

  //[Index]
  [MaxLength(250)] // alias: StringLength
  public string Title { get; set; }
  public DateTime Created { get; set; } = DateTime.Now;
  public DateTime? Due { get; set; }
  public Importance? Importance { get; set; }
  public string Note { get; set; }
  public bool Done { get; set; }
  public decimal? Effort { get; set; }
  public int Order { get; set; }

  // -------------- Navigationseigenschaften
  public List<SubTask> SubTaskSet { get; set; }
  public Category Category { get; set; }
  public int CategoryID { get; set; } // optional: FK-Property
 }
}
```

Listing: Importance.cs

```
namespace BO
```

```
{
 public enum Importance
 {
  A, B, C
 }
}
```

Listing: SubTask.cs

```
using System;
using System.ComponentModel.DataAnnotations;

namespace BO
{
 public class SubTask
 {
  public int SubTaskID { get; set; } // PK
  [MaxLength(250)]
  public string Title { get; set; }
  public bool Done { get; set; }
  public DateTime Created { get; set; } = DateTime.Now;
  // -------------- Navigationseigenschaften
  public Task Task { get; set; }
  public int TaskID { get; set; }
 }
}
```

Listing: Category.cs

```
using System;
using System.Collections.Generic;
using System.ComponentModel.DataAnnotations;

namespace BO
{
 public class Category
 {
  public int CategoryID { get; set; } // PK

  [MaxLength(50)] // alias: StringLength
  public string Name { get; set; }

  public DateTime Created { get; set; } = DateTime.Now;

  // -------------- Navigationseigenschaften
  public List<Task> TaskSet { get; set; }

  [Newtonsoft.Json.JsonIgnore] // Details zum User nicht serialisieren!
  public User User { get; set; }
  public int UserID { get; set; }

 }
}
```

Listing: Client.cs

```
using System;
using System.Collections.Generic;
using System.ComponentModel.DataAnnotations;
namespace BO
{
 public class Client
 {
  public Guid ClientID { get; set; }
  [StringLength(50)]
  public string Name { get; set; }
  [StringLength(50)]
  public string Company { get; set; }
  [StringLength(50)]
  public string EMail { get; set; }
  public DateTime Created { get; set; } = DateTime.Now;
  public DateTime? Deleted { get; set; }
  public string Memo { get; set; }
  [StringLength(10)]
  public string Type { get; set; }
  // ------------- Navigationseigenschaften
  public List<User> UserSet { get; set; }
 }
}
```

28.1.4 Entity Framework Core-Kontextklasse

Die von DbContext abgeleitete Kontextklasse besitzt jeweils ein Property von dem Typ DbSet<T> für die fünf Entitätsklassen.

Die Konfiguration der Kontextklasse ist sehr flexibel implementiert:

- Im Konstruktor der Klasse kann ein DbContextOptions-Objekt übergeben werden.

- In OnConfiguring() wird als erstes mit builder.IsConfigured geprüft, ob die Konfiguration schon per DbContextOptions-Objekt erfolgt ist.

- Es kann vom Nutzer der Kontextklasse ein statisches Mitglied Connection in der Kontextklasse mit einem DbConnection-Objekt befüllt werden. Diese Möglichkeit, die in wird in Unit Tests verwendet, wenn die Tests gegen den In-Memory-Provider von SQLite erfolgen soll, bei dem sicherzustellen ist, dass die Datenbankverbindung nur einmal geöffnet wird, da sonst jedes Mal bei der Instanziierung der Kontextklasse eine neue Datenbank im Hauptspeicher entsteht.

- Wenn es kein DbConnection-Objekt gibt, wird in dem durch den Nutzer vorab zu setzenden statischen Mitglied ConnectionString eine Verbindungszeichenfolge als Zeichenkette erwartet. Der Programmcode geht davon aus, dass es eine Oracle-Verbindung ist (UseOracle()), wenn in der Verbindungszeichenfolge die Zeichenfolge "Ora" vorkommt. Wenn die Verbindungszeichenfolge leer ist, wird der In-Memory-Treiber von Entity Framework Core genutzt (UseInMemoryDatabase(), für Unit Tests) und ansonsten geht der Programmcode davon aus, dass es eine Microsoft SQL Server-Verbindung ist (UseSqlServer()). Diese Logik kann natürlich jeder frei implementieren, auch z.B. durch ein weiteres statisches Klassenmitglied "Providername".

In OnModelCreating() werden zusätzliche Indexe über Spalten festgelegt, über die gesucht werden soll. Zudem wird global für alle Entitätsklassen festgelegt, dass die Tabellennamen in der Datenbank nicht heißen sollen wie die DbSet<T>-Properties, sondern wie die Klassen (also Tabelle

"Task" statt Tabelle "TaskSet"). Ausgenommen davon werden nur die Klassen, die eine [Table]-Annotation besitzen, sodass der Entwickler die Möglichkeit hat, individuelle Abweichungen von der Regel festzulegen.

Listing: Context.cs

```
using BO;
using Microsoft.EntityFrameworkCore;
using System;
using System.ComponentModel.DataAnnotations.Schema;
using System.Reflection;
using Microsoft.EntityFrameworkCore.Metadata;
using Microsoft.EntityFrameworkCore.Metadata.Internal;
using Microsoft.Extensions.Configuration;
using System.Collections.Generic;
using System.Data.Common;


namespace DAL
{
 /// <summary>
 /// Context class for Entity Framework Core
 /// Forms the DAL that is used the BL manager classes
 /// </summary>
 public class Context : DbContext
 {
  // Register the entity classes in the context
  public DbSet<Client> ClientSet { get; set; }
  public DbSet<User> UserSet { get; set; }
  public DbSet<Task> TaskSet { get; set; }
  public DbSet<Category> CategorySet { get; set; }
  public DbSet<Log> LogSet { get; set; }

  #region Pseudo-entities for grouping results
  public DbSet<UserStatistics> UserStatistics { get; set; } // for grouping result
  #endregion

  private static int instanceCount = 0;

  public Context()
  {
   instanceCount++;
  }

  public Context(DbContextOptions<Context> options) : base(options)
  {
   instanceCount++;
  }

  private static List<string> additionalColumnSet = null;
  public static List<string> AdditionalColumnSet
  {
   get { return additionalColumnSet; }
   set
   {
    if (instanceCount > 0) throw new ApplicationException("Cannot set AdditionalColumnSet as
context has been used before!");
    additionalColumnSet = value;
   }
  }
```

```csharp
// This connection string is just for testing. Is filled at runtime from configuration file
public static string ConnectionString { get; set; } = "Data Source=.;Initial Catalog =
MiracleList_TEST; Integrated Security = True; Connect Timeout = 15;
Encrypt=False;TrustServerCertificate=True;ApplicationIntent=ReadWrite;MultiSubnetFailover=Fal
se;Application Name=EntityFramework";
public static DbConnection Connection { get; set; } = null;


protected override void OnConfiguring(DbContextOptionsBuilder builder)
{
 if (!builder.IsConfigured)
 {
  if (Connection != null)
  {
   builder.UseSqlite(Context.Connection);
  }
  else
  {
   if (!String.IsNullOrEmpty(Context.ConnectionString))
   {
    if (!Context.ConnectionString.Contains("Ora"))
    {
     builder.UseSqlServer(Context.ConnectionString);
    }
    else
    {
     builder.UseOracle(Context.ConnectionString);
    }
   }
   else
   {
    builder.UseInMemoryDatabase("Miracle ListInMemoryDB");
   }
  }
 }
}


public static bool IsRuntime { get; set; } = false;

protected override void OnModelCreating(ModelBuilder builder)
{// Massen-Konfiguration über Modell-Klasse
 foreach (IMutableEntityType entity in builder.Model.GetEntityTypes())
 {
  // Alle Tabellennamen=Klassennamen (wie bei EF 6.x),
  // außer den Klassen, die [Table]-Annotation besitzen
  var annotation = entity.ClrType.GetCustomAttribute<TableAttribute>();
  if (annotation == null)
  {
   entity.SetTableName(entity.DisplayName());
  }
 }
 // Zusätzliche Indexe für Spalten, über die gesucht wird
 builder.Entity<Category>().HasIndex(x => x.Name);
 builder.Entity<Task>().HasIndex(x => x.Title);
 builder.Entity<Task>().HasIndex(x => x.Done);
 builder.Entity<Task>().HasIndex(x => x.Due);
 }
 }
}
```

28.1.5 Lebensdauer der Kontextklasse in ASP.NET Core-Anwendungen

Beim Einsatz von Entity Framework Core in ASP.NET- und ASP.NET Core-basierten Webanwendungen und Webservices/WebAPIs ist zu beachten, dass die Lebensdauer einer Instanz der Kontextklasse die Lebensdauer der Bearbeitung einer einzeln HTTP-Anfrage nicht übersteigen darf.

Bei jeder eingehenden HTTP-Anfrage erzeugt ASP.NET Core eine neue Instanz der Controller-Klasse und verwendet dabei verschiedene Threads. Würde man eine Instanz der Kontextklasse in mehr als einer HTTP-Anfrage verwenden, so würde man die Kontextinstanz in verschiedenen Threads verwenden, was diese nicht unterstützt: Die Kontextklasse ist nicht thread-safe, unterstützt also kein Multi-Threading. Multi-Threading mit einer Kontextinstanz führt zu Abstürzen zur Laufzeit: "System.InvalidOperationException: 'A second operation started on this context before a previous operation completed. Any instance members are not guaranteed to be thread safe.'"

> **Hinweis:** Auch die Kontextklassen ObjectContext und DbContext im klassischen Entity Framework sind nicht thread-safe. Im klassischen Entity Framework gibt es aber keine so klare Fehlermeldung bei der Multi-Threading-Verwendung des Kontextes, sondern kuriose Abstürze irgendwo in den Tiefen von Entity Framework.

Zudem bekäme man ein Problem mit dem Entity Framework Core-Cache, denn eine zweite Anfrage würde in der Kontextinstanz die Daten einer vorherigen Anfrage vorfinden. Eine zweite HTTP-Anfrage kann aber einen anderen Benutzer betreffen. Einen Entity Framework Core-Kontext in eine benutzerbezogene Variable zu legen ist keine gute Lösung, weil damit die Skalierbarkeit der Webanwendung stark reduziert wird.

Richtig ist daher, die Lebensdauer der Kontextinstanz auf die Lebensdauer der Bearbeitung einer einzelnen HTTP-Anfrage zu beschränken. Im Rahmen einer HTTP-Anfrage erzeugt man eine (oder ggf. auch mehrere) Instanzen der Kontextklasse, die dann wieder vernichtet werden, wenn die Anfrage beendet ist.

Die in dieser Praxislösung gezeigte Architektur berücksichtigt dies auf elegante Weise, ohne dass im ASP.NET-/ASP.NET Core-Controller direkt eine Verwendung der Kontextklassen stattfindet. Die Verwendung geschieht indirekt über Manager-Klassen, die die Geschäftslogik bereitstellen.

Jede Instanz einer Manager-Klasse erzeugt eine neue Kontextinstanz. Die Lebensdauer der Instanzen der Manager-Klassen ist an die Lebensdauer der Instanz des WebAPI-Controller gebunden. Folglich lebt eine Kontextinstanz nicht über die Bearbeitung der HTTP-Anfrage hinaus.

28.1.6 Geschäftslogik

Das folgende nächste Listing zeigt exemplarisch die Klasse TaskManager. Diese Implementierung basiert auf der generischen Basisklasse EntityManagerBase<KontextTyp,Entitätstyp>. EntityManagerBase wiederum basiert auf DataManagerBase<KontextTyp>.

Diese beiden Hilfsklassen stellen Basisfunktionen bereit, die nicht immer wieder in jeder Manager-Klasse realisiert werden müssen. Dazu gehört:

- Erzeugen einer Kontextinstanz beim Erzeugen der Manager-Klasse

- Vernichten der Kontextinstanz beim Aufruf von Dispose()

- Update(): Anfügen eines Objekts an den Kontext im Zustand "modified" und Speichern der Änderung

- New(): Ergänzen eines neuen Objekts und direkte Speicherung des neuen Objekts

- Remove(): Löschen eines Objekts und direkte Ausführung des Löschvorgangs

- IsLoaded(): Prüfen, ob ein Objekt im lokalen Cache vorhanden ist

Listing: TaskManager.cs

```
using System;
using System.Collections.Generic;
using System.Linq;
using BO;
using DAL;
using ITVisions.EFC;

using Microsoft.EntityFrameworkCore;

namespace BL
{
 public class TaskManager : EntityManagerBase<Context, Task>
 {
   // Zur Verwaltung der Sub-Aufgaben
   private SubTaskManager stm = new SubTaskManager();

   private int userID;

   /// <summary>
   /// Instanziierung unter Angabe der User-ID, auf die sich alle Operationen in dieser
Instanz beziehen
   /// </summary>
   /// <param name="userID"></param>
   public TaskManager(int userID)
    {
    this.userID = userID;
    }


   /// <summary>
   /// Holt eine Aufgabenliste
   /// </summary>
   public List<Task> GetTaskSet(int categoryID)
    {
     return ctx.TaskSet.Include(x => x.SubTaskSet).Where(x => x.Category.UserID == this.userID
&& x.CategoryID == categoryID).ToList();
    }


   /// <summary>
   /// Holt eine Aufgabe mit ihren Unteraufgaben
   /// </summary>
   public Task GetTask(int taskID)
    {
     var t = ctx.TaskSet.Include(x => x.SubTaskSet).Where(x => x.Category.UserID == this.userID
&& x.TaskID == taskID).SingleOrDefault();
     return t;
    }


   public Task CreateTask(int categoryID, string title, string note, DateTime due, Importance
importance, decimal? effort, List<SubTask> subtasks = null)
```

```csharp
    {
      this.StartTracking();
      var t = new Task();
      t.CategoryID = categoryID;
      t.Created = DateTime.Now;
      SetTaskDetails(t, title, note, due, importance, false, effort, subtasks);
      this.New(t);
      this.SetTracking();
      return t;
    }


    private static void SetTaskDetails(Task t, string title, string note, DateTime? due,
Importance? importance, bool done, decimal? effort, List<SubTask> subtasks)
    {
      t.Title = title;
      t.Note = note;
      t.Due = due;
      t.Importance = importance;
      t.SubTaskSet = subtasks;
      t.Effort = effort;
      t.Done = done;
    }


    /// <summary>
    /// Aufgabe ändern
    /// </summary>
    public Task ChangeTask(int taskID, string title, string note, DateTime due, Importance?
importance, bool done, decimal? effort, List<SubTask> subtasks)
    {
      ctx = new Context();
      ctx.Log();
      // Subtasks löschen und nachher wieder neu anlegen statt Change Detection!
      stm.DeleteSubTasks(taskID);

      var t = ctx.TaskSet.SingleOrDefault(x => x.TaskID == taskID);
      SetTaskDetails(t, title, note, due, importance, done, effort, null);
      ctx.SaveChanges();

      t.SubTaskSet = subtasks;
      ctx.SaveChanges();
      return t;
    }


    /// <summary>
    /// Ändert eine Aufgabe mit ihren Unteraufgaben
    /// </summary>
    public Task ChangeTask(Task tneu)
    {
      if (tneu == null) return null;
      ctx = new Context();

      stm.DeleteSubTasks(tneu.TaskID);

      if (tneu.SubTaskSet!=null) tneu.SubTaskSet.ForEach(x => x.SubTaskID = 0); // lösche ID,
damit als neues Objekt erkannt
      ctx.TaskSet.Update(tneu);
      ctx.SaveChanges();
      return tneu;
    }
```

```
 /// <summary>
 /// Volltextsuche in Aufgaben und Unteraufgaben, gruppiert nach Kategorie
 /// </summary>
 public List<Category> Search(string text)
 {
  var r = new List<Category>();
  text = text.ToLower();
  var taskSet = ctx.TaskSet.Include(x => x.SubTaskSet).Include(x => x.Category).
   Where(x => x.Category.UserID == this.userID && // nur von diesem User !!!
   (x.Title.ToLower().Contains(text) || x.Note.ToLower().Contains(text) ||
x.SubTaskSet.Any(y => y.Title.Contains(text)))).ToList();

  foreach (var t in taskSet)
  {
   if (!r.Any(x => x.CategoryID == t.CategoryID)) r.Add(t.Category);
  }

  return r;
 }


 /// <summary>
 /// Liefert alle bis einschließlich morgen fälligen Aufgaben, gruppiert nach Kategorie,
sortiert nach Datum
 /// </summary>
 /// <param name="u"></param>
 /// <returns></returns>
 public List<Category> GetDueTaskSet()
 {
  var morgen = DateTime.Now.Date.AddDays(1);
  var r = new List<Category>();
  var taskSet = ctx.TaskSet.Include(x => x.SubTaskSet).Include(x => x.Category).
   Where(x => x.Category.UserID == this.userID && // nur von diesem User !!!
   (x.Done == false && x.Due != null && x.Due.Value.Date <= morgen)).OrderByDescending(x =>
x.Due).ToList();

  foreach (var t in taskSet)
  {
   if (!r.Any(x => x.CategoryID == t.CategoryID)) r.Add(t.Category);
  }

  return r;
 }
 }
}
```

Listing: EntityBaseManager.cs

```
using Microsoft.EntityFrameworkCore;
using System.Linq;

namespace ITVisions.EFC
{
 /// <summary>
 /// Basisklasse für alle Datenmanager zur Verwaltung eines bestimmten Entitätstyps, auch
wenn diese detached sind!   / mit EFCore
 /// V1.2
 /// Annahme: Es gibt immer nur eine Primärschlüsselspalte!
```

```
///  </summary>
public abstract class EntityManagerBase<TDbContext, TEntity> : DataManagerBase<TDbContext>
  where TDbContext : DbContext, new()
  where TEntity : class
{
  public EntityManagerBase() : base(false)
  {
  }
  public EntityManagerBase(bool tracking) : base(tracking)
  {
  }
  protected EntityManagerBase(TDbContext kontext = null, bool tracking = false) :
base(kontext, tracking)
  {
  }


  /// <summary>
  /// Holt Objekt anhand des Primärschlüssels
  /// </summary>
  /// <param name="id">Primärschlüsselwert</param>
  /// <returns></returns>
  public virtual TEntity GetByID(object id)
  {
    return ctx.Set<TEntity>().Find(id);
  }


  /// <summary>
  /// Speichert geändertes Objekt
  /// </summary>
  /// <param name="obj"></param>
  /// <returns></returns>
  public TEntity Update(TEntity obj)
  {
    if (!this.tracking) this.StartTracking(); // Tracking kurzzeitig einschalten
    ctx.Set<TEntity>().Attach(obj);
    ctx.Entry(obj).State = EntityState.Modified;
    ctx.SaveChanges();
    this.SetTracking();
    return obj;
  }


  /// <summary>
  /// Ergänzt ein neues Objekt
  /// </summary>
  /// <param name="obj">das neue Objekt</param>
  /// <returns></returns>
  public TEntity New(TEntity obj)
  {
    if (!this.tracking) this.StartTracking(); // Tracking kurzzeitig einschalten
    ctx.Set<TEntity>().Add(obj);
    ctx.SaveChanges();
    this.SetTracking();
    return obj;
  }


  /// <summary>
  /// Prüft, ob ein Objekt schon im lokalen Cache ist
  /// </summary>
  /// <param name="obj"></param>
```

```
/// <returns></returns>
public bool IsLoaded(TEntity obj)
{
 return ctx.Set<TEntity>().Local.Any(e => e == obj);
}


/// <summary>
/// Löscht Objekt anhand des Primärschlüssels
/// </summary>
/// <param name="id"></param>
public virtual void Remove(object id)
{
 if (!this.tracking) this.StartTracking(); // Tracking kurzzeitig einschalten
 TEntity obj = ctx.Set<TEntity>().Find(id);
 Remove(obj);
 this.SetTracking();
}


/// <summary>
/// Löscht Objekt
/// </summary>
public bool Remove(TEntity obj)
{
 if (!this.tracking) this.StartTracking(); // Tracking kurzzeitig einschalten
 if (!this.IsLoaded(obj)) ctx.Set<TEntity>().Attach(obj);
 ctx.Set<TEntity>().Remove(obj);
 ctx.SaveChanges();
 this.SetTracking();
 return true;
}
}


}
```

Listing: DataManagerBase.cs

```
using System;
using System.Collections.Generic;
using Microsoft.EntityFrameworkCore;
using System.Linq;
using System.Linq.Expressions;
using System.Security.Cryptography.X509Certificates;
using System.Text;
using System.Threading.Tasks;
using ITVisions.EFCore;

namespace ITVisions.EFC
{

 /// <summary>
 /// Basisklasse für alle Datenmanager / mit EFCore
 /// </summary>
 abstract public class DataManagerBase<TDbContext> : IDisposable
  where TDbContext : DbContext, new()
 {
  // Eine Instanz des Framework-Kontextes pro Manager-Instanz
  protected TDbContext ctx;
  protected bool disposeContext = true;
  protected bool tracking = false;
```

```csharp
protected DataManagerBase(bool tracking) : this(null, tracking)
{
}


public void StartTracking()
{
  ctx.ChangeTracker.QueryTrackingBehavior =
Microsoft.EntityFrameworkCore.QueryTrackingBehavior.TrackAll;
}


public void SetTracking()
{
  if (tracking) ctx.ChangeTracker.QueryTrackingBehavior = QueryTrackingBehavior.TrackAll;
  else ctx.ChangeTracker.QueryTrackingBehavior = QueryTrackingBehavior.NoTracking;
}


public DataManagerBase()
{
  this.ctx = new TDbContext();
}
protected DataManagerBase(TDbContext kontext = null, bool tracking = false)
{
  this.tracking = tracking;
  // Falls ein Kontext hineingereicht wurde, diesen nehmen!
  if (kontext != null) { this.ctx = kontext; disposeContext = false; }
  else
  {
    this.ctx = new TDbContext();
  }

  // Einstellung für Tracking
  SetTracking();
}


/// <summary>
/// DataManager vernichten (vernichtet auch den EF-Kontext)
/// </summary>
public void Dispose()
{
  // Falls der Kontext von außen hineingereicht wurde, darf man nicht Dispose() aufrufen.
  // Das ist dann Sache des Aufrufers
  if (disposeContext) ctx.Dispose();
}



/// <summary>
/// Aufruf von SaveChanges() zur Lebenszeit des Kontextes (für Änderungen an attached
objects)
/// Rückgabewert ist eine Zeichenkette, die Informationen über die Anzahl der neuen,
geänderten und gelöschten Datensätze enthält
/// </summary>
/// <returns></returns>
public string Save()
{
  string ergebnis = GetStatistik();
  var anz = ctx.SaveChanges();
  return ergebnis;
}
```

```
/// <summary>
/// Speichern für losgelöste (detached) Entitätsobjekte mit Autowert-Primärschlüssel namens
ID
/// Die neu hinzugefügten Objekte muss die Speichern-Routine wieder zurückgeben, da die IDs
für die
/// neuen Objekte erst beim Speichern von der Datenbank vergeben werden
/// </summary>
protected List<TEntity> Save<TEntity>(IEnumerable<TEntity> menge, out string Statistik)
where TEntity : class
{
 StartTracking();
 var neue = new List<TEntity>();

 // Änderungen für jeden einzelnen Passagier übernehmen
 foreach (dynamic o in menge)
 {
 // Anfügen an diesen Kontext
 ctx.Set<TEntity>().Attach((TEntity)o);
 // Unterscheidung anhand des Primärschlüssels bei Autowerten
 // 0 -> neu
 if (o.ID == 0)
 {
 ctx.Entry(o).State = EntityState.Added;
 if (o.ID < 0) o.ID = 0; // Notwendiger Hack, weil EF nach dem Added eine große negative
Zahl in ID schreibt und das als Schlüssel betrachtet :-(
 // Neue Datensätze merken, da diese nach Speichern zurückgegeben werden müssen (haben
dann erst ihre IDs!)
 neue.Add(o);
 }
 else
 {
 // nicht 0 -> geändert
 ctx.Entry(o).State = EntityState.Modified;
 }
 SetTracking();
 }

 // Statistik der Änderungen zusammenstellen
 Statistik = GetStatistik<TEntity>();
 //ctx.Log();
 // Änderungen speichern
 var e = ctx.SaveChanges();

 return neue;
 }



/// <summary>
/// Speichern für losgelöste Entitätsobjekte mit EntityState-Property
/// Die neu hinzugefügten Objekte muss die Speichern-Routine wieder zurückgeben, da die IDs
für die
/// neuen Objekte erst beim Speichern von der Datenbank vergeben werden
/// </summary>
protected List<TEntity> SaveEx<TEntity>(IEnumerable<TEntity> menge, out string Statistik)
where TEntity : class
{
 StartTracking();
 var neue = new List<TEntity>();
```

```csharp
  // Änderungen für jedes einzelne Objekt aus dessen EntityState übernehmen
  foreach (dynamic o in menge)
  {

    if (o.EntityState == ITVEntityState.Added)
    {

      ctx.Entry(o).State = EntityState.Added;
      neue.Add(o);
    }
    if (o.EntityState == ITVEntityState.Deleted)
    {
      ctx.Set<TEntity>().Attach((TEntity)o);
      ctx.Set<TEntity>().Remove(o);
    }
    if (o.EntityState == ITVEntityState.Modified)
    {
      ctx.Set<TEntity>().Attach((TEntity)o);
      ctx.Entry(o).State = EntityState.Modified;
    }
  }

  // Statistik der Änderungen zusammenstellen
  Statistik = GetStatistik<TEntity>();

  // Änderungen speichern
  var e = ctx.SaveChanges();

  SetTracking();
  return neue;
}


  /// <summary>
  /// Liefert Informationen über ChangeTracker-Status als Zeichenkette
  /// </summary>
  protected string GetStatistik<TEntity>()
where TEntity : class
  {
    string Statistik = "";
    Statistik += "Geaendert: " + ctx.ChangeTracker.Entries<TEntity>().Where(x => x.State ==
EntityState.Modified).Count();
    Statistik += " Neu: " + ctx.ChangeTracker.Entries<TEntity>().Where(x => x.State ==
EntityState.Added).Count();
    Statistik += " Geloescht: " + ctx.ChangeTracker.Entries<TEntity>().Where(x => x.State ==
EntityState.Deleted).Count();
    return Statistik;
  }


  /// <summary>
  /// Liefert Informationen über ChangeTracker-Status als Zeichenkette
  /// </summary>
  protected string GetStatistik()
  {
    string Statistik = "";
    Statistik += "Geändert: " + ctx.ChangeTracker.Entries().Where(x => x.State ==
EntityState.Modified).Count();
    Statistik += " Neu: " + ctx.ChangeTracker.Entries().Where(x => x.State ==
EntityState.Added).Count();
```

```
   Statistik += " Gelöscht: " + ctx.ChangeTracker.Entries().Where(x => x.State ==
EntityState.Deleted).Count();
   return Statistik;
  }
 }
}
```

28.1.7 WebAPI

Das MiracleList-Backend bietet folgende HTTPS-basierten REST-Dienste in zwei Versionen an:

- In der V1 der REST-Dienste wird das Authentifizierungstoken in der URL übergeben.

- In der V2 der REST-Dienste wird das Authentifizierungstoken im HTTP-Header übergeben.

Version 1 der REST-Dienste bietet folgende Operationen an:

- POST /Login: Anmeldung mit einer Client-ID, einem Benutzernamen und einem Kennwort. Diese Operation /Login sendet eine GUID als Sitzungstoken zurück, welches in allen folgenden Operationen mitzugeben ist

- GET /Logoff/{token}: Abmelden des Benutzers

- GET /CategorySet/{token}: Liste der Kategorien

- GET /TaskSet/{token}/{id}: Liste der Aufgaben in einer Kategorie

- GET /Task/{token}/{id}: Details zu einer Aufgabe mit Teilaufgaben

- GET /Search/{token}/{text}: Volltextsuche in Aufgaben und Teilaufgaben

- GET /DueTaskSet/{token}: Liste der fälligen Aufgaben

- POST /CreateCategory/{token}/{name}: Anlegen einer Kategorie

- POST /CreateTask/{token}: Erstellen einer Aufgabe, die im Body im JSON-Format zu übermitteln ist (inkl. Teilaufgaben)

- PUT /ChangeTask/{token}: Ändern einer Aufgabe, die im Body im JSON-Format zu übermitteln ist (inkl. Teilaufgaben)

- DELETE /DeleteTask/{token}/{id}: Löschen einer Aufgabe mit allen Teilaufgaben

- DELETE /DeleteCategory/{token}/{id}: Löschen einer Kategorie mit allen Aufgaben und Teilaufgaben

Version 2 der REST-Dienste bietet analog folgende Operationen an:

- POST /Login: Anmeldung mit einer Client-ID, einem Benutzernamen und einem Kennwort. Diese Operation sendet GUID als Sitzungstoken zurück, das in allen folgenden Operationen mitzugeben ist.

- GET /CategorySet/: Liste der Kategorien

- GET /TaskSet/{id}: Liste der Aufgaben in einer Kategorie

- GET /Task/{id}: Details zu einer Aufgabe mit Teilaufgaben

- POST /CreateCategory/{name}: Anlegen einer Kategorie

- POST /CreateTask und PUT /ChangeTask: Erstellen bzw. Ändern einer Aufgabe, die im Body im JSON-Format zu übermitteln ist (inkl. Teilaufgaben)

- usw.

Für alle REST-Operationen sind Metadaten in der Swagger-OpenAPI-Specification für RESTful-APIs   [*http://swagger.io*]   verfügbar.   Unter *https://miraclelistbackend.azurewebsites.net/swagger/v1/swagger.json* findet man die formale Beschreibung der REST-Dienste und unter *https://miraclelistbackend.azurewebsites.net/swagger* eine passende Hilfeseite. Das Backend unterstützt zudem Cross-Origin Requests (CORS) [*https://www.w3.org/TR/cors*], um in beliebigen anderen Domains gehosteten Websites den Zugang zu ermöglichen.

Die bei /Login anzugebende Client-ID muss jeder Client-Entwickler einmalig unter *https://miraclelistbackend.azurewebsites.net/Client* anfordern. Die Anzahl der Aufgaben ist pro Client-ID auf 1000 begrenzt. Das Anlegen von Benutzerkonten im Backend hingegen ist nicht notwendig: Da es sich um eine Beispiel-Anwendung handelt, wird ein Benutzer automatisch angelegt, wenn der übermittelte Benutzer noch nicht vorhanden ist. Jedes neue Benutzerkonto besitzt automatisch drei Kategorien (Beruf, Haushalt und Freizeit) mit Beispielaufgaben, wie "Teambesprechung abhalten", "Müll herausbringen" und "Trainieren für MTB-Marathon".

Das nächste Listing zeigt den Startcode der ASP.NET Core-Anwendung, in dem die verschiedenen Komponenten aktiviert und konfiguriert werden:

- ASP.NET Core MVC

- Cross-Origin Resource Sharing (CORS), um beliebigen Webclients den Zugriff auf das WebAPI zu ermöglichen

- Application Insights für die Überwachung und Telemetriedaten. Application Insights ist ein Cloud-Dienst von Microsoft.

- Ausschalten der Serialisierung zirkulärer Referenzen im JSON-Serializer (Zirkuläre Referenzen sind in JSON nicht standardisiert. Es gibt Community-Lösungen, aber man sollte dies vermeiden, wenn es nicht unbedingt nötig ist, um nicht von diesen Community-Lösungen abhängig zu sein.)

- Swagger für die Erzeugung einer OpenAPI Specification und von Hilfeseiten zu den REST-Operationen

Listing: Startup.cs

```
using BL;
using Microsoft.AspNetCore.Builder;
using Microsoft.AspNetCore.Diagnostics;
using Microsoft.AspNetCore.Hosting;
using Microsoft.AspNetCore.Http;
using Microsoft.AspNetCore.Mvc.Filters;
using Microsoft.Extensions.Configuration;
using Microsoft.Extensions.DependencyInjection;
using Microsoft.Extensions.Logging;
using NJsonSchema;
using NSwag.AspNetCore;
using System.Reflection;
using System.Threading.Tasks;

namespace Miraclelist
```

```
{
 public class Startup
 {
  public Startup(IHostingEnvironment env)
  {

   var builder = new ConfigurationBuilder()
       .SetBasePath(env.ContentRootPath)
       .AddJsonFile("appsettings.json", optional: true, reloadOnChange: true)
       .AddJsonFile($"appsettings.{env.EnvironmentName}.json", optional: true);

   if (env.IsEnvironment("Development"))
   {
    // This will push telemetry data through Application Insights pipeline faster, allowing
you to view results immediately.
    builder.AddApplicationInsightsSettings(developerMode: true);
   }

   builder.AddEnvironmentVariables();
   Configuration = builder.Build();

   // Connection String injizieren
   DAL.Context.ConnectionString = Configuration.GetConnectionString("MiracleListDB");
  }

  public IConfigurationRoot Configuration { get; }

  // Wird von ASP.NET Core aufgerufen beim Start der Anwendung
  public void ConfigureServices(IServiceCollection services)
  {
   #region App Insights aktivieren
   services.AddApplicationInsightsTelemetry(Configuration);
   #endregion

   #region  JSON-Konfiguration: keine zirkulären Referenzen und ISO-Datumsformat
   services.AddMvc().AddJsonOptions(options =>
   {
    options.SerializerSettings.ReferenceLoopHandling =
Newtonsoft.Json.ReferenceLoopHandling.Ignore;
    options.SerializerSettings.PreserveReferencesHandling =
Newtonsoft.Json.PreserveReferencesHandling.None;
    options.SerializerSettings.DateFormatHandling =
Newtonsoft.Json.DateFormatHandling.IsoDateFormat;
   });
   #endregion

   #region MVC aktivieren
   services.AddMvc(options =>
   {
    // Exception Filter
    options.Filters.Add(typeof(GlobalExceptionFilter));
    options.Filters.Add(typeof(LoggingActionFilter));
   });
   #endregion

   #region CORS aktivieren
   services.AddCors();
   #endregion

   // Konfiguration überall verfügbar machen
```

```
  services.AddSingleton(Configuration);

  #region Swagger
  services.AddSwaggerGen(c =>
  {
   c.DescribeAllEnumsAsStrings(); // Wichtig für Enums!

   c.SwaggerDoc("v1", new Info
   {
    Version = "v1",
    Title = "MiracleList API",
    Description = "Backend für MiracleList.de mit Token in URL",
    TermsOfService = "None",
    Contact = new Contact { Name = "Holger Schwichtenberg", Email = "", Url = "http://it-
visions.de/kontakt" }
    //,     License = new License { Name = "Use under LICX", Url = "http://url.com" }

   });

   c.SwaggerDoc("v2", new Info
   {
    Version = "v2",
    Title = "MiracleList API",
    Description = "Backend für MiracleList.de mit Token im Header",
    TermsOfService = "None",
    Contact = new Contact { Name = "Holger Schwichtenberg", Email = "", Url = "http://it-
visions.de/kontakt" }
    //,     License = new License { Name = "Use under LICX", Url = "http://url.com" }

   });

   // Optional: Ergänzt Token als Header-Parameter
   c.OperationFilter<SwaggerTokenHeaderParameter>();

   //Set the comments path for the swagger json and ui.
   var basePath = PlatformServices.Default.Application.ApplicationBasePath;
   var xmlPath = Path.Combine(basePath, "Miraclelist_WebAPI.xml");
   c.IncludeXmlComments(xmlPath);
  });
  #endregion
 }

 // Wird von ASP.NET Core aufgerufen beim Start der Anwendung
 public void Configure(IApplicationBuilder app, IHostingEnvironment env, ILoggerFactory
loggerFactory)
 {
  #region Fehler behandeln
  // -------------- Fehler behandeln

  app.UseExceptionHandler(errorApp =>
  {
   errorApp.Run(async context =>
   {
    context.Response.StatusCode = 500;
    context.Response.ContentType = "text/plain";

    var error = context.Features.Get<IExceptionHandlerFeature>();
    if (error != null)
    {
```

```
      var ex = error.Error;
      await context.Response.WriteAsync("ASP.NET Core Exception Middleware:" +
ex.ToString());
    }
  });
  });


  // --------------------------- letzte Fehlerbehandlung: Fehlerseite für HTTP-Statuscode
  app.UseStatusCodePages();


  #endregion


  #region ASP.NET Core typische Dienste
  app.UseDefaultFiles();
  app.UseStaticFiles();
  app.UseDirectoryBrowser();
  loggerFactory.AddConsole(Configuration.GetSection("Logging"));
  loggerFactory.AddDebug();
  #endregion


  #region CORS - alle Zugriffe erlauben
  // PAKET: install-Package Microsoft.AspNet.Cors
  // Namespace: using Microsoft.AspNet.Cors;
  app.UseCors(builder =>
   builder.AllowAnyOrigin()
          .AllowAnyHeader()
          .AllowAnyMethod()
          .AllowCredentials()
   );
  #endregion


  #region Swagger
  // PAKET: Install-Package Swashbuckle.AspNetCore
  // Namespace: using Microsoft.AspNet.Cors;
  app.UseSwagger( c=>  {
  });


  // Enable middleware to serve swagger-ui (HTML, JS, CSS etc.), specifying the Swagger JSON
endpoint.
  app.UseSwaggerUI(c =>
  {
   c.SwaggerEndpoint("/swagger/v1/swagger.json", "MiracleList v1");
   c.SwaggerEndpoint("/swagger/v2/swagger.json", "MiracleList v2");
  });
  #endregion


  #region  MVC inkl. Routing
  // -------------------------- MVC inkl. Routing
  //app.UseMvc();
  app.UseMvc(routes =>
  {
  routes.MapRoute(
              name: "default",
              template: "{controller}/{action}/{id?}",
              defaults: new { controller = "Home", action = "Index" });
  });
  #endregion
  }
}
```

```
public class GlobalExceptionFilter : IExceptionFilter
{
  public void OnException(ExceptionContext context)
  {
    context.HttpContext.Response.StatusCode = 500;
    context.HttpContext.Response.ContentType = "text/plain";
    context.HttpContext.Response.WriteAsync("GlobalExceptionFilter:" +
context.Exception.ToString());
  }
 }
}
}
```

Das nächste Listing zeigt die Realisierung des WebAPI-Controllers in der Version 1 der REST-Dienste inklusive Einsatz von Application Insights zur Erfassung von Telemetriedaten. Der WebAPI-Controller ist völlig frei von Datenzugriffscode. Hier kommt also kein Entity Framework Core vor. Alle Datenoperationen sind gekapselt in der Geschäftslogikschicht. Der WebAPI-Controller nutzt nur die dort implementierten Manager-Klassen.

Listing: MiracleListApiController.cs (Version 1 der REST-Dienste)

```
using BL;
using BO;
using ITVisions;
using Microsoft.ApplicationInsights;
using Microsoft.AspNetCore.Mvc;
using System;
using System.Collections.Generic;
using System.Linq;
using System.Reflection;
using System.Runtime.CompilerServices;

namespace Miraclelist.Controllers
{
 public class LoginInfo
 {
   public string ClientID;
   public string Username;
   public string Password;
   public string Token;
   public string Message;
 }

 [Route("")]
 public class MiracleListApiController : Controller
 {
   private TelemetryClient telemetry = new TelemetryClient();
   TaskManager tm;
   UserManager um;
   CategoryManager cm;

   public MiracleListApiController()
   {
   }

   /// <summary>
   /// Hilferoutine für alle Aktionen zur Prüfung des Token und Speichern von Telemetriedaten
   /// </summary>
```

```
private bool CheckToken(string token, [CallerMemberName] string caller = "?")
{
 if (token.Length < 2)
 {
  // Telemetriedaten senden
  var p2 = new Dictionary<string, string>();
  p2.Add("token", token);
  telemetry.TrackEvent("TOKENERROR_" + caller,p2);
  throw new Exception("Ungültiges Token!");
 }

 // Benutzer prüfen
 um = new UserManager(token);
 string checkResult = um.IsValid();
 if (checkResult != "")
 {
  // Telemetriedaten senden
  var p2 = new Dictionary<string, string>();
  p2.Add("token", token);
  p2.Add("checkResult", checkResult);
  telemetry.TrackEvent("USERERROR_" + caller, p2);
  throw new Exception("Benutzer ist ausgesperrt!");
 }
 um.InitDefaultTasks();

 // Telemetriedaten senden
 cm = new CategoryManager(um.CurrentUser.UserID);
 tm = new TaskManager(um.CurrentUser.UserID);

 // AppInsights
 var p = new Dictionary<string, string>();
 p.Add("token", token);
 p.Add("user", um.CurrentUser.UserName);
 telemetry.TrackEvent(caller,p);

 return true;
}

[Route("/About")]
[HttpGet]
public IEnumerable<string> Get()
{
 var ctx = new DAL.Context();
 var userCount = ctx.UserSet.Count();
 var taskCount = ctx.TaskSet.Count();
 var clientCount = ctx.ClientSet.Count();
 return new string[] { "MiracleListBackend", "(C) Dr. Holger Schwichtenberg, www.IT-
Visions.de", "Version: " +
Assembly.GetEntryAssembly().GetCustomAttribute<AssemblyInformationalVersionAttribute>().Infor
mationalVersion,  clientCount + " Clients", userCount + " Benutzer", taskCount + " Aufgaben"
 };
}

[Route("/Version")]
[HttpGet]
public string Version()
{
 return
 Assembly.GetEntryAssembly()
```

```csharp
.GetCustomAttribute<AssemblyInformationalVersionAttribute>()
.InformationalVersion.ToString();
 }

 [HttpPost("Login")] // neu
 public LoginInfo Login([FromBody] LoginInfo loginInfo)
 {
   if (string.IsNullOrEmpty(loginInfo.Password))
   {
     throw new Exception("ERROR: password empty!");
   }

   var cm = new ClientManager();

   string s = this.Request.HttpContext.Connection.RemoteIpAddress + "\n";
   foreach (var v in this.Request.Headers)
   {
     s += v.Key + ":" + v.Value + "\n";
   }

   var e = cm.CheckClient(loginInfo.ClientID);
   if (e.CheckClientResultCode != ClientManager.CheckClientResultCode.Ok)
   {
     loginInfo.ToNameValueString() + "\n****\n" + s);

    return new LoginInfo()
    {
      Message = "Client-ID-Check: " +
Enum.GetName(typeof(ClientManager.CheckClientResultCode), e.CheckClientResultCode)
    };
   }

   var u = new UserManager(loginInfo.Username, loginInfo.Password).CurrentUser;
   if (u == null)
   {
     loginInfo.ToNameValueString() + "\n=============================n" +
e.client?.ToNameValueString() + "\n****\n" + s);
    return new LoginInfo() { Message = "Access denied!" };
   }

   loginInfo.Token = u.Token;
   loginInfo.Password = "";

   return loginInfo;
 }

 [HttpGet("Logoff/{token}")] // neu
 public bool Logoff(string token)
 {
   return UserManager.Logoff(token);
 }

 [HttpGet("CategorySet/{token}")]
 public IEnumerable<Category> GetCategorySet(string token)
 {
   if (!CheckToken(token)) return null;
   return cm.GetCategorySet();
 }
```

```
[HttpGet("TaskSet/{token}/{id}")]
public IEnumerable<Task> GetTaskSet(string token, int id)
{
  if (id <= 0) throw new Exception("Ungültige ID!");
  if (!CheckToken(token)) return null;
  return tm.GetTaskSet(id);
}


[HttpGet("Task/{token}/{id}")]
public Task Task(string token, int id)
{
  if (id <= 0) throw new Exception("Ungültige ID!");
  if (!CheckToken(token)) return null;
  return tm.GetTask(id);
}


[HttpGet("Search/{token}/{text}")]
public IEnumerable<Category> Search(string token, string text)
{
  if (!CheckToken(token)) return null;
  return tm.Search(text);
}


[HttpGet("DueTaskSet/{token}")]
public IEnumerable<Category> GetDueTaskSet(string token)
{
  if (!CheckToken(token)) return null;
  return tm.GetDueTaskSet();
}


[HttpPost("CreateCategory/{token}/{name}")]
public Category CreateCategory(string token, string name)
{
  if (!CheckToken(token)) return null;
  return cm.CreateCategory(name);
}


[HttpPost("CreateTask/{token}")] // neu
public Task CreateTask(string token, [FromBody]Task t)
{
  if (!CheckToken(token)) return null;
  return tm.New(t);
}


[HttpPut("ChangeTask/{token}")] // geändert
public Task ChangeTask(string token, [FromBody]Task t)
{
  if (!CheckToken(token)) return null;
  return tm.ChangeTask(t);
}


[HttpPut("ChangeTaskDone/{token}")]
public Task ChangeTaskDone(string token, int id, bool done)
{
  throw new UnauthorizedAccessException("du kommst hier nicht rein!");
}


[HttpPut("ChangeSubTask/{token}")]
public SubTask ChangeSubTask(string token, [FromBody]SubTask st)
```

```
  {
    throw new UnauthorizedAccessException("du kommst hier nicht rein!");
  }


  [HttpDelete("DeleteTask/{token}/{id}")]
  public void DeleteTask(string token, int id)
  {
    if (!CheckToken(token)) return;
    tm.Remove(id);
  }


  [HttpDelete("[action]/{token}/{id}")]
  public void DeleteCategory(string token, int id)
  {
    if (!CheckToken(token)) return;
    cm.Remove(id);
  }
 }
}
```

28.1.8 Verwendung von Entity Framework Core per Dependency Injection

Beim Anlegen einer neuen ASP.NET Core-Anwendung in Visual Studio mit der Option "Individual user Accounts" und der Auswahl "Store user acccounts in-app" legt Entity Framework Core zugleich einen Entity Framework Core-Kontext (ApplicationDbContext) an, der von einer Basisklasse Microsoft.AspNetCore.Identity.EntityFrameworkCore.IdentityDbContext<T> erbt und als Typparameter eine Klasse ApplicationUser verwendet, die ihrerseits von Microsoft.AspNetCore.Identity.IdentityUser erbt. Die Klasse ApplicationUser kann bei Bedarf erweitert werden. Außerdem ist eine Schemamigration angelegt. Die Verbindungszeichenfolge ist in appsettings.json hinterlegt. Sie verweist auf eine lokale Datenbank (Microsoft SQL Server LocalDB):

```
{
  "ConnectionStrings": {
    "DefaultConnection": "Server=(localdb)\\mssqllocaldb;Database=aspnet-ASPNETCore20-
53bc9b9d-9d6a-45d4-8429-2a2761773502;Trusted_Connection=True;MultipleActiveResultSets=true"
  }
}
```

Die Verbindungszeichenfolge kann man bei Bedarf verändern. Nach einem Update-Database entsteht die Datenbank zur Verwaltung der lokalen Benutzer.

Abbildung: Entstandene Datenbank für die Verwaltung der Benutzer der ASP.NET Core-Webanwendung

Man findet in der Webanwendung keine Instanziierung der Kontextklasse ApplicationDbContext. Vielmehr wird diese per Dependency Injection verwendet. In der Startup.cs findet man dafür zwei Zeilen:

- Die Erweiterungsmethode AddDbContext() registriert die Kontextklasse als Dienst für die Dependency Injection und übergibt Provider und Verbindungszeichenfolge. AddDbContext() wird bereitgestellt von der Microsoft.EntityFrameworkCore.dll in der Klasse Microsoft.Extensions.DependencyInjection.EntityFrameworkServiceCollectionExtensions.

- Die Erweiterungsmethode AddEntityFrameworkStores() teilt der ASP.NET Identity-Komponente mit, welche Kontextklasse sie verwenden soll. AddEntityFrameworkStores() wird bereitgestellt von der Microsoft.AspNetCore.Identity.EntityFrameworkCore.dll in der Klasse Microsoft.Extensions.DependencyInjection.IdentityEntityFrameworkBuilderExtensions.

> **Hinweis:** ASP.NET Identity sorgt dafür, dass die Kontextklasse jeweils bei Bedarf instanziiert wird und zudem nicht länger lebt als die Bearbeitung einer HTTP-Anfrage.

Listing: Ausschnitt aus Startup.cs, einer mit der Projektvorlage in Visual Studio angelegten ASP.NET Core-Webanwendung mit indviduellen, lokalen Benutzerkonten

```
public void ConfigureServices(IServiceCollection services)
{
services.AddDbContext<ApplicationDbContext>(options =>
options.UseSqlServer(Configuration.GetConnectionString("DefaultConnection")));
```

```
services.AddIdentity<ApplicationUser, IdentityRole>()
  .AddEntityFrameworkStores<ApplicationDbContext>()
  .AddDefaultTokenProviders();
}
```

> **PRAXISTIPP:** Sie können AddDbContext() auch für andere, eigene Kontextklassen verwenden. In diesem Fall registrieren Sie die Kontextklasse ebenfalls in der Startup-Klasse mit AddDbContext():
>
> *services.AddDbContext<EFCore_Kontext.WWWingsContext>(options =>*
>
> *options.UseSqlServer(Configuration.GetConnectionString("WWWingsConnection")));*

Bei Verwendung der Standard-Dependency-Injection-Komponente von ASP.NET Core (Microsoft.Extensions.DependencyInjection) kann die Dependency Injection nur per Konstruktorinjektion erfolgen (siehe Listing).

Listing: Die Klasse FlugManager empfängt die Kontextinstanz per Dependency Injection

```
using GO;
using EFCore_Kontext;
using System.Collections.Generic;
using System.Linq;

namespace ASPNETCore_NETCore.BL
{
 public class FlugManager
 {
  private WWWingsContext ctx;

  /// <summary>
  /// Konstruktor
  /// </summary>
  /// <param name="ctx">Kontextinstanz kommt per DI!</param>
  public FlugManager(WWWingsContext ctx)
  {
   this.ctx = ctx;
  }

  public List<Flug> GetFlugSet(string abflugort, int von, int bis)
  {
   var flugSet = ctx.Flug
    .Where(x => x.Abflugort == abflugort)
    .Skip(von).Take(bis - von).ToList();
   return flugSet.ToList();
  }
 }
}
```

Zu beachten ist aber, dass ASP.NET Core die Kontextinstanz nur dann dem Konstruktor der Klasse FlugManager injiziert, wenn die Instanz der Klasse FlugManager selbst vom DI-Container erzeugt wird. Dazu muss die Klasse FlugManager in der Startup-Klasse für Dependency Injection registriert werden mit AddTransient():

```
services.AddTransient <FlugManager>();
```

AddTransient() sorgt dafür, dass bei jeder Anfrage nach einer Instanz eine neue Instanz von FlugManager erzeugt wird. AddScoped() würde dafür sorgen, dass im Rahmen einer HTTP-Anfrage immer wieder die gleiche Instanz geliefert wird; dies kann gewünscht sein, weil dann der Cache des Entity Framework Core-Kontextes befüllt ist. AddSingleton() würde auch über mehrere HTTP-Anfragen hinweg immer die gleiche Instanz liefern. Dies kann nicht funktionieren, da der Entity Framework Core-Kontext kein Multi-Threading unterstützt.

Ein ASP.NET MVC-Controller erwartet dann eine Instanz von FlugManager per Konstruktorinjektion:

Listing: Die Klasse WWWingsController empfängt eine Instanz von FlugManager per Dependency Injection.

```
public class WWWingsController : Controller
 {
  private FlugManager fm;
  public WWWingsController(FlugManager fm)
  {
   this.fm = fm;
  }
...
}
```

28.1.9   Praxistipp: Kontextinstanzpooling (DbContext Pooling)

Seit Entity Framework Core 2.0 kann der Entwickler anstelle von AddDbContext() auch AddDbContextPool() einsetzen. Diese Methode erzeugt eine Menge von Kontextinstanzen, die in einem Pool verwaltet werden, ähnlich wie der Verbindungpool von ADO.NET. Wenn per Dependency Injection nach einer Kontextinstanz gefragt wird, dann wird eine freie Kontextinstanz aus dem Pool genommen. Entity Framework Core kann auch eine bereits benutzte Kontextinstanz zurücksetzen und zur Wiederverwendung freigeben. Dies steigert etwas die Leistung von Webanwendungen, die Entity Framework Core verwenden.

```
int poolGroesse = 40;
services.AddDbContextPool<ApplicationDbContext>(options =>
options.UseSqlServer(Configuration.GetConnectionString("DefaultConnection")), poolGroesse);
```

28.2   DevOps mit Entity Framework (Continous Integration und Continous Delivery)

In diesem Praxiskapitel wird der Umgang mit Entity Framework Core-basierten Anwendungen im Rahmen von serverseitigen Build und automatisierten Releases erörtert. Dabei wird das am ASP.NET Core-basierten Beispiel des MiracleList-Backend aus dem vorherigen Kapitel verwendet. Als Build- und Release-Werkzeug kommt Team Foundation Server (Team Foundation Server) zum Einsatz, wahlweise eine eigene Installation oder die Cloud-Variante Visual Studio Team Services (VSTS) [*https://www.visualstudio.com/de/team-services*]. Als Testframework kommen XUnit [*https://xunit.github.io*] zum Einsatz, ergänzt durch die Selenium WebDriver-Bibliothek [*https://www.nuget.org/packages/Selenium.WebDrive/*] für Browser-UI-Tests und das HTTP-Testwerkzeug Postman [*https://www.getpostman.com*].

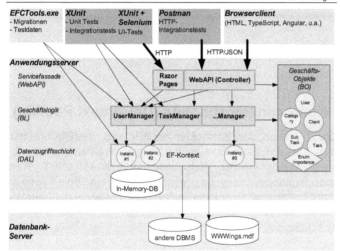

Abbildung: Testwerkzeuge für das MiracleList-Backend

28.2.1   Unit Tests und Integrationstests mit Entity Framework Core

Wesentliche Bestandteil einer DevOps-Strategie sind automatisierte Tests. Während es im klassischen Entity Framework recht aufwändig war, Mock-Objekte für echte Unit Tests zu schreiben (vgl. [https://msdn.microsoft.com/en-us/library/dn314429(v=vs.113).aspx]), bietet Entity Framework Core hier einen In-Memory-Treiber, mit dem man sehr einfach LINQ-Befehle testen kann, ohne eine echte Datenbank anzusprechen.

28.2.2   In-Memory-Treiber

Der In-Memory-Treiber speichert alle erzeugten und geänderten Objekte im Hauptspeicher (RAM). LINQ-Abfragen werden aus dieser Hauptspeicherdatenbank bedient.

Der In-Memory-Treiber von Entity Framework Core ist in dem Projekt, in dem die Kontextklasse liegt (z.B. DAL), hinzuzufügen mit dem NuGet-Paket Microsoft.EntityFrameworkCore.InMemory. Verwendet wird er dann über den Aufruf builder.UseInMemoryDatabase("beliebiger Name") in der Methode OnConfiguring().

Hinweise: Der In-Memory-Treiber erzeugt bei seiner Initialisierung mit UseInMemoryDatabase() automatisch eine Datenbank, die dem aktuellen Objektmodell entspricht. Eine explizite Erzeugung der Datenbank mit EnsureCreated() etc. ist nicht notwendig. Alle gespeicherten Daten der In-Memory-Datenbank bleiben im RAM erhalten, solange der aktuelle Prozess läuft. Man kann mehrere verschiedene In-Memory-Datenbanken in einem Prozess haben, indem man verschiedene Namen bei UseInMemoryDatabase() bei

> verschiedenen Kontextklassen oder auch verschiedenen Instanzen einer Kontextklasse verwendet.

Das folgende Listing zeigt, wie man per Fallunterscheidung in OnConfiguring() zwischen der echten Datenbank und der In-Memory-Datenbank wählen kann. Wenn keine Verbindungszeichenfolge im statischen Mitglied ConnectionString gesetzt wurde, wird die In-Memory-Datenbank verwendet.

Listing: Fallunterscheidung in OnConfiguring()

```
public class Context : DbContext
 {
  public static string ConnectionString { get; set; } = "";
  protected override void OnConfiguring(DbContextOptionsBuilder builder)
  {
     if (!String.IsNullOrEmpty(Context.ConnectionString))
      builder.UseSqlServer(Context.ConnectionString);
     else
      builder.UseInMemoryDatabase("MiracleListInMemoryDB");
  }
 }
...
}
```

Dies kann man sich nun zu nutzen machen in einem Testprojekt, um dieselben Tests sowohl als Integrationstests gegen eine Datenbank als auch als echte Unit Tests laufen zu lassen. Wenn das Testprojekt eine Verbindungszeichenfolge in DAL.Context.ConnectionString festlegt, dann ist es ein Integrationstest. Sonst ein Unit Test. Somit kann man ein einziges Visual Studio-Testprojekt sowohl für Unit Tests (im Rahmen eines serverseitigen Build-Prozesses alias Continous Integration) als auch Integrationstests (im Rahmen eines automatisierten Release-Prozesses alias Continous Delivery) verwendet werden.

> **Achtung:** Leider beherrscht der In-Memory-Treiber nicht alle Features von Entity Framework Core. Er versteht zwar LINQ und Aufrufe des DbContext-APIs (wie SaveChanges()), nicht aber direktes SQL, Stored Procedures oder Table Valued Functions. Solche Aufrufe beantwortet der Treiber mit "This overload of the method 'Microsoft.EntityFrameworkCore.RelationalQueryableExtensions.FromSql' is currently not supported." bzw. "Relational-specific methods can only be used when the context is using a relational database provider.". Bei berechneten Spalten und Standardwerten kommt kein Fehler, aber der In-Memory-Treiber liefert nicht die erwarteten Werte.

Auch weitere Funktionen fehlen in dem In-Memory-Treiber. Welche Funktionen fehlen, dokumentiert Microsoft in seiner neuen Dokumentationsmanier leider nicht. In [https://docs.microsoft.com/en-us/ef/core/providers/in-memory/] heißt es nur lapidar: "InMemory is designed to be a general purpose database for testing, and is not designed to mimic a relational database." Danach werden nur zwei Beispiele genannt (siehe folgende Abbildung).

InMemory is not a relational database

EF Core database providers do not have to be relational databases. InMemory is designed to be a general purpose database for testing, and is not designed to mimic a relational database.

Some examples of this include:

- InMemory will allow you to save data that would violate referential integrity constraints in a relational database.

- If you use DefaultValueSql(string) for a property in your model, this is a relational database API and will have no effect when running against InMemory.

Abbildung: Auszug der der Microsoft-Dokumentation [https://docs.microsoft.com/en-us/ef/core/miscellaneous/testing/in-memory]

Tests, die Programmcode testen, der auf solchen fehlenden Funktionen basiert, können daher nur als Integrationstests laufen. Dennoch kann man ein einziges Testprojekt verwenden. Hierin muss der Testentwickler dann nur entsprechend die reinen Integrationstests beim Ablauf im Rahmen des Build-Prozesses ausschließen. Im hier verwendeten XUnit-Framework ist dies möglich, indem man den Testfall kategorisiert mit

```
[Trait("Category", "Integration")]
```

und diese Kategorie dann beim Testablauf ausschließt (hier am Beispiel des .NET Core-Kommandozeilenwerkzeugs):

```
dotnet test --filter Category!=Integration
```

oder man verwendet die Zusatzbibliothek XUnit.SkippableFact [https://github.com/AArnott/Xunit.SkippableFact] und prüft innerhalb des einzelnen Testfalls, ob dieser laufen kann (siehe Listing).

Listing: Ausschnitt aus dem Unit Test-Projekt: Dieser Test läuft nur als Integrationstest

```
public class TaskManagerTest
{

  public TaskManagerTest()
  {
   Util.Init();
  }


  [SkippableFact] // NUGET: XUnit.SkippableFact
https://github.com/AArnott/XUnit.SkippableFact
  [Trait("Category", "Integration")]
  public void CreateTaskDueInDaysTest()
  {
   Skip.IfNot(Util.GetConnectionString() != "", "Only runs as integration test as the InMem-
DB does not support Default Values and Cumputed Columns!");

   var um = new UserManager("CreateTaskTestUser", true);
   um.InitDefultTasks();
   var tm = new TaskManager(um.CurrentUser.UserID);
   var cm = new CategoryManager(um.CurrentUser.UserID);
   var t = new BO.Task();
   //t.Title not set -->  title will be set to default title

   t.CategoryID = cm.GetCategorySet().ElementAt(0).CategoryID;
```

```
    t.Due = DateTime.Now.AddDays(3);
    tm.CreateTask(t);
    Assert.True(t.TaskID > 0);
    Assert.Equal(BO.Task.DefaultTitle, t.Title); // Default Value Test: not supported in
InMem-DB
    Assert.Equal(3, t.DueInDays);// Computed Column Test: not supported in InMem-DB
  }
}
```

28.2.3   SQLite- In-Memory-Treiber

Microsoft propagiert in der Dokumentation zu Entity Framework Core [https://docs.microsoft.com/en-us/ef/core/miscellaneous/testing/sqlite] auch die Verwendung von SQLite im In-Memory-Modus (mit Verbindungszeichenfolge: "DataSource=:memory:"). Anders als der eigene In-Memory-Treiber von Entity Framework Core versteht der SQLite-In-Memory-Treiber auch SQL-Befehle, allerdings versteht SQLite keine Sonderkonstrukte wie Computed Columns.

WICHTIG: Dabei ist zu beachten, dass anders als beim In-Memory-Treiber von Entity Framework Core die Datenbank nur so lange existiert, wie die Verbindung geöffnet ist. Daher muss man in diesem Fall der Entity Framework Core-Kontextklasse eine selbst geöffnete Verbindung übergeben und diese Verbindung bei UseSQLite() angegeben werden, siehe nächste Listings.

Listing: Umgestaltung der Kontextklasse für die optionale Bereitstellung einer geöffneten Verbindung.

```
public class Context : DbContext
{
...

  public static string ConnectionString { get; set; } = "";
  public static DbConnection Connection { get; set; } = null;

  protected override void OnConfiguring(DbContextOptionsBuilder builder)
  {
   if (!builder.IsConfigured)
   {
    if (Connection != null)
    {
     builder.UseSqlite(Context.Connection);

    }
    else
    {
     if (!String.IsNullOrEmpty(Context.ConnectionString))
      builder.UseSqlServer(Context.ConnectionString);
     else
      builder.UseInMemoryDatabase("Miracle ListInMemoryDB");
    }
   }
  }
...
}
```

Listing: Erstellen einer geöffneten SQLite-In-Memory-Verbindung und Übergabe an die Kontextklasse

```
public static SqliteConnection _SQLiteInMemoryConnection;
```

```
public static void SetSQLLiteInMemoryConnection(bool force = false)
{
  if (_SQLiteInMemoryConnection == null || force)
  {
    _SQLiteInMemoryConnection = new SqliteConnection("DataSource=:memory:");
    _SQLiteInMemoryConnection.Open();
    DAL.Context.Connection = _SQLiteInMemoryConnection;
    using (var ctx = new DAL.Context())
    {
      ctx.Database.EnsureCreated();
    }
  }
}
```

Praxiswarnung: Der In-Memory-Modus von SQLite hat sich im Zusammenspiel mit Entity Framework Core in der Praxis aber nicht bewährt, da er mit eingebetteten Transaktionen nicht klarkommt und auch häufig Unit Tests mit kuriosen Fehlermeldungen wie "Microsoft.Data.Sqlite.SqliteException: SQLite Error 1: 'not an error'." fehlschlagen lässt.

Abbildung: Der In-Memory-Treiber von SQLite ist leider nicht stabil in Verbindung mit Entity Framework Core. Er kann auch keine eingebetteten Transaktionen.

28.2.4 Entity Framework Core beim serverseitigen Build (Continous Integration)

Die folgende Bildschirmabbildung zeigt die Ausführung des vorher diskutierten Unit Test-Projekts in einem serverseitigen Build auf einem Azure DevOps Server (alias Team Foundation Server (Team Foundation Server)) oder in der Cloud-Variante Azure DevOps Services (früher: Visual Studio Team Services (VSTS), davor Visual Studio Online (VSO) und Team Foundation Services).

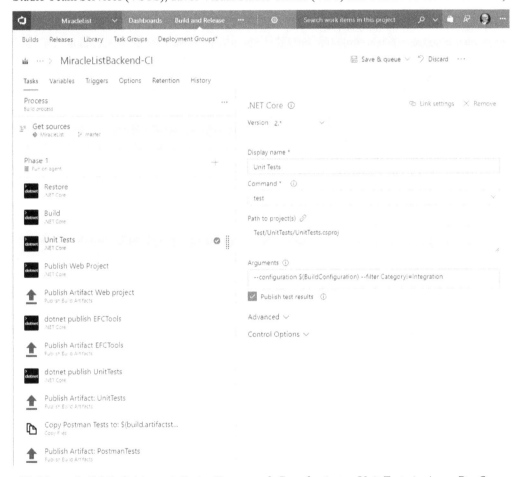

Abbildung: Build-Definition mit Entity Framework Core-basierten Unit Tests in Azure DevOps

Zunächst werden alle benötigten NuGet-Pakete geladen mit "dotnet restore". Dann werden alle Projekte übersetzt. Im dritten Schritt werden alle Tests aus dem Unit Test-Projekt ausgeführt, außer denen, die in der Kategorie "Integration" liegen.

Das Unit Test-Projekt ist so implementiert, dass es mit Hilfe der Klasse Microsoft.Extensions.Configuration.ConfigurationBuilder die Verbindungszeichenfolge aus einer Umgebungsvariablen anstelle der Konfigurationsdatei nimmt, wenn eine passende Umgebungsvariable existiert. Das Unit Test-Projekt verwendet dafür in der Hilfsroutine GetConnectionString() das mehrquellige Konfigurationssystem von .NET Core

(Microsoft.Extensions.Configuration), um die Verbindungszeichenfolge zunächst im Speicher (im Standard auf Leerstring gesetzt), in der Datei appsettings.json und schließlich in der Umgebungsvariablen zu suchen. Dabei gilt: Die letzte hinzugefügte Quelle gewinnt. Dies ermöglicht es dem Entwicklers der Build-Pipeline durch einfaches Setzen einer Umgebungsvariablen (siehe folgende Abbildung) den Eintrag in der appsettings.json-Datei zu überschreiben.

GetConnectionString() wird von Init() aufgerufen. Init() übergibt die Verbindungszeichenfolge bzw. eine geöffnete SQLite-In-Memory-Verbindung an die Kontextklasse. Init() muss im Konstruktor jeder Testklasse aufgerufen werden.

> **Hinweis:** Das Konfigurationssystem von .NET Core (Microsoft.Extensions.Configuration) akzeptiert eine leere Zeichenfolge in einer Umgebungsvariablen nicht als Einstellung, d.h. die Umgebungsvariable muss auf eine andere Zeichenfolge gesetzt werden. Daher gestattet das Listing als Alternative auch die Zeichenketten "-" und "InMemory".

Util.cs im Unit Test-Projekt

```
using ITVisions;
using Microsoft.Data.Sqlite;
using Microsoft.Extensions.Configuration;
using System;
using System.Collections.Generic;

namespace UnitTests
{

 public class Util
 {

  /// <summary>
  /// Will be called in the constructor of each test class
  /// </summary>
  public static void Init()
  {
   lock (ConnectionString)
   {
    if (ConnectionString == "notset")
    {
     ConnectionString = Util.GetConnectionString();
     switch (ConnectionString)
     {
      case "SQLite":
       DAL.Context.Connection = Util.SQLiteInMemoryConnection;
       CUI.PrintSuccess("Connection to SQLite InMemory");
       break;
       // as "" will not be working with Environment Variables, we must offer other options
here as well
      case "":
      case "-":
      case "InMemory":
       DAL.Context.ConnectionString = "";
       CUI.PrintSuccess("Connection to InMemoryDB");
       break;
      default:
       DAL.Context.ConnectionString = ConnectionString;
       // Enable EF Profiler

HibernatingRhinos.Profiler.Appender.EntityFramework.EntityFrameworkProfiler.Initialize();
```

```
        CUI.PrintSuccess("Connection to " + ConnectionString);
        break;
      }
      DAL.Context.IsRuntime = true;
    }
  }
}

  public static string ConnectionString = "notset";

  public static SqliteConnection _SQLiteInMemoryConnection;
  public static SqliteConnection SQLiteInMemoryConnection {  get
  {
    if (_SQLiteInMemoryConnection == null)
    {
    _SQLiteInMemoryConnection = new SqliteConnection("DataSource=:memory:");
    _SQLiteInMemoryConnection.Open();
    var ctx = new DAL.Context();
    ctx.Database.EnsureCreated();
    }
    return _SQLiteInMemoryConnection;
  }
}

  /// <summary>
  /// Get Connection String from Memory, AppSettings.json or Environment
  /// </summary>
  /// <returns></returns>
  public static string GetConnectionString()
  {
    // Build configuration sources (https://docs.microsoft.com/en-
us/aspnet/core/fundamentals/configuration/?tabs=basicconfiguration)
    var dic = new Dictionary<string, string> { { "ConnectionStrings:MiracleListDB", "" } };
    var builder = new ConfigurationBuilder() // NUGET: Microsoft.Extensions.Configuration
    .AddInMemoryCollection(dic)
    .AddJsonFile("appsettings.json") // NUGET: Microsoft.Extensions.Configuration.Json
    .AddEnvironmentVariables(); // NUGET:
Microsoft.Extensions.Configuration.EnvironmentVariables e.g.
"ConnectionStrings:MiracleListDB"
    IConfigurationRoot configuration = builder.Build();
    var cs = configuration["ConnectionStrings:MiracleListDB"];
    Console.WriteLine("ENV: " +
System.Environment.GetEnvironmentVariable("ConnectionStrings:MiracleListDB"));
    return cs;
  }
 }
}
```

MiracleList ⌄ Dashboards   Code   Work   Build and Release   Test   Wiki | ⚙

Builds   Releases   Library   Task Groups   Deployment Groups*

🏛 ··· MiracleListBackend-CI

Tasks   Variables   Triggers   Options   Retention   History

Process variables	Name ↑	Value
Variable groups	BuildConfiguration	release
Predefined variables	BuildPlatform	any cpu
	ConnectionStrings:MiracleListDB	InMemory

*Abbildung: Die Verbindungszeichenfolge MiracleListDB ist in den Variablen auf "InMemory"
gesetzt, damit die Unit Tests ausgeführt werden.*

Danach werden in der Build-Pipeline alle für die Release-Pipeline benötigten Artefakte erstellt:

- Das eigentlich zu veröffentlichende Webprojekt

- Das Kommandozeilenwerkzeug EFCTools, das in der Release-Pipeline die Datenbank
  anlegen wird (vgl. Kapitel 13.12: Schemamigrationen zur Laufzeit)

- Die Unit Tests, die in der Release-Pipeline noch einmal als Integrationstest gegen die dort
  erstellte Datenbank laufen sollen

- Die Postman-HTTP-Tests, die in der Release-Pipeline die REST-Dienste testen sollen

28.2.5   Entity Framework Core beim automatischen Release (Continous Delivery)

Im Rahmen der zuvor gezeigten Build-Definition werden dann in Azure DevOps (VSTS/TFS)
folgende Schritte in der Release-Pipeline ausgeführt:

- Installation der Datenbank mit dotnet EFCTools.dll in SQL Azure und Anlegen von Testdaten
  für die Integrationstests

- Installation der Webanwendung in einem Azure App Service

- Ausführen nun aller Tests im Testprojekt als Integrationstests gegen die oben erstellte
  Datenbank in SQL Azure

- Ausführen der Tests für die REST-Dienste mit dem newman (so heißt das NPM-basierte
  Kommandozeilenwerkzeug von Postman).

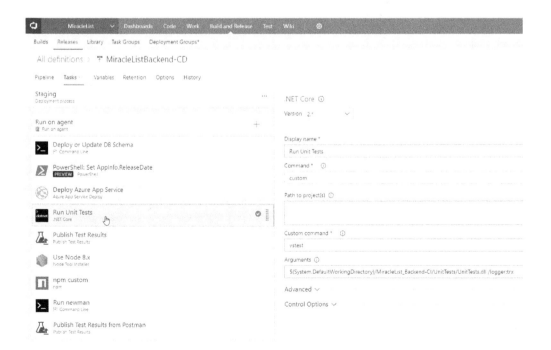

Abbildung: Release-Definition mit Entity Framework Core-basierten Integrationstests in
TFS/VSTS

28.3   Entity Framework Core in einer Universal Windows Platform App

28.3.1   Das Fallbeispiel "MiracleList Light"

Die in diesem Kapitel verwendete "MiracleList Light"-App ist eine Beispielanwendung für eine einfache, lokale Aufgabenverwaltung, realisiert als Universal Windows Platform (UWP) App für Windows 10 mit einer lokalen SQLite-Datenbank als Datenspeicher, ohne Backend in der Cloud. Diese App ermöglicht die Erfassung von Aufgaben, die zu einem bestimmten Termin fällig sind. Aufgaben haben in der aktuellen Version der Software immer genau drei Teilaufgaben (Planen, Ausführen, Retrospektive durchführen), die nicht veränderbar sind. Aufgaben können durch Klick auf "Done" oder "Remove all" aus der Liste entfernt werden.

> **Hinweis:** In den Downloads zu diesem Buch gibt es diese App für Entity Framework Core 1.1 und Entity Framework Core 2.0. Für Entity Framework Core 2.0 benötigt man UWP-Version 10.0.16299 im Windows 10 Creators Fall 2017 Update.

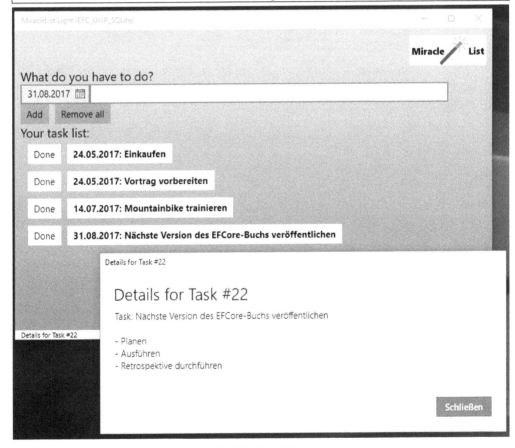

Abbildung: Die MiracleList-Light-App für Windows 10

28.3.2 Architektur

Die App ist aufgrund der sehr begrenzten Programmcodemenge als monolithische App in einem Visual Studio-Projekt realisiert. Das Projekt wurde mit der Projektvorlage "Windows Universal/Blank App" angelegt. Dafür muss das Windows 10 SDK in der zum Stand Ihrer Windows-Installation passenden Version installiert sein. Eine Nutzung oder Übersetzung des Programms auf älteren Betriebssystemen ist nicht von Microsoft unterstützt.

Die App referenziert das NuGet-Paket Microsoft.EntityFrameworkCore.Sqlite.

Die App verwendet Forward Engineering für die Datenbank. Die Datenbankdatei mit dem passenden Datenbankschema wird bei Bedarf zur Laufzeit erzeugt, wenn sie beim Start der App nicht vorhanden ist.

Abbildung: Aufbau des Projekts

28.3.3 Entitätsklassen

Es sind nur zwei Entitätsklassen notwendig:

- Klasse "Task" für eine Aufgabe. Ein Task-Objekt hat in dem Property "Details" eine List<TaskDetail>

- Klasse "TaskDetail" für eine Teilaufgabe. Jedes "TaskDetail"-Objekt verweist per Property "Task" auf die Aufgabe, zu der die Teilaufgabe gehört. Zudem kennt die Klasse TaskDetail in dem Fremdschlüssel-Property "TaskID" auch den Primärschlüssel der übergeordneten Aufgabe.

Datenannotationen der Entitätsklassen sind nicht notwendig in diesem Fallbeispiel, da Entity Framework Core das Datenbankschema rein auf Basis der integrierten Konventionen erstellen kann.

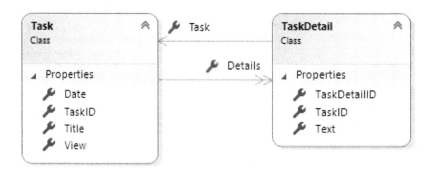

Abbildung: Objektmodell der Anwendung

Listing: Implementierung der beiden Entitätsklassen in der Datei EntityClasses.cs

```csharp
using System;
using System.Collections.Generic;

namespace EFC_UWP_SQLite
{
 /// <summary>
 /// 1. Entitätsklasse für Aufgaben
 /// </summary>
 public class Task
 {
  // Elementare Eigenschaften
  public int TaskID { get; set; } // PK
  public string Title { get; set; } // TEXT
  public DateTime Date { get; set; } // DateTime

  // Navigationsbeziehung
  public List<TaskDetail> Details { get; set; } = new List<TaskDetail>();

  public string View { get { return Date.ToString("d") + ": " + Title; } }
 }

 /// <summary>
 /// 2. Entitätsklasse für Teilaufgaben
 /// </summary>
 public class TaskDetail
 {
  public int TaskDetailID { get; set; } // PK
  public string Text { get; set; }

  // Navigationsbeziehung
  public Task Task { get; set; }
  public int TaskID { get; set; } // optional: Fremdschlüsselspalte für Navigationsbeziehung
 }
}
```

28.3.4 Entity Framework Core-Kontextklasse

Die von DbContext abgeleitete Kontextklasse besitzt jeweils ein Property von dem Typ DbSet<T> für die beiden Entitätsklassen. In der Methode OnConfiguring() wird mit UseSqlite() der Entity Framework Core-Datenbankprovider festgelegt und dabei als Parameter nur der gewünschte Name für die SQLite-Datenbankdatei übergeben. Eine Implementierung von OnModelCreating() ist nicht notwendig in diesem Fallbeispiel, da Entity Framework Core das Datenbankschema rein auf Basis der integrierten Konventionen erstellen kann.

Listing: Implementierung der Kontextklasse in der Datei EFContext.cs

```
using Microsoft.EntityFrameworkCore;

namespace EFC_UWP_SQLite
{
 /// <summary>
 /// Entity Framework-Kontext
 /// </summary>
 public class EFContext : DbContext
 {
  public DbSet<Task> TaskSet { get; set; }
  public DbSet<TaskDetail> TaskDetailSet { get; set; }

  protected override void OnConfiguring(DbContextOptionsBuilder optionsBuilder)
  {
    // Provider und Datenbankdateiname festlegen
    optionsBuilder.UseSqlite("Filename=MiracleList.db");
  }
 }
}
```

28.3.5 Startcode

Beim Anwendungsstart wird in der App.xaml.cs die Datenbankdatei mit der Methode Database.EnsureCreated() angelegt, falls die Datenbankdatei noch nicht vorhanden ist. Die englischen Quellcodekommentare stammen aus der Projektvorlage von Microsoft.

Listing: Ausschnitt aus der Datei App.xaml.cs

```
using System;
using Windows.ApplicationModel;
using Windows.ApplicationModel.Activation;
using Windows.Foundation;
using Windows.UI.Xaml;
using Windows.UI.Xaml.Controls;
using Windows.UI.Xaml.Navigation;

namespace EFC_UWP_SQLite
{
 /// <summary>
 /// Provides application-specific behavior to supplement the default Application class.
 /// </summary>
 sealed partial class App : Application
 {
  /// <summary>
  /// Initializes the singleton application object.  This is the first line of authored code
  /// executed, and as such is the logical equivalent of main() or WinMain().
  /// </summary>
  public App()
  {
```

```
this.InitializeComponent();
this.Suspending += OnSuspending;

// DB anlegen, falls nicht vorhanden!
using (var db = new EFContext())
{
  db.Database.EnsureCreated();
}
}
...
}
```

28.3.6   Erzeugte Datenbank

Die erzeugte Datenbank kann man mit dem Werkzeug "DB Browser for SQLite" sichtbar machen
wie auch interaktiv verwenden.

	DB Browser for SQLite
Werkzeugname	DB Browser for SQLite
Website	www.sqlitebrowser.org
Kostenfreie Version	Ja
Kommerzielle Version	Nein

Abbildung: Datenbankschemaansicht in DB Browser for SQLite

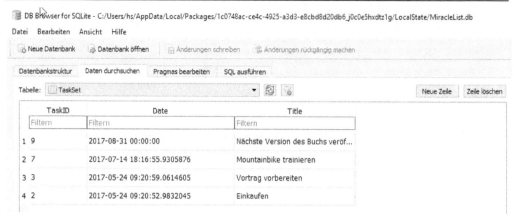

Abbildung: Datenansicht in DB Browser for SQLite

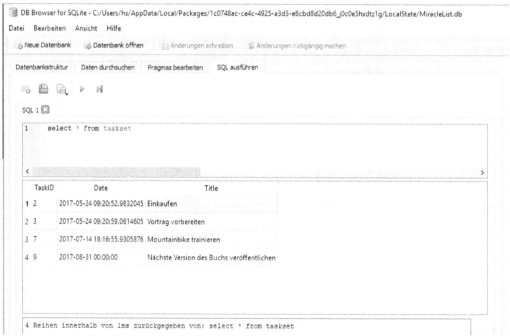

Abbildung: SQL-Befehle ausführen im DB Browser for SQLite

28.3.7   Datenzugriffscode

Der Datenzugriffscode ist in diesem einfachen Fallbeispiel nicht getrennt von der Benutzeroberflächensteuerung. Es wird auch bewusst nicht das Pattern MVVM (Model View ViewModel) eingesetzt, um den Programmcode für den Abdruck im Buch überschaubar zu halten.

Beim Datenzugriff werden die asynchronen Methoden von Entity Framework Core eingesetzt, um die Benutzeroberfläche reaktiv zu halten.

Beim Anlegen der Teilaufgaben und Löschen aller Aufgaben werden jeweils zwei Varianten gezeigt. Die auskommentierte Variante ist jeweils die weniger effiziente. So ist das Löschen aller Aufgaben und Teilaufgaben ohne Einsatz von SQL mit dem unnötigen Laden aller Aufgaben verbunden und dem Absenden eines DELETE-Befehls für jede Aufgabe. Das explizite Löschen der Teilaufgaben ist aber in beiden Fällen nicht notwendig, da im Standard kaskadierendes Löschen aktiv ist.

Listing: Datenzugriffscode in der Datei MainPage.xaml.cs

```
using Microsoft.EntityFrameworkCore;
using System;
using System.Collections.Generic;
using System.Collections.ObjectModel;
using System.ComponentModel;
using System.Linq;
using Windows.Foundation;
using Windows.Storage;
using Windows.UI.Popups;
using Windows.UI.Xaml;
using Windows.UI.Xaml.Controls;
using Windows.UI.Xaml.Input;

namespace EFC_UWP_SQLite
{
 /// <summary>
 /// Hauptseite der Anwendung
 /// </summary>
 public sealed partial class MainPage : Page, INotifyPropertyChanged
 {
  public MainPage()
  {
   this.DataContext = this;
   this.InitializeComponent();
   Windows.UI.ViewManagement.ApplicationView.PreferredLaunchViewSize = new Size(800, 500);
   Windows.UI.ViewManagement.ApplicationView.PreferredLaunchWindowingMode =
Windows.UI.ViewManagement.ApplicationViewWindowingMode.PreferredLaunchViewSize;

   System.Diagnostics.Debug.WriteLine(ApplicationData.Current.LocalFolder.Path);
  }
  public event PropertyChangedEventHandler PropertyChanged;

  private ObservableCollection<Task> _Tasks { get; set; }
  public ObservableCollection<Task> Tasks
  {
   get { return _Tasks; }
   set { _Tasks = value; this.PropertyChanged?.Invoke(this, new
PropertyChangedEventArgs(nameof(Tasks))); }
  }

  private string _Statustext { get; set; }
  public string Statustext
  {
   get { return _Statustext; }
   set { _Statustext = value; this.PropertyChanged?.Invoke(this, new
PropertyChangedEventArgs(nameof(Statustext))); }
  }

  private async void Page_Loaded(object sender, RoutedEventArgs e)
  {
   var count = await this.LoadTaskSet();
   SetStatus(count + " Datensätze geladen!");
  }
```

```csharp
/// <summary>
/// Get all tasks from database
/// </summary>
/// <returns></returns>
private async System.Threading.Tasks.Task<int> LoadTaskSet()
{
  using (var db = new EFContext())
  {
    var list = await db.TaskSet.OrderBy(x => x.Date).ToListAsync();
    Tasks = new ObservableCollection<Task>(list);
    return Tasks.Count;
  }
}


private void SetStatus(string text)
{
  string dbstatus;
  using (var db = new EFContext())
  {
    dbstatus = db.TaskSet.Count() + " Tasks with " + db.TaskDetailSet.Count() + " Task
Details. " + ApplicationData.Current.LocalFolder.Path + @"\" + EFContext.FileName;
  }
  Statustext = text + " / Database Status: " + dbstatus + ")";
}


private async void Add(object sender, RoutedEventArgs e)
{
  if (String.IsNullOrEmpty(C_Task.Text)) return;
  if (!C_Datum.Date.HasValue) { C_Datum.Date = DateTime.Now; }

  // Create new Task
  var t = new Task { Title = C_Task.Text, Date = C_Datum.Date.Value.Date };
  var d1 = new TaskDetail() { Text = "Plan" };
  var d2 = new TaskDetail() { Text = "Execute" };
  var d3 = new TaskDetail() { Text = "Run Retrospective" };
  // Alternative 1
  //t.Details.Add(d1);
  //t.Details.Add(d2);
  //t.Details.Add(d3);

  // Alternative 2
  t.Details.AddRange(new List<TaskDetail>() { d1, d2, d3 });

  using (var db = new EFContext())
  {
    db.TaskSet.Add(t);
    // Save now!
    var count = await db.SaveChangesAsync();
    SetStatus(count + " records saved!");
    await this.LoadTaskSet();
  }
  this.C_Task.Text = "";
  this.C_Task.Focus(FocusState.Pointer);
}


private async void SetDone(object sender, RoutedEventArgs e)
{
  // Get TaskID
  var id = (int)((sender as Button).CommandParameter);
```

```
    // Remove record
    using (var db = new EFContext())
    {
      Task t = db.TaskSet.SingleOrDefault(x => x.TaskID == id);
      if (t == null) return; // nicht gefunden!
      db.Remove(t);
      var count = db.SaveChangesAsync();
      SetStatus(count + " records deleted!");
      await this.LoadTaskSet();
    }
  }

  private async void ShowDetails(object sender, RoutedEventArgs e)
  {
    // Get TaskID
    var id = (int)((sender as Button).CommandParameter);
    // Get Details
    using (var db = new EFContext())
    {
      string s = "";
      Task t = db.TaskSet.Include(x => x.Details).SingleOrDefault(x => x.TaskID == id);
      s += "Task: " + t.Title + "\n\n";
      foreach (var d in t.Details)
      {
        s += "- " + d.Text + "\n";
      }
      SetStatus("Details for Task #" + id);
      await new MessageDialog(s, "Details for Task #" + id).ShowAsync();
    }
  }

  private void C_Task_KeyDown(object sender, KeyRoutedEventArgs e)
  {
    if (e.Key == Windows.System.VirtualKey.Enter) Add(null, null);
  }

  private async void RemoveAll(object sender, RoutedEventArgs e)
  {
    // Remove all tasks
    using (var db = new EFContext())
    {
      // Alternative 1: unefficient :-(
      //foreach (var b in db.TaskSet.ToList())
      //{
      // db.Remove(b);
      //}
      //db.SaveChanges();

      // Alternative 2: efficient!
      //db.Database.ExecuteSqlRaw("Delete from TaskDetailSet");
      var count = await db.Database.ExecuteSqlRawAsync("Delete from TaskSet");
      SetStatus(count + " records deleted!");
      Tasks = null;
    }
  }
}
}
```

28.3.8 Benutzeroberfläche

Das folgende Listing zeigt die XAML-Benutzeroberfläche der UWP-App.

Listing: MainPage.xaml

```xml
<Page
    x:Class="EFC_UWP_SQLite.MainPage"
    xmlns="http://schemas.microsoft.com/winfx/2006/xaml/presentation"
    xmlns:x="http://schemas.microsoft.com/winfx/2006/xaml"
    xmlns:local="using:EFC_UWP_SQLite"
    xmlns:d="http://schemas.microsoft.com/expression/blend/2008"
    xmlns:mc="http://schemas.openxmlformats.org/markup-compatibility/2006"
    mc:Ignorable="d"    Loaded="Page_Loaded">


 <Grid Margin="0,0,0,0">
  <Grid.RowDefinitions>
   <RowDefinition Height="*"></RowDefinition>
   <RowDefinition Height="auto"></RowDefinition>
  </Grid.RowDefinitions>
  <Grid.Background>
   <LinearGradientBrush EndPoint="0.5,1" StartPoint="0.5,0">
    <GradientStop Color="#FFA1D7E9" Offset="0.081"/>
    <GradientStop Color="#FF4C94AD" Offset="0.901"/>
   </LinearGradientBrush>
  </Grid.Background>
  <StackPanel Margin="10,10,10,10" Grid.Row="0">
   <!-- ==================== logo -->
   <Image x:Name="Logo" Source="Assets/MiracleListLogo.jpg" Width="130" MinHeight="50"
HorizontalAlignment="Right"></Image>
   <!-- ==================== new Task -->
   <TextBlock Text="What do you have to do?" FontSize="20"></TextBlock>
   <StackPanel Orientation="Horizontal">
    <CalendarDatePicker Name="C_Datum" />
    <TextBox Background="White" Name="C_Task" KeyDown="C_Task_KeyDown" Width="600"></TextBox>
   </StackPanel>
   <!-- ==================== actions -->
   <StackPanel Orientation="horizontal">
    <Button Click="Add">Add</Button>
    <Button Click="RemoveAll" Margin="10,0,0,0">Remove all</Button>
   </StackPanel>
   <TextBlock Text="Your task list:" FontSize="20"/>
   <!-- ==================== list of tasks -->
   <ListView ItemsSource="{Binding Tasks}"
ScrollViewer.VerticalScrollBarVisibility="Visible">
    <ListView.ItemTemplate>
     <DataTemplate>
      <StackPanel Orientation="Horizontal">
       <Button  Background="white"  Content="Done"  Name="C_Done"  CommandParameter="{Binding
TaskID}"  Click="SetDone" Margin="0,0,10,0" />
       <Button Background="white" FontWeight="Bold" Content="{Binding View}" Name="C_Details"
CommandParameter="{Binding TaskID}" Click="ShowDetails" />
      </StackPanel>
     </DataTemplate>
    </ListView.ItemTemplate>
   </ListView>
  </StackPanel>
  <!-- ==================== statusbar -->
  <StackPanel Background="White" Grid.Row="1">
   <TextBlock Text="{Binding StatusText}" Margin="10,0,0,0"  Name="C_StatusBar" FontSize="11"
/>
```

```
    </StackPanel>
  </Grid>
</Page>
```

28.4   Entity Framework Core in einer Xamarin-Cross-Platform-App

28.4.1 Das Fallbeispiel "MiracleList Light"

Das in diesem Kapitel behandelte Fallbeispiel "MiracleList Light" ist eine Portierung der im vorherigen Kapitel behandelten einfachen Aufgabenverwaltung (Universal Windows Platform (UWP) App für Windows 10) auf eine Cross-Platform-App, die nicht nur auf Windows 10 als UWP-App, sondern auch auf Android und iOS läuft. Dazu kommt Xamarin mit Xamarin Forms zum Einsatz.

> **Hinweis:** In den Downloads zu diesem Buch gibt es diese App für Entity Framework Core 1.1 und Entity Framework Core 2.0. Für Entity Framework Core 2.0 benötigt man UWP-Version 10.0.16299 im Windows 10 Creators Fall 2017 Update.

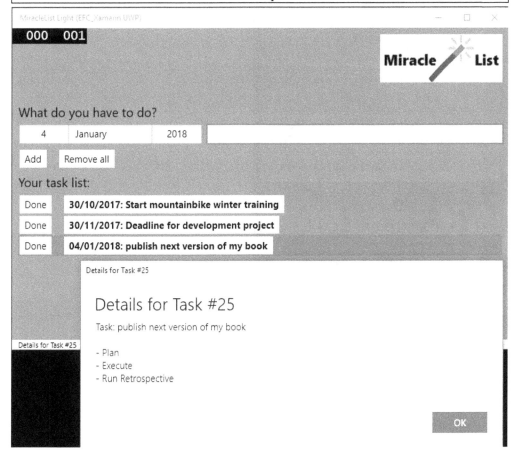

Abbildung: Die MiracleList Light-Cross-Platform-App für Windows 10

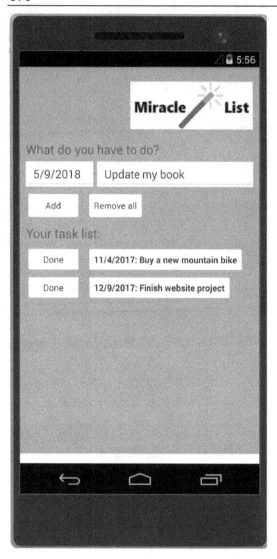

Abbildung: Die MiracleList Light-Cross-Platform-App für Android

28.4.2 Architektur

Im Gegensatz zu der Implementierung dieser App als UWP ist die Cross-Platform-Version mehrschichtig aufgebaut:

- Das Projekt "GO" enthält die Entitätsklassen. Das Projekt ist eine .NET Standard-Bibliothek und benötigt keine zusätzlichen Referenzen.

- Das Projekt "DAL" enthält die Entity Framework Core-Kontextklasse. Das Projekt ist eine .NET Standard-Bibliothek und benötigt die NuGet-Pakete Xamarin.Forms und Microsoft.EntityFrameworkCore.

- Das Projekt "UI" enthält die Benutzeroberfläche, die Xamarin Forms verwendet. Das Projekt ist eine .NET Standard-Bibliothek und benötigt die NuGet-Pakete Xamarin.Forms und Microsoft.EntityFrameworkCore.

- Die Projekte "Android", "iOS" und "UWP" enthalten den Platform-spezifischen Startcode sowie Platform-spezifische Deklarationen für die App.

Die App verwendet Forward Engineering für die Datenbank. Die Datenbankdatei mit dem passenden Datenbankschema wird bei Bedarf zur Laufzeit erzeugt, wenn sie beim Start der App nicht vorhanden ist.

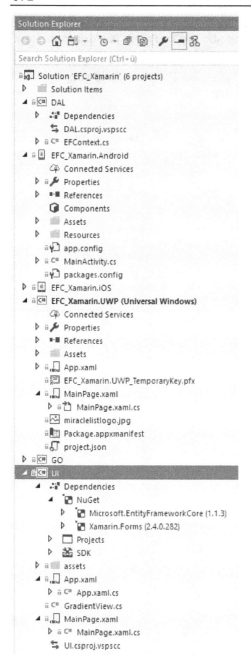

Abbildung: Aufbau des Projekts

28.4.3 Entitätsklassen

Die Entitätsklassen für die Xamarin-App entsprechen den Entitätsklassen aus dem UWP-Fallbeispiel.

28.4.4 Entity Framework Core-Kontextklasse

Die Kontextklasse für die Xamarin-App weicht etwas ab von der Kontextklasse aus dem UWP-Fallbeispiel, denn nicht auf jedem Betriebssystem kann man bei im Connection String bei UseSQLite() einfach einen Dateinamen ohne Pfad angeben. Hier sind plattformspezifische Unterschiede zu beachten. Daher wird der Pfad für die Datenbankdatei per Dependency Injection in einer Implementierung der selbstdefinierte Schnittstelle IEnv von jeder der drei Rahmenanwendungen geliefert.

> **Hinweis**: Die Bibliothek DAL benötigt das NuGet-Paket "Xamarin.Forms", da für die Dependency Injection das in Xamarin Forms eingebaute Dependency Injection-Framework verwendet wird.

Listing: Implementierung der Kontextklasse in der Datei EFContext.cs

```
using Microsoft.EntityFrameworkCore;
using Xamarin.Forms;


namespace EFC_Xamarin
{
 /// <summary>
 /// Entity Framework Context
 /// </summary>
 public class EFContext : DbContext
 {

  static public string Path { get; set; }
  public DbSet<Task> TaskSet { get; set; }
  public DbSet<TaskDetail> TaskDetailSet { get; set; }

  protected override void OnConfiguring(DbContextOptionsBuilder optionsBuilder)
  {
   EFContext.Path = System.IO.Path.Combine(DependencyService.Get<IEnv>().GetDbFolder(),
"miraclelist.db");
   // set provider and database file path
   optionsBuilder.UseSqlite($"Filename={ EFContext.Path}");
  }
 }
}
```

Listing: IEnv.cs

```
namespace EFC_Xamarin
{
    public interface IEnv
    {
        string GetDbFolder();
    }
}
```

Jedes Betriebssystem muss eine passende Implementierung injizieren.

Listing: Realisierung von IEnv unter Windows 10 UWP

```
using EFC_Xamarin.UWP;
using Windows.Storage;
using Xamarin.Forms;

[assembly: Dependency(typeof(Env))]
namespace EFC_Xamarin.UWP
{
```

```
public class Env : IEnv
{
        public string GetDbFolder()
        {
            return ApplicationData.Current.LocalFolder.Path;
        }
    }
}
```

Listing: Realisierung von IEnv unter Android

```
using EFC_Xamarin;
using System;
using Xamarin.Forms;

[assembly: Dependency(typeof(Env))]
namespace EFC_Xamarin.Android
{
    public class Env : IEnv
    {
        public string GetDbFolder()
        {
            return Environment.GetFolderPath(Environment.SpecialFolder.MyDocuments);
        }
    }
}
```

Listing: Realisierung von IEnv unter iOS

```
using EFC_Xamarin.iOS;
using System;
using Xamarin.Forms;

[assembly: Dependency(typeof(Env))]
namespace EFC_Xamarin.iOS
{
 public class Env : IEnv
    {
        public string GetDbFolder()
        {
         return Path.Combine
           (Environment.GetFolderPath(Environment.SpecialFolder.MyDocuments),
            "..","Library");              }
    }
}
```

28.4.5 Startcode

Beim Anwendungsstart wird in der App.xaml.cs die Datenbankdatei durch die Methode Database.EnsureCreated() angelegt, falls die Datenbankdatei noch nicht vorhanden ist. Die englischen Quellcodekommentare stammen aus der Projektvorlage von Microsoft.

Listing: Ausschnitt aus der Datei App.xaml.cs im Projekt "UI"

```
using Xamarin.Forms;
namespace EFC_Xamarin
{
 public partial class App : Application
 {
  public App()
  {
   InitializeComponent();
```

```
  // Create Database if it does not exist
  using (var db = new EFContext())
  {
    db.Database.EnsureCreated();
  }

  MainPage = new EFC_Xamarin.MainPage();
  }
}
 ...
}
```

28.4.6   Erzeugte Datenbank

Die erzeugte Datenbank für die Xamarin-App entspricht der Datenbank aus dem UWP-Fallbeispiel.

28.4.7 Datenzugriffscode

Der Datenzugriffscode ist in diesem einfachen Fallbeispiel nicht getrennt von der Benutzeroberflächensteuerung. Es wird auch bewusst nicht das Pattern MVVM (Model View ViewModel) eingesetzt, um den Programmcode für den Abdruck im Buch überschaubar zu halten.

Beim Datenzugriff werden die asynchronen Methoden von Entity Framework Core eingesetzt, um die Benutzeroberfläche reaktiv zu halten.

Beim Anlegen der Teilaufgaben und Löschen aller Aufgaben werden jeweils zwei Varianten gezeigt. Die auskommentierte Variante ist jeweils die weniger effiziente. So ist das Löschen aller Aufgaben und Teilaufgaben ohne Einsatz von SQL mit dem unnötigen Laden aller Aufgaben verbunden sowie mit dem Absenden eines DELETE-Befehls für jede Aufgabe. Das explizite Löschen der Teilaufgaben ist jedoch in beiden Fällen nicht notwendig, da im Standard kaskadierendes Löschen aktiv ist.

Listing: Datenzugriffscode in der Datei MainPage.xaml.cs

```
using Microsoft.EntityFrameworkCore;
using System;
using System.Collections.Generic;
using System.Collections.ObjectModel;
using System.Linq;
using Xamarin.Forms;

namespace EFC_Xamarin
{
 public partial class MainPage : ContentPage
 {
  private ObservableCollection<Task> _Tasks { get; set; }
  public ObservableCollection<Task> Tasks
  {
   get { return _Tasks; }
   set { _Tasks = value; this.OnPropertyChanged(nameof(Tasks)); }
  }

  private string _Statustext { get; set; }
  public string Statustext
  {
   get { return _Statustext; }
   set { _Statustext = value; this.OnPropertyChanged(nameof(Statustext)); }
```

```
    }

    public MainPage()
    {
     this.BindingContext = this;
     InitializeComponent();
    }

    protected async override void OnAppearing()
    {
     var count = await this.LoadTaskSet();
     SetStatus(count + " Datensätze geladen!");
    }

    private async System.Threading.Tasks.Task<int> LoadTaskSet()
    {
     using (var db = new EFContext())
     {
      var list = await db.TaskSet.OrderBy(x => x.Date).ToListAsync();
      Tasks = new ObservableCollection<Task>(list);
      return Tasks.Count;
     }
    }

    private void SetStatus(string text)
    {
     string dbstatus;
     using (var db = new EFContext())
     {
      dbstatus = db.TaskSet.Count() + " Tasks with " + db.TaskDetailSet.Count() + " Task
Details. "   + EFContext.Path;
     }
     Statustext = text + " / Database Status: " + dbstatus + ")";
    }

    private async void Add(object sender, EventArgs e)
    {

     if (String.IsNullOrEmpty(C_Task.Text)) return;
     // Create new Task
     var t = new Task { Title = C_Task.Text, Date = C_Datum.Date };
     var d1 = new TaskDetail() { Text = "Plan" };
     var d2 = new TaskDetail() { Text = "Execute" };
     var d3 = new TaskDetail() { Text = "Run Retrospective" };
     // Alternative 1
     //t.Details.Add(d1);
     //t.Details.Add(d2);
     //t.Details.Add(d3);

     // Alternative 2
     t.Details.AddRange(new List<TaskDetail>() { d1, d2, d3 });

     using (var db = new EFContext())
     {
      db.TaskSet.Add(t);
      // Save now!
      var count = await db.SaveChangesAsync();

      SetStatus(count + " records saved!");
```

```
    await this.LoadTaskSet();
  }
  this.C_Task.Text = "";
  this.C_Task.Focus();
}

private async void SetDone(object sender, EventArgs e)
{
  // Get TaskID
  var id = (int)((sender as Button).CommandParameter);
  // Remove record
  using (var db = new EFContext())
  {
    Task t = db.TaskSet.Include(x => x.Details).SingleOrDefault(x => x.TaskID == id);
    if (t == null) return; // not found!
    db.Remove(t);
    int count = await db.SaveChangesAsync();
    SetStatus(count + " records deleted!");
    await this.LoadTaskSet();
  }
}

private async void ShowDetails(object sender, EventArgs e)
{
  // Get TaskID
  var id = (int)((sender as Button).CommandParameter);
  // Get Details
  using (var db = new EFContext())
  {
    string s = "";
    Task t = db.TaskSet.Include(x => x.Details).SingleOrDefault(x => x.TaskID == id);
    s += "Task: " + t.Title + "\n\n";
    foreach (var d in t.Details)
    {
      s += "- " + d.Text + "\n";
    }
    SetStatus("Details for Task #" + id);
    await this.DisplayAlert("Details for Task #" + id, s, "OK");
  }
}

private async void RemoveAll(object sender, EventArgs e)
{
  // Remove all tasks
  using (var db = new EFContext())
  {
    // Alternative 1: unefficient :-(
    //foreach (var b in db.TaskSet.ToList())
    //{
    // db.Remove(b);
    //}
    //db.SaveChanges();

    // Alternative 2: efficient!
    var count = await db.Database.ExecuteSqlRawAsync("Delete from TaskSet");
    SetStatus(count + " records deleted!");
    Tasks = null;
  }
}
```

```
   }
}
```

Die folgende Tabelle zeigt die wichtigsten Unterschiede zwischen der Realisierung der Benutzerschnittstellensteuerung dieser App in UWP und Xamarin Forms.

UWP	Xamarin-Forms
private async void Page_Loaded(object sender, RoutedEventArgs e)	protected async override void OnAppearing()
this.DataContext = this;	this.BindingContext = this;
await new MessageDialog(s, "Details for Task #" + id).ShowAsync();	await this.DisplayAlert("Details for Task #" + id,s,"OK");
this.C_Task.Focus(FocusState.Pointer);	this.C_Task.Focus();

Tabelle: UWP-XAML versus Xamarin-Forms-XAML

28.4.8   Benutzeroberfläche

Das folgende Listing zeigt die Xamarin Forms-basierte Benutzeroberfläche der Xamarin-App.

Listing: MainPage.xaml

```xml
<?xml version="1.0" encoding="utf-8" ?>
<ContentPage  x:Name="MainPage" xmlns="http://xamarin.com/schemas/2014/forms"
              xmlns:x="http://schemas.microsoft.com/winfx/2009/xaml"
              xmlns:local="clr-namespace:EFC_Xamarin"
              x:Class="EFC_Xamarin.MainPage" WidthRequest="800" HeightRequest="500" >
 <Grid Margin="0,0,0,0" BackgroundColor="CornflowerBlue">
  <Grid.RowDefinitions>
   <RowDefinition Height="*"></RowDefinition>
   <RowDefinition Height="auto"></RowDefinition>
  </Grid.RowDefinitions>
  <StackLayout Margin="10,10,10,10" Grid.Row="0">
   <!-- ==================== logo -->
   <Image x:Name="Logo" Source="miraclelistlogo.jpg" HeightRequest="100" WidthRequest="200"
HorizontalOptions="End"  ></Image>
   <!-- ==================== new Task -->
   <Label Text="What do you have to do?" FontSize="20"></Label>
   <StackLayout Orientation="Horizontal">
     <ContentView BackgroundColor="White">  <DatePicker x:Name="C_Datum" /></ContentView>
     <Entry BackgroundColor="White" x:Name="C_Task" HorizontalOptions="FillAndExpand"
Completed="Add"></Entry>   </StackLayout>
   <!-- ==================== actions -->
   <StackLayout Orientation="Horizontal">
    <Button Clicked="Add" BackgroundColor="White" Text="Add"></Button>
    <Button Clicked="RemoveAll"  BackgroundColor="White" Text="Remove all"
Margin="10,0,0,0"></Button>
   </StackLayout>
   <Label Text="Your task list:" FontSize="20"/>
   <!-- ==================== list of tasks -->
   <ListView x:Name="C_Tasks" ItemsSource="{Binding Tasks}">
    <ListView.ItemTemplate>
     <DataTemplate>
      <ViewCell>
       <StackLayout Orientation="Horizontal" >
        <Button BackgroundColor="White" Text="Done" x:Name="C_Done"  Clicked="SetDone"
Margin="0,0,10,0" CommandParameter="{Binding TaskID}" />
```

```
        <Button  BackgroundColor="White"  CommandParameter="{Binding TaskID}"
FontAttributes="Bold" Text="{Binding View}" x:Name="C_Details"  Clicked="ShowDetails" />
      </StackLayout>
    </ViewCell>
    </DataTemplate>
   </ListView.ItemTemplate>
  </ListView>
 </StackLayout>
 <!-- ==================== statusbar -->
 <StackLayout BackgroundColor="White" Grid.Row="1">
   <Label Margin="10,0,0,0"  x:Name="C_StatusBar" FontSize="11" Text="{Binding StatusText}"
/>
 </StackLayout>
 </Grid>
</ContentPage>
```

Die folgende Tabelle zeigt die wichtigsten Unterschiede zwischen der Realisierung dieser App in UWP-XAML und Xamarin Forms-XAML. Man erkennt, dass es viele Unterschiede gibt, die die Migration aufwändig machen.

UWP-XAML	Xamarin Forms-XAML
<Page>	<ContentPage>
<TextBlock>	<Label>
<CalendarDatePicker>	<DatePicker>
<StackPanel>	<StackLayout>
<TextBox>	<Entry>
Name="abc"	x:Name="abc"
Orientation="horizontal" oder Orientation="Horizontal"	Orientation="Horizontal"
Background="white"	BackgroundColor="White"
Click="Add"	Clicked="Add"
<Button Content="Add"> oder <Button>Add</Button>	<Button Text="Add">
FontWeight="Bold"	FontAttributes="Bold"
<TextBox Background="White" Name="C_Task" KeyDown="C_Task_KeyDown" Width="600">	<Entry BackgroundColor="White" x:Name="C_Task" Completed="Add" WidthRequest="600" >
<ListView> <ListView.ItemTemplate> <DataTemplate>	<ListView> <ListView.ItemTemplate> <DataTemplate> <ViewCell>
<Image HorizontalAlignment="Right">	<Image HorizontalOptions="End">

Tabelle: UWP-XAML versus Xamarin-Forms-XAML

28.5   N:M-Beziehungen zu sich selbst

Die Geografie stellt eine scheinbar einfache Aufgabe: Ein Land hat Grenzen zu beliebig vielen anderen Ländern. Die Frage ist: Wie drückt man dies in einem Objektmodell so aus, dass Entity Framework Core daraus eine N:M-Beziehung einer Tabelle auf sich selbst macht?

Der erste naive Ansatz sähe so aus: Die Klasse Country hat eine Liste von "Borders", die wieder zu Country-Objekten führen. Dann würde man eine Beziehung zwischen Dänemark und Deutschland so herstellen: dk.Borders.Add(de).

Aber das genügt den Anforderungen leider nicht:

- In Entity Framework Core gibt es kein N:M-Mapping. Daher muss es im Objektmodell explizit eine Klasse "Border" geben, genau wie im Datenmodell. Dies kann man aber mit einer Hilfsroutine kapseln, siehe AddBorderToCounty(Country c).

- Nur eine Beziehung zwischen zwei Ländern reicht nicht aus, denn durch das Anlegen einer Beziehung wie dk.Borders.Add(de) weiß nun Dänemark, dass es an Deutschland grenzt, aber Deutschland weiß nichts von seinem Glück, die Dänen als Nachbarn zu haben.

Das Problem ist, dass eine Navigationseigenschaft eine unidirektionale Beziehung beschreibt, wir aber eben hier eine bidirektionale Beziehung brauchen, damit beide beteiligten Länder die Beziehung kennen. Also müssen wir für beide Richtungen einer Nachbarschaftsbeziehung ein Navigation Property in der Klasse Country anlegen: siehe IncomingBorders und OutgoingBorders in der Klasse Country sowie IncomingCountry und OutgoingCountry in der Klasse Border. In OnModelCreating() in der Kontextklasse WorldContext werden per Fluent-API IncomingCountry mit den IncomingBorders sowie OutgoingCountry mit den OutgoingBorders verbunden.

Entity Framework Core ist danach clever genug, die Gegenbeziehung aufzubauen, wenn eine Beziehung eingerichtet wird. Dafür sorgt die interne Funktion "Relationship Fixup", die immer gestartet wird, wenn der Entwickler DetectChanges() aufruft oder eine Methode, die dies automatisch auslöst (z.B. SaveChanges()).

Wenn man die Beziehung von Dänemark zu Deutschland über OutgoingBorders von Dänemark anlegt, erscheint nach dem nächsten Relationship Fixup auch Dänemark in den IncomingBorders von Deutschland.

Das nächste Listing zeigt die Entitätsklassen und die Kontextklasse. Die nächste Abbildung zeigt die resultierende Datenbank in Microsoft SQL Server.

Listing: Lösung mit Entity Framework Core

```
using Microsoft.EntityFrameworkCore;
using Microsoft.EntityFrameworkCore.Metadata;
using System.Collections.Generic;
using System.Linq;

class Border
{
 // foreign key for IncomingCountry
 public int Country_Id { get; set; }
 // foreign key for OutgoingCountry
 public int Country_Id1 { get; set; }

 public virtual Country IncomingCountry { get; set; }
 public virtual Country OutgoingCountry { get; set; }
}
```

```csharp
class Country
{
 public int Id { get; set; }
 public string Name { get; set; }

 // N-M relationship via Borders
 public virtual ICollection<Border> IncomingBorders { get; set; } = new List<Border>();
 public virtual ICollection<Border> OutgoingBorders { get; set; } = new List<Border>();

 public void AddBorderToCounty(Country c)
 {
  var b = new Border() {Country_Id = this.Id, Country_Id1 = c.Id};
  this.OutgoingBorders.Add(b);
 }
}


class WorldContext : DbContext
{
 public DbSet<Country> Countries { get; set; }
 public DbSet<Country> Borders { get; set; }
 protected override void OnConfiguring(DbContextOptionsBuilder optionsBuilder)
 {

optionsBuilder.UseSqlServer(@"Server=.;Database=EFC_NMSelf;Trusted_Connection=True;MultipleAc
tiveResultSets=True");
 }


 protected override void OnModelCreating(ModelBuilder modelBuilder)
 {
  // Configure primary key
  modelBuilder.Entity<Border>().HasKey(x => new {x.Country_Id, x.Country_Id1});
  // Configure relationships and foreign keys
  modelBuilder.Entity<Border>().HasOne<Country>(x => x.IncomingCountry).WithMany(x =>
x.IncomingBorders).HasForeignKey(x=>x.Country_Id1).OnDelete(DeleteBehavior.Restrict);
  modelBuilder.Entity<Border>().HasOne<Country>(x => x.OutgoingCountry).WithMany(x =>
x.OutgoingBorders).HasForeignKey(x => x.Country_Id).OnDelete(DeleteBehavior.Restrict); ;
 }


 /// <summary>
 /// Get all neighbors by the union of the two sets
 /// </summary>
 /// <param name="countryId"></param>
 /// <returns></returns>
 public IEnumerable<Country> GetNeigbours(int countryId)
 {
  var borders1 = this.Countries.Where(x => x.IncomingBorders.Any(y => y.Country_Id ==
countryId)).ToList();
  var borders2 = this.Countries.Where(x => x.OutgoingBorders.Any(y => y.Country_Id1 ==
countryId)).ToList();
  var allborders = borders1.Union(borders2).OrderBy(x=>x.Name);
  return allborders;
 }
}
```

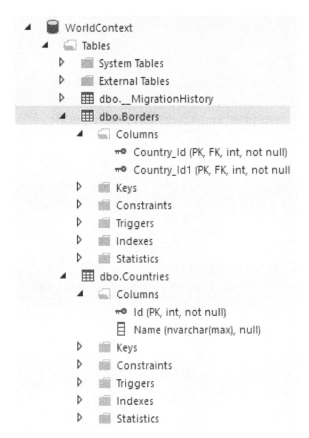

Abbildung: N:M-Beziehung zwischen Country-Objekten über "Borders" im Datenmodell

Zwar kann die Datenbank nun alle notwendigen Beziehungen aufnehmen, aber der Softwareentwickler kann nicht einfach eine Liste aller Grenzbeziehungen bekommen, da diese ja auf zwei Listen (OutgoingBorders) verteilt sind. Er müsste also die Vereinigungsmenge mit dem LINQ-Operator Union() bilden und jedes Mal schreiben:

```
var borders1 = country.OutgoingBorders;
var borders2 = ctx.Countries.Where(x => x.OutgoingBorders.Any(y => y.Id == country.Id)).ToLis
t();
var borders = borders1.Union(borders2).OrderBy(x=>x.Name);;
```

Dem Nutzer der Klasse soll es aber egal sein, ob die Beziehung Deutschland → Dänemark oder Dänemark → Deutschland angelegt wurde.

Im klassischen Entity Framework könnte man diese Union elegant in der Klasse Country kapseln und sich Lazy Loading zunutze machen, um die verbundenen Objekte zu laden. Da es in Entity Framework Core vor Version 2.1 kein Lazy Loading gibt und bekanntlich die Entitätsklasseninstanz auch die Kontextinstanz nicht kennt, geht die Kapselung nur in der Kontextklasse (siehe GetNeigbours() im nächsten Listing). Die nächste Abbildung zeigt die Ausgabe für Deutschland und seine direkten Nachbarn.

Listing: Nutzung der Implementierung dem vorgehergenden Listing

```
using System;
using Microsoft.EntityFrameworkCore;
using System.Linq;
```

```
namespace EF_CodeFirst_NMSelf
{
 class Program
 {
  static void Main(string[] args)
  {

   var ctx = new WorldContext();
   ctx.Database.EnsureCreated();

   // Reset example
   ctx.Database.ExecuteSqlRaw("delete from Border");
   ctx.Database.ExecuteSqlRaw("delete from country");

   // Create countries
   var de = new Country();
   de.Name = "Germany";
   ctx.Countries.Add(de);
   ctx.SaveChanges();

   var nl = new Country();
   nl.Name = "Netherlands";
   ctx.Countries.Add(nl);
   nl.AddBorderToCounty(de);
   ctx.SaveChanges();

   var dk = new Country();
   dk.Name = "Denmark";
   ctx.Countries.Add(dk);
   dk.AddBorderToCounty(de);
   ctx.SaveChanges();

   var be = new Country();
   be.Name = "Belgium";
   ctx.Countries.Add(be);
   be.AddBorderToCounty(de);
   be.AddBorderToCounty(nl);
   ctx.SaveChanges();

   var fr = new Country();
   fr.Name = "France";
   ctx.Countries.Add(fr);
   fr.AddBorderToCounty(de);
   ctx.SaveChanges();

   var cz = new Country();
   cz.Name = "Czech Republic";
   ctx.Countries.Add(cz);
   cz.AddBorderToCounty(de);
   ctx.SaveChanges();

   var lu = new Country();
   lu.Name = "Luxembourg";
   ctx.Countries.Add(lu);
   lu.AddBorderToCounty(de);
   lu.AddBorderToCounty(fr);
   lu.AddBorderToCounty(be);
   ctx.SaveChanges();
```

```
   var pl = new Country();
   pl.Name = "Poland";
   ctx.Countries.Add(pl);
   pl.AddBorderToCounty(de);
   pl.AddBorderToCounty(cz);
   ctx.SaveChanges();

   var at = new Country();
   at.Name = "Austria";
   ctx.Countries.Add(at);
   at.AddBorderToCounty(de);
   at.AddBorderToCounty(cz);
   ctx.SaveChanges();

   var ch = new Country();
   ch.Name = "Switzerland";
   ctx.Countries.Add(ch);
   ch.AddBorderToCounty(de);
   ch.AddBorderToCounty(fr);
   ch.AddBorderToCounty(at);
   ctx.SaveChanges();

   Console.WriteLine("All countries with their borders");
   foreach (var country in ctx.Countries)
   {
    Console.WriteLine("--------- " + country.Name);

    // now explicitly load the neighboring countries
    //var borders1 = ctx.Countries.Where(x => x.IncomingBorders.Any(y => y.Country_Id ==
country.Id)).ToList();
    //var borders2 = ctx.Countries.Where(x => x.OutgoingBorders.Any(y => y.Country_Id1 ==
country.Id)).ToList();
    //var allborders = borders1.Union(borders2);

    // better: encapsulated in the context class:
    var allborders = ctx.GetNeigbours(country.Id);

    foreach (var neighbour in allborders)
    {
     Console.WriteLine(neighbour.Name);
    }
   }

   Console.WriteLine("=== DONE!");
   Console.ReadLine();
  }
 }
}
```

```
H:\TFS\Demos\EF\EFC_CodeFirst_NMSelf\EF_CodeFirst_NMSelf\bin\Debug\EF_CodeFirst_NMSelf.exe

All countries with their borders
--------- Germany
Austria
Belgium
Czech Republic
Denmark
France
Luxembourg
Netherlands
Poland
Switzerland
--------- Netherlands
Belgium
Germany
--------- Denmark
Germany
--------- Belgium
Germany
Luxembourg
Netherlands
--------- France
Germany
Luxembourg
Switzerland
--------- Czech Republic
Austria
Germany
Poland
--------- Luxembourg
Belgium
France
Germany
--------- Poland
Czech Republic
Germany
--------- Austria
Czech Republic
Germany
Switzerland
--------- Switzerland
Austria
France
Germany
=== DONE!
```

Abbildung: Ausgabe zu dem vorherigen Listing

29   Migration von ADO.NET Entity Framework zu Entity Framework Core

Es gibt kein Werkzeug für die Migration von ADO.NET Entity Framework zu Entity Framework Core. Die Migration ist händisch durchzuführen.

> **Praxishinweis:** Einige verbliebenen Schwächen, wie z.B. das Fehlen der Abstraktion beim N:M-Mapping und die fehlende Table per Type (TPT)-Vererbungsstrategie, erschweren eine Migration von ADO.NET Entity Framework zu Entity Framework Core. Unmöglich ist eine solche Migration jedoch nicht: Der Entwickler muss nur an Stellen, wo er eine N:M-Abstraktion oder eine TPT-Vererbung eingesetzt hatte, mehr Programmcode ändern.

29.1   Pro und Contra Migration

Für viele Entwickler stellt sich die Frage, ob man von klassischem Entity Framework auf Entity Framework Core migrieren muss. Da das klassische Entity Framework seit Version 6.3 auch auf .NET Core läuft und dort von Microsoft zumindest hinsichtlich Bugs und Sicherheit gepflegt wird, ist der Druck zur Umstellung auf Entity Framework Core gering geworden.

Für eine Migration spricht: Entity Framework Core ist in den meisten Szenarien schneller als das klassische Entity Framework und wird von Microsoft aktiv weiterentwickelt, d.h. mit neuen Funktionen ausgestattet. Es gibt einige hilfreiche Verbesserungen in Entity Framework Core gegenüber dem klassisches .NET Framework z.B. die Möglichkeit, Schemamigrationen auch verteilt anzulegen.

Gegen eine Migration spricht: Eine Umstellung ist gehöriger Aufwand. Der konkrete Aufwand der Migration von klassisches Entity Framework zu Entity Framework Core ist abhängig von dem Ausgangspunkt im klassisches Entity Framework, da es einige Vorgehensweisen und Features (z.B. EDMX, ObjectContext, EntityObject, Entity SQL) in Entity Framework Core nicht mehr gibt. Die folgende Tabelle quantifiziert den Aufwand für verschiedene Migrationsszenarien.

Bisherige Vorgehensweise in ADO.NET Entity Framework	Verwendete Features von ADO.NET Entity Framework	Migrationsaufwand
Code First	DbContext	€€
EDMX DB First, EDMX Model First	DbContext	€€€
EDMX DB First, EDMX Model First	ObjectContext	€€€€

| EDMX DB First, EDMX Model First | ObjectContext, EntityObject | €€€€€ |
| Beliebig | Entity SQL | €€€€€ |

Tabelle: Migrationsaufwand von klassisches .NET Framework zu Entity Framework

In jedem Fall aber entsteht bei einer Migration Aufwand mit zwei fehlenden Features in Entity Framework Core: die n:m-Abstraktion und die TPT-Abbildung. Bei einer Migration muss man entweder durch ein Objekt-zu-Objekt-Mapping (OOM) mit einem OOM-Werkzeug via AutoMapper die Objekte wieder auf die alte Struktur abbilden oder überall in der Anwendung (ggf. bis hoch zur Datenbindung in der Benutzerschnittstelle) Änderungen vornehmen.

> **Praxistipp:** Wenn man viele n:m- und TPT-Fälle in seiner Anwendung hat, sollte man mit einer Migration auf diejenige Entity Framework Core-Version warten, in der n:m-Abstraktion und TPT-Abbildung enthalten sind. Hoffentlich ist dies die Version 5.0 im November 2020.

29.2 Koexistenz (Hybride Strategie)

Anstelle einer Migration ist auch eine hybride Strategie möglich, d.h. in bestehende Anwendungen mit klassischem Entity Framework schon jetzt neue Funktionen mit Entity Framework Core einbauen. Man braucht dazu zwei Kontextklassen, kann aber die Entitätsklassen zwischen beiden Frameworks teilen.

ADO.NET Entity Framework und Entity Framework Core liegen in verschiedenen Assemblies und verschiedenen Namensräumen. Der alte Namensraum ist System.Data.Entity. Der neue Namensraum ist Microsoft.EntityFrameworkCore.

Der Nachteil ist: Man muss bei der Migration alle NuGet-Referenzen und using-Anweisungen erneuern. Der große Vorteil ist jedoch: Man kann ADO.NET Entity Framework und Entity Framework Core parallel verwenden, sogar in einem Projekt. ADO.NET Entity Framework und Entity Framework Core können sich dabei die Entitätsklassen teilen. Man hat dabei zwei Kontextklassen, eine für ADO.NET Entity Framework und eine für Entity Framework Core, die auf die gleichen Entitätsklassen verweisen (dies gilt nur, wenn Sie in ADO.NET Entity Framework mit POCO-Klassen arbeiten; mit den alten, von der Basisklasse EntityObject abgeleiteten Entitätsklassen ist dies nicht möglich). Damit ist eine sukzessive Migration von ADO.NET Entity Framework zu Entity Framework Core möglich.

> **Praxishinweis:** Bitte beachten Sie, dass es nicht ohne Weiteres möglich ist, dass Sie ein Objekt mit ADO.NET Entity Framework laden und anschließend mit Entity Framework Core speichern. Das geht nur, wenn Sie das Objekt vorher mit Detach() von ADO.NET Entity Framework lösen und dann mit Attach() an Entity Framework Core anfügen.

29.3   Migration von Entity Framework Code First zu Entity Framework Core

Eine Umstellung auf Entity Framework Core ist am einfachsten, wenn man bisher das Core First Model im klassisches .NET Framework verwendet hat.

Für diesen Fall folgt hier ein 10-Punkte-Umstellungsplan:

5. Entfernen Sie die Referenz auf die EntityFrameworkCore.dll und die ggf. referenzierte Provider-Assembly.

6. Referenzieren Sie in ihrem Projekt das für Entity Framework Core benötigte Entity Framework Core-Provider-Paket von NuGet.org, z.B. Microsoft.EntityFrameworkCore.SqlServer, Microsoft.EntityFrameworkCore.Sqlite oder MySQL.Data.EntityFrameworkCore.

7. Ersetzen Sie using System.Data.Entity durch using Microsoft.EntityFrameworkCore (inkl. Subnamensräume)

8. Modifizieren Sie die Kontextklasse. Bei der Fluent-API-Konfigurationen in der Methode OnModelCreating() werden einige syntaktische Änderungen notwendig. Ergänzen Sie zudem als neue Methode eine Überschreibung von OnConfiguring() zur Providerkonfiguration und Festlegung der Verbindungszeichenfolge. Zum Test kann man zunächst einmal eine Verbindungszeichenfolge fest in OnConfiguring() hinterlegen und die Konfigurierbarkeit später herstellen.

9. Erstellen Sie neue Entitätsklassen für Fälle, in denen die N:M-Zwischentabellen bisher von ADO.NET Entity Framework wegabstrahiert wurden.

10. Ändern Sie Klassenbeziehungen, die bisher Type-per-Type-Vererbung verwendet haben, auf eine Assoziation.

11. Löschen Sie eventuell vorhandene Migrationsklassen und die Tabelle __EFMigrationsHistory in der Datenbank. Legen Sie eine neue initiale Migration an, deren Up()-/Down()-Inhalt Sie aber wieder löschen. (Sie verlieren dabei die Migrationsgeschichte. Wenn Sie die Migrationsgeschichte dennoch erhalten wollten, müssten Sie die Migrationsklassen sehr aufwändig von Hand neu schreiben).

12. Nun können Sie schon erste Tests für den Datenbankzugriff über die neue Entity Framework Core-Kontextklasse ausführen.

13. Ändern Sie nun Ihren Programmcode in den nächsthöheren Schichten – d.h. je nach Architekturmodell die Datenzugriffsschicht oder die Geschäftslogikschicht – so, dass er die neue Kontextklasse aus Entity Framework Core statt der alten Kontextklasse aus ADO.NET Entity Framework verwendet.

14. Ändern Sie die Nutzer der Kontextklasse an den Stellen, wo nun zusätzliche Entitätsklassen notwendig sind bzw. wo von Vererbung auf Assoziation umgestellt werden musste.

15. Abschließend muss man noch Ablage und Laden der Verbindungszeichenfolge neu regeln: Während das klassische Entity Framework unter .NET Framework automatisch in der Konfigurationsdatei eine Verbindungszeichenfolge suchte, die dem Namen der Kontextklasse entsprach, oder einen abweichenden Namen via "Name= Verbindungszeichenfolgen" akzeptierte, muss man bei Entity Framework Core unter .NET Core die Verbindungszeichenfolge selbst an die Kontextklasse reichen, z.B. via

DbContextOptionsBuilder. In welcher Art von Konfigurationsdatei (z.B. JSON, XML, INI) die Verbindungszeichenfolge gespeichert und verbreitet wird, ist – wie unter .NET Core üblich – dem Softwareentwickler überlassen. Auch unter .NET Core kann man den alten Weg (app.config- oder web.config-Datei) verwenden, wenn man das NuGet-Paket System.Configuration.ConfigurationManager [*https://www.NuGet.org/packages/System.Configuration.ConfigurationManager*] referenziert.

29.4 Migration von EDMX zu Entity Framework Core

Falls Sie in klassisches Entity Framework EDMX-Dateien eingesetzt haben, ist ein radikaler Bruch notwendig, denn dieses gibt es in Entity Framework Core nicht mehr:

- Löschen Sie die EDMX-Dateien und den kompletten daraus generierten Quellcode für die Kontextklasse und die Entitätsklasse (Sie haben ja hoffentlich den generierten Code nicht bearbeitet!).

- Nun Reverse Engineering der bestehenden Datenbank (mittels des Commandlets Scaffold-DbContext oder Entity Framework Core Power Tools-Erweiterung in Visual Studio [*https://marketplace.visualstudio.com/items?itemName=ErikEJ.EFCorePowerTools*] oder auch DevArt Entity Developer [*https://www.devart.com/entitydeveloper/*])

- Den Connection String müssen Sie ändern: Alle Verweise auf Provider und Metadaten entfernen.

Beispiel: Alte Verbindungszeichenfolge für EDMX:

```
<add name="WWWingsModell"
connectionString="metadata=res://*/WWWingsModell.csdl|res://*/WWWingsModell.ssdl|res://*/WWWi
ngsModell.msl;provider=System.Data.SqlClient;provider connection string=&quot;data
source=E62;initial catalog=WWWings66_vieleDaten;integrated
security=True;MultipleActiveResultSets=True;App=EntityFramework&quot;"
providerName="System.Data.EntityClient" />
```

Neue Verbindungszeichenfolge für Entity Framework Core:

```
<add name="data source=E62;initial catalog=WWWings66_vieleDaten;integrated
security=True;MultipleActiveResultSets=True;App=EntityFramework" />
```

- Nun gilt es den die Kontextklasse nutzenden Programmcode anzupassen. Sie werden mit zahlreichen Änderungen konfrontiert werden, die sich einerseits aus dem geänderten API des OR-Mappers, aber andererseits auch aus dem andersartigen Namenskonventionen des Reverse Engineering-Codegenerators ergeben.

Für die Zukunft haben Sie dann in Hinblick auf Datenbankschemaänderungen drei Optionen, da es in Entity Framework Core keine Funktion "Update Model from Database" gibt:

- Bei jeder Änderung des Datenbankschemas generiert der Entwickler den kompletten Programmcode für Kontext- und Entitätsklassen immer wieder neu. Das setzt voraus, dass man in die generierten Klassen nichts hinzutippt, sondern diese nur durch Ergänzungsdateien (die generierten Klassen sind partielle Klassen) erweitert.

- Der Entwickler vollzieht alle Änderung des Datenbankschemas händisch im generierten Programmcode nach.

- Umstellung von Reverse Engineering auf Forward Engineering.

30 Quellen im Internet

Den Quellcode von Entity Framework Core findet man seit 8. Januar 2020 bei GitHub unter:
https://github.com/dotnet/efcore

Zuvor war die Webadresse:
https://github.com/aspnet/EntityFramework

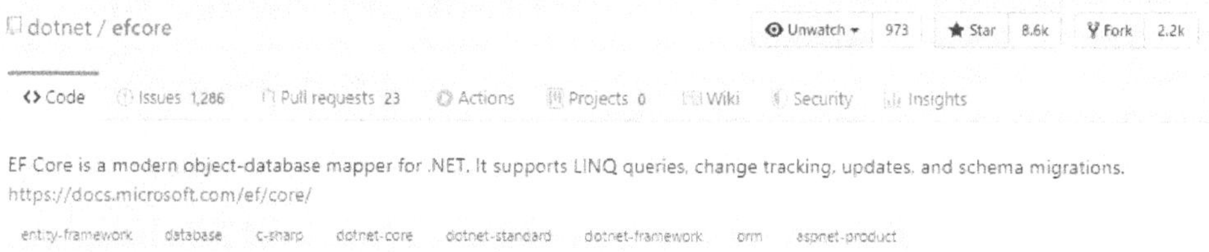
dotnet / efcore
Unwatch 973
Star 8.6k
Fork 2.2k
Code
Issues 1,286
Pull requests 23
Actions
Projects 0
Wiki
Security
Insights
EF Core is a modern object-database mapper for .NET. It supports LINQ queries, change tracking, updates, and schema migrations.
https://docs.microsoft.com/ef/core/
entity-framework
database
c-sharp
dotnet-core
dotnet-standard
dotnet-framework
orm
aspnet-product

Abbildung: Einleitungstext auf der GitHub-Seite von Entity Framework Core

Die offizielle, aber nicht sehr detaillierte Dokumentation findet man auf der Website:
https://docs.microsoft.com/en-us/ef/core

Die deutsche Übersetzung der Dokumentation ist nicht empfehlenswert:
https://docs.microsoft.com/de-de/ef/core

Die Dokumentation verwaltet Microsoft auch bei GitHub:
https://github.com/aspnet/EntityFramework.Docs

Das Entity Framework Core-Entwicklungsteam hat früher unter *https://blogs.msdn.microsoft.com/adonet* ein Weblog betrieben. Inzwischen nutzt das Entwicklungsteam das Haupt-.NET-Weblog von Microsoft:
https://blogs.msdn.microsoft.com/dotnet/tag/entity-framework

Bei Twitter verkündet das Entwicklungsteam Neuerungen unter dem Namen *@efmagicunicorns*
Das Einhorn (engl. Unicorn) ist das Maskottchen des Entwicklungsteams:
https://twitter.com/efmagicunicorns

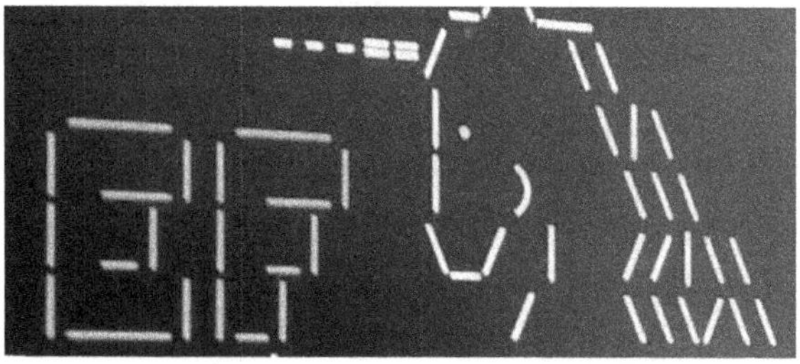

Abbildung: Das Einhorn-Maskottchen als ASCII-Grafik im Werkzeug ef.exe

Der Autor dieses Buchs betreibt eine Website zu Entity Framework Core unter
http://www.EFCore.net

31 Stichwortverzeichnis (Index)

Es sind hier jeweils nur die zentralen Stellen im Buch verlinkt. Um alle Vorkommnisse eines Begriffs zu finden, nutzen Sie bitte die Volltextsuche im PDF, das Sie als Käufer des gedruckten Buchs sehr günstig unter der Webadresse *https://leanpub.com/EntityFrameworkCore31/c/update* bekommen.

32 Werbung in eigener Sache ☺

www.ingramcontent.com/pod-product-compliance
Lightning Source LLC
Chambersburg PA
CBHW082107070326
40689CB00052B/3719